로스쿨 합격!
나의 꿈
나의 길

고시계사

Preface

"...회의도 있고 유혹도 있고 좌절도 있겠거니, 견디며 이기며 가는 저 끝 어디엔가 보리(菩提)가 있겠거니..."

위 글은 소설가 김원일이 1987년부터 1992년까지 중앙일보에 연재되었던 대하소설인 〈늘 푸른 소나무〉중의 한 구절입니다.

로스쿨 입학시험 준비 중에 회의도 있을 수 있고, 유혹도 있을 수 있고, 좌절도 있겠지만, 견디며 이기며 그저 쉬지 않고 로스쿨 합격 하나만을 향해 나아가는 저 길의 끝 어디에선가 만날 수 있다는 희망의 메세지입니다.

이 책은 전국 25개 로스쿨의 제1기(09년)부터 제10기(18년)까지 합격하신 50人의 로스쿨 합격자분들의 감동적인 로스쿨 합격수기집입니다.

이 책은 법학적성시험(LEET)의 준비방법, 공인영어시험 준비, 학점관리, 전국 25개 로스쿨의 각각의 자기소개서 작성방법과 면접준비 요령 등 효율적인 수험생활의 비법을 담아낸 진솔한 이야기들입니다.

로스쿨 수험준비생들이 매년 증가하는 추세이고(2018년도의 경우 리트시험 접수는 10,502명), 로스쿨 수험준비생들에게 합격의 친절한 안내자가 될 수 있는 주옥같은 합격수기들을 그냥 『考試界』 잡지에 묻어두기 보다는 널리 세상에 소개할 필요성을 절감했습니다. 로스쿨 수험준비생들에게 최종합격까지의 생생한 체험기는 뜻을 이루려는데 큰 도움이 되리라는 확신을 들어 이책을 세상에 내놓게 되었습니다.

긴박한 수험생활의 여정 속에서 아무리 입지가 강하다 할지라도 때로는 신념이 흔들리고, 좌절과 실망 등 방황의 늪에서 헤매게 될 수도 있습니다. 이럴 때에 합격에 이르게 하는 합격의 안내서와 같은 진솔한 합격기의 한 편이 절실하게 느껴질 때가 있습니다.

도전은 맹목적일 때 더 강한 빛을 발하기도 합니다. 타산적인 도전에는 생명력이 존재하지 않기 때문에 그 빛이 소멸될 수 밖에는 없습니다. 그러나 그 어려운 환경 속에서의 도전이 무모한 것으로 끝나서는 안됩니다. 확실한 목적의식을 가지고 얼마만한 추진력으로 그 도전을 성취하는가가 가장 중요하지 않나 생각됩니다. 이 책은 많은 로스쿨 수험준비생들에게 그러한 본질적이고 현질적인 물음에 아주 가까이에서 해답의 실마리를 줄 수 있는 보배의 책입니다.

여기에 실린 50편의 감동적인 글들은 합격의 성취를 이루내기 위하여 어떤 역경이 닥친다 할지라도 합격에의 집념과 투지로 촌음을 아낌없이 쏟은 참기록인 만큼 향후 로스쿨 수험준비생들에게 자신감과 용기, 격려와 위안 및 자극과 인내할 수 있는 지혜를 줄 수 있습니다. 특히 선배 합격자들의 세상에 잘 알려지지 않은 수험요령, 공부방법, 수험자세 등은 시행착오의 늪에서 빠져나오게 하고 합격에의 지름길로 한 걸음 더 안내할 것입니다.

시험공부는 도박이 아니고 과학입니다. 처음부터 운에 기대는 수험생은 실패하기 마련이고 철저하게 계획하고 실천하는 수험생은 이미 공부와 동시에 합격에 대한 물권적 기대를 가질 수 있습니다.

끝으로 감동적인 글을 게재할 수 있도록 넓은 사랑과 아량을 주신 전국 25개 로스쿨 제1기(09년)부터 제10기(18년)까지 총 50분의 필자분들께 감사를 드리며, 이 책이 로스쿨을 준비하는 수험생들에게 한 알의 밀알이 되었으면 합니다.

2018년 8월
편집국

Contents

01 | 보통사람들의 보통합격기 ・11
강 성 진 / 강원대학교 법학전문대학원 제9기

02 | 도전하라! 전략적으로 ・20
최 은 정 / 강원대학교 법학전문대학원 제5기

03 | 로스쿨 10기행(行) ・28
황 현 정 / 건국대학교 법학전문대학원 제9기

04 | 전문법조인을 향한 첫 발걸음 ・37
우 지 연 / 건국대학교 법학전문대학원 제2기

05 | 지금, 당신에게 열려있는 로스쿨의 문 ・46
박 수 형 / 경북대학교 법학전문대학원 제4기 수석

06 | 실질객관합격수기 ・53
배 상 현 / 경북대학교 법학전문대학원 제4기

07 | 간절히 원하는 것이 있다면 가질 수 있을 만한 자격을 갖추자 ・62
김 경 규 / 경희대학교 법학전문대학원 제10기

08 | 잃어버린 시간은 없다 ・70
우 미 연 / 경희대학교 법학전문대학원 제7기

09 | 로스쿨 첫 새내기 되기 ・82
김 아 람 / 고려대학교 법학전문대학원 제1기

10 | 직장인에서 다시 학생으로 ・96
장 혜 원 / 고려대학교 법학전문대학 제1기

110 · 모든 경험은 입시에 도움이 된다 | 11
동아대학교 법학전문대학원 제10기 / 조 현 민

119 · 전환, 그리고 새로운 시작 | 12
부산대학교 법학전문대학원 제3기 / 김 보 라

126 · 당신의 영광의 순간은 언제입니까? | 13
부산대학교 법학전문대학원 제2기 / 정 민 영

135 · 당신을 위한 자리 | 14
서강대학교 법학전문대학원 제9기 / 송 용 규

143 · 새로운 시작을 꿈꾸며 | 15
서강대학교 법학전문대학원 제2기 / 이 동 규

151 · 리트형 인간일 필요는 없다 | 16
서울대학교 법학전문대학원 제10기 / 한 상 규

157 · 좋은 법률가를 꿈꾸며 | 17
서울대학교 법학전문대학원 제9기 / 이 동 주

164 · 로스쿨 입시, 나의 잠재력을 증명하는 과정 | 18
서울대학교 법학전문대학원 제2기 / 공 수 진

178 · 방향을 돌린다는 것... | 19
서울대학교 법학전문대학원 제2기 / 박 성 민

187 · 꿈, 그것 하나로 도전하라 | 20
서울시립대학교 법학전문대학원 제2기 / 이 상 훈

Contents

21 | '법률가'에의 의지, 그 새로운 시작 · 202

김 상 희 / 서울시립대학교 법학전문대학원 제1기

22 | 입시의 불확실성 앞에서 · 210

정 주 영 / 성균관대학교 법학전문대학원 제9기

23 | 새로운 출발점으로서의 로스쿨 합격 · 218

김 미 배 / 성균관대학교 법학전문대학원 제2기

24 | 새로운 한 걸음을 시작하며 · 225

김 준 태/ 아주대학교 법학전문대학원 제6기

25 | 로스쿨을 향한 첫발 내딛기 · 233

김 예 슬 / 아주대학교 법학전문대학원 제4기

26 | 합격을 위해 용기를 내십시오 · 241

홍 지 화 / 연세대학교 법학전문대학원 제10기

27 | 마음이 깊으면 꽃이 핀다 · 252

박 세 희 / 연세대학교 법학전문대학원 제4기

28 | 소통을 위하여 … · 268

조 해 린 / 연세대학교 법학전문대학원 제1기

29 | 입시에는 정해진 답은 없다 · 278

남 원 경 / 영남대학교 법학전문대학원 제10기

30 | 기 적 · 287

엄 요 한 / 영남대학교 법학전문대학원 제5기

292 · 내 행복한 운명, 로스쿨 – 7전 8기 도전기 | 31

원광대학교 법학전문대학원 제3기 / 이 덕 춘

301 · 또 다른 시작 | 32

이화여자대학교 법학전문대학원 제3기 / 은 송 이

307 · 로스쿨 입학이라는 관문을 넘어 | 33

이화여자대학교 법학전문대학원 제3기 / 김한가희

317 · 로스쿨을 준비하는 분들께 | 34

이화여자대학교 법학전문대학원 제2기 / 이 효 은

330 · 끝날 때까지는 끝난 것이 아니다 | 35

인하대학교 법학전문대학원 제10기 / 박 주 미

340 · 로스쿨생이 아닌 법조인을 목표로 | 36

전남대학교 법학전문대학원 제9기 / 김 호 정

348 · 긴 인내의 여정 | 37

전남대학교 법학전문대학원 제3기 / 이 예 나

360 · 여름으로 가는 문을 발견하다 | 38

전북대학교 법학전문대학원 제1기 / 김 서 군

376 · 흔들리지 않는 마음의 자세 | 39

제주대학교 법학전문대학원 제8기 / 한 승 효

384 · R＝VD 그리고 새로운 도전 | 40

제주대학교 법학전문대학원 제3기 / 이 미 나

Contents

41 | 막막함 속에서도 진심과 열정으로 꽃피우길 ·395
김 해 주 / 중앙대학교 법학전문대학원 제9기

42 | 내가 가진 모든 힘을 다하여 ·403
지 준 연 / 중앙대학교 법학전문대학원 제2기

43 | 나를 알아가며 성장하는 시간 ·410
김 돌 리 / 충남대학교 법학전문대학원 제9기

44 | 1인 3역에서 4역으로 ·422
김 현 정 / 충남대학교 법학전문대학원 제1기

45 | 집 념 ·435
이 예 리 / 충북대학교 법학전문대학원 제4기

46 | 세상이 알아주지 않아도 스스로 빛나는 것은 열정입니다 ·441
김 찬 희 / 충북대학교 법학전문대학원 제1기

47 | 로스쿨, 그 새로운 출발점에서 ·447
한 보 라 / 한국외국어대학교 법학전문대학원 제3기

48 | 법학자의 길을 꿈꾸다 법조인의 길로 들어서다 ·459
김 미 주 / 한국외국어대학교 법학전문대학원 제1기

49 | 꺾을 수 없는 의지 ·471
민 경 욱 / 한양대학교 법학전문대학원 제5기

50 | 꾸준한 준비가 값진 결과를 만든다 ·482
피 선 흠 / 한양대학교 법학전문대학원 제5기

전국 25개 로스쿨 총망라

· 로스쿨 1기(09년)~10기(18년)까지
합격자들의 진솔한 이야기

01

보통사람들의 보통합격기

강 성 진
- 서초고등학교 졸업
- 가톨릭대학교 법학과/철학과 졸업
- 강원대학교 법학전문대학원 제9기

1 시작하면서

합격수기를 읽는 이유는 합격하고 싶기 때문일 것입니다. 먼저 합격한 사람의 자랑을 듣고 싶어서 합격수기를 읽는 사람은 없습니다. 1년여의 수험시간을 보냈다고 해서 법학전문대학원 입시의 모든 것을 안다고 할 수는 없을 것입니다. 그리고 제가 옳다고 생각하는 것이 절대적으로 옳은 지식도 아닐 것입니다. 하지만 적어도 이 글을 읽는 분들이, 이 글을 읽는데 쓴 시간을 아까워하시지 않을 수기를 적어보고자 합니다. 제가 아는 범위에서, 이 글을 읽으시는 분들에게 실질적인 도움이 되는 글을 적겠습니다. 똑똑하지 않은 저의 이야기가 누군가에게 도움이 될 수 있을 것이라 믿습니다.

2 입시 전

저는 가톨릭대학교에서 법학과와 철학을 전공했습니다. 법학전문대학원에 가야겠다는 생각은 4학년 2학기인 9월에 처음 하게 되었습니다. 그 당시의 저는 토익점수도 충분하지 않았고, LEET문제는 구경도 못해본 상황이었습니다. 하지만 학기 중에 좋은 학점을 받으면서 토익과 LEET준비를 시작하기엔 제 능력이 부족하다고 판단했습니다. 그래서 학기 중에는 좋은 학점을 받는 것에만 집중했습니다. 보통의 대학생들은 학교를 다니며 영어공부나 자격증 준비를 병행하기 때문에, 학점에만 집중하는 저는 더 좋은 학점을 받을 수 있었습니다. 이때 받은 학점이 합격에 큰 도움을 줬습니다.

3 TOEIC

학기가 끝나는 12월 말부터 토익준비를 시작했습니다. 토익점수는 가능하면 시험 전년도 12월까지, 늦어도 해당년도 2월까지 받아 놓으시는 것을 권장합니다. 학점과 마찬가지로 두 가지를 한꺼번에 할 능력이 없기 때문에 토익을 준비하는 기간 동안은 토익에만 집중했습니다. 이하에서는 2개월 조금 넘는 시간 동안 제가 공부했던 방법에 대해 설명하겠습니다.

단어와 문법은 오답노트를 활용하여 공부했습니다. 오답노트는 많은 시행착오가, 적은 양에, 효율적으로 정리되어 있는 것이 가장 좋은 오답노트입니다. 이를 위해 저는 엑셀을 이용하여 오답노트를 정리했습니다. 엑셀에 표를 만들되, 가장 왼쪽에 중요도를 표시하는 빈칸을 작게 만들었습니다. 모르는 문제가 생기면 검색기능을 활용하여 이미 정리된 오답노트에 동일한 내용이 있는지 확인했습니다. 이미 그 내용이 있다면 해당 내용의 중요도 표시칸에 숫자를 하나 더 올리고, 그 내용이 없다면 검색기능을 다시 활용하여 관련 내용과 가까운 곳에 정리해 뒀습니다. 이렇게 정리된 오답노트는 전체 분량을 줄여주는 동시에 효율성을 높여주었습니다. 시험 전에는 필터기능을 이용하여 중요도가 높게 표시된 것만 따로 뽑아서 공부할 수 있었습니다.

Listening은 문장단위로 듣고, 바로 영어로 따라 하고, 바로 한국어로 말해보는 것을 반복했습니다. 정확하게 들리지 않아도 들리는 대로 따라 하고, 한국어로 해석해보는 것을 반복했습니다. 잘 안 들리거나 한국어로 바로 해석되지 않는 것은 체크해두고 반복했습니다. 이런 공부방법이 몸에 익으면 시험장에서 영어 듣기 방송을 들을 때 흘려 듣지 않고 바로 한국어로 변환하는 습관을 기를 수 있습니다. 이에 더해서 선택지에 나오는 단어들을 공부했습니다. 선택지에 나오는 단어들이 그렇게 어려운 단어는 아니지만 예상외로 모르는 단어들이 있었고, 반복해서 출제되었습니다. 또한 선택지를 빨리 읽는 연습도 했습니다. 하나의 스크립트가 포괄하는 세 문제를 읽는 시간이 20초가 될 때까지 반복해서 연습했습니다.

4 LEET(법학적성시험)

2월부터 LEET를 준비했습니다. 처음 LEET문제를 풀었을 때는 100점도 나오지 않았습니다. LEET는 공부해도 오르지 않는다는 말들이 많아서 마음이 많이 힘들었던 기억이 납니다. 그런 속설들에 대해서 "그건 니들이 공부를 제대로 안해서 그런것이다."라고 생각하고 정신승리를 이룬 후에 마음을 다잡고 공부를 시작했습니다.

LEET준비는 학원의 도움을 받았습니다. 학원강의는 크게 기본강의와 모의고사강의로 나눌 수 있습니다. 기본강의는 문제유형이나 문제풀이 요령을 알려주고, 모의고사 강의는 다같이 모여 시간을 측정하면서 OMR카드에 문제를 풀어볼 수 있습니다. 기본강의는 크게 도움을 받지 못했습니다. 대단한 내용인 것처럼 강의하지만 따지고 보면 당연한 것에 불과하기도 하고, 전달하는 내용 자체도 정리해보면 A4 한 페이지를 못 채우는 적은 양이었습니다. 게다가 많은 기본강의들이 기출문제로 기본강의를 진행하는데, 시간도 측정하지 않고 강사의 설명과 함께 흘려버린 기출문제가 나중에는 너무 아까웠습니다.

모의고사 강의는 도움을 많이 받았습니다. 모의고사 강의를 수강하면 시험기분에 자주 노출될 수 있고, 석차가 나오기 때문에 동기부여도 확실히 됐습니다. 또한 LEET시험의 특성상 문제를 푸는 시간에 공부가 가장 많이 되기 때문에 자주 새로운 문제를 풀어볼 수 있다는 점에서 도움을 많이 받았습니다. 다만 모의고사에 대한 해설강의가 지문의 내용을 설명하는 경향이 있는데, 그것은 크게 도움이 되지 않았습니다. 제가 필요한 것은 내가 왜 틀렸는지, 어떻게 해야 안 틀리는지 인데 학원강사들은 지문의 내용만 설명할 뿐 제 궁금증이나 문제는 해결해주지 못했습니다.

학원을 다니지 않던 기간에도 모의고사를 구해서 공부했습니다. 모의고사 문제지를 실제 시험지와 유사한 크기로 인쇄하고, 실제 시험을 보는 시간에 문제풀이를 했습니다. 문제풀이가 끝나면 오후시간에는 오전에 푼 문제들을 검토했습니다. 오후에 약속이 있는 등의 이유로 검토할 시간이 없다면 아예 문제를 풀지 않았습니다.

문제를 푼 직후에 검토를 해야 내가 문제를 푸는 그 순간에 어떤 실수를 한 것인지 정확하게 파악할 수 있기 때문입니다. 문제를 검토할 때는 본문의 내용을 파악하기 보다는 지문의 문장과 문제를 비교하며 어떻게 문제를 냈는지, 왜 틀렸는지, 왜 맞았는지, 문제를 푸는 동안 나는 어떤 과정을 거쳤는데 그게 효과적이었는지, 효과적이지 않았는지를 파악했습니다. 당장 지금 푼 문제의 본문내용을 파악하는 것 보다 어떻게 하면 더 빠르게 읽을지, 더 정확하게 읽을지, 틀리지 않을지 고민하는 시간이 더 도움이 되었습니다. 오늘 검토한 결과를 오늘 푼 문제지 앞에 적어두고 다음날 문제 풀 때에는 전날 푼 문제지 앞에 적어둔 사항들을 한번 더 읽어보고 상기한 뒤에 새로운 문제를 풀었습니다. 해결된 문제점은 지우고 해결되지 않은 문제점은 더 강조해서 표시해 두었습니다. 실제 시험장에서도 마찬가지로 문제지 앞에 적어두었던 저의 문제점을 상기하고 문제풀이에 임했습니다.

모든 시험에서 그러하듯, 기출문제는 가장 소중한 자료입니다. 이때 말하는 기출문제는 LEET기출문제와 PSAT 1차문제를 말하고, 수능 국어문제는 필요한 경우 워밍업용으로 사용했습니다. 시험 전에 쉬운 수능 기출문제 두 개 지문 정도를 준비해가서 풀어보는 것이 워밍업에 도움이 됐습니다. LEET

시험의 문제유형이 라던가, 느낌을 알아보고자 한다는 가벼운 목적으로 기출문제를 허비하지 않으시기를 바랍니다. LEET입시를 시작하면 이름을 들어볼 수 밖에 없는 유명 강사들이 사력을 다하여 유사한 유형과 느낌으로 모의고사를 만들어내고 있습니다. 문제유형이 궁금하고, 느낌이 궁금하시다면 모의고사를 하나 풀어보는 것으로 충분합니다. 기출문제는 어느 정도 준비가 된 이후에 자신의 실력을 객관적으로 판단하는 도구로 사용하고, 한번 사용한 기출문제는 아주 자세히 분석하고, 반복되는 패턴을 파악해야 합니다.

　LEET를 위해서는 책을 많이 읽으라는 이야기를 누구나 들어보았을 것입니다. 하지만 제 생각에는 아무 책이나 열심히 읽는다고 도움이 되는 것은 아니라고 생각합니다. 주제를 잘 설정해야 하고, 저자를 잘 설정해야 하며, 올바른 방법으로 읽어야 합니다. 많은 학생들이 과학지문, 철학지문, 법학지문을 주로 어려워합니다. 각자의 전공이나 관심사에 따라 어려운 주제가 다르기 때문에 LEET모의고사 문제를 풀어보면서 스스로 어떤 주제를 어려워하는지 파악해야 합니다. 서적의 종류에 대해서는 간단한 논문을 읽으실 것을 추천합니다. LEET출제위원은 교수님들로 구성되어 있습니다. 따라서 교양서적은 크게 도움이 되지 않을 수 있습니다. 가능하면 간단한 논문을 읽는 연습을 하는 것이 좋고, 과학의 경우에는 비전공자가 이해할 수 없는 경우가 많기 때문에 교양서적을 활용하는 것이 좋습니다. 책을 읽는 태도 또한 중요합니다. 취미생활 하듯 설렁설렁 읽는 것은 시간만 버리는 일입니다.

　어떻게 하면 더 빠르고 정확하게 읽을지 항상 신경 쓰고, 글을 따라가는 눈이 루즈해지지 않도록 긴장을 늦추지 않고 읽는 것이 중요합니다.

　LEET는 자기와의 싸움입니다. 시험이 다가오면서 긴장이 되면 딱 그만큼 점수가 떨어지는 것을 볼 수 있습니다. 저의 경우, 정확히 시험 한달 전부터 모의고사점수가 떨어지기 시작했고, 극복해보려 했지만 결국 극복이 되지 않았습니다. 이전에 어떤 공부를 아주 열심히 하는 것 보다 시험 직전에 자기 자신을 잘 다독이고 침착하게 시험에 임하는 것이 LEET고득점에 가장 큰 요인이라고 생각합니다. 제가 성공하지 못한 부분이라서 적을 내용은 많지 않지만 그 어느 부분보다도 중요한 부분이라고 생각합니다.

5 시험이 끝난 직후

시험 직후의 시기에도 맨탈관리가 중요합니다. 특히 시험점수가 예상보다 낮은 경우, 우울함에 빠져 멍하니 시간을 버리는 경우가 많습니다. 또는 시험이 끝났다는 해방감에 놀기에 바쁜 사람들도 있습니다. 지나고 나서 느끼는 것은, 법학전문대학원 입시는 절대 8월에 끝나지 않는다는 것입니다. '나'군 면접장을 나오는 순간에 입시가 끝난다고 생각해야 합니다. 시험이 끝난 직후에 온갖 설명회와 광고가 쏟아졌습니다. 저는 어디든 무작정 찾아가서 일단 듣고, 광고는 버리고 정보만 추려서 정리했습니다. 설명회를 다니면 강사들이 "LEET는 학교를 정하고 면접과 자기소개서는 당락을 좌우한다." 라는 말을 정말 많이 합니다. 준비할 당시에는 학원의 면접과정, 자기소개서 과정을 판매하기 위한 광고라고 생각했습니다. 하지만 지나고 보니 타당한 말이라고 생각합니다. LEET로 학교가 정해지면, 해당학교에 지원하는 지원자의 LEET점수는 크게 차이 나지 않습니다. 그리고 학교에 따라서 차이는 있겠지만 합격여부가 LEET성적순으로 결정되는 것이 아닙니다. 원서낼 학교를 객관적으로 판단하여 잘 결정했다면 이후의 당락은 LEET 이후의 시간(포스트 LEET라고 많이들 부릅니다)에 결정된다고 생각하면 크게 틀리지 않습니다. 이 시간을 허투루 보낸다면 LEET 잘 봐서 좋은 학교 지원할 수 있는 자격을 얻어놓고도 합격하지 못할 수 있습니다.

6 자기소개서의 작성요령

시험이 끝나고 가채점 결과가 나오면 자신이 원서를 넣을 수 있는 학교가 네 개 내외로 정해집니다. 저의 경우에도 네 개 학교가 정해졌습니다. 정해지자마자 각 학교의 전년도 자기소개서 질문지를 다운받아 작성하기 시작했습니다. 질문지가 작년과 달라도, 다른 학교에 지원하게 되어도 상관없다고 생각했습니다. 법학전문대학원 자기소개서가 요구하는 내용에는 서로 크게 차이가 나지 않고, 많이 적어볼수록 도움이 되기 때문입니다.

자기소개서에서 가장 신경 쓴 부분은 하나의 완성된 글을 만드는 것이었습니다. 네 개 혹은 다섯 개의 질문지가 각각 따로 있지만 한 명의 사람이 작성한 자기소개서는 그 질문지 간에도 일관성을 유지해야 합니다.

보통 자기소개서에 허용된 지면의 양은 넉넉하지 않습니다. 아주 작은 것 하나라도 어필하고 싶은 수험생의 입장에서는 턱없이 부족한 분량입니다. 그래서 쓰고 싶은 내용 중 증명할 문서를 첨부할 수 있는 것만 남기고 과감하게 제외했습니다. 그리고 아무리 작고 보잘것없는 것이라도 제가 쓴 자기소개서의 근거가 될 가능성이 있는 것은 모두 첨부자료로 제출했습니다.

자기소개서의 편집도 신경을 썼습니다. 소제목을 다는 것, 문단과 문단 사이를 띄울지 여부 등 각자 자기가 지원하는 학교의 조건에 맞추어 고민해보아야 할 문제입니다. 내용이 아무리 좋아도, 수없이 많은 자기소개서를 읽으셔야 하는 교수님들이 가독성 낮은 자기소개서에 좋은 점수를 주지 않으실 것이라고 생각했습니다.

초안이 완성된 이후에는 백 번 이상 수정을 했습니다. 조금이라도 더 좋은 문장을 적고, 조금이라도 더 완결성 있게 하기 위하여 노력했습니다. 그리고 부끄럽더라도 가능한 많은 사람들에게 자기소개서를 보여주어 피드백을 받았습니다. 피드백의 내용이 서로 상충할 때는 전체 글의 일관성을 기준으로 판단하여 결정했습니다. 초안을 수정하다 보면 자기소개서 전체를 뒤엎어야 하는 순간도 있습니다. 저도 네, 다섯 번은 뒤집었던 것 같습니다. 힘들게 써둔 자기소개서를 뒤엎어야 한다는 생각이 들면 정말 마음이 많이 안 좋습니다. 하지만 그렇게 여러 번 뒤집히고 나니 비로소 좋은 글이 나왔던 것 같습니다.

7 면접과 관련하여

한번에 두 가지 준비를 한 것은 이때가 유일했습니다. 원서를 제출하고 면접준비까지는 시간이 그리 길지 않기 때문에 어쩔 수 없이 자기소개서와 면접은 같이 준비를 해야 했습니다. 면접에는 지성질문과 인성질문이 나뉘어 있는데, 자기소개서와 면접을 같이 준비하게 되면 인성질문에 대비한 생각 정리가 어느 정도 이루어진다는 점에서 좋은 점도 있었습니다.

면접은 스터디가 정말 중요합니다. 스터디의 운영, 스터디원의 성향 등이 합격에 큰 영향을 줍니다. 실제로 결과가 나와 보면 어떤 스터디는 다들 합격하고, 어떤스터디는 다들 불합격하는 모습을 많이 볼 수 있습니다. 저의 경우에도 제가 두 팀에 걸쳐 모집한 스터디원 8명 중 7명이 합격하였습니다. 저는 동성인 남자로만 스터디원을 모아서 면접준비 외에 생길 수 있는 연애 등의 잡음을 최소화 했습니다. 스터디원이 어떤 사람들이 모일지는 알 수 없기 때문에 두 개의 스터디를 꾸렸습니다. 스터디 시간에는 시뮬레이션을 했습니다. 한명씩 짝을 지어서 상대방이 지원하는 학교의 기출문제를 확인하고 같은 유형으로, 그 해의 가장 화제가 되었던 주제로 바꾸어서 서로 문제를 만들어 주었습니다. 스터디 시간에는 실제로 나가서 문제를 풀고, 들어와서 인사하는 것부터 의자에 앉는 것, 답변중의 자세와 태도, 말투와 표정까지 모두 서로 피드백을 해 주었습니다. 동시에 각자의 핸드폰으로 영상을 찍어서 자신의 발표모습을 스터디 이후에 돌아볼 수 있게 했습니다. 교수님 역할을 맡은 스터디원들은 공격적으로 답변자를 몰아붙이기도 하고, 온화하게 유도해주기도 하면서 다양한 상황을 연출했습니다. 답변하는 사람은 당연히 더 좋은 답변을 하기 위해 노력해야 하지만, 질문하는 사람도 더 좋은 질문을 하기 위해 고민해야 좋은 스터디가 될 수 있습니다.

스터디원들과의 관계는 친해지지 말되, 싸우지 말아야 합니다. 너무 친해지면 공부에 방해가 될 수 있고, 반대로 싸우게 되면 합격 이후에도 좋을 것이 없습니다. 같이 공부한 스터디원과 같은 학교를 다니게 된다거나, 지인의 지인으로 엮이는 경우가 정말 많습니다. 적정한 관계를 유지하기 위해 입시에 관해서 서로 살갑게 이야기 하지만 불필요한 회식 등의 사적인 자리는 시험 전까지 전혀 만들지 않았습니다.

면접준비를 시작하면서 가장 먼저 한 것은 답변을 하는 기본적인 틀을 만드는 것이었습니다. 면접장에서 가장 먼저 하는 것이 문제에 대한 자신의 답변입니다. 이후에 있을 교수님들과의 문답에서 좋은 답변을 하는 것도 중요하지만 가장 먼저 하는 문제에 대한 답변이 저의 첫인상을 결정한다고 생각했습니다. 그래서 모든 문제에 대해 주장, 근거 재반박, 재반박에 대한 반박으로 구성된 답변을 할 수 있도록 연습했습니다. 많이 긴장되는 실제 면접장에서 내용을 빼먹지 않고 분명하게 발표하는 데 큰 도움이 되었습니다.

면접을 준비하면서 예상외로 도움이 되었던 것이 있다면 헌법 제37조 제2항 조문을 외워서 시험장에 들어간 것입니다. 면접시험 문제는 기본권 충돌상황으로 많이 출제가 되는데 기본권을 일부 제한해야 한다는 주장을 할 수밖에 없을 때 그 논거로 많이 사용했었고, 운이 좋게도 시험장에서도 사용할 수 있었습니다. 주장에 대한 효과적인 논거뿐만 아니라 법에 대한 관심을 어필하기에도 좋은 수단이었습니다. 면접관도 법조문을 명시한 것에도 저의 법학에 대한 관심을 좋게 봐주셨습니다.

8 마치면서

저보다 더 좋은 결과를 내신 분들이 보기에 공감하지 않는 부분도 있을 수 있습니다. 또한 개인의 성향에 따라 제가 해온 방법들이 적절하지 않게 느껴질 수 있습니다. 그리고 더 좋은 방법을 알고 계신 분들도 있으실 것입니다. 하지만 이 글을 읽으실, 법학전문대학원을 준비하시는 우수한 인재이신 분들께서는 제가 드린 말씀 중 필요한 부분을 얻어가실 수 있으시리라 생각합니다. 부족한 제가 누군가에게 조금이나마 도움이 됐기를 바라면서 글을 마칩니다.

02

도전하라! 전략적으로

최은정

· 상명대학교부속여자고등학교 졸업
· 강원대학교 법학부 졸업
· 강원대학교 법학전문대학원 제5기

1 들어가며

매서운 추위가 끝나고 변덕스러운 날씨가 이어지고 있습니다. 중간고사 시험이 끝났지만 열람실에 앉아 봄의 변덕을 느끼고 있습니다. 작년 이맘때쯤을 생각해 보면 지금 하고 있는 법학공부는 감사, 그 자체입니다. 1년 전, 오늘을 생각하며 현재 법학전문대학원을 입학하려 고민하고 계시거나 준비하시는 독자 분들에게 과연 어떤 내용을 기록하면 좋을까 생각해 보았습니다. 결론은 제가 궁금했던 것, 그리고 지금 운영하는 블로그를 통해 받은 질문들을 위주로 기록하는 것이 좋을 것이라 생각합니다. 지금부터의 내용은 제 주변의 일부 사람들을 표본으로 기록한 것입니다. 따라서 표준적 기준이 될 수 없으며 참조하시길 바랍니다.

2 I단계 필요한 요건

● **영 어** ● ····· 토익, 토플, 텝스 등의 영어시험 성적을 요구합니다. 서울대의 경우에는 토익을 인정하지 않으며 각 학교마다 하한선이 있고 상한선이 있는 학교도 있습니다. 대부분의 학교의 하한선은 700점이고 상한선이 있는 학교는 일정점수(토익 900 등)가 되면 영어분야를 만점으로 처리합니다. 또한 영어를 P/F로 평가하여 자격 정도로만 취급하는 학교도 있습니다. 그러나 다다익선이라는 말이 있습니다. 로스쿨 입시에도 영어 점수는 높을수록 좋습니다. 제 주변의 수험자 대부분은 토익기준 900점 이상을 지니고 있었습니다. 저 같은 경우에도 학원에서 상담을 했을 시, 900점은 무조건 넘어야한다고 조언을 해주었습니다.

tip>> 영어는 LEET시험을 본격적으로 준비하기 전에 미리 완성(?)해 놓는 것이 정신건강상 좋습니다. 영어가 준비되지 않으면 심리적으로 부담이 크답니다. 물론 7월 혹은 8월에 LEET시험을 보고 "난 8월에(9월은 유동적임) 준비하겠어!" 라고 계획할 수 있으나 LEET 가채점 후 면접 준비, 기타 스펙 준비 등으로 할 것이 더 많습니다. 저 같은 경우도 LEET보기 전까지 900점이 넘지 못했습니다. 9월 토익시험과 자기소개서 등을 함께 준비하면서 느꼈던 그 초조함은 아직도 잊지 못합니다. 따라서 내년에 시험을 생각하시고 계시는 독자분들께서는 영어에 매진하시길 바랍니다. 그러나 올해 시험을 준비하시는 독자 분들께서는 6월 시험까지만 토익에 투자하시고 남은 2달은 LEET에 투자하시는 것이 바람직하다 생각합니다. 저는 영어를 LEET 시험보기 전까지 잡지 못하였지만, 제 주변에 계시는 분들은 6월까지 5:5 (LEET:영어) 비율로 학습하시며 원하는 점수를 얻으셨습니다. 솔직히 언급하자면 저는 영어는 학원의 도움을 받는 것이 빠른 길이라 생각합니다. 정말 영어가 좋아서, native라서 잘 하시는 분이 아니시라면 단기간에 최대 효율을 내는 방법이라 생각합니다.

● **학부학점** ● ····· 학부학점 역시 다다익선입니다. 각 학교마다 반영하는 방법은 다릅니다. 구간별 동일점수를 주는 곳도 있고 비례하여 점수화시

키는 곳도 있습니다. 제 주변의 수험자들을 예로 들자면 91/100 (4.0/4.5)
이 평균이었습니다.

tip>> 간혹, 졸업을 하지 않고 학교를 계속 다니며 학점을 조금이라도 더
올리는 것이 나을까 고민하시는 수험생이 있습니다. 그러나 무조건 적으로
올리는 것보다는 효율성을 생각해 보는 것이 중요하다고 생각합니다. 한 학
기 더 수강을 한 후, 학점이 100점 환산시 0.1점만 오른다면 그것은 효율성
이 떨어진다고 생각합니다. 법전원은 정성평가도 중요한 요인으로 작용하기
때문에 그 시간에 다른 활동을 하시는 것이 더 좋다고 생각듭니다.

● **LEET (법학적성시험)** ● ····· 언어이해(35문항), 추리논증(35문항), 논
술(2문항). 이렇게 세 분야로 시험을 봅니다. 언어이해와 추리논증은 표준
점수와 백분위로 점수가 환산됩니다. 따라서 35문항 중 맞은 개수에 집착하
는 것보다 상대적인 나의 위치를 파악하는 것이 유의미합니다. 실제 문제를
풀어보시면 아시겠지만 35개 중 35개를 모두 맞추는 것은 정말 어렵습니다.
평균이 (상위 50%) 각 영역당 20개~22개입니다.

tip>> 저도 엄청 높은 점수가 아니기에 팁을 쓰기 좀 창피하지만 책 많이
읽고 기출문제 많이 푸는 것이 가장 좋은 방법입니다. 이는 누구나가 다 말
하는 것이겠지만 가장 기본적인 것이 가장 훌륭한 방법이라 생각합니다. 제
가 이 부분에서 남들과 조금 다르게 한 것은 스터디를 정말 열심히 하였고
따라서 스터디의 도움을 많이 받았습니다. 여럿이 모이면 정말 다양한 풀이
방법과 새로운 시각이 생깁니다. 5명의 스터디원이 모여 각자 범위를 정하
여 공부하여 옵니다. 그렇게 학습한 내용을 스터디원의 질문에 따라 막힘없
이 대답할 수 있도록 공부하는 것입니다. 또한 저 같은 경우는 5월~6월에
논술을 제외한 학원강의도 같이 들었습니다. 그 이유는 학원에서 무엇인가
를 배운다는 것보다 주어지는 문제와 저의 실력이 어느 정도인지 상대적으
로 가늠해 보기 위함이었습니다. 간혹 학원시험의 결과에 따라 일희일비하
시는 분들도 보았지만 학원의 시험은 진짜 시험이 아님을 염두 해 두고 꾸준
히 공부 하는 것이 중요합니다.

블로그를 하다보면 논술준비는 어떻게 해야 하는가 하는 질문이 가장 많이 들어 옵니다. 여기에 대해 저의 견해를 말씀드리자면 제가 경험 한 것을 종합해 볼 때, 논술에서 변별력은 그리 크게 나지 않는 것 같습니다. 다들 배운 것이 비슷하기 때문이라 생각합니다. 물론 일부는 매우 상위 클래스를 구성합니다.

어느 학원 강사께서 전에 말씀하신 것 중에 인상 깊었던 말은 "논술의 답안이 획일화되어 간다."는 것입니다. 아무래도 이 점은, 여러 학원에서 획일적으로 답안을 작성하는 기.술.을 가르쳐서 그런 것 같습니다. 그러나 이 같은 획일화 현상이 나쁜 것이라고는 말할 수 없다고 생각합니다. 채점자의 입장에서 보면 채점의 수월도는 높아지고 그로 하여금 논점이 명확히 확인되기 때문입니다. 따라서 어쩔 수 없이, 학원이나 교재에서 가르쳐 주는 방법론을 따라야 된다고 생각합니다. 그러나 제가 말하는 방법론은 답이 아닌 단지 답안을 쓰는 기술입니다. 저는 법학과를 졸업하였기 때문에 평소 글을 읽으면 목차를 잡는 것과 쟁점을 잡는 것이 습관화되어 있습니다. 그러나 타과 졸업자의 경우 목차보다는 요약글을, 쟁점보다는 이론적 설명을 위주로 답안을 작성하는 것 같습니다. 답안은 국문학, 법학 등의 교수가 주로 채점한다는 것을 잊으시면 안 됩니다. 따라서 우선, 목차와 논점을 잡는 것이 중요하고 이 기술을 익히셔야 합니다.

이런 방법론적인 기술을 익히기 위해 학원이나 논술교재를 집중해서 공부하는 것을 추천합니다. 저 같은 경우는 학원에서 조금 더 도움을 받았는데 처음 기본반 2달은 무척 도움이 되었습니다. 그리고 내용적 측면에서는 철학책이나 정치외교학 책을 읽고 깊이 있게 공부하며 심화하는 것을 추천합니다. 8월 시험을 전제로 보면 4개월 남짓 각 1권씩을 집중있게 읽으시길 권장합니다. 어느 책을 선택하시던 논리 구조적 측면과 전개 및 근거를 집중적으로 파악하는 것이 중요합니다.

● **정성평가** ····· 있는 학교도 있고 없는 학교도 있고 반영된다면 그 비율역시 각양각색입니다. 수험자들이 말하길 법전원 입시는 카오스라고 하

는 점도 이 항목때문이 아닌가 집어봅니다. 정성평가라는 것은 말 그대로 다양한 나의 활동을 종합적으로 평가하는 것입니다. 봉사활동, 공모전, 토익 스피킹, 제2 외국어 등 위 영역에 해당하지 않지만 자신이 자랑하고 싶은 것을 모두 기록하는 것입니다. 각 학교에서도 이 부분에 대해 명확한 가이드라인을 주지 않는 것 같습니다. 입시설명회를 다녀왔지만 "그냥 다 있으면 좋아~"라고만 가이드 해 주는 느낌을 받았습니다.

tip>> 저 같은 경우에는 교육 봉사활동과 법률 봉사활동 등 봉사활동을 4년 동안 450시간 이상 꾸준히 하였습니다. 또한 대학교에서 주는 상장 1개와 봉사관련 외부상장 2개, 국정감사 활동 및 그림자 배심원 활동 등 열심히 살았다는 것을 기록하였습니다. 지인들을 보면 변리사나 회계사 등 정말 좋은 자격증을 지닌 분들도 계시고 전무한 분들도 계셨습니다. 그러나 저 역시 그런 전문 자격증은 없었고 그냥 태권도 유단자 정도만 갖고 있었습니다. 따라서 저는 제가 가진 모든 것을 기록하였습니다. 내가 생각했을 때는 별로인데 점수화 될지는 아무도 모르는 일이라 생각합니다. 따라서 스스로 판단하지 말고 자신의 자랑이 될만한 것들은 모두 기록하는 것이 좋다 생각합니다.

3 2단계 필요한 구성요건

7월 말일, LEET 시험을 본 후, 가채점을 하고나면 여러 학원에서의 가채점 결과가 나옵니다. 이 외에도 여러 입시 카페(예. 서로연) 등을 통해 나의 위치를 가늠할 수 있게 됩니다. 그러나 이때 명심해야하는 것은 자신의 '줏대'입니다. 로스쿨 입시는 객관적인 지표 외에도 정성이란 요소가 참 중요합니다. 그렇기 때문에 객관적인 지표와 조언을 참고하되 이에 따라 흔들려서는 안 됩니다.

● 원서접수와 자기소개서 ● ······ LEET 성적표가 8월에 나면 원서접수 시즌에 돌입하게 되는데 그때까지 토익을 준비하는 친구들도 있고, 면접을 준비하는 친구도 있습니다. 토익 준비로 정신이 없었지만 저와 저의 스터디

원 같은 경우에는 그동안 못 읽었던 책을 읽고 여행을 다니면 마음에 여유를 되찾았습니다. 또 여유를 찾으면서 자기소개서에 담을 내용을 생각해 보았습니다. 아직 점수와 자기소개서의 항목이 나오지 않은 시점에서 지난 항목들을 참조하여 모든 학교의 공통적인 부분에 대하여 중점적으로 생각하였습니다.

8월 LEET성적표 발표가 있고나면 이제 원하는 학교를 구체적으로 정해야 합니다. 자기소개서는 원서를 접수할 때 컴퓨터에 기입하는 학교, 서류 제출 시 함께 제출하는 학교, 1차 서류 합격자 발표 시 등 각 학교마다 제출 시기가 다르다는 것도 염두 해 두어야 합니다. 또한 자기소개서의 항목도 각 학교마다 상이합니다. 따라서 자신이 가고 싶은 학교를 정하고 그에 따라 자기소개서를 준비해야합니다. 그렇지 않으면 초초함과 불안함으로 흔들리기 시작하면 원서 접수 전까지 자신의 생각이 정해질 수 없기 때문에 자기소개서 작성에 영향을 미치게 됩니다.

이렇게 자기소개서를 완성하고 나면, 면접준비에 들어갑니다. 저와 제 지인의 경우에는 자기소개서 작성과 면접을 함께 준비하였습니다.

tip >> 저는 4기 입시도 준비 했었는데 가, 나 군 모두 면접까지 보았지만 모두 불합격이었습니다. 그래서 모두 떨어진 이유를 생각해보니 자기소개서의 영향이 컸으리라 생각합니다. 4기 입시 때 쓴 자기소개서를 보면 누구나 쓸 수 있는 내용만을 적었습니다. 그러나 올 해, 저는 제 자기소개서에 진실을 담았고 정말 제가 하고 싶을 것을 썼다. 또한 내가 하고 싶은 것을 나만 할 수 있다고 어필하였습니다. 지인들을 보면 자신의 이야기가 진실하게 담긴 자기소개서를 쓴 사람에게 대체로 좋은 결과가 있었습니다.

● **면접 준비** ● ⋯⋯ 원서를 접수하고 나면 이제 서류발표를 기다릴 때 까지 할 수 있는 것은 초조해 하거나 면접에 '올인'하는 것입니다. 이왕이면 빨리 마음을 다 잡고 후자를 선택해야 합니다. 면접학원을 가는 지인도 있었으나, 저는 마음이 맞는 지인들과 스터디를 꾸준히 했습니다. 그리고 가장 중요한 것은 면접 스터디원끼리 상처 받는 것 생각하지 말고 솔직하게 독설해

야 합니다. 그래야 면접장에 가서 당황스러운 질문을 받아도 태연하게 대처할 수 있기 때문입니다.

tip>> 면접방식도 학교마다 상이합니다. 학원이나 스터디 하는 조를 보면 대부분 시사문제와 기출문제를 봅니다. 물론 저 역시 시사문제를 봐야한다고 생각합니다. 그러나 제가 더 중요하다고 말하고 싶은 것은 기출문제이며 그 성격을 눈여겨 봐야한다는 것입니다.

A 법학전문대학원 면접 요약	B 법학전문대학원 면접 요약
제시문 (가) – 만장일치에 의한 단점을 보안하기 위해 다수결이 나왔다. 제시문 (나) – 가중다수결은 부정의가 유지될 수 있다는 한계가 있다. 제시문 (다) – 아동노동이 자행되는 사회에서 아동노동을 막기 위해 2/3 이상의 찬성이 필요한데, 찬성측이 66% 지지를 받아서 이를 막지 못했다. Q) 제시문 (가), (나), (다)의 가중다수의 비판 요지를 정리하고 가중다수의 긍정적 예를 들어라.	제시문 (가) – 비정규직 문제에 대한 제시문 제시, 비정규직 문제가 심각하다.(생략) Q) 제시문 (가)에 대한 생각과 비정규직 문제에 대해 어떤 견해를 가지고 있는가?

두 학교의 차이점이 보이십니까? (제시문의 길이는 양 학교 비슷하다)

A학교는 제시문을 바탕으로 생각을 이끌어야 합니다. 즉, 제시문에 대한 비판적 시각이 필요합니다. 반면 B학교는 제시문을 중시하되 시사문제에 대한 면접자의 생각을 중시하고 있습니다. 따라서 각 학교의 기출문제를 파악, 학교에 맞춰 맞춤형면접이 필요합니다. 그래서 우리 스터디는 각 학교의 예상문제를 매 시간 만들어 (제시문 포함) 맞춤형 문제를 풀었습니다. 그리고 인성면접의 경우는 자주 등장하는 질문은 찌르면 나올 정도로 준비하고, 그 밖에 예상문제는 논리적으로 말할 수 있게 준비했습니다.

● **면접 시**●‥‥‥ 면접은 나의 약점을 덮고 강점을 살릴 수 있는 마지막 찬스입니다. 이번 입시를 준비하면서 객관적으로 우월한 성적을 갖은 지인이 떨어지는 경우도 보았고 객관적으로 불가능한 성적을 갖은 지인이 합격하는 경우도 보았습니다.

tip>> 그 둘의 차이는 면접태도라 생각합니다. 스터디를 하다보면 후자의 지인은 항상 자신의 말에 확신이 차 있고, 논리적으로 말을 합니다. 그러나 전자의 지인은 면접관 앞에 앉으면 주눅이 들어 있고, 자신의 생각을 분명하게 표현하지 못했습니다. 따라서 면접 마지막까지 긴장해야하고 당당해야 합니다. 저 역시 작년에 면접관들 앞에서 웃기만 했지 제 주장을 하지 못했습니다. 또한 가군에서는 당당히 의사표명을 했으나 나군에서는 왠지 어수선하게 대답하여 제 주장을 모두 말하지 못하였습니다. 이것이 현재, 저의 결과로 나타난 것이 아닌 가 짚어봅니다.

4 글을 마치면서

마음만 먹으면 실제, 수많은 정보를 얻을 수 있었고 그 정보들이 진실이라 생각했습니다. 그러나 너무 많은 정보가 있었고 저는 정보 속의 미아가 되었습니다. 예를 들어 교재 하나 선정하는 데에도 많은 정보로 인해 오히려 혼란을 겪었습니다. 따라서 저는 자신에게 맞는 정보를 선별할 수 있는 능력이 가장 중요하다 생각합니다. 제가 제시한 방법들은 수많은 방법 중에 하나일 뿐이며 어느 한 대학만을 위한 것이 아닙니다. 저는 강원대학교 법학전문대학원 입학생이니 강원대학교 법학전문대학원 입학에 대한 제 생각을 말씀드리자면 객관적이 지표가 어느 대학원보다 중요한 것 같습니다. 1차에 정성평가의 요소가 없기 때문입니다. 따라서 나이와 같은 것에 구애받지 마시고 언제든지 도전하라고 말씀드리고 싶습니다. 서울권 법전원에는 나이도 스펙이라는 말이 있지만 적어도 저희 학교에서는 나이는 단지 숫자에 불과한 것 같습니다.

항상 도전하는 자에게는 기회가 있습니다. 제 글을 읽고 계시는 모든 독자분들께 도전할 수 있는 용기가 넘치길 바라며 이 글을 마칩니다.

03

로스쿨 10기행(行)

황 현 정
- 상명대학교사범대학부속여자고등학교 졸업
- 이화여자대학교 법학과 졸업
- 건국대학교 법학전문대학원 제9기

1 법학전문대학원 진학 계기

고등학생일 때부터 장래희망 란에는 항상 '변호사'를 썼던 기억이 있습니다.

영화나 드라마 속 변호사가 맡은 정의롭고 화려한 역할에 매혹되어서 인지, 변호사를 고급 전문직으로 인정해주는 사회적 평판 때문인지 확실하진 않지만, 변호사라는 직업의 본질에 대한 이해를 바탕으로 꿈을 꿨던 것은 아닌 것 같습니다. 그럼에도 법학과로 진학을 했고, 사법시험을 2년간 준비하기도 했었습니다.

하지만 목적이 뚜렷하지 않은 채로 망망대해를 건너려는 노력은 실패했고, 취업준비를 했습니다. 좋은 기업에 취직하기에는 아무런 준비가 안돼 있었고, 이미 신입사원 채용이 되기엔 나이도 많은 축에 있던 터라 비법률분야에서의 취직은 정말 어려웠습니다.

결국 다시 법률분야로 돌아와 간신히 법률구조기관인 한국가정법률상담소에 취직하게 되었고, 이곳에서 가사사건 관련된 법률상담, 소송에 필요한 서면 작성, 가족법개정 관련 교육 및 운동에 참여했었습니다. 한국가정법률상담소는 기본적인 가족법률상담을 무료로 제공하고, 사회적 취약 계층에 대한 무료소송구조, 가정폭력개선 상담, 교육 및 캠페인 등을 관장하는 우리나라 대표적인 법률구조기관 이었기 때문에 일을 하면서 학교에선 알 수 없었던 법조업무의 실체를 경험할 수 있었습니다. 저는 그 중 기본적인 가정법률 상담을 중점적으로 했었는데, 업무성격이 변호사의 업무와 비슷한 면이 많다보니 보다 더 전문적인 법률지식과 법조인으로 구성된 인적네트워크의 중요성을 절실하게 깨달았습니다.

이 기관에서 일 하는 동안 법률로서 한 사람의 인생에 큰 도움이 될 수 있다는 보람을 많이 느꼈고, 많은 의뢰인들을 만나보니 똑같은 사건이 없었기 때문에 저의 법률지식을 도구로 써서 해결방법을 창작해내는 작업을 하다보니 만약 변호사가 된다면 더욱 넓은 범주에서 이렇게 흥미로운 일들을 평생 할 수 있지 않을 까라는 기대가 생겼습니다. 그때부터 다시 변호사의 꿈을 꾸기 시작했고, 이번에는 좀 더 구체적인 모습의 변호사가 되기 위해 법학전문대학원에 반드시 진학해야겠다는 결심을 했고, 리트준비 및 면접준비 등을 하며 약 8개월간의 수험(?)생활 끝에 로스쿨에 합격하였습니다.

저의 진학 계기를 위처럼 길게 늘어놓은 것은 저 정도의 경험이 반드시 필요하다는 것을 의미하는 것이 아니라 꿈에 대한 '절실함'이 클수록 성취가능성이 높아진다는 것을 보여드리기 위함입니다. 리트점수 발표와 면접준비, 원서접수를 앞두고 계신 미래 법학전문대학원생 여러분들도 처음 법학전문대학원에 진학하려고 결심한 계기가 무엇인지 돌아보고, 그 계기가 무엇이든(자의에 의한 것이든, 타의에 의한 것이든) 그 안에서 '절실함'을 찾으신다면 지금의 불안하고 초조한 시기를 보다 수월하게 그리고 성공적으로 마치실 수 있을 것이라 확신합니다.

2 진학 준비

학점, 리트(LEET), 영어성적

● **학 점** ······ 저는 법학과를 졸업 했으나 당시엔 전공에 큰 흥미를 느끼지 못했기 때문에 법학전공수업을 많이 듣지도 않았을 뿐더러 전공 평점 또한 높지 않았었습니다.

그래서 원서접수를 할 때 가고 싶었던 많은 로스쿨들을 선택지에서 걷어낸 채로 지원학교를 골랐어야 했습니다. 높은 학점이 로스쿨 입시에서 필수요소는 아니지만 높으면 지원할 수 있는 폭이 넓어지는 큰 메리트를 가진 요소입니다. 이 때문에 아직 학점을 높힐 기회가 있으신 분들은 최선을 다하시고, 이미 낮은 학점을 가지고 계신 지원자분들은 학점만으로 좌절하지 마시길 바랍니다. 또한, 학점이 높지 않더라도 법학수업 수강을 한 경험은 법학전문대학원 진학 후에도 우수한 성적을 거둘 수 있는 요소로 보는 경향도 있으니, 되도록 이와 관련된 수업을 수강하시거나 따로 사설학점은행기관에서 법학 독학사를 수료하시는 것도 별도의 팁이라고 볼 수 있을 것 같습니다.

● **리트(LEET)** ······ **스터디 모임** 저는 2016년 3월부터 회사근무와 리트시험 준비를 병행했습니다. 근무시간 때문에 학원의 강의는 들을 수 없었고, 주변에 리트시험 준비를 하는 사람이 없었기 때문에 혼자서 인터넷강의를 듣다 보면 결국 흐지부지 될 것 같았습니다.

인터넷으로 리트수험 준비방법을 검색해보던 중 많은 수험생들이 스터디모임을 활용한다는 것을 알게 되었고, 저에게 맞는 시간에 적절한 강제성을 갖고, 합의된 방식으로 시험준비를 할 수 있다는 측면에서 효율적인 공부방법이라고 생각해 스터디 모임을 시작하였습니다. 주변에 리트준비를 하는 사람이 없었기 때문에 인터넷 카페인 '서로 연합하는 스터디'에 가입하여 일주일에 3번씩 진행하는 스터디를 구하였고, 3월부터 7월까지 5개월 동안 참여하였습니다.

3월부터 5월까지는 기출문제를 1회분씩 각자 푼 뒤, 문제풀이를 검사하고, 다른 사람의 문제풀이 방식도 배우자는 취지로 한 명씩 돌아가면서 한 문제씩 말로 풀이하는 방식을 진행했었습니다. 문제풀이가 일찍 끝나거나 문제풀이를 더 하고 싶은 스터디원이 있는 경우 사설문제집을 1개 지정하여 시간을 정해 놓고 같이 풀고 풀이하는 식으로 문제풀이 실전 감각도 틈틈이 익혔습니다. 저의 경우 총 6명이 참여 했었고, 각기 다른 분야에 있던 사람들이 로스쿨 진학이라는 하나의 목표를 가지고 모였던 스터디 모임이었기 때문에 문제에 접근하는 시각 차이를 통해 다른 사람의 문제풀이 방식을 배우면서 점차 문제풀이 스킬을 발전시킬 수 있었습니다. 또한 회사생활 병행으로 심신이 많이 지쳤었지만, 함께한 스터디원들의 조언과 격려로 끝까지 포기하지 않고 준비할 수 있는 도움을 덤으로 얻기도 했었습니다.

　자　습　다른 스터디원들에 비해 턱없이 부족한 공부시간 때문에 저는 짧은 시간 동안 틈틈이 할 수 있는 효율적인 자습방법을 시작했습니다. 이를 위해 이미 로스쿨에 진학한 학부 동기들과 인터넷 카페에 공유된 학습방법들을 참고하여 저만의 가장 효과적인 방법을 찾았습니다. 리트시험 준비에서 가장 중요한 부분은 기출문제에 대한 이해라고 생각했기 때문에, 기출문제 오답노트를 여러 번 돌려 보기로 했습니다. 시간이 많이 들 수 있기 때문에 노트를 만들지 않고, 틀렸거나 맞췄어도 확실히 이해하지 못한 문제에 체크를 해두고, 여백에 스터디원들 풀이했던 방식 들 중 좋은 풀이 방식들을 적어 놓고 출퇴근 중에 잠깐, 잠시 시간이 뜰 때 한 문제씩 들여다 보았습니다. 체계적인 방법은 아니지만, 큰 노력 들이지 않고 수험감각을 유지하기에 좋은 방법이었다고 생각합니다.

　시험 직전 1달　스터디원들 대부분이 학원강의를 들었기 때문에 기출문제와 문제집 1개만 잡고 있는 것이 불안했고, 풀었던 것만 보다보니 긴장이 풀어져서 문제해결력을 높이자는 취지로 사설문제를 풀기 시작했습니다. 시험 한 달을 남겨두고 학원의 파이널 문제풀이 강의를 들었습니다. 시험이 가까워지는 마당에 새로운 문제를 풀면서 정신적으로 부담만 커질까 주저하기도 했지만, 새로운 문제에 적응하는 방편으로만 생각해 점수에 가급적 신경 쓰지 않는 방향으로 풀다보니 실제 시험장에서 덜 긴장할 수 있었던 것 같습니다.

시험 당일　시험이 토요일이어서 전 날까지 출근을 해야 했었기 때문에 충분한 휴식은 취하지 못한 채로 시험장에 갔습니다. 오전에 언어이해를 풀고 학교 주변 카페에서 빵과 차를 마시면서 배가 많이 부르지 않되 어느 정도 휴식을 취할 수 있도록 했습니다. 언어이해와 추리논증은 문제 스타일이 전혀 다르기 때문에 그에 맞도록 분위기를 전환할 필요가 있었는데, 개인적으로 장소와 환경으로부터 많이 영향을 받는 편이어서 수험장에서 벗어나 조용히 추리논증 오답노트를 훑어보면서 오후 시간에 담담히 대비할 수 있는 방법이었던 것 같습니다. 나중에 채점을 해보니 언어이해의 점수는 평소 기출문제를 풀었을 때 나왔던 점수와 비슷한 수준으로 나왔고, 추리논증은 평소보다 소폭 상승한 점수를 받았습니다. 이처럼 리트는 시험 당일의 컨디션이 중요한 만큼 머릿속으로 그려보는 시뮬레이션도 중요한데, 이때 도움이 되실까하여 상세하게 적어보았습니다.

● 영 어 ● …… 외국어 측정능력시험은 학교별로 반영비율과 환산점수가 다르기 때문에, 학점과 평소 리트점수 그 밖의 정성요소를 고려하여 마음에 둔 지원예정학교의 입시요강을 미리 확인하고 준비하시는 게 좋습니다. 영어시험 점수로 변별력이 많이 발생하는 로스쿨에 지원하실 예정이라면 리트직전까지 높은 점수를 위해 지속적으로 영어시험을 응시해야겠지만, 일정점수 이상으로 변별력이 발생하지 않는 학교에 지원할 예정이라면 그 점수만 만들어 놓으면 더 이상 영어시험에 노력과 시간을 투자하지 않아도 되기 때문입니다. 로스쿨입시 수험시간을 전략적으로 배분하는 차원에서라도 전년도 입시요강을 미리 검토하시고 준비를 하시길 추천드립니다. 개인적으로는 건국대학교 법학전문대학원의 경우 2017년 입시요강에 TOEIC점수

900점 이상은 영어시험환산점수를 만점을 부여했었기 때문에, 그 이상 점수를 받은 뒤에는 리트시험 준비에 온전히 집중 할 수 있었습니다.

자기소개서 및 면접

● **자기소개서** ● ····· 법학전문대학원 입시를 미리 치러본 친구들이 입을 모아 로스쿨입시에서 가장 많이 공을 들여야 할 부분이라고 할 정도로 중요한 준비사항입니다. 리트시험과는 조금 다르게 들인 노력과 시간에 비례하여 평가를 받을 수 있기 때문입니다. 그렇기에 대부분의 로스쿨의 자기소개서는 매년 비슷한 형태인 경우가 많으니, 작년도 자기소개서 양식을 참고하여 미리 지원할 학교의 자기소개서를 써 보거나 최소한 어떤 소재를 쓸 것인지 미리 생각해보고 틈틈이 메모해두는 것을 추천 합니다.

자기소개서의 질을 좌우하는 가장 중요한 요소는 글쓰기 방식과 소재라고 생각합니다. 두 가지 요소 중 전자는 단기간 내에 여러 사람의 첨삭으로 해결될 수 있는 부분이 많지만, 후자는 비교적 오랜 기간의 준비가 필요합니다. 특히, 자기소개서를 제출하는 곳이 '법학전문대학원'이다보니 '법학'관련 소재가 선호되는 경향이 있는 것 같습니다. 아무래도 법학이란 학문이 단시간에 체득하기 어려운 학문이어서 조금이라도 더 법학에 익숙한 경험이 있는 학생이 입학 후에도 좀 더 수월히 적응할 수 있다는 인식이 있기 때문인 것 같습니다. 법학관련 경험이란, 학부시설 법학과목을 수강했던 경험부터, 관련기관에서 봉사활동 내지 인턴을 했던 경험 또는 공인된 경로가 아니어도 살아오면서 개인적으로 경험했던 법률문제 등도 포함 될 수 있을 것입니다. 소재는 대부분 아무리 글을 잘 써도 쓸 내용이 없다면 자기소개서를 쓰는 과정이 더욱 고통스러울 것이기 때문에, 시간을 내어서 평소 법학 관련 활동에 관심을 두고 경험을 쌓아두거나 과거의 경험에서 법학관련성을 찾아 앞으로 자기소개서에 어떻게 반영할지 대략적인 방향을 잡아두는게 좋을 것 같습니다. 저의 경우 법학전공, 법원참관 경험, 법률구조기관 인턴 및 근무 경험 등으로 활용할 소재가 많이 있었기 때문에 비교적 수월하게 '유효한' 자기소개서를 쓸 수 있었던 것 같습니다.

첨삭의 경우, 학원에서 받는 첨삭은 비용이 너무 많이 부담되었고 주변에 믿고 자기소개서 첨삭을 부탁드릴 만한 분도 없었기 때문에 먼저 법학전문대학원에 합격한 친구 및 선·후배 2~3명에게 각각 2~3차례 첨삭을 받았습니다. 첨삭해 주신 분들 모두 두 번 이상 입시를 치러본 경험이 있어, 본인의 합격한 자기소개서와 불합격한 자기소개서를 비교해주며 글의 구성과 소재를 어떻게 활용할지에 대해 조언을 해주었고, 제가 쓴 자기소개서의 표현을 바로잡아주거나 좀 더 강조할 부분을 선별해주는 도움을 주었었습니다. 여러 지인들의 도움으로 총 7차례에 거쳐 자기소개서를 다음은 결과 합격 자기소개서를 쓸 수 있었던 것 같습니다.

● **면 접** ····· 면접의 경우 자기소개서와 마찬가지로 비용이 많이 든다고 알고 있었고, 매일 출근하면서 학원의 수업방식에 대해 알아본 시간적 여유가 없었기 때문에 리트시험을 준비할 때 효율적으로 준비할 수 있었던 경험에 비추어 리트시험 응시 1주일 만에 '서로 연합하는 로스쿨'에서 면접 스터디 모임을 구했습니다. 최대한 많은 낯선 사람들 앞에서 혼자 이야기해보는 경험을 쌓고 싶어 각각 8명, 6명으로 구성된 총 2개의 스터디 모임에 들어갔고, 주 2회씩 총 주 4회씩 모의면접 연습을 했었습니다. 처음 1달은 면접용 수험서를 하나 정해 주제별 문제에 대해 토론을 해보거나 당시 이슈로 떠오른 사회적 이슈(정치, 사회, 문화, 과학기술, 법조 등)에 대한 기사를 하나씩 정리해 이를 발표하고 토론한 뒤 이에 대해 노트를 정리하며 면접에서 답변할 문구 및 표현들을 정리하는 시간을 가졌습니다. 스터디 모임의 가장 큰 장점으로 다양한 분야의 사람이 모이는 곳이다 보니 하나의 쟁점에도 다양한 시각이 존재한다는 것을 배울 수 있고, 이들 중 보다 더 적절한 시각을 비교적 빨리 체득할 수 있다는 점이라고 생각합니다. 이는 면접에서 겪을 수 있는 돌발질문이나 압박질문에 대처하는 능력을 단기간에 길러주는 측면에서도 매우 유용한 것이어서 용기를 갖고 가급적 많이 스터디 모임에 참여할 것을 추천드립니다.

이후 면접시험일로부터 1달을 남겨 놓고서는 지원하는 학교 기출문제를 놓고 실제 시험 보듯이 대기시간과 답변시간을 정해 면접 시뮬레이션을 했었습니다.

면접의 경우 강의를 듣는 것보다 직접 부딪쳐서 체험하는 것이 가장 중요하다고 생각합니다. 개인적으로 실제 면접에서도 긴장하지 않고 답변시간을 꽉 채워서 답변할 수 있었던 데에는 수 십번 모의연습을 한 스터디 활동이 있어서 가능했던 것이라고 생각합니다.

원서접수

로스쿨 입시에서 자기소개서와 함께 가장 중요한 것은 지원할 학교를 결정하는 것입니다. 학교별로 중요하게 보는 정량요소가 다르고, 정성요소의 반영 비율도 다르기 때문에 모든 학교의 입시요강을 꼼꼼하게 읽어보는 것이 중요합니다. 이에 추가적으로 전년도 입시결과를 보여주는 학교별 입시분석 레포트(메가로스쿨 제공)까지 확인하여 자신에게 유리한 전형을 갖춘 학교와 그 학교에서 자신의 위치를 비교분석할 시간을 가져야 합니다. 이를 바탕으로 매년 9월 말에 개최하는 전국법학전문대학원 합동 입시설명회에 가서 학교별 부스에 찾아가 자신의 합격가능성과 합격에 필요한 요소가 무엇인지 등에 대해 질의하다보면 어느 학교를 지원하는게 좋을지 보다 범위가 좁혀질 수 있을 것입니다. 주변의 소문이나 인터넷상의 익명성 조언들에 흔들리는 것보다는 객관적인 분석자료와 주관적인 판단으로 지원할 학교를 고른다면, 자신의 선택에 책임지기 위해서라도 좀더 주체적으로 긴 입시를 마무리 할 수 있을 것이어서 여러모로 신중하게 결정하시길 바랍니다. 개인적으로도 위에 말씀드린 방식대로 안정적으로 지원할 학교와 상향으로 지원할 학교를 선정하여 지원을 해 합격이라는 결과를 얻은 것 같습니다.

나의 꿈 나의 길

3 맺으며

리트시험 준비부터 면접까지 길다면 길고 짧다면 짧은 법학전문대학원 입시는 방법이 정형화 되어 있지 않아 어려운 반면, 그 만큼 다양한 방법이 통용될 수 있는 것이어서 본인에게 맞는 수험 방법만 찾는 다면 보다 빨리 합격에 다가갈 수 있다고 생각합니다. 이를 위해서는 아이러니하게도 자신의 위치나 속도에 집중하기보다 그 과정에서 즐거움을 찾아보고 자신이 법학전문대학원에 진학하려는 목적과 마음가짐에 대해 반추해보며 그 안에서 '절실함'을 찾으셔야 할 것입니다. 리트시험이 치러진지 얼마 지나지 않아 한참 싱숭생숭할 시기에 오히려 마음을 다잡고 끝까지 목표를 잊지 않고 나아가신다면 닿기 마련이니 마지막까지 힘내셔서 꼭 합격을 쟁취하시길 바랍니다.

04

전문법조인을 향한 첫 발걸음

우 지 연
- 서울 한영외국어고등학교 졸업
- 연세대학교 경영학과 졸업
- 건국대학교 법학전문대학원 제2기
- 제2회 변호사시험 합격
- 현) 좋은합동법률사무소 변호사

1 들어가며

어느덧 3기 로스쿨 입학전형이 면접도 끝나고 합격자 발표만을 기다릴 때입니다. 모든 시험을 마치고 결과를 기다리던 한 달간, 초조하기도 하고 벅차기도 했던 일년 전 이맘때가 떠오릅니다. 이제 또 새로운 분들이 4기 로스쿨 진학을 생각하며 새로운 다짐을 하고 계실 때인 것 같습니다.

로스쿨 진학을 희망하는 분들에게 먼저 말씀드리고 싶은 점은 로스쿨 진학을 그 자체로 목표로 삼지 말고 인생의 목표를 달성하는 하나의 과정으로 생각하셔야 한다는 것입니다. 지금까지 살아온 인생과 앞으로 나아갈 길에 로스쿨이 어떻게 중간다리가 되어줄 수 있을지, 이 세 가지 요소가 일직선상에 놓여 하나의 목표를 향하고 있어야 합니다.

예를 들어 내가 국제통상법 전문법조인이 되겠다는 목표를 가졌다면, 내가 밟아온 길에서 어떠한 점들이 이러한 나의 꿈을 이룰 수 있는 초석이 될 수 있는지 골라보고 이 돌들을 더 반짝반짝 빛나게 닦아 놓아야 합니다. 그런 후에 학교마다의 강점이나 원하는 인재상, 장학제도 그리고 특성화 등을 고려하여 자신에게 가장 적합한 로스쿨을 찾아 지원하는 것입니다. 아마 목표로 하는 분야를 강점으로 하는 로스쿨은 본인이 반짝반짝하게 닦아 놓은 요소들을 갖춘 인재를 원하고 있을 것입니다. 이렇게 과거, 현재, 미래가 하나의 정점을 향해 이어진 모습의 큰 그림을 그릴 수 있다면 나에게 맞는 로스쿨을 찾을 때도, 자기소개서를 작성할 때도, 그리고 진학 후 진로를 탐색하는 때에도 훨씬 수월할 수 있습니다.

때로 많은 사람들이 자신이 걸어온 길이 법조인이 되겠다는 꿈과 별 상관이 없다고 생각하고 자기소개서를 쓸 때 망설여하기도 합니다. 그러나 로스쿨 제도의 취지는 다양한 분야에서 전문적인 지식을 갖춘 인재를 전문법조인으로 양성하는 것임을 명심하시기 바랍니다. 어떤 학문을 전공하였던 간에 법과 아무 상관이 없는 전공은 없습니다. 또 대학졸업 후 바로 로스쿨을 진학하기 때문에 경력이 없어서 걱정하시는 분들은 젊은 패기와 무한한 가능성이 있으니 걱정하지 않으셔도 됩니다. 로스쿨은 누구에게나 열려있습니다.

2 준비기간

많은 수험생들이 로스쿨의 준비기간이 얼마나 되어야 할지, 시작하는데 너무 늦지 않았는지 의문을 가지실거라 생각합니다. 한마디로 말하면 정답은 없습니다.

길게는 직장도 그만두고 일년씩 준비하는 사람도 있고 간혹 준비 없이 시험만 보고 운 좋게 합격하는 사람도 있습니다. 제 개인적인 생각으로는 3~4개월 정도면 문제풀이에 시간 배분하는 훈련과 이산수학 등의 추리논증의 훈련이 필요한 부분에 대한 대비가 가능하다고 봅니다. 다만 순서는 영어 성적 및 봉사 기타 사항 준비, 리트준비, 자기소개서 작성 및 면접준비가 될 것입니다. 저 같은 경우는 1월부터 정보탐색 및 영어점수 준비를 하고, 4월부터 본격적으로 스터디 그룹과 동영상 강의, 논술학원 수강을 통한 리트준비에 돌입했으니 네 달 반 정도 리트 및 논술 준비를 했다고 볼 수 있겠습니다. 준비 기간 동안 직장생활을 병행하였기 때문에 주말시간을 주로 활용하였고 주중에는 한 두 시간 정도 준비하다가 6월부터는 모의고사 체제로 새벽 6시에 일어나서 모의고사 20문제를 풀고 출근하고 퇴근 후에는 틀린 문제를 점검했습니다. 6월이 되니 시험에 대한 부담감이 들어 여름휴가를 일주일 내고 집 앞 독서실을 끊어 집중적으로 공부하기도 하였습니다.

가장 중요한 것은 페이스를 유지하는 것이라고 생각됩니다. 너무 초반에 무리하게 되면 후반에 지치게 되어 문제풀이의 효율이 떨어지는 것 같습니다. 모의고사도 한 달에 한 번 정도까지는 시간관리나 감각 유지 차원에서 효과가 있으나 그 이상되면 지치게 되는 것 같습니다. 저 같은 경우 두 번 모의고사를 치렀을 뿐인데 너무 지쳐서 더 이상은 시험을 보기가 힘들어서 마지막 모의고사는 신청만 해놓고 포기했습니다. 특히 더운 여름에 시험을 치르게 되므로 페이스 조절을 잘 해서 시험 때 최상의 컨디션으로 시험에 임해야 합니다.

3 영어성적 및 기타 활동

본격적으로 리트공부에 돌입하기 전에 시간적 여유가 있으시다면 영어성적 및 자기소개서에 기재할 기타 활동 내역들을 준비하셔야 합니다. 만약 늦게 준비를 시작하신다면 이 부분은 과감하게 생략하시고 리트와 면접준비에 최선을 다하시는 것이 좋습니다.

● 영어성적 ● ····· 저는 로스쿨 대비로 집중적으로 영어공부를 하였다기보다는 직장일 때문에 짬짬이 공부해왔고 2월~3월로 시험만 두 차례 치렀습니다. 만족스러운 점수는 아니었지만 대부분의 학교에서 만 점을 받을 수

있는 점수가 나왔기에 그 후부터는 리트공부에만 전념하였습니다. 영어점수를 만들어 놓는 작업은 초반에 끝내는 것이 바람직합니다. 그래야 리트공부에 절대적으로 시간을 투자할 수 있습니다. 늦어도 5월을 마지막으로 시험을 마무리하는 것이 좋다고 생각합니다. 지원하는 학교가 어떤 영어성적을 유효한 것으로 인정하는지 TOEIC인지 TEPS인지 확인하고, 학교에 따라 2년간 성적이 아닌 1년 이내의 성적만을 유효한 성적으로 인정하는 학교도 있으니 될 수 있으면 1년 내의 성적을 마련해 두는 것이 좋겠습니다. 실제로 제가 지원했던 건국대학교가 1년 내의 성적만 유효하게 처리했기 때문에 영어성적이 없어서 마지막에 지원요건이 충족되지 않아 건국대학교에 지원하지 못하는 사람을 주위에서 몇몇 보기도 하였습니다.

영어점수에 대해서 고민하시는 분들도 꽤 계실텐데 단기간에 영어점수를 높이시려면 문제 푸는 요령으로 접근하시는 방법도 효율적이리라 생각됩니다. 듣기평가 같은 경우 특히 요령이 많이 좌우하는데 시중에 나와 있는 이익훈 EAR OF TOEIC의 앞부분에 삽입되어 있는 듣기평가 등 좋은 책들에 나와 있는 문제 푸는 요령을 숙지한다던가, 단과 학원을 한 두달 수강하시는 것도 도움이 될 것입니다.

저는 책에 나와 있는 듣기평가 요령을 시험보기 전날 저녁에 한번 씩 다시 읽고 갔는데 듣기평가는 대부분 만점이 나왔습니다. 제 경우는 문법과 단어 부분에서 주로 많이 틀리는 편이었는데 기출문제 1000제를 풀고 틀린 문제들만 집중 점검했더니 900점대 초중반에서 후반으로 약 50점 가량 상승하는 결과를 얻었습니다.

● **기타 활동** ●····· 법 공부를 선행하였거나 법 관련 활동경력이 있다면 자기소개서를 작성하는데 많은 도움이 될 것입니다. 또한 봉사활동 경력도 자기소개서에 기재사항이 되므로 활동 하신 것이 있다면 미리 확인서 등을 준비하시면 도움이 될 것입니다.

저는 학부시절에 법학 관련 수강 경험이 없어서 방송통신대학교의 시간제 과정에 등록하였습니다. 생활법률과 헌법, 재산법, 형법각론을 수강하였는데 직장생활과 병행하기가 힘들어서 시험 전날 강의를 열개씩 듣느라 잠도 제대로 못자고 시험장에 가기도 했지만 결과적으로 경력으로도 도움이 되고, 면접 시 기본적이나마 법률지식을 조금 가지게 되어 대응하는데 시너지를 얻었다고 생각합니다. 봉사활동은 대학 때 활동하였던 자원봉사회 경력과 회사 재직 시에 자원봉사 동아리에서 했던 활동들을 확인서를 받아서 냈는데 실제로 얼마나 도움이 되었는지는 잘 모르겠습니다. 다만 원서 마감 1주일 전에 급하게 준비해서 마음이 조급하고 힘들었던 기억이 납니다. 준비하실 분들은 리트시험이 끝나고 바로 확인증 등 준비에 들어가시는 것이 좋겠습니다.

4 리트공부

리트공부를 하기 전에 먼저 1회 리트시험 기출문제를 시간을 재고 풀어보았습니다. 결과는 무난한 수준이었는데 결국 마지막까지 비슷한 점수대에서 오르내렸던 것 같습니다.

시작하겠다고 마음을 먹은 1월에는 무작정 서점에 가서 리트관련 책을 마구잡이로 구입해서 풀어보았는데 나중에 다시 보니 별로 도움이 되지 않았던 교재도 많이 있었습니다. 좋은 방법은 시작하기 전에 수험생 커뮤니티에 들어가서 많이 보는 책, 구성이 좋은 책들에 대한 정보를 얻은 후 구입하거나 스터디원들을 통해 정보를 수집하는 것입니다. 학원을 다니는 것도 좋지만 시간적 여유가 허락이 안 되는 분들은 집에서 인터넷 강의를 통해 공부하셔도 좋고 독학을 해도 크게 무리는 없습니다. 다만 추리논증의 문제방식이 익숙하지 않은 분들은 풀이 방법에 대해 차근차근 공부하면 성적이 향상됨을 느끼실 수 있으리라 생각합니다. 문제를 풀어내는 능력을 배양하는데 집중하시고 배경지식을 공부하는 것은 너무 시간이 많이 걸리기도 하거니와 공부한 분야에서 지문이 출제된다는 보장도 없으므로 권유하지 않겠습니다. 저는 스터디원들과 상의하여 언어영역과 추리논증의 주 교재를 구해서 꾸준히 풀고 주말마다 모여서 진도 체크 및 모르는 내용에 대해 서로 설명해주는 방식으로 주말에 3~4시간 정도 모여서 공부했습니다. 같이 조성우 추리논증 기본강의를 진도 체크하며 들었고 언어이해는 별도로 강의를 듣지는 않고 진도체크 및 질문과 답변만 했습니다.

6월부터는 본격적으로 모의고사 형태로 스터디를 운영하였는데 하프 모의고사 방식으로 언어이해 20문항, 추리논증 20문항을 시간 내에 푸는 연습을 했습니다.

시간관리가 잘 되지 않아 애먹었는데 이 때 이시한 저자의 언어 이해 교재로 키워드로 글 읽기, 주제 문장으로 글 읽기 훈련을 했더니 어느 정도 구조적 독해에 익숙해져 글 읽는 속도가 한결 빨라졌습니다. 같이 스터디 하던 친구는 지문별 시간을 배분하여 그 시간이 경과하면 소스라치게 놀랄 정도로 큰 소리로 알람이 울리도록 설정하여 시간 내에 문제를 푸는 훈련을 했는데 성과가 있었는지 7월 정도가 되니 시간 내에 모두 문제를 풀고도 시간이 남을 정도로 스터디원 중에서도 가장 독해 속도가 빨라졌습니다.

모의고사는 학원에서 진행하는 모의고사를 2회 응시하였는데 점수와 석차 편차도 크고 문제 난이도도 제각각이어서 실력 평가에는 크게 도움은 되지 않았던 것 같고 대신 시간관리나 컨디션 관리에 참고할 만 했습니다. 이보다는 모의고사 형태로 되어있는 문제를 반씩 끊어서 풀면서 시간관리를 하였습니다.

언어이해 첫 부분에 나오는 맞춤법 및 한자성어 문제는 공부해서 풀고자하면 공부할 양이 워낙 방대하므로 시간이 많으신 분이 아니면 과감하게 공부를 생략하는 편이 효율적이라고 권해드리고 싶고, 간혹 학원에서 이 부분은 무료강의로 하루 이틀 정도에 마쳐주는 강좌를 개설하기도 하니 도움을 받으시면 됩니다.

5 논술공부

논술은 리트보다 반영비중이 약하고 학교마다 반영하는 비율이 다르기 때문에 얼마나 시간을 투자할 것인지는 선호하는 학교에 따라 판단하십시오. 저는 4월 스터디 모임이 논술학원을 중심으로 이루어졌기 때문에 자연스레 논술준비도 함께 하게 되었습니다. 제가 수강한 학원은 소수인원으로 토론 위주로 진행하는 방식으로 매일 논술을 쓴 후 서로 다른 사람이 쓴 글을 보고 자기가 느낀 점 및 의견을 교환하는 방식이었습니다. 처음에는 이런 방식이 당혹스럽고 불편하기도 했는데 금새 적응하면서 오히려 다른 사람의 글 쓰는 방식 중 좋은 점은 배우게 되고 같은 주제로 다른 사람은 어떻게 사고하는지 보게 되니 사고의 폭이 넓어지는 면이 있어 좋았습니다. 또한 선생님이 정해주시는 주제는 시사성이 있는 주제들이 많아 자연스레 면접준비도 되는 장점이 있었던 것 같습니다.

논술은 혼자 써보기 보다는 학원을 통해 시사성 있는 주제들을 접하는 것이 좋다고 생각되며 학원 스타일은 본인에게 맞는 스타일이 사람마다 다를 수 있으니 미리 샘플강좌로 1회 정도 들어보고 수강하는 것도 좋은 방법입니다.

6 자기소개서와 면접 준비

● **자기소개서** ● ⋯⋯ 저에게 가장 힘들었던 부분이 자기소개서 작성입니다. 막연히 그간 해 왔던 업무 중 법 관련된 업무도 있고 전공지식과 법 전공이 시너지를 얻을 수 있을 것이라는 생각은 했지만 구체적으로 그림을 그려두지는 않았기 때문에 막상 자기소개서를 쓰려고 제가 살아온 인생을 되짚어보기 시작하니 성장과정부터 시작하여 어떤 부분을 로스쿨 진학과 연결시켜야 할지 구체적으로 떠오르지 않았고 평범하고 무난하게 살아왔던 인생이 밋밋하게 느껴지기도 했습니다. 일주일간 열 번 넘게 전면 수정하고 고치고 다듬고 하면서 느낀 점은 자기소개서는 단순히 시간 순으로 나열해서는 안되고 자신의 삶의 한 부분 한 부분이 톱니바퀴처럼 맞물려 법조인으로서 나의 모습을 구성해야 한다는 것입니다. 이 작업을 저는 되도록이면 일찍 하도록 권유드립니다. 그래야 지원할 학교를 명확히 정해 처음부터 목표가 확실하고 그에 따라 기타 활동 들을 준비할 수 있습니다. 또한 이 글을 읽는

사람의 입장에서 나를 뽑아야만 하는 이유를 생각해 보시고 내가 다른 지원자들과 차별화될 수 있는 점이 무엇인지 고민해 보십시오. 다만 학교 특성화에 너무 맞추어 쓰려고 노력할 필요는 없습니다. 예를 들어 건국대학교 특성화는 부동산법인데 이쪽에 대해서 업무경험이나 공부한 경험을 꼭 가질 필요는 없고 꼭 부동산법을 전공할 사람만 뽑는 것도 아니기 때문에 자신이 염두에 두고 있는 분야가 기업법무라면 그 쪽으로 집중하여 작성하셔도 아무 문제없습니다. 다만 막연히 법조인이 되고 싶다보다는 어떤 분야에 관심이 있고 나아가려고 하는지는 명확한 것이 좋습니다. 일단 초고를 작성하고 나면 주변에 도움을 줄 수 있는 사람들에게 첨삭을 요청해서 다른 시각에서 자꾸 가다듬어야 합니다. 저는 논술 강사님과 로스쿨 선배들에게 부탁을 했는데 초고는 그야말로 눈물이 찔끔 나도록 비판을 받기도 했습니다. 그러나 그렇게 몇 번을 다시 쓰고 고쳐나가고 하니 마지막에는 제법 완성도 있는 자기소개서를 만들 수 있었습니다.

● **면접준비** ●····· 면접은 인성면접은 자주 물어보는 질문을 모아서 스터디원들끼리 직접 면접관과 수험자가 되어 압박질문도 하고 당황스러운 질문들도 섞어가며 비디오 촬영을 하면서 재밌게 했습니다. 예를 들어 학점이 나쁜데 왜 그렇습니까? 지금 가장 보고 싶은 사람은 누구인가요? 돈이 아니라 정의를 위해 일한다고 하셨는데 그럼 돈 안받고 일할 수 있습니까? 하는 질문들을 서로 주고받으며 기본적인 질문들을 대비했습니다. 최소한 자신이 쓴 자기소개서의 내용을 숙지하시고 어떤 부분에서 질문이 나올지 특히 자신의 약점에 대해서는 어떻게 설명할 것인지 대비하고 가야합니다.

시사문제는 논술학원에서 준 최신 시사쟁점 자료를 펼쳐놓고 같이 로스쿨 입시를 준비했던 사법시험을 준비했던 친구와 처음부터 끝까지 한 문제 한 문제 훑었는데, 문제를 읽고 제가 생각나는 대로 논리를 얘기하면 친구가 듣고, 그 문제에서 이슈되는 법적 쟁점과 대답할 때 어떤 관점을 취해야 하는지에 대해서 가르쳐 주는 방식으로 공부했습니다. 쟁점이 1cm 정도 되는 두께로 세 권 정도 되는 분량이었는데 커피숍에 자리를 잡고 하루에 네시간씩 두 번 정도 시간이 가는지도 모르고 모든 문제를 풀어보았습니다. 고마운 친구 덕분에 모든 시사문제에 대해서 한 번씩 생각해보고 대답을 정리해갈 수 있었고 가/나군에 걸친 면접에서 받은 질문은 모두 연습했던 쟁점들이었기 때문에 어려움 없이 면접을 치를 수 있었습니다. 결국 저도 그 친구도 로스쿨 진학에 성공하였습니다. 구술면접 때 간혹 같이 면접시험을 치르는 수험자의 입장을 비판해야하는 경우도 있는데, 유의해야 할 점이 한쪽면만 극단적으로 지지하기 보다는 찬반 양쪽의 입장을 균형 있게 고려하는 것이었습니다. 저는 미리 친구와 훈련을 하면서 균형 있는 관점 유지를 자연스럽게 몸에 배이게 할 수 있어 이 점에서 좋은 점수를 받았다고 생각됩니다. 주위에 법학공부를 한 친구가 있다면 법적 관점으로 쟁점들을 파악할 수 있도록 도움을 요청하는 것도 좋은 방법인 것 같습니다.

7 마치며

로스쿨입시는 지식의 양과 깊이를 측정하는 것이 아니라 법학적성을 판단하는 것이기 때문에 리걸마인드를 배양하고 법적이고 논리적으로 사고하는 훈련을 해야 하는 과정입니다. 따라서 무조건 많은 시간을 투입하는 것보다는 효율적으로 자신의 능력을 발휘할 수 있도록 접근하여야 합니다. 또한 시험이 한여름에 있기 때문에 적절히 휴식을 취해주고 컨디션 조절을 잘 해야 시험에 성공할 수 있습니다. 미래의 각 분야의 전문법조인이 되어 있을 그 날을 위한 첫걸음마를 준비한다고 생각하시고 즐겁게 준비하여 좋은 결과 있으시길 바랍니다.

05

지금, 당신에게 열려있는 로스쿨의 문

박 수 형

· 일산동고등학교 졸업
· 성균관대학교 철학과/정치외교학과 졸업
· 경북대학교 법학전문대학원 제4기 수석입학
· 제4회 변호사시험 합격
· 법무법인 아침 변호사

1 들어가며: 로스쿨 입학을 꿈꾸는 분들께

현재 로스쿨을 준비하는 분들만큼이나 저 역시도 1년 전에는 초조하고 힘든 시간들을 보냈습니다. 합격의 기쁨을 누리던 것도 잠시, 변호사시험을 위해 더욱 치열한 로스쿨 생활이 기다리고 있었지만, 미래에 대한 불안함과 합격을 향한 갈망만큼은 입시를 준비하던 때에 비견할 수 없습니다. 그런 연유로 비법학사에, 견줄만한 경력도, 뛰어난 영어실력도 없었던 제가 감히 수석입학이라는 이름으로 이렇게 글을 쓰게 되었다는 데에 조금 부끄럽기도 합니다. 하지만 1년 전의 저와 같은 시간을 보내고 계실 분들께 "나 같은 사람도 합격할 수 있다."는 용기를 드리고 싶어, 있는 그대로 솔직하게 저의 이야기를 하려 합니다.

2 지원동기: 나에게 묻기

법이라고는 헌법 제1조 제2항 "대한민국의 주권은 국민에게 있고, 모든 권력은 국민으로부터 나온다." 정도밖에 모르던 제가, 전공으로 공부한 철학이나 정치외교학 외의 제3의 길인 법학을 선택한 이유는 로스쿨 체제에서야말로 제가 가진 장점을 가장 극대화시킬 수 있다고 생각했기 때문입니다. 한자리에 오래 앉아 집중할 수 있는 능력, 전공을 통해 익힌 논리력과 로스쿨이 지향하는 다양한 분야에 대한 관심. 이러한 저의 성향과 가치에 대해 스스로 자신이 있었기 때문에, 법학공부 경험이 전무함에도 불구하고, 로스쿨을 향한 꿈을 품을 수 있었습니다. 여러가지 스펙들도 물론 중요하지만, 내가 가장 잘 할 수 있는 일인지, 또 나를 필요로 하는 일인지를 스스로 묻고 본격적으로 도전할 자세를 갖는 것이 먼저입니다. 그와 더불어, 법조인이 되어 사회에서 조금 더 보람 있는 일을 하고 싶다는 열정을 갖춘다면 로스쿨 입시를 위한 첫 번째 관문을 통과한 것과 마찬가지입니다.

3 대학생활: 학점관리와 대외활동

대학생활에 있어 중요한 것이 딱 두 가지가 있습니다. 첫째는 물론 학점관리입니다. 알다시피 로스쿨 입시에서 학점은 리트, 영어와 함께 정량적으로 평가되는 주요 요소입니다. 학점은 학생으로서의 성실함을 평가하는 척도임과 동시에, 일단 한 번 고정된 학점은 그 이상으로 올리기가 몹시 어렵기 때문에 그 중요성이 매우 큽니다. 저의 1학년 학점은 등수를 뒤에서 세는 것이 더 빠를 만큼 저조했습니다. 진정한 대학생활이란 열심히 공부하기가 아닌 열심히 놀기라고 생각했었고, 부끄럽게도 2학년이 되어서야 보통의 학점이 되었을 정도입니다. 그런데 2학년 이후로 점점 로스쿨을 생각하게 되면서 지나친 낙관과 안일함 대신 무조건 학점을 끌어올려야겠다는 절박함이 저를 움직였습니다. 학점관리에는 편법이 없습니다. 중고등학교 내신과 마찬가지로, 조금 더 부지런한 사람이 조금 더 높은 학점을 받아가게 되어있습니다.

그리하여 가능한 한 높게, 최소한 백분율 90~92% 정도는 만들어 놓아 학점 때문에 발목 잡히는 일은 생기지 않도록 해야 합니다.

다른 하나는 대외활동입니다. 새내기 시절부터, 공부는 못하더라도 대외활동은 많이 해보자라는 마음으로 동아리, 학회, 봉사활동, 인턴 등 다양한 분야에서 가능한 한 많은 경험을 쌓고자 하였습니다. 물론 어느 한 가지 활동만을 지속적으로 함으로써 전문성을 키우는 것도 좋습니다. 이러한 대외활동은 학교 밖에서 얼마나 넓은 시야를 갖고 사회와 어울릴 수 있는 가를 보여주는 하나의 표시라고 생각합니다. 로스쿨은 기존의 사시체제와는 다릅니다. 학업 외에도 자신을 어필할 수 있는 능력이 필요합니다. 조금 더 현실적으로는, 이러한 대외활동들은 로스쿨을 준비하시는 분들의 자기소개서 및 학업계획서를 양적으로, 질적으로 더욱 풍부하게 해줄 것입니다.

4 영어: 최소 900점은 확보하자

학점은 이미 고정되어 있고, 리트점수는 쉽게 오르지 않는 것과 달리, 영어점수는 단기간에 최대치로 끌어올릴 수 있는 가장 유동적인 영역입니다. 때문에 법학사라 하더라도 결코 이 부분을 간과해서는 안 되며, 특히 비법학사는 무조건 토익 950점 이상의 점수를 확보해 놓아야 합니다. 엄밀히 말하면 로스쿨 입시에서 필요한 자료는 영어 '점수'이지 영어 '능력'이 아니기 때문에, 그에 맞춘 커리큘럼으로 고득점을 받는 것이 우선입니다.

리트시험이 7월에 있기 때문에, 영어점수는 늦어도 2월 안에는 완성되어야 합니다. 영어에 자신이 없는 분이라면 학원을 한두 달 다니는 것도 좋은 방법이며, 저 같은 경우에는 한 달간 학원을 다니며 문제 푸는 기술 및 수험적합성을 키우고, 그 다음 한 달 동안은 토익스터디를 하며 하루에 한 회씩 모의고사를 풀었습니다. 이 때 LC와 RC, RC 중에서도 문법과 독해영역을 각각 분리하여 그에 맞춘 공부 방법을 찾아야 합니다. LC는 무조건 많이 듣는 것이 유일한 공부방법입니다. 1시간 모의고사를 풀고, 그 회를 두세 시간 정도 복습하고, 이동시간 등 틈이 날 때마다 그 전날 풀었던 것을 다시 복습하는 식으로 무한 반복하다보면, 어느 순간 자신도 믿을 수 없는 점수를 받는 경험을 할 수 있을 것입니다. RC에서 문법은 얼핏 어려워 보일 수도 있으나, 실상 출제범위가 그리 크지 않습니다. 대개는 기출문제와 거의 유사하게 나오기 때문에 반복되는 어휘 및 어법을 꼭 숙지하고 매일 일정량을 꾸준히 풀어보시는 것이 좋습니다. 이를 통해 문제 푸는 스킬을 길러 본 시험에서는 빠르고도 정확하게 답을 골라내야 합니다. 그런데 더욱 중요한 것은 문제만 풀고 넘어가는 것이 아니라, 복습을 통해 part 5 정도는 완벽하게 해석을 하고 넘어갈 수 있어야 한다는 것입니다. 독해 영역은 지문을 읽고 공부하는 것과 별도로, LC에서도, RC 문법에서도 함께 준비하는 것이기 때문입니다.

이상은 저의 영어 공부 방법이므로 어느 정도 참고만 하시되, 각자에 꼭 맞는 방법을 찾아 결론적으로는 반드시 900점 이상을 받아 두시길 바랍니다. 900점 이상은 되어야 리트 및 면접 준비에 더욱 집중할 수 있으며, 영어 점수로 인한 불이익을 면할 수 있습니다.

5 리트와 논술: 반드시 넘어야 할 산, 천천히 꾸준하게...

흔히 리트점수는 첫 모의고사 성적이 본 시험까지 간다는 얘기가 있습니다. 리트시험의 특성상 절대적 공부량에 비례하여 성적이 잘 나오는 것도 아닐뿐더러, 실제로는 개개인의 학습능력과 장기간에 걸친 공부습관이 성적에 큰 영향을 미치기 때문입니다. 저 역시도 처음 리트문제를 접하면서, 이 시험이 공부한다고 점수가 오르기는 하는 것인지에 대한 회의감이 들기도 했습니다. 물론 점수가 드라마틱하게 상승하는 경우는 드뭅니다. 그러나 제 경우에는, 비록 아주 고득점을 하지는 못했지만, 분명 처음보다 많이 상승했다고 말씀드릴 수 있습니다. 즉, 다른 시험들과 마찬가지로 리트 역시 시험의 성격을 알고 제대로만 공부한다면 충분히 점수를 올릴 수 있습니다.

리트에서 중요한 것 두 가지를 꼽으라면 단연 컨디션 조절과 시간분배입니다. 앞서 말했듯이 리트는 '많이' 공부한다고 점수가 오르는 시험이 아닙니다. 지금까지의 기출문제는 확실히 꼼꼼하게 풀어보되, 모의고사는 감을 잃지 않을 정도로 한 달에 한 번 정도로만 치르는 것이 훨씬 효율적입니다. 그 외에는 행정고시, MEET, DEET 등 리트와 유사한 국가고시 기출문제를 차근히 풀어보는 것이 좋습니다. 사설강의와 모의고사 문제집 등이 도움이 될 수는 있지만, 그것들에 절대적으로 의존하여 들쭉날쭉한 성적에 스트레스만 받고, 정작 큰 시험에서 고배를 마신 경우를 주위에서 여럿 보았습니다.

컨디션 조절과 함께 시간분배는 리트점수를 좌우하는 주요 요소입니다. 여기서는 '선택과 집중'이야말로 리트 문제풀이에 최적화된 전략입니다. 언어이해의 경우, 평소 독서를 많이 하여 독해력이 좋으신 분들은 모든 지문을 충분히 푸실 수 있을 것입니다만, 대개 한 지문 정도는 제대로 읽지 못하고 시험이 종료됩니다. 자신이 후자라면 가장 취약한 분야, 이를테면 문과생은 과학이나 기술, 이과생은 철학 관련 제시문을 제일 끝에 푸는 것도 한 방법입니다. 제 경우에는 읽는 것 자체가 고통인 과학지문을 과감히 제쳐버림으로써 시간을 확보하고 남은 문제들을 수월하게 풀 수 있었습니다. 추리논증은 총35개 문제 중 딱 30개만 풀고자 했습니다. 모든 문제를 다 풀겠다는 욕심을 버리고, 자신이 확실히 풀 수 있는 문제를 제한된 시간 내에 최대한 많이 정확히 푸는 것이 고득점의 비결입니다.

리트를 보고 나면 논술이 기다리고 있습니다. 많은 분들이 리트에 온 힘을 쏟고, 논술을 가볍게 치부하는 경향이 있는데 이는 매우 잘못된 것입니다. 학교에 따라 반영비율이 다르긴 하지만, 논술 역시 학점·영어·리트와 함께 명백한 전형 요소이며, 각 학교 교수님들이 직접 살피고 엄정하게 채점을 하십니다. 논술 덕분에 합격한 사례는 그리 많지 않겠지만, 논술 때문에 불합격할 수는 있습니다. 제가 전공하였던 철학과에서는 평소에도 글을 쓸 기회가 많아 특별히 논술을 준비하지는 않았습니다. 하지만 법학과를 비롯한 여타 전공자분들은 되도록 일주일에 한 편정도 꾸준하게 글을 써보면서 글의 전개, 논점 파악, 분량 엄수 등을 연습하셨으면 합니다.

6 면접: 면접도 시험이다

앞서 언급한 것들을 토대로 저의 정량스펙을 보면 응시생 평균보다 조금 높은 학점에, 비법학사임을 감안하면 보통인 영어, 애매한 리트점수까지, 무엇하나 확실히 내세워 두각을 나타낼만한 것이 없습니다. 그런 제가 경북대학교 로스쿨에 수석으로 입학할 수 있었던 데에는 면접의 영향력이 예상보다 훨씬 컸기 때문이라고 생각합니다. 이미 1단계를 합격한 분들의 성적 및 각 학교의 지원자들 스펙 역시 대동소이할 따름입니다. 그러한 상태에서, 면접은 최종적으로 교수님들께서 직접 학생들을 평가하고 선별하는 작업입니다. 따라서 결국 면접관인 교수님들께 얼마나 좋은 인상을 남겼고, 강한 의지를 보여주었느냐에 따라 합격과 불합격이 판가름 나게 됩니다. 터무니없는 점수로 합격을 하고, 소위 안전한 점수로 불합격 통보를 받는 가장 큰 이유는, 바로 면접이 당락을 좌우하고 있기 때문입니다. 낮은 정량 점수로도 역전을 노릴 수 있는 마지막 기회가 남아있습니다. 리트를 마치고 한참 면접 준비에 열을 올리고 계실 분들을 위해 저의 면접 노하우를 알려드리고자 합니다.

평소 발표나 토론에 익숙하지 않다면 면접스터디에 꼭 참여하기를 바랍니다. 머릿속으로 생각하는 것과 말로 풀어내어 입 밖으로 뱉는 것은 전연 다른 일입니다. 스터디를 하며 개별면접, 집단면접, 토론 등을 하며 자신의 생각을 논리적으로 조리 있게 말하는 연습이 필요합니다. 대부분의 면접이 법적 논쟁과 관련하여 주장과 근거를 말하는 형식으로 되어있는데, 자신의 의견이 비판받는 것을 염려하여 논점을 명확하게 하지 못하고 얼버무리는 면접자들이 많이 있습니다. 그러나 면접은 생각을 검증하는 자리가 아니라, 교수님들이 자기의 편으로 오도록 설득하는 시간입니다. 설득은 이야기의 논리적 전개로부터 시작됩니다. 그러므로 아무리 어려운 제시문이 나왔다 하더라도 차근차근 인과관계를 따지고, 모순을 제거하여 논점을 찾는다면, 주장과 근거의 논리적 고리를 명확히 할 수 있을 것입니다. 그리고 이것들을 언어로써 뱉을 때에는 결코 서두르지 말고 교수님 한분 한분과 아이컨

택을 하며 당차고 자신감 있게 임하면 성공적인 면접이 될 것입니다.

비법학사라면 면접에서 제시되는 법학관련 문제들이 낯설게 느껴질 수도 있습니다. 그러나 이러한 문제들은 어느 정도의 리갈마인드만 갖춘다면 그리 어렵지 않은 것들입니다. 법학 용어들과 법적 쟁점을 찾는 작업이 생소하고 익숙하지 않다면 시중에 나온 면접 대비용 교재를 구입하여 문제가 되는 기초적 사안, 특히 기본권의 충돌을 꼼꼼히 살펴보는 것이 좋습니다. 이와 함께 시사토론 프로그램이나 신문의 칼럼 등을 틈틈이 보면서 현재 이슈로 크게 떠오르는 사건들 정도는 대강 파악하고 계셔야 합니다.

7 글을 마치며: 로스쿨을 준비하시는 모든 분들의 꿈을 응원합니다

학점관리, 대외활동, 영어, 리트, 원서작성, 그리고 면접까지. 로스쿨 입시는 길고 긴 마라톤과 같은 여정입니다. 가다가 중간에 지치기도 하고 포기하고 싶어지기도 하고, 긴 슬럼프가 찾아올 때도 있습니다. 그러나 결국에는 열정을 가득 안고 목표를 확실히 하여, 마지막까지 페이스 조절을 잘하는 자만이 로스쿨 입학의 꿈을 쟁취할 수 있습니다. 혹여 지금 생각대로 되지 않는 여러 가지 난관들 앞에서 자신감을 잃고 주눅이 들어 있다면, 처음 로스쿨을 꿈꾸며 도전하고자 했던 열망을 다시 한 번 떠올려 보시기 바랍니다. 법조인이 되고자 했던 이유, 법조인이 되어서 하려 했던 일들을 되새기며 자신에 대한 확신을 갖는다면, 로스쿨의 길은 반드시 열려있을 것입니다.

로스쿨에 가고자 하시는 분들께 조금이나마 도움이 되고 싶어, 작년 한 해를 돌이켜보며 조심스레 글을 써 보았습니다. 부족한 글임에도 끝까지 읽어주신 데에 감사드립니다. 간절하게 로스쿨을 열망하시는 분들 모두 원하는 바를 이루고, 향후 훌륭한 법조인이 되어 다시 만나 뵙게 되기를 진심으로 바랍니다.

06

실질객관합격수기

배 상 현
- 대구 대건고등학교 졸업
- 경북대학교 법학부 졸업
- 경북대학교 법학전문대학원 제4기
- 제4회 변호사시험 합격
- 법부법인 법여울 변호사

1 들어가며 : 제목의 의도

이 글을 쓰기 시작하면서 제일 처음 고민하였던 부분이 글의 제목이었습니다. 글의 제목은 독자들의 흥미를 유발하는데 중요한 역할을 할 뿐만 아니라 글의 전체적인 내용을 파악하는데 중요한 기준이 되기 때문입니다. 제목의 중요성을 생각하며 나름 열심히 고민한 인고(忍苦) 끝에 제목을 〈실질객관합격수기〉로 결정하게 되었습니다. 이 글을 읽고 있는 몇몇 독자들께서는 "열심히 고민한 제목이 이것밖에 안되냐?"라고 비판하고 있을 수도 있으나 이것이 필자의 표현력의 한계이며 의도이니 양해를 바랍니다. 그러나 제목을 이렇게 정하였다고 하여서 이전에 考試界에 올라온 합격수기들이 실질적이고 객관적이지 않다는 의미는 아닙니다. 단지, 이번 합격수기를 통하여 법학전문대학원 진학을 준비하는 독자들에게 현실을 알려주고 그 독자들이 현실에 맞게 잘 준비하여 합격하였으면 하는 바람을 표현한 것입니다. 이제 제목의 의도를 충분히 설명한 것 같으니 본격적으로 합격수기를 적어나가겠습니다.

2 무시할 수 없는 현실 : 학 벌

현실을 알리고 싶은 필자의 의도에 맞게, 제일 먼저 독자들에게 알려주고 싶은 사실은 법학전문대학원도 학벌을 따진다는 것입니다. 2012년 10월 5일자 한국대학신문 기사에 따르면, 4년간 법학전문대학원의 입학생 중 수도권 출신 입학생이 67%에 육박한다고 합니다. 현재 학벌의 문제점들이 지적이 되고 학벌을 타파하고자 하는 분위기가 사회 전반에서 일어나고 있지만, 학벌은 부정할 수 없는 지원자 평가요소로 존재하고 있습니다. 법학전문대학원에서 대학교 출신을 보는 이유는 지원자의 고등학교 시절 학업성취도를 평가하기 위해서입니다. 대학교 때부터 열심히 공부한 사람들에게는 부정적으로 보일 수도 있지만, 고등학교 때 열심히 공부한 사람의 노력도 무시할 수 없는 일입니다. 법학전문대학원에서 학벌을 따진다고 하여 지방대 출신 독자들은 너무 좌절할 필요는 없습니다. 필자 역시 지방대 출신이지만 법학전문대학원에 진학을 했습니다. 그리고 학벌 외에도 다른 만회할 수 있는 요소들이 많이 존재하고, 학벌이 입학의 필요충분조건이 되지 않습니다.

3 대학생활의 성실도 : 학 점

최근 학점인플레이션으로 인하여 기업에서 학점을 믿지 않는다고 하고 심지어 학생에게 학점을 부여한 대학교마저도 학점의 신빙성을 의심한다는 기사가 종종 등장을 합니다. 그러나 학점은 여전히 취업이나 대학원 진학에서 중요한 기준으로 작용하니 학점을 버려서는 안 된다는 점을 유념하셔야 합니다. 당연히 법학전문대학원 진학을 위해서도 학점은 중요합니다.

학점은 지원자의 대학생활 성실도를 평가할 수 있는 요소로 작용합니다.

재수강 또는 재이수라는 제도로 인하여 학점 인플레이션이 존재한다고 하여도, 재수강이나 재이수에도 어느 정도 한계가 있고 대학교 4년 동안 좋은 학점을 유지하는 것은 그 학생이 성실하지 못하면 어려운 일입니다. 학벌이 고등학교의 학업성취도를 평가하는 것이라면 학점은 대학교의 학업성취도를 평가하는 기준이 됩니다. 학벌이 좋지 못하다면 학점을 통하여 만회를 해야 하고 학벌이 좋다고 하여 학점을 포기한다면 성실하지 못한 이미지로 보일 수 있으므로 이러나저러나 학점을 잘 유지하여야 합니다. 어느 정도의 학점이 안정권이라고 말씀드릴 수 없지만 다다익선(多多益善)이라는 말처럼 학점도 높으면 높을수록 좋다는 점은 누구나 알고 있을 것입니다.

필자는 지방대학의 콤플렉스를 가지고 있지는 않지만 학벌을 본다는 현실을 직시하여 법학전문대학원 진학을 위하여 학점관리를 열심히 하였습니다. 학점관리를 위해서는 벼락치기보다는 평소에 공부를 해놓는 것이 바람직하다고 판단을 하여서, 평소에도 열심히 공부를 해두었습니다. 열심히 노력한 끝에 좋은 학점을 유지할 수 있었습니다. 입학한 현재의 시점에서 판단하여도, 벼락치기보다는 평소에 공부해 놓는 것이 옳았다고 생각됩니다. 대학교 다니며 친구들과 노는 것도 즐거운 일이지만 평소에 공부를 해놓는 습관을 버려서는 안 될 것입니다.

"학점을 잘 받는 다른 방법이 없느냐?"라고 허탈해야하는 독자가 있을 것 같습니다. 다른 방법을 알고 있으면 알려주고 싶지만 평소에 공부를 열심히 하는 방법이 학점 받기에는 제일 좋은 방법인 것 같습니다. "학점에는 왕도가 없다."라는 것이 개인적인 생각입니다.

4 맹신하지 않지만 믿을 수밖에 없는 기준 : 토익·토플·텝스 점수

지원자의 영어능력을 측정하기 위하여, 법학전문대학원에서는 지원자의 토익이나 토플, 텝스점수를 봅니다. 토익·토플·텝스점수가 높다고 하여 영어를 잘하는 것이 아니라는 사실은 지원자뿐만 아니라 법학전문대학원에서도 잘(!) 알고 있습니다. 하지만 지원자의 영어능력을 측정할 다른 기준이 마땅히 보이질 않습니다.

그렇기 때문에 어쩔 수 없이 법학전문대학원에서는 지원자의 토익·토플·텝스점수를 봅니다. 필자는 토플·텝스가 아닌 토익을 공부하였기 때문에 토익을 중심으로 이야기하겠습니다.

토익은 학점과 달리 벼락치기가 가능하는 점에서 단기간 안에 고득점을 받을 수 있습니다. 독학을 하든 학원을 다니든 공부방법을 알면 고득점이 가능할 것입니다. 필자는 학교어학당에서 하는 토익 수업을 1달 간 수강을 하였습니다. 1달 동안 수업을 듣고 공부방법을 습득한 후에는 독학을 하였습니다.

RC점수를 올리기 위해서는 모의고사 문제집을 사서 많이 풀어봐야 합니다. 많이 푼다고 되는 것이 아니라 풀이도 꼭 해야 합니다. 문제의 정답을 맞췄다고 해서 완전히 아는 것이 아니므로 맞춘 문제도 풀이를 하여 완전히 알고 지나가도록 합니다. 모르는 단어는 단어장에 옮겨서 시간이 날 때마다 단어를 외웁니다. 시중에 파는 단어장을 사서 보는 것도 도움이 되지만 필자는 스스로 단어장을 만 들었습니다. 참고로 RC 문제를 푸는 것에는 스킬이 있습니다. 문제를 많이 풀다보면 어느 부분에 주어, 형용사, 부사, 명사가 들어가는지 파악이 되는데 그 때는 문장을 해석을 하지 않고도 문제를 맞출 수 있는 경우도 있습니다.

LC는 많이 듣는 방법이 제일 좋습니다. 소위 '귀가 닫혀있는' 사람들은 문제에 등장하는 단어를 모두 들을 수가 없습니다. 영어는 익숙해지는 만큼 들리기 때문에 많이 들어야 합니다. 필자도 RC보다 LC 점수가 낮아서 고민을 했었으나 학교어학당 수업을 들으며 LC공부방법을 알면서 점수가 올라가기 시작했습니다. 그때 배운 방법이면서 필자가 추천하는 방법으로는 딕테이션과 쉐도잉이 있습니다.

딕테이션은 문장을 듣고 받아적는 방법이고 쉐도잉은 문장을 여러 번 듣고 외워서 따라하는 방법입니다. 이 두 방식은 참으로 귀찮고 괴롭고 하기 싫은 공부방법이지만 그렇게 몇 주 또는 몇 달을 하고 나면 영어점수가 올라가는 것을 볼 수 있습니다. 참고로 필자는 방학동안 쉬는 시간을 뺀 순수 공부시간으로 LC공부를 하루에 4시간씩 하였고 RC공부는 2시간씩 공부하였습니다. 4시간 동안 딕테이션, 쉐도잉을 하면 짜증이 나는 때도 있지만 참아야 합니다. 물론 이는 필자와 같은 영어초보자에게 맞는 방법일 수도 있으나 LC 점수가 안 오른다면 시도해보는 것을 추천합니다.

　　법학전문대학원에 입학하기 위하여 필요한 토익점수에 관하여 다수설은 900점 이상이라고 주장합니다. 물론 일부 합격자 중에는 800점대의 토익점수를 보유한 사람이 있습니다. 하지만 입학기수가 점점 뒤로 가면 갈수록 경쟁자들의 스펙이 높아 질 가능성이 있으므로 적어도 900점 이상을 맞추는 것을 권장합니다.

5 법학적성시험 : 리트(LEET)

　　LEET란 'Legal Education Eligibility Test'의 약자로서 우리말로 하면 법학적성시험이라고 할 수 있습니다. 법학적성시험이라는 이름에서 알 수 있듯이 법학전문대학원에서는 리트점수에 따라 지원자의 법학적성능력을 파악합니다. 학교에 따라 리트점수의 반영비율이 다르지만 대체로 리트점수의 반영비율이 가장 높습니다. 앞에서 말한 학벌, 학점, 영어점수도 중요하지만 개인적인 생각으로는 리트점수가 가장 중요한 것 같습니다.

　　리트는 언어이해와 추리논증으로 구성이 됩니다(논술문제도 있지만 논술에 대하여는 후술하겠습니다). 언어이해는 긴 글과 그에 대한 객관식 문제가 제시되고 그 글을 읽고 문제를 풀면 됩니다. 형식은 수능 언어영역 시험과 같다고 보면 되지만 당연히 언어이해가 수능 언어영역 시험보다 어렵습니다. 언어이해의 경우 다양한 분야의 제시문이 등장합니다. 경영, 경제, 법학, 예술, 음악, 과학 등 모든 분야를 망라하여 등장하는데 해당 분야의 기본적 지식이 있다고 하여 그 분야의 문제를 잘 푸는 것이 아니라 일반적으로 독서량이 많은 사람들이 문제를 잘 풀 수 있습니다. 그렇기 때문에 언어이해 점수는 문제집을 많이 풀거나 동영상 강의를 듣는다고 해서 점수가 오르지 않고 대체로 제일 처음 쳤던 리트 모의고사 점수가 실제 리트점수와 일치하게 됩니다. 평소에 글을 읽는 습관을 가진 사람들에게 유리하기 때문에 늦기 전에 평소에 독서를 많이 할 것을 권장을 합니다.

추리논증은 긴 제시문이 아닌 짧은 문장 안에서 정답을 도출하거나 추론하는 문제입니다. 언어이해와 달리 추리논증은 공부를 하면 점수가 오를 수 있는 영역인데 필자 역시 추리논증에서는 공부를 하여 점수를 올렸습니다. 추리논증은 풀다보면 문제 푸는 방법을 알게 되고 문제가 익숙해져서 처음 문제를 푼 점수보다 점수가 오를 수 있습니다(그러나 많이 오르는 것 같지는 않습니다).

리트공부를 하면서 학원강사의 모의고사문제를 풀어보는 사람들이 많을 것입니다. 필자도 많이 풀어보았지만 좋은 방법은 아닌 것 같습니다. 실제 리트시험은 여러 대학교 교수들이 모여서 문제를 만들기 때문에 오답률이 낮은 반면에 학원강사의 모의고사문제는 학원강사 개인이 문제를 만들기 때문에 오답률이 높고 문제를 풀다보면 그 정답에 수긍하기 어려울 경우가 있습니다. 오히려 학원강사 문제를 풀다보면 헷갈리는 경우가 있으므로 학원의 모의고사 문제보다는 리트 기출문제나 Meet, Deet 기출문제를 풀어보는 것을 추천합니다.

앞에서 언급했듯이 리트점수는 공부를 많이 한다고 하여 점수가 많이 오르지 않습니다. 취업을 하려던 친구가 변심하여 법학전문대학원에 진학하기로 결심하고 2주를 공부하고 시험을 쳐서 1년을 공부한 필자 보다 높은 점수를 받은 것을 보면 그 점을 알 수 있습니다. 참으로 씁쓸한 일이지만 이것이 현실입니다. 그러나 리트공부 포기하라는 소리는 아닙니다. 공부를 하지 않으면 점수가 떨어집니다. 자신이 받을 수 있는 가장 높은 점수를 향해 열심히 노력하여야 합니다.

6 작지만 무시할 수 없는 비중 : 논술

리트시험에는 언어이해와 추리논증 이외에 논술도 있습니다. 논술은 언어이해와 추리논증에 비하여 반영비율이 낮습니다. 반영비율이 낮지만 논술도 당연히 준비해야하는 사항입니다. 시간과 분량 안배가 중요하기 때문에 논술준비는 많이 써보는 것이 중요합니다. 물론 쓰기만 해서는 안 되며 글을 쓴 후에는 첨삭을 받아보는 것이 중요합니다. 논술 스터디를 구성하여 스터디원들끼리 시간을 정하여 논술문제를 풀어보고 서로 첨삭해주는 것도 방법입니다. 서울에서 공부하는 사람들은 리트 논술 학원에 등록하여 첨삭을 받아보는 것도 좋다고 생각됩니다.

필자는 논술학원 동영상 강의를 들었지만 동영상 강의를 듣고 느낀 점은 강의를 맹신을 하여서는 안 된다는 점입니다. 학원강의에서는 1000자 문제 1문제, 800자 문제 1문제가 등장할 것이라고 하였지만 제4회 리트 논술에는 3문제가 등장하였고 학원강의에서 듣지 못한 연설문 작성이 등장하였습니다. 동영상 강의를 통하여 쓰는 방법을 알 수 있었지만 그 정도는 논술교재를 구매하여 알 수 있는 정도이며, 실제 써 보는 것이 더 중요합니다.

7 입학의 마지막 관문 : 면 접

위의 사항들을 모두 갖춘 후 서류심사를 통과하면 이제 면접이 남게 됩니다. 서류심사에서 검토한 리트점수, 영어점수, 학점 등으로는 지원자의 능력을 평가할 수 있으나 인성을 알 수는 없습니다. 훌륭한 법조인이 되기 위해서는 뛰어난 법학능력도 중요하지만 그에 못지않게 인성도 매우 중요하므로 면접을 통하여 지원자의 인성을 평가합니다. 물론 면접에서는 인성뿐만 아니라 표현력이나 화술도 봅니다. 아무리 리트점수, 영어점수, 학점 등이 좋다고 하여도 말하기 능력이 떨어지거나 법조인으로서 요구되는 인성을 갖추고 있지 않다면 합격을 할 수가 없습니다. 일부 교수님께서는 면접에서 당락을 좌우한다고 할 정도이니 면접의 중요성은 아무리 강조하여도 지나치지 않습니다. 자신이 리트점수, 영어점수, 학점이 상대지원자에 비하여 좋지 못하다면 면접을 통하여 역전을 하면 됩니다. 분명 입시설명에 나타난 면접의 비중은 수치상 낮게 나타나있겠지만 지원자가 법조인으로서의 자격을 갖추지 않는다면 아무리 능력이 뛰어나도 면접관의 입장에서는 뽑고 싶지 않을 것입니다.

면접준비는 혼자하는 것보다는 리트시험을 본 후에 스터디를 조직하여서 하는 것이 좋습니다. 법학전문대학원 마다 면접방식이 다르므로 지원하고자 하는 법학전문대학원이 같은 사람들끼리 스터디를 조직하면 더 좋습니다. 스터디 방식은 각 법학전문대학원에서 요구하는 면접방식에 따라 스터디원 들끼리 지원자와 면접관 역할을 돌아가면서 맡아서 시뮬레이션을 해보는 방 식을 추천합니다. 노크, 문 열기, 의자에 앉기, 문제읽기, 발언, 질문, 공격 과 방어 등 실제를 방불케 할 정도로 스터디를 해야 합니다. 스터디 인원은 7~8명이 적당합니다. 인원이 너무 적을 경우 누군가 결석을 하면 스터디를 진행할 수 없고 인원이 너무 많은 경우에는 시간이 많이 소요되므로 비효율 적입니다.

실제 면접에서는 최근 사회문제가 등장하는 경우도 있지만 존엄사, 간통, 여성군복무제 등 과거에 논란이 많은 사례도 등장하므로 최근의 사회문제만 볼 것이 아니라 과거에 사회적으로 크게 이슈가 되었던 문제도 준비하여야 합니다.

8 기타 사항

위에 언급한 사항 외에도 사회경력이나 자격증, 봉사활동, 수상경력 등은 가산점부여의 요소가 되므로 공부를 하면서도 봉사활동이나 기타 사회활동 을 열심히 하는 것이 좋습니다. 필자는 대학교를 졸업한 후 바로 법학전문대 학원에 입학하여 사회경력이 없었으나 봉사활동시간이 많았고 수상경력도 존재하여 좋은 평가를 받을 수 있었습니다. 그러나 이러한 것들은 가산점부 여의 요소가 될 뿐이지 중점적인 요소는 아닙니다. 그렇지만 자격증 중에서 도 의사, 공인회계사, 세무사 등 전문자격증은 중요한 평가 자료가 됩니다. 직장에 다니다 온 지원자들에게 불리하지 않느냐는 의문이 있으나 직장에서 의 근무기간도 좋은 평가 대상이 된다고 합니다.

조금 껄끄러운 이야기를 하자면 나이는 많을수록 불리합니다. 2012년 3 월 16일자 법률저널의 기사를 보면 법학전문대학원 합격생 연도별 연령현

황을 보면 매년 평균연령이 낮아지고 있다는 것을 알 수 있습니다. 시간이 지날수록 점점 법학전문대학교 측에서 젊은 지원자들을 선호를 하고 있지만 나이가 많다고 해서 합격할 수 없는 것이 아니므로 꿈을 포기하지 말아야합니다. 젊은 지원자들에게 없는 다양한 경험을 어필한다면 더 유리할 수 있다고 생각됩니다.

9 글을 마치며

글을 마치는 이 시점에서 "과연 내가 현실을 제대로 잘 전달해준건가?"하는 생각이 문득 듭니다. 시작은 거창하였으나 정작 본문에는 별 내용이 없는 것 같다는 생각도 듭니다. 그래도 필자가 알고 있는 내용의 전부를 전달한 것 같습니다.

법학전문대학원 진학을 준비하는 독자들이 이 글을 읽고 어떤 생각을 하고 있을지 궁금합니다. 생각보다 준비할게 많다거나 입학하기가 쉽지만은 않구나 하는 생각을 할 수도 있습니다. 법학전문대학원에 입학을 하기 위하여 많은 시간과 노력이 투여되어야 하고 놀고 싶은 것도 참아야 할 때도 있습니다. 하지만 그것은 누구나 할 수 있는 것입니다. 즉 법학전문대학원은 누구나 올 수 있습니다.

필자는 머리가 똑똑한 편이 아닙니다. 그러나 노력을 하는 사람입니다. 법학전문대학원에는 머리가 좋은 사람들이 많은 곳이기는 하지만 필자와 같이 머리가 좋지 않은 사람들도 올 수 있는 곳입니다. 단 열정과 노력이 있어야 합니다.

마지막으로 독자들에게 이 말을 전해주고 싶습니다. "노력은 배신하지 않는다." 진정 원하고 노력하는 사람은 꼭 꿈을 이룰 수 있습니다. 이 글을 읽은 독자들과 그 외에 법학전문대학원 진학을 준비하는 사람들이 모두 꿈을 이룰 수 있길 바라며 이 글을 마칩니다. 많이 부족한 글임에도 불구하고 읽어주신 독자들께 감사의 말씀을 올립니다.

07

간절히 원하는 것이 있다면
가질 수 있을 만한 자격을 갖추자

김 경 규

· 충남 대천고등학교 졸업
· 한양대학교 정책학과 졸업
· 경희대학교 법학전문대학원 제10기

1 들어가는 말

먼저, 저보다 뛰어나신 분들도 많은데 부족한 제가 합격수기를 쓰게 되어 대단히 부끄럽고 송구스럽게 생각합니다. 부디 단 한 분께라도 제 경험과 조언이 도움이 되길 바라는 마음으로 합격수기를 시작하고자 합니다.

2 로스쿨 입시를 준비하기 전에

● **사법시험 준비** ····· 저는 어렸을 때부터 법조인, 그중에서도 검사가 되고 싶었습니다. 제가 대학교에 입학할 당시에는 이미 로스쿨이 도입되어 있었지만, 저는 사법시험이 폐지되기 전에 합격할 수 있다는 근거 없는 자신

감을 가지고 1학년 때부터 사법시험을 준비하였습니다. 운이 좋게도 2014년 사법시험 1차시험에 합격하였지만, 결국 2015년 2차시험에서 불합격하고 말았습니다.

● 법원행정고등고시 준비 ● …… 그 후 2016년 마지막 사법시험 1차시험에서도 불합격한 저는 고민 끝에 로스쿨 입시와 법원행정고등고시를 병행하여 준비하였습니다. 원래는 법원행정고등고시를 준비했다는 점을 로스쿨 입시에 활용하려던 생각이었는데, 오히려 LEET에서는 낮은 점수를 받고 법원행정고등고시 1차시험에는 합격하게 되어 결국 2016년 로스쿨 입시를 포기하고 법원행정고등고시 2차시험을 준비하게 되었습니다(물론 2차시험에서 불합격했습니다). 로스쿨 입시가 결코 만만한 것이 아니라는 것을 깨닫게 된 저는 본격적으로 로스쿨 입시를 준비하기 시작했습니다.

3 로스쿨 입시 준비

학 점

학점이 높으면 높을수록 로스쿨 입시에 유리하다는 것은 모두들 아시리라 생각합니다. 따라서 아직 시간적 여유가 있는 분들께서는 학점관리를 잘 하시기 바랍니다. 특히 더 여유가 되신다면 법학과목 수강을 강력히 추천합니다. 나중에 자기소개서를 쓰실 때도 법학과목을 여러 개 수강하셨다면 보다 수월하게 자기소개서를 쓰실 수 있고, 추리논증 영역에서도 법학 관련 지문의 비중이 늘어나는 추세이기 때문에 도움이 되리라 생각합니다.

저는 비법학과 출신에 고시공부를 하느라 학점이 그다지 높지 않았습니다. 하지만 저는 법학과에서 개설되는 법학과목을 많이 수강하였고, 자기소개서에서도 이 점을 부각시키려 노력하였습니다.

LEET

저는 LEET를 준비하면서 강의를 듣지는 않았습니다. 사람마다 다르겠지만, 저는 LEET가 내용을 암기하는 시험이 아니라 기술을 가지고 문제를 해결하는 시험이라고 생각하였기 때문에 혼자 기출문제를 중심으로 많은 문제를 풀어 보면서 스스로 그 기술을 익히는 방식으로 LEET를 준비하였습니다.

● 언어이해 ● ····· 언어이해는 독해력을 평가하는 시험입니다. 이 독해력을 기르기 위해서는 결국 글을 많이 읽어야 합니다. 그런데 요즘은 다들 핸드폰이나 컴퓨터에 익숙하셔서 그런지, 종이에 인쇄된 활자를 읽는 것에 피로를 느끼고 어려움을 겪는 분들을 생각보다 많이 보았습니다. 하지만 LEET를 비롯한 대다수의 시험은 종이에 인쇄된 활자를 읽고 풀어야 하기 때문에, 평소에도 핸드폰이나 컴퓨터보다는 종이로 된 책이나 신문 등을 통해 글을 읽는 것이 독해력을 기르시는 데에 더 도움이 되리라 생각합니다. 만약 두꺼운 전공서적이나 어려운 인문학 서적을 펼쳤는데 집중도 안 되고 읽는 것이 고역이라면, 처음에는 자신이 읽고 싶은 소설이나 잡지 등을 통해 먼저 읽는 습관을 들이는 것도 한 방법일 것 같습니다. 이런 식으로 꾸준히 글을 읽다보면 언어이해를 푸는 데 있어 가장 필요한 능력, 즉 글을 빠르고 정확하게 읽을 수 있는 능력이 향상될 것이라 생각합니다.

● 추리논증 ● ····· 저는 추리논증 같은 시험 유형을 처음 봐서 도대체 어떻게 준비해야 할지 막막하고 어려움을 많이 겪었습니다. 제가 내린 결론은 최대한 문제를 많이 풀어 보는 것이었습니다. 제가 추리논증 문제를 풀 때 가장 많이 사용한 방법은 ① 문제구조를 도식으로 나타내기, ② 오답이 명백한 선지는 빠르게 제거하기, ③ 선지를 참 또는 거짓이라 가정했을 때 모순이 발생하는지 확인하기였습니다. 모든 시험이 그렇지만 저는 특히 추리논증의 경우에 시간이 많이 부족해서 시간배분이 중요하다고 느꼈습니다. 그래서 추리논증을 준비할 때에는 도식화하고, 선지를 제거하고, 모순을 확인하는 과정의 속도를 높이는 데에 중점을 두었습니다. 또한 한 번 풀었던 문

제라도 더 빨리 풀 수 있는 방법은 없을지 두세 번 더 다른 방법으로 풀어 보기도 하였습니다. 꼭 저와 같은 방법이 아닐지라도 많은 문제를 풀어 보면서 최대한 빠르게 문제를 풀 수 있는 자신만의 기술을 터득하는 것이 중요한 것 같습니다. 앞서 말씀드린 것처럼 추리논증 영역에서 법학관련 지문의 비중이 늘어나는 추세이기 때문에 미리 법학과목을 몇 개 수강하신다면 시간 절약에 있어서도 도움이 될 것이라 생각합니다.

● **논 술** ● …… 논술에 대해서는 크게 걱정하실 필요가 없다고 생각합니다. 논술점수를 아예 반영하지 않는 로스쿨도 많고, 따로 논술을 준비하거나 논술이 당락에 큰 영향을 줬다는 분은 주위에서 보지 못했습니다. 논술의 경우에는 문제에서 제시된 조건에 따라 분량만 맞춰 쓰신다면 그것으로 충분하다고 생각합니다.

공인영어점수

저는 대학교에 입학한 후 계속 고시공부를 해서 영어공부를 제대로 하지 않았습니다. 요즘은 워낙 영어를 잘하시는 분들이 많아서 영어점수가 높지 않은 저로서는 이 부분에 대해서 딱히 드릴 말씀이 없을 것 같습니다. 다만 LEET 이후에 부랴부랴 촉박하게 영어점수를 준비하시기 보다는 미리 여유롭게 준비해 두시는 것이 LEET와 자기소개서에 효율적으로 집중하실 수 있는 방법이라 생각합니다.

원서접수

특별히 목표로 하는 로스쿨이 있거나 정량요소가 매우 뛰어나 어디든지 지원할 수 있는 분이 아니라면, 원서접수에 있어 가장 중요한 것은 역시 정보라고 말할 수 있겠습니다. 로스쿨마다 각 정량요소를 어떻게 반영하고 평가하는지, 전년도 합격자의 정량요소는 어떠했는지, 올해 지원자들의 정량요소는 평균적으로 어떠한지, 변호사시험의 합격률은 어떠한지 등의 정보는 결국 스스로 발품을 팔아 얻는 수밖에 없습니다. 로스쿨의 입시요강을 확인하는 방법, 입시설명회에 참가하여 전문가와 상담을 받는 방법, 입시 사이트에서 모의지원을 해 보는 방법, 인터넷 커뮤니티에서 자료를 얻는 방법 등을 통해 최대한 많은 정보를 취합하여 이를 토대로 원서를 전략적으로 접수하는 것이 중요하다 생각됩니다.

앞서 말씀드린 것처럼 저는 학점과 영어점수가 높지 않아 이러한 정량요소를 비교적 적게 반영하는 곳, 전년도 합격자 중 사법시험 유경험자의 비율이 높은 곳, 변호사시험의 합격률이 높은 곳 등을 찾아 제반 사정을 종합적으로 고려하여 두 곳에 원서를 접수하였습니다.

자기소개서

자기소개서를 쓰는 것이 태어나서 처음이었고, 그동안 제 삶에 특별한 경험이라고 할 만한 것이 없다고 생각해서 처음에는 어떻게 써야 하나 갈피를 잡지 못했습니다. 그래서 저는 무작정 쓰려고 노력하기 보다는 먼저 제 자신에 대해 돌아보는 시간을 가졌습니다. 나는 어떤 일들을 겪어 왔고, 그때 나는 무슨 생각을 했으며, 내가 잘하는 것 혹은 좋아하는 것은 무엇인지, 나는 어떤 면을 고치고 싶어하는지 등 '나는 어떤 사람인가'에 대해 진지하게 생각해 보았습니다. 의외로 제 자신에 대해 깊이 생각해 본 적이 별로 없어서 이 시간은 단순히 자기소개서를 쓸 때 필요한 선에서 끝나는 것이 아니라 그 이후에도 큰 도움이 되었습니다.

영화나 드라마에 나올 법한 극적인 일이 없었다면, 굳이 만들어 내서 소위 '자소설'을 쓰실 필요는 없다고 생각합니다. 저는 왜 법조인이 되고 싶은지, 법조인이 되기 위해 어떤 노력을 할 것인지, 법조인이 되어서는 어떤 일을 하고 싶은지 등을 통해 법조인이라는 직업에 대한 간절함이나 열망을 자기소개서에 나타내려 노력하였습니다. 로스쿨마다 자기소개서의 양식이 다르지만, 거의 위에 적은 세 가지 질문에서 크게 벗어나지 않는 것으로 보입니다. 자신의 경험이 너무나 평범하고 보잘것없게 보일지라도 좌절하지 마시고, 앞으로의 발전 가능성과 법조인으로서의 청사진을 제시하는 것에 중점을 두신다면 좋은 자기소개서가 될 것이라 생각합니다.

저는 '나'에 대해 가장 잘 아는 사람이 제 자신이라고 생각해서 다른 분들께 따로 첨삭을 받지는 않았습니다. 하지만 자기소개서 작성에 큰 어려움을 겪고 계신 분이라면 다른 사람들의 자기소개서를 한 번 읽어 보거나 다른 사람에게 조언을 구하는 것도 나쁘지 않은 것 같습니다. 다만 저는 자기 자신에 대해 진지하게 돌아보는 시간을 갖는 것이 비단 자기소개서뿐만 아니라 면접, 수험생활을 넘어 앞으로의 삶에 있어서도 큰 도움이 되리라 생각합니다.

면 접

많은 분들이 스터디를 통해 면접을 준비하시겠지만, 혹시라도 면접을 혼자 준비할 생각을 가지신 분이 계시다면 반드시 면접스터디를 하시라고 말씀드리고 싶습니다.

저는 LEET도 혼자 준비했고, 자기소개서도 혼자 준비해서 면접도 예상 질문이나 사회적 이슈 등을 가지고 혼자 준비할 생각이었습니다. 말은 잘한다는 소리를 많이 들어서 제 스스로 말을 잘한다고 자만하고 있었던 것 같습니다. 그러다가 친구의 권유로 면접스터디를 하게 되었는데, 제가 제 스스로를 과대평가하고 있었다는 것을 깨닫게 되었습니다. 제게는 면접스터디가 정말 많은 도움이 되었습니다. 저희 면접스터디는 5명으로 구성되어 일주일에 3회씩 모여 진행하였습니다. 스터디는 ① 사회적 이슈와 관련된 교재를 선정하고, ② 스터디원이 각자 하나씩 주제를 맡아 발제를 준비한 뒤, ③ 모여서 발제자가 발제를 하면 나머지 스터디원들이 질문하거나 반론하는 식으로 면접보다는 토론과 비슷하게 진행을 하였습니다. 그 후 면접시험을 1~2주 앞두고는 각자 지원한 로스쿨의 면접 기출문제를 가지고 실제 면접과 동일하게 모의 면접을 진행하였습니다.

먼저 면접스터디를 통해 말할 때의 문제점을 발견할 수 있었습니다. 저의 경우 예컨대 무의식중에 팔짱을 낀다든지, 한숨을 쉰다든지, 목소리가 작아서 웅얼거린다든지, 자세가 구부정하다든지 등 혼자서 거울을 보고 연습했더라면 결코 몰랐을 버릇들을 알게 되었습니다. 제가 미처 인식하지 못했던

나의 꿈 나의 길

버릇을 지적받고 매 스터디마다 이를 고치기 위해 노력한 결과 실제 면접에서도 큰 도움을 얻을 수 있었습니다.

　다음으로 압박감을 이겨내는 훈련을 할 수 있었습니다. 실제 면접에서는 압박감이 상당합니다. 마치 취조를 받는 죄인이 된 것 같은 느낌이 들기도 합니다. 그래서 머릿속에 들어 있는 내용을 입 밖으로 논리정연하게 꺼내는 것이 더 어려울 수도 있습니다. 미리 스터디를 통해 압박감을 경험해 보고 이에 침착하게 대처하는 훈련을 하는 것이 중요하다고 생각합니다. 스터디 초반에는 생각지 못했던 질문을 받거나 완벽하다고 생각했던 논리가 깨질 때 머릿속이 하얘지는 느낌을 많이 받았습니다. 그러다 보니 멍하게 침묵을 이어갈 때도 있었고, 당황해서 말이 빨라지거나 흥분해서 목소리가 커질 때도 있었습니다. 하지만 스터디를 계속 진행하면서 생각지 못한 공격을 받았을 때에도 당황하지 않고 침착하게 수비를 준비하는 방법을 터득할 수 있었습니다. 실제 면접에서도 속으론 당황했다 하더라도 겉으로 당황했다는 모습을 보이지 않는 것이 가장 중요하다고 생각합니다. 그리고 이는 결국 스터디를 통해 압박감과 당혹감을 많이 경험해 보는 수밖에 없는 것 같습니다.

　마지막으로 생각의 범위를 확장할 수 있었습니다. 제가 이미 완벽하게 다 알고 있다고 생각한 주제에 대해서도 미처 생각지 못했던 의견을 제시하는 분들도 있었고, 빈틈이 없다고 생각한 논리를 날카롭게 반박하시는 분들도 있었습니다. 그런 과정에서 제 사고방식이 편협하다는 것을 알게 되었고, 보다 다양하고 설득력있는 생각들을 접하게 되면서 어느 한쪽에 치우침 없이 생각의 범위를 확장하는 데에 큰 도움을 받았습니다.

4 끝맺는 말

　이 수기의 제목인 "간절히 원하는 것이 있다면 가질 수 있을 만한 자격을 갖추자."는 저의 좌우명이기도 합니다. 사실 작년에 로스쿨 입시를 준비할 때 육체적으로나 정신적으로나 많이 지치고 힘든 상태였습니다. 그래서 모든 것을 내려놓고 다 포기하고 싶다는 생각도 많이 했습니다. 그때 저는 내가 왜 이 고생을 하면서 법조인이 되고 싶은지, 나는 법조인이 되어서 도대체 무얼 하고 싶은지, 내가 정말로 간절히 원하는 것이 무엇인지 다시 한번 진지하게 생각해 보며 힘을 낼 수 있었습니다. 로스쿨 입시를 준비하시거나 혹은 다른 시험을 준비하시는 분들도 지치고 힘드실 때는 내가 정말로 간절하게 원하는 것이 무엇인지, 내가 왜 이 길을 가고 있는지 한번쯤 생각해 보시면 좋을 것 같습니다.

저는 로스쿨 입시를 준비하기 전까지는 제 잘난 맛에 살며 지금껏 제 힘으로만 모든 일들을 이루어 왔다고 생각했습니다. 그러나 로스쿨 입시를 준비하면서 저를 아끼고 사랑하는 사람의 희생과 도움이 늘 함께했음을 깨닫게 되었습니다. 이 글을 읽으시는 여러분께도 여러분을 믿고 응원하고 여러분의 성공을 자기의 성공처럼 진심으로 기뻐해 줄 그런 사람들이 있다면 고마운 마음을 잊지 마시고 항상 소중하게 대하셨으면 좋겠습니다. 저는 수험생이 마치 벼슬인 것처럼, 수험이 인생의 전부인 것처럼, 이 세상에 힘든 사람은 나뿐인 것처럼 행동하며 고마운 사람에게 상처를 주고 많이 힘들게 했습니다. 그래서 아직도 많이 후회하고 반성하고 있습니다. 여러분께는 저와 같은 어리석은 후회가 남지 않았으면 좋겠습니다.

저도 고시공부를 비롯해 수험 생활을 또래 보다는 오래한 편이라고 생각합니다. 그래서 수험생활이 얼마나 외롭고 괴로운지 잘 알고 있습니다. 마음은 급한데 자꾸 넘어지고 미끄러지니 점점 늦어지고 뒤처진다는 생각에 여유를 잃고 불안해했던 것 같습니다. 하지만 '토끼와 거북이'라는 우화에 나오는 것처럼 앞서가 던 토끼에게 무슨 일이 생길지는 아무도 모릅니다. 우리가 비록 거북이처럼 시작은 늦었을지라도 포기하지 않고 꾸준히 앞으로 나아가다 보면 분명 결승선에 다다를 수 있다고 생각합니다. 어떤 시험을 준비하시든지 모두들 건강하시기를, 원하는 바를 꼭 이루시기를, 지친 하루를 마무리할 때 오늘도 수고했다며 여러분을 다독여 주고 위로해 주는 사람이 있기를 기도하겠습니다. 부족한 저의 부족한 수기를 읽어 주셔서 대단히 감사합니다. 처음과 마찬가지로 부디 단 한 분께라도 도움이 되길 바라며 합격수기를 마칩니다.

08

잃어버린 시간은 없다

우 미 연

- (영월)석정여자고등학교 졸업
- 고려대학교 법학과 졸업
- 경희대학교 법학전문대학원 제7기
- 제7회 변호사시험 합격

1 들어가며

　로스쿨에 입학한 지 벌써 두 달이 지나고 있습니다. 개강 후 3일 만에 판례 과제로 새벽 2시까지 잠 못 이루던 그 순간, 제가 다시금 배움의 전당에 돌아 왔음을 새삼 실감하며 설레던 것을 기억합니다. 2005학번으로 대학에 입학 했던 제가 10년이 지나 2015학번으로 법학전문대학원(이하 로스쿨)에 신입 생으로 입학하니 무척 감회가 새롭습니다. 그리고 고단한 공부의 기쁨을 기 대하며 진학한 로스쿨에서, 저는 지금 그 소망을 넘치게 이루고 있습니다.

　저의 로스쿨 합격기가 이 글을 읽으시는 분들에게 어떤 도움이 될 수 있을 까 고민하며 글을 시작합니다. 로스쿨 진학을 위한 입시 정보와 전략은 무수 히 많고, 로스쿨에 진학하신 모든 분들은 각자의 값진 노력과 경험으로 다양 한 합격 비법을 가지고 계실 것입니다. 저는 다른 합격생들보다 실력이 뛰어나지도 않고, 특별히 추천하고 싶은 좋은 전략을 가진 것도 아닙니다. 그러나 사법시험을 준비하며 힘겨운 시간들을 지나 온 경험을 비롯하여 3년이라는 비교적 오랜 기간 동안 로스쿨 진학을 준비했던 저의 여정이, 앞으로 로스쿨 입시를 준비하는 다른 수험자들에게 작은 격려가 되기를 바라는 마음으로, 부족하지만 저의 이야기를 꺼내어보고자 합니다. 저에게 힘이 되었던 "잃어버린 시간은 없다."라는 말이 사법시험 낙방으로 꽃다운 20대 청춘의 상실감과 좌절감을 간직하신 분들, 거듭되는 로스쿨 진학 실패로 마음이 지치신 분들, 여러가지 사정으로 로스쿨 진학을 고민하시는 분들 모두에게도 위로가 되길 바랍니다.

2 법조인의 꿈

"나는 왜 법조인의 길을 가야 하는가."

법과대학에 입학하고 지금까지 10년 동안 법학을 공부하면서, 특히 사법시험과 로스쿨 입시를 준비하면서, 저는 숱한 고뇌의 시간을 보냈습니다. 계속되는 사법시험 낙방은 저에게 좌절감을 안겨주었고, 무엇보다 고된 노동으로 저의 공부를 뒷바라지 하시는 부모님께 죄송한 마음과 부끄러움으로 마음이 어려웠습니다. 가족 친지들과 주위 사람들의 기대에 부응하지 못하는 아쉬움과 동시에 저 스스로에 대한 자괴감과 자신감 상실로 인하여 공부를 포기하고 싶은 마음, 삶을 포기하고 싶은 마음들과 싸우던 기억이 납니다.

그러나 그때마다 저의 흔들리는 마음을 붙들어 준 것이 바로 이 물음과 그에 대한 저의 대답이었습니다. "나는 왜 법조인의 길을 가려 하는가. 나는 왜 법조인의 길을 가야만 하는가."

저는 유년시절부터 가까이에 살고 계시던 조부모님 댁에서 자주 시간을 보내면서 법조인의 꿈을 품게 되었습니다. 목사님이셨던 할아버지께서 세우신 교회에는 언제나 많은 환자들과 궁핍한 사람들이 끊이지 않았습니다. 할아버지께서는 찾아온 사람들의 딱한 사정을 들으시고 교회에서 함께 지내시면서 그들을 보살피셨고, 할머니께서는 그들에게 매끼마다 식사를 대접하시며 섬기셨습니다. 할아버지께서는 어린 제게 법조인이 되어 이 땅에 가난하고 소외된 사람들, 억울한 사람들을 도우라고 항상 말씀하셨는데, 교회를 찾아온 사람들과 마주하면서 저는 그들의 비참한 삶의 현실을 간접적으로나마 경험하게 되었고, 그 말씀의 의미를 이해하게 되었습니다. 공동체를 구성하는 약자들을 개인적으로 지원하는 것만으로는 그들의 삶의 모습이 결코 달라지지 않는다는 것을 깨달았기 때문입니다. 결국 법조인이 되어 법과 제도라는 사회적 보호망을 통해 그들에게 삶의 토대를 마련해주고, 이를 지킬 수 있도록 지지하고 돕는 것이 약자들의 황폐한 삶을 보수하는 근본적인 해결책이라고 생각했습니다.

법조인이라는 한결같은 꿈은 성실히 공부할 수 있는 원동력이 되었고, 그 결과 고려대학교 법과대학에 입학하여 법학으로의 첫걸음을 내딛게 되었습니다. 저는 학부과정에서의 법학공부를 통하여 법조인의 꿈을 다시금 확신하게 되었습니다. 법학도의 기본자질을 익히고 법학의 기초지식을 습득하면서, 법률(lex)이 법(jus)이 아니며 법(jus)을 법률(lex)에 담아내는 것이 법조인의 몫임을 깨닫게 되었고, 무질서하고 불공평한 인간사회에 질서와 정의를 세우는 '법'의 역할에 더욱 매료되었습니다. 그리고 공동체의 모든 구성원이 더불어 살아가는 정의롭고 공평한 대한민국 사회를 만들고 싶다는 바람과 함께, 사회적 약자들의 사회적 안전망을 확보하고 그들의 인권을 보장하고자 하는 열망이 간절해졌습니다. 약자 보호를 위해서는 강자의 억압과 착취를 저지하는 것이 사후 구제보다 우선적으로 요청된다고 생각하는 바, 범죄에 대한 적절한 처벌이 이루어져 억울한 이가 없는 공정한 사회를 만드는 데 일조할 수 있는 법조인이 되고자 합니다.

이렇게 "나는 왜 법조인의 길을 가려고 하는가."에 대하여 저 스스로 대답하는 과정은, 힘겨움에 지친 마음과 포기하고 싶은 약한 마음을 추스르고 다시금 목표를 바라볼 수 있게 해주는 동기부여의 기회가 되었습니다. 그리고 결국 내가 추구하는 인생의 가치관과 생애의 의미를 실현하기 위해서라면 지금 이 정도의 대가와 희생은 감수해야 하며 여기서 절대 포기할 수 없다는 결론으로 귀결되었습니다. 또한 앞으로 끝나지 않은 여정인 로스쿨에서의 학업수행과 변호사시험 준비 과정에서도 동일하게 저를 일으켜 세워 줄 질문과 대답이라고 생각합니다. 더불어 법조인이 되어서도 첫 마음을 잃지 않도록 끊임없이 되새겨야 할 질문과 대답일 것입니다.

로스쿨을 진학하시려는 분들께도 이러한 각자의 동기가 반드시 필요하다고 생각합니다. 결코 녹록치 않은 험난한 시간들을 마주하게 될 때, 중도에 포기하지 않고 끝까지 마음을 지키며 달려갈 수 있는 힘의 근원은 바로 이것이기 때문입니다. 여러분 각자가 "왜 나는 법조인의 길을 가야 하는가?"에 대하여 충분히 고민하시고 스스로의 대답을 내리시는 것이, 모든 입시과정을 밟기 이전에 선행되어야 하는 가장 중요한 관문이라고 생각합니다. 그 목표가 반드시 여러분을 로스쿨과 그 이후의 진로로 이끌어줄 것입니다.

3 대학교 학부생활

나의 꿈 나의 길

• **'충실한 법학수업'** • ····· 제가 대학교에 입학할 당시 로스쿨 제도 도입이 논의 중이긴 했지만 오히려 부정적인 전망이 우세했고, 저를 비롯한 동기들은 대부분 로스쿨보다는 사법시험에 관심을 기울였습니다. 법과대학 1학년 여름방학 때부터 사법시험 준비를 위한 기본 3법 공부를 시작하는 것이 일반적인 분위기였습니다. 특히 학교 학점을 반영하지 않고 시험성적으로 결과가 좌우되는 사법시험의 특성상, 졸업 전 사법시험 합격을 목표로 공부하는 학생들은 개별적인 자기공부 시간의 확보가 가장 중요하기 때문에 학부수업에는 열중하지 못하는 경우도 있었습니다. 학점이 다소 좋지 않더라도, 최우선 목표인 사법시험에 합격하는 것이 더 효율적인 시간관리라고 생각할 수 있기 때문입니다. 그러나 이런 학우들에게 사법시험 폐지와 로스쿨 도입은 불의의 타격이었을 것입니다. 로스쿨 입시에서 대학교 학부성적은 매우 중요하고, 고려되는 비중 또한 점차 늘어나고 있습니다. 물론 학점과 학업능력이 반드시 비례하지는 않고 학점이 높지 않아도 로스쿨에 재학 중인 훌륭한 분들이 많이 계시지만, 로스쿨 입시에서는 학점을 성실성의 척

도로 평가하는 부분이 많기 때문에, 지금 학부성적을 더 올릴 수 있는 분들이시라면 조금이라도 더 높은 GPA로 졸업하시기를 권해드리고 싶습니다.

제 학점은 다른 학우들에 비하여 월등하게 뛰어난 편은 아니었지만, 전반적으로 4년 동안 상승세를 보였고 비교적 법학과목에서의 성적이 우수한 편이었기에 감사하게도 좋은 평가를 받은 것이 아닌가 합니다. 그리고 학부수업에 충실하게 임하여 배우고 이해했던 것이 계속해서 법학공부를 하는 내내 도움이 되는 것 같습니다. 또한 현재 로스쿨에서 공부하면서 절감하는 것은, 로스쿨 입학 전에 기본적인 법학내용을 어느 정도 숙지하고 있어야 수업내용을 따라갈 수 있다는 점입니다. 로스쿨의 커리큘럼은 기대 이상으로 훨씬 방대하고 심도 있는 과정으로 진행됩니다. 법과대학 학부 4년과 사법시험을 준비하면서 공부하는 분량을 로스쿨 2년 동안에 배우고, 사법연수원 2년 과정으로 다루는 실무실습과 기록을 약 로스쿨 1년 동안 익히게 됩니다. 제가 한달 여 간 겪어본 로스쿨에서의 학업생활은 수학능력시험을 앞둔 고등학교 3학년의 수험생활과도 같다고 생각됩니다. 따라서 이러한 로스쿨에서의 학업을 염두에 두시고 반드시 미리 대비하셔야 할 것입니다.

현재 법대에 재학 중이신 분들은, 특별히 학부수업으로 개설된 실체법과 소송법 수업을 반드시 수강할 것을 권면해 드립니다. 타 선택과목이나 교양과목 보다는 변호사 시험과목과 연계된 주요 수업을 전부 이수하고 졸업하시는 것이 로스쿨 입시에서의 평가와 로스쿨 학업적응에 도움이 될 것이라고 생각합니다.

그리고 비법대 분들은, 일차적으로 비법 전공과목을 모두 충실히 이수하시고 여분의 학점이 있다면 법학과목을 수강하실 것을 추천합니다. 로스쿨 졸업 후 로펌에 취직할 때 비법학사 분들을 선호하는 경향이 있다고 들었습니다. 로스쿨을 졸업하고 변호사 자격시험을 통과하면 누구나 법학지식이나 소송전문가로서의 능력을 인정받게 되므로, 일반 법학사 출신의 변호사보다는 비법학사 출신 변호사의 학부 전공 분야가 그에 관련한 특정 업무를 수행하는 데에 유리한 조건으로 어필할 수 있다고 합니다. 따라서 먼저는 비법 전공과목에서 성취도를 높이는 데에 전력하시고, 법학에서의 중요 개념과 쟁점들을 낯설게 느끼지 않도록 여타 교양과목보다는 법학과목을 이수하셔서 로스쿨에서의 학업에 대비하시길 바랍니다.

4 로스쿨 입시 준비 과정

첫 해의 실패 경험

2012년 1월, 사법시험 1차 시험을 앞두고 공부하던 중 원서접수 기간을 놓쳐 시험 응시를 포기해야 했습니다. 법조인 외의 다른 길이라곤 한 번도 생각해 보지 않았던 저는 실망과 혼란 속에서 한 달 간 진로에 대해 심각하게 고민하게 되었습니다. 그리고 당시 로스쿨에 진학한 선배, 동기, 후배들을 만나서 로스쿨 진학과 생활에 대한 이야기를 들어 보았습니다. 사법시험을 준비하던 선배는 로스쿨에 진학하니 안정적이라서 정말 행복하다고 했습니다. 그리고 학비 부담으로 로스쿨 진학을 전혀 생각할 수 없었던 터였는데, 후배 한명은 전액 장학금으로 또 다른 한명은 70%의 장학금을 받고 로스쿨에 재학 중이라는 이야기를 듣게 되어 사법시험 공부를 그만두고 로스쿨로 전향하고자 결정하게 되었습니다.

제가 로스쿨을 준비한다고 하자 로스쿨에 진학한 친구들은 LEET 시험은 특별히 암기를 하거나 공부를 많이 해서 성적이 오르는 시험이 아니기 때문에, 기출문제를 풀어보고 성적이 괜찮으면 특별히 걱정할 것 없다는 이야기를 해주었습니다. 그리고 당시 2~4기 로스쿨에 많은 동기, 선후배들이 재학 중이었고, 로스쿨 입시는 비교적 쉽게 준비할 수 있다고 들었기에 큰 노력 없이도 로스쿨에 진학할 수 있다고 생각하게 되었습니다. 그것이 가장 큰 실수였던 것 같습니다. 특별히 공부방법이 잘못되었다기보다는, 로스쿨 입시를 쉽게 생각했던 만큼 다른 수험생들에 비해 준비가 미흡했고 성적에 맞는 로스쿨을 지망하지 못했던 입시전략에 문제가 있었다고 생각합니다. 지원한 두 곳 중 한 곳인 모교 로스쿨에서만 2차 면접을 보게 되었는데 결국 낙방하였고, 한 달 간의 방황 끝에 다시금 재시에 도전하게 되었습니다.

점점 로스쿨 지원 인원이 많아지고 지원자의 스펙이 높아져가는 것을 고려할 때 로스쿨 입시는 절대로 수월하지 않음을 유념하셔서 철저히 준비하시고, 또한 지원할 수 있는 로스쿨이 단 2곳으로 한정되어 있기 때문에 자신의 정량적 요소를 꼼꼼히 분석하여 진학에 가장 적합한 로스쿨을 선택하시기를 바랍니다. 특히 로스쿨 입시에 3년이나 시간을 투자했던 저의 경험에 비추어 볼 때는, 합격예상이 빗나가는 경우가 많기 때문에 당해 연도에 진학을 목표하시는 분들이라면 완전히 합격에 자신 있다고 생각하는 로스쿨을 적어도 한 곳에 지원하시기를 추천합니다.

두 번째 실패 경험

학부 때 법학 과목 수업이 매우 만족스러웠기에 다시금 모교 교수님들의 가르침을 받고자 재차 모교 로스쿨 진학을 목표로 삼았습니다. 그런데 그 해에 모교 로스쿨이 입학 기준인 공인영어시험을 TOEIC에서 TEPS로 변경하면서, 몇 달 간 TEPS 공부에만 전념하게 되었습니다. 갑작스레 변경된 TEPS 시험 준비는 결코 쉽지 않았습니다. 법학과 특성상 특별히 대학에서 영어공부를 많이 하지 않았던 저에게 TEPS 공부는 생소하게 느껴졌고, 혼자서 공부한 기간 동안에는 큰 효과를 얻지 못했습니다. 어느 날 TEPS 시험장에서 받게 된 전단지를 보고 'TEPS 19'라는 소규모 집단 강의를 두 달 간 수강하게 되었는데, 문제의 구조와 풀이방법을 정확하게 익히게 되면서 그동안 혼자 공부했던 시간이 아깝게 느껴졌습니다. 그리고 마지막 TEPS 시험보기 직전에는 종로에서 '박진범 텝스'를 수강했습니다. 두 번의 학원강의는 TEPS 성적 향상에 도움이 되었지만, 모교 로스쿨에 실제로 진학하기에는 경쟁력이 부족한 성적이라서 지원을 포기하게 되었습니다.

결국 다른 로스쿨에 지원하게 되었는데, TEPS 공부에 전념하느라 미리 다른 TOEIC 공인영어성적을 준비하지 못했던 불찰이 가장 아쉬웠습니다. 두 군데 모두 2차 면접을 보았지만, 결국 낙방하고 말았습니다.

혹시라도 여러 로스쿨의 입시제도가 서로 달라서 고민하고 계시는 분들이 계시다면, 우선 대부분의 로스쿨에서 채택하고 있는 TOEIC 성적을 먼저 높게 받아두시는 것이 심리적으로도 안정되고, 만약의 사태를 대비하는 방법이라고 생각합니다.

세 번째 입시 준비

첫 해와 두 번째 해는 입시 실패 요인을 중점적으로 언급했다면 여기서는 3년 동안의 로스쿨의 입시준비에 관한 전반적인 사항을 적어보려고 합니다.

● LEET ● ⋯⋯ 3년간의 LEET 성적은 해마다 조금씩 오르긴 했지만, 그다지 큰 변동은 없었습니다. 특별히 높은 성적은 아니지만 무난하게 좋은 성적을 받은 것 같습니다. 첫 해 차근차근 공부했던 것과, 두 번째 세 번째 해에 스터디를 하면서 시험 전 두 달간 꼬박 매일 모의고사를 풀었던 것이 큰 도움이 되었다고 생각합니다.

로스쿨에 진학한 동기들의 추천에 따라 기출문제를 가장 중점적으로 학습했습니다. 무엇보다 한 문제 한 문제를 스스로 꼼꼼하게 분석하는 데에 시간을 많이 쏟으며 오답정리를 확실하게 해 둔 것이 실력이 된 것 같습니다. 모든 LEET 기출문제는 내용이 외워질 정도로 풀었는데, 점점 유형이 달라지는 것을 감안하여 최신 기출문제에 더 많은 비중을 두었습니다.

첫 해에는 그 동안 누적된 기출문제의 절대적인 양이 많지 않았기 때문에, LEET와 가장 유사한 PEET, MEET 문제를 풀어보면서 유형을 익혀나갔습니다. 그리고 행정고시 1차시험에 해당하는 PSAT 문제와도 호환이 잘 되었습니다.

그 동안 법대에서 수학을 전혀 공부하지 않았던 저에게 언어이해보다는 추리논증이 까다롭게 느껴졌습니다. 그래서 추리논증은 문제 유형별로 이론과 풀이방법이 안내되어 있는 문제집을 풀고, 인터넷 강의(채현영, 조호현 강사)를 수강했습니다. 특히 언어논리 추론영역은 일정한 규칙이 정해져 있기 때문에 혼자서 문제 풀이를 보며 이해하기에는 다소 어려움이 있을 수 있습니다. 적절하게 이론 설명이 첨부된 문제집을 참고하여 스스로 도식을 그려가며 이해하시면 도움이 될 것입니다.

언어이해의 경우 지문이 길고 여러 주제의 지문이 골고루 출제되기 때문에, 전체 글의 구조를 빠르게 읽고 이해하는 능력이 필요합니다. 그럼에도 제한 시간 내에 모든 지문을 완전히 이해하고 문제를 풀기에는 물리적인 한계가 있으므로 자신에게 익숙하고 잘 풀리는 주제의 지문이 어떤 것이었는지를 시험 준비 과정에서 파악하는 것이 중요합니다. 그리고 여러 제재의 지문에 익숙해지기 위하여, '우주 과학사', '서양 철학사'등의 책을 읽거나, 인터넷 강의(윤상곤 강사)에서 제공하는 갖가지 주제별 중요 지문자료도 읽었습니다.

그리고 시험 직전 한 달은 반드시 실제 시험 시간과 동일한 시간에 기출문제와 모의고사를 매일 풀어볼 것을 당부합니다. 모의고사를 풀면서 저는 언어이해와 추리논증 두 과목 모두 시간 내에 다 풀 수 없음을 알게 되었고, 따라서 정해진 시간 내에 모든 문제를 다 풀겠다는 욕심을 버리고 28개 전후의 문제를 정확하게 푸는 것을 목표로 준비했습니다. 덕분에 시험 당일에도 쉽게 풀리지 않을 것 같은 문제들을 과감히 넘어갈 수 있었고, 시간을 효율적으로 분배하여 사용할 수 있었다고 생각합니다.

논술은 언어이해나 추리영역에 비해 그 비중이 크다고 생각하지 않아서 특별히 공부하지는 않았습니다. 다만 기출문제와 모의고사에서의 언어이해 지문을 꼼꼼히 분석하고 어휘를 익혀두는 것으로 준비에 갈음하였습니다.

● **공인영어시험** ● ····· 공인영어성적은 높으면 높을수록 유리합니다. 물론 일정 점수 이상이면 대개 편차 없이 만점 내지는 상위점수를 받기도 하지만, 각 로스쿨의 평가 산정기준을 알 수 없고 각기 다르기 때문에 가능한 한 높은 점수를 받아두어야 합니다. TOEIC의 경우 900점~950점이 지원자 평균이라고 생각하시고 이에 해당하는 점수를 마련하셔야 할 것입니다.

TOEIC은 학원을 다니든 혼자서 공부하든 단기간에 절대적인 시간을 많이 확보하여 공부하는 것이 가장 효율도 좋고 성공적인 전략일 것입니다. 누구나 어느 정도 기본적인 영어실력을 갖추고 있기 때문에 영어성적은 조금만 하면 금방 오를 것이라고 생각하기 쉽습니다.

하지만 저는 개인적으로 영어성적이 생각보다 쉽게, 단기간에 오르지 않아 걱정을 많이 했던 부분이기도 했습니다. 따라서 어떠한 수단을 선택하시든지 단기간에 집중해서 공부하는 것이 중요하다고 봅니다. 특히 듣기의 경우는, 시험에 익숙해지도록 매일 듣기평가를 풀어보면서 연음이나 모르는 단어로 인하여 잘 들리지 않았던 부분을 체크하고, 모든 지문을 세세하게 독해 한 후 계속적으로 반복해서 들으며 따라했던 것이 성적 향상의 지름길이었습니다.

TEPS는 앞에서 설시한 강의를 추천합니다. 그리고 이미 언급했듯이, TEPS 공부 전에 TOEIC 성적을 미리 확보해 두시는 것이 좋을 것 같습니다. 저의 경우, 그동안 익숙했던 TOEIC 시험과의 내용 차이로 인하여 TEPS 성적이 단기간에 향상되지 않아 마음 졸였던 기억이 납니다. 특히 실생활에서 자주 쓰이지 않는 단어들을 암기해야 하는데, '경선식 영단어'를 추천하는 바입니다. 단어의 발음과 뜻을 연계하는 방식의 암기법인데 연상기법으로 인하여 생소한 단어 암기에 효과가 탁월합니다.

LEET 시험을 치른 이후에도 경우에 따라 한 번 내지는 두 번의 TOEIC/TEPS 응시기회가 주어지지만 그 때에는 심리적으로 매우 조급해질 수 있어 오히려 실력발휘가 어려울 수있습니다. LEET 시험 전에 TOEIC/TEPS 은 점수가 안 나와도 아쉬울 것이 없는 정도의 점수를 만들어 두시고, 8월~9월의 TOEIC/TEPS 은 마지막 기회로 마음 편히 이용하시는 것이 좋다고 생각합니다.

● **자기소개서와 면접** ●⋯⋯ 자기소개서는 무엇보다 자신의 진솔한 모습을 써야한다고 생각했습니다. 많은 지인들의 자기소개서를 참고로 읽어보았지만, 각자의 경험과 생각이 다르기 때문에 실질적인 도움을 얻을 수는 없었습니다. 또한 자기소개서를 첨삭지도해 주는 학원강의도 많았지만, 나의 이야기는 나만이 가장 잘 알고 가장 잘 쓸 수 있다는 생각에서 직접 한 자한 자 스스로 작성했습니다. 다만 첫 해에는 아무런 검토 없이 제출했다면, 두 번째 해는 로스쿨에 재학 중인 동기에게 작성한 자기소개서를 검토해 달

라고 부탁했습니다. 그 친구는 객관적으로 저의 자기소개서를 평가하면서, 내 개인의 생각이나 주장을 피력하기 보다는 실제 행동한 사건 중심으로 기술하되 그러한 사건에서 내포하는 나의 생각이 자연스레 드러나도록 쓰라는 조언을 해주었습니다. 그 조언에 유의하여 새로 작성한 자기소개서는 이전보다 훨씬 짜임새 있는 글이 되었습니다. 봉사활동 경험들을 강조하는 것이 스스로를 가장 잘 나타내는 부분이라고 생각하여 이를 바탕으로 법조인으로서 활동하고자 하는 동기가 뒷받침 되도록 작성하였습니다. 작성 기간이 긴 편은 아니었으나 여러 번의 퇴고를 거쳐 완성도 있는 글을 제출할 수 있었습니다. 많은 사람들에게 글의 검토를 부탁하지 않고 주변의 지인 한 두 명에게 퇴고를 받았습니다. 저를 잘 아는 사람들에게 조언을 받은 점이 글의 내용을 구성하고 수정하는데 있어서 도움이 되었던 것 같습니다.

면접준비는 먼저 스스로 기본적인 내용을 공부하고, 스터디를 활용했습니다. 주제와 쟁점별로 찬반 논거가 정리되어 있는 면접 대비용 책을 읽으면서, 각 주제마다 저만의 특별한 논거들을 추가하는 방식으로 내용을 정리했습니다. 그리고 또 다른 한 명과 스터디를 구성하여, 서로 면접관이 되어 질문하고 대답하는 방식으로 모의면접을 시행하였습니다. 스터디의 장점은 자신이 모르고 있던 평소 말할 때의 버릇이나 자세를 교정할 수 있다는 것입니다. 또한 눈빛, 손짓, 말투, 표현력, 논리력 등을 서로 검토해 주면서 실제 면접을 대비할 수 있어 효과적입니다. 모의면접의 내용은 중요 쟁점이 될 만한 기본적인 법학문제와 당시의 시사 쟁점 하나씩을 선정하여 진행하였습니다. 그리고 팟 캐스트를 이용하여 관련 문제에 대한 토론 방송도 청취하면서 저 나름의 근거들을 구성하는 연습을 했습니다.

실제 면접 시에는 너무 긴장하지 마시고, 혹시 교수님들께서 반박하시면 자신의 논리를 최대한 설명하면서 교수님의 질문 또한 타당하므로 고려해보겠다는 의사를 피력하되, 본인이 실수한 것을 깨닫게 되면 겸허히 인정하고 배우겠다는 자세를 보이시는 것이 좋습니다.

작은 실수에 크게 연연하지 않고 다른 질문들에 정확한 대답을 하고자 하는 것이 면접에 있어서는 매우 중요하다고 생각합니다.

5 마치며

올 해는 감사하게도 지원한 로스쿨 두 곳 모두에 합격할 수 있었습니다. 그리고 진학한 로스쿨에서 고단한 배움의 여정을 기쁨으로 감당하고 있는 중입니다. 3년의 시간을 딛고 드디어 로스쿨에 입학하여 법학공부를 하게 되었으니, 힘들더라도 감사히 여길 따름입니다.

세 번의 도전으로 로스쿨 진학에 성공한 저의 실패의 경험이, 로스쿨 입시 준비로 고민하거나 또한 로스쿨 입시 실패로 두려움을 가진 많은 지원자 분들에게 작은 도움과 격려가 되기를 소망합니다. 실패했던 그 순간에도 그리고 이 목표를 성취한 지금 이 순간에도 '실패했던 그 시간들이 절대 잃어버린 시간이 아니었음을'을 고백합니다. 덕분에 지금의 성취와, 그 성취를 감내할 만큼의 성숙한 인격과 인생의 동력을 얻게 되었다고 생각하기 때문입니다.

"절대 잃어버린 시간이 아니야." 사법시험에 낙방하고 또 다시 축소된 자아로 살고 있던 저에게 말씀해 주신 지인의 위로였습니다. 사법시험도, 로스쿨 진학도, 취업도 그리고 사회생활에서 우리가 이룩하고자 하는 여러 목표에 대한 평가는 대부분 합격·불합격이라는 이원적인 판단으로만 구성됩니다. 그래서 이를 위해 희생한 나의 모든 수고와 시간은 누구도 어디에서도 알아주지 않는 것만 같습니다. 그렇게 나의 지난 인생에 대한 이해와 격려가 결여되어 있을 때, 우리는 내 삶의 의미를 부정당하는 것만 같은 상황에 직면하게 됩니다. 그래서 우리는 낙심하고 좌절하고 자괴감에 괴로워합니다. 그러나 비록 짧은 인생이지만 지금까지의 경험으로 비추어 볼 때, 실제로는 이러한 이원적 평가로서는 결코 설명할 수 없는 무언가가 존재하고 있음을 확실히 깨닫게 되었습니다. 내가 노력하고 수고했던 모든 것은 어디에서든지 반드시 그 흔적을 남기고 내 인생의 자양분으로 기능하고 있을 것입니다.

로스쿨 합격을 기원하는 모든 분들께 좋은 소식이 있기를 기원합니다. 부디 법조인으로서의 사명을 발견하시고 끝까지 포기하지 않으시길 바랍니다.

09

로스쿨 첫 새내기 되기

김 아 람
- Jakarta International Korean School 졸업
- 창덕여자고등학교 졸업
- 연세대학교 정치외교학과 졸업
- 고려대학교 법학전문대학원 제1기
- 제1회 변호사시험 합격
- 현) 법무법인 현재 변호사

1 4학년 2학기, 그리고 로스쿨 제도 시행

2008년 첫 LEET 시행, 처음이라 정보가 없어 헤매었던 작년이 기억납니다. 그 때는 "합격수기도 없고, 자기소개서 샘플도 없고, 첫 해는 힘들구나!"라면서 투덜댔습니다. 그런 이유로 많은 시행착오를 겪었고, 제 방식이 모든 사람에게 적합한 것은 아니겠지만, 이 글을 읽는 여러분들이 로스쿨 입시를 준비하는 데 있어 조금이라도 도움이 되었으면 하는 마음입니다.

제가 로스쿨 진학을 결심하게 된 가장 큰 계기는 '4학년 2학기'라는 현실과 진로에 대한 고민 때문이었습니다. 뚜렷한 장래 계획 없이 단순히 정치외교학과 강의에 매료되어서 전공을 택했던 저는 1년간의 교환학생 생활을 마치고 귀국을 앞둔 몇 주 전부터 장래에 대해 심각한 고민을 하게 되었

습니다. 그러던 중, 한국에서 로스쿨제도가 시행된다는 기사를 접하게 되었고, 전문직을 꿈꿔왔던 저는 로스쿨이야 말로 제가 나갈 길이라고 생각했습니다. 로스쿨에 진학할 경우 법조인이 되는 것도 좋은 일이지만 법이 일상다반사에 적용되는 만큼 다양한 직업군으로 진출할 수 있는 기회가 생기니, 또 다른 선택의 기회를 열어줄 수 있을 것이라는 점이 가장 매력적이었습니다. 이후 국회인턴을 하면서 정치컨설팅에도 관심을 가지게 된 저처럼, 하고 싶은 것이 많아 오히려 뚜렷한 꿈이 없는 분이 계시다면, 넓은 진로선택의 폭을 제공하는 로스쿨을 고려해보는 것도 좋을 것이라 생각합니다.

2 예비시험 이전(2007년 8월 말 ~ 2008년 1월 초)

일단 로스쿨 진학을 결심한 후, 정보를 얻기 위해 다음 포탈의 서로연 카페(cafe.daum.net/snuleet)에 가입하였고, 경력 및 진로탐색을 위해 국회인턴에 지원했습니다. 귀국 후에는 영어번역 등 여러 자원봉사활동을 알아보는 등 로스쿨 진학을 위한 준비를 시작했습니다.

다양한 공부방식이 있겠지만, 제가 선택한 방법은 스터디를 조직하여 다른 사람들과 함께 공부하는 것이었습니다. 2007년 8월 말에 스터디를 시작하여 2008년 면접 대비까지 함께 했으니 약 1년 4개월을 함께해 온 셈입니다. 스터디의 장점은 매주 정해진 진도를 끝마칠 수 있고, 토론과 같이 혼자서는 할 수 없는 공부를 할 수 있으며, 다양한 정보를 공유할 수 있다는 것입니다. 그 중에서도 제가 느꼈던 가장 큰 장점은 좋은 사람들을 만나서 동고동락하며 힘들었던 시기를 함께 헤쳐 나갈 수 있었던 점입니다. LEET 첫 시행인 만큼 문제에 대한 정보도 부족하고 적합한 공부방법을 찾기 힘들어 시행착오도 많이 겪었던 만큼 스터디그룹 내에 몇 번의 위기도 있었지만, 스터디원들이 서로 의지하면서 극복해낼 수 있었습니다.

일단, LEET에 대한 믿을 만한 사전정보가 거의 전무한 상태에서 신뢰할 수 있을만한 문제는 언어이해와 관련해서는 MEET·DEET, 수능, 추리논증과 관련해서는 PSAT, LSAT 정도였습니다. 언어이해는 개인적으로 문제를 풀어오지 않고 매주 모여서 수능과 MEET·DEET 언어이해 기출문제를 푸는 것을 기본으로 했습니다. 수능의 경우는 기출문제가 꽤 많아서, 매주 한 회씩 풀기에도 많은 양이었습니다.

　문제는 추리논증이었습니다. 처음에 PSAT 언어논리 및 자료해석 기출문제를 숙제로 풀어왔었는데, 자료해석과 같은 문제유형은 LEET와 성격이 맞지 않아 푸는 것을 그만두었고, 언어논리의 경우는 논리학의 기초가 잡혀있지 않은 상태라 시간 내에 푸는 것이 상당히 어려웠습니다. 결국 추리논증에 대한 기본적 이해 없이는 기출문제를 손대기 어렵다고 판단하여, 일단 여러 학원에서 나온 추리논증 기초문제집들을 풀기 시작했습니다. 일부는 숙제로 미리 풀어왔고, 일부는 모여서 시간을 재면서 함께 풀었습니다. 답에 이견이 있을 경우 답으로서의 근거, 문제를 푸는 방법 등을 논의했습니다. 베리타스 학원의 문제집은 아주 기초적인 문제들로 구성이 되어있어서, 논증 문제에 대한 감을 잡는 데 도움을 주었습니다. 이후 9월 말부터 조호현 저의 『2008통합 LEET 추리논증』으로 기초를 다잡았습니다. 이 문제집도 일부는 숙제로, 일부는 모여서 풀었습니다. 저는 이 문제집이 추리논증의 기초를 잡는 데 가장 괜찮았던 교재라고 생각하는데, 많은 첫 해 LEET 응시자들이 이에 동감할 것 같습니다. 학원문제집을 통해 추리논증의 기초를 잡아가면서, PSAT 언어논리 문제도 모여서 풀고, 풀이과정을 함께 검토했습니다.

　논술의 경우, 대입 논술과 경시대회 기출문제를 바탕으로 준비했습니다. 특히 논술의 경우, 예비시험 전에는 어떤 방식으로 출제될지 예측하기 어려웠기 때문에 이 시기에는 언어이해나 추리논증에 비해 느슨하게 준비했습니다. 각자 논술을 써온 후 서로의 글을 첨삭해주는 방식으로 스터디를 진행했습니다. 상대방 글의 장점도 알려주고, 단점도 서슴없이 비판하였기 때문에 더 열심히 쓸 수 있었습니다.

　8월부터 12월의 5개월 동안 저는 휴학을 하고 국회의원실에서 인턴으로 일하고 있던 터라, 온전히 LEET공부에만 전력을 다하지는 못했습니다. 특히 9월 말부터 10월까지는 국정감사를 준비하느라 밤을 새거나 새벽에 퇴근하는 일이 잦아 매주 있는 스터디 숙제를 못하기 일쑤였습니다. 하지만 다른 사람들에 비해 일찍 준비하고 있었고, 기초를 잡는 기간으로 6개월이면 상당히 긴 시간이었기에 그리 큰 문제가 되지는 않았습니다. 12월 19일 대선을 기점으로 인턴을 마치고 나서부터 본격적으로 로스쿨 스터디에 전념을 다하였습니다.

3 2008년 1월 ~ 2008년 8월

● **겨울방학 기간** ● ····· 인턴을 마치고 방학을 맞이한 저는 매일 학원의 스터디룸에 나가 스터디원들과 함께 공부를 했습니다. 예비시험 이전에는 시험의 가닥을 잡지 못해서 헤매었다면, 예비시험 이후에는 시험에 가장 적합한 공부 방법이 무엇인지 찾기 위해 시행착오를 많이 겪었습니다. 예비시험 이후부터 2008년 1학기를 마칠 때까지 스터디에서 다양한 공부 방법을 시도해보았는데, 제가 추천하고 싶은 방법은 다음과 같습니다.

언어이해는 특히 기본적 소양이 중요하기 때문에 독서토론 및 지문분석을 하는 것을 권장합니다. 독서토론의 경우 LEET를 준비하는 기간이 짧다면 어려운 방법일 수 있지만, 전반적인 언어능력을 높이는 데 도움이 됩니다. 대학생이라면 꼭 읽어야 할 책들을 읽는 것도 좋고, 자신이 취약한 분야의 책을 읽어서 낯선 개념이나 문장을 익숙하게 만드는 것도 좋습니다. 특히 저희 스터디 구성원들은 다양한 배경을 가지고 있었기 때문에, 책을 읽고 서로 잘 모르는 개념들을 설명해줄 수 있었습니다. 저 같은 경우는 과학지문에 약했는데 이공계쪽 스터디원들의 개념설명 덕에 많은 도움을 얻었고, 반대로 사회과학 지문과 개념을 이에 익숙지 않은 스터디원들에게 설명해 주기도 했습니다. 저희 스터디에서는 1달에 1~2권씩 책을 읽었습니다.

지문분석의 경우는 시행착오를 많이 겪은 스터디 방식이긴 했지만, 낯선 주제의 글을 보다 체계적이고 빠르게 읽도록 도움을 주었습니다. 예비시험 지문, MEET·DEET 지문과 언어이해 문제집에서 괜찮은 지문을 발췌하여 중심문장을 찾고 단락을 요약하며, 글의 논증구조를 구성하였습니다.

논증의 경우는 기초부터 다시 다졌습니다. 초반 6개월 동안은 문제집을 통해 추리논증에 대한 감을 키웠다면, 방학 동안에는 논증의 기초에 관한 책을 찾아 읽고 논증구조를 분석하는 연습을 했습니다. LSAT 논증의 기본교재로 활용되는 앤 톰슨 저의『비판적 사고, 실용적 입문』을 바탕으로 공부했습니다. 추리의 경우는 이미 지난 6개월 간 많은 문제를 풀었고, 양질의 문제집도 많이 없었기 때문에 많은 문제를 푸는 것보다 문제를 푸는 과정을 간소화하여 시간을 단축하는 것에 더 신경을 썼습니다. 여러 유형의 추리문제들의 풀이과정을 각자 비교해 보면서 가장 빨리 풀 수 있는 방법을 서로 의논했습니다. 일단 주어진 조건을 기호로 정리한 후 차근차근 풀어나가는 정직한 방법도 좋지만, 때로는 보기의 답을 대입해서 모순이 있으면 제거하는 편법을 쓰는 것이 빠를 때도 있기 때문에 여러 문제풀이 방법을 알아두는 것이 좋습니다. LSAT 추리문제와 일본로스쿨 기출문제집도 풀었습니다. 이미 웬만한 추리논증 문제집은 다 풀었던 터라, 양질의 문제가 부족했던 상황이었기에 이 둘을 풀기 시작했는데, LSAT의 경우 LEET 추리와 약간 다른 유형이고 좀 더 간단하다면, 일본로스쿨 기출문제집의 경우는 좀 더 까다롭고 LEET에 더 가까운 유형이라고 판단했습니다. 하지만 시간이 지나서 생각해 보니, 오히려 LSAT 문제가 더 기초적이고 정형화되어 있기 때문에 추리문제를 푸는 감을 익히는 데 보다 도움이 된 것 같습니다. 특히 LEET 1회 시험이 예비시험과는 또 다른 양상을 보였기 때문에, 아직은 LEET시험이 제자리를 잡았다고 여기기 어려운 상황입니다. 이럴 때일수록 기초적이고 유형화되어 있는 문제를 푸는 것이 중요하다고 생각합니다.

학원교재 등을 활용하여 논술지문을 분석하고, 예비시험에 나왔던 논술문제 형식을 바탕으로 출제된 학원 모의고사 논술문제를 구해 시간 내에 작성하는 연습을 했습니다. 글 쓰는 연습 외에 딱히 논술만을 위해 한 공부는 없었습니다.

● **학기 중** ● ····· 2008년 학기 중에는 최대한 LEET와 기본소양에 도움이 될 만한 강의를 골라서 수강신청을 했습니다. 1학기 때 제가 수강했던 과목은 실용논리, 법사상사, 서양근대철학사, 근대서양정치사상, 민주주의론,

러시아정치였습니다. 실용논리의 경우는 PSAT 준비생들을 위해 개설된 과목으로, 이 과목 덕택에 독학만으로는 어설펐던 점을 보완하여 논리학의 기본적 토대를 탄탄히 잡을 수 있었습니다. 또한 저는 언어이해 및 전반적 사고력 향상을 위해서 이론·사상·철학을 공부하는 것이 중요하다고 생각하여 위의 과목들을 수강하였습니다. 자연스럽게 많은 사상서적을 읽게 되었고, 어려운 지문들도 접하게 되었습니다. 위 수업들은 언어이해를 위한 것에서 나아가 제 사고의 토양을 기름지게 하는 밑거름 역할을 톡톡히 하였습니다. 어려운 수업이 많아 높은 학점을 받지는 못했지만, 학점을 잘 받기 위해 쉬운 수업만 골라듣는 것보다는 LEET시험에 더 많은 도움이 되었고, 스스로의 발전을 위해서도 좋은 결정이었다고 생각합니다.

이 글을 읽는 학생분들 역시 학교와 LEET공부를 병행하는 것을 고민하는 분들이 계실 것입니다. 둘 중 하나를 선택하는 것이 꼭 능사는 아닙니다. 학교수업과 LEET공부를 병행하는 것이 무리라고 생각하지 않고, 둘이 상승효과를 가져올 수 있도록 방법을 찾았던 것이 제게는 정답이었습니다. 분명 어떤 대학교에서는 LEET를 위한 특별반도 개설이 되었을 것입니다. 그것이 아니라도 저처럼 LEET를 위해서 자신에게 필요하다고 생각되는 수업을 골라서 듣는 등 학교와 LEET 공부를 병행할 수 있는 여러가지 방법이 있다고 생각합니다.

● 여름방학 중 ● ······ 방학은 마지막 총정리 기간이었습니다. 10명 정도로 구성된 저희 스터디는 원룸을 빌려서 함께 공부했습니다. 일주일에 3일간은 스터디룸으로 이용했고, 나머지 날에는 도서관처럼 사용했습니다.

이 기간 중에는 어법을 집중적으로 공부했습니다. 헷갈리는 단어나 문법을 재미있고 쉽게 외울 수 있게 함께 모여 문제를 푼 후 즐겁게 떠들면서 외우는 방법을 썼습니다. 언어이해와 추리논증 문제집을 몇 권 풀었고, 학원의 모의고사 문제지를 구해 시간 내에 푸는 연습을 했습니다. 그리고 스터디원들이 언어이해는 주제, 논지, 일치, 비판, 추론, 분석, 적용, 문학, 추리논증은 주제, 쟁점, 결론, 분석, 일치, 전제, 반박, 논증평가, 강화 및 약화, 오류 등의 유형별로 정리해 둔 예비시험, MEET·DEET 문제들을 다시 풀었습니다. 각 문제 유형별로 푸는 노하우를 익히는 데 집중하기 위함이었습니다.

LEET 2주일 전에 스터디를 모두 마치고 각자 부족한 부분을 공부했습니다. 저는 부족한 수리추리 등 추리문제를 푸는데 시간을 할애했습니다. LEET시험 일주일 전에는 거의 공부를 하지 않았습니다. 그동안 해왔던 공부를 한 번의 시험으로 평가한다는 생각에 스트레스를 받았던 것이 원인이었습니다. 공부할 기분이 들지 않아 문제를 푸는 것보다는 다양한 책을 읽었습니다. 문학에 약했던 저는 이를 조금이나마 보완하기 위해 파우스트를 읽었는데, 운이 좋게도 시험에 나와 책을 읽은 덕을 보았습니다.

4 LEET시험 당일

로 스 쿨 합 격 수 기

LEET시험 당일에는 상당히 긴장했습니다. 마지막 일주일 간 문제풀이를 거의 하지 않고 책만 읽었던 것이 오히려 시험 전 여유로움을 앗아간 것 같습니다. 시험 전 스트레스를 받더라도, 매일 조금씩 각 과목의 문제들을 풀어서 감을 계속 유지하는 것이 LEET시험 당일에도 긴장하지 않을 수 있을 것 같습니다.

긴장했던 탓에, 1교시 언어이해의 경우 약 두 지문을 제대로 읽지 못했습니다. 보통 시간이 빠듯해도 지문을 다 읽고 문제를 풀었던 터라, 평소보다 못했다는 생각을 지울 수 없었습니다. 특히 언어이해 두 번째 VOD관련 과학기술 지문에 10분 이상을 소요하여 다른 쉬운 지문들을 제대로 읽지 못했습니다. 그 동안 저의 강점인 언어이해에서 고득점을 맞기 위해 언어를 시간에 맞춰 푸는 연습을 계속해왔고, 예비시험이나 학원모의고사에서는 이것이 도움이 되었는데 정작 실전에서 시관관리에 실패해서 허탈했습니다. 포기할 것은 포기하고, 풀 것은 확실히 푸는 식으로 시간관리를 하는 것이 중요하다는 것을 새삼 느꼈습니다.

간단히 제 언어이해 풀이방식을 소개하겠습니다. 저는 지문을 먼저 속독한 후에 문제를 읽습니다. 지문을 읽을 때 핵심개념을 표시하고 각 단락의 핵심문장에 줄을 치면서 글의 대략적 흐름을 파악하고는 합니다. 제가 이렇게 지문을 먼저 읽는 이유는, 문제를 먼저 본 후 지문을 보면 문제가 암시하는 글의 내용 때문에 선입견이 생겨 함정에 빠질 수 있기 때문입니다. 일치 문제가 나올 경우 다시 지문을 훑어보아야 하기 때문에 번거로운 점은 있지만, 글의 전체적 흐름을 파악하면 지문의 어디쯤을 보아야할지 알 수 있기 때문에 큰 장애는 없습니다.

1교시를 보고나서 상당히 출출해졌습니다. 예비시험 때도 마찬가지였기 때문에 실제 LEET시험 당일에는 컨디션 조절을 위해서 간식거리를 가져왔습니다. 배를 채우지 않으면 추리논증 문제를 푸는 내내 배가 고파 시험 보는데 지장이 있을 수 있기 때문입니다. 쉬는 시간이 지난 후 2교시 추리논증 시험 때는 시간 내에 몇 문제를 풀지 못했습니다. 그 동안에도 시간 안에 푸는 연습을 할 때 적으면 2~3문제, 많으면 5~6문제를 풀지 못했기에 추리논증은 손을 댄 문제는 다 맞추자는 일념으로 풀었습니다. 추리논증의 경우에는 예비시험과 문제의 양상이 상당히 달랐습니다. 추리가 줄어들고 논증이 늘어났으며, 까다로운 문제들이 많았고 법 관련 지문도 있었습니다. 특별히 법적 지식이 필요한 문제라고 볼 순 없었지만, 법지식이 있다면 유리했을만한 지문이 몇 개 출제되었습니다. 특히 추리논증 과목은 시험시간이 부족하기에 익숙한 지문이 나온다면 더욱 유리할 것 같았습니다.

점심시간에는 속을 편안하게 하기 위해서 준비해온 죽을 먹었습니다. 점심시간 후 논술 시험을 보았는데, 논술 시험은 1, 2번 문제에 시간을 너무 많이 빼앗기지 않고 3번 문제에 많은 시간을 할애하는 것이 중요했습니다. 저는 여기서 실수를 해서 1시간 20분 정도의 시간만 남겨두고 3번 문제를 풀었습니다. 문제를 훑어보았을 때 인도적 개입은 까다로운 주제가 아니라고 생각해서 그 정도면 충분할 것이라 생각하고 1, 2번 문제를 집중해서 풀었는데, 이후 3번 문제 지문을 보니 쉬운 수준이 아니었습니다. 지문 내용이 꽤 어려워서 문제에서 요구하는 쟁점을 지문에서 도출해내는 것이 어려웠습니다. 1, 2번 문제의 답은 괜찮게 작성한 것 같았지만, 3번 문제는 썩 만족스럽게 답변하지 못했던 것 같습니다. 제시된 분량기준은 모두 준수했습니다.

5 자기소개서 및 면접 준비

LEET시험 이후에는 자기소개서 및 면접준비를 했습니다. 자기소개서 양식은 각 학교마다 다르지만, 로스쿨 지원동기, 해당 대학 지원동기, 학습계획 등 학교별로 공통적으로 반드시 작성해야만 하는 핵심내용이 있었습니다. 저는 고대와 이대를 지원하여 각 학교의 특성에 맞게 조금 다듬었을 뿐 핵심내용은 동일하게 작성했습니다. 저는 제가 가진 법조인의 자질을 일관성 있게 피력하는 것이 중요하다고 생각하여 법관이 되고 싶은 제 바람과 제 인생경험을 통해 형성해 온 중립적 성격, 정의로운 가치관 등 법관의 덕목에 부합하는 제 특성에 대해 설명했습니다. 학습계획은 9월까지 나온 지원 대학의 커리큘럼 및 프로그램을 참고하여 학년별로 작성하였고, 학교에서 마련해주었으면 하는 프로그램에 대해서도 언급하였습니다.

면접스터디는 9월 중순부터 진행했습니다. 한 사람 당 시사 등 한 가지 주제를 맡아 핵심내용 및 찬반견해를 정리해서 스터디 때 발표하고 그것을 바탕으로 간단한 찬반토론을 진행하였습니다. 스터디원이 10명가량이었는데, 저희 스터디는 일주일에 3번 면접스터디를 진행하였고, 매 스터디 당 6~8개의 주제를 다루었습니다. 사형제도, 안락사 등 법적 쟁점에서부터 자유, 평등, 법치주의와 같은 가치, 쌀 직불금, 역사교과서 문제 등 시사적 이슈들까지 다양한 주제를 다루었습니다. 스터디원들이 각자 준비해 온 내용을 토대로 저는 각 주제에 대한 저의 견해를 쉽게 정리할 수 있었습니다.

또한 저는 고려대학교 서면면접 대비를 위해 학원수업을 수강했습니다. 고려대 모의면접 때 좋은 점수를 받지 못했던 터라, 면접에 대한 철저한 준비가 필요했습니다. 로스쿨 입시 첫 해인만큼 학원의 면접수업이 양질이었다고 자신 있게 말할 수는 없지만 확실히 제게는 도움이 되었습니다. 법적 지식이 전무한 비법대생으로서 서면면접을 어떻게 준비해야할지조차 막막했었는데, 학원에서 제공하는 100개의 문제에 답변하다보니 딱히 정답이 있는 것이 아니라 제 생각에 대한 논거를 논리적으로 쓰면 된다는 것을 깨달았습니다. 그 전에는 법대생은 판례를 아니 답을 아는 것이나 마찬가지라고 생각했지만, 서면질의 연습을 하면서 가장 중요한 것은 논리적으로 답변하는 것이라는 생각이 들었습니다.

각 대학 면접일정 2주전부터는 최종면접 연습을 시작했습니다. 이제껏 다루었던 면접주제들에 관해서 고려대 심층면접 형식으로 면접 예행연습을 했습니다. 처음에는 생각처럼 말이 잘 나오지 않고 더듬거렸었는데, 연습을 하면 할수록 보다 침착하게 말할 수 있었습니다. 특히 생각해 둔 것을 잊어버리고 말하지 못했을 경우에도 당황하지 않고 침착하게 기억나는 논거들을 차분히 말할 수 있도록 대비하였습니다.

6 면접 당일

이화여대 면접 시에는 점심시간이 한참 지나서까지 제 차례가 돌아오지 않아서 무척 배가 고팠습니다. 얼마나 기다려야할지 모르니 간단한 간식 및 음료를 준비해가는 것이 좋을 것 같았습니다. 휴대전화는 지참하지 않았으나, 지참할 경우에도 학교 측에서 별 무리없이 수거했습니다.

오랜 시간을 기다린 후 면접을 보았습니다. 지문과 문제가 미리 주어져 10분간 답변을 준비한 후 들어가 면접관 앞에서 10분간 자신의 의견을 말하는 형식이었습니다. 답변준비시 따로 필기는 할 수 없습니다. 면접장에 질문지는 들고 갈 수 없지만, 면접장 안에 질문지가 제공되어 있으니 문제를 잊었다고 당황할 것은 없습니다 (제 경우엔 감독관이 면접장 안에 질문지가 따로 없다고 해서 굉장히 당황했었습니다). 면접장에는 남자 교수님과 여자 교수님이 각각 한 분이 계셨습니다. 문제는 중다수결주의제에 관한 것이었는데, 중간에 한 가지 논거를 잊어버렸지만 침착하게 곧 다른 논거로 넘어가서 답변할 수 있었습니다. 답변한 후 시간이 남자, 남자 교수님께서 인성질문을 던지셨습니다. 제 자기소개서를 보시면서 이화여대에 지원한 동기, 좌절했던 경험에 대해서 물으셨고, 저는 지원동기에 대해서는 자기소개서와 거의 동일하게 답변하였고 좌절했던 경험에 대해서는 고려대 자기소개서에 작성했던 것을 바탕으로 대답할 수 있었습니다.

고려대는 이틀간 첫째 날은 서면면접, 둘째 날은 대면면접을 진행하였습니다. 첫째 날 서면면접은 모의서면면접과는 상당히 달라진 양상이었습니다. 모의서면면접의 문제들은 모두 법적 쟁점을 묻는 문제였지만, 실제 서면면접에서 1번 문제는 철학적 문제였고, 법적인 다른 문제들 역시 모의 때보다 다양한 양상을 보였습니다. 까다로운 문제들이 꽤 있어서 모의 때와는 달리 시험시간인 2시간도 부족하여 마지막까지 급하게 답변을 작성했습니다. 만약 고려대를 염두에 두고 계신다면 서면면접도 시간관리를 잘 해야 할 것 같습니다.

둘째 날 대면면접 때 수험번호가 뒤 쪽이라 꽤 많은 시간을 기다렸습니다. 고려대는 오후에 대면면접을 진행하기 때문에 배가 고프다거나 하지 않았지만 더 오랜 시간을 기다려야 했기 때문에 공부거리가 떨어지고 난 후에는 조금 지루했습니다. 자신의 수험번호에 따라 기다리는 시간이 결정되니 뒷번호라면 대기시간 대비를 철저히 해야할 것 같습니다. 면접 대기실에 가면 5분 동안 세 문제 중 하나를 골라 답변을 작성한 후 잠시 대기했다가 면접장에 들어가게 됩니다. 답변을 작성했던 종이는 면접장에 들고 들어갈 수 없습니다. 저는 세 문제 중 국가가 도박을 합법화한다는 것은 모순이 아닌지를 묻는 1번 문제에 답변을 하였습니다. 이번에도 논거 중 두 개를 잊어버렸지만, 이화여대에서 이미 실전을 경험한 탓이지 더 순조롭게 답변할 수 있었습니다. 일부 도박이 합법화될 수 있는 논거를 제시해서 합법적 도박을 정당화한 후, 예상되는 반론과 이에 대한 재반론을 펼쳤습니다. 시간이 조금 남아 세 분의 교수님들께서 질문을 하셨고, 무난하게 대답하였습니다.

7 공인영어성적

영어시험에 대해 궁금해 하실 분들이 많을 것 같습니다만, 제가 이 부분에 대해서 도움이 될지는 모르겠습니다. 저는 공인영어시험으로 TEPS와 TOEIC을 보았습니다. 제 경우에는 어릴 적 해외에 살다온 경험이 있어서, 영어시험을 위해 따로 공부한 것은 거의 없었습니다. 두 시험 모두 한 번도 응시해본 적이 없어서 문제집을 조금 보고 모의고사를 몇 회분 풀어보았습니다. TEPS는 4번, TOEIC은 2번 응시했었는데, TEPS의 경우 각 회차별 점수차가 꽤 컸습니다. 저는 1(90회), 3(92회), 7(96회), 9월(98회)에 TEPS를 응시하였고 최고득점은 7월 시험이었고, 최저득점은 9월 시험이었습니다. 듣기로는, TEPS의 경우 회차별 난이도가 상이해서 자주 응시하는 것이 좋다고 합니다. 로스쿨 지원 시 제출할만한 영어성적은 미리 받아두었기 때문에 공인영어시험을 매달 보았더라도 LEET준비에 전념할 수 있어 마음이 편했습니다.

8 당부의 말

이번 로스쿨 입시를 치르고 느낀 것은, 기초실력이 중요하단 점이었습니다. LEET시험에서 추리논증과 같은 경우는 일반적으로 쉽게 접하지 못하는 유형의 과목이기 때문에 행시 준비생이 아니었던 경우 대부분은 비슷한 수준에서 출발했을 것입니다. 반면 언어이해나 논술과 같은 경우는 평소 책을 많이 읽고 교양이 풍부한 사람들이 훨씬 유리했다고 봅니다. 특히 LEET 주최 측에서도 언급했듯이, 대학교를 졸업했다면 알 수 있는 수준의 문제를 냈다는 점을 고려할 때 평소 학부수업을 충실히 듣는 것이 무척 중요하다는 사실을 강조하고 싶습니다. 또한 LEET시험 외에 각 대학교 면접문제 역시 평소 시사문제에 관심을 가지고 자신의 가치관을 정립하려 애썼던 사람이라면 그렇지 않았던 사람보다 더 잘 대응했을 거라 생각합니다. 물론 사회경력이나 자원봉사 등의 여러 활동 사항들 역시 대학시절을 충실히 보냈다면 크게 걱정할 것 없는 사항이었습니다.

하지만 제가 이러한 소양을 처음부터 모두 갖추고 있는 것은 아니었습니다. 다만 저는 다른 사람보다 일찍부터 로스쿨을 준비했기 때문에 제가 부족했던 많은 것들을 만회할 수 있을 상당한 시간이 있었고, 1년 반의 기간 동안 부족한 부분을 메우기 위해 여러가지를 했습니다. 저는 사회경력이 많이 없었지만, 1년 반의 기간 동안 인턴 및 자원봉사 경력을 쌓을 수 있었습니다. 저는 이 과정에서 단순히 '스펙'을 만드는 것을 넘어서 제 자신이 더 나은 사람이 되기 위한 여러가지 것을 배우고 느꼈습니다. 그러니 이 글을 읽는 여러분들도 기초실력의 중요성을 인지하여, 준비 기간 동안 단순히 시험만을 준비하는 것이 아니라 자신이 부족한 부분을 채울 수 있도록 노력하셨으면 좋겠습니다. 그 과정 중에서 여러분도 저처럼 단순히 로스쿨 준비를 넘어서 많은 것을 배우고 느끼셨으면 합니다.

특히 당부 드리고 싶은 것은, 오직 LEET준비만을 위해 시간을 쓰지 말라는 점입니다. 이번 시험에서 드러났듯이, 로스쿨 입학은 LEET고득점 획득만으로는 충분치 않고, LEET준비만을 한다고 해서 그것이 꼭 고득점으로 연결되리라는 보장도 없기 때문입니다. 또한 오히려 학생이라면, 학교를 다니면서 LEET나 면접, 혹은 전반적인 지적능력 향상에 도움이 될 만한 강의를 수강하고 LEET공부를 병행하는 것이 시너지 효과가 더 클 수도 있으니 자신에게 가장 유리한 방법을 잘 생각해서 택하시길 바랍니다.

참고도서

언어이해

- 마더텅 출판사 『내신국어·수능언어 1등급 어휘력』
- 엄민용 『건방진 우리말 달인1』
- LSA 언어이해 문제집
- 이원준 꿈드림 언어이해 문제집
- 이원준 MEET·DEET 언어이해 해설책

추리논증

- 베리타스 문제집
- 조호현 『2008통합 LEET 추리논증』
- 조호현 『추리논증 심화1 실전편』
- 앤 톰슨 『비판적 사고, 실용적 입문』

- 이병덕 「논리적 추론과 증명」
- 「네오리트」
- 「LSAT 논리추론바이블」
- 일변연법무연구재단 「로스쿨 적성시험 일본기출문제 1, 2」

독서토론

- 이진경 「철학과 굴뚝청소부」
- 리처드 도킨스 「이기적 유전자」
- 신영복 「강의」
- 몽테스키외 「법의 정신」
- 토마스 홉스 「리바이어던」
- 마샬 맥루한 「미디어의 이해(인간의 확장)」
- 제레미 리프킨 「소유의 종말」
- 장하준 「착한 사마리아인들」
- 로버트 L.하일브로너 「세속의 철학자들」
- 토드 부크홀츠 「죽은 경제학자의 살아있는 아이디어」
- 실학사상 관련 논문들

면 접

- 최종고 「법과 윤리」
- 이준일 「인권법-사회적 이슈와 인권」
- 김계환·정종열·이환경 공저, 「법과 사회」

10

직장인에서 다시 학생으로

장 혜 원

- 여의도 여자고등학교 졸업
- 서울대학교 공과대학 응용화학부 졸업
- 제40회 변리사시험 합격
- 고려대학교 법학전문대학 제1기
- 제1회 변호사시험 합격
- 현) 김앤장 법률사무소 변호사

　　로스쿨 1기생으로서의 새로운 출발을 앞두고 있는 지금, 공부를 시작하기로 처음 결심하던 때를 생각하니 감회가 새롭습니다.

　　2008년 3월, 5년차 변리사로 접어들 무렵 저는 직장을 그만두고 본격적으로 로스쿨 진학 준비를 시작했습니다. 다년간 특허관련 사건을 다루면서 학문적으로 제 지식이 많이 부족하다는 점을 절실히 느꼈음에도 불구하고, 막상 안정적인 직장을 그만두고 다시 3년간 학생으로 돌아간다고 생각하니 상당히 불안해졌던 것도 사실입니다. 그러나 할까 말까 계속 갈팡질팡하다가 적절한 로스쿨 준비 시기를 놓친다면 그것만큼 어리석은 일도 없을 것 같고, 또 일단 하고 싶다는 마음이 생긴 이상 이번에 도전하지 않으면 평생을 두고 아쉬움이 남을 것 같아 과감하게 로스쿨 진학을 결심하였습니다. 자기자신에게 꼭 맞는 공부방법은 사람들마다 제각각이게 마련이지만, 그래도 나름대로 현재 로스쿨을 준비하시는 많은 수험생들에게 조금이나마 도움이 되었으면 하는 바램으로 부족하나마 이제부터 제 경험을 적어보려합니다.

1 시험준비를 결심하기까지

많은 로스쿨 준비생분들이 그러시듯이, 저 또한 서로연이나 로사모와 같은 까페로부터 많은 정보를 얻었습니다. 그런데 까페에서 "로스쿨 진학을 준비하고 싶은데 제가 가능성이 있을까요?", "제 상황에서 로스쿨을 가야할까요, 말아야 할까요?" 등과 같은 안타까운 내용의 글을 종종 읽게됩니다. 공부를 시작할지 말지를 결정할 중요한 질문을 자기와 전혀 무관한 불특정인에게 묻는 것 자체가 현명하지 못할 뿐더러, 안면일식도 없는 제3자의 답글에 따라 자신의 결정이 좌우된다면 그것만큼 어리석은 일도 없을 것입니다. 자신의 진로에 대한 조언을 구하고 싶다면, 해당분야의 교수님이나 혹은 실무에서 활동하고 계신 분들께 직접 여쭈어보는 것이 가장 효율적이고 정확할 것입니다. 제 경험상, 의외로 많은 교수님이나 전문가분들이 상담자가 자신의 분야에 관심을 갖고 있다는 이유만으로 전혀 알지 못하는 사람의 이메일이나 전화통화에 정말 친절히 답해주십니다.

저는 친구를 통해 연락처를 전달받은 변호사님께 직접 전화를 드리거나, 인터넷 검색을 통해 관심 로스쿨의 법대 교수님께 이메일을 보내서 조언을 구했습니다. 이분들께서 제가 로스쿨을 진학할 경우의 장단점에 대해 자세히 설명을 해주셨기 때문에 이를 토대로 제 마음을 결정하는 것은 그리 어렵지 않았습니다. 그러나, 마지막으로 과연 리트라는 생소한 시험이 제가 고득점할 수 있는 종류의 시험인가에 대한 불안감이 들었고, 이를 확인하기 위해서는 일단 학원을 다니면서 어떤 시험인지부터 파악해 봐야겠다는 생각이 들었습니다. 이에 저는 같이 로스쿨 진학을 고민했던 친구와 함께 2007년 12월에 강남의 한 학원에서 언어이해와 추리논증 주말강좌를 수강하였습니다. 실제 공부해보니 추리논증은 공부하면 고득점이 가능하겠다는 생각이 들었고, 언어이해는 꽤 어렵다고 느꼈으나 그래도 지문독해시간을 조금만 단축한다면 해볼만 하겠다는 생각이 들었습니다. 탐색을 위한 수강이었고, 직장생활 중이라 출석보다 결석이 더 많았지만 이 수업을 통해서 저는 로스쿨에 진학하기로 확실히 마음을 굳힐 수 있었습니다.

2 영어

영어점수는 미리미리 만들어 두시는 것이 좋습니다. 리트시험 일자가 다가올 때까지 영어시험에 매달려있지 않도록 부지런히 준비해 두시기 바랍니다.

저는 두달간 퇴근 후 일주일에 세 번씩 선릉역 헤커스 학원에서 텝스 강의를 수강했고, 이후부터는 별도로 영어를 공부하지 않고 매달 꾸준히 시험만 치렀습니다(시험 전날 감을 살리기 위해 모의고사 1회씩 풀었음). 시중에 좋은 교재들도 많지만, 빠른 시간에 점수를 올리기 위해서는 전문어학원에서의 실전대비 강좌를 수강하는 것이 독학보다 효율적인 것 같습니다. 이런 강좌에서는 최근 자주 나오는 구문에서부터 시험 치르는 스킬까지 강의해주기 때문입니다. 또한, 시험의 난이도가 들쭉날쭉하고, 이른바 '대박달'이란 것이 언제일지 모르므로 별도로 시간을 내서 영어공부를 하지 못했다 하더라도 시험만큼은 매달 꾸준히 치르시는 것이 좋습니다. 저 역시 리트시험 전까지 매달 텝스시험을 치렀습니다. 혹여 토익은 어떨까 싶어 토익시험도 한번 보았는데, 확실히 토익은 텝스에 비해 쉽기 때문에 1회의 시험만으로도 만족할만한 점수를 얻을 수 있었습니다. 그러나 서울대는 토익점수를 인정하지 않으며, 점차 다른 대학들도 텝스와 토플점수만 인정할 것이라는 이야기가 있으므로 이왕이면 토익 대신 텝스나 토플을 준비하시는 것이 좋을 듯 합니다.

학교에 따라 영어점수는 pass/fail 정도로만 고려되기도 합니다. 그러나 지원자들 중 실제 상당히 높은 영어점수를 가진 분들이 매우 많기 때문에 영어점수가 눈에 띄게 낮을 경우 결코 좋은 인상을 줄 수 없을 것이고, 실제 자신의 리트점수가 나온 후에 어떤 학교를 지원하게 될지는 아무도 모릅니다.

그렇기 때문에 일찍일찍 신경쓰셔서 남부끄럽지 않을 정도의 점수만큼은 꼭 만들어두시기 바랍니다.

3 LEET준비 전반부 (3월~6월)

3월부터는 직장을 그만두고 본격적으로 리트준비를 시작했습니다. 친구의 추천으로 신촌에 있는 학원에서 공부시작 후 첫 두달간은 언어이해, 추리, 논증 그리고 논술까지 모두 포함된 종합반을 수강하였습니다. 학원 수강생들 중 많은 분들이 스터디도 함께 하는 듯 하여 저도 스터디도 병행해볼까 하는 고민도 했었으나, 종합반 강의를 수강하다보니 개인적으로 공부할 시간조차 충분치 못하다는 생각에 스터디는 하지 않았습니다. 저는 지금도 스터디가 필수라고는 생각치 않습니다 (다만, 학원을 다니시지 않는다면 스터디가 필요하실 듯 합니다). 스터디나 학원 수업시간은 '배우는 시간' 이지 '공부시간' 이 아닙니다. 변리사 시험을 준비하면서도 느꼈던 것이지만 진짜 실력이 늘기 위해서는 배운 것을 스스로 이해하고 완벽히 자신의 지식으로 만드는 혼자만의 공부시간이 정말 중요하고 반드시 필요합니다. 만약 혼자만의 공부시간이 충분치 않다면 무리해서 스터디에 참여하실 필요는 없다고 생각합니다.

공부 시작 초반에는 익숙치 않은 리트라는 시험에 적응하느라 학원수업 이외의 다른 교재는 일절 보지 못했습니다. 학원수업을 듣고 남은 시간에는 학원자습실에서 그날 배운 것들을 복습하는 정도였습니다. 그런데 공부장소가 학원자습실이다보니 분위기도 산만하고 실제 공부에 집중하는 시간도 얼마 되지 않았습니다. 이러면 안되겠다 싶어 4월부터는 본격적으로 신림동 독서실에서 공부했습니다. 학원에서 수업시간에 풀었던 문제와 숙제로 내주시는 문제만 풀어도 하루는 금방 갔고, 게다가 논술관련 읽기자료의 양이 매우 방대해서 수업자료 외에 주중에는 다른 교재를 거의 보지 못했습니다. 주말시간을 이용해 일본 법학적성시험 기출문제를 모두 풀어보았고, 학원에서 나눠주는 추리논증 숙제에 LSAT 기출문제가 거의 모두 포함되어 있었기 때문에 일본 로스쿨 문제와 LSAT문제는 거의 모두 풀어본 셈입니다. 이 문제들은 시험 직전까지도 몇 번씩 반복해서 계속 풀어보았습니다.

리트시험은 암기시험이라기 보다 사고력 시험이기 때문에 많은 분들이 일단 한번 푼 문제보다 지금까지 접해보지 못한 새로운 문제들을 더 중요시 여기시는 것 같습니다. 그러나 저는 이미 풀어본 문제를 계속 반복해서 다시 풀어보는 것도 새로운 문제를 접하는 것 못지않게 중요하다고 생각합니다. 저는 다른 수험생들에 비해 상대적으로 풀어본 문제집이 몇권 되지 않습니다. 그러나, 일단 제가 풀어본 문제집들은 모두 최소 세 번 이상 반복해서 보았던 것 같습니다. 저는 문제를 푸는 과정에서 조금이라도 아리까리한 문제들은 모두 별표를 쳐놓았습니다. 문제를 다 푼 후 점수를 매기다 보면 별표를 쳐놓은 문제 중 운좋게 맞춘 문제들도 있고, 틀린 문제들도 있으며, 혹은 별표 없이 확신을 갖고 쉽게 답을 골랐으나 결국 틀려버린 문제들도 있습니다. 점수를 매긴 후에는 별표 쳐놓은 문제와 틀린 문제 위주로 꼼꼼히 복기를 해두었습니다. 이렇게 문제집을 한권을 모두 푼 후에는 별표 쳐있는 문제나 틀린 문제 모두를 다시 지우개로 깨끗이 지우고 처음부터 다시 풀었습니다. 아무리 꼼꼼히 복기를 해두었다고 해도, 의외로 인간의 사고과정은 쉽게 변하지 않는지라 틀린 문제는 다시 풀어도 또 틀리는 경우가 많으나, 반복해서 사고 전환연습을 함으로서 어느 정도 고정된 사고의 틀을 극복할 수 있는 것 같습니다.

5월 말부터는 PSAT기출문제와 네오리트 언어이해, 그리고 논술은 강남의 학원에서 실전 모의고사 수업을 듣기 시작했습니다. PSAT는 반드시 시간을 재서 풀었고, 만약 시간이 촉박하다 싶으면 남은 문제들을 때려 맞추는 식으로 풀면서 어찌됐건 시간 내에 문제를 모두 풀고자 했습니다. 언어이해도 마찬가지입니다. 특히, 언어이해는 제 자신이 많이 부족하다고 생각했기 때문에 복기를 정말 열심히 했습니다. 오답노트에 틀린 문제들을 모두 표시하고 (문제를 다 적는 것은 시간이 많이 걸리기 때문에 그냥 어떤 교재 몇 페이지 몇 번 문제 이런 식으로 간단히 표시했습니다), 처음 그 답을 골랐던 이유와 내 생각이 어디가 잘못되어 정답을 고르지 못했는지를 꼼꼼히 적어두었습니다. 이런 과정이 반복되다 보니 언어이해에서도 제가 자주 틀리는 문제가 어떤 것인지 대충 감이 왔습니다. 논술은 학원을 다니면서, 일주일에 하루는 작은 문제 2개, 또 하루는 큰 문제 (1400자 내외) 1개씩 풀면서 시간 내에 분량을 채우는 감각을 유지했습니다. 논술은 정말 점수가 일정하게 나오지 않았는데, 점수가 높게 나오는 문제들은 한번이라도 관심을 갖고 생각해보았던 주제인 경우가 많아서 배경지식이 많이 중요하다는 생각이 들었습니다. 비록 배경지식을 쌓기에는 시간이 촉박했으나, 어차피 독서는 언어이해 지문과 관련해서 배경지식으로도 좋고 속독 훈련도 되겠다 싶어 마지막까지 독서에도 아낌없이 시간을 투자했습니다.

또 5월부터는 여러 학원의 모의고사를 치르기 시작했습니다. 서로연 까페에 들어가보면 모의고사 문제가 너무 어렵거나 엉망이라는 이유로 각종 학원에 대한 비방글도 많이 게시됩니다. 물론 모의고사가 너무 성의없이 출제된 경우가 대부분이지만, 반면 자신이 문제를 제대로 이해하지 못해 문제가 잘못되었다고 판단하는 경우도 많이 있습니다. 그래서 저는 여러 학원 모의고사를 고루 보되, 제가 특히 점수가 잘 안나왔던 학원의 모의고사를 더 꼼꼼히 챙겨보았습니다. 학원마다 문제 스타일이 약간씩 다른데, 점수가 잘 안나오는 학원의 모의고사에는 제가 부족한 부분의 사고력을 많이 건드리는 문제들이 많이 출제되었구나 라고 생각했기 때문입니다. 저는 PLS, 유웨이, LSA, 다산, GLA 등 여러 학원의 모의고사를 보았는데 특히 다산 로스쿨 모의고사 점수가 많이 좋지 않아, 더 열심히 복기했던 기억이 납니다. 반면, 제 후배는 LSA 모의고사가 특히 점수가 안좋게 나온다고 불평하더군요.

모의고사의 점수에 일희일비하지 않는 것도 중요한 것 같습니다. 이 또한 어차피 실전에서 좋은 점수를 받기 위한 과정일 뿐으로, 저는 모의고사를 현재 제 위치를 확인하는 것이 아니라 현재 제가 취약한 부분을 찾아내는 과정으로 보았습니다. 그렇게 생각하면 의외로 마음이 편해집니다. 점수가 잘나올 경우에는, "이번 시험에서는 내가 취약한 부분의 문제가 출제되지 않았구나!" 라고 생각하고, 점수가 안나올 경우에는 "아, 이번에는 내가 취약한 부분에서 많이 출제되었구나, 이번 모의고사는 더 꼼꼼히 복습해서 이런 부분을 확실하게 정리해 놓아야지." 라고 생각했습니다. 점수가 잘나왔다고 자만하지 않고, 또 점수가 안나왔다고 심리적으로 위축될 필요도 없는 것 같습니다. 시험장에서 긴장된 분위기 속에 모의고사를 보다보니 시간 내 문제를 모두 푸는 시간안배능력도 많이 향상되고, 시간 조절 감각도 생겨서 참 좋았던 것 같습니다. 이왕 모의고사를 보시려는 분들은 문제지를 사다가 집에서 풀지 말고 실제 시험장에 가셔서 여러 수험생들과의 긴장된 분위기속에 푸시기를 권합니다.

4 LEET준비 후반부 (7월~8월)

저는 7월부터는 강남의 한 학원에서 새벽 모의고사반을 수강했습니다. 제가 들었던 새벽 모의고사 반은 일주일에 이틀, 오전 7시부터 8시 반까지 언어이해를 풀고, 또 다른 이틀에는 오전 7시부터 9시까지 추리논증을 푸는 강좌였습니다(저는 해설강좌가 포함되지 않은 강좌를 수강하였고, 답안지를 받아와 독서실에서 자체적으로 복기하였습니다. 그래도 이해되지 않는 문제는 학원 Q&A 게시판을 이용하였습니다). 저는 이 새벽 모의고사반이 상당히 좋았다고 생각하는데 무엇보다 하루에 한회씩 시간을 맞추어 문제를 풀어볼 수 있고, 그냥 허투로 보낼 수 있는 아침시간을 최대한 활용하게 해주며, 또 매번 성적표로 내 위치를 확인할 수 있기 때문입니다.

새벽 모의고사반은 아침 7시부터 시작하기 때문에 일반적으로 여러 사람들이 공부를 시작할 무렵인 9시 전에 이미 언어이해 1회 또는 추리논증 1회분을 풀게됩니다. 만약 새벽시간에 이 문제를 안 풀었을 경우에는 오전 시간 전부를 언어이해나 추리논증 1회분을 푸는데 소비했을 텐데, 새벽 모의고사반을 수강함으로써 왠지 시간을 버는 것 같아 기분이 좋았습니다. 강남 학원에서 시험을 본 후에는 다시 독서실로 돌아와 채점을 하고, 점심 전까지 틀린 문제를 포함하여 전체 문제를 복기했습니다. 새벽에 언어이해 시험 본날의 오후에는 추리논증을 위해 PSAT 기출문제를 복기하거나 추리논증 문제집을 풀었고, 반대로 새벽에 추리논증 시험을 본날은 오후에 언어이해 모의고사를 1회씩(꿈드림 모의고사 문제) 풀고 바로 복기를 했습니다. 저는 밤 늦게 보다 아침 일찍 공부하는 스타일이기 때문에 저녁식사를 하고는 바로 집으로 돌아와 언어이해나 논술을 대비해 독서를 하곤 했습니다. 제가 변리사 시험과 리트시험이라는 전혀 다른 성격의 시험을 모두 경험해본 바, 변리사 시험과는 달리 리트시험은 암기가 필요하지 않기 때문에 책상에 앉아있는 시간과 점수가 비례하지는 않는 듯 합니다. 너무 많은 공부시간의 확보에 스트레스 받기보다는 공부가 잘 안될 때 독서 등을 하시면서 시간을 유연하게 사용하시는 것도 괜찮을 듯 합니다. 사실 독서도 시험공부라고 볼 수 있기 때문입니다. 그리고 실제 시험은 오전에 시행되므로, 이왕이면 오전에 문제푸는 것을 권합니다. 시험 직전에 시차를 바꾸려고 하시는 분도 많은데, 그 때야말로 시차 적응기간이 아니라 실전을 앞두고 열심히 공부해야 할 시기이기 때문에 미리미리 적응해 두는게 좋습니다.

　시험 마지막 한달 간은 아침에 새벽 모의고사반을 수강하는 것 외에 오로지 지금까지 틀린 문제들을 다시 복기하고 정리하였습니다. 여러 학원에서 봤던 모의고사, 새벽 모의고사반 문제, 학원 자료, 네오리트 언어이해와 PSAT, 일본 기출문제 중 틀린 문제를 반복해서 보았습니다. 틀린 문제들은 화이트나 지우개로 모두 지워 다시 풀었고, 다시 풀었는데도 아리까리하거나 틀린 문제들은 또 체크하고 다시 한번 화이트로 지워 3회 이상 반복해서 계속 풀었습니다. 논술은 사실 시험 전부터 여러 대학에서 아예 전형의 직접적인 요소로 고려하지 않겠다고 하여 많은 시간을 투자하지는 않았으나, 혹시 모른다는 생각에 1주일에 한번 정도 문제푸는 연습 정도만 꾸준히 했습니다. 틀린 문제만 보아도 마지막 한달의 시간은 매우 짧습니다. 그래도 저는 새로운 문제를 풀고 점수 매기고 자신의 점수를 확인하는 과정만 반복하는 것 보다, 틀린 문제를 꼭 되집어 보라는 말씀을 꼭 드리고 싶습니다. 꼼꼼한 복기없는 무조건적인 문제풀이는 밑빠진 독에 물붓기 격인거 같습니다. 완전히 자신의 것으로 만들지 않는 한 비슷한 유형의 문제는 꼭 반복해서 틀리게 되기 때문입니다. 저는 시험 일주일 전까지도 새벽모의고사반을 통해 매일 1회씩의 언어이해 또는 추리논증 시험을 치렀습니다. 이른 아침부터 모의고사반을 들었던 습관 때문에 시험 직전까지 아침에 머리 쓰는 적응이 되어 있어 참 좋았던 거 같습니다.

5 시험 당일

저는 연세대학교에서 시험을 치렀습니다. 시험 당일은 편안한 옷에 필요한 준비물만 간단히 챙겨갔습니다. 상대적으로 걱정을 많이 했던 언어이해 시험이 예비시험이나 모의고사보다 쉽게 나와 시험을 보면서 불안감이 많이 가셨던 것 같습니다. 추리논증은 추리파트의 문제임에도 불구하고 논증처럼 지문이 긴 문제들이 많았습니다. 문제형식이 좀 낯설기는 했지만 문제를 하나씩 풀다보니 결국 답을 구하는 과정은 지금까지 접해왔던 많은 문제들과 별다르지 않다는 생각이 들어 침착하게 문제를 끝까지 다 풀 수 있었습니다. 점심시간에는 가족과 만나 간단하게 김밥과 커피를 마신 후 다시 들어와서 논술시험에 임했습니다.

실전에서는 긴장하지 않는 것이 제일 중요한 것 같습니다. 저는 언어이해보다 추리논증에서 고득점을 한다는 전략을 나름대로 세우고 있었는데 평소보다 추리논증 점수가 많이 나오지 않을까 봐 계속 마음이 불안해졌습니다. 그래도 쉬우면 다 쉽고 어려우면 어차피 다 어려울테니 결국 달라질 것은 없다는 생각으로 최대한 편하게, 좋게 생각하고자 했습니다. 덕분에 논술도 편안한 마음으로 임할 수 있었고, 마침 가장 큰 배점이 걸려있던 인도적 개입 문제는 평소에 많이 생각했던 주제라 기분 좋게 마지막 시험을 마칠 수 있었습니다.

6 자기소개서

저는 고려대학교에 우선선발로 합격했습니다. 120명 중 20명 정도가 우선선발 되었는데, 합격하고 만난 여러 분들의 면면을 보니 다들 너무 우수하셔서 제가 왜 우선선발로 합격했는지 이해가 잘 되지 않았습니다. 아마도 제 생각에 정말 정성껏 적은 자기소개서가 주효하지 않았나 싶습니다. 저는 자기소개서를 작성하기에 앞서 일주일간 미국 top 로스쿨이나 MBA에서 실제 우수하다고 평가된 자기소개서 샘플들을 여럿 읽었습니다. 바람직한 샘플들을 많이 읽다보니 같은 이야기를 어떻게 하면 더 흥미롭고 호감가게 쓸 수 있는지에 대해 얼핏 감이 왔습니다. 제 장점을 줄줄이 적기 보다는 실제 제 경험을 언급하면서 이로부터 제 장점이 저절로 보여지는 글을 쓰는데 중점을 두었습니다.

어느 학교나 자기소개서를 적어야 하는 것으로 알고 있습니다. 대부분 2군데의 학교를 지원하기 때문에 보통 수험생들은 자기소개서 하나를 한 학교에 맞춰 적은 다음, 그 자기소개서를 다른 학교의 자기소개서 형식에 맞게 편집하고 분량을 조절하거나 요약하는 것으로 알고 있습니다. 그러나 저는 각 학교에 맞게 처음부터 자기소개서를 각각 작성해야 한다고 생각합니다. 제 경험상 요약하거나 분량만을 조절한 2번째 자기소개서는 처음 자기소개서에 비해 내용이 빈약하고 연결이 매끄럽지 않은 티가 나기 때문입니다(내용이 달라야한다는 말이 아니라, 같은 내용을 쓰더라도 새로운 글을 적는다는 자세로 임해야 한다는 말입니다). 그리고, 정말 가고 싶은 학교라면 그 학교에 대한 최소한의 정보 정도는 열심히 입수할 필요가 있습니다. 실제 자기소개서에 그 내용이 반영이 되든 안되든, 건너건너 아는 사람이라도 소개받아서 그 학교가 선호하는 인재상이라던가, 특히 강한 분야라던가 관심 분야의 교수님에 대한 정보를 얻는 것이 좋습니다. 알게 모르게 자기소개서를 통하여 학교에 대한 지원자의 관심이 드러나기 때문입니다.

저는 주변의 여러 분들에게 자기소개서를 퇴고 받았습니다. 혼자서 여러 번 검토해봤자 계속 보이지 않는 결점들은 끝까지 안보이게 마련입니다. 물론 솔직한 제 자기소개서를 보이는 것이 부끄럽기는 했지만 부모님에서부터 후배, 친구, 친구 부모님, 아는 선생님 등 여러 분들께 리뷰를 부탁드렸고, 그 때마다 글이 조금씩 나아지는 것을 확연히 느꼈습니다. 저는 신촌 학원에서 자기소개서의 개인 첨삭도 받았는데, 이 과정에서는 글이 조금 더 전문적이고 고급스러워졌다는 느낌을 받았습니다. 어떤 분들은 유료 첨삭을 통해 글이 완전히 새로워질 것까지도 기대하시던데 자기소개서는 어디까지나 '자기'의 이야기를 쓰는 것이기 때문에 글의 표현방식이나 전개순서가 달라질지언정, 자기소개서 자체가 전면적으로 바뀔 것이라는 기대는 안하는 것이 좋다고 봅니다.

또 자기소개서에서 부각시킨 내용들은 모두 첨부자료로 첨부하여 글에 보다 신뢰감을 더했습니다. 첨부자료도 자기소개서에 등장하는 내용에 따라 순서대로 정리하였고, 포스트잇으로 식별번호를 붙여놓았습니다. 대학 입학처에 근무하는 친구에게 물어보니 첨부자료를 모두 제본한다던가 불필요한 표지를 만든다던가 하는 것은 오히려 접수처 직원의 짜증을 불러일으킬 뿐이라고 하길래 (자체적으로 자료를 정리해야하기 때문에 제본된 것을 접수받은 분들이 어차피 다시 분리해야된다고 하더라구요), 너무 과하게 자료를 정리하지는 않았습니다.

7 면접

처음에 저는 강남의 한 학원에서 면접대비 강의를 수강했습니다. 그러나 아무리 생각해도 가격이 너무 비싸다는 생각에 수강료를 도중에 환불받고 친구들끼리 스터디 형식으로 면접을 준비했습니다. 동일한 질문에 대해 스터디원 다섯명이서 번갈아가며 답변해보는 형식으로 진행했는데, 말을 조리 있게 잘하거나 또는 풍부한 배경지식을 가진 스터디원들이 많아서 그분들을 보면서 스스로 부족한 점을 많이 느끼고 개선하려고 노력했습니다. 스터디 교재는 모 학원에서 리걸마인드 형성반 교재로 나온 것을 사용했습니다. 이 교재는 법적인 문제에서부터 사회적인 문제까지 매우 광범위한 주제를 다루기 때문에 짧은 시간 동안 많은 내용을 커버하기에 매우 좋았다고 생각합니다. 면접준비는 매일 오전에 모여 2~4 시간씩 정도 진행하고, 나머지 시간은 각자 주제가 되는 부분의 자료를 읽는 식으로 보냈습니다. 실제 면접에서는 공직자의 도덕성 관련한 문제에 대해 대답하였는데 주제가 상대적으로 쉬웠기 때문에 주장과 그 논거를 떠올리는 것은 그리 어렵지 않았습니다. 다만, 너무 긴장한 나머지 말이 너무 빨라져 주어진 5분에 비해 지나치게 짧게 대답한 것이 합격자 발표날까지 계속 신경이 쓰였습니다. 실전에서는 스터디에서 말하는 것보다 몇백 배 더 많이 긴장되는 것 같습니다. 주장과 그 논거를 조리있게 말하는 연습도 꾸준히 해야하지만, 이와 아울러 말하는 속도나 톤, 표정도 항상 신경써서 연습해야할 것 같습니다.

8 마치며

앞에서 말씀드린 바와 같은 저의 경험이 현재 로스쿨을 준비하시는 분들, 혹은 준비를 시작해보려고 하시는 분들께 조금이나마 도움이 되고자 자세히 적어보았는데 실제로 얼마나 도움이 될른지는 잘 모르겠습니다. 그러나 공부시작을 결심하는 일에서부터 학원선택, 스터디그룹의 선택, 작게는 교제의 선택까지 자신을 제외한 그 누구도 자기자신에게 가장 적합한 선택을 대신 해주지 못합니다. 또 직장인이시라면 직장을 그만두고 공부를 해야하는지도 매우 큰 고민일 것입니다. 저는 이왕이면 제대로 공부해서 한번에 로스쿨을 붙어야겠다는 생각, 직장에서 제가 책임지고 있는 사건들에 소홀한 나머지 실수할 지도 모른다는 생각 등으로 퇴사를 결심하였습니다. 그러나 사회경험이 있는 합격생들분들 중 매우 많은 분들이 직장과 공부를 병행하셨다고 하니, 이 문제는 오로지 자신의 직업적 상황이나 공부성향 등을 고려하여 결심하셔야 할 것 같습니다.

제가 좋아하는 스티븐 잡스의 연설 중에, "you can"t connect the dots looking forward; you can only connect them looking backwards. So you have to trust that the dots will somehow connect in your future". 라는 말이 있습니다. 부디 자기 자신에게 적합한 길을 현명히 선택하시고, 일단 선택하신 후에는 자신감을 갖고 밀어붙이시기 바랍니다.

나의 꿈 나의 길

참고도서

언어이해

· 자이스토리, 수능 기출 어휘 어법 문제집
· 네오리트 언어이해 모의고사 문제집
· 이원준 꿈드림 언어이해 문제집

추리논증

· 조호현 「2008통합 LEET 추리논증」
· 일변연법무연구재단 「로스쿨 적성시험 일본기출문제 1, 2」
· 박문각, PSAT 기출문제집

영 어

· 김태희, 기출텝스1200
· 에듀조선, New It's TEPS 시리즈

독 서

· E.H. 카 「역사란 무엇인가」
· 유시민 「유시민의 경제학 까페」
· 신영복 「강의」
· 동녘 출판사 「동양철학 에세이」
· 김두식 「헌법의 풍경」
· 팀 하포트 「경제학 콘서트」
· 휴머니스트 출판사 「한국의 교양을 읽는다」
· 토드 부크홀츠 「죽은 경제학자의 살아있는 아이디어」
· 롤프 옌센 「드림 소사이어티」
· 프랑크 쉬르마허 「가족, 부활이냐 몰락이냐」
· 하버트 리드 「예술의 의미」

· 김용규 『설득의 논리학』
· SNU Press, 서울대 권장도서 해제집

자기소개서

· 55 Successful Harvard law school application essays
· 하버드 MBA가 선택한 에세이 65가지

11

모든 경험은 입시에 도움이 된다

조 현 민
· 진주동명고등학교 졸업
· 인하대학교 경제학과 졸업
· 동아대학교 법학전문대학원 제10기

1 들어가는 말

11월 하순, 두 대학의 면접을 마친 후 합격자발표를 기다리던 그 순간까지 매일 편히 잠들었던 적이 없는 것 같습니다. 이후 12월 14일과 15일, 전북대학교, 동아대학교 순차적으로 합격을 확인한 후 태어나서 처음으로 기쁨에 소리쳤던 기억이 생생합니다. 이 합격수기는 현재 로스쿨 입시를 준비하는 분들께서 가장 많이 읽고, 또한 유용하게 보실 것이라고 생각합니다.

부디 여러분들께, 흐릿한 이 입시의 길에서 조금이나마 도움이 되었으면 좋겠습니다.

2 뒤늦은 로스쿨 준비

● **대학입학, 행정고시 진입** ●····· 저는 20살이 되던 해, 인하대학교 행정학과에 입학하였습니다. 하지만, 명확한 장래희망이나 진로에 대한 고민 없이 그저 수능성적에 맞추어 진학한 것이었습니다. 그랬기에 어영부영하며 1년을 보냈고, 평범한(보기에 따라서는 한심할 수 있는) 학점을 받았습니다. 2학년을 앞두고 불안함이 밀려왔습니다. 이 때 저는 "상경계열로 가면 취업이 잘되지 않을까?"라는 것과, "5급 공개경쟁채용시험(이하 행정고시) 1차시험(PSAT)은 딱히 공부하지 않아도 적성에 잘 맞으면 된다던데 부모님께 뭔가 하고 있다는 변명이라도 할 겸 해볼까."라는 생각이었습니다.

● **고시, 그리고 포기** ●····· 그렇게 2학년이 되던 해 초, 전과시험을 통과하여 경제학과로 진학하였고 얼마 후 PSAT에 합격하였습니다. 무언가 노력하지 않고도 된다는 자만심에 빠진 저는 학점을 신경 쓰지 않아도 되는 행정고시를 선택하였습니다. 이후 학부 2,3학년 기간 및 사회복무요원으로 근무하던 2년간(퇴근 후) 2차 공부를 하였습니다.

인터넷 강의를 결제하고 간신히 진도를 따라가며 책을 보기는 하였습니다. 그러나 학부생활 및 복무와 병행하기도 하였고, 어린나이와 자만심에 최선을 다하지는 아니하였습니다. 자만하였다고는 하지만, 나름 4년을 공부했음에도 불구하고 전공과목으로 택한 '경제학'이 끝까지 발목을 잡은 것이 저를 갈등하게 했습니다.

노력부족이 더욱 큰 원인이었겠지만, 수리적인 부분에 있어서 제 두뇌가 타 영역에 비해 많이 부족하다는 것을 어느 정도 깨닫고, 인정할 수 밖에 없었습니다.

● **갈등과 대안모색** ●····· 저는 고민했습니다. 고시의 특성상, 이를 극복하는데 얼마간의 시간이 걸릴지 알 수 없었고, 능력과 흥미 모두 떨어지는 과목을 극복하기 위해 종잡을 수 없는 세월을 투자해야 한다는 사실이 저를

너무 괴롭게 했습니다. 이 때문에 사실상 복무 말기 6개월간은 "내 능력이 부족하여 무언가를 포기해야 한다." 라는 사실을 인정하고 받아들이는 시간이자, "고시한다고 스펙도 학점도 준비하지 않았는데, 고시를 포기한다면 무엇을 할 것인가!"를 고민하는 시간이었습니다. 그 때 우연히 제 눈에 들어온 것은 '공인노무사' 시험이었습니다.

● **짧은 공인노무사 준비** ● ····· 시험의 상당부분이 학부공부 고시공부에서 얻은 바를 활용할 수 있는 것으로 보였기에, 대학생활과 고시공부를 완전한 매몰비용으로 만들지 않아도 된다는 생각에 신이 났습니다. 해당 자격증과 제 진로에 대한 깊은 숙고 없이 과감히 방향을 틀었습니다. 이후 4학년 1학기는 신림동 학원과 본교 전공수업, 타 대학 법학과에 학점교류로 신청한 법학전공 과목을 수강하며 보내었습니다. 그러나 여기서 또 다시 고민하였습니다. 왜냐하면 로스쿨 제도의 도입으로 변호사의 시장배출이 폭발적으로 늘었다는 것과 법조직역이지만 공인노무사 자격증으로는 소송대리가 불가능하다는 직역의 한계를 알았기 때문이었습니다.

저는 '학점이 뛰어나지 않으면 못가는 곳' 정도로 선입견을 가지고, 전혀 생각지도 않았던 로스쿨의 입시를 알아보기 시작했습니다. 이 시점이 2017년 6월, 저의 4학년 1학기가 끝나가던 시점이었습니다.

3 LEET준비

학점이 낮음에도 불구하고, 25개 로스쿨의 3년간 입학전형을 모두 살펴본 저는 (학교별로 매년 입시 전형이 상이하기 때문에) "이거, 될 수도 있겠다." 라는 생각을 가지게 되었습니다. 이후 코앞으로 다가온 리트를 접수하고 준비하였습니다.

● **LEET는 자신과의 싸움** ● ····· 우선 기출문제지를 구매하여 풀었습니다. 또한 모 사설학원의 동영상 강의를 결제하였습니다. 하지만, 강사의 설

명이 모두 크게 도움이 되지 않는다고 판단하여 결제를 취소하고 환불하였습니다. 혼자 기출문제를 풀어보며 느낀 것은, 해설이나 강좌에서 읊어주는 풀이구조와 논리를 듣고 있어도, 이미 출제되어 다시는 출제될 일 없는 '그 문제'에 대한 답만 명확하게 짜 맞추어 간다는 느낌을 받았기 때문입니다. 실제 LEET시험에서 문제의 해답을 찾아가는 과정이, 울창한 숲속에서 야생동물의 흔적을 쫓아가며 마침내 사냥해내는 포식자의 짜릿한 그것이라면, 해설과 강의에 의존하는 것은 모든 것이 눈에 보이는 초원에서 변수를 통제한 후 사냥하는 모습을 찍었던 다큐멘터리의 모습을 연상하게 했기 때문입니다.

● **기출에 올인** ●····· 시험일까지 약 2달이 남은 시점에서, PSAT의 경험이 있음에도 불구하고 점수가 도무지 오르지 않았습니다(100점 내외). 하지만 뒤늦게 준비한 만큼 재수를 각오한 상태였기에, 본 시험에서 만족스럽지 못하더라도, 다른 요소를 더 준비할 수 있는 시간이 주어지는 것이라 생각하고 마음을 다스렸습니다. 그리고는 분량을 최소화 했습니다, 기출 외에 사설 등 기타 모의고사를 몇 번 풀어보았으나, 문제와 해설 모두 그 논리구조의 정치함이 본 시험에 비해 떨어지거나, 사고의 방향이 다르다는 느낌을 받았습니다.

하여, "내가 잘 쳐야 할 시험은 본 시험이고, 내가 가져야 할 사고방식과 논리구조는 본 시험 출제자들이다."라고 자신을 세뇌하며, 기출문제만을 약 6주간 매일, 하루 종일 반복해서 풀었습니다. 시간을 재서 풀고, 눈을 감고 머릿속으로 그림을 그려서 풀고, 친한 친구를 앞에 두고, 친구가 이해하고 수긍할 때까지 설명을 바꿔가며 풀었습니다. 기출문제의 반복은 절대 '답만 맞히는' 반복이 되어서는 안 될 것이라고 생각합니다. 끊임없이 생각하고 그리고 적어가며, 나 스스로가 '출제자 그 자체'가 될 때까지 반복하며 능동적으로 풀어나갈 때 우리에게 주어진 기출이라는 훌륭한 무기를 가장 날카롭게 활용할 수 있다고 생각합니다.

● LEET 풀이의 Base ● ····· 이 글을 읽고 계실 독자분이 어느 시점에서 입학을 준비하고 계실지는 모르겠습니다. 그러나 시간적 여유와 상관없이 (저와 같은 리트전략을 택할 경우라면 더더욱) 득점향상, 실력상승을 위한 필수는 '독서'입니다. 최근에는 수능시험의 국어과목 마저 그 지문의 길이와 난이도가 혀를 내두를 정도입니다. LEET 역시 각 지문에 주어진 시간 대비 그 길이가 결코 작지 않습니다. 따라서 이러한 글의 홍수가 순간적으로 몰아치는 시험의 압박을 견뎌내려면 강한 독서력 없이는 어렵다고 생각합니다.

독서에 왕도는 없고 또한 주제의 호불호도 제각각이겠습니다. 하지만 시험을 위한 독서를 위해서 인문이나 철학 고전서, 각종 신문의 사설, 전문학회지, 학위논문, LEET를 포함한 PSAT등 유사시험의 기출 및 모의고사의 지문 ('반드시' 활자로 인쇄된 것으로 읽기를 추천합니다)등등을 먼저 시간을 정해서 읽고 몇 줄 내외로 요약하고, 천천히 정독한 후 다시 요약하여 이전 요약과 비교하여 피드백 하는 연습을 반복하면, 반드시 LEET의 Base가 갖춰질 것입니다.

4 공인영어

이 부분에 대해서는 사실 크게 드릴 말이 없습니다. 학창시절부터 영어, 수학이라면 학을 떼고 기피 했던지라, 행정고시 응시를 위해 마련해둔 G-TELP LV2 65점(토익환산 시 약 750)을 제외하면, 공인영어에는 전혀 신경써오지 않았기 때문입니다. 또한, 전반적으로 공인영어의 반영 비중이 감소하는 추세였고, 저는 학점이 낮은 편이었기 때문에 리트에서 만족스러운 점수가 나오지 않으면 사실상 진학이 불가능하다고 생각하여 리트시험일 이전까지 일절 준비하지 않았습니다. 8월 말, 리트 가채점 후 120 중반대의 점수를 보고 난 뒤에는 단 두 번의 토익시험이 남아 있었습니다. 즉시 동네 학원에 등록하여 9월초 600초반, 9월말 마지막 토익에서 700초반의 점수를 받았습니다. 이로 인해 3정량, 학점-토익-리트에서 리트로 2가지를 메워야 하는 전략을 세우기 위해 많은 고생을 하게 되었습니다. 저처럼 급박하게 준비하는 경우, 혹은 영어에 큰 약점이 있는 경우가 아니라면, 공인영어는 사전에 할 수 있는 한 몰아쳐서 고득점을 받아 두는 것이 좋을 것입니다.

5 지원전략 수립

저는 이 부분을 가장 강조하고 싶습니다. 최근 몇 년 전부터는, 각 학교의 실질 반영비와 이전년도 합격자 25%, 50%, 75% 성적 등등이 공개되면서, 활용할 수 있는 자료가 제법 누적되었습니다. 이미 끝난 정량요소는 더 이상 후회해도 소용이 없습니다. 그렇다면 나의 가진바 내에서 가장 최적의 선택을 찾아야합니다.

각종 입시설명회에서도 캐치 할 수 도 있겠으나, 저는 공동입시설명회, 개별입시설명회 모두에서 (상담 담당자들과 실제 학생선발 담당자들 간의 소통부재로 인한 실망스러운 설명) 회의를 느끼고 인터넷을 뒤졌습니다. 사설학원의 입시 예측 사이트를 통한 모의지원을 적극적으로 활용하여, 지원해볼 만한 모든 학교에서의 제 순위변동과, 제 순위 근방의 경쟁자의 모의지원 변동을 체크해가며 연구하였습니다. 또한 지원학교 pool을 5개 내외로 압축한 후, 해당 학교의 지난 5년간 입시요강의 각 반영 비율, 실질 반영 비율을 보며 변화하는 숫자 이면에서, 학교가 어떤 인재를 뽑으려고 하는지를 찾아내고자 애썼습니다.

예를 들어 저의 해당 지원 pool중 하나였고, 최종적으로 지원하고 합격하여 현재 다니고 있는 동아대학교의 경우 17년 초, 6회 변호사시험에서 상당한 숫자의 합격자를 배출 하여 현수막을 걸고 기사도 많이 내는 등, 찾아온 성과를 기쁘고 자랑스러워 하는듯한 인상을 받았습니다. 하여 저는 해당 기수가 입학한 2014년의 입시요강과 해당년도 입학생들의 데이터를 연구했습니다.

결국, 정량의 준비가 기본이고, 면접과 자소서의 준비가 그 끝이라면 이 부분, 지원 전략의 탐색과 수립이 로스쿨 합격의 허리입니다. 본인이 원하는 학교 혹은 지역이 제한적이고 반드시 그 곳만을 가야한다면 이야기가 다르겠지만, 로스쿨 입학자체가 목표라면 절대로 이 부분을 간과해서는 안 된다고 생각합니다.

6 자기소개서 및 면접

• **자기소개서** • ······ 자기소개서를 준비하면서 직장생활, 장기간의 고시 경력, 봉사활동, 수많은 자격증, 높은 학점 등등을 가진 주위 사람을 바라보면서 참으로 부러웠습니다. 저는 저에게 주어진 저 몇 가지로는 스토리텔링이 어렵다고 생각했기 때문입니다. 자기소개서는 사람 모두가 살아온 과정이 다르기 때문에 구체적인 내용은 다 다를 것입니다. 하여 저의 스토리를 잘 풀어내기 위해 했던 방법만을 알려드리고자 합니다.

자신의 가진 점을 잘 파악해야 합니다. 저 같은 경우는 군 복무를 제외하면 휴학 없이 달려온 비교적 어린나이, 고시경험, 그로인한 최소한의 법학 공부 경험, 교내 학생자치기구 경험이 전부였습니다. 그러나 반드시 로스쿨이 무언가를 증명해낸, 사람을 뽑고자 하는 것은 아니라고 생각합니다. 하여 저는 짧고 몇 없는 저의 이야기 속에서 나만이 느낀 특별한 감정과 고민, 그리고 이 과정을 딛고 로스쿨에 나아가서 어떻게 발전해 나갈 것인지, 그 과정에 왜 로스쿨이 필요한지를 중점적으로 적었습니다.

물론 이 과정에서 첨삭은 더더욱 중요합니다만, 굳이 타인의 첨삭일 필요는 없다고 생각합니다. 자신의 인생을 가장 잘 알고 가장 잘 풀어낼 수 있는 것은 본인이기 때문입니다. 스스로 반복해서 읽고 고쳐가며 명문을 만들어 내시길 바랍니다. 아, 워드를 켜둔 채 무엇부터 써야할지 막막하고 첫줄을 썼다 지웠다 반복하시는 분이라면, 제가 작성한 방식이 효율적일 수 도 있겠습니다. 처음부터 기승전결을 갖추고 순차적으로 써나가기 보다는, 카페 등에서 여유를 가지고 자기소개서에 도움이 될 만한 책이나 다른 자기소개서를 참고해가며 쓸 만한 문장이 떠오를 때마다 기록하는 것이 하나의 방법입니다. 어느 정도 그러한 '소스'들이 갖추어지면 해당 소스들을 이어 작성하는 방식으로 작성하는 것도 좋은 방법이 될 수 있다고 생각합니다.

● **면 접** ●····· 10월 초순 자기소개서 작성이 끝난 후, 11월 말 두 학교의 면접이 끝날 때까지, 매주 주 3~4회 모여 회 마다 3~4시간씩 그룹 스터디를 하였습니다. 저희 그룹의 스터디 진행방식은 각 로스쿨 면접 기출주제 및 시사주제를 활용하여 실전처럼 시뮬레이션 하는 것이었습니다. 스터디원 전원이 주제를 받음과 동시에 8분을 카운트(여러 학교가 면접주제 배부후 답변준비시간 10분을 주는 지라, 실전을 위해 좀 더 타이트 한 시간을 재었습니다)한 후 순차적으로 돌아가며 답안 발표, 나머지 스터디원은 실제 면접관처럼 끊임없이 발표자를 물고 늘어지며 공격하는 연습을 했습니다. 스터디가 끝난 후에는 돌아와 나의 답변과 스터디 멤버들의 질문, 내가 놓치고다른 발표자는 캐치하여 발표한 근거 등을 기록하고 정리하며, 생각하는 연습을 꾸준히 하였습니다. 입시가 끝난 후 이 기간 동안 다룬 주제가 약 80여 가지였습니다. 결국 실제로 면접장에서 받은 주제 모두 스터디 당시 준비했던 주제였고, 무탈하게 면접을 마칠 수 있었습니다.

7 마무리하며

제 수기의 제목은 "모든 경험은 입시에 도움이 된다."입니다. 저는 학창시절 좋아하는 사회·국어만 공부하고 영어와 수학을 방치하였습니다. 그 때문에 토익점수도 형편없습니다. 학부에 입학해서는 학생회 및 각종 자치기구 활동에 빠져 전공공부에 불성실하였습니다. 그 때문에 학점도 좋지 못하였습니다. 고시공부는 하는 둥 마는 둥 했으며, 공인노무사 자격증 준비도 몇달 하다 그만두고 급하게 로스쿨을 준비했습니다. 하지만 저는 국어를 좋아하여 글 읽기를 즐겼고, 그 때문에 PSAT에 응시하여 고시 경험을 해 볼 수 있었습니다. PSAT을 했기에 LEET에 쉽게 적응했고, 고시를 했기에 공부의 어려움과 성실함과 절실함이 얼마나 중요한 것인지 깨달았습니다. 하여 이 느낌을 자기소개서에 담백하게 녹여낼 수 있었습니다. 그리고 공인노무사 준비를 하였기에 노동법을 배웠습니다.

노동법을 배우면서 '경위서'가 아닌 '반성문' 작성의 강요는 양심의 자유를 침해한다는 취지의 판례를 보았기에, 로스쿨 면접당시 적시에 활용하여 좋은 인상을 줄 수 있었습니다.

수험생 여러분! 살아온 경험 중에 도움 안 되는 경험이란 없다고 생각합니다. 저는 로스쿨입시 준비가 늦었습니다. 그리고 평범한 학생이었을 뿐입니다. 그리고 수없이 방황하고 진로를 바꾸고 고민하며 제대로 이룬 것이 없었습니다. 하지만 바꿔 생각하고 노력하면 그 모두가 입시에 활용할 수 있는 소중한 밑거름이었습니다. 우리의 경험은 모두 재산입니다. 이 글을 읽고 있는 독자께서도 평범하지만 절대로 평범하지 않은 삶을 살아왔습니다. '나'의 특별함을 깨닫고, 자신의 소중한 재산을 100% 녹여 내시면 원하는 결과 얻을 수 있을 거라고 확신합니다. 모두의 앞길에 축복이 있기를 기원합니다.

12

전환, 그리고 새로운 시작

김 보 라

· 연세대학교 아동가족학과 졸업
· 부산대학교 법학전문대학원 제3기
· 변호사 김보라 법률사무소

1 로스쿨 준비를 시작하게 된 동기

저는 처음부터 법조인이 되어야겠다는 생각을 가지고 대학에 입학을 한 것은 아니었습니다. 아동학을 전공하면서 법학도가 되어야겠다는 생각보다는 아동과 가족관련 정책가나 아동학자가 되어야겠다는 생각을 가지고 전공공부를 접하기 시작했습니다. 하지만, 전공공부와 학회활동을 통해 아동이 성폭력, 학대, 방임 등의 고통에 시달리고 있는 사례들을 접하면서 아동이야 말로 법의 보호가 절실하다는 사실을 알 수 있었습니다. 성폭력 피해아동은 장기적 심리치료와 안정된 보살핌이 절대적으로 필요함에도 불구하고, 아동과 성인과 같은 곳에서 치료를 받는다는 사실은 큰 충격이었습니다. 아동은 그 특수성으로 인해 성인과는 접근방법부터 달라야 하기 때문입니다. 아동을 정확히 이해하고 시행조항을 마련했다면 이런 일은 발생하지 않았을 것이라는 안타까움이 있었습니다. 그러던 중 법무부 여성정책담당관 이영주 검사에 관한 기사를 접하게 되었습니다. 이를 통해 법조인은 법률 서비스 제공뿐만 아니라 정책수립에도 일조할 수 있다는 것을 알게 되었고, 아동의 특성을 정확히 이해하여 이를 법과 제도에 반영하는 전문법조인이 되어야겠다는 생각을 하게 되었습니다.

2 로스쿨 수험 준비과정

법학적성시험(LEET) 준비

로스쿨 준비생들 사이에서는 리트시험이 종종 아이큐 테스트와 비교되고는 합니다. 그 이유는 오랜 기간 준비를 한 학생의 점수 상승 폭과 단 기간 별다른 준비 없이 시험을 치른 학생의 점수 상승 폭이 별 차이가 없는 경우가 많기 때문입니다. 이는 리트시험의 성격이 단순 암기능력을 측정하는 것이 아닌, 이해력과 논리력 및 빠른 판단력을 요하는 시험이기 때문일 것입니다. 6개월간의 수험기간을 거치면서 제가 느낀 것 역시 리트시험은 준비 기간보다는 '준비 방법'에 더욱 초점을 두어야 한다는 사실입니다.

저는 2010년 3월부터 시험이 있는 8월까지 리트시험을 준비했습니다. 학교를 다니면서 시험을 준비했기 때문에 시간관리가 어려울 수도 있다는 생각이 들어, 그룹스터디를 적극 활용해서 규칙적인 시간에 리트공부를 하고자 노력했습니다.

● **언어이해** ······ 언어이해 시험은 총 80분이며, 2~3문항의 어법문제와 약 11개의 독해지문으로 구성되어 있습니다. 저는 한 주에 1회 분량의 언어이해 문제를 풀고 해답 풀이를 했습니다. 3월에는 리트 기출문제를 풀었고, 4월에는 미딧 언어추리 문제를 5월~6월에는 PSAT 행정고시 언어논리 문제를 풀었습니다. 어법의 경우, 운이 좋으면 한 두 문제 정도 맞았습니다. 하지

만 리트는 문항 수가 적은 시험이기 때문에 한 두 문제를 더 틀릴 경우 표준 점수의 차이가 많이 날수 있어, 어법을 단순히 운에만 맡길 수는 없었습니다. 때문에 어휘부분을 준비하기 위해 수능 어휘 문제집을 사서 정독을 했습니다. 저 같은 경우는 1회독을 했지만, 시간의 여유가 있고 어법에 자신이 많이 없으신 분들은 3번정도 보는 것을 추천해 드립니다. 시간이 지나면서 어법은 어느 정도 안정적인 점수를 받을 수 있었지만, 저의 가장 큰 문제는 바로 '독해'였습니다. 평소에 독서량이 많이 부족했던 탓인지, 저는 시간을 재고 문제를 풀면 1,2 지문 정도를 놓치는 경우가 많았습니다. 때문에 언어이해 1회를 시간을 재고 푼 후에, 놓친 지문은 다시 한 지문 당 5분 정도의 시간을 할애해서 다시 풀어보고, 풀었던 문제를 풀이 하는 데에 많은 시간을 보냈습니다. 풀이를 하면서 시간이 많이 걸렸던 지문과 틀렸던 지문의 원인을 분석했습니다. 또한 모든 지문의 분야와 구성 및 성격을 분석했습니다. 이러한 과정을 반복하면서 분야별로 혹은 글의 구성 및 성격 별로 묻는 질문과 유형이 나뉘는 것을 발견 할 수 있었습니다. 저 같은 경우, 과학지문과 철학지문에서의 생소하고 추상적인 단어들이 저의 독해를 방해하는 가장 커다란 원인이었고, 이 부분에서 가장 많은 시간을 할애하고는 했습니다. 하지만 글의 구성과 흐름에 따라 어떤 유형의 문제가 나오는지를 알게 되고 난 이후부터는 어렵고 생소한 단어에 매몰 되어서 글의 큰 틀을 놓치는 것을 많이 고칠 수 있었습니다. 그럼에도 불구하고, 평소에 쌓인 독해 습관을 단기간에 고치는 것은 결코 쉬운 일이 아니었습니다. 때문에 평소에 등한시 했던 과학서적이나 철학서적 1,2권을 읽으면서 생소한 성격의 글에 친숙해 질 수 있도록 노력했습니다. 7월에는 대부분의 기출문제를 모두 풀어 놓은 상태였기 때문에, 저의 최대 약점인 '어려운 글 짧은 시간에 독해하기 연습'에 몰두했습니다. 여기에는 글이 상대적으로 어려운 PSAT 입법고시 언어논리 문제를 적극 활용했습니다. 입법고시 언어논리 지문의 경우, 단어들이 매우 난해하지만, 구성은 단순하기 때문에 문제를 풀고 문단별로 정리를 하는 것은 저의 단점을 고치고 공부방법을 마무리 하는 데에 좋은 방법 이었습니다.

● 추리논증 ● ····· 추리논증은 110분 안에 다양한 유형의 35문제를 풀어
내야 하는 시험입니다. 저는 언어이해보다 상대적으로 추리논증 점수가 잘
나오는 편이었습니다.

하지만, 처음 접해보는 추리논증 문제의 유형이 결코 녹록치만은 않았습
니다.

처음에는 기출문제 1회를 풀어보고, 저의 수준을 가늠해 본 후, 기본서를
풀면서 추리논증 준비를 시작했습니다. 문제의 유형별로 나뉘어진 기본서를
처음에는 3월~4월 안에 1회독 하는 것으로 목표를 잡았습니다. 5월~6월에
는 기출문제와 PSAT 상황판단문제를 풀면서 기본서를 빠르게 복습하는 식
으로 전체적인 계획을 잡았습니다. 언어이해처럼 똑같이 35문항을 푸는 것
인데도 추리논증이 시험시간이 더 긴 이유는 그만큼 문제에 깊은 사고력을
요하기 때문인 것 같습니다. 하지만 추리논증 역시 주어진 시간에 문제를 다
풀어내는 것이 매우 어려웠습니다. 때문에 문제를 읽고 유형을 파악한 후 문
제 풀이 과정이 머리에 떠오르지 않는 경우에는 체크를 해 둔 후 직관적으로
풀 수 있는 문제부터 접근하는 방식으로 푸는 것이 시간관리에 많은 도움이
되었습니다. 추리논증의 경우에는 오답노트를 만들었습니다. 문제풀이가 쌓
이면 어느 정도 자주 틀리는 유형이 생기는데 나중에는 이 부분을 집중적으
로 공략하는 데에 오답노트가 많은 도움이 되었습니다.

● 논 술 ● ····· 논술은 크게 자신 있는 분야가 아니었기 때문에 4,5명이
모여 그룹 식으로 선생님께 지도를 받는 방법을 활용했습니다. 일주일에 한
번 리트문제와 유사한 논술지문을 보고 답안을 작성한 후, 스터디원들이 서
로의 글을 보고 첨삭해 주며 말로 평가해주는 방법을 사용했습니다. 논술은
꾸준히 글을 써 보고 첨삭을 받는 것도 중요하지만, 각자의 글을 놓고 주장
및 근거를 비교하며 의견을 개진하는 것은 사고력을 확장하고 자신의 의견
을 좀 더 매끄럽게 고쳐 나갈 수 있는 데에 커다란 도움이 되었던 것 같습니
다.

공인영어시험 준비

로스쿨 입시에서 인정되는 공인영어시험으로는 토익, 토플, 텝스 등이 있습니다. 리트시험이 있는 8월이 다가올수록 부담감 등으로 인해 영어점수를 받기가 더욱 어려울 수 있기 때문에 영어점수는 미리 받아 놓는 것이 좋다고 생각합니다. 저는 공인영어점수를 가지고 있지 않았기 때문에, 비교적 단기간에 고득점을 받을 수 있는 토익을 선택해서 공부했습니다. 1월부터 토익 실전 문제집을 제한 시간에 맞추어 일주일에 2회정도 풀고, 틀린 문제 위주로 복습했습니다. L/C는 틀린 문제를 반복해서 5번 듣고 문장을 외우는 방식으로 오답 정리를 했고, R/C는 오답노트를 만들어서 시험 전날과 시험 보기 직전에 활용했습니다. 다행히 3월에 원하는 점수를 얻을 수 있어서 이후, 리트공부에 보다 집중 할 수 있었습니다.

봉사활동 및 기타 교외 활동

저는 로스쿨 입시를 위해 특별하게 법학과 관련된 외부활동이나 봉사활동을 하지는 않았습니다. 학부시절 틈틈이 병원 및 관공소에서 외국인 안내 봉사활동 90여 시간을 했습니다. 학교를 다니면서 로스쿨 입시를 준비했기 때문에 외부활동 역시 크게 욕심을 내서 준비한 것은 없습니다. 자신이 원하는 분야를 미리 체험해 봄으로써 법학에 대한 관심을 키울 수 있는 활동이나, 향후 자신이 되고자하는 전문 분야에 도움이 될 수 있는 활동을 하는 것을 추천 해 드리고 싶습니다.

면접 및 자기소개서 준비

로스쿨 입시 과정에서 모든 전형요소가 중요하지만, 제가 지원한 학교들은 상대적으로 면접의 비중이 매우 컸기 때문에 저는 면접에 남다른 각오로 임했습니다. 리트시험을 마치고 8월 마지막 주부터 면접시험이 있는 11월 중순까지 약 3달여의 기간 동안 스터디를 꾸려 면접을 준비했습니다. 면접을 준비하는 방법 역시 여러가지가 있을 수 있지만, 면접은 특히 면대면으로 이루어지거나 집단토론이 있는 경우도 있기 때문에 스터디를 구성해서 준비하는 것을 추천드리고 싶습니다.

저는 일주일에 두 번 모여서 스터디를 진행했는데 시중에 나와 있는 면접대비 도서 중에 한 권을 골라 주 교재로 사용했습니다. 하지만 이러한 책에 전적으로 의존하지는 않았고 그 날의 주제를 선정하는데에 주교재의 목차를 적극적으로 활용했던 것 같습니다. 처음 2주 동안은 스터디원들이 각자 원하는 주제를 골라서 책에 나오지 않는 부수적인 정보들을 스크랩해온 후 스터디에서 정보를 교환했습니다. 그리고 각자 맡은 주제에 관한 발제를 2,3개씩 준비해오고 발제에 맞추어서 찬반을 나눈 후 토론을 진행했습니다.

이 후 9월 마지막 주부터 서류제출이 마감되는 10월 첫째 주까지는 스터디원들이 서로 자기소개서를 첨삭해 주었습니다. 자기소개서는 자신이 법학도가 되고자 하는 동기 및 살아온 과정, 그리고 법학도로서의 앞으로의 자세를 면접관들에게 짧은 글로 보여주어야 하는 매우 중요한 자료라고 생각합니다. 그렇기 때문에 자기 소개서는 진솔하게 작성하되 정성을 다해 준비해야 하며, 저는 최종 제출까지 9번 정도의 첨삭과정을 거쳐서 자기소개서를 준비했습니다.

마지막 한 달 동안은 면접에서 가장 중요한 시기입니다. 자신이 지원한 대학의 면접방식을 숙지하고 거기에 맞추어서 면접문제와 답변을 준비하는 노력이 필요합니다. 제가 지원한 학교의 경우에는 시사적인 문제를 법학에 녹인 문제들이 많이 나왔기 때문에 이러한 부분에 초점을 두어서 준비했습니다. 발언시간에 맞추어서 자신의 논리를 펼치는 것 역시 중요하기 때문에 타이머를 맞추어서 실제 면접장과 같은 분위기 속에서 모의면접을 진행했습니다. 이때 모의면접에 참여하지 않는 스터디원이 저의 면접과정을 동영상에 담았습니다. 모의면접 후 평가지에 면접관 역할을 한 스터디원으로부터 피드백을 받았고, 동영상 속에 담긴 저의 모습을 보면서 자세와 어투 등을 고치는 데에 많은 도움을 얻을 수 있었습니다.

3 입시를 마치며

약 9개월간의 수험기간이 답답하고 힘이든 적도 많았지만, 준비하는 과정에서 법학도로서의 자세를 키울 수 있었고, 제가 얼마나 간절히 이 길을 걷고자 하는지를 깨달을 수 있었습니다. 앞으로도 항상 진중하고 겸손한 법조인이 되고자 노력하겠습니다. 부족하지만 제가 겪었던 시행착오를 이 글을 보시는 수험생 여러분들이 조금이라도 덜 겪으셔서 로스쿨 준비를 성공적으로 하시는 데에 도움이 되었으면 좋겠습니다.

13

당신의 영광의 순간은 언제입니까?

정 민 영

· 부산동여자고등학교 졸업
· 부산대학교 행정학과 졸업
· 부산대학교 법학전문대학원 제2기
· 제2회 변호사시험 합격
· 현) 인천국제공항공사 변호사

1 솔직한 이야기를 시작하며

숨 가쁘게 달려왔습니다. 시간적으로 체력적으로 잠시 멈추고 싶은 지금, 1년하고 6개월 전 부산대학교 법학전문대학원 합격소식을 들은 그때를 생각하면 아직도 입가에 미소가 번집니다. 남들처럼 정의로운 변호사가 검사가 되겠다는 생각보다는 전문대학원이라는 이름에 마음에 사로잡혔고 그렇게 로스쿨 수험 준비과정이 시작되었습니다. 지금 돌이켜 생각하면 내 인생에서 가장 잘한 일은 로스쿨에 가야겠다고 마음먹은 것입니다. 분명 힘든 시간이었고 지금도 많은 시행착오를 겪고 있지만 스물일곱, 지금 저는 이 곳 법학전문대학원에서 꿈이 생겼습니다. 법이라는 매력적인 학문을 접하게 되었고, 그 안에서 고민하며 밤낮을 설칠 때도 많았습니다. 힘들지만, 결코 포기할 수 없는 법학전문대학원 학생으로서의 길을 한 발짝 가까이서 보여드리고 싶습니다.

2 로스쿨을 시작하게 된 이유

저는 부산대학교 행정학과를 졸업했습니다. 입학은 의류학과로 했으니 의류학 2년, 전과 후 행정학 2년을 공부한 셈입니다. 고심 끝에 전과를 했지만 대학생활에서 전공에 대한 깊은 열정은 크게 느끼지 못했습니다. 그래서인지 경영학, 경제학, 철학, 법학 등 다양한 수업을 들었습니다. 그 때 생각했던 것 같습니다. 법을 좀 더 배우고 싶다는 생각을... 법학에 대한 흥미를 느끼기 시작할 때 쯤 지도교수님께서 로스쿨에 도전해보는 것이 어떻겠냐는 권유를 하셨습니다. 법학에 대한 막연한 흥미는 로스쿨이라는 구체적인 목표로 다가왔고, 그렇게 저는 로스쿨 입시에 첫 발을 내딛었습니다.

3 로스쿨 수험 준비과정

정량평가

● **학 점** ······ 저는 똑똑한 아이는 아닙니다. 그런데 성실합니다. 놀기를 좋아하기는 하지만 더 큰 목표를 위해 포기도 할 줄 압니다. 대학생활에서의 학점은 어디서든 좋은 영향을 미칠 수 있는 요소인 것 같습니다. 학점과 실력은 비례하지 않지만 적어도 성실함을 어필할 수 있는 부분이니까요. 지금 학점을 취득하고 계신분이라면 최선을 다하라고 말씀드리고 싶습니다. 돌이켜 보면 저는 학점의 수혜자입니다. 좋은 학점입니다. 로스쿨 입시에서 다른 평가요소가 조금 부족하더라도 학점이 좋았던 것이 합격에 많은 영향을 미쳤던 것 같습니다. 때문에 현재 학부생이시라면 좋은 학점을 받기위한 노력을 게을리 하지 말 것을 당부드리고 싶습니다.

● 공인영어점수 ● …… 비단 로스쿨 입시를 위해서만이 아니라 졸업 이후에도 평생을 따라다는 것이 영어입니다. 로스쿨 입시에서는 토익, 토플, 텝스 등을 반영하고 있습니다. 리트시험이 가까워질수록 영어점수에 대한 압박과 부담이 커지기 때문에 영어성적은 미리 받아놓는 것이 중요한 것 같습니다. 사실 저는 리트시험 후 마지막 기회였던 토익시험에서 겨우 900점을 넘겼습니다. 너무 가슴 졸이는 시간이었기 때문에 시험을 준비하는 여러분에게 미리 영어성적을 취득해 두는 것이 심적으로 매우 중요하다는 얘기를 하고 싶습니다.

저는 토익, 토플, 텝스 중 가장 단시간에 점수를 취득할 수 있는 토익을 선택했습니다. 특히 영어문법과 기본기가 약한 저로써는 LC만점이 필수불가결한 요소였습니다. 영어시험에서의 고득점은 이미 많은 방법들이 알려져있지만, 제가 많은 도움을 얻은 LC공부 방법은 바로 받아쓰기입니다. 모의고사 문제집, 그리고 테잎을 수 백번 반복해서 청취한 결과 듣기점수가 놀라울 정도로 향상되었습니다. RC문법 문제는 만점이 목표가 아니었기 때문에 실수를 최소한으로 줄이고 아는 것은 무조건 맞추는 전략을 세웠고, 여기에 오답노트를 활용했습니다. 시중에 파는 모의고사 문제집을 사서 시간 안에 풀고 틀린 것을 오답노트에 정리하여 하루에 20분씩 체크하는 습관을 길렀습니다. 점점 어려워지고 있는 독해역시 문제유형을 파악하고 답을 빠르게 찾는 연습을 하는 것이 많은 도움이 된다고 생각합니다. 사실 궁극적인 영어실력에 도움이 안 되는 것 같지만 로스쿨 준비기간 안에 영어점수를 단기간에 올리려면 전략적인 득점전략이 필요하다고 생각합니다. 문제를 먼저 읽고 나서 거꾸로 답을 찾는 독해를 하면 정답률의 정확성과 효율성을 동시에 얻을 수 있는 거 같습니다. 영어점수는 미리 받아 놓으면 다른 정량평가와 정성평가에 기울일 수 있는 시간을 확보할 수 있기 때문에 미리 고득점을 취득하셔서 저와 같은 시행착오를 겪지 않으셨으면 좋겠습니다.

● LEET(법학적성시험) ● …… 어떤 시험이나 꾸준히 하면 점수가 오르기 마련이겠지만 리트는 단시간 내에 성적을 끌어올리기 쉬운 형태의 시험

은 아닌 것 같습니다. 동기들의 이야기를 들어보면 많은 준비를 하지 않았더라도 어느 정도의 실력을 유지하고 있는 분들이 있습니다. 평소 다독을 통한 깊이 있는 사고에 익숙하다거나, 소위 머리 좋다는 사람들에게 무척이나 유리한 시험이라고 생각합니다. 앞에서도 얘기했듯이 저는 똑똑한 아이가 아닙니다. 그래서 법학적성시험에 많은 시간을 투자했지만 성적은 기대만큼 나오지 않았습니다. 처음에는 학원을 등록하였지만, 학원보다는 스터디를 통해 공부한 것이 많은 도움이 되었습니다. 또한 기출문제나 리트와 유사한 유형의 시험문제를 분석하는 것이 리트에 대비하는 가장 현명한 방법인 것 같습니다.

언어이해 언어이해 시험은 1교시에 치러집니다. 80분 동안 3문항 정도의 어법문제와 열 개가 조금 넘는 지문으로 구성된 언어이해는 고도의 집중력을 요하는 시험입니다. 길고 난해한 지문 속에서 짧은 시간에 긴 지문의 핵심어를 찾아내고, 내용을 파악하는 것은 쉬운 일이 아니었습니다.

비교적 난이도가 쉬운 수능 언어문제로 언어이해 시험을 대비하기 시작했습니다. 문학, 비문학 지문을 골고루 수록하고 있는 수능기출문제는 엄선된 만큼 명쾌했으며, 언어에 대한 감을 익히는데 도움이 된 것 같습니다. 이후 리트 제1회 기출문제를 풀고 5월부터는 MEET·DEET 언어추리 기출문제와 PSAT기출 문제를 통해서 실력을 키웠습니다. 기출문제를 푸는 가장 큰 장점은 앞서 수능 문제에서도 알 수 있었듯이 공신력 있는 기관에서 출제한 문제들이기 때문에 언어실력을 정확히 테스트해보고 향상 시킬 수 있다는 것입니다.

7월이 되면서부터의 고민은 정확도 보다 미처 보지 못한 지문의 개수였습니다. 머리는 이해하는데 아직 제 눈과 손은 시간에 쳐져서 마지막 2~3 지문을 시간 내에 보지 못하는 일이 다반사였기 때문입니다. 그래서 생각해낸 방안은 문제를 받자마자 난이도를 검토하고 가장 어려운 지문은 마지막에 문제를 푸는 것이었습니다. 이 방법의 장점은 우선 문제의 편제를 알 수 있고 시간을 조절할 수 있다는 것입니다. 이렇게 할 경우 한 지문에 배당하는 시간 역시 조절할 수 있어 시간 내에 풀지 못하는 문제가 현격히 줄었습니다.

어법의 경우는 외우는 것 말고는 다른 방법이 없는 것 같습니다. 때문에 틀린 문제는 오답노트를 만들어 매일 반복적으로 눈으로 익혀 두었습니다. 또한 시중에 나와 있는 어휘어법에 관련된 책을 기본서로 하여 틈틈이 암기했습니다. 저는 '언어이해 어휘어법특강'이란 책을 구입하여 오답노트와 병행하여 공부하였습니다. 어휘어법의 경우 긴 문장이 없기 때문에 빠르게 풀고 지문을 보는 시간을 보다 확보해 두는 것이 중요한 것 같습니다.

추리논증 2교시에 치러지는 추리논증은 110분 동안 35문제를 푸는 것입니다. 언뜻 보면여유있는 시간인 것처럼 보이나 추리논증을 접해보신 분들이라면 시간이 충분히 주어져도 접근 방법 조차 알 수 없는 문제들이 있다는 것을 알 수 있을 것입니다. 따라서 추리논증은 출제자의 의도를 파악하고 빠른 풀이 방법을 단 시간에 찾는 것이 중요한 과목입니다.

추리논증에 대비하기 위해서는 먼저 리트기출문제를 풀어보고 어떤 유형에 자신이 강하고 약한 것인지를 체크해 보는 것이 중요한 것 같습니다. 저의 경우 수리추리에 강점을 보였기 때문에 언어추리나 논증파트에 더 집중하였습니다. 특히 철학과과목인 논리학 수업을 청강했었는데 많은 도움이 되었던 것 같습니다. 논증문제를 퀴즈문제 풀듯이 흥미롭게 대하는 분들도 많았지만, 저는 그런 군에 속하지는 못했기 때문에 기본서를 구입하여 추리논증에 대한 이해를 기르도록 노력했습니다.

4월에는 기본서 구입과 학원동강으로, 6월에는 PSAT기출문제를 풀면서 추리논증 공부를 했습니다. 특히 2006년부터 2008년까지의 PSAT 추리논증 문제를 다 풀었습니다. PSAT은 검증된 문제이기 때문에 무엇보다 오답풀이를 철저히 하는 것이 중요하다고 생각됩니다. PSAT기출문제 풀이를 통해 문제를 빠른 시간에 해결 할 수 있는 훈련을 할 수 있었습니다. 7월부터는 학원 모의고사와 시중에 파는 실전문제집을 통해서 실전감각을 키웠습니다. 이때 저는 이미 풀었던 문제를 다시 꼼꼼이 체크하는 것을 병행하였는데 이러한 과정 속에서 어렵게만 느껴졌던 추리논증 과목에 대한 자신감과 실력을 키울 수 있었습니다.

추리논증 문제는 해를 거듭할수록 법률과 관련된 문제가 증가하고 있습니다. 물론 고도의 법적 지식을 묻는 것은 아니기 때문에 지문 대부분이 독해를 통해 충분히 풀 수 있지만, 사전지식이 있다면 접근이 한결 수월 판단했습니다. 때문에 저는 법 지문만을 모아놓은 문제를 풀이하는 스터디에 참여했습니다. 몇 개의 지문이 점수에 변화를 줄 수 있다는 것을 감안하면 법 관련 지문을 수록한 기본서를 공부하는 것이 도움이 되실 것 같습니다.

논 술 제한된 시간 내에 문제의 논지를 파악하고 논리적으로 생각을 풀어가야 하기 때문에 논술역시 평소에 준비되어 있지 않으면 힘든 과목이라 여겨질 수 있습니다. 하지만 이 역시 스터디를 통해서 충분히 실력을 쌓을 수 있다고 생각합니다.

물론 다들 아시겠지만 글을 잘 쓸 수 있는 가장 좋은 방법은 많이 읽고 많이 쓰는 것입니다. 하지만 저는 2009년 4월부터 수험기간을 시작했고, 논술 공부를 할 수 있는 시간은 고작 2~3 개월 정도였기 때문에 다독을 하기에는 시간이 턱없이 부족했습니다. 처음에는 수능 논술 수험서로 지문의 핵심내용을 파악하는 것과 내용을 요약하는 것을 연습했습니다. 스터디를 구성해서 일주일에 한 번씩 대학입시 문제와 리트 기출문제 등 공신력 있는 기관들의 문제로 글을 쓴 후 교수님께 첨삭을 받았습니다. 첨삭과 더불어 스터디원들의 글을 읽어봄으로써 다양한 사고를 접할 수 있었던 것 같습니다. 그리고 일주일에 3편식 문학, 비문학, 신문 칼럼 등의 내용을 요약하는 연습을 했습니다. 지문의 핵심내용을 빠르게 읽은 뒤 질문자의 출제의도를 파악하고 생각을 정리하는 것이야 말로 리트 논술을 접근하는 시발점이기 때문에 내용요약 연습이야말로 논술공부를 하는데 커다란 도움이 된 것 같습니다.

정성평가

리트시험이라는 가장 큰 산을 넘었다는 안도감도 잠시, 저는 곧 정성평가 준비에 매진했습니다. 자기소개서와 면접의 중요성은 아무리 강조해도 지나치지 않습니다. 정량평가가 서류심사에서 큰 비중을 차지 하기는 하지만 정성평가야말로 결과를 좌우하는 핵심적 요소가 되기도 하기 때문입니다.

● 자기소개서 ● …… **개성과 진솔함을 담을 것** 천편일률적인 자기소개서를 몇 개씩 읽는 교수님 입장을 생각해보신다면, 개성과 진솔함을 담은 자기소개서를 작성하는 것이 중요하다는 것을 알 수 있을 것입니다. "내가 왜 로스쿨에 뽑혀야 하는가?"를 어필하기 위해서는 반대로 '내가 왜 이 학생을 뽑아야 하는가?'에 대한 답을 줄 수 있어야 한다고 생각합니다. 기존의 사법체제와 로스쿨의 다른 큰 특징은 전문화와 특성화입니다. 이에 따라 로스쿨을 지원하는 학생들 역시 자신의 경험, 학부의 전공, 관심 분야 등을 법학과 접목시켜 자신의 비전과 전문성을 자기 소개서에 뚜렷하게 제시하는 것이 중요한 것 같습니다. 여기에 내용의 참신함과 진실함, 그리고 나만의 개성을 잘 표현하는 것이 중요하다고 생각합니다.

첨 삭 스터디를 하고 있다면 스터디원들에게, 글을 잘 쓰는 지인이 있다면 지인에게 자기소개서를 보여주고 반드시 피드백을 받을 것을 권해드리고 싶습니다. 저의 경우, 스터디원들에게 자기소개서를 첨삭 받아서 여러 차례 수정, 보완해 나갔습니다. 처음에 개성이 없던 제 글이 몇 명의 손을 거쳐 가면서 더욱 나다운 자기소개서로 완성되었습니다. 또한 주변의 지인들은 객관화된 제 모습을 평가 할 수 있기 때문에 상대방으로부터 피드백을 거친 자기소개서는 보다 정교해지고 객관화되는 것 같습니다.

● 면 접 ● …… 면접은 다양한 사고력, 비판력, 논리력, 순발력 등을 종합적으로 평가하는 과정이기 때문에 많은 연습을 통해 실전에 대비하는 것이 중요합니다.

먼저 저는 혼자서 할 수 있는 면접공부와 스터디를 통한 면접공부를 나누었습니다. 혼자서는 리트시험 이후, 하루에 1시간씩 신문을 읽었습니다. 신문은 체계적이고 풍부한 언어를 구사하는데 도움을 주는 것 같습니다. 그리고 기출문제 분석 결과 부산대는 시사적인 이슈들을 묻는 경향이 강해서 유레카라는 잡지를 통해 1년의 시사쟁점과 주요기사를 스크랩하고 공부하였습니다. 스터디를 통해서는 일주일에 3번씩 모여 집단토론과 개별질문을 통해 실전 감각을 익혔습니다. 시중에 파는 면접 대비서의 중요한 논점을 정리하여 토론을 하였습니다. 문제를 푸는 시간과 답변을 하는 시간 모두 실전시험과 비슷하게 하려고 노력했습니다. 면접을 준비하는 동안은 이미 가고자 하는 목표대학을 정했을 것이기 때문에 각 학교에 맞는 맞춤별 면접스터디가 필요한 것 같습니다.

면접을 2주 남겨 둔 기간에는 동영상 녹화를 통해 말하는 태도 등을 고치는 등 형식적인 부분도 놓치지 않으려고 노력했습니다. 동영상 녹화는 긴장하면 자신도 모르게 나오는 습관들을 고칠 수 있는 좋은 방법 인 것 같습니다.

● **스터디의 중요성** ····· 정량평가와 정성평과에서 가장 도움이 되는 것은 스터디였던 것 같습니다. 같은 목표를 향해서 가는 다른 생각과 성향을 가진 사람들이 함께 공부를 한다는 것이 서로에게 얼마나 큰 에너지를 일으키는지 경험해본 저로써는 놀라울 따름이었습니다. 법학적성시험, 자기소개서, 면접은 어떤 스터디를 하느냐가 결과를 좌우 할 만큼 스터디의 중요성을 재차 강조하고 싶습니다.

4 못다한 이야기

로스쿨에 입학한지 1년 6개월이 지났습니다. 제게 법이라는 학문은 결코 녹록하지 않습니다. 동시에 힘든 만큼 너무나 매력적인 학문이기에 감히 로스쿨에 도전하시라고 추천해 드리고 싶습니다. 법 공부를 하면서 조금 더 살기 좋은 세상을 꿈꾸게 되고, 따뜻한 세상의 도래에 대한 믿음을 놓지 않게 됩니다. 저와 같은 비법학 전공자라면 짧은 시간에 많은 법 과목들을 흡수해야 하는 것이 쉽지 않을 것입니다. 그래서 지금 로스쿨을 준비하시는 비법학 전공자 분들은 그리고 합격의 소식을 들으실 여러분들은 꼭 예비로스쿨 과정을 들으시고 법학입문서적을 읽으시기를 추천합니다.

한 가지 더, 구체적인 꿈을 가지고 들어오셨으면 합니다. 저 같은 경우는 막연하게 들어와 여기서 꿈을 키워가고 있는데 보다 구체적인 꿈을 가지고 밀도 있게 공부하시면 훨씬 가슴벅찬 나날을 보내실 것 같습니다. 저는 아직 부족하고 배워야 할 것이 많지만 걱정보다는 가슴이 더욱 설레는 나날입니다.

당신의 영광의 순간은 언제입니까? 난 지금입니다.

14

당신을 위한 자리

송 용 규

- 수원 창현고등학교 졸업
- 연세대학교 간호학과 졸업
- 서강대학교 법학전문대학원 제9기

1 들어가며

안녕하세요. 저는 특별전형으로 서강대학교 법학전문대학원 제9기에 입학한 송용규입니다. 저에게 딱히 법학전문대학원 입시에 대한 비법이랄 것이 없고, 법학전문대학원에 합격한 것이 남에게 내세울 것은 안 된다고 생각하여 합격수기를 써야하나 고민이 되었습니다. 하지만 특별전형이 소수의 인원을 뽑는데다가 참고할 사례가 많이 없어, 어렵게 입학을 준비하며 이런저런 고민을 하고 있을 분들에게 도움이 되었으면 하여 글을 쓰게 되었습니다. 여기에 쓴 것은 저의 개인적 경험과 생각일 뿐이니 그저 참고용으로만 읽어주셨으면 좋겠습니다.

2 특별전형

특별전형은 사회적·신체적·경제적으로 열악한 계층을 대상으로 입학생을 선발하는 전형입니다. 저는 법정차상위계층으로 특별전형에 지원하였습니다.

이 전형에 지원하시는 분들 모두 남다른 경험을 가지고 계실 것인데 저 또한 그러한 유년을 보냈습니다. 저는 경제적 형편 때문에 중학교 때는 방과 후에 전단지를 돌리는 것이 일과였고, 고등학교 때는 주말에 건설현장에서 일을 하곤 했습니다. 급식비를 미납하여 급식을 먹지 못하거나 집에 오면 채권자들의 독촉전화를 응대했으며 가스가 끊겨 한겨울에 찬물로 샤워했던 것이 저의 초중고 시절입니다. 당시 어린 생각에는 원래 세상이 그렇고 다들 비슷하게 사는 줄 알았으나 사실 일반적 경험은 아니었습니다. 지금도 상황은 그 때와 크게 다르지 않습니다.

부끄럽지만 저의 경제적 상황을 서술한 이유는 저와 같은 경제적 약자도 법학전문대학원에 진학할 수 있다는 것을 말씀드리기 위함입니다. 돈이 없는데 어떻게 진학하나 싶지만, 법학전문대학원은 특별전형으로 입학한 학생에게 많은 장학금을 지원하고 있습니다. 의지만 있다면 사회적 약자라도 법학전문대학원에서 공부할 수 있다는 뜻입니다. 그러니 자신의 특별한 상황 때문에 쉽게 법조인의 꿈을 포기하지 않았으면 좋겠습니다.

3 준비계기

법학전문대학원에 준비하게 된 계기는 저의 오랜 꿈 때문입니다. 저의 꿈은 중학교 때부터 지금까지 "가난한 아이들을 도와주자."입니다. 거창한 것은 아니더라도 일상에서 소소하게 보람을 느끼며 살고 싶습니다. 아무런 죄도 없이 단지 가난하게 태어났다는 이유만으로 인생의 출발점이 달라지는 것은 불공평한 일입니다. 어떤 부모를 만나느냐가 그 아이의 너무 많은 것을 사전에 결정해 버리는 것 같습니다. 저는 제가 돈이 없음으로 인해 겪었던 과거를 다른 아이들이 겪지 않았으면 좋겠다고 생각합니다.

저의 두 번째 꿈은 노동의 가치가 보호받는 사회를 만드는 것입니다. 중학교때 전단지를 돌릴 때 제가 일했던 치킨집에서는 전단지 한 장당 10원을 주었습니다. 1시간 내내 아파트를 돌아다니며 100장을 돌리면 천원을 받았습니다. 그 당시에는 그 돈이라도 벌려고 일만 시켜주면 넙죽 일을 했지만, 지금 생각하면 문제가 많았던 상황입니다. 또한 건설현장을 비롯해 각종 아르바이트 하며 느꼈던 노동착취를 좀 고쳐보고 싶습니다.

저는 이 두 가지의 꿈을 이루기에 가장 좋은 진로가 법학전문대학원에 가서 법을 배우는 것이라고 생각하고 진학을 준비하게 되었습니다.

4 진학준비

저는 3학년 겨울방학 때부터 법학전문대학원 입시를 준비하였습니다. 법학전문대학원 입시는 학점, 리트, 영어, 자기소개서, 그리고 면접으로 이루어집니다.

학교마다 이 요소들을 반영하는 비율이 다르므로 자신에게 유리한 학교를 찾아 준비해야 합니다. 저는 정량보다 정성적인 요소가 강하다고 생각하여 정성요소를 중요하게 평가하는 서강대학교를 지원하게 되었습니다.

● 영 어 ····· 영어는 TOEIC을 준비하였습니다. 영어점수는 미리미리 만들어 놓는 것이 좋습니다. 저는 3학년 여름방학 때에 4학년이 되면 취업을 준비하려고 만들어 놓은 토익점수를 사용했습니다. 토익은 모의고사를 매일 1회씩 풀었고 학원에 따로 다니지는 않았습니다. 시중에 나와 있는 모의고사 문제집으로 20회 조금 넘게 풀었습니다. 시간을 재어 문제를 풀고 오답을 정리하고 단어를 외우는데 하루에 5시간 정도가 소요되었습니다. 저는 문제를 다 풀고 나서는 틀린 문제뿐만 아니라 맞은 문제도 눈으로 훑어보았습니다. 토익 영어지문과 유형을 눈에 익히기 위함이었습니다. 처음 모의고사문제 1회를 풀었을 때는 모의고사 점수표로 800초반의 실력이었고, 공

부 후에 실전에서는 900중후반 점수를 얻었습니다. 처음 점수가 저와 비슷하다면 모의고사를 많이 풀어보는 것도 유효한 방법인 것 같습니다.

● 학 점 ● ……법학전문대학원을 준비하기 전에는 학점관리를 하지 않아 평점이 높지 않습니다. 1학년 때는 학고 바로 위에서 저공비행을 했을 정도입니다. 이미 지나간 학점은 어쩔 수 없었고, 이제부터라도 올 A⁺을 맞는다는 각오로 4학년 공부를 했고 좋은 성적을 얻었습니다. 학부 성적표를 보면 1학년 때부터 4학년 때까지 성적이 우상향 그래프를 그리고 있습니다. 절대점수가 높지는 않지만, 좋게 해석하면 점차 잘할 수 있다는 것을 보여줄 수 있는 성적표이지 않을까 생각됩니다. 이제까지의 학점이 낮다고 자책하지 않고 법학전문대학원에 가기로 마음먹은 지금 순간부터 최선을 다하는 것이 정답입니다.

● 리 트(LEET) ● ……리트는 원하는 점수를 얻지 못했기 때문에 공부방법을 참고하시는 것이 좋을 거 같습니다. 그래도 몇 가지 말씀드리자면 특별전형에 해당하는 사람들은 응시료면제기준에 따라 응시료를 면제 받을 수 있습니다. 20만원이 넘는 응시료 부담을 덜 수 있습니다. 다음으로 서강대학교는 실질 리트반영률이 낮은 학교여서 저리트 학생들이 도전해 볼만합니다. 마지막으로는 당연하지만 컨디션관리의 중요성에 대해 말씀드리고 싶습니다.

리트는 당일 컨디션과 순간의 집중력이 중요한 한방 시험입니다. 저는 리트 전날에 불면증을 겪었습니다. 수능시험을 비롯해 중요한 시험을 앞두고 잠이 오질 않는데, 아침에 선잠을 자고 일어나니 몸이 피곤했습니다. 컨디션관리에 실패한 것입니다. 이런 일이 일어나지 않도록 리트 당일 최상의 컨디션을 유지하기 위한 자신만의 계획을 시험보기 최소 2주 전부터 생각해보고 시험을 준비하시기 바랍니다.

● **자기소개서** ● ····· 서강대학교는 정량적인 요소의 반영비율이 낮고, 정성적 요소인 자기소개서의 비중이 매우 높기 때문에 자기소개서를 공 들여 써야합니다. 개인적으로는 리트준비를 했던 시간보다 리트 이후에 자기소개서를 쓰는 시간이 더 힘들었습니다. 리트는 펜 하나 잡고 문제를 풀면 되고 문제가 나름 재미도 있지만, 자기소개서는 무에서 유를 창조해야 하는 고통스러운 과정입니다. 서강대학교는 총 6,000자를 써야 하는데, 한 달 동안 자기소개서를 쓰고 수정에 수정을 거듭해도 뭔가 부족해 보였습니다. 자기소개서는 눈물로 써야한다는 말이 와 닿았습니다.

서강대학교의 자기소개서는 항목이 3개인데 자기소개, 지원동기 및 학업계획, 졸업 후의 진로 및 계획으로 각 2,000자씩 서술하게 되어있습니다. 저는 이 3가지 항목의 흐름을 유기적으로 연결시키는 가운데 저만의 스토리를 보여주고자 했습니다. 첫 번째 항목인 자기소개에서는 저의 경제적 환경, 그것을 극복하기 위한 노력과 꿈에 대해 서술했습니다. 그리고 거창하지는 않지만 제 꿈을 이루기 위해 제가 한 활동들을 적었습니다. 지원 동기에는 법을 배우고 싶다는 생각을 하게 된 구체적 사건을 하나 정하고 그것에 대해 자세하게 썼습니다. 졸업 후의 진로에 대해서는 아동인권, 노동인권, 그리고 간호사의 인권을 수호하는 인권변호사가 되겠다고 서술하였습니다.

자기소개서를 쓰기 전에 서강대학교 홈페이지에 들어가 서강대학교 법학전문대학원의 교육목표와 특화분야에 대해 사전조사를 했습니다. 서강대학교는 기업법에 특화되어 있는 학교였습니다. 그런데 저는 노동 쪽에 관심이 많았고 정치적으로도 진보성향이기 때문에 서강대학교와 궁합이 맞지 않았습니다. 어느 장단에 맞춰야하나 고민이 되었습니다.

하지만 거짓 없이 제 자신을 진솔하게 보여주기로 하였습니다. 저는 제가 존경하는 인물인 사회주의 혁명가 체 게바라에 대해서도 소개하였습니다. 주변에서는 체 게바라에 대한 부분을 빼라고 했고, 저도 기업법에 특화된 서강대학교에 배치된다고 생각했지만 제 인생을 체 게바라 없이 설명할 수 없었기 때문에 그대로 썼습니다. 다만 글 속에서 부드럽게 녹을 수 있게 신경을 많이 썼습니다.

자기소개서는 요령 같은 것이 없고 노력한 만큼의 결과를 나타낸다고 생각합니다. 저는 초고를 쓰고 나서 저를 잘 아는 사람과 잘 모르는 사람 10명 정도에게 부탁하여 자기소개서에 대한 지속적인 피드백을 받았습니다. 자기를 드러내는 것이 쉽지 않지만 이는 꼭 필요한 과정입니다. 이를 통해 내가 모르는 내 자신에 더욱 잘 알 수 있기 때문입니다. 피드백을 받으며 자존감이 무너질 때가 많았지만 그것이 저에 대한 객관적인 시각을 유지하며 괜찮은 글을 완성시킬 수 있는 효과적인 방법이었다고 생각합니다.

● **면접준비** ●····· 면접은 서강대학교 서류 1차 합격자들 4명이 모여 스터디룸을 잡고 준비했습니다. 방식은 1:1로 짝을 지어 각자가 준비해 온 면접 문제로 실제 면접상황을 시뮬레이션 하였습니다. 면접문제는 최근 사회 이슈를 중심으로 준비하도록 하였습니다. 그리고 시뮬레이션이 끝나면 각자가 준비해 온 면접 문제를 서로 공유하였습니다. 그러면 매일 4개의 이슈를 새로 배우게 되는데 이것이 누적되면 최신 이슈는 대부분 공부하게 됩니다. 또한 시중에 나온 로스쿨 면접 문제 대비집을 사서 중요한 면접 문제들을 따로 보충하였습니다. 다행히도 실제 면접문제가 예상문제 중에 나와서 교수님들 질문에 크게 당황하지 않고 대답할 수 있었습니다.

5 합격과 고민

저는 진로를 정해야하는 4학년이 되어서야 구체적으로 법을 공부하고자 하는 마음이 생겼고 법학전문대학원을 진학을 준비하게 되었습니다, 하지만 이제껏 쓴 법학전문대학원 준비를 시작했던 순간부터 합격의 순간까지 법학전문대학원이라는 진로에 자신이 없었습니다.

왜냐하면 현실적으로 빨리 돈을 벌고 싶었고 벌어야 했기 때문입니다. 저를 바라보는 우리가족에게 맛있는 것 좀 사주고 일하시는 어머니의 짐을 덜어드리고 싶었습니다. 그리고 내가 학생인지 일꾼인지 헷갈리는 아르바이트 인생도 청산하고, '돈, 돈' 하는 상황에서 벗어나고 싶었습니다. 법학전문대학원에 간다면 이런 생활을 최소 3년 더 해야 한다는 것이 상상하기 싫었고 가족에게도 미안했습니다.

그래서 법학전문대학원을 준비하면서도 한편으로 취업을 준비했습니다. 그리고 취업을 한 상태에서 법학전문대학원의 합격 여부를 기다렸습니다. 차라리 법학전문대학원에 떨어진다면 미련 없이 일하러 갈 수 있으니 편할 것 같았습니다. 서강대학교의 경쟁률이 10:1이 넘어간 것을 보고 기대감을 접었던 것도 사실입니다. 그런데 무슨 운인지 서강대학교 법학전문대학원에 합격하였습니다.

합격자체에 매우 기분이 좋았습니다. 취직준비보다 훨씬 공을 들였기 때문입니다. 하지만 그 때부터 등록일 직전까지는 진로에 대한 고민의 시간이었습니다. 나 같은 빈민이 과연 법학전문대학원에 가도 되는 것인지에 대해 확신이 서지 않았습니다. 너무 큰 욕심 같았습니다. 또한 간다고 해도 변호사가 된다는 보장이 없는데, 변호사시험에서 떨어진다면 그 때 뒤가 없는 내 인생은 어떻게 되는 것인지 걱정이 되었습니다. 이것에 대해 가족들, 친구들과 오랫동안 상의했고 마지막 결정은 저의 몫이었습니다.

고민 끝에 법학전문대학원으로 진학을 결정하게 된 것은 '법'이 무엇인지 인터넷을 검색하다가 알게 된 '아동복지법' 때문이었습니다. 아동복지법은 제2조(기본이념) 제1항에서 "아동은 자신 또는 부모의 성별, 연령, 종교, 사회적 신분, 재산, 장애유무, 출생지역, 인종 등에 따른 어떠한 종류의 차별도 받지 않아 자라나야 한다.", 그리고 제2항에서 "아동은 완전하고 조화로운 인격발달을 위하여 안정된 가정에서 행복하게 자라나야 한다."고 명시하고 있습니다. 이 조문을 본 순간 왠지 모르게 눈물이 났습니다. 아동을 위해 이렇게 아름다운 이념이 법에 써져 있는 것을 보며 뭔가 과거에 대한 서러운 감정이 들었고 한편으로는 진학하는 것이 내 운명이라는 생각이 들었습니다. 그래서 주어진 기회를 믿고 법학전문대학원에 가기로 결정하게 된 것입니다.

6 로스쿨 생활

결과적으로 제 선택을 후회하지 않습니다. 좋은 학교에서 멋진 동기들과 공부할 수 있다는 것에 만족합니다. 저를 뽑아주신 서강대학교에 감사하고 저를 위해 기도해 주는 우리 가족들에게 감사합니다. 이제 아르바이트를 하지 않고 공부한다는 것이 어색한 새로운 삶이 시작되었습니다.

등록금은 특별전형으로 입학생으로 장학금을 받았습니다. 이런 장학금이 없다면 여기 올 꿈조차 꾸지 못했을텐데 사회에 갚아야 할 빚으로 생각하고 있습니다. 생활비에 대해서는 로스쿨 합격증만으로 2000만원의 마이너스통장을 개설할 수 있고, 여타 대출을 끌어다 쓰면 3년 정도는 아르바이트를 하지 않고도 버틸 수 있습니다.

학업에 대해서는 입학 전 민법을 1회독하고 들어왔고 학기 중에는 학고를 면하자는 생각으로 공부했습니다. 2. 2이라는 학교기준이 있는데, 이에 미달하면 장학금을 받지 못하기 때문입니다. 열심히 공부한다면 상위권은 아니더라도 학고는 크게 걱정 안하셔도 될 거 같습니다.

진짜 걱정 있다면 변호사시험에 떨어지는 것인데, 저의 경제적 상황으로 보면 딱 한 번의 응시 기회가 있는 것 같습니다. 가끔씩 최악의 상황에 대해 상상하고 그것이 두렵기도 합니다. 그래서 그런 상황을 만들지 않기 위해 노력하고자 합니다.

지금까지 올해 3월 서강대학교에 입학한 저의 법학전문대학원 합격기입니다.

이 글을 보고 저와 비슷한 고민을 할 친구가 조금이라도 힘을 얻었으면 좋겠습니다, 저처럼 법정 경제적 약자가 아니더라도 소득분위가 낮다면 장학금을 받을 수 있고, 생활비는 대출을 받아서 다니면 됩니다. 또한 학교에 따라 소정의 생활비를 지급하는 곳도 있으니 그런 곳을 목표로 해도 됩니다. 그럼 '당신을 위한 자리'에 당신이 있기를 바라며 마치겠습니다.

15

새로운 시작을 꿈꾸며

이 동 규
- 전주영생고등학교 졸업
- 서울대학교 경제학부 졸업
- 서강대학교 법학전문대학원 제2기
- 제2회 변호사시험 합격
- 현) 법무법인 케이엘에프 변호사

1 들어가며

　서강대학교 법학전문대학원에서의 지난 한 학기는 훌륭한 교수님들, 뛰어난 학우들과의 열의에 찬 멋진 시간이었습니다. 수업 중에 이루어진 교수님들의 신선한 지적인 자극과 학우들 간의 자유롭고 건설적인 질문과 토론은 서강 로스쿨에서의 생활에 감사하는 마음을 갖게 하였습니다. 새로운 시작을 꿈꾸며 로스쿨입학을 준비하시는 여러분께 조금이라도 도움이 되었으면 하는 심정으로 조심스럽게 글을 써 봅니다.

2 로스쿨 진학을 결심하기까지

대학을 졸업할 무렵부터 사법시험을 준비하기 시작하였으나 두 차례의 도전이 실패하였고, 카투사로 군복무를 마치고 결혼, 그리고 수학강사라는 직업과 함께 사법시험 준비를 병행하면서 2008년 제50회 사법시험 제2차시험을 마지막으로 치렀습니다. 이후 진로에 대해 심각하게 고민하게 되었습니다. 한 번 더 사법시험에 도전할 것인가, 아니면 더 늦기 전에 로스쿨 진학을 준비할 것인가, 무엇보다 경험해 보지 않은 것에 대한 두려움과 경제적인 문제들이 선택을 어렵게 하였습니다. 특히 부양해야 할 가족이 있는 가장으로서 학비와 생활비를 어떻게 감당할 것인지가 문제였습니다. 결정하지 못하고 고민하고 있던 저에게 아내가 "난 자기가 자기 인생에서 진정으로 원하는 것을 했으면 해, 이번만큼은 자기만 생각해." 라고 말해 주었을 땐 눈물이 날 듯 고맙고, 용기를 내 보기로 결심하였습니다. 그러던 중 공동체 사랑을 실천하는 최상의 장학제도를 갖춘 서강 로스쿨의, 교육을 통한 전문성과 윤리성을 갖춘 법조인 양성에 대한 의지를 보게 되었고 이것이 서강 로스쿨로의 도전의 계기가 되었습니다. 또한 서강대학교 경영학과를 졸업한 아내의 모교에 대한 자긍심은 서강인이 되고 싶다는 마음을 갖게 하였습니다. 또한 진리와 자유의 이념을 우리 삶에 구체적으로 구현하고자 하는 서강의 실사구시의 학풍은 서강 로스쿨이 매력적으로 다가온 이유였습니다.

로스쿨 진학을 결심하고 가장 먼저 한 일은 어느 로스쿨을 지원할 것인지, 그리고 지원하고자 하는 로스쿨에 진학하기 위해 필요한 정량적 요건과 정성적 요건이 무엇인지를 명확히 하는 것이었습니다. 제가 서강 로스쿨을 지원하게 된 이유는 앞서 언급한 것 외에 서강 로스쿨의 교육목표가 '인권의식을 갖춘 국제적 기업법전문 법조인 양성'으로 경제학을 전공한 저에게 가장 적합한 로스쿨 중 하나라고 판단했기 때문입니다. 그리고 서강 로스쿨의 경우 입학전형과 관련해 LEET성적, 학사과정 성적, 공인영어 성적, 논술성적 등 정량적 요소 뿐만 아니라 자기소개서, 면접 등 정성적 요소를 상당한 정도로 반영하는 특성을 가지고 있었습니다.

지금 로스쿨을 준비하고 계시는 분들 중 여러가지 상황적 요인으로 인해 쉽게 결정하기 어려운 분들도 많으실 거라 생각합니다. 경험해 보지 않은 것에 대한 두려움, 미래에 대한 불확실, 경제적인 어려움 등 여러가지 요인들이 복합적으로 선택에 어려움을 줄 것입니다. 저 또한 그러한 상황 가운데서 결정을 내렸고, 결정한 이상 뒤돌아 볼 겨를 없이 최선을 다해 로스쿨 진학을 위해 진력하였습니다.

그 결과 합격할 수 있었고 새로운 시작을 꿈꾸며 감사하는 마음으로 로스쿨 생활을 하고 있습니다. 한 가지 분명하게 말씀드릴 수 있는 것은 로스쿨 진학은 여러분의 시간과 정열을 쏟아 준비할 만큼 가치 있는 일이고, 로스쿨 생활은 여러분의 삶을 풍성하게 해 줄 것이라는 점입니다. 그리고 학비문제의 경우, 열심히 공부하신다면 다양한 장학제도의 혜택을 누릴 수 있고, 한국장학재단 등을 통해 학자금 대출을 받을 수 있기 때문에 그리 걱정하실 일은 아니라고 생각합니다.

그러면 이하에서는 로스쿨 진학을 위해 필요한 정량적 요소 –공인영어 성적, LEET 성적과 정성적 요소– 자기소개서와 학업계획서, 면접 등을 중심으로 저의 경험을 소개하도록 하겠습니다.

3 공인영어 성적

로스쿨 진학과 관련해 중요한 한 축을 담당하고 있는 영어성적에 대해 말씀드리자면, 자신이 가고자 하는 학교에 맞춰 가능한 한 높은 점수를 가능한 빠른 시간 안에 확보하는 것이 중요합니다. 왜냐하면, 공인영어 성적을 일정 점수 이상 확보해 두지 않으면 LEET시험에 영향을 줄 수 있을 뿐만 아니라 수험 기간 내내 불안 요소로 작용해 악영향을 미칠 수 있기 때문입니다. 단 절대로 영어성적만이 로스쿨 진학의 모든 것인 양 매달려서는 안 됩니다.

서울대 로스쿨의 경우를 제외하고는 대부분의 로스쿨이 토익이나 텝스 중 비교환산표에 따라 유리한 점수를 반영하기 때문에 비교환산표에 따를 때 토익이나 텝스 중 성적이 잘 나오는 시험을 집중해서 준비하는 것이 좋습니다. 저의 경우 시험의 특성상 단기간에 성적을 올리기에 토익이 유리할 것으로 판단하였고, 또한 로스쿨마다 사용하는 환산표가 시중에서 구할 수 있는 비교 환산표와 일치하지 않을 수 있다는 가능성 때문에 보다 높은 점수가 나오는 토익을 집중적으로 준비 하였습니다. 직장 때문에 영어학원을 다니지는 않았고, 혼자서 매일 2시간 정도 시간을 정해 두고 공부했는데, 리스닝 대비를 위해 시나공 토익의 '리스닝 시험에 나오는 문장듣기' 를 반복해서 들었고, 실전감각을 기르기 위해 시나공 토익 실전 모의고사를 반복해서 풀었습니다. 텍스트 자체를 외우겠다는 마음으로 반복해서 풀어 보았고 세 번 응시한 결과 원하는 성적을 얻을 수 있었습니다. 영어공부를 함에 있어서, 특히 리스닝 공부를 하실 때는 반드시 문장을 소리 내서 따라 하시기를 권합니다. 왜냐하면 자기가 말할 수 있는 범위에서 영어문장이 들리기 때문입니다.

4 LEET(법학적성시험) 준비

처음 LEET를 준비하려고 마음먹고 가장 먼저 어떤 교재로 어떻게 공부하는 것이 나에게 가장 효율적일지 고민했습니다. 비록 대학수학능력 시험과 대학별 본고사를 치르고 대학에 입학했었기 때문에 LEET시험 형식이 낯설지는 않았지만 그러한 막연함을 가지고 공부할 수는 없었기 때문에 주변의 지인들의 조언과 인터넷 검색 등을 통해 교재와 공부 방법을 결정했습니다. 교재의 경우 언어이해는 '사고와 표현1. 2'를 주교재로 하였고, 추리논증은 '조성우 LEET 추리 논증'을 주교재로 하였습니다. 그리고 논술은 '실전논술 I, II-논리와 비판'을 주교재로 하였습니다.

● **언어이해** ····· 언어영역의 경우는 특별한 왕도가 없는 것 같습니다. 저의 경우 감을 잡기 위해 인터넷 강의를 들으면서 공부했지만 배경지식을 넓히는 데는 도움이 되었으나 실제로 시간적 압박 하에 효율적으로 문제를 풀어내는 능력을 기르는 데는 한계가 있었습니다. 언어이해 점수를 실질적

으로 높이는 방법은 LEET 기출문제와 MEET/DEET 기출문제, 언어이해 모의고사 등을 시간 내에 푸는 작업을 계속하여, 지문에서 문제와 관련된 부분과 관련 없는 부분을 선별하는 능력을 체득하는 것이라고 생각합니다. 실제로 제게 가장 도움이 되었던 것도 NEO LEET 모의고사나 실전 모의고사 형식의 문제집을 주어진 시간 안에 풀면서 실전감각을 유지하려고 노력한 것입니다.

● **추리논증** ····· 추리논증은 추리와 논증 두 가지 부분으로 구성되어 있는바, 일상 언어를 통한 추리, 수리적인 자료해석에 기초한 추리 그리고 퍼즐형 문제 등 추리 능력을 측정하는 부분과 논증을 제시하고 주어진 제시문을 분석·재구성 하거나 반론, 비판, 오류를 지적하는 논증 능력을 측정하는 부분으로 이루어져 있습니다. 저의 경우 제가 수학강의를 해서인지 추리 부분의 수리추리나 논리게임, 그리고 논증영역의 분석 및 재구성, 비판 반론 부분에서 큰 어려움 없이 공부할 수 있었던 것 같습니다. 다만 법학적성 시험은 어떤 특정한 지식을 알고 있는지를 평가하는 것이 아니라 제시문에 나와 있는 정보를 활용하여 문제를 해결하는 능력을 평가하는 시험이기 때문에 객관성이 담보된 엄선된 문제를 많이 접해보려고 노력했습니다.

그래서 가장 객관성이 담보된 문제인 기출문제는 빠짐없이 여러 번 풀어보았고 조성우 LEET 추리논증을 기본교재로 하고, NEO LEET 추리논증 실전모의고사를 문제집으로 하여 반복하여 풀어 보았습니다.

거듭 말씀드리지만, 반드시 실전과 같은 상황에서 실전대비 문제풀이 훈련 및 틀린 부분에 대한 확실한 이해와 응용 가능성을 염두 해 두시고 공부하시길 권합니다.

● **논 술** ····· LEET 논술은 단순한 글쓰기 능력을 평가하는 것이 아니라 제시문과 주어진 조건에 근거한 정확한 독해력과 논증 능력을 평가하기 위한 시험입니다. 따라서 주어진 시간 안에 제시문의 논점을 빠르게 뽑아내고 주어진 분량에 맞춰 장황하지 않고 압축적으로 진술하는 것이 필요합니

다. 이를 위해서는 풍부한 배경지식과 답안 작성하는 기술이 필요한데, 전자의 경우는 논술시험 대비이자 동시에 면접시험 대비가 됩니다. 여러 분야의 쟁점 및 사회적 이슈와 그에 대한 해결책을 정리하기 위해 신문사설과 TV 토론을 많이 보았고 심층 면접 관련 교재를 공부했습니다. 그리고 직접 써보는 연습을 게을리하지 않으려고 노력했는데 사법시험 2차시험 대비를 위해 답안작성 연습을 했던 경험은 많은 도움이 되었습니다.

실제 시험에서는 120분간 약술형과 논술형 2문제의 답안을 작성해야 하기 때문에 시간 안배가 매우 중요합니다. 따라서 논술과 관련하여서는 실제로 시간 안에 답안을 작성해 보고 첨삭을 받는 훈련을 가능한 한 많이 해 보시기를 권합니다.

5 자기소개서 및 학업계획서

자기소개서나 학업계획서의 경우, 각 로스쿨마다 형식이나 분량에서 차이가 있고, 반영비율이 다르기 때문에 자기가 지원할 학교를 빨리 선택해 그 기준에 맞추어 작성을 시작해야 합니다. 자기소개서나 학업계획서의 경우 만족할 만한 성과물을 얻기까지 생각보다 시간이 오래 걸리기 때문에 가능한 한 빨리 작성을 시작하시는 것이 좋습니다. 저의 경우 먼저 제가 지원하고자 하는 로스쿨의 교육목표나 특성화 전략이 무엇인지 꼼꼼히 체크하고 제가 그러한 부분에 부합하는 인재임을 구체적인 사실을 들어 논증하려고 노력 했습니다. 자기소개서의 경우 특히 지원동기 부분에 중점을 두어 기술하였고, 학업계획서의 경우 장래 어느 분야의 전문변호사가 될 것인지, 그리고 이를 위해 어느 부분에 중점을 두어 공부할 것인지 구체적으로 기술하려고 노력했습니다.

6 면 접

복잡하게 얽혀있는 현실의 문제를 해결할 수 있는 합리적 방안을 모색하고 이러한 방안을 설득력 있게 제시할 수 있어야 하는 법조인의 특성상 면접은 굉장히 중요하고 실제로 면접시험 점수의 반영비율이 높은 로스쿨이 많습니다. 이러한 면접시험에서 가장 중요한 것은 여러 쟁점을 빠르게 정리하고 그에 대한 깊은 이해를 바탕으로 한 합리적인 답변능력입니다. 그런데 제한된 시간적 압박 하에 면접관이 수긍할 만한 답변을 하기 위해서는 평소 여러 분야의 쟁점에 대한 자기 나름의 답변이 정리되어 있어야 합니다. 저의 경우 로스쿨 심층면접 관련 교재를 중심으로 핵심쟁점들을 뽑아내고 인터넷 검색을 통해 그에 대한 합리적인 해결방안을 정리해 연습했습니다. 또한 MBC 100분토론과 같은 토론 프로그램을 즐겨 보았습니다.

서강대학교 로스쿨 면접시험에 대해 말씀드리면, 공동 대기장소에서 번호 순서대로 대기하다가 앞 사람이 면접시험을 보는 동안 면접실 바로 앞에 마련된 1인대기 장소로 이동해 미리 질문지를 보고 답변을 정리한 후, 면접실에 입장해 두분의 면접관의 질문을 받습니다. 질문지 내용에 대한 답변 후 교수님들의 날카로운 추가질문이 이어지는 데 일관성 있는 답변이 중요하다는 생각을 했습니다. 신상에 관한 질문도 하셨는데 학업계획서에서 밝힌 계획을 어떻게 구체적으로 실현해 갈지에 대한 질문을 받았습니다.

7 맺으며

지난 학기 로스쿨 생활을 하면서 많은 경험을 하였습니다. 그중에서도 특히 조영래 변호사의 삶을 학우들과 나누며, 국가 공권력 앞에 무력할 수밖에 한 개인을 최후의 순간에, 마지막까지 합법적으로 보호할 수 있는 유일한 통로가 변호사임을 깨닫게 되었습니다. 또한 법무법인 지평지성의 임성택 변호사님의 강연을 통해 로펌의 변호사가 어떻게 변호사로서의 공익활동을 해나갈 수 있는지에 대한 구체적인 청사진을 그릴 수 있었습니다. 그리고 국가인권위원회 방문 등을 통해 인권의 중요성과 구체적인 삶의 현장에서 어떻게 인권수호를 위한 법적 조력을 해야 할지 진지하게 고민하는 시간을 가질 수 있었습니다. 뿐만 아니라 여러 교수님들과 학우들과의 창의적이고 건설적인 의견교환, 토론 등을 통해 제 자신의 법률가로서 역량을 기를 수 있었던 같습니다. 많은 학습분량을 소화해 내기 위해 때로 밤잠을 설치기도 하고, 학우들 간에 치열한 경쟁이 있기도 하지만 적절한 긴장감 속에 함께 성장해 가는 것을 느낍니다.

　법학전문대학원 진학을 준비하시는 분들 가운데 정의로운 사회를 꿈꾸며 법조직역에서 일익을 담당하고자 하는 마음을 가지고 계신 분들이 많을 거라고 생각합니다. 로스쿨제도는 교육을 통해 올바른 가치관을 가진 전문법조인을 양성하여, 우리나라 법조시스템의 새로운 시작을 가져 오고자 닻을 올렸습니다. 선한 뜻을 품고 하루하루 최선을 다하신다면 새로운 시작의 주인공은 반드시 여러분이 되실 것입니다. 여러분의 건승을 기원합니다.

16

리트형 인간일 필요는 없다

한 상 규

- 서울 태릉고등학교 졸업
- 서울대학교 정치외교학부 졸업
- 서울대학교 법학전문대학원 제10기

1 법조인 지망동기

어렸을 때부터 막연하게 주변 공동체에 대한 애정이 있었고, 소외된 약자들에 대해서도 예민한 감수성을 가지고 있었습니다. 제 자신만을 위한 삶보다도 주변 사람들을 이롭게 만들어주는 삶을 살고 싶었는데, 공동체에 대한 학문인 정치학 공부 역시도 그 일환으로 시작하게 되었습니다. 이러한 공적 지향을 바탕으로 공직에 임하고 싶어 행정고시를 쳐볼까 하는 생각도 있었습니다. 하지만 소외된 이들의 권리를 보장해내는 데에 법이 중요한 역할을 해 낸다는 것을 학부에서의 경험을 통해 깨닫고, 그들의 권리를 실질적으로 보장하는 데에 더욱 능동적인 자세를 취할 수 있는 것은 법조인이라는 생각이 들어 로스쿨 진학을 꿈꾸게 되었습니다.

2 대학생활

● 1학년 ~ 2학년의 대학생활 ● ····· 대학에 들어오자마자 로스쿨에 가겠다고 마음먹은 것은 아니었습니다. 오히려 정반대로, 강의실을 벗어나 다양한 대학생활을 체험해보고 싶다는 핑계를 대며 학점에 신경 쓰지 않았고, 학과 공부에도 소홀하였습니다. 로스쿨을 도외시하는 이러한 패기는 앞서 언급한 어렸을 때부터 막연히 가지고 있던 행정고시에 대한 동경에서 기인하였습니다. 또한 고3까지의 수험생활로 많이 지쳐있었기 때문에, 대학에 입학하자마자 또 다시 학점관리를 위해 열심히 공부하고 싶지 않았습니다. 대학교에 오자마자 다시 한 번 사춘기를 겪으며 1학년 1학기 학점이 4.3만점 중 2.9점에 수렴하였습니다.

● 3학년 ~ 4학년의 대학생활 ● ····· 제가 품어온 공적 지향이 법조인이라는 직업을 통해 더욱 잘 실현될 수 있음을 깨달은 후에는 우선 학점을 올리는 데에 집중하였습니다.

이전 4학기 동안 한 번도 높은 학점을 받아본 적이 없어서 과연 4.0점이상의 높은 학점을 받을 수 있을 지와 관련해 제 자신에 대한 확신이 없었지만, 남들과 비교해 1.5배의 시간을 쏟아내며 원했던 학점을 쟁취할 수 있었습니다. 이 시기 동안에는 학업 외 동아리 등의 활동은 거의 하지 않았고, 오로지 학과 공부에만 시간을 투자했습니다.

이 과정에서 제대로 된 전략을 짜는 것이 중요했는데, 우선 저와 맞는 수업들을 골라내는 것이 관건이었습니다. 기본적으로 관심이 있는 내용의 수업이어야지 더욱 집중해서 수업을 들을 수 있었습니다. 또한 수업의 평가 내지는 진행방식도 제게 맞아야 했습니다. 예를 들어 저의 경우에는 암기식의 시험보다는 거시적인 생각을 써야 하는 오픈 북 형태의 시험이 더욱 수월했습니다. 또한 뭐든 열심히 하려고 했으므로 발표와 과제가 많은 수업에서 더 좋은 성적을 거둘 수 있었습니다. 그리고 시험을 쳐야 하는 과목들은 기출문제들을 개강 첫 주부터 파악함으로써 앞으로의 공부 방향을 정하는 것을 우선으로 하였고, 시험기간은 늘 3주~한 달 정도로 넉넉하게 잡아두었습니다.

3 입시기간

● **1월~2월의 입시기간** ● ····· 겨울방학 때부터 기출문제스터디를 시작하였습니다. 저의 경우 로스쿨을 준비하는 수험생치고 학점이 좋은 편이 아니었기 때문에 리트에 모든 것을 바쳤습니다. 리트준비와 관련해서 흔히 기출문제는 '총알'이니 아껴두라고들 하지만, 저의 사견으로는 기출문제집이 너덜너덜해질 정도로 반복해서 기출문제를 풀어야 실력이 오른다고 생각합니다. 하지만 문제를 '허비'하지 않고 적절히 '소비'하는 것도 중요했습니다. 기출문제를 총 다섯 번 풀 되, 시험장과 최대한 비슷한 환경에서 시험문제를 정확한 방법으로 풀어낸 것이 핵심이었습니다.

리트시험은 사실상 시간과 긴장감의 싸움이므로, 시험장의 환경과 다르게 넉넉히 시간을 잡고 집과 같은 편안한 환경에서 문제를 푸는 것은 문제를 허비하는 것이라 생각됩니다.

● **3월~6월의 입시기간** ● ····· 문제가 최대한 생각나지 않도록 한 달 정도의 텀을 두고, 기출을 최대한 많이 푸는 것이 제 커리큘럼의 핵심이었습니다. 기출문제를 안 풀 때에는 PSAT, M/DEET이나 강사들의 문제들을 최대한 많이 접하려고 노력했습니다.

리트시험이 역사가 오래되지 않아 공신력 있는 문제의 양이 제한되어있기 때문에 PSAT이나 M/DEET등의 문제들은 매우 좋은 자원이 된다고 생각합니다. 특히나 M/DEET의 경우에는 리트 언어이해 영역과 문제가 상당히 유사하고 난이도도 있는 편이기에, 준비하는 데에 큰 도움이 되었습니다. PSAT의 경우 자료해석을 제외한 언어논리, 상황판단 영역의 문제를 풀었는데, 상황판단의 문제는 추리영역에 있어서 논리게임, 수리추리 문제를 대비하는 데에 큰 도움이 되었습니다.

● **7월~8월의 입시기간** ●····· 시험이 다가올수록 리트에 적합한 컨디션을 미리 만들어놓으려 노력했습니다. 130%의 컨디션을 만들어놔야 실전에 최소 100%의 컨디션으로 시험장에 들어갈 수 있다는 생각 하에, 극한의 압박감을 평소에 조성하려 했습니다.

일례로, 실제 시험장에서는 80분의 언어이해 시험 이후 40분의 쉬는 시간이 주어지지만, 평소 스터디에서는 더 짧게 20분 정도만 쉬어 추리영역을 풀기 전 최대한 두뇌를 지치게 만들었습니다. 더 나아가서 언어이해의 경우엔 올림픽 기록 단축 하듯이 한 지문씩 시간을 재면서 풀기도 했습니다.

지금 제가 문제를 풀려고 하면 이전과 같은 점수를 못 받을 정도로, 이 당시 기계적인 반복학습을 했던 것이 저의 리트실력을 최고조로 끌어올렸다고 생각합니다. 당시 금요일만 쉬고 일주일에 6일은 9시부터 1시까지 한 세트를 매일 풀어냈는데, 이 생활을 2달 반 동안 했더니 제 자신이 문제 푸는 기계가 되어 컨디션의 영향을 많이 받지 않게 되었습니다.

또한 이 시기에 〈법률저널〉등에서 실시하는 전국모의고사가 큰 도움이 되었습니다. 저 같은 경우에는 나름 한 달의 공부를 하고 본 2017학년도 법학적성시험에서 기대치 못한 성적을 받았기 때문에, 과거 제가 받아놓은 점수가 계속해서 저의 발목을 붙잡았습니다. 그러나 전국모의고사에서 어느 정도 원하는 성적이 꾸준히 나오면서 자신감을 가지게 되었습니다.

● **9월~10월 : 서류와 면접준비기간** ●····· 서류준비의 경우에는 꼼꼼하게 빠진 것이 없나 미리 챙겨놓으려고 했습니다. 동아리나 세미나 같이 관계기관에서 인증을 받아야 하는 것들은 미리 2~3주 전에 챙겨놓으려고 했습니다. 나머지의 시간은 자기소개서를 수정하는 데에 할애했습니다. 스터디 구성원들 내지는 선배들의 도움을 받아 20번 정도 수정하였습니다. 자기소개서는 하나의 논증글이므로 여러 활동들이나 생각들이 어떻게 나의 결론에 잘 녹아들어가는 지가 중요하다고 생각합니다.

많은 후배들이 로스쿨에 가려면 어떤 스펙들이 필요하냐고 물어보곤 하는데, 아무리 화려한 스펙이라도 법조인으로서의 본인의 결론에 맞지 않는

다면 무용하다고 생각합니다. 반대로 사소한 경험일지라도 본인의 논증에 꼭 필요하다면 훌륭한 근거가 되는 것 같습니다.

면접은 리트의 언어이해 영역과 상당히 유사하다고 생각합니다. 주어진 제시문에서 핵심을 찾고, 해당 개념이 무엇을 의미하는 지와 지문에서 숨겨진 전제가 무엇인 지를 파악해내야 하기 때문입니다. 대입 논술 문제들을 가지고 스터디원들과 일주일에 두 번씩 면접스터디를 진행했는데, 제가 생각하는 바를 논리정연하게 말로 전달하는 연습을 했습니다. 이외 면접과 관련한 다른 기본서는 참고하지 않았습니다.

4 입시에 있어서 중요했던 것

로스쿨 입시 자체가 정량화되는 추세이고, 그 추세의 중심에 리트가 있었기 때문에 비교적 결과가 명확히 예측되는 투명한 입시라고 생각됩니다. 무엇에 집중해야 되는 지는 명확한 것이 장점일 수도 있겠지만, 반면에 리트 시험 자체가 변수가 많은 시험인 만큼 시험 직전까지 끝을 알 수 없는 부담감에 시달려야했습니다. 하지만 소위 이야기되는, 리트점수는 신이 내려준다는 '리트신수설'은 참이 아니었습니다. 많은 수험생들이 리트시험이 시간을 투자한 만큼 성적이 오르는 시험이 아니라고 생각하고, 그렇기 때문에 도전하기도 전에 좌절하는 경우를 주변에서 종종 목격했습니다. 그러나 저의 경험에 있어서 리트시험 역시도 문제에 대한 정확한 접근법의 숙지, 그리고 그 접근법을 기계적으로 체화한다면 충분히 성적을 향상시킬 수 있었습니다.

언어이해 영역에서 가장 중요했던 능력은 지문을 구조적으로 독해해내는 것이었습니다. 문장들 간의 중요도를 비교해가며 핵심주장과 근거, 이를 뒷받침하는 사소한 정보들을 추려내야 유기적으로 지문을 이해할 수 있었습니다. 그리고 꾸준한 기출문제의 반복을 통해 언어이해 문제들이 어떠한 방향으로 출제되는지 분석했고, 지문에 근거해서 선지를 골라내는 훈련을 했습니다. 추리논증의 경우에 복잡한 지문을 정확히 독해해내되, 사소한 논리관계까지 꼼꼼히 기억하고 분석하는 힘이 중요했습니다. 또한 논증문제의 경우에는 지문의 주장과 저자가 숨겨놓은 전제를 파악하고, 이에 대한 적절한 반론을 미리 떠올려보며 논증관계를 세세히 따져보는 것이 중요했습니다. 추리는 모든 것이 잘 설계된 하나의 퍼즐을 풀어나가는 느낌이었습니다. 이 과정에서 추리도 역시 시간이 부족한 영역이므로, '甲/乙/丙'의 형태와 같이 비교적 빨리 풀어낼 수 있는 문제들에서 시간을 단축하는 훈련이 필수적이었습니다.

리트공부와 관련해서 구체적으로 첨언하자면, 언어이해의 경우에는 복잡하고도 생소한 제재의 지문들을 많이 접해보는 것이 중요하므로 기출문제 이외에도 여러 다양한 문제들을 풀어보고자 노력했습니다. 반면에 추리논증의 경우에는 기출만큼이나 정교하게 잘 구성된 문제를 찾아보기 힘들었습니다. 그러므로 다른 문제들을 다양하게 풀어보는 것보다도 기출문제를 반복해서 풀어내는게 더 좋은 전략인 것 같습니다. 물론 반복해서 추리문제를 본다면 답이야 당연히 생각나겠지만, 그 과정에서 답이 추론되는 복잡한 과정을 다시 한 번 머릿속에 그려 보는 게 오히려 더 좋은 공부라고 생각됩니다.

5 마치면서

물론 이 후기는 저의 지극히 주관적인 의견일 수 있습니다. 다만 후기를 통해서 수험생 여러분께 전달하고 싶었던 것은, 로스쿨을 준비하는 긴 과정 내내 불안하고 막연한 느낌을 떨쳐낼 수 없을 테지만 단단한 멘탈로 버티며 노력하다 보면 결국 목표에 도달할 수 있다는 것이었습니다. 학점도, 리트도, 자기소개서 역시도 최선의 노력을 다한다면 절대 발목잡지 않을 것입니다. 제가 시험 삼아 쳐본 2017년도 리트의 표준점수는 118.9였습니다. 그리고 2018년도 리트에선 138.1의 점수를 얻으며 20점 가량의 점수상승을 이뤄냈습니다. 제 주변에 법조인이 너무 되고 싶으나 본인이 리트형 인간이 아니라고 생각해 포기하시는 분들이 많이 있었는데, 이 글을 읽으시고 다시 힘을 얻어 도전하시길 바랍니다.

17

좋은 법률가를 꿈꾸며

이 동 주
- 나주 영산고등학교 졸업
- 서울대학교 경영학과 졸업
- 서울대학교 법학전문대학원 제9기

1 들어가며

안녕하세요? 서울대학교 법학전문대학원 9기로 입학한 이동주라고 합니다. 로스쿨 입시에 대한 제 경험을 털어놓는 것이 조금은 부끄러운 일입니다. 저보다 훨씬 훌륭하신 분들도 많고 또 제가 글을 유려하게 쓰지도 못하기 때문입니다. 하지만 로스쿨 입시를 준비하며 정보를 찾아 이리저리 헤매던 1년 전의 저를 생각하며, 이 글을 읽으시는 분들에게 조금이나마 도움을 드리고자 수기를 쓰게 되었습니다. 부디 제 바람이 이뤄지길 기원하며 이야기를 시작해보겠습니다.

2 로스쿨 입시의 시작 : 12월~2월

저는 2015년 12월부터 로스쿨 입시를 시작하였습니다. 이 기간 해외여행이 계획되어 있었기 때문에 조금은 조급한 마음이었습니다. 당장 시작한 것이 기출문제를 풀어보는 것이었습니다. 현재 자신의 수준이 어느 정도인지 알아야 공부의 수준에서부터 독학, 스터디, 인터넷 강의 등 공부의 방법론을 정할 수 있을 것이라 여겼습니다.

처음 시간을 재고 풀어본 2016학년도 법학적성시험(LEET) 문제에서 좋지 않은 결과를 얻었습니다. 언어이해의 경우 6개 틀린 것으로 선방하였지만 추리영역을 18개를 틀렸던 것으로 기억합니다. 리트를 전혀 준비하지 않고 풀어봤기에 당연한 결과였지만 당시에는 겁이 났습니다. 당장 다음 학기에 들어야할 전공과목들이 꽤 있었고 리트라는 시험이 단순히 공식을 외우고 풀어내는 소위 '양치기'가 통하지 않는다는 이야기를 많이 접했기 때문입니다. 또한 학교생활을 병행하든, 사회생활을 병행하든 대부분의 수험생은 리트에 많은 시간을 쏟을 수는 없을 것입니다.

고민 끝에 기출문제를 풀어보며 (1) 문제의 유형, (2) 지문과 선지의 논리 전개, (3) 유형별 풀이법을 이해하겠다는 목표를 설정하였습니다. 물론 위세 가지 목표는 리트를 공부하는 전 기간의 목표가 되어야 하는 것이고 저도 첫 단계에서 목표를 모두 이루지는 못했습니다. 그럼에도 이러한 목표를 염두에 두고 기출문제 풀이에 임하는 것과 그렇지 않은 경우는 꽤 큰 차이가 있을 것입니다. 문제를 한 번 풀어본 후 채점하고 다시 들여다 볼 때의 자세가 달라지기 때문입니다. 사실 이러한 목표를 설정하지 않고 진행한 몇 차례의 기출문제 풀이에서는 틀린 문제만 간단하게 점검하고 넘어갔는데 이 경우 몇 회 없는 기출문제를 낭비하게되는 셈이었습니다. 수능처럼 기출이 넘치는 것도 아니고, 사설 교재도 부족한 이 시험의 특성상 기출문제를 보물처럼 여기고 위 세 가지 목표를 달성하고자 모든 문제에서 최대한 많은 것을 뽑아내는 것이 좋습니다.

이를 위해 12월 말에 스터디를 구했습니다. 혼자 공부했을 때는 계획에 따라 규칙적인 문제풀이가 어려웠고 공부 중에도 정답에 맞추고자 억지논리를 만들어 수긍하고 넘어가거나 요행으로 맞은 문제들을 다시 살펴보지 않았습니다. 스터디의 경우 강제성이 있기 때문에 규칙적인 문제풀이가 가능하고 문제에 대한 해설을 준비하면 바로 피드백을 들을 수 있어서 위의 문제들을 해결할 수 있었습니다. 스터디의 구성은 지인들을 모았습니다. 이에 대해서는 여러분이 짐작하실만한 단점이 존재할 수도 있지만 서로 의식적으로 노력한다면 과도한 친목행위는 미연에 방지할 수 있을 것이라 생각합니다. 무엇보다 서로 원활한 피드백을 위해서 모르는 사람보다는 편하게 이야기할 수 있는 사람들을 택했습니다.

스터디에서는 함께 모여 기출문제를 시간에 맞춰 푼 후 채점한 뒤 각자 해설할 지문을 나눴습니다. 이후 자신의 해설 차례가 되면 정답 뿐 아니라 지문의 논리전개나 오답원리 등을 설명해야 때문에 혼자 할 때보다 더 깊은 공부를 할 수 있었던 것 같습니다. 또한 이 과정에서 서로 활발한 피드백을 통해 저의 문제풀이나 논리보다 더 간결하고 명확한 풀이법을 얻어낼 수 있었습니다.

3 학기와 리트공부의 병행: 3월~6월

저는 4년 만에 바로 학부를 졸업하기 위해 꽤 많은 학점을 이수해야 했습니다. 또한 생활비를 벌기 위한 활동 등도 병행해야 했기에 방학보다 공부시간은 더 줄었습니다. 그럼에도 기출을 풀어보며 문제유형이나 접근법을 어느 정도 배웠다고 스스로를 다독이며 새 학기를 맞이했습니다. 방학 동안 기출문제를 모두 소진한 저희 스터디는 추리영역은 PSAT 문제 중 리트 추리영역에 맞게 편집된 사설교재를 통해 준비했고 언어영역의 경우 MEET/DEET 문제를 참고하였습니다. 기출과 문제유형이 다르다는 한계를 가지고 있지만 첫째, 안하는 것보다는 나을 것이라 생각하고 둘째, 기출은 방학기간에 다시 분석하며 풀어보기 위해 아끼는 것이 좋을 것이라 판단하였습니다. 스터디는 방학기간과 동일하게 맞은 문제도 지문분석과 나름의 풀이방법을 서로 토론하는 식으로 진행하였습니다.

이 기간에 전원 상경계로 구성된 저희 스터디는 지문에 대한 배경지식이 부족하다는데 의견을 모았습니다. 이를 보완하고자 일주일에 한 번, 각자 주제를 선정해 A4 2장 분량의 발표 세미나를 가졌습니다. 발표를 위해 각 주제에 알맞은 글을 발췌해서 요약하는 과정은 그 자체가 언어영역 지문을 연습할 수 있는 기회였고 사설 모의고사 지문 몇 개 정도가 실제 발표 세미나에서 다룬 주제에서 출제된 적도 있었습니다. 무엇보다 저는 주제세미나를 통해 독해를 위한 기본적인 학술단어에 익숙해질 수 있었고 10월 이후 면접준비를 할 때도 큰 도움을 받았습니다.

또한 학교에 개설된 기초논리학 교과서를 구해 읽어보며 리트를 풀기위한 형식논리학의 기초를 익혔습니다. 2017학년도 추리영역에서도 명제논리를 이용해야 간단하게 풀리는 문제가 출제되었던 것 같습니다. 사실 작년뿐아니라 이전부터 논리게임과 같은 유형에서 지속적으로 보이고 있었기 때문에 이에 대한 대비를 해두는 것이 필요하다 여겼습니다. 지금 생각해보면 시간이 상대적으로 여유로웠던 방학 중에 교재를 읽었다면 훨씬 여유롭게 학기를 보낼 수 있었을 것 같습니다.

4 리트, 리트, 리트! : 7월~8월

학기를 마무리하고 기출문제를 다시 보게 되었습니다. 한 번 풀어본 문제라 익숙하거나 답이 생각나는 것은 어쩔 수 없었지만 그럼에도 겨울방학 때의 풀이와 여름방학 때의 풀이가 달라진 점이 많았습니다. 또 어떤 경우에는 겨울방학 때 맞았던 문제를 여름방학 때 틀리고 이를 이해하지 못하는 일도 벌어졌습니다. 그런 문제의 해설은 공식 해설을 찾아봐도 납득하지 못하는 부분이 많았습니다. 결국 다시 스터디에서 문제를 제기하고 피드백을 받는 방식으로 돌아가 이를 해결해야 했습니다. 스터디에서도 해결할 수 없는 것은 서로연이나 학교커뮤니티를 이용하였습니다.

그렇게 기출을 2번 정도 더 풀어본 저는 언어영역에서는 '소설', 추리영역에서는 '수리', '논리게임'이 약하다는 결론을 얻을 수 있었습니다. 이를 위해 이전까지 풀었던 기출문제들을 모두 모아뒀습니다. 그러니까 동일한 시험지가 풀어본 횟수만큼 있었던 것입니다. 과거의 문제풀이 흔적을 살펴보며 약점인 부분에서는 저번 풀이와 동일한 사고과정을 거쳐 오답에 이른 것이 많다는 점을 발견하였습니다. 이를 해결하기 위해 제가 선택한 것은 (1) 문제를 풀기위한 사고과정을 글로 쓰고, (2) 그것을 다시 공식처럼 하나의 문제 해결방법으로 만들었습니다. (3) 이를 시중에서 판매하고 있는 다양한 사설 모의고사들에 적용하는 식이었습니다. 제 나름대로 정답이라고 여긴 논리과정을 몸에 체득하기 위한 방안이었습니다.

또한 이 기간에 있는 전국모의고사를 보며 시험장에 익숙해지고자 했습니다. 저는 기출을 최우선으로 하였기에 사설모의고사의 성적을 크게 염두에 두지 않았고, 이는 의식적으로 노력한 결과였습니다. 남은 기간 동안 나름대로 정립한 풀이방안을 고치는 것은 위험부담이 있었고 불안해하는 시간에 기출문제를 한 번 더 보는 것이 도움이 될 것이라 여겼습니다.

시험 3주 전부터는 밤 11시에는 잠에 들었고 6시 30분이나 7시에는 일어나려고 하였습니다. 오전에 기출문제를 보고, 오후에는 스터디원들과 이제까지의 풀이법을 다시 공유하는 시간을 가졌고 저녁을 먹은 뒤 읽고 싶은 책을 읽거나 신문을 보는 식의 생활을 이어갔습니다. 그럼에도 시험 3일 전부터 수면장애가 와 결국 약국에서 약을 사먹기도 하였습니다.

결국 시험 전날에 잠을 설쳐 3시간 정도 잠을 자고 시험장에 나갔습니다. 같이 시험장에 가는 친구들과 가벼운 농담을 하며 긴장을 풀려고 노력했습니다. 잠을 충분히 이루지 못한 점을 의식하여 카페인 음료를 시험 10분 전에 마시고 시험에 임했습니다.

2017학년도 리트에서 언어영역 3개, 추리영역 4개를 틀렸고 표준점수 137.9점을 받았습니다. 이로써 학점, 리트, 영어와 같은 정량점수는 모두 정해졌습니다.

나의 꿈 나의 길

5 자기소개서와 면접: 9월~11월

시험이 끝난 뒤 곧바로 자기소개서 작성에 돌입했습니다. 자기소개서를 여러 직업 버전으로 쓰는 경우가 있다고 들었지만, 저는 로스쿨 입학 이전에 법에 대한 관심과 대학생활의 경험을 연결하는데 많은 시간을 투자했습니다. 법을 전공하고자 했던 계기와 법학전문대학원의 교육철학에 부합하는 인재상을 명확히 그려내려 노력했습니다. 그렇게 만든 자기소개서는 스터디원뿐 아니라 현재 로스쿨에 진학한 지인들, 기자시험을 준비하던 친구, 철학과 대학원을 준비하던 친구 등 다양한 사람들에게 피드백을 얻어 다시 수정을 거듭하였습니다. 물론 다양한 배경을 지닌 이들에게 받은 피드백은 서로 상충하는 부분도 있어서 그 중 글의 유기성과 제 문장스타일에 부합하는 조언들을 수용하였습니다.

자기소개서를 완성하고 나서 곧바로 면접준비에 들어갔습니다. 특별전형에 지원한 저는 이번 입시에서 일반전형과 동일한 지성 면접을 치러야 했기 때문에 계속해서 스터디원들과 면접준비를 하였습니다. 처음에는 서울대학교 면접문제를 복원하여 스터디를 진행하려 하였으나 복기된 자료가 부족하기도 하였고 유형도 달라진 점이 많아 어느 정도 진행한 뒤에는 2016학년도 입시를 기준으로 스터디 내에서 자체적으로 문제를 만들었습니다. 주제는 기출문제를 참고했고 주제세미나의 자료를 이용하기도 했습니다. 이렇게 완성된 문제들을 가지고 계속해서 모의 면접을 진행하였고 면접 이후에는 다같이 모여 피드백을 교환하였습니다. 특히 모든 과정을 노트북으로 녹화하여 불안한 시선처리나 성량, 전달태도와 같은 점을 지속적으로 점검하였습니다. 다만 모의면접시에 면접자와 피면접자와의 지문에 대한 이해가 달랐던 적도 있습니다. 이런 상황이 발생하여 지문이해나 논리전개에 대한 지적을 납득할 수 없다면 이를 선별적으로 수용하는 것이 바람직할 것입니다.

6 나가며

　11월에 발표가 난 뒤 얼떨떨하게 지내다 어느덧 새해를 맞이했습니다. 신년계획으로 매년 그러하듯 다이어트, 금주하기, 영어공부를 머리에 떠올려 봅니다.

　올해에 추가된 것이 있다면 법학전문대학원에서 행복하게 살기 정도입니다. 좋은 사람들과 공부를 계속할 수 있다는 것은 행복한 일이지만 처음 접해볼 법학에 대한 두려움도 있습니다. 학업에 치여 주변을 살피지 못하고 저 뿐 아니라 주위 사람을 불행하게 만들지 않았으면 좋겠습니다. 생활에 치여 자기소개서에 약속한 좋은 법률가의 꿈도 시들지 않았으면 좋겠습니다. 옆에 누군가 있음을 알아차릴 수 있고 사회에 대한 고민도 놓지 않고 싶습니다. 그렇다면 충분히 행복하게 학교에 다닐 수 있을 것 같습니다.

　합격하기까지 많은 노력을 했지만 저 혼자만의 힘으로 해낸 것은 아닙니다. 많은 분들의 도움으로 가능했습니다. 평생에 걸쳐 무한한 사랑과 묵묵한 성실함의 가치를 보여주신 부모님, 제 꿈을 늘 보듬어주는 화영이, 저보다 저를 더 많이 아는 형석이, 생각의 한계를 넘어서게 도와주는 원석이, 스승이자 큰 형인 강원, 이해심 많은 채영, 항상 구김 없는 일화, 바쁜 와중에 도와준 인수, 하은, 승은, 수정, 혜린, 좋은 법조인이 되라 당부하던 내 친구 동명이 그리고 응원해주신 모든 분들 진심으로 감사합니다. 여러분에게 부끄럽게 살지 않기 위해 노력하겠습니다.

18

로스쿨 입시, 나의 잠재력을 증명하는 과정

공 수 진

- 대원외국어고등학교 스페인어과 졸업
- 미국 Vanderbilt University 교환학생
- 서울대학교 영어영문학과 졸업
- 서울대학교 법학전문대학원 제2기
- 제3회 변호사시험 합격
- 현) 헌법재판소 헌법연구관

1 들어가며

법학공부를 막 시작했고 경험도 부족한 저이기에 단지 법학전문대학원 (이하 로스쿨) 입시를 한 해 빨리 치렀다는 이유로 로스쿨 합격수기를 쓰는 것이 매우 망설여졌습니다. 개인적인 부끄러움에도 불구하고, 작년 이 무렵의 저처럼 아직 정착되지 않은 제도 하에서 막연함을 느끼고 계실 분들께 작은 도움이 되고자 이 글을 쓰게 되었습니다.

로스쿨 입시를 준비하는 과정은 길다면 길고, 짧다면 짧습니다. 대학 학부시절의 학문적 성취뿐만 아니라 사회생활, 봉사활동 등 전반적인 부분을 평가한다는 점에서 학부를 포함한 4년 이상의 과정이 법학전문대학원을 준비하는 과정이 될 수 있습니다. 반면, 매년 8월에 시행되는 법학적성시험(이

하 LEET)과 매달 시행되는 각종 어학시험을 치르고, 각 로스쿨의 자기소개서를 준비하는 과정은 6개월 남짓의 짧은 기간입니다. 로스쿨 입시의 당락은 LEET와 면접 등을 포괄하는 이 마지막 6개월에 달려있겠지만, 이전까지 축적된 경험과 노력이 뒷받침될 때 더욱 좋은 성과를 이룰 수 있다고 생각합니다. 로스쿨 입시를 결심하게 될 때까지 개개인의 학문적·사회적 경로는 다양할 수 있기 때문에, 이 글은 로스쿨 입시를 준비하는 모두가 공통적으로 치러야 하는 TOEIC, TEPS 등 어학시험, LEET, 자기소개서, 면접을 중심으로 구성했습니다.

2 로스쿨 입시를 결정하기까지 - 탐색과정

대학 새내기 때, 인도에서 한 달간 국제자원활동에 참가한 이후 저는 NGO나 싱크탱크(Think Tank)와 같은 시민단체 활동에 관심을 가지게 되었습니다. 학내에서 빈민국가 아동들을 돕기 위한 모금활동을 꾸준히 진행하고 한편으로 방학 때마다 희망제작소와 같은 민간 싱크탱크에서 인턴으로 활동하면서, 제가 인문학을 공부하며 품었던 가치들을 실현하기 위해서는 전문성이 필요하겠다는 결론을 내리게 되었습니다. 이런 문제의식을 지닌 채 교환학생으로서 1년간 머물렀던 미국에서, 저는 로스쿨에서의 공부를 통해 사회에 도움이 될 수 있는 전문지식을 얻을 수 있겠다는 구체적인 그림을 그리게 되었습니다. 법률업무가 어디보다 활발한 미국사회에서는 변호사들의 공익활동(pro bono)도 다양한 양상으로 이뤄지고 있었습니다. 이민자, 여성 혹은 장애인과 같은 사회적 약자를 대상으로 하는 공익변호사 활동을 직접 접하는 과정에서 저는 일차적인 진로탐색과정을 거칠 수 있었습니다.

인터넷 카페인 '서로 돕는 로스쿨 연합'(일명 서로연, cafe.daum.net/snuleet)이나 각 학교 커뮤니티의 로스쿨 관련 포스팅을 읽는 것도 생생한 경험담을 접할 수 있다는 점에서 도움이 되었습니다. 다만 감정적이거나 검증되지 않은 정보들도 올라오는 경우가 있기 때문에, 법학적성시험 공식홈페이지(www.leet.or.kr)나 각 로스쿨의 공식 홈페이지를 참고하면서 그 중 정확한 정보를 가려낼 수 있어야 합니다.

인터넷 정보에 전적으로 의지하는 것보다, 로스쿨 교수님이나 선배들과의 면담을 통해 좀 더 깊이 있는 정보를 얻을 수 있었습니다. 2010년 입시를 치른 저와 같은 2기의 경우는 전 해 입시를 치른 1기들의 조언과 충고가 많은 역할을 했습니다. 특히, 같은 과에서 공부했거나 같은 분야의 사회경험이 있는 선배를 통해 시험뿐만 아니라 자기소개서나 면접에 있어서의 세세한 부분에 대해서까지 조언을 들을 수 있었다는 점을 강조하고 싶습니다.

마지막으로 관련문헌을 참고하여 로스쿨 입시와 교육에 관한 정보를 수집할 수 있었습니다. 입시뿐만 아니라 3년간의 커리큘럼, 변호사시험에 이르는 과정에 대한 간략한 정보나마 숙지된 후에야 로스쿨 입시를 제대로 준비할 수 있을 것입니다. 관련 법령인 '법학전문대학원 설치·운영에 관한 법률'과 각 학교의 홈페이지에 게시되어 있는 교과과정을 한 번씩은 확인하시기 바랍니다. 저의 경우, 서울대학교와 연세대학교 로스쿨의 교과과정을 꼼꼼하게 살펴보는 과정을 통해, 제가 어떤 법조인으로 성장해나갈 것인지에 대한 그림을 그리고 이를 자기소개서로 풀어나갈 수 있었습니다.

3 TEPS or TOEIC?, 영어 및 제2외국어 성적준비

영어의 경우, 각 학교의 영어성적 반영비율은 다양하지만 영어 공인능력시험의 경우 대체적으로 TOEIC, TEPS를 요구하고 있습니다. TOEFL 성적을 반영하기도 하지만, iBT체제로 변화하면서 가격과 난이도 측면에서 수험생에게 상당한 부담이 되는 것이 사실이므로 추천하고 싶지는 않습니다. 서울대학교는 TEPS 성적을 요구하고 있기 때문에, 서울대 로스쿨 입시를 고려하신다면 TEPS 성적을 반드시 갖추시길 바랍니다(2010년 입시의 경우, 서울대 로스쿨은 TEPS 혹은 TOEFL 성적만을 요구했습니다). 다른 로스쿨에서는 일반적으로 TOEIC 성적을 반영하고 있습니다.

영어성적을 Pass/Fail 정도로 반영하는 학교도 있지만, 일반적으로 영어성적이 높을수록 입시에서 유리한 것은 자명한 사실입니다. 그러나 영어성적이 만점에 가까울 정도로 확연히 좋지 않은 한, 안정적인 점수대를 받아두는 정도면 입시에서 불이익을 받지 않는다고 합니다(안정적인 점수에 대해서는 이견이 많지만, 개인적으로 저는 TOEIC 800점 후반에서 900점 정도가 아닐까 생각합니다). TEPS의 경우에는 문제의 까다로움 때문에 비교적 고득점하기가 어렵기 때문에, 서울대 입시를 고려하지 않으신다면 TOEIC 공부에 매진하시기 바랍니다.

본격적인 LEET 공부에 들어가기 전에, 영어를 집중적 · 반복적으로 공부하여 점수를 미리 받아두시길 바랍니다. 저의 경우 『해커스 토익 실전 Reading/Listening』, 『월간텝스』 등 모의고사 문제집을 매일 꾸준히 풀면서 감을 잃지 않도록 하여 LEET 준비를 시작했던 5월 이전에 TOEIC, TEPS 시험을 치러서 만족할만한 점수를 받을 수 있었습니다.

간혹 영어 이외의 제2외국어 성적을 제출하는 것이 로스쿨 입시에서 중요한지에 대한 질문을 받고는 합니다. 이미 훌륭한 어학실력이 있다면 이와 관련된 시험 점수를 제출하는 것이 유의미하겠지만, 로스쿨 입시를 위해 제2외국어 공부를 하는 것은 무리가 아닐까 생각합니다(참고로 제 2외국어로 작성된 공인인증시험 성적표를 제출할 경우, 별도의 번역 및 공증 절차를 필요로 합니다). 학부에서 특정 언어를 전공하거나 원어민 정도의 실력을 갖춘 것이 아닌 이상, 입시전형에서 제2외국어 능력이 크게 요구되지는 않기 때문입니다. 다만, 장기적으로 로스쿨 입시를 준비하는 경우에는 독일어나 프랑스어 구사능력이 법학을 깊이 있는 수준에서 공부하는데 있어 도움이 되는 것 같습니다.

4 로스쿨 입시의 '필요조건'- 법학적성시험(LEET) 준비

LEET 준비 전반에 관하여

공직적성시험(이하 PSAT) 등을 준비해본 경험이 없다면, LEET는 그 유형에 익숙해지는데 상당한 시간이 걸리는 시험입니다. 인문학과 사회과학

공부를 꾸준히 해왔던 저는 언어이해와 논술은 비교적 쉽게 접근할 수 있었지만, 추리논증 문제를 수월하게 풀어내기까지는 많은 시간을 투자해야 했습니다.

저는 스터디를 통해 기출문제와 유사 적성시험 문제 풀이를 하고, 자습을 통해 기본서를 익히는 식으로 여름방학 기간 동안 집중적으로 LEET 공부를 했습니다. 학원을 수강하거나 인터넷 강의를 듣는 등의 다른 공부 방법이 있지만, 스터디에 참가하며 LEET 준비를 하는 것이 매우 효과적이라고 생각합니다. LEET의 특성상, 고정된 풀이방법이 있기보다는 다양한 풀이가 존재할 수 있고 여러 사람이 모여서 이를 토론하는 과정에서 자신에게 맞는 방법을 찾아낼 수 있습니다. 뿐만 아니라, 같은 상황에 있는 사람들끼리 모여 공부하다 보면, 서로의 불안감이나 걱정을 공유할 수 있는 일종의 운명 공동체가 됩니다. 다른 것을 제쳐두고 LEET 공부에 집중했던 몇 개월 동안, 스터디원들에게 시험공부에 대한 자극뿐만 아니라 정서적으로도 많은 도움을 받았습니다.

LEET는 공식적으로 시행된 지 얼마 지나지 않았기 때문에 기출문제나 문제집이 다른 시험들에 비해 턱없이 부족한 편입니다. 공식 기출문제로는 예비고사와 제1회 LEET문제로 단 두 세트가 있었기 때문에, 이 문제들을 통해 일차적으로 LEET 시험에 대한 대략적인 감을 잡을 수 있었습니다. 이차적으로 LEET 언어이해와 가장 비슷하다는 평을 받는 MEET/DEET 언어추론 기출문제부터, PSAT 언어논리·상황판단 기출문제, 미국 LSAT 기출문제 등을 참고했습니다. 문제집의 경우 아직 그 완성도나 질에 있어서 논란이 많지만, 논리와 비판 연구소의『LEET 언어이해(추리논증) 실전모의고사』와, 사이엔스21의『Neo LEET 언어이해(추리논증) 실전모의고사』등의 문제집을 주로 참고했습니다.

LEET 각 영역별 공부방법

• **언어이해** • ····· 언어이해에서 가장 중요한 것은 지문을 읽고 답을 찾

아나가는 방법론을 익히는 것이라고 생각합니다. 시험범위가 정해져 있는 시험이 아니기 때문에, 배경지식을 쌓는 목적으로 다양한 지문을 섭렵하려는 것은 한계가 있는 공부방법입니다. 다만 생소한 지문을 보더라도, 그 지문을 어떠한 방식으로 접근하는지 숙지하고 있다면 덜 당황하며 문제를 풀어나갈 수 있습니다.

수능 언어영역을 풀 때의 감을 되살려, 저는 문제 유형마다 접근하는 방식을 달리하여 효율적으로 문제를 풀려고 애썼습니다. 문제를 간단히 먼저 읽고 문제의 유형을 파악한 다음, 지문을 읽고 다시 문제로 돌아가 답을 고르는 식으로 언어이해 공부를 했습니다. 특히, 지문을 읽을 때 되도록 각 단락의 주제문을 빠르게 찾아내어 밑줄을 긋고, 문장 간의 관계나 흐름이 변하는 부분에서는 동그라미, 세모 등의 기호를 그리는 식으로 글의 대략적인 구조를 파악하려고 했습니다. 이런 방식으로 글을 정리하면, 이해의 혼선이 생겼을 때 글 전체를 다시 읽지 않아도 된다는 장점이 있습니다.

앞서 언급했던 문제 유형과 그 접근 방식은 기본서 통독을 통해 일차적으로 익힐 수 있었습니다. 권종철의 『2010 LEET 언어이해』(메가로스쿨)를 통해 언어이해의 주요 유형과 그 유형에 해당하는 기출문제를 정리할 수 있었습니다(이번 해에는 『2011 LEET 언어이해』라는 개정판이 나왔습니다). 기본서마다 비슷한 내용이 수록되어 있기 때문에, 기본서 하나를 여러 번 보는 것이 더 효과적이라고 봅니다. 기출문제 풀이를 하면서 저는 심화추론 문제를 반복적으로 틀렸는데, 이런 경우마다 심화추론에 관련된 기본서의 특정 부분을 다시 찾아보면서 제 문제풀이의 문제점을 발견하고 고쳐나갈 수 있었습니다.

어떤 지문이 출제될지 알 수 없는 언어이해 시험에서 확정적으로 점수를 얻을 수 있는 부분이 어휘·어법 부분입니다. 시험 첫 3~4문제가 어휘·어법에서 출제되는데, 따로 공부를 해두지 않으면 헷갈리는 맞춤법, 관용어구 등이 문제로 출제되어 아쉽게 틀리게 되는 경우가 많습니다. 더구나 시험에서 가장 처음 접하는 부분이 이 어휘·어법 문제들이기 때문에, 시험 전반을 대하는 컨디션을 결정할 수도 있는 중요한 부분입니다. 저는 시험에 임박했을 무렵, 『Neo LEET 언어이해 어휘어법 특강』을 반복적으로 보면서 어휘·어법에 익숙해지려고 했습니다. 짧게 구성된 책이라 평소에 부담 없이 들고 다닐 수 있었고, 어려운 부분, 헷갈리는 부분들을 체크해두어 언어이해 시험 직전에 확인했습니다.

마지막으로 언어이해와 관련해 강조하고 싶은 점은, 반드시 시간 내에 모든 문제를 풀어내는 연습을 해야 한다는 것입니다. 한 문제가 독립적으로 존재하는 추리논증 영역과는 달리, 언어이해는 어휘·어법 부분을 제외하면 3~4문제가 한 지문에 종속되어 있는 형태입니다. 즉, 한 지문을 미처 읽지 못할 경우 3~4문제에 해당하는 배점을 잃기 때문에 시간에 대한 압박이 더한 것이 사실입니다. 지문의 길이가 길고, 게다가 생소한 분야의 지문이 나올 경우 쉽게 이해가 되지 않는 문구에 집착하다보면 마지막 지문을 미처 풀지 못하는 사태가 많이 발생합니다. 저 역시도 시험 당시 익숙지 않았던 몇 개 지문에 지나치게 집중하는 바람에 마지막 지문을 거의 찍다시피 푸는 아찔한 경험을 했습니다. 적어도 시험 한 달 전부터는 스톱워치를 이용하여 답안지 마킹시간을 제외한 시험시간을 고려하여 문제 풀이 연습을 하시기 바랍니다. 저는 한 지문을 풀이하는데 드는 시간을 미리 계산해서 어느 한 지문에서 시간이 늘어지지 않도록 주의하는 식으로 연습했습니다. 1문제가 독립적으로 존재하는 어휘·어법을 마지막에 푸는 것도 한 방법입니다.

● **추리논증** ●····· 추리논증은 저를 비롯한 LEET를 준비하는 인문계열 수험생들이 상대적인 어려움을 겪는 영역이라고 생각합니다. 그렇지만, 추리논증은 일정 정도의 선지식이 갖추어질 경우 보다 수월하게 접근할 수 있습니다. 언어이해의 경우와 마찬가지로 추리논증의 경우도 문제의 유형이 일정하게 존재하고 그에 따른 접근방식이 있기 때문입니다. 이와 같은 큰 흐름을 잡는데 추천하고 싶은 책이 조호현의 『조호현의 추리논증』(메가로스쿨)입니다. 논리학과 철학의 배경이 없는 이도 쉽게 읽을 수 있도록 구성되어 있고, 관련 문제들이 유형별로 정리되어 있기 때문에 첫 그림을 그리는데 매우 효과적이었습니다. 『조호현의 추리논증』등의 기본서는 강의나 스터디

를 병행하지 않고도 혼자 공부하기에 좋은 책이기 때문에, 먼저 기본서를 일독하고 기출문제를 풀이하시기 바랍니다.

추리논증 영역에 있어서도 시간안배가 큰 중요성을 갖습니다. 추리논증 영역은 110분간 35문제를 풀어내야 하므로, 1문제를 평균적으로 3분이 조금 넘는 시간 안에 해결해야 합니다. 시간의 압박이 상당한 시험이기 때문에, 시간이 많이 걸리거나 난이도가 지나치게 높은 문제를 미리 걸러내는 작업이 필요합니다. 추리논증은 크게 추리영역과 논증영역으로 구성되어 있는데, 저는 논증영역을 먼저 푸는 방식으로 실전에 임했습니다. 추리영역의 경우, 수리추리나 논리게임 등 자칫 잘못하면 답을 도출하기 어려운 문제들이 출제되는 반면, 논증영역은 집중력을 유지하면서 글을 분석, 비판, 평가하는 문제들이 출제되기 때문에 비교적 답을 도출하기 쉬운 편이었습니다. 논증영역과 추리영역의 언어추리 부분을 푼 이후에 비교적 여유로운 상태에서 수리추리나 논리게임 문제를 풀었습니다.

● **논 술** ●‥‥‥ LEET공부를 하면서 상대적으로 소홀히 할 수 있는 부분이 논술입니다. 대부분의 학생들이 대입논술부터 학부수업 레포트, 논문 등을 쓰면서 논술을 간접적으로라도 경험했고, 일부 로스쿨에서는 논술 점수를 아예 반영하지 않기 때문입니다. 실제로 언어이해, 추리논증의 점수는 시험 후 1달 뒤에 받게 되는 LEET 성적표에 수치화되어 드러나지만, 논술은 각 학교에서 자체적으로 채점하기 때문에 실질적 반영률을 알기 어렵기도 합니다.

그럼에도 불구하고 논술은 미리 시간에 맞추어 제시문을 분석하고 글자수에 맞추어 답을 써내려가는 연습을 하지 않으면 로스쿨 입시의 의외의 복병이 되기도 합니다. 논술로 인해 작년 입시에서 고배를 마셔야했던 한 스터디원의 조언을 새겨들으며, 저는 8월 한 달간 논술은 학원강의를 수강하며 공부했습니다. 일주일에 두 번씩 진행되었던 학원강의는 LEET 기출문제 등의 공식자료를 중심으로 진행되었습니다. 학생들이 미리 글을 써가고, 수업시간에는 제시문 분석과 공개첨삭이 이루어졌습니다. LEET 예비시험 설명

자료 중 예비문항, 예비시험 논술, 09년 기출 논술 등 공식자료의 문제를 수업 전, 수업 후 적어도 두 번씩 풀어보는 식으로 논술 공부를 했습니다(위의 공식자료들은 모두 www.leet.or.kr에서 다운로드 받으실 수 있습니다).

논술강의를 들으면서 가장 크게 느낀 점은 LEET논술은 대학논술과는 확연히 다르다는 점입니다. 대학입시 논술이 학생들이 자유롭게 서술하도록 하는, 답이 정해져 있지 않은 문제를 출제한다고 하면, LEET논술은 제시문을 꼼꼼하게 분석하면서 그 안에 있는 쟁점을 찾아내야하는, 답이 있는 문제를 출제합니다. 즉, LEET논술에서 가장 중요한 점은 논제와 제시문을 분석할 수 있는 독해력을 기르는 것이라고 생각합니다. 스터디를 통해 논제와 제시문을 분석하는 연습을 해보는 것이 좋은 방법이 될 수 있다고 생각합니다. 강의와 함께 참고할만한 책은 유레카로스쿨연구소의 『유레카 로스쿨 Vol.1』입니다. 2009년 LEET에 대비한 일종의 기출문제집인데, LEET 논술에 대한 심층분석 부분을 참고하시기 바랍니다.

LEET 시험 직전(당일 포함) 공부방법

LEET 시험 전 2달 반 동안은 스터디를 통해 매주 3번씩 언어이해, 추리논증 문제를 시간 내에 푸는 연습을 했습니다. 약 한달 반 전부터는 정확히 시험 당일 스케줄에 맞춰 스터디를 진행했는데, 이 방법은 LEET를 준비하시는 모든 분께 추천하고 싶습니다. 언어이해와 추리논증 문제를 푸는 과정에서 체력이 상당히 소모되기 때문에 어느 정도의 연습이 되어있지 않은 한 실전에서 집중력이 떨어지기 쉽습니다.

일주일 전에는 스터디에 참가하지 않고, 혼자 그동안의 모의고사를 다시 보며 오답노트를 만들었습니다. 언어이해의 경우, LEET기출문제를 가장 중심으로 하여, MEET/DEET 언어추론 기출문제 등도 다시 살펴보며 제가 취약한 부분에 대해 보완하려고 애썼습니다. 동시에 어휘·어법 부분을 집중적으로 암기했습니다. 추리논증의 경우, LEET 기출문제부터 문제집까지 그동안 제가 풀었던 모든 문제 중 틀렸던 부분을 가급적 한 번씩 다시 풀어보려고 했습니다. 의외로 틀렸던 문제를 똑같은 실수로 다시 틀리는 경우가 많기 때문에, 이런 과정을 통해 실수를 줄여나가려고 했습니다. 논술의 경우, 기출문제 중 까다로웠던 문제를 하루에 하나 정도씩 풀어보며 감을 잃지 않으려 했습니다.

시험 당일은 컨디션 관리와 시간 관리를 최우선으로 하시기 바랍니다. 저는 평소에 언어이해를 풀고 난 후, 취약 부분이었던 추리논증을 푸는 과정에서 많은 피곤을 느꼈기 때문에 당일에는 에너지 드링크와 간식을 틈틈이 먹으며 기운을 차릴 수 있었습니다. 또한 시험지 회수 등이 무척 엄격하기 때문에, 답안지 마킹 시간을 고려하여 반드시 시간 내에 문제풀이를 마무리하시기 바랍니다. 저는 쉬는 시간은 주로 기출문제나 오답노트, 어휘·어법 책을 참고하며 보냈습니다.

5 '글로 표현하는 나', 자기소개서 및 서류 준비

LEET 성적은 9월 말에 법학적성시험 홈페이지를 통하여 확인하실 수 있으며, 약 2주 후 각 로스쿨 별로 지원 서류를 제출해야 합니다. 상당히 많은 지원 서류와 증빙 서류를 요구하기 때문에, 이 과정에서 자기소개서를 최대한 일찍 마무리하시는 것이 좋습니다.

저는 제출하기 일주일 전에 자기소개서 초안을 완성했고, 오탈자 교정부터 전반적인 수정까지 다양한 의견을 받기 위해 지인들의 피드백을 받았습니다. 사실 자기소개서를 타인에게 공개하고 그에 대한 냉정한 평가를 받는다는 것이 쉽지 않은 일입니다만, 단언하건데 피드백을 수용하는 것은 자기소개서의 질을 높이기 위한 가장 좋은 방법입니다. 특히, 취업이나 대학원 입시의 경험이 있는 선배들에게 도움이 되는 코멘트를 많이 받을 수 있었습니다.

또한 자기소개서에 관해서는 LEET나 영어시험 준비와는 달리, 각 학교의 전형에 맞춘 준비를 할 필요가 있습니다. 저는 서울대학교와 연세대학교에 지원했는데, 두 학교의 자기소개서 양식이 매우 달랐기 때문에 예상보다 많은 시간을 들여 자기소개서를 완성했습니다. 서울대학교의 경우, '자기소개

및 경력계획서'와 '사회활동 및 봉사활동 경력서'라는 두 가지 서류를 제출해야 했습니다. 자기소개 및 경력계획서에서는 매우 명료한 질문을 제시하고 자기소개서의 자수(3000자)가 제한되어 있었기 때문에, 간결하고 정확한 자기소개서를 쓰는 것이 중요했습니다. '사회활동 및 봉사활동 경력서'는 대학교 1학년 때부터 원서접수 마감일 이내의 각종 활동내역을 정리하여 제출하는 서류였는데, 이와 함께 그 활동을 증명하는 증명서를 제출해야 했습니다.

연세대학교는 서울대학교의 경우와 달리, A4용지 5페이지 정도의 긴 자기소개서를 요구했기 때문에 지원동기, 성장배경, 진로계획 등을 유기적으로 서술하는데 좀 더 초점을 맞추었습니다. 뿐만 아니라, 학업계획, 생활계획, 진로계획을 각 1페이지씩 써야했기 때문에 연세대학교 로스쿨의 교과과정과 특성화 방향들을 고려하여 구체적인 이야기를 서술해야 했습니다. 연세대학교 로스쿨의 경우와 같이 긴 에세이를 써야할 경우에는, 미국 로스쿨 자기소개서와 학업계획서 등을 참고한 것이 큰 도움이 되었습니다.

6 긴 준비과정의 종착점, 면접 준비

면접 준비는 LEET시험을 치르고 난 일주일 후, 기존 스터디원들을 중심으로 면접 스터디를 꾸려 진행했습니다. LEET 가채점 성적, 학점, 영어 성적 등 다양한 요소들을 고려하여 지원할 학교를 결정한 것도 이 때입니다. 수능과 마찬가지로, LEET의 경우에도 각종 사이트에서 가채점 결과를 바탕으로 한 커트라인 등을 발표하지만 로스쿨 입시에서는 LEET외에도 다양한 변수가 존재하므로 커트라인에 크게 연연할 필요는 없다고 생각합니다. 저는 서울대학교와 연세대학교 로스쿨에 지원하기로 결정했고, 서로연 까페를 통해서 각 학교의 면접이 어떤 방식으로 진행되는지를 알아보았습니다. 1기 입시를 통해 이미 면접을 경험한 분들의 글을 통해서, 각 학교의 면접 기출문제뿐만 아니라 면접 방식, 분위기 등도 접할 수 있었습니다.

면접과 관련하여 준비해야 할 사항은 두 가지 정도로 나누어 볼 수 있을 것 같습니다. 로스쿨 면접을 거칠게 구분하자면, 지원동기·성장배경·진로계획 등을 아우르는 인성면접과 특정 이슈에 관하여 법적인 논의를 전개하는 심층면접이 있습니다. 전자의 경우, 이미 작성한 자기소개서를 중심으로 답변을 준비하되 추가질문에 대비하여 자기소개서에 미처 포함시키지 못했던 점들을 생각해 두는 것이 좋겠습니다(자주 나왔던 인성면접 질문 중 하나가 "최근에 인상 깊게 읽었던 책이 무엇인가?"였다고 합니다). 후자의 경우, 학교별로 심층면접의 정도가 다르지만 서울대학교와 연세대학교는 특정 법지식을 묻기보다는 법철학적인 논의를 이해하고 논리적으로 재구성하는 식의 면접을 진행했기 때문에 이에 초점을 맞추어 준비했습니다.

　제가 참가했던 스터디는 크게 시사문제 브리핑, 기출문제 풀이, 법적 이슈 정리 등의 내부 프로그램을 진행했습니다. 시사문제 브리핑의 경우, 스터디원이 각자 배심제 도입, 세종시 건설 등 우리 사회의 현안들을 A4 용지 한 장에 정리하여, 이를 모두 앞에서 짧게 발표하는 식으로 진행했습니다. 각자가 전공분야와 관련된 시사문제를 선택, 정리했기 때문에 청자의 입장에서 더욱 이해에 도움이 된 것이 사실입니다. 기출문제 풀이는 서로연 까페 등을 통해 수합된 각 학교의 기출문제를 바탕으로 모의 면접을 하고, 이에 이어 전부가 참여하는 토론을 하는 식으로 이뤄졌습니다. 마지막으로, 법적 이슈는 『인권법』, 『로스쿨 면접을 위한 법개념』등의 책을 바탕으로 모의 구술 및 서면면접을 통해 정리할 수 있었습니다. 『인권법』은 법적인 이슈들이 주로 인권의 측면에서 정리되어 있는 책으로, 스터디 원들이 일독한 후 모의 구술면접을 진행할 때 유용하게 쓰였습니다. 반면, 『로스쿨 면접을 위한 법개념』은 비법학 전공자도 비교적 쉽게 읽을 수 있는 책으로, 고려대학교 로스쿨 등의 서면질의를 대비할 때 도움이 될 것으로 생각합니다.

　스터디 그룹에서 프로그램을 진행시키는 것과 동시에 중요시한 것이 면접에서 간과할 수있는 말하기 자세, 습관 등을 교정하는 것이었습니다. 이미 회사나 대학원 면접 등을 경험했던 스터디원들이 있었기 때문에 모의 구술면접을 진행하는 것이 수월했습니다. 자기 자신은 알아차리기 쉽지 않은 말할 때의 사소한 습관(다리를 떤다거나, 머리를 만지는 등)이나 자세 등도 꼼꼼한 피드백을 받으면서 개선해나갈 수 있었습니다. 또한, 압박질문 시간을 진행하여 실전에서의 부담감에 조금이나마 익숙해지려고 노력했습니다.

부족한 경력에도 불구하고 저는 서울대학교와 연세대학교 로스쿨에서 동시에 우선선발 되는 행운을 얻을 수 있었습니다. 짧게나마 각 학교의 우선선발 면접 분위기에 대하여 언급하겠습니다. 서울대학교의 경우, 10여분 동안 세 분의 교수님이 인성면접을 진행하셨습니다. 지원동기, 진로계획 등은 공통적으로 묻는 질문이었고, 저의 경우 자기소개서를 바탕으로 영문학에서 법학으로의 진로를 변경하게 된 동기, 두 학문 간의 연계, 여성학에 관심을 가지게 된 배경, 외국어 공부 방법 등을 추가로 질문하셨습니다. 연세대학교의 면접은 인성면접과 심층면접으로 이뤄졌습니다. 인성면접은 향후 어떠한 법조인으로 성장하고자 하는 계획을 묻는 것이었고, 심층면접은 법과 도덕 간의 관계를 묻는 두 지문을 분석하고, 구체적인 사례에 두 지문의 논리를 적용하는 것이었습니다. 심층면접 문제의 경우, 교수님이 제 답변에 대해 반박을 하시고 이 과정에서 좀 더 정교한 논리를 구성하기 위해 유연한 자세를 취하는 것이 가장 중요하게 작용했다고 봅니다.

7 나가며

지난 한 해의 입시를 되돌아보면, 로스쿨 입시의 핵심은 제 자신이 로스쿨에 입학하여 3년 간 성공적으로 수학할 수 있는 잠재력을 지니고 있음을 보여주는 데 있었다고 생각합니다. 결국 로스쿨 입시는 수학의 결과를 측정하는 과정이 아니라 수학할 자격을 평가하는 과정이기 때문에, 지식보다는 가능성의 평가에 초점을 맞추는 것이 당연할지도 모릅니다.

이번 2010년 입시를 포함하여 단 두 번의 입시만이 시행되었기 때문에 선발수단이 확정적이지 않은 것이 사실입니다. 저 역시도 로스쿨 입시에 대한 정보가 절대적으로 부족한 상황에서 막막함을 느꼈습니다. 다만, 로스쿨 입시 과정에서 각 학교가 가능한 다양한 지표들을 고려하려 한다는 점에서 제 잠재력이 충분히 평가될 수 있지 않을까에 대한 믿음이 있었던 것도 사실입니다. 학점을 통해 학부생활 동안의 학문적 성실성이, 면접과 LEET를 통해 논리적 사고력이, 그리고 자기소개서 등의 서류를 통해 제 인생관이 골고루 드러날 수 있었다고 생각합니다. 비록 한 부분에서 미흡함이 있더라도, 다른 부분을 통해 여전히 제 가능성을 보여줄 수 있다는 자신감이 결국 로스쿨 입시를 무사히 마칠 수 있게 했습니다. 자신의 잠재력에 대한 믿음을 가지고, 우여곡절에도 불구하고 그 믿음을 잃지 않은 채 2011년 입시를 마무리하시길 바랍니다. 졸고를 읽어주셔서 감사합니다.

추천도서 목록

LEET 관련서(언어이해, 추리논증, 논술 순)

· 권종철, 『2011 LEET 언어이해』, 메가로스쿨, 2009.
· 권종철, 『2011 권종철의 기출문제 심층분석』, 메가로스쿨, 2010.
· 권일경, 서덕주, 『Neo LEET 언어이해 어휘어법특강』, 사피엔스21, 2010.
· 권일경, 『Neo LEET 언어이해 실전모의고사』, 사피엔스21, 2009.
· 논리와비판연구소 엮음, 『LEET 언어이해 실전모의고사』, 논리와 비판, 2009.
· 조호현, 『조호현의 추리논증』, 메가로스쿨, 2009
· 데이비드 M. 킬로란, 『논리게임 바이블』, 네모법률교육, 2008.
· 유호종, 『Neo LEET 추리논증 실전모의고사』, 사피엔스21, 2009.
· 논리와비판연구소 엮음, 『LEET 추리논증 실전모의고사』, 논리와 비판, 2009.
· 유레카로스쿨연구소 엮음, 『유레카로스쿨 VOL.1』, 유레카, 2008.

자기소개서 및 면접 관련서

· 보이킨 커리, 에밀리 엔젤 바예르, 『미국 명문 로스쿨 입학 에세이 모범답안』, 정·윤미 역, 크림슨, 2009.
· Stelzer, Richard J. How to write a winning personal statement for graduate and professional school, Princeton: Paterson's, 1997.
· 박홍순, 『히스토리아 대논쟁 1-3』, 서해문집, 2008.
· 이준일, 『인권법: 사회적 이슈와 인권』, 홍문사, 2009.
· 박규환 외 지음, 『로스쿨 면접을 위한 법개념』, 신조사, 2009.

나의 꿈 나의 길

19

방향을 돌린다는 것...

박 성 민

- 인천 계양고등학교 졸업
- 인하대학교 의과대학 의학과 차석졸업
- 서울대학교 법학전문대학원 제2기
- 제2회 변호사시험 합격
- 현) 인하대학교 부속병원 직업환경의학과 전공의 겸 변호사

1 여러 경로를 거쳐 로스쿨로 오기까지

2009년 초에 로스쿨을 준비하기 전까지 전 제가 완전히 이과체질이라고 생각하고 있었습니다. 어렸을 때부터 막연히 광택이 나는 플라스크와 이상한 형광색의 액체들에 대한 동경을 가지고 있었고 고등학교 2학년이 되어 문이과를 나누게 될 때도 이러한 동기와 함께 단지 한문이 하기 싫다는 이유로 큰 고민 없이 이과를 선택했습니다.

그렇게 시간이 흘러 고등학교 3학년이 되었고 수능을 본 뒤 어렸을 때부터 생각해 왔듯이 당연하게 공대를 지원하였습니다. 제가 입학하던 2003년 초까지만 해도 당연히 공대를 가야겠다는 생각에 운이 좋게도 KAIST와 서울대 공대에 합격을 하여 어디로 갈까 고민을 하고 있었습니다. 그러던 중

KAIST에서는 입학 전에 신입생들을 대상으로 꽃동네로 봉사를 가는 과정이 있었습니다. 3박 4일의 과정이었고 마음은 거의 KAIST로 기울어져 있었기에 꽃동네로 향했습니다. 꽃동네는 넓었고 한 곳에 모여서 다같이 봉사하는 것이 아니라 무작위로 여러 곳에 배치되는 시스템이었는데 저는 그 중 꽃동네 내에 위치한 병원에서 일을 돕게 되었습니다. 그 당시만 해도 특별한 지식도 없었고 제가 할 수 있는 것은 단순 노동뿐이었기 때문에 저는 병실에서 거동을 하시지 못하고 침상에 누워계신 어르신들의 손발을 물수건으로 닦아드리는 일을 하였습니다.

아마 일정 중 이틀째였던 것으로 기억합니다. 6인실 병실에 들어가 차례로 손발을 닦아드리고 마지막으로 어느 할머니의 손발을 닦아드리는데 그 할머니가 깊이를 가늠하기 힘든 눈으로 저를 그윽하게 쳐다보고 계셨습니다. 아마 그 당시 할머니의 상태로는 말씀도 하기 힘든 상황이었기에 저도 말 없이 할머니께 웃어드리고는 모두 닦아드린 후 병실밖으로 나왔습니다. 그 순간 기계음이 들리고 곧이어 의료진들이 병실로 뛰어들어갔습니다. 제가 마지막으로 닦아드린 할머니가 돌아가신 것이었습니다. 그 할머니와는 태어나서 처음 그것도 잠깐 5분여를 함께 하였을 뿐인데 경험이 별로 없었던 저로서는 상당한 충격이었습니다. 아무런 연고도 없이 고생하시다 결국 여기까지 오셔서 병원에서 고생하시다가 가신 할머님의 마지막을 지켜드린 사람이 저라는 생각에 마음이 무거워졌습니다.

일정이 모두 끝나고 인천으로 올라오는 버스 안에서도 그 할머니의 저를 바라보시던 눈빛이 도저히 머릿속에서 떠나가질 않았습니다. 며칠을 끙끙 앓으며 고민을 하다가 결국 인하대 의대로 진학하게 되었습니다. 처음 원서 지원할 때는 혹시라도 떨어질 것을 불안해 하면서 '다군'에서 적당히 원서를 집어넣어 놓은 곳이었는데 그 상황이 되고 나니 다행이라는 생각이 들었습니다. 20여년을 꿈꿔온 공대를 포기하는 것이었지만 제가 좀 더 의미있는 일을 할 수 있을 것이란 생각에 큰 후회는 없었습니다.

이후 보통의 대학생들처럼 밤새 술도 마시고 수업도 빠뜨리기도 하고 시험기간에 밤새서 공부도 하면서 예과 과정 2년을 마치고 본과를 올라가기 전 2005년 초에 스키부 합숙을 하던 도중 불의의 낙상 사고로 인해 하반신 마비의 장애를 얻게 되었고 1년여 동안 병원 생활을 하게 되었습니다. 처음 다쳤을 때는 무덤덤한 성격 때문인지 별다른 감정이 느껴지지 않았습니다.

그러나 시간이 흐를수록 평생을 이대로 살아야 한다는 생각에 마음은 점점 무거워지기 시작하였고 과연 내가 복학해서 학업을 마저 끝마칠 수 있을까 하는 생각을 하게 되었고 그러던 중 2005년 말 복학하기 전 마지막으로 국립재활원에서 재활치료를 하고 있었습니다. 여기서 경추를 다쳐 사지마비의 장애를 갖게 된 형을 알게 되었습니다. 15년 지기 절친한 친구와 함께 술을 마시고 음주운전을 하는 친구의 차 보조석에서 잠들었는데 깨어났을 땐 자신은 병원에 누워 온몸을 움직일 수 없었고 친구는 가벼운 부상에 그친 상태였다고 합니다. 거기다 설상가상으로 친구가 자신의 운전 사실을 부인하고 보조석에서 잠들어 있었던 그 형에게 혐의를 넘기는 상황이라 검찰조사를 받고 있다는 것이었습니다. 온 몸의 자유를 빼앗긴 상태에서 마음의 부담까지 얹게 된 형을 보면서 처음으로 이런 사람들을 도와야겠다는 생각과 법에 대한 관심을 갖게 되었지만 그 당시만해도 현재 중단한 의학공부도 마칠 수 있을지 모를 불안감에 시달리고 있었는데 저로부터 너무 멀리 떨어져 있는 법조인이 되겠다는 것은 너무도 먼 꿈이었습니다.

1년간의 병원생활을 끝마친 후 저는 복학하였고 기본적으로 환자에 대한 술기를 행하는 의사가 되기엔 다른 학생들에 비해 능력이 의사로서 부족할 수밖에 없다는 생각이 들었고 그 부족한 부분을 지식으로 메꾸겠다는 생각으로 아픈 몸을 주물러 가며 학업에 매진한 결과 생각보다 좋은 성적을 얻게 되었습니다. 그러던 중 법학전문학원에 관련된 법률이 통과되었고 2009년 초부터 준비를 시작하여 11월에 좋은 소식을 얻게 되었고 지금은 완전히 새로운 길에서 다시 걸어가고 있습니다.

2 로스쿨 준비 기간 및 로스쿨을 위한 필요 요소

앞서 말했듯이 저는 2009년 초부터 준비를 시작하였습니다. 그 때부터 리트를 보기 전까지 방학도 없이 병원실습을 돌고 있을 때였습니다. 실습 중인 과의 종류에 따라 다르지만 보통 오전 7시부터 빠르면 오후 5시 정도, 수술이 늦게 끝나면 새벽 2시인 경우까지 학교 생활 외에 다른 곳에 신경을 쓰기 힘든 상황이었습니다. 지금 로스쿨을 준비하시는 분들 중 많은 분들이 현재 여러 사정으로 인해 시간을 내기 힘든 상황일 것으로 생각합니다. 하지만 일단 꿈을 가지고 그 곳을 향해 달려가는 이상 아무리 힘들어도 하루에 단 한 페이지의 공부를 하더라도 놓지 않고 끈질기게 붙잡고 늘어지는 것이 제 합격의 원동력이었다고 생각합니다.

로스쿨에 들어가기 위해 필요한 것은 여러분도 알다시피 기본적으로 (1) 리트, (2) 학점, (3) 영어 점수 그리고, (4) 그 외의 기타 요소들로 나눌 수 있을 것이라고 생각합니다. 이에 대해선 각각 나누어 저의 경험을 말씀드리겠습니다.

3 영어점수

몇몇 특별한 경우를 빼고는 모든 로스쿨의 전형에서 기본적으로 영어점수를 요구하고 있습니다. 때문에 거의 모든 학생들이 로스쿨 준비과정에서 일부라도 영어공부를 한다고 해도 과언이 아닐 것입니다. 저는 로스쿨을 준비할 때 가장 먼저 시작한 것이 영어공부였습니다. 오랫동안 공인 영어점수를 취득하지 않았고 공부도 한지 오래 되었기 때문에 가장 불안하기도 하였고, 이 영어점수가 로스쿨 입시가 끝나기 전까지 가장 불안 요소로 남아 다른 준비에 악영향을 미칠 것으로 생각하였기 때문입니다. 대부분의 학교가 명확하게 영어점수의 반영 비율을 공시하지 않고 있고, 일부 학교에서는 단지 pass/fail의 기준으로만 사용한다고 하긴 하지만 수험생 입장에서는 혹시 모를 불안감에 1점이라도 더 올리고 싶은 마음일 것입니다. 저는 수능 이후로 특별히 영어공부를 하였다거나 영어권 국가에서 생활해본 적이 없으므로 제 영어성적 상승에는 일정한 한계가 있을 것으로 생각했습니다. 물론 입학 전까지 계속 공부하면 조금씩 오르긴 하겠지만 그 영어성적 상승으로 인한 효과보단 다른 부분에 비중을 두어 준비하는 것이 전체적으론 저에게 좀 더 로스쿨에서 바라는 인재상이 될 것이란 판단하에 제 나름의 목표점수를 정한 후 그 점수를 취득 한 뒤에는 일체의 영어공부를 하지 않고 나머지 요소에 시간을 투자하였습니다. 하지만 그러면서도 혹시나 모를 요행을 기대하며 정기적으로 시험에 응시를 하긴 하였지만 목표 점수 도달 이후에는 영어는 확실히 로스쿨 준비의 초점에서 벗어났습니다. 구체적인 영어공부 방법은 시중에 좋은 교재들과 학원들이 많이 있고, 저보다 더 잘아시는 분들이 많으리라 생각하고 특별히 설명하지 않겠습니다. 저 같은 경우엔 병원실습 때문에 학원을 다닐 수가 없어 하루의 일정이 끝나면 모의고사와 기본서를 중점적으로 공부하였습니다.

4 리 트(LEET)

아마 대부분의 학생들이 가장 중점적으로 준비하고, 점수를 올리기 힘들어 하는 부분일 것이라고 생각합니다. 언어이해는 수능을 볼 때 준비하던 언어영역과 비슷하여 큰 이질감은 느끼지 않았지만 추리논증 같은 유형의 문제들을 시험으로 보게 된 것은 처음이었습니다. 가끔 인터넷 게시판에서 심심풀이로 올라오던 퀴즈문제이겠거니 생각하고 있었는데 훨씬 다양하고 복잡해진 문제들을 보면서 눈앞이 막막하였습니다. 영어준비와 마찬가지로 학원을 다닐 수 없는 상황이었기에 기본서를 풀면서 기본적인 유형을 익히기 시작하였습니다. 그 중에서도 특히 순서배열하기류의 논리게임 부분에서 취약함을 느끼고 있었는데 미국의 로스쿨 진학시험을 대비한 논리게임 Bible이라는 책이 많은 도움이 되었습니다. 추리논증의 어떠한 유형이든 항상 문제는 새로운 것이 나오지만 기본적으로 그 밑을 흐르는 원리는 동일하다고 생각합니다. 그 기본을 탄탄히 다지면 어떠한 유형이 나오더라도 적용하는 연습을 몇 번만 하면 큰 어려움 없이 풀 수 있을 것입니다. 저 같은 경우는 일례에 지나지 않고 각자 자신이 취약한 부분을 파악한 뒤 이 부분을 집중적으로 준비해주는 교재 등을 이용하여 포기하지 않고 천천히 준비해야할 것입니다. 자신이 취약한 부분에 자신감이 붙으면 시험에 대한 두려움도 적어져 자신의 역량을 최대한 발휘할 수 있고 평소에 시간을 많이 빼앗기던 부분을 다른 문제에 할애할 수 있어 점수를 상승시킬 수 있을 것입니다.

언어영역의 경우 당연한 이야기지만 지문을 잘 파악하는 것이 중요합니다. 수능 언어영역 같은 경우는 여러 영역을 넘나들면서 서로 연관시키기 때문에 유추 적용 능력 같은 것도 중요하겠지만 언어이해의 경우 거의 대부분의 지문이 비문학이고 그 지문의 각 내용과 그 관계를 명확히 파악하기만 해도 대부분 풀 수 있는 문제입니다. 세상에는 수많은 글들이 있고 모든 글들을 읽어볼 수는 없겠지만 교재나 학원에서 분류하듯이 출제하는 글의 주제는 한정되어있고 아무래도 대가의 글들이 많이 실리기 때문에 시간이 많이 남았다면 따로 큰 주제의 관련 글들을 찾아서 읽어보는 것도 좋겠지만 저 같은 경우엔 단지 여러 지문과 문제를 접해보는 것만으로도 거의 대부분의 주제에 대해 완벽하다곤 할 수 없지만 어렴풋이 감은 잡을 수 있었고 대충의 내용을 알 수 있었습니다. 막상 시험에서 지문에 대한 거부감을 느끼지 않는 것만으로도 그 내용파악이나 긴장을 줄여주는데 막대한 영향을 주기 때문에 언어이해의 준비는 특별한 왕도가 없이 문제를 많이 풀어보는 것을 추천합니다.

많은 학생들이 실제 점수가 표시되는 언어이해와 추리논증을 공부하고 논술공부를 경시하는 경향이 있습니다. 논술에서의 필력은 단기간에 올릴 수 없기 때문에 특별한 방법은 없지만 글을 쓰는 기본적인 방법은 기본 교재나 동영상 기본강의 등을 통해서 익힐 필요가 있습니다. 저도 그동안 제가 글을 잘 쓰는 줄 알고 있었지만 내용은 논외로 하더라도 그 형식에 있어서 큰 잘못을 범하고 있었고 이 것을 교정하는 것만으로도 많은 도움이 되었습니다.

리트공부를 하다 보면 점수가 잘 오르지 않는 사실에 답답함과 두려움을 느끼게 되고 좌절하는 경우가 많습니다. 어떤 사람은 이런 류의 시험은 타고난 머리의 싸움이므로 노력해도 어쩔 수 없다는 의견을 내놓기도 합니다. 이런 류의 시험에 특별히 강한 사람들이 있다는 것은 사실입니다. 그러나 그 차이는 단지 약간의 시작점의 차이일 뿐 노력으로 자신의 역량을 끌어올린다면 분명 원하는 성과를 낼 수 있으리라고 생각합니다.

한편 아이러니한 점은 어느 정도 공부를 하다 보면 일정구간에서는 공부를 하면 할수록 점점 더 모의고사 점수가 떨어지는 경우가 있습니다. 저를 비롯한 함께 리트를 준비한 친구들은 이 것을 경험하였는데, 이 슬럼프를 극복하는 방법은 각자 나름의 방법이 있겠지만 저는 공부를 하면 할수록 점수가 떨어지니 공부를 안하는 것이 아니라 오히려 더 가열차게 공부를 해서 하향 곡선을 비틀었습니다. 저는 사람의 실력 향상이란 계단식으로 이루어진다고 믿기 때문에 당장 눈앞의 효과를 좇지 말고 멀리 본다면 결국 착실한 자가 이기리라고 생각합니다.

결론적으로 리트공부에서 가장 중요한 것은 적합한 공부방법을 찾아가는 것도 있지만 중간에 어려움이 있더라도 끝까지 포기하지 않고 끝까지 물고 늘어지는 악바리 근성이라고 생각합니다.

5 학점

리트준비에 있어서 가장 어렵고 가장 큰 영향을 미치며 불가항력을 느끼게 되는 부분이라고 생각합니다. 아직 저학년이라서 학기가 많이 남은 학생들은 그렇지 않겠지만 이미 마지막 학년이거나 졸업한 사람들의 경우 학점은 바꿀 수가 없기 때문입니다. 마지막 학년인 경우 1학기 동안 그나마 남은 과목들을 열심히 듣거나 재수강을 통해서 어느 정도 평점을 올릴 수는 있겠지만 분명 한계가 있을 것입니다. 그렇다면 어떻게 해야할까요?

유능한 변호사는 변론을 함에 있어 자신에게 불리한 부분을 뺄 수는 없지만 적절한 방법으로 부각되지 않도록 한다고 합니다. 학점도 마찬가지입니다. 로스쿨 입시에서 필수불가결한 항목이기 때문에 감출 수는 없으니 만약 학점에서 자신이 없다면 자신이 이러한 학점을 받게 된 이유를 논리 정연하고 설득력있게 자기소개서, 혹은 면접에서 어필해야 할 것입니다. 특정 학기가 학점이 좋지 않다면 타당한 이유를 대고 만약 이를 정당화 시킬 수 있는 공식적인 서류가 있다면 더 좋습니다. 혹은 전체적인 평점은 낮지만 전공과목이나 특정과목에서의 학점이 좋다면 이를 부각하는 방법도 좋다고 생각합니다.

6 그 이외의 요소

이 외에 특이한 경력이라든지 제2외국어 성적이라든지 하는 기본적인 요건 외의 것들이 있지만 어느 정도 영향을 미치는지도 불확실할뿐더러 정말 큰 영향을 미칠 수 있는 것들은 오랜 시간이 걸리기 때문에 언급하지는 않겠습니다. 저 역시 특별한 경력이나 봉사활동, 제2외국어 등의 요소는 가지고 있지 않았습니다. 비록 의대를 졸업하긴 했지만 지원 당시에는 아직 졸업 전이라 의사면허가 그 당시엔 없었지만 얼마나 영향을 미쳤는지는 모르겠습니다.

이제 남은 요소 중 중요한 것은 자기소개서와 면접입니다. 각자가 20대 중반, 혹은 그 이상까지 살아온 인생은 각양각색이기에 일률적인 자기소개서, 면접을 잘 보는 방법을 제시할 수는 없겠지만 저는 다양한 전공의 사람들과의 스터디를 추천합니다. 저는 제 나름대로 최선을 다하여 자기소개서를 썼고 여러 번 검토를 해보았음에도 불구하고 다른 사람들에게 보였을 때 너무도 쉽게 드러나는 허점을 놓친 것이 많았습니다. 또한 이 사람이 놓친 부분을 다른 사람의 관점에선 발견할 수도 있기 때문에 최대한 많은 사람들에게 자신의 자기소개서를 보여주고 검토를 부탁해야 합니다. 면접 역시 마찬가지 원리로 내가 생각지 못한 방법의 발상을 다른 사람이 할 수 있기에 이런 생각들을 면접 전에 미리 듣고 그 발상을 내 것으로 만들어 보인다면 이 것은 면접에서 막강한 무기가 될 것입니다.

7 마지막으로 드리고 싶은 말

법학전문대학원 준비를 시작하기 까지 많은 고민을 하셨으리라고 생각합니다. 어떤 분들은 그동안 해온 공부의 연장이기도 하겠지만 별로 연관이 없는 분야의 공부를 하다 시작하신 분들은 학부시절 자신이 쌓아올린 시간과 성과를 전부는 아니겠지만 어느 정도 포기하고 오는 것이기에 큰 결심을 필요로 합니다. 저 역시 6년간의 힘든 학부시절을 마치고 꿈꿔오던 의사면허까지 취득하였지만 사실상 이 것들을 버리고 입학을 결정하기까지 힘들었습니다. 입학 전 제법 긴 시간동안 자신을 설득하고 이 결정이 옳았다는 결론에 이르렀지만 막상 한 학기를 경험하고 보니 왜 내가 그동안 쌓아올린 탑을 무너뜨리고 새로이 쌓고 있는 것일까라는 후회가 들어 포기하고 싶었던 적도 많습니다. 과연 이 길이 내가 진정으로 원하는 길일까 하는 생각도 많이 합니다. 이 때 예전에 안철수 교수님이 하신 "자신이 진정으로 원하는 것을 찾기 위해 돌아가는 길은 결코 헛된 것이 아니다."라는 말씀을 떠올리며 마음을 다잡았습니다. 여러분도 내년에 법학전문대학원에 진학하신 후 마음이 흔들리더라도 굳세게 이겨내시고 훌륭한 법조인이 되시길 바랍니다. 마지막으로 올해 법학전문대학원 입시에 있어 모두 각자가 원하는 성과를 얻으시길 빕니다.

20

꿈, 그것 하나로 도전하라

이 상 훈

- 부산 대동고등학교 졸업
- 부산대학교 법학과 졸업
- 서울시립대학교 법학전문대학원 제2기
- 제2회 변호사시험 합격
- 현) 변호사 이상훈 법률사무소

　　LEET성적표를 받아들고 한숨을 쉬며 머리를 쥐어박고, 면접을 앞두고 두근대는 가슴에 우황청심환을 두 개씩이나 먹었던 기억이 어제 같은데, 벌써 로스쿨에 입학한지 1개월이 지났다니 실감이 잘 나질 않습니다. 이런 자리에서 과연 제가 합격수기를 쓸 만큼의 자격이 있는 사람인지 의문이 들어 부끄럽고, 다시 1년여를 거슬러 처음 입시를 준비하던 때를 생각하려니 세세하고 정확한 기억이 떠오르지 않아 저어되는 것이 사실이지만, 제가 먼저 겪었던 경험들에 부족하나마 로스쿨을 준비하는 수험생들에게 도움이 되는 것이 있길 바라는 마음으로 지난 1년 여간 제가 어떻게 로스쿨 입학을 준비했었는지 말씀드리도록 하겠습니다.

　　제가 학부 3학년이 되던 해인 2008년에 처음으로 로스쿨 제도의 소식을 접했습니다. 법조인이 되고자 하는 꿈이 있었고, 그 꿈을 위해 도전하고 싶었지만 여러 가지 개인 사정으로 사법시험을 준비할 수 없었던 저에게 로스쿨은 한줄기 빛과 같은 희망으로 생각되었습니다. 그렇게 막연한 꿈을 품고 4학년이 되었고, 로스쿨 인가 대학이 발표되고 첫 합격생들이 나왔습니다. 이때부터 '처음부터 날 위한 로스쿨'이라는 신념과 확신을 가지면서 2010년 2기 합격생이 되는 것을 목표로 구체적인 계획을 세워나갔습니다.

1 자신만의 알파를 만들어라

로스쿨을 준비하는 수험생에게 다른 공부방법을 설명 드리기에 앞서 당부하고 싶은 것은 자신의 현재의 위치를 확실히 파악하여 자신만의 개성인 알파를 만들라는 것입니다. "단순히 로스쿨에 가고 싶다. 합격만 하고 싶다." 라는 식의 추상적인 목표를 가지고 다른 수험생들이 하는 방법들을 그대로 좇아만 가서는 좋은 결과를 기대할 수 없습니다. 로스쿨을 준비하는 수험생들의 나이의 편차가 크고, 내세우고자 하는 능력도 저마다 다른데다가, 앞으로 로스쿨 제도가 정착되어 안정되면 각각의 대학들이 전문분야로 특성화 될 것이고, 거기에 맞는 학생선발 방법도 서서히 차별화 될 것이기 때문입니다. 또한, 사법시험 합격자 수가 줄어들고, 재수생들이 입시에 모여들게 되면 경쟁은 더욱 심화되어 합격률은 낮아질 것이고, 소위 스펙이라고 하는 기본적인 점수들은 상향평준화 될 것이 자명합니다. 따라서 앞으로의 치열한 상황에서 경쟁력을 갖출 수 있는 사람은 +알파가 있는 사람이 될 수밖에 없습니다.

알파라고 하는 것에는 많은 것들이 있을 수 있습니다. 각종 자격증이나 국가고시 합격경험, 많은 시간의 봉사활동시간이나 제2외국어 능력 등은 분명 학교가 좋아할 만한 큰 영향력을 가진 알파가 될 수 있을 것입니다. 특히 사법시험의 1차시험 합격경험은 장차 변호사시험을 치르고 많은 합격자를 배출해야 하는 로스쿨의 입장에서 구미가 당기는, 기분 좋은 제안이라 생각합니다. 그러한 경력이나 자격증이 있으신 분들은 이를 잘 살려 각 학교에 맞는 전형지원으로 가산점을 노리시고, 기본적인 점수 올리기에 집중하신다면 분명 다른 수험생들과의 경쟁에서 우위에 설 수 있을 것입니다.

그러나 말씀드린 알파와 같은 경력들이 모두가 소지하고 계시는 흔한 것들은 아닙니다. 특히 저처럼 학부를 졸업한 뒤 곧바로 로스쿨에 진학하기를 희망하는 졸업예정자와 같은 경우에는 단기간에 자격증을 취득하고 경력을 쌓는 일이 현실적으로 거의 불가능합니다.

그래서 저는 수험기간 동안 현실성이 없는 알파를 취득하는 데 시간을 소비하는 것을 포기하고, 그 대신에 목표를 확실히 하고 나만의 개성을 만드는 것에 집중했습니다. 이것은 나중에 말씀드릴 자기소개서와 면접준비와도 연관이 되는 부분으로, 공부의 처음부터 지원하고자 하는 대학을 확실히 정하고 제가 그 대학의 로스쿨에서 어떠한 생활을 하고 어떻게 공부를 할 것이며 어떠한 과정을 거쳐 어떠한 법조인이 되어갈지에 대해 하나하나 자세하게 계획을 짜보는 것은 굉장한 중요한 일입니다. 저는 이 과정에서 지원하고자 하는 대학이 필요로 하는 인재상이 무엇인지를 알게 됐고, 전형별 점수 반영 비율등을 따져가며 입시 전략을 세울 수 있었습니다.

이러한 준비가 수험생활에 습관으로 체화되어 녹아들어간다면 시험을 치르고 면접을 하는 데 있어 자신만의 개성으로 표현 될 수 있습니다. 이왕에 다 같이 치르는 입시, 그저 높은 점수를 받고 좋은 대학에 가기 위해 공부하는 것보다는 처음부터 확실한 목표를 가지고 자기의 인생을 위해 공부하는 것이 남들과는 다른 자신만의 차이를 조금 더 만들어줄 것입니다. 그리고 결국에 이 차이는 무시할 수 없는 확실한 알파로서 합격에 결정적인 영향을 주리라 확신합니다.

2 영 어

공인인증시험으로 대체되는 영어점수는 입시와 별개로 생각하여 미리미리 만들어 놓는 것이 좋습니다. 8월에 리트시험을 치르고 11월에 면접을 보게 되면 그 기간 내에는 각 단계의 시험을 준비하느라 따로 영어공부를 위해 시간을 할애할 여유가 없기 때문입니다. 따라서 애초에 로스쿨 준비와 영어

시험준비는 다른 것이라 생각하고 시작부터 각 학교가 공개하는 기본적인 합격점수이상으로 만들어놓아야 합니다.

저는 2008년 겨울방학이 시작되고 두 달간 학교 앞 영어학원에서 토익강의를 수강했습니다. 방학 동안의 공부는 모두 영어성적을 취득하는 데에 집중했고, 그 기간에 2번의 시험을 쳤습니다. 만족할만한 점수를 얻지는 못했지만, 이후부터는 별도로 영어를 공부하지 않고 매달 꾸준히 시험만 치렀습니다. 감을 유지하기 위해 전날 리스닝테이프를 들은 것 이외에는 따로 영어시험 준비를 위해 시간을 소비하지 않았습니다.

공부방법에 관해서는 시중에 나와 있는 여러 교재들을 많이 읽고 푸는 것보다는 전문학원에서 실전대비 강좌를 수강하는 것을 권하고 싶습니다. 토익시험의 성적은 실력이 일정 수준 이상이 되면 실력보다는 운과 컨디션에 의해 좌우된다고 생각하기 때문입니다(개인적으로 토익 점수 기준 850이상에서는 기본서를 읽는 것 보다는 실전강의와 모의고사로 감을 유지하는 것이 더 낫다고 봅니다). 그리고 어느 정도 이상의 점수가 나왔다고 하더라도 토익시험은 매달 꾸준히 치르시는 것이 좋습니다. 언제 어느 시험에서 운이 따라줄지 모를 일이기 때문입니다. 저 역시 리트 시험 전까지 매달 토익 시험을 치렀습니다.

최근에 일부 학교에서 영어점수를 P/F로만 반영한다거나 기본점수를 후하게 주면서 로스쿨 전형에 영어가 그다지 영향을 미치지 않는 것처럼 보이기도 합니다. 그러나 영어성적은 대부분의 수험생들이 좋은 점수를 가지고 있고, 이 점수 또한 앞으로 더욱 상향평준화 될 것이 뻔하기 때문에 점수가 낮으면 상당한 손해를 입게 됩니다. 이점에 유의해 다른 수험생들과의 경쟁에서 영어에서부터 뒤처지는 일 없도록 미리 좋은 성적을 확보해 놓으시고 유지하시길 바랍니다.

3 3월~6월, 처음 만나는 LEET

3월 학부 4학년이 시작되면서 LEET시험을 준비했습니다. 졸업예정자라도 4학년 1학기까지의 성적은 전형에 반영이 되기 때문에 학점관리에도 소홀히 할 수 없었습니다. 어쩔 수 없이 낮에는 학과 수업을 듣고 오후에 도서관에서 리트시험 공부를 하며 시험을 대비했습니다. 집이 부산이라 서울의 학원에서 강의를 들을 수 없었기 때문에 인터넷 강의를 수강했고, 시중에 나온 리트 기본서를 보았습니다. 따로 스터디는 참여하지 않았습니다. 개인적으로 리트시험을 준비함에 있어서는 스터디가 꼭 필요하다고 생각하지 않습니다. 이즈음의 공부는 새로운 공부과목에 적응하고 자신만의 공부 방법을 찾아가는 시기인데, 처음 배우고 알게 된 것을 스스로 이해하고 완벽히 자신의 지식으로 만들려면 혼자만의 시간을 가지고 학습할 필요가 있습니다. 강의를 듣고 책을 읽는다고 해서 그 공부가 바로 자신의 것이 되는 것이 아니기 때문입니다. 따라서 혼자만의 공부시간을 충분히 마련할 수 없는 상황이라면 무리해서 스터디를 만들고 참여하실 필요는 없다고 생각합니다.

● **언어이해** ● …… 대한민국에서 대학수능을 준비한 사람이라면 누구나 언어영역을 공부했었기에 언어이해 과목은 다른 과목에 비해 익숙함이 느껴지고 쉽게 공부할 수 있는 것이 사실입니다. 그래서 많은 수험생들이 언어이해에는 많은 비중을 두지 않고 다른 과목에 더 집중하려 합니다. 그러나 언어이해 기출문제를 풀어보면 알 수 있듯이, 리트시험에서의 언어시험은 수능의 그것과는 비교할 수 없을 정도로 어렵습니다. 지문의 길이가 1.5배에서 2배가량 차이가 나고 주어진 시간도 많이 부족하기 때문에 까딱 시간배분을 잘못하면 2,3개의 지문을 풀지 못하고 날려버릴 수도 있습니다. 저도 언어영역에는 어느 정도 자신이 있었기에, 큰 걱정 없이 예비시험 기출문제를 풀다가 시간 안에 2개의 지문을 풀지 못해 좌절했던 기억이 납니다.

그렇게 첫 시험에 맛본 좌절감을 자신감으로 대체시키려고 3월부터 6월까지 메가로스쿨에서 실시하는 동영상 강의를 수강하면서 매일 모의고사를 보았습니다. 언어이해 시험의 성패는 기본실력보다는 시간 안에 누가 더 빨리 정확하게 풀 수 있는가에 달려있다고 생각했기 때문에 기본 이론을 이해하고 숙독하는 시간보다는 모의고사를 푸는 데에 처음부터 중점을 두고 공부했습니다. 교과서는 '권종철의 LEET 언어이해'와 '권종철의 기출문제 심층분석' 두 가지만 보았고, 수능 언어영역 기출문제, PSAT 기출문제, LEET 예비, 1회의 언어이해 기출문제, M/DEET 언어추론 기출문제등 각종 기출문제등을 가지고 실전훈련을 했습니다. 각각의 기출문제들은 시험의 성격과 제한시간의 길이에서 LEET 시험과 차이가 있지만 지문을 이해하고 연습하는 훈련을 하고, 문제를 푸는 데에는 큰 도움이 됩니다. 많은 기출문제들을 접하고 반복해서 풀다보면 각각의 테마에서 출제되는 분야의 경향과 주제 및 예상되는 결론등을 예상할 수 있어, 처음 보는 지문이라도 글쓴이의 의도를 쉽게 파악하게 되고, 긴 지문도 빨리 읽을 수 있어 풀이 시간을 단축할 수 있기 때문입니다.

문제를 풀면서는 다른 무엇보다도 시간을 적절히 배분하여 사용하는 연습을 하는 데에 중점을 두었습니다. 하루에 10문제를 풀더라도 지문 당 7,8분의 제한시간을 두고 체크했으며, 틀린 문제는 별표를 해두고 다음 날 다시 보았고, 그래도 이해가 안 되는 문제는 오려서 노트에 붙였습니다. 문제를 풀다보면 항상 틀리는 유형과 패턴이 있는데, 이렇게 오답노트를 정리해서 반복해서 보다보니 생각이 유연해져서 어느 정도 고정된 사고방식의 틀을 극복할 수 있게 되었습니다.

● **추리논증** ····· 추리논증 과목은 LEET 시험을 준비하면서 저를 가장 당황하게 했던 과목입니다. 그래도 문제가 이해는 되는 논증파트는 차치하더라도, 애초에 문과출신으로서 수학과 과학과는 담을 쌓은 지 오래인 저에게 각종 수식과 숫자들로 점철된 확률계산문제들은 그야말로 혼돈과 같았기 때문입니다(책에는 고3때에도 제대로 읽어 보지 않은 오일러 공식, 행렬, 수열 등이 소개되고 있었습니다).

나중에서야 깨닫게 됐지만 추리논증 시험을 위한 대비에는 수학적 공식을 암기하는 공부는 그다지 도움이 되지 않습니다. 몇몇의 유형에서 공식이나 산식으로 문제를 빠르게 해결 할 수 있을지는 모르지만, 기본적으로 LEET의 추리논증 시험에서는 간단한 수학적 원리만으로도 쉽게 풀 수 있는 문제들이 출제되기 때문입니다. 그렇다고 난이도가 낮은 것이 아니어서 전반적으로 문제의 길이가 길고 문제의 핵심을 찾기가 힘들기 때문에 많은 시간이 소요됩니다. 따라서 추리논증시험 또한 시간의 적절한 분배가 좋은 점수를 획득하는 핵심적 요소가 됩니다.

추리논증 역시 3월부터 동영상 강의를 수강했습니다. 메가로스쿨의 기본강의를 들었는데 저처럼 수학에 약한 문과생을 대상으로 한 강좌가 개설되어 있어 많은 도움이 되었습니다. 다만, 언어이해 과목과는 달리 모든 문제 유형들이 생소했기 때문에, 처음부터 모의고사를 풀기 보다는 기본서를 보면서 문제의 유형과 풀이방법등을 숙지하는 데에 집중했습니다. 교과서로는 '조호현의 LEET 추리논증', 'EBS 이시한 추리논증'을 보았고 틈날 때마다 '논리와 비판적 사고', '리더를 위한 논리 훈련'과 같은 책을 보며 논증의 기본원리를 머리로 받아들일 수 있게 연습했습니다.

추리논증 역시 오답노트를 만들었는데 언어이해의 그것과는 다르게 맞추었더라도 확신이 없었거나 한번이라도 틀린 문제는 모조리 스크랩을 해서 모았습니다. 제가 시험을 준비할 때에는 아직까지 추리논증기출문제가 두세 개밖에 모여 있지 않았기 때문에 그렇게 많은 풀이 형성되지 않은 상태라 많은 문제를 풀 수는 없었지만, 오답들을 정리하다 보니 제가 추리와 논증 중에 어느 파트에서 부족한지, 그중에서도 어느 부분에 취약한지를 알 수 있어 문제를 대할 때 그 부분을 신경 써서 풀 수 있었습니다. 여러분에게도 6월까지의 추리논증학습에는 새로운 공부에 대한 적응을 위해 가급적 많은 책을 접하고 오답노트를 만드시는 것을 권해드립니다.

● **논술** ●······ 6월 까지는 따로 논술을 준비하기 위해 학원을 다닌다거나 문제를 풀어보지는 않았습니다. 글쓰기라는 것이 배운다고 해서 갑자기 느는 것도 아니고 논리적 생각의 범위가 문제를 자주 푼다고 해서 하루아침에 커지는 것도 아니라고 생각했습니다. 대신, 매일 조선일보와 한겨레 2개의 신문을 읽고 각 신문의 사설을 스크랩해서 틈날 때마다 다시 읽었습니다.

개인적으로 논술을 준비함에 있어서 가장 큰 도움이 되는 것이 신문기사의 사설이라고 생각됩니다. 다양한 분야의 전문성과 경험을 가진 기자가 한 주제에 대해 자신의 생각을 서론, 본론, 결론 내지는 기·승·전·결의 전개 구조에 따라 자신만의 활자로 '논술'하고 있는 글이 사설이기 때문입니다. 사설을 읽으면서는 기자가 하나의 글을 쓸 때에 주제를 선정하고 단어와 어휘를 선택하는 데에 얼마나 많은 시간과 노력을 들였는지를 상상해보면서 나라면 어떤 단어를 쓸 것인가, 나라면 어떠한 논조로 글을 진행할 것인가를 고민했습니다. 이렇게 스크랩한 신문 사설들을 모아서 화장실에 갈 때나 지하철을 탈 때마다 여러 번 반복해서 읽는 습관을 들이면 굳이 시간을 내어 논술 문제를 풀지 않더라도 LEET 논술시험을 위한 논리적 사고력을 기르는 실효적 훈련을 할 수 있으리라 생각합니다.

4 7월~8월, LEET에 전념을 다하다

7, 8월은 방학이기 때문에 학교에 갈 필요도 없고, 학부시험을 치르지 않아도 되어 LEET공부에 전념할 수 있었습니다. 방학이 시작되면서부터 일주일 단위의 계획표를 짜서 미진한 부분을 보충하고 실력을 향상시키는 데에 중점을 두는 공부를 했습니다. 과목마다 요일별 학습량을 정해두고 기본서보다는 모의고사와 기출문제를 반복해서 풀었습니다. 항상 공부만 한 것은 아니고, 일요일에는 토익시험이 있는 날 이외에는 영화도 보고 노래방도 가며 놀았습니다.

7월과 8월에는 강남의 메가로스쿨에서 모의고사 현장강의를 수강했습니다. 첫 수업을 하면서 부산에 있으면서는 느끼지 못했던 학생들의 열의에 긴장해 "기필코 살아남으리라"는 독한 목표를 세웠던 기억이 납니다. 아는 사람 한 명 없이 혼자 서울 한복판에 있으면서 외롭고 힘든 적도 있었지만 반년 뒤, 3년 뒤의 내 모습이 당당해지길 상상하면서 입술을 꽉 깨물었습니다.

● **언어이해** ● …… 학원의 실전 모의고사 강의를 수강하면서 기출문제와 모의고사 풀이를 중심으로 공부를 했습니다. 언어이해는 9시부터 시작되기

때문에 사람이 일어나서 뇌가 활성화 되는 시간이라는 세 시간이 지나기 전에 치러질 가능성이 높습니다. 이런 상황에서는 평소에는 충분히 해결할 수 있는 문제라도 집중력이 떨어져서 오답을 낼 가능성이 높기 때문에 시험시간에 맞추어서 몸의 생체리듬을 만들어 놓는 것이 필요합니다. 12시 전에는 자려고 노력했고, 커피를 많이 마신를 많이해서 잠이 잘 안오는 날에는 수면유도제를 먹으면서 수면을 취하려고 노력했습니다. 늦어도 일곱시에는 일어났고, 일어나서는 따로 문제를 푼다거나 하지는 않고 수강했던 동영상 강의를 틀어놓고 빵이나 수프 같은 간단한 아침을 먹으며 쉬었습니다. 9시가 되면 기출문제나 모의고사 문제(특히 꿈드림 모의고사 문제집)를 풀었습니다.

이즈음에는 여러 사설학원에서 실전모의고사를 실시하는 데, 저는 많은 모의고사를 응시하지는 않았고, 메가로스쿨에서 실시하는 모의고사와 LSA모의고사 정도만 참여했습니다. 학원에서 실시하는 언어이해 모의고사는 정합성이 떨어지고, 적확한 표현이 부족한 문제들이 있어 점수가 대체로 낮게 나오게 됩니다. 그러나 이 점수에 연연하여 자신의 등수를 다른 사람들과 비교하여 자책하는 것 보다는, 실제로 시험시간에 맞추어 수험생들과 함께 유사한 환경에서 시험을 치른다는 경험을 쌓는 것에 의의를 두고 여유를 가지는 것이 좋습니다. 어차피 모의고사는 모의고사일 뿐이고, 실제 시험과 비교해봐도 유사성이 있었다고 생각되는 부분은 그다지 많지 않았기 때문입니다.

시험 한 달 전부터는 학원수업에서 푸는 실전문제 이외에는 따로 새로운 문제를 풀지는 않고 풀었던 문제들을 다시 보고 오답노트를 정리하는 데에 시간을 투자했습니다. 지금까지 모아온 오답들과 정리된 내용들을 복기하는 데만 해도 많은 시간이 소요되고 그 자체로 공부가 되기 때문에 시간이 없다면 무리해서 새로운 책을 구입해서 공부하는 것 보다는 풀었던 문제들을 리마인드해서 다시 보는 것을 권해드립니다.

● **추리논증** ●····· 7월이 되어서도 추리논증은 PSAT와 기출문제를 반복해서 풀고 오답노트를 적극적으로 활용하는 방식을 계속 사용했습니다. 대신 이 시점에서 이미 자신이 만들어낼 수 있는 추리논증 점수의 한계가 거의

정해졌다고 생각했기에, 제가 풀 수 있는 문제와 풀 수 없는 문제를 확실하게 구분해서 풀 수 없다고 생각되는 문제들을 과감히 포기하고 나머지 문제들에서 확실하게 점수를 딸 수 있도록 공부했습니다. 그때까지도 방정식을 이용한다거나 확률계산이 필요한 문제들은 도저히 자신이 없어, 같은 유형의 문제가 나오면 일단 별표를 쳐놓고 넘어가고 논증 부분과 법 관련 지문 문제들을 집중해서 풀었습니다. 그리고 처음으로 돌아와서 처음부터 차근차근히 시간이 허락하는 한 최대한 넘어갔던 문제를 풀어내려고 노력했습니다.

추리논증도 역시 실전모의고사를 보았는데 점수는 언제나 형편없었지만, 이 역시 실전과는 다르다고 생각했기에 그리 괘념치 않았습니다. 채현영 선생님의 강의 노트와 교재를 가지고 유형을 분류해서 같은 문제라도 다른 방법과 공식으로 풀어봤고, 법 지문에 익숙해지기 위해서 학부 때 사용했었던 판례집들을 하루에 30분씩 훑어보았습니다. 실제 시험에서 법 지문의 비율이 상당했기 때문에 처음 법을 공부하시려는 분들은 판례에서 사용되는 문장이나 논리 등을 읽어 두는 것이 도움이 된다고 생각합니다. 시간이 안 된다면 헌법재판소의 주요 판정들만이라도 정리를 해서 보아두시길 바랍니다.

● **논 술** ●‥‥‥ 신문사설을 보고 읽는 것만으로는 아무래도 실제로 논술을 하는 것에는 제대로 된 대비가 어렵기에, 서울에 올라가서는 논술교재를 구입해서 실제로 문제를 풀어보는 연습을 했습니다. 처음에는 H 논술학원에서 리트 논술강의를 수강했었는데, 강의 스타일이 저랑 맞지 않다고 생각되어 2주일 만에 환불했습니다. 논술 답안을 작성하는 요령은 대체로 정형화 되어 있고 관련해서 많은 책들이 나와 있기 때문에 따로 강의를 수강할 형편이 안 된다면 굳이 무리해서 학원을 다닐 필요는 없다고 생각합니다. 다만 그렇다고 해도 실제로 자신이 써 본 글을 전문가가 평가해주고 부족한 부분을 고쳐나갈 필요가 있기 때문에 일주일이나 이주일에 한번 정도 강사에게 첨삭 의뢰를 해서 첨삭지도를 받는 것이 좋습니다. 이렇게 첨삭해주신 내용들을 따로 편집해서 틈틈이 숙지하는 것도 실전에서의 실수를 줄이는 데에 도움이 되리라 생각합니다.

5 시험 당일, 컨디션 조절이 관건

자신이 실력이 아무리 뛰어나고 능력이 있어도, 시험 당일의 컨디션이 엉망이라면 좋은 결과를 낼 수 없습니다. 리트시험의 특성상(특히 추리논증) 순간의 선택이 문제의 정오를 가르는 경우가 많기 때문에 시험 순간의 컨디션을 최고로 끌어올리는 일이 무엇보다도 중요합니다. 저는 9시 언어이해시험을 대비하기 위해 6시에 일어나 아침을 먹으며 머리를 미리 깨어나 있게 하고, 간단한 스트레칭으로 긴장을 풀었습니다. 그래도 긴장이 사라지질 않아 집중력을 높이기 위해서 우황청심환을 먹었고 시험장까지 가는 데에 마주칠 인파들을 피하기 위해 일찍 출발해 7시에 도착해서 오답노트를 보았습니다. 지금까지 보았던 기본서들을 모두 챙겨가지는 않았고, 오답노트와 기출문제집만 가져갔습니다. 점심은 같이 시험을 치르는 친구와 근처 식당에서 해결하고 커피를 마신 후 논술시험에 임했습니다.

다른 두 과목 보다 상대적으로 준비가 부족했던 논술시험이 가장 걱정이 됐었는데, 다행이 평소에 생각하고 있던 주제들이 나와 마음 편하게 시험을 치를 수 있었습니다. 어차피 사람이 보는 시험이고 내가 어려우면 남들도 다 어렵습니다. 시험장에 입장한 순간 어차피 주사위는 던져진 것이니, 최대한 편안한 마음으로 기분 좋게 시험을 치르시는 것이 좋다고 생각합니다.

6 자기소개서, 자신만의 자기를 소개하라

자기소개서를 쓰는 시점에서 앞서 말씀드렸던 철저하게 계획을 세우고 자신만의 목표를 만들고자 했던 노력이 그 성과를 드러내기 시작했습니다. 처음 자기소개서 양식을 받아들 때에는 경력, 사회봉사활동, 자격증란에 쓸 내용이 단 하나도 없어 마음이 무거워지고 자신감이 없었습니다. 자기소개서의 첫 페이지를 몽땅 비우고도 합격할 수 있을까라는 생각에 수일 동안 한 자도 시작하지 못했습니다. 그러다 로스쿨이 필요로 하는 인재상이 반드시 사회경험이 많고 경력이 있는 사람만은 아닐 것이라는 생각을 했고, 저에게는 그러한 경험 못지 않은 젊음과 열정이 있지 않은가를 스스로 반문하게 되었습니다.

그 후 많은 시간을 들여 1기의 합격수기와 자기소개서 샘플, 미국이나 일본 등 다른 나라의 로스쿨에서 소개된 자기소개서들을 읽었습니다. 생각했던 대로 우수하다고 평가된 자기소개서들에는 우수한 능력이나 경력에 더해 자신만의 확실한 목표와 구체적인 계획이 제시되어 있었고, 자신만의 문체로 개성을 드러내고 있었습니다. 이러한 샘플들을 정리하고 조합하면서 저를 효과적으로 어필할 수 있도록 하는 개요와 구성방식을 만들었습니다. 너무 튀지는 않으면서도 열정과 자신감이 드러나도록 노력했고, 약점이 될 수 있는 경력과 사회경험의 부재대신 젊음이 있다는 점을 강조했습니다.

대부분의 수험생들이 각 군별로 2군데의 학교에 지원을 하게 될 텐데, 보통의 경우 하나의 자기소개서를 작성해 놓고 각각의 학교에 맞게 분량과 형식을 조절하고 요약하여 제출합니다. 그러나 제 경험에 비추어 보아 이러한 방식으로는 각 학교가 원하는 인재상에 맞춘 자신의 장점을 제대로 표현하기 힘듭니다. 처음부터 지원하는 대학을 확실히 정하고 자신이 꼭 그 학교 로스쿨에 입학해야만 하는 이유와 어떻게 대학 생활을 할 것인지를 구체적이고 명확하게 설명하는 것이 읽는 사람으로부터 보다 큰 신뢰를 얻을 수 있을 것입니다. 따라서 리트 시험이 끝나고 자기소개서등 서류제출기한까지 많은 시간동안 여유를 두어 미루어 놓기보다는, 미리미리 생각해놓았던 것들을 작성하여 완전히 다른 2개의 자기소개서를 제출한다는 생각으로 철저히 준비하시는 것을 강권합니다.

서류자료와 관련해서는 자격증과 사회경력에 관한 자료는 물론. 각종 동아리 활동과 사회생활에서의 특기할만한 점, 수상자료등 자신이 자기소개서에 언급한 내용들에 관한 것들도 모두 증빙자료로서 첨부하는 것이 좋다고 봅니다. 그렇다고 해서 불필요한 제본이나 표지를 만드는 것은 보는 사람들로 하여금 짜증을 불러일으킬 수 있으니, 적정한 선에서 최대한 깔끔하고 보기 좋게 정리하는 것이 좋겠습니다.

7 면 접

개인적으로 면접은 학원에서 준비하는 것이 전혀 도움이 되지 않는다고 생각합니다. 가격도 비쌀뿐더러 많은 돈을 주면서 배우는 내용들이 과연 그만한 가치가 있는가에 대해서도 회의적이기 때문입니다. 학원보다는 입시 준비생들끼리 모여 스터디를 짜고 실제로 모의면접을 보는 것이 비용과 효율면에서 더 낫다고 생각합니다. 저는 같은 부산대생 5명이서 스터디를 짜서 일주일에 2번씩 모여 모의면접 훈련을 했습니다. 스터디 룸이나 강의실을 빌려 처음 몇 주간은 매번 5개씩의 주제를 정하고 각각의 주제에 대해 개인적으로 공부를 해 온 뒤, 한명씩 돌아가며 그 중 한 개의 주제에 대해서 10분간의 시간을 두고 면접을 진행했습니다. 그 뒤에는 문을 열고 들어오는 방법, 인사하는 방법, 말투, 표정등에서 잘못되었다고 생각하는 부분을 나머지 수험생들이 교수의 입장에서 지적하고 분석하는 시간을 가졌습니다.

학교마다 차이는 있겠지만 실제 로스쿨 면접에서 교수님들과 대면하게 되면 긴장이 되고 떨려서 표정이나 말투에 많은 변화가 있을 수 있기 때문에 거울을 앞에 두고 바라보며 연습하는 것이 많은 도움이 됩니다. 같은 맥락에서 휴대폰 카메라 등으로 동영상을 촬영하여 자신이 상대방에게 어떻게 보여지는지를 관찰하는 것도, 객관적인 입장에서 자신을 바라볼 수 있게 하는 기회를 만들어주므로 추천해드립니다.

실전에서는 무엇보다 자신감이 중요할 것입니다. 대부분의 면접문제들이 답이 확실하게 떨어지는 것들이 아니라 다양한 논점이 있을 수 있는 시사문제에 근거한 것들이 많기 때문에, 정답을 맞추려고 노력하기보다는 자신이 생각하는 주장을 자신 있고 조리있게 말하는 것이 더 유효합니다. 면접관의 성향에 따라 달라지겠지만 질문에 대한 답변이 제대로 떠오르지 않을 때에는, 모호한 말들로 중언부언 하는 것 보다는 솔직하게 모른다고 얘기하는 것이 더 낫다고 생각합니다. 되지도 않는 논리로 억지로 끼워맞추려는 수험생보다, 지금은 잘 알지 못해도 기회가 주어진다면 누구보다 더 잘 알 수 있게 될 것이라 믿음이 가는 수험생에게 보다 더 큰 신뢰가 주어질 것이라 생각하기 때문입니다.

8 마치며

이상에서 말씀드렸던 저의 경험들이 현재 로스쿨을 준비하시는 수험생들에게 과연 얼마나 도움을 줄 수 있을지 솔직히 많은 걱정이 됩니다. 자신이 아닌 그 어떤 누구도 인생을 대신 살아주지는 못하는 것이니, 자신만의 공부 방법과 생활 스타일을 바탕으로, 앞서 같은 과정을 겪었던 선배의 일담으로서 "아, 저 놈은 저렇게 했구나!" 하는 정도로 봐주시면 감사하겠습니다.

저는 아직도 제가 누구보다 뛰어나다거나 정말 특출난 능력이 있다거나 해서 2기 로스쿨생이 되었다고는 절대 생각하지 않습니다. 다만, 다른 우수한 수험생들이 가지고 있는 장점들에 비해 부족한 점을 극복하려고 노력하는 과정에서 다른 경쟁자들 보다 약간의 우위에 있을 수 있었던 어떤 것이 만들어지게 되었다고 믿습니다. 비단 로스쿨 입시에서만이 아니라 다른 누구라도 인생의 어딘가에서 저와 비슷한 상황에서 자신이 부족하다고 생각하는 시간을 보내고 있다면, 부디 좌절하지 마시고 자신만이 가지고 있는 장점을 발견하고 발굴하여 자신감을 찾으시길 바랍니다.

"내 인생에는 내가 원하는 것 중에 갖지 못한 것이 없다." 워렌 버핏의 말입니다. 아직 저는 제가 원하는 인생의 목표들 중에 100분의 1도 채 이루지 못했습니다만, 할 수 있을 것이라 믿는다면 언제고 모두 이루어지리라 믿습니다. 저와 같은 꿈을 꾸고 같은 목표를 이뤄낼 후배님들을 기다리면서 먼저 도전하고 있겠습니다. 힘내십시오, fighting입니다.

참고도서

언어이해

· 권종철, 「LEET 언어이해」, 메가 로스쿨
· 권종철, 「권종철의 기출문제 심층분석」, 메가 로스쿨
· 이원준, 「꿈드림 언어이해 모의고사」

추리논증

- 조호현, 「LEET 추리논증」, 메가 로스쿨
- 이시한, 「EBS 로스쿨 LEET 추리논증」, 맛있는 공부
- PSAT연구회「PSAT 기출문제집 」, 법우사
- 생각2.0, 「논리와 비판적 사고」, 글고운
- 송하석, 「리더를 위한 논리훈련」, 사피엔스21

영 어

- 니오, 「모질게 토익 Economy RC 1000」, 21세기 북스
- 권오경, 「모질게 토익 Economy LC 1000」, 21세기 북스

논 술

- 황남기, 「Leet 논술 」, 황남기 논구술 아카데미

자기소개서

- The Harbus, 「55 Successful Harvard law school application essays, 하버드 MBA가 선택한 에세이 65가지」, 스리메카 닷컴

참고도서

- 서울대, 「서울대 권장도서 해제집 」, SNUPress
- 황남기, 「LAW SCHOOL 심층면접 」, 박문각

21

'법률가'에의 의지, 그 새로운 시작

김 상 희

· 유성여자고등학교 졸업
· 충남대학교 법학과 졸업
· 서울시립대학교 법학전문대학원 제1기
· 제1회 변호사시험 합격
· 법률사무소 친 변호사

1 들어가며

로스쿨 생활을 시작한지 6주가 지났습니다. 입학식이 얼마 지나지 않은 것 같은데 벌써 학교에서는 중간고사 준비가 한창입니다. 시간이 빨리 간다는 것을 실감하면서 지내고 있습니다. 아마 바쁜 마음으로 올 해 시험을 준비하고 계신 분들도 너무나 빨리 가는 시간이 안타깝고 아쉬우리라고 생각합니다. 이 글을 쓰는 지금 과연 제 글이 로스쿨 2기를 준비하시는 분들에게 얼마나 도움을 드릴 수 있을지 걱정이 앞섭니다. 제가 겪었던 시행착오와 막막함을 지금 로스쿨을 준비하고 계시는 분들이 조금이라도 덜 겪을 수 있도록 도움이 되고자 부족하나마 제가 경험한 것들을 말씀드리고자 합니다.

2 로스쿨로의 진학결심

법률가를 목표로 법학을 공부하던 중 로스쿨제도의 도입이 결정되었습니다. 사법시험을 준비하며 기존의 수험법학을 접해본 경험이 있습니다. 그 당시에 느낀 점들을 바탕으로 로스쿨 도입의 취지에 크게 공감하였으며, 로스쿨제도의 도입은 저에게 있어 목적지에 다다를 수 있는 길이 하나 더 생기는 것이라고 생각했습니다. 사법시험과 로스쿨, 선택의 기로에서 로스쿨 진학을 결심하였습니다. 혼자 공부하는 것보다 함께 공부하는 것을 더 선호하며, 하나의 과정마다 느끼는 성취감을 중요시하는 저에게는 사법시험보다는 로스쿨의 학습방법이 더욱 적합하다고 생각했기 때문입니다. 결심을 굳히고 제일 먼저 한 일은 로스쿨진학을 준비하는 사람들의 커뮤니티인 다음카페 「서로연」과 「로사모」에 가입하는 것이었습니다. 이 카페들을 통해 초반의 준비부터 합격자 발표까지 로스쿨 입시의 진행과정과 여러 가지 유용한 수험정보를 얻을 수 있었습니다. 아직 사법시험이 시행되고 있기 때문에, 특히 법학사들이 비법학사에 비해서 로스쿨 진학 여부를 놓고 더 많은 고민이 될 것 같습니다. 두 가지 제도 중에서 어느 쪽이 더 좋다고 비교하기에는 아직 이르다고 생각합니다. 다만 본인에게 적합한 길을 선택해서 빠른 시간 안에 꿈을 이루는 것이 가장 현명한 방법이 아닐까 합니다.

3 LEET대비 준비와 논술대비

● **LEET대비 준비** ● ····· 8월 졸업을 앞두고 LEET준비와 학교수업을 병행하였습니다. 준비기간 동안 시험준비에 충분한 시간을 확보할 수 없었기 때문에 완벽을 기하기보다는 선택과 집중을 통해 가장 효율적으로 단점을 보완할 수 있는 방법을 찾기 위해 노력하였습니다. 우선 1월에 있었던 예비시험 문제를 풀어봄으로써 문제유형을 파악했습니다. 언어이해는 문제풀이의 '감'을 잡는 것, 추리논증은 수리추리부분을 보강하고 논증부분의 정답률을 높이는 것을 목표로 잡았습니다. 3월부터 5월까지는 문제유형을 익히고

문제풀이를 연습한다는 가벼운 마음으로 과목별로 문제집을 두 권씩 풀었습니다. 출제기관이 한국교육과정평가원이라는 점에 주목하여 6월부터는 수능기출문제들을 위주로 출제의 의도를 파악하는 것을 집중적으로 연습하였습니다. 개인적으로「로사모」의「기술자군의 언어이해」게시판에서 제공하는 자료들을 통해 문제해결능력향상에 많은 도움을 받았습니다. 시험 전날까지 약 2주간은 실전에 대비하여 주어진 시간 안에 40문제씩 푸는 연습을 하였습니다. 이 기간 동안 풀었던 문제들 중 틀린 문제들은 따로 정리하여 시험전날 마지막으로 점검할 수 있도록 하였습니다.

● **논술대비 준비** ····· 논술은 경험 부족으로 자신감이 없었습니다. 짧은 기간 내에 실력을 향상시키고자 학원 강의를 수강하였습니다. 예비시험을 통해 공개된 형식에 맞추어 학원에서 3문제, 과제로 3문제, 일주일에 두 편씩 논술답안지를 작성하고 첨삭지도를 받았습니다. 이를 통해 글을 쓰는 기술을 향상시키고 논술답안의 유형을 익힐 수 있었습니다. 그러나 주어진 주제에 대한 깊은 사고와 배경지식은 개인적인 노력이 더 크게 좌우하는 부분이라고 생각했습니다. 기초철학에 대한 개론서들을 읽으며 배경지식을 쌓기 위해 노력하였고, 매일 논조가 다른 2~3종류의 신문을 비교하며 읽고 생각을 정리하는 연습을 했습니다. 신문 1면기사와 관심있는 기사 2개를 스크랩하여 정리하였습니다. 신문사설을 저의 언어로 재구성 해보았던 것이 일관된 논지전개와 글 쓰는 훈련에 가장 많은 도움이 되었습니다.

4 공인영어

공인영어성적을 확보하기 위한 방법은 여러 경로를 통해 다들 잘 알고 계시리라고 생각합니다. 다만 지난해에는 일정상 LEET와 8월 TOEIC이 같은 날 시행되었고, 9월 TOEIC점수는 반영여부가 뒤늦게 결정되었기 때문에 7월까지 영어성적을 준비해 두지 않은 수험생들이 곤란한 경우가 있었습니다. 저도 9월 TOEIC성적이 반영될 것이라고 생각하고 LEET이후에 집중적으로 준비할 계획이었습니다. 그러나 제가 지원한 두 학교 모두 9월 성적을 반영하지 않기로 하였고, 결국 만족스럽지 못한 이전의 영어성적을 제출해야 했습니다. 올해의 일정은 4월 셋째 주에 홈페이지를 통해 발표된다고 하니 미리 확인하시고, 가능하시다면 일찍 좋은 점수를 확보해 두시면 좀 더여유 있는 수험일정이 될 것 같습니다.

5 학점의 관리

기 졸업자들에 비해 재학생들이 가장 유리한 부분이라고 생각합니다. 저는 마지막 학기를 시작하면서 로스쿨 진학을 결정하였기 때문에 입시를 위한 학점관리를 따로 하지는 못하였습니다. 각 로스쿨별로 반영비율이 다르기는 하지만, 평균적으로 학점의 명목반영비율은 그리 큰 편은 아닙니다. 그러나 학점은 실제 입시전형에 있어 지원자의 성실성과 학업성취도를 평가하는 척도로서 반영비율 이상의 역할을 한다는 인상을 받았습니다. 아직 학부재학중인 준비생들은 학점관리에도 신경을 쓰시는 것이 훨씬 더 유리한 입시전략이 될 것입니다. 재수강을 통해 평점을 일정 수준이상으로 올리는 것도물론 중요하지만, 법학과목의 성실한 이수를 통한 선행학습도 향후 로스쿨학습에 밑거름이 될 좋은 방법이라고 생각합니다.

6 2008년 8월 24일 LEET

건국대학교 제2고사장에서 시험을 보았습니다. 생각보다 한 강의실에 많은 인원을 수용했다는 인상을 받았습니다. 첫 번째 시간인 언어이해는 문제가 예상보다 어렵지 않게 출제되었습니다. 다만 1~2개의 지문이 다소 생소하여 이해하는데 시간이 오래 걸렸고, 평소 꼼꼼히 봐두지 않은 첫 페이지의어휘·어법문제가 어려웠습니다. 90분 안에 다 풀었다는데 의의를 두고 스스로를 다독이며 추리논증 시간을 준비했습니다. 시험지를 받고 먼저 논증유형의 문제부터 풀었습니다. 시험을 준비하면서 문제를 풀 때에도 추리보다는 논증의 정답률이 높았고 시간도 훨씬 적게 걸렸었기 때문에 제 스타일에 맞는 나름의 전략이었습니다. 논증→쉬운 추리→복잡한 추리문제 순으로 문제를 풀어 나갔습니다. 추리보다 상대적으로 자신 있는 논증문제의 비중이 예비시험보다 늘어난 덕에 저에게는 조금 더 유리했습니다. 논술은 예상대로 예비시험과 거의 유사한 형태로 출제되었고 문제의 난이도도 비슷했습니다. 다만 원고지 답안을 작성하고 문제번호와 답안지 쪽수를 OMR표기하도록 되어있는 형식에 익숙하지 않아서 작성해 둔 답안지에 문제번호를 잘못 표기하였고 감독자의 기시에 따라 답안을 전부 다시 작성해야 했습니다. 시험이 끝나고 난 뒤 저와 같은 경우에는 감독자가 오기를 수정할 수 있다는 것을 알게 되었지만 이미 시간부족으로 미흡한 답안지를 제출하고 난 뒤라 아쉬움이 매우 컸습니다. 시험 진행에 대한 준비나 감독자의 과실에 대한 구제책 등이 많이 부족했던 점이 안타까웠습니다. 이러한 점에 대해 올해에는 많은 보완이 이루어졌으리라고 기대합니다. 하루 종일 치르는 시험인지라 끝나고 나니 정신적으로도 육체적으로도 매우 지쳐있었습니다. 최상의 컨디션을 매 시간 유지할 수 있도록 각자 준비하시면 좋을 듯합니다.

7 원서작성

각 학교별로 반영비율 및 반영요소가 조금씩 다르고 반영비율의 명시여부도 각 학교의 재량에 맡겨져 있습니다. 자신의 장점을 가장 잘 살릴 수 있는 학교를 선택할 수 있는 혜안이 필요한 시점입니다. 저의 경우에는 전략적인 면에서 영어반영 비율이 적고 LEET반영 비율이 큰 학교를 선택하는 것이 최선이었으므로 이 점을 고려하여 학교를 선택하였습니다. 합격가능성과 특성화 등 여러가지 면을 고려하여 가군에는 서울시립대학교, 나군에는 충남대학교를 선택하였고 두 학교에서 요구하는 서류를 준비하였습니다. 로스쿨마다 자기소개서의 항목과 분량, 원하는 인재상 등이 각기 다르므로 신중을 기해 작성하여야 합니다. 각 학교의 면접방식에 따라 차이는 있지만 자기소개서와 학업계획서는 면접의 기초자료로 활용되기도 합니다. 그러므로 진실성을 잃지 않도록 작성하는 것이 좋습니다.

8 면접준비

　면접준비를 위해 「서로연」을 통해 신림동에서 진행되는 스터디에 참가하였습니다. 9월부터 1차합격자 발표 이전까지는 시사적인 쟁점들을 중심으로 배경지식을 쌓는 것을 목표로 하였습니다. 자기소개서와 학업계획서에 대해서도 서로 읽고 의견을 나누며 보완해 나갔습니다. 1차합격자 발표이후 구성원 일부가 교체되면서 스터디의 내용도 달라졌습니다. 실전을 대비한 모의면접 형식으로 진행되었으며 각자의 자기소개서를 바탕으로 한 인성면접, 시사쟁점, 사고 능력 등 가능한 많은 문제들을 다뤄보기 위해 노력하였습니다. 10여명이 넘는 인원으로 스터디를 구성하여, 매번 구성원을 달리한 소그룹으로 나누어 면접을 진행하는 방법으로 긴장감을 유지하였습니다. 이를 통해 학교마다 달라질 수 있는 실전상황에 최대한 가깝도록 면접에 대비하였습니다. 스터디를 활용하는 것은 면접준비에 있어서 효율성을 가장 높일 수 있는 방법이라고 생각합니다. 스스로 생각하고 말하는 것을 충분히 연습할 수 있으며, 잘못된 태도나 습관까지 바로 피드백을 받을 수 있습니다. 무엇보다도 면접관을 대할 때 모의면접을 했던 것이 도움이 되어 생각보다 긴장하지 않았습니다. 각 로스쿨이 내세우는 특성화 분야에 대해 대비해야 하는 것이 아닐까 하는 걱정도 했었지만 막상 면접을 치르고 나니 학교별 특성화와 관련된 질문의 비중은 그다지 크지 않았습니다. 지원학교와 상관없이 스터디를 구성하는 것도 크게 지장은 없다고 생각합니다. 준비과정에서 가장 추천하고 싶은 것이 있다면 스터디를 조직해서 면접에 대비하는 것입니다.

9 면접

가군 서울시립대학교 면접은 11월14일, 15일 이틀에 걸쳐서 치러졌습니다. 첫째 날 인성면접은 신상에 관한 사항에 대한 질문 위주로 편안한 분위기 속에서 이루어졌습니다. 둘째 날은 서울시립대학교 법학전문대학원의 조세법특성화를 감안하여 종합부동산세 폐지에 관해 열심히 준비하고 심층면접에 임했습니다. 예상과는 달리 종합부동산세 문제는 나오지 않았고, 논술유사형태의 문제가 출제 되었습니다. 두 가지 문제형태 중에 한 가지를 택하여 대답을 준비하고 면접에 임하는 형식이었습니다. 제가 선택한 문제에는 과학적 연구방법론과 그러한 연구방법으로 규범역시 연구가 가능하다는 취지의 제시문 (가)가 주어지고, 제시문 (나)에서는 금주법을 시행했더니 범죄조직과 연계한 알콜 밀반입, 매매가 늘어났다는 사례와 다자란 수목을 베지 못하게 하는 입법을 했더니 정원수를 가진 사람들이 일찌감치 나무들을 다 베어버려서 오히려 나무의 개체수가 줄었다는 사례, 이렇게 두 가지 내용이 있었습니다. 「1."물은 100도씨에서 끓는다."와 "음주운전자는 면허를 정지한다."를 명제를 이용하여 비교하시오. 2. 제시문 (나)의 규범의 효율성을 높일 수 있는 방안을 제시문 (가)에서 찾아 제시하시오. 3. 과학적 연구방법이 규범에도 적용될 수 있다는 취지의 제시문 (가)를 비판하시오.」라는 문제에 대해 30분의 대기시간을 주고 15분 동안 면접을 봤습니다. 예상했던 내용과 달라서 당황스러웠지만 신중히 풀었고 소신껏 대답했습니다. 제 경우에는 이틀 모두 친절한 분위기속에서 부담 없이 면접을 치렀으나 나중에 들어보니 압박면접을 받은 학생들도 많았습니다. 면접 분위기와 상관없이 당락이 결정된 것으로 보아 주어진 상황에서의 대처능력도 면접의 한 요소로 고려된 것이 아닐까 추측해 봅니다.

나군 충남대학교의 면접은 가장 첫 조에 배정되어 아침 9시에 치렀습니다. 서울시립대학교의 형식과 달리 각기 다른 문제가 들어있는 두 가지 봉투 중에 하나를 뽑아 그 안에 들어있는 문제에 답을 하는 형식이었습니다. 제가 뽑은 문제지에는 「1. 조성민의 친권에 반대하여 집회나 기자회견이 이어지고 있다. 이에 대한 자신의 견해. 2. 영조는 왕권유지를 위해 사도세자의 죽음을 묵인하였다. 이에 대한 자신의 견해. 3. 살면서 친구나 타인과 가장 큰 의견 차이를 보였던 일, 그 일의 해결에서 가장 중요하게 생각한 가치는?」이렇게 세 문제가 제시되었습니다. 문제 자체는 크게 어렵지 않았으나 상대적으로 면접시간이 길었고 교수님들의 추가질문이 이어지는 형식이라 긴장했던 기억이 납니다. 특히 3번문제의 경우 당일 그 자리에서는 긴장한 탓에 당황하여 잘 기억이 나지 않았다는 의견들이 많았습니다. 인성면접의 예상 문제로 꼽히는 질문인 만큼 면접에 대비하여 미리 생각해 두시는 것도 좋을 것 같습니다.

10 맺으며

변호사시험법이 통과되고 나면 모든 면이 점차 보완되겠지만 로스쿨 제도에 있어서 아직까지도 많은 부분이 불확실한 상태에 놓여 있다는 점이 로스쿨 1기들을 불안하게 하고, 2기를 준비하는 분들에게는 부담으로 작용하고 있는 것 같습니다. 또한, 일부 언론의 보도와 같이 로스쿨 과정은 학습량이나 그 난이도 면에서 결코 수월한 과정이 아닙니다. 학부과정과 비교해서 전문적이고 심화된 내용을 짧은 시간 안에 압축적으로 배워 나가다 보니 절대적인 학습량이 많은 것은 물론이고, 여러 분야의 법을 아우르는 통합적인 사고가 필요합니다.

확실하게 정해진 것이 없는 쉽지 않은 길을 향해 나아가기 위해서는 끊임없는 자기 확신이 필요합니다. 준비기간이 짧아서 불안했던 저의 경우에는 "몇 번을 다른 길로 돌아갔어도 문제되지 않는다. 언제나 일정한 방향을 향해서 가고 있기 때문에." 라는 파울로 코엘료의 「연금술사」의 글귀를 생각하며 힘을 얻었습니다. 모든 준비과정에 앞서 우선 자신이 왜 법률가가 되어야 하는지 스스로의 뜻과 뚜렷한 목표를 세우시기 바랍니다. 그 후에 법률가에 대해서, 그리고 로스쿨에 대해서 잘 알아보시고 지피지기하셔서 확고한 의지를 바탕으로 백전백승하시기 바랍니다.

22

입시의 불확실성 앞에서

정 주 영

· 성균관대학교 법학과 졸업
· 성균관대학교 법학전문대학원 제9기

1 들어가며

수차례 고민 끝에 원고를 쓰기로 하였다. 회사를 다니며 준비했던 점이나, 사법시험 실패후 도전한 점, 수차례 입시 끝에 로스쿨에 합격한 점들이 비슷한 상황에 있는 누군가에게 큰 도움이 될 수 있을 것이라 생각한다. 적절한 참고가 되었으면 좋겠다.

2 학점

대학교 재학 중에는 동아리 활동, 사법시험준비 등을 핑계로 학점 관리를 하지 않았다. 학점이 중요한 줄도 몰랐다. 4학년이 되고 보니 이 정도 학점으로는 갈 곳이 없겠구나 걱정이 되어 이미 학점을 많이 채워두어서 수업을 많이 들을 필요가 없었으나 학점을 올리기 위해 4학년 1, 2학기 각 19학점, 21학점을 들었다. 4학년 때는 여러가지 대외활동도 병행했는데 기관에서 공문이 나와 출석이 인정될 수 있었음에도 혹시라도 학점에 불이익이 있을까봐 택시를 타고 학교를 수회 왔다갔다 하면서 수업에 필참했다. 과제가 3가지 책 중 한권을 읽고 리포트를 내는 것이라면 이럴 경우 3권을 다 읽고 리포트를 3개 제출하였다. 분량이 5매라면 10매를 제출하였다. 그만큼 절박하게 학점관리를 하였다. 이렇게 해서 법대생치고는 괜찮은 학점을 만들었으나, 진작부터 로스쿨을 준비한 비법대생 사이에서는 학점으로는 전혀 우위를 점할 수 없는 수준이었던 것 같다. 아직 학점을 바꿀 수 있는 기회가 있다면 최선을 다하길 바란다.

3 리 트(법학적성시험)

로스쿨 입시를 준비해야겠다고 생각 한 뒤에 다른 친구들처럼 인터넷 강의를 등록하고 책을 사서 준비를 시작하였다. 그 당시 19학점의 수업을 듣고 있었고 대외활동도 병행하면서 토익학원도 다니고 있었기 때문에 인터넷 강의를 매일 듣는 것이 쉽지 않았고 종합반 같은 분량이 많은 강의를 등록하다보니 들을 엄두를 못내기도 하였다. 결국은 언어이해는 1강 정도 들었고 추리논증은 5개 정도 강의를 들은 채로 날짜가 지났다. 대신 사설 모의고사에는 항상 참여하였다. 주변 친구들은 스터디도 많이 하였으나 나는 시간이 도저히 안나서 리트준비는 많이 하지 못하였다.

이렇게 준비를 많이 못한 채로 첫 리트시험을 보았는데 의외로 점수가 잘 나왔다. 그러다보니 내년에 쳐도 잘 나오겠구나, 이번에는 준비가 덜 되었는데 이번에 안되더라도 내년에 갈 수 있겠구나 하는 안도감을 가지게 되는 불상사가 발생하였다.

그리하여 결과적으로 첫 입시의 기회를 허망하게 놓치고 말았다. 이번에 꼭 합격하겠다는 생각이 없다보니 원서도 나에게 유리한 입시전형의 학교가 아닌 가고 싶은 학교를 지원하였는데 토익점수도 많이 올리지 못해서 내가 지원한 학교에서는 불리한 점수였다. 입시준비에만 집중하지 못하고 취업 준비도 하고 토익스피킹 학원도 다니고 봉사활동도 하였다. 그러다보니 자기소개서, 면접에 신경을 거의 쓰지 못하였고 결국 불합격하게 되었다. 리트 점수는 계속 잘 나올 줄 알았다. 다음 해 리트시험까지 성실하게 리트공부를 하고 추천도서도 읽고 했음에도 다음해에 친 리트는 10점이 떨어졌다. 하지만 실수라고 생각하고 그 다음해에도 리트공부를 꾸준히 하였다. 학원에서 주최하는 모의고사도 가끔 보았는데 한번은 점수가 상당히 잘 나와서 학원에 상담해주시는 분이 리트공부는 더 이상 하지말고 토익이나 다른 요소들을 준비하라고 말씀해주셨다. 그런데 그 해에 본 리트는 처음 본 리트에 비해 15점이 떨어진 점수가 나왔다. 이 때에는 크게 실망하여 원서도 쓰지 않고 회사에만 충성을 바치겠다고 결심하였다.

로 스쿨 합 격 수 기

나는 리트를 총 4번 보았는데 매년 볼 때마다 더 많이 긴장하고 불안해서 잠도 못잤다. 점수가 계속 떨어지다보니 리트시험에 회의감이 들었고 이 시험은 적어도 나에게 있어서 만큼은 공부한대로 점수가 나오는 시험이 아니구나 싶었다. 기출문제들도 이미 많이 풀어봐서 암기가 된 상태라 마지막 입시 때는 리트공부를 하지 않기로 하였다. 다만 감을 잃지 않기 위해 수능 언어영역을 푸는 것으로 대체하였다. 역대 수능 문제와 모의고사 문제, 사설모의고사까지 하니 문제양이 상당히 많았다. 격일로 시간을 재서 듣기문제 외에는 모두 풀었다. 결과적으로 이 방법은 나에게 잘 맞았던 것 같다.

리트언어 문제를 풀다가 수능 언어영역을 푸니까 문제가 쉽게 느껴지고 점수가 일정하게 잘 나와 주었다. 그 덕에 자신감도 생겼다.

이렇게 4번째 시험 만에 다시 15점이상 오른 처음 받은 점수대가 나와주었다. 이 때는 혹시라도 시험을 못 봤을까봐 채점하는 게 두려워서 채점을 안하고 성적표가 나온 날 내 점수를 알게 되었다. 리트점수 때문에 이렇게 고생할 줄은 정말 몰랐다. 나 같은 실수를 하지 않기 위해서는 이번에 준비가 덜 된 것 같아도 내년을 기약할 것이 아니라 매 입시 마지막이라 생각하고 최선을 다해야한다. 낮은 리트점수로도 합격한 사례는 내 주변에도 많다. 끝까지 포기하지 않았으면 좋겠다.

4 토익

문과생이라면 특히 상당한 고득점을 해야 할 것 같다. 로스쿨 입시 요소 중 성과를 확실하게 낼 수 있는 것이 토익이 아닐까 생각한다. 이정도면 되었다고 안심할 것이 아니고 올릴 수 있는 데까지 인정되는 기한까지 계속 도전해야 한다고 생각한다. 요즘에는 토익점수가 상향평준화 되어 회사에서도, 로스쿨에서도 나정도 점수는 드물지 않게 있었다. 막판이 될수록 점수가 안나올 시 불안해지므로 집중해서 빨리 일정점수를 받은 뒤 그리고 계속 시험을 봐서 조금씩 올리는 것을 추천드린다.

5 봉사활동 및 대외활동

나는 봉사활동과 대외활동은 고시공부를 했던 대학생치고는 참 많이한 편이었다. 사법시험이 안된 이후에는 나도 스펙이라는 것을 쌓아야겠다 싶어서 부지런히 이것저것 많이 하였다. 여러 번 입시를 치르면서 갖게 된 주관적인 느낌은 입시에 큰 도움이 안된다는 것이다. 학점, 토익, 리트점수가 조금 더 좋은 게 훨씬 유리하다는 생각이다. 어떤 학교에서는 내가 너무 많은 봉사활동 확인서와 대외활동 증명서들을 제출하자 접수하시는 분이 "이런거 다 필요없는데." 라고 말씀하시기까지 했다. 사실 취업에도 큰 영향을 미친 것 같지 않다. 물론 어떤 회사에서는 이런 점들을 굉장히 높게 쳐준 것 같기도 하다. 하지만 좋아서 하는 것이 아닌 이상 입시를 위해 억지로 할 필요는 없다는 것이 나의 생각이다. 물론 봉사활동이나 대외활동 덕분에 합격한 사람도 있을 테니 참고만 하기 바란다.

6 자격증

불확실한 리트보다는 확실한 공부를 하고 싶었다. 회사업무에도 도움이 될 수 있을 것이라 생각하여 입사이후에는 자격증 취득에 매진하였다. 전문

자격증에 도전할 순 없어서 투자자산운용사, 재무위험관리사 같은 회사와 병행하여 준비할 수 있는 수준의 자격증 공부를 하였다. 이렇게 따다 보니 입시원서를 제출할 때 6개정도의 자격증을 제출할 수 있었다. 하지만 입시에 도움이 되었는지는 의문이다. 물론 전문자격증이나 최고 등급의 제2외국어 자격증은 입시에서 상당히 큰 힘을 발휘하는 것 같다. 하지만 이외의 자격증들은 잘 모르겠다. 나 같은 경우 파생상품 관련 자격증을 딸 때는 비전공자로서 어려움을 많이 느껴 인터넷 강의를 듣고 깊게 공부를 하게 되면서 시간투자를 생각보다 많이 하게 되었는데 로스쿨 입시만 생각한다면 상당히 비효율적이었던 것 같다.

7 면접과 자기소개서

스터디를 전혀 하지 않다가 면접스터디를 해보았다. 면접 직전 4번 모여서 모의면접을 보는 형식이었는데 서로 예상문제를 물어봐주거나 고칠 점 같은 것을 이야기 해주는 형식이었다. 한번은 답변을 하면서 사안과 비슷한 판례가 떠올라 함께 언급하였는데 스터디원들이 그 점을 칭찬을 해주는 것을 보고 실전 때도 해봐야지 생각하였다. 사법시험 공부 끝에 남은 것은 그래도 판례뿐이었다.

그 해 입시 때는 불합격하였지만, 합격하던 해의 입시 때는 적절한 판례들을 함께 언급하여 주장의 근거로 삼았는데 도움이 되었던 것 같다. 여러 학교의 면접을 보았는데 학교마다 면접의 방식과 분위기가 많이 달랐다. 어떤 학교는 면접이 5분이라고 들었는데 실제로는 3분정도로 짧게 진행되었고 자기소개서의 내용을 확인하는 정도의 질문이어서 합격에 영향을 미치지않는 형식적인 면접이라는 생각이 강하게 들었다. 또 다른 학교는 시사문제에 대한 질문이 대부분인 학교도 있었다. 나머지 면접을 본 학교들은 사전에 지문을 읽은 뒤 문제를 풀어 답변하는 형식이었는데 지문의 난이도가 높은 것은 물론이고 면접관 앞에서 메모 없이 논리적으로 말해야해서 이런 유형의 학교들은 면접이 꽤나 힘들었던 것 같고 변별력도 큰 것 같았다. 다른 요소가 부족하여 면접으로 만회할 생각이라면 면접이 형식적인 학교를 지원해서는 안될 것이다. 이런 점에서 보면 학교별 면접유형이 어떠한지에 대해 잘 파악하여 지원할 때에도 고려하는 것은 물론 그에 대한 대비를 철저히 해야하는 것 같다.

긴 시간 공들여서 자기소개서를 완성하고 보니 잘 쓴 것 같아 수정할 부분이 없어보였다. 그래서 다른 사람들에게 보여주지 않고 있다가 로스쿨 진학한 친구들 몇 명에게 보여주게 되었다. 그랬더니 이게 웬걸 여기저기 고칠 부분 투성이었다. 내가 보기에 완벽해보여도 다른 사람의 검토가 필요한 것 같다. 또한 취업준비를 하느라 자기소개서를 많이 써보니 쓰는 실력이 점점 늘어나서 마지막 입시 때는 상당히 만족할만한 자기소개서를 완성할 수 있게 되었다. 많이 써보고 검토도 많이 받는 것을 추천한다.

요즘엔 리트부터 면접까지 학교에 대비반이 잘되어있기 때문에 그것만 잘 따라가도 진학에 무리가 없는 것 같다. 우리 학교도 로스쿨 입시반이 정말 잘되어있다. 아직 대학교에 재학 중이고 학교에 로스쿨 대비반이 있다면 학교 프로그램을 잘 따라가는 것을 추천한다.

8 취업준비

아직 나이가 어린친구들이라면 상관없지만 대학교 졸업자라면 취업준비와 병행할 것을 강력하게 추천한다. 로스쿨 입시는 불확실하다. 잘 나오던 리트점수가 안 나올 수도 있고 생각지 못하게 면접을 망칠 수도 있으며 모든 것이 잘 준비되어 내 점수가 아무리 좋더라도 로스쿨 입시에서 떨어질 수 있다. 떨어지면 다음 입시까지 1년이 걸린다. 그러다보면 몇 년이 훌쩍 지나가버릴 수도 있는 것이다. 요즘엔 로스쿨 입시도 취업도 정말 어렵다. 한쪽만 바라보기에는 너무나 불확실 한 것이다. 특히 로스쿨은 입학이 끝이 아니고 입학 후부터 본격적인 시작인데 입시에서 시간을 많이 끈다는 것은 괴로운 일이다. "나에게는 로스쿨 뿐이야!"의 경우가 아니라면 반드시 취업준비를 같이 하길 바란다. 사실 취업준비라고 따로 특별한 것이 있는 것이 아니고 로스쿨 지원자라면 취업시장에서도 경쟁력 있는 스펙을 갖춘 경우 일 것이기 때문에 따로 대단한 노력이 필요한 것도 아니라고 생각한다. 대학생분들 중에는 간혹 회사생활에 거부감을 느끼거나 두려워하는 사람도 있는 것 같다. 하지만 의외로 로스쿨보다도 회사생활이 나와 잘맞을 수도 있다.

나도 여러 군데를 쓰다가 우연히 들어가게된 회사였지만 내가 맡은 업무가 좋고 회사 사람들도 좋고 업계가 정말 좋았다. 비록 꿈을 위해 로스쿨 준비를 몰래하였지만 로스쿨에 못 가도 이 회사에 평생 다니고 이 업계에 내 인생을 전부 바쳐도 좋을 만큼 회사를 사랑하고 만족했다. 로스쿨에 와보니 회사를 다니다 오신분들도 상당히 많았다. 휴직하고 온 동기도 있고, 졸업 후 동종업종으로 돌아가려는 동기도 많다. 회사 다닌 것 자체가 경력이 되어 로스쿨 입시에 도움이 되기도 한다. 로스쿨만이 내 길이라고 생각할 것이 아니고 취업도 함께 고려하면서 자신의 다양한 가능성과 진로를 탐색하였으면 좋겠다.

9 회사다니며 준비하기

회사다니면서 다른 것을 한다는 것은 정말 쉽지 않다. 신입사원 때는 피곤해서 회사끝나고 집에오면 곯아떨어져서 아무것도 못했다.

제2외국어 자격증이 입시에 도움이 많이 된다고 하여 퇴근 후 일본어 학원도 6개월 정도 다녔는데 학원에서 거의 졸기만 했다. 여러 번의 시행착오 끝에 방법을 찾아나갔다. 집에 바로 가면 공부를 하기 어렵다는 것을 알고 퇴근 후 집에 가지 않고 바로 독서실에 가서 공부를 하였다. 리트, 토익, 자격증 등의 여러가지 공부를 하였다. 주말과 휴일은 물론 평일 퇴근 후에도 특별한 일이 없으면 항상 공부하였다. 회사 동기들이나 친구들과 맛집에 가거나 좋은 공연을 보러 다니는 정도가 노는 것의 전부였다. 회사에 출근하지 않는 날은 하루 종일 고시공부하듯이 공부를 하였다. 회사를 다니며 준비한 분들이 모두 이렇게 준비하지는 않았겠지만 나는 사법시험에 안된 것에 좌절을 크게한 편이었고 어떻게든 그것을 만회하여야 한다는 생각이 강했다.

회사업무 자체만으로도 힘들기 때문에 무언가를 병행한다는 것이 쉽지 않다. 어영부영하다가 시간도 금방 지나가버린다. 회사를 다니며 준비하려면 어쩔 수 없이 포기해야 할 것이 많은 것 같다. 나의 경우 공부할 시간이 확보가 안되는 점이 가장 힘들었다. 로스쿨 준비를 한다는 이유로 회사생활을 소홀히 할 순 없다. 업무도 하고, 따로 업무를 위한 공부도 하고 회식이나 회사행사도 참여해야했다. 결국 공부를 하기위해서는 주말과 휴가를 모두 포기하는 수 밖에 없었다. 회사를 다니면서 준비하시는 분들은 굳은 결심과 의지가 필요할 것이다.

10 입시의 불확실성 앞에서

2017년 입시 때, 나군은 고민이 없었지만 가군에 어느 학교를 쓸지 고민이 많이 되었다. 이번에는 꼭 가야겠구나 싶어서 원래 생각하고 있었던 학교보다 조금 더 안정적인 지원을 하였다. 예전 입시 때 가능성 높은 예비번호를 받고 바로 앞에서 떨어져본 적이 있는 학교였다. 리트점수도 오르고 토익도 오르고 자격증도 따고 경력도 길어지고 어느 점에서 보나 훨씬 점수가 높았다. 입시 상담 때도 확신에 가까운 답변을 받았고, 재학생도 이점수로 떨어질 리는 없다고 하였는데도 예비번호 뒷번호를 받아 탈락하였다. 그 당시에는 의아했는데 생각해보면 입시라는 것이 어쩔 수 없는 불확실성을 가지고 있는 것 같다. 인원은 한정되어 있는데 그 해의 지원자풀에 따라서, 면접점수에 따라서, 경쟁률에 따라서 뽑는 사람조차도 매년 결과를 알기 힘든 것이다.

만약 로스쿨 입시나 회사지원에서 떨어진 경험이 있다면 너무 좌절하지 않기를 바란다. 내 점수가 턱없이 모자란 것이 아니라면, 그저 나와 잘 안 맞았기 때문인 것이다. 회사도 그렇다. 똑같은 스펙으로 이 회사는 떨어지고 저 회사는 붙는다. 시험도 마찬가지이다. 공부를 열심히 한 순서대로 잘 보는 것은 아니다. 이런 것들 앞에서 좌절했던 경험이 있다면 홀홀 털어 버리고 다시 힘내서 꿋꿋하게 목표를 향해 나아가기를 바란다. 원하던 좋은 결과가 올 때가 분명 있을 것이다.

23

새로운 출발점으로서의 로스쿨 합격

김 미 배

· 대전외국어고등학교 졸업
· 서울대학교 경제학부 졸업
· 성균관대학교 법학전문대학원 제2기
· 제2회 변호사시험 합격
· 현) 한국거래소 코스닥시장본부 변호사

1 로스쿨을 시작하게 된 계기

저는 2004년부터 행정고시를 공부했습니다. PSAT 체제로 바뀐 2007년부터 2009년에 이르는 동안 재경직 1차 합격을 하지 못했고 그러한 과정에서 로스쿨을 생각하게 되었습니다. 저는 어려서부터 공공부문에서 일하고 싶다는 생각을 가지고 있었기 때문에 행정고시를 공부하게 된 것이고 적성시험인 PSAT에 맞지 않는다는 이유로 꿈을 포기할 수는 없었습니다.

오히려 로스쿨을 다니게 되면 그동안 공부했던 경제학적 기반 위에 법학을 배워서 제가 궁극적으로 하고자 하는 정부 정책을 이해하고 정립하는 데에 도움이 될 것이라고 생각했습니다. 또한 행정고시 1차 과목이었던 헌법과 2차 과목의 행정법을 공부하면서 법학의 매력을 느끼게 되었고 학부 전

공인 경제학적 지식과 법학적 마인드를 조화롭게 갖춘 사람이라면 정책을 수립하는 데에 있어서 전문성을 갖출 수 있는 사람이 될 수 있으리라 생각했습니다.

2 로스쿨 준비 기간 및 로스쿨을 위한 필요 요소

2009년 행정고시 1차 시험에서 좋지 않은 성적을 받고 로스쿨에 대한 확신을 가지게 되면서 4월부터 로스쿨을 준비하였습니다. 제가 생각하기에 로스쿨에 들어가기 위한 필요 요소는 (1) 리트, (2) 학점, (3) 영어, (4) 논술, (5) 면접, (6) 봉사활동 및 기타 경력 정도로 분류할 수 있었습니다.

저는 줄곧 행정고시를 공부했기 때문에 경력은 2번의 행정고시 1차 합격 경험과 2009년 겨울에 한 6주간의 조선일보 인턴 경험이었습니다. 또한 학점의 경우 이미 학점을 다 들은 상태였기 때문에 제가 할 수 있는 일이 없었습니다.

결국 2009년 4월의 상황에서 제가 할 수 있는 일은 (1) 리트공부, (2) 영어 점수 향상, (3) 봉사활동, (4) 면접 및 논술 준비였습니다. 이를 기준으로 제 나름대로의 공부 경험을 말씀드리겠습니다.

3 리트 공부

리트는 언어이해와 추리논증 두 과목으로 이루어져 있습니다.

언어이해

언어이해의 경우 어법과 독해로 나눌 수 있을 것 같습니다.

● **어 법** ······ 어법의 경우는 모르면 모르고 알면 단번에 답을 쓸 수 있기 때문에 전략을 잘 세워서 공부해야 합니다. 왜냐하면 범위 자체가 광범위하기 때문에 그것을 전부 공부하는 것은 불가능할 뿐만 아니라 바람직하지도

않습니다. 3~4문제 정도 출제되고, 어떤 것은 상식으로도 해결할 수 있는 것이기 때문에 어법을 따로 공부하는 것을 효율적이지 않다고 생각합니다.

어느 것이든 학원이나 혹은 네오에서 나온 어법 자료집 등 한권만을 선택해 반복적으로 보면 족하다고 생각합니다. 저는 네오 자료집도 많다고 생각되어 학원에서 최종 정리용으로 나누어진 얇은 자료집만을 반복해서 보았고 올해 어법 문제의 경우 그 정도로도 충분했습니다.

● 독 해 ● ······ 독해의 경우 철학, 과학, 경제, 정치, 사회 등 다양한 주제를 가진 제시문을 토대로 답을 고르는 문제입니다. 문학도 출제가 됩니다. 기본적으로 평소에 책을 많이 읽어두는 습관이 중요하다고 생각합니다. 단기간에 요약집으로 정리하는 것은 오히려 문제풀이를 방해하는 경우가 많습니다. 저 같은 경우는 교과서외의 책을 잘 읽지 않았기 때문에 독해에 자신이 없었습니다. 하지만 그렇다고 하여서 학원에서 속성으로 요약된 것을 암기하듯 공부하는 것은 리트에 있어서는 별로 도움이 되지 않습니다. 저는 기출을 중심으로 지문을 분석하는 연습을 했습니다. PSAT과 MEET/DEET 문제 등을 출제된 연도부터 모으면 양이 꽤 되기 때문에 그 정도로 충분했습니다. 문제를 가린 후 지문을 보고 답을 유추하는 식으로 연습을 했습니다.

추리논증

추리논증은 PSAT을 공부한 경험 때문에 다른 수험생들보다는 수월하게 공부했다고 생각합니다. 특히 PSAT의 자료해석과 상황판단이 많이 도움이 되었습니다. 반복해서 문제를 풀고 답을 맞추었더라도 더 빠른 해답이 없는지 고민하였습니다. 처음 시작하는 수험생의 경우 추리논증 기본서를 한 권 사서 문제의 유형과 풀이를 공부한 후 기출에 접근할 것을 권합니다.

리트 관련 총평

리트에 있어서 무엇보다 중요한 것을 시험 당일의 컨디션과 마음 상태입니다. 최적의 몸 상태로 침착하게 문제를 풀어나가야 합니다. 또한 시간 조절이 관건이기 때문에 자신이 풀 수 있는 문제인지, 풀더라도 2분 안에 해결할 수 있는 문제인지 빠르게 판단하여서 실마리가 보이지 않거나 시간이 걸리는 문제의 경우 과감히 제쳐두고 풀 수 있는 문제를 풀어야 합니다.

학원수강과 모의고사에 있어서는 의견이 갈리기는 하나 저를 비롯하여 스터디원 대부분은 별로 도움이 되지 않는다는 견해가 우세합니다. 학원수강을 패키지로 기본강의부터 따라간 수험생의 의견도 다르지 않았습니다. 저도 불안한 마음에 학원강의를 듣기도 하고 모의고사도 구해다 풀었습니다만 리트에 있어서는 학원강의나 문제는 별로 도움이 되지 않습니다. 오히려 강사의 자의적 해석에 휘둘려 실제 문제의 경향에서 벗어나는 결과가 초래하기도 하였습니다.

저의 경우도 모의고사에서는 언어이해와 추리논증 모두 좋은 성적을 받았지만 실제 시험에서는 그다지 높은 점수를 받지는 못했습니다. 물론 사람에 따라 다를 것이라 생각하지만 리트에 있어서는 기출 문제만큼 좋은 문제가 없습니다.

PSAT과 MEET/DEET 그리고 LEET예시 및 기출문제만 모아도 문제가 꽤 됩니다. 이것을 반복해서 풀어보시고 분석해보시는 것을 꼭 선행하시기 바랍니다.

4 영어 성적 향상

영어 성적의 경우는 일단 높은 점수를 받아놓는 것이 좋다고 생각합니다. 물론 학교에 따라서 중요하게 생각하지 않는 학교도 있지만 그래도 정량적 평가는 되도록 손해보지 않도록 일정정도로 만들어 놓는 것이 나중에 후회가 되지 않습니다.

저는 TEPS보다는 TOEIC이 편했기 때문에 5월 중에 스터디에 참여해서 집중적으로 공부를 하였습니다. 문제 유형과 풀이에 익숙해지는 것이 중요하기 때문에 주중에 매일 모여서 모의고사 형식으로 진행하였고 만점에 가까운 점수를 얻을 수 있었습니다.

그러나 분명한 것은 영어성적이 pass/fail로 적용되는 학교도 있기 때문에 자신이 지원하고자 하는 학교에 따라 전략을 달리하는 것이 필요하다고 생각합니다.

5 봉사 활동

저는 이전까지는 봉사활동이 전혀 없었습니다. 따라서 봉사활동에 있어서는 제게 강점이 없다고 생각하고 크게 욕심을 부리지 않았습니다. 어차피 로스쿨 입학 1년 내외의 활동은 특별한 것으로 인정해주지 않기 때문에 일정정도 성의를 보이는 것이 중요하다고 생각합니다. 그간은 고시 공부 등으로 인해 시간적 여유가 없었기 때문에 할 수 없었던 것이고 그래도 나는 봉사활동을 중요한 가치로 생각한다라는 의지를 보이는 정도는 필요하다는 것입니다.

앞서 말씀드린 것처럼 시간은 한정되어 있고 제가 노력해서 할 수 있는 일과 할 수 없는 일, 혹은 같은 시간을 들여서도 효과를 낼 수 있는 일과 별다른 효과를 낼 수 없는 일이 있습니다. 지원하고자 하는 로스쿨을 고려해서 자신의 강점과 약점을 파악하시고 전자에 해당되는 일에 집중하실 수 있어야 합니다.

6 면접 및 논술 준비

면접 및 논술에 있어서는 스터디가 많은 도움이 되었다고 생각합니다. 물론 혼자서 공부하는 것이 효율이 있다는 분도 있지만 저의 경우에는 4월부터 꾸준히 한 스터디가 큰 도움이 되었습니다.

4월부터 새바치 논술수업을 들으면서 토론을 하고 논술을 써서 첨삭을 받았습니다. 특히 첨삭을 받는 것이 저에게는 큰 도움이 되었습니다. 새바치 논술은 학원강의가 아니라 일주일에 한 번씩 스터디 형식으로 최소비용을 내고 선생님께서 토론지도와 논술첨삭을 해주는 형식으로 진행되었습니다. 언어이해에 있어서도 독해의 기본요령과 지문의 분석에 있어서의 틀을 정립하는 데에 도움이 되었습니다.

LEET가 끝난 후에는 면접을 주로 하여 진행되었는데 자기소개서 첨삭과 대면 질의, 압박면접, 집단토론 등 다양한 측면에서 연습을 할 수 있었습니다.

이 외에도 면접에 있어서는 별도의 스터디에 참여하여 연습을 하였습니다.

또한 개인적으로 100분 토론과 시사토론 등을 보며 전제와 논거, 주장 그리고 반박의 논리 등을 고민하였습니다.

면접이나 논술과 관련하여서도 시중에 여러 교재가 나와 있는 것으로 알고 있는데 저도 물론 구입하였습니다만 결국엔 보지 않았습니다. 양도 너무 많고 비법학도인 저로서는 제대로 이해할 수 없기 때문이었습니다. 그 책을 보고 활용하는 것은 결국 암기를 해야 한다는 것인데 제대로 이해하지 못하는 지식은 논술이나 면접에서 오히려 점수가 깎이는 요인이 된다고 생각합니다.

중요한 것은 많이 써보고 많이 말해보고 쓴 것을 다시 읽어보고 말한 것을 다시 들어보며 자신의 논리를 다듬어야 한다는 것입니다. 매주 논술을 쓰고 쓴 것을 첨삭받아 다시 답안을 작성하는 연습과 토론 수업 시 녹음기로 내용을 녹음하고 이를 다시 들으며 나의 논리와 상대방의 논리, 말투와 태도 등에 대해서 고민해보는 시간들이 결국에 시험장에서 내 지식으로 현출되었다고 생각합니다.

7 로스쿨에 합격하기까지

위와 같은 요건을 갖추었다고 하여도 로스쿨에 합격하는 데에는 그 이상의 변수가 작용합니다. 그 해에 해당 로스쿨이 목표로 하는 것이 무엇인가, 경쟁률은 어떠한가, 면접에 어떤 교수님이 들어오는가, 면접문제는 어떠한가, 집단 토론시 면접 참여자들의 특성은 어떠한 가 등등...

저 같은 경우도 사실 리트가 별로 좋은 점수가 아니었습니다. 그렇기 때문에 성균관대학교 로스쿨과 충남대 로스쿨을 지원했을 때 주위의 반응은 불안하다는 것이었습니다. 특히 두 학교의 경우 작년에 리트의 비중이 높았던 학교였기 때문에 더욱 그랬습니다. 그러나 저는 고향이 대전이었기 때문에 지방의 경우 충남대에 가는 것이 최선이었고 경쟁정책을 공부하고 싶었기 때문에 성균관대학교 로스쿨에 가고 싶었습니다.

로스쿨에 가는 것이 그냥 대학원을 다닌다는 개념이 아니라 내가 하고 싶은 일에 다른 방법으로 그러나 보다 성큼 다가가는 발판이 되는 것이었기 때문에 내가 원하는 곳에 가야한다고 생각했습니다. 그래서 그대로 두 학교를 지원하였고 두 학교 모두에 합격하였습니다.

작년에 이랬기 때문에 올해도 이럴 것이다, 혹은 작년엔 이랬기 때문에 올해는 다를 것이다라는 예측은 불확실하고 수험생의 입장에서는 불가능한 것입니다. 그렇기 때문에 그런 것에 흔들리지 않고 선택을 하는 것이 후회가 적다고 생각합니다. 로스쿨에 왜 가야 하는지, 그리고 어느 로스쿨을 가고 싶은지 명확히 하시길 바랍니다.

나중에 나오면 점수에 맞추어서, 아니면 다른 것에 대한 도피의 수단으로서 로스쿨을 선택하는 것은 3년이라는 시간과 비싼 학비, 힘든 공부 등을 생각할 때 바람직하지 않습니다. 따라서 로스쿨에 가고자 하는 이유를 분명히 하시고 지원하고자 하는 학교를 정하신 후 지금 현재 자신의 조건에서 할 수 있는 최선을 다하셔야 합니다. 전략적으로 접근하셔야 합니다.

24

새로운 한 걸음을 시작하며

김 준 태

- 대구 경원고등학교 졸업
- 아주대학교 법학과 졸업
- 아주대학교 법학전문대학원 제6기

1 시작하며

합격의 기쁨과 캠퍼스 생활에 대한 설렘도 새로운 환경과 도전에 대한 걱정으로 채워지고 있는 지금, 이번 기회를 통해 저의 지난 시간을 되돌아 볼 수 있게 되어 참 감사한 마음입니다. 저는 법대를 졸업하고 전공을 살려 기업 법무팀에 입사 하였습니다. 만 3년이 조금 넘는 시간 동안 사회에서 다양한 경험을 쌓고서 캠퍼스로 다시 돌아와 또 다른 도전을 시작하게 되었습니다. 로스쿨의 설립 취지 자체가 다양한 분야의 다양한 활동경험을 가진 폭넓은 법조인을 양성하는데 있는 만큼 회사생활을 하다가 다시 배움의 길로 돌아온 한 명으로서의 경험을 짧게나마 소개해드리도록 하겠습니다. 저의 부족한 경험이 로스쿨 입시 앞에서 혼자 걱정하고 계신 여러분들에게 조금이나마 도움이 되기를 바라며, 모든 과정이 그렇듯이 합격이라는 목표를 향해 다가가는 방법은 매우 다양하고 개인차가 있다는 점을 고려하시어 자기에게 맞는 전략을 통해 원하시는 학교에 꼭 합격하시기를 진심으로 기원합니다.

2 LEET의 준비과정

로스쿨 입시를 시작함에 있어서 가장 막연하면서도 걱정되는 것이 LEET 준비 방법이라고 생각합니다. 절대적으로 확립된 공부방법도 없고, 지금까지 우리가 해오던 공부형태가 아니기 때문입니다. 그 중 가장 고민되는 것이 바로 학원에 다녀야 하는 것이 아닐까 싶습니다. 저는 지극히 일반적인 학습능력을 가진 사람이고, LEET 성적 역시 최상위권이 아닙니다. 하지만 사교육의 도움 없이 이렇게 로스쿨에 진학하게 된 것을 보면 적어도 사교육이 답이라고 보지는 않아도 될 것이라는 조심스런 생각이 듭니다. 아래에서는 LEET를 준비했던 저의 이야기를 짧게 소개해 드리도록 하겠습니다.

● **언어이해** ● ····· LEET를 준비하면서 가장 많이 들었던 이야기는 '기출'이었고, 가장 많이 떠올렸던 생각은 '수능'이었습니다. 바꿔 말하면 가장 중요한 자료는 기존에 출제되어 검증된 문제사례이고, 가장 쉽게 참조해 볼 만한 경험은 수능 언어영역이라고 할 수 있겠습니다. 저는 깨어있는 시간의 대부분을 회사에서 보내야 했기 때문에 사실 별다른 학습방법을 익히거나 문제들을 찾아볼 여유가 없었고, 오히려 주어진 양질의 자료에 집중할 수 있었습니다. 주변에서 찾아보니 수능 기출, MEET 기출, DEET 기출 역시 좋은 자료가 될 수 있었고, 이 자료들만 소화하는데도 엄청난 시간이 필요했습니다.

언어이해를 공부함에 있어서 무엇보다도 중요한 점은 "나 자신이 채점자에 그치는 것이 아니라 문제의 해설자가 되어야 한다."는 사실입니다. 저는 정답 여부에 상관없이 지문 안에는 각 문제와 각 문항의 답으로 귀결되어야 하는 이유와 연결고리가 반드시 나타날 것이고 스스로가 그것을 정확히 찾아내야 된다고 생각했습니다. 그래서 시간이 오래 소요되는 한이 있더라도 최대한 지문 안에서 합리적이고 논리적인 사고의 흐름을 찾으려고 노력했습니다. 이러한 선택과 집중을 통해 적은 시간에 비교적 올바른 공부를 할 수 있지 않았나 감히 생각을 해봅니다.

나아가 단순히 길가에 보이는 간판, 신문, 잡지 역시 글을 읽고 이해한다는 점에서 좋은 학습이 될 수 있으므로, 절대적인 학습량에만 집중할 것이 아니라 주변의 다양한 상황과 환경을 활용하여 공부하는 것도 큰 도움이 되지 않을까 생각합니다.

● **추리논증** ●····· 사실 추리논증은 언어이해에 반해 크게 부담되는 것이 사실이었습니다. 흔히 말하듯 머리가 좋아야지, 아이큐가 좋아야지 추리논증 문제를 쉽게 풀어낼 수 있지 않을까 하는 고정관념이 앞서 걱정이 많았습니다. 한 마디로 "언어이해는 읽고 이해할 수 있으니 열심히 하면 되겠지만, 추리논증은 대체 어떻게 해야 하지!"라는 걱정이 늘 앞섰습니다.

이런 사실을 부정할 순 없지만, 현실적인 부담을 줄이기 위해 저는 "주어진 시간에 최대한 많이 풀어 내는 것도 중요하지만, 풀어 내는 문항 수를 떠나 정확한 풀이 과정을 거쳐 확실한 정답을 내놓을 수 있는 문항 수를 확보하는 것이 더욱 중요하지 않을까?" 하는 생각을 했습니다. 이러한 접근으로 문제를 풀었고, 결론적으로 좋은 결과로 이어졌다고 생각합니다. 저 같은 고민을 하는 수많은 평범한 수험생들께서도 희망을 가지고 임해도 좋겠다는 말씀을 드리고 싶습니다.

특히, 학부생의 경우 대학 내 교양과목 또는 철학수업 과정에 개설되어 있는 '기초논리' 수업을 미리 접하고 이를 학습에 징검다리로 삼는다면 시간적·경제적인 비용을 효과적으로 사용할 수 있지 않을까 생각합니다. 나아가 무척이나 귀찮고 힘든 과정이긴 하지만 논리 전개 과정에서의 숨은 전제나 논증의 진행에 있어서 꼭 거쳐야 하는 과정을 직접 작성하고 도식화 해보는 연습을 한다면 추리논증 실력을 한 단계 더 끌어올릴 수 있지 않을까 생각합니다. 문제 속에 반드시 답이 있다는 마음을 가지고 좀 더 집중해서 답을 찾아보시기 바랍니다.

● 논 술 ● …… 사실 논술은 다상(多讀), 다작(多作), 다상량(多商量)이 가장 중요할 것입니다. 즉, 논술실력은 꾸준한 노력의 결과로 나오는 것이지 단시간에 실력을 끌어내기가 쉽지 않다는 말입니다. 저 역시 평소의 노력이 부족했기 때문에 고민이 많았습니다. 게다가 논술점수가 입시에서 차지하는 반영률이 낮다는 것이 일반적인 의견이고 그것을 점수로 발현해내기 역시 쉽지 않기 때문에 많은 분들이 논술은 보통 수준으로 무난히 써내기만 하면 된다는 생각을 가지고 있습니다.

하지만 저는 논술은 법조인으로서 갖추어야 할 논리력과 문장력을 가장 잘 보여줄 수 있는 하나의 지표일 뿐만 아니라 언어이해와 추리논증 학습에도 상당한 관련성을 가진다는 생각하에 나름의 준비를 하고자 노력했습니다. 특히 일상 생활이나 제가 수행하게 되는 업무의 과정 중에서 그러한 능력을 발전시켜 내고자 노력했습니다.

쉽게 접할 수 있는 웹상에 올라오는 칼럼이나 의견들을 읽고 생각하고, 평소 읽던 책에서 눈에 띄는 문장들을 베껴 써보고, 회사에서 쓰는 보고서나 의견서를 최대한 간결하고 정확하게 써 보고자 노력했습니다. 이러한 일상의 경험들을 바탕으로 간간히 기출문제를 직접 논술해보고 첨삭하고 생각을 더하면서 준비했습니다.

다시 말하자면, 한정된 시간 속에 어떤 강의나 방법을 찾기보다는 고등교육과정을 충분히 이수했다는 믿음을 바탕으로 주변의 다양한 의견과 생각들을 청취하고 직접 적으면서 생각의 흐름을 간결하게 정리해보고자 노력했습니다. 따라서 수험생 여러분도 스스로에 대한 믿음을 가지고 최대한 일상에서의 일들이 자연스러운 공부로 이어질 수 있도록 시간을 활용해 본다면 보다 효과적으로 준비를 해나갈 수 있지 않을까 생각합니다.

3 공인영어 시험 준비(토익)

저는 평소 수행하던 회사업무 중에 비교적 많은 양의 영문문서들을 보고 다뤘기 때문에 영어에 익숙할것이라는 자만심에 공인영어 시험준비를 늦게

로 스 쿨 합 격 수 기

시작했습니다. 그래서 마지막 순간까지 영어시험 준비에 시간을 할애할 수밖에 없었고, 결과적으로 이는 입시에 있어서 제 약점이 되었을 뿐만 아니라 대부분의 학교에서 인정하지 않는 시험일에 제 최고 점수가 나오는 사태가 발생하고 말았습니다. 이러한 경험에 비추어 볼 때, 다른 수험생 여러분들은 공인영어 성적을 최대한 빨리 갖추어 놓는 것이 좋지 않을까 생각합니다. 미리 준비해 놓으면 LEET 시험일이 가까워지더라도 흔들림 없이 공부에 집중할 수 있고 비교적 여유로운 수험생활을 할 수 있기 때문입니다.

특히, 저는 취업을 준비하던 2010년에 비해 RC의 체감 난이도가 상향되고 전반적으로 고득점 하기가 어려워졌다고 느꼈기 때문에, 토익을 공부한 지 오래되신 분들은 최근 유형에 맞는 문제를 빨리 접해본 다음 향후 학습 방향을 잡아나가는 것이 좋을 것 같습니다. 세부적인 학습 방법이나 교재 등에 대한 정보는 이미 시중에 풍부하고, 여러분들께서 저보다 잘 알고 계실거라 믿기 때문에 부연하여 말씀 드리지 않겠습니다.

4 자기소개서 및 면접 준비

● **자기소개서** ●····· 직접 교수님을 대면하여 자신의 생각을 전달할 수 있는 면접이 아닌 이상 자신의 장점이나 진로계획, 열정 등을 보여줄 수 있는 방법은 사실상 전무합니다. 따라서, 저는 자기소개서가 입시에 있어서 차지하는 비중은 상당하다고 생각합니다. 제한된 글자수이긴 하지만 활용하는 방법에 따라 자신을 가장 효과적으로 확실하게 전달할 수 있는 장치이기 때문입니다. 저의 경우에는 LEET, 학점, 공인영어 성적 등에서의 몇 점보다는 오히려 자기소개서가 더 중요할 것이라는 믿음을 가지고 자기소개서를 준비했습니다.

나 자신을 하루 아침에 되돌아보고 내다보며 글로 풀어낸다는 것은 결코 쉽지 않습니다. 때문에, 저는 길을 걷거나 버스를 타거나 샤워를 하면서 생각이 떠오를 때마다 그 사건이나 기억들을 간략하게 기록하곤 했습니다. 이러한 기초자료를 통해 나라는 사람에 대한 기본골격을 잡고 그 부분 부분에 나만의 이야기를 담아내고자 했습니다. 최대한 쉽고 단순하게 그리고 짧은 시간 내에 저를 이해할 수 있도록 독자의 입장에 서서 소개서를 작성하였습니다. 자기소개서는 자신을 대변할 수 있는 핵심적인 단어들을 활용하여 짧고 간결한 문장으로 서술하되, 나만의 이야기를 담백하게 전달하는 것이 가장 중요하지 않을까 생각해봅니다.

● **면접준비의 과정** ●⋯⋯ 저는 과거 취업을 준비할 당시에는 별도로 스터디를 하지 않았습니다. 반복되는 질문에 계속 노출되면 정형화된 답변에 스스로를 가두게 되어 예상치 못한 질문에는 나를 효과적으로 보여줄 수 없을지도 모른다는 걱정이 들었기 때문입니다. 그런데, 이번 입시를 준비하면서 수험생 대부분이 면접 자료집 공부와 스터디 모임을 병행하는 모습을 보며 내심 불안하여 면접을 약 일주일 남겨 놓은 시점에 스터디 모임을 준비하게 되었습니다. 시사라는 것이 그 범위가 매우 광범위할 뿐만 아니라 주제어만 뽑더라도 상당하기 때문에 지엽적인 부분에 신경을 쓰기 보다는 어떤 주제를 만났을 때 일반적인 상식과 학습해온 지식을 활용하여 나의 생각을 효과적으로 풀어내면서 접근할 수 있는 과정을 익히고자 노력했습니다. 짧은 시간에 최대의 효과를 내야 했기 때문에 조금은 부담스럽더라도 비교적 많은 발언 기회를 얻고자 노력도 했습니다.

어차피 시중에 인기 있는 강의를 수강하고 책을 본다고 하더라도 제한된 시간 안에 수백 가지의 주제를 흡수하는데에는 한계가 있을 뿐만 아니라 다른 수험생들과 똑같은 생각을 말하게 되는 누를 범할 수 있기 때문에, 평소 보던 잡지나 신문을 계속 구독하여 활용하고, 논술을 통해 다져진 생각들을 나의 언어로 풀어낼 수 있도록 노력하는 것이 가장 중요하다고 생각합니다.

5 글을 마치며

부족하기만 한 제가 이런 글로 사람들을 만나게 될 수 있으리라는 생각은 하지 못했는데 저에게도 이런 기회가 생겼습니다. 저는 제가 걸어오던 직장인으로서 길을 잠시 옆에 두고, 새로운 도전을 향해 한 발 내딛고자 합니다. 이 글을 통해 제가 회사생활과 공부를 병행하면서 가졌던 기본적인 학습 방향성이나 진행과정을 최대한 간결하면서도 담백하게 풀어내고자 노력을 했습니다. 특히, 제한된 시간 속에 입시를 준비해야 하는 회사원에게는 로스쿨 준비과정이 그렇게 쉽지만은 않았습니다. 하지만 그 누구보다도 확실한 방향성과 목표를 향해 걸어나가야 한다는 생각이 지칠 때 마다 큰 힘이 되어주었다고 생각합니다.

이 글을 통해 제가 전하고자 했던 가장 핵심적인 메시지는 바로 이 두 가지가 아닌가 싶습니다. 첫째는 "나 자신을 믿자."이고, 둘째는 "일상에서의 자연스러운 공부의 모습이 되도록 하고, 그 모든 과정에는 긴밀한 상호연관성이 있다는 것을 잊지 말자."입니다.

저는 로스쿨 합격 소식을 듣고 아버지께 농담조로 이런 말을 했습니다. "아버지, 로스쿨 준비하는데 3만원 들었습니다." 처음 공부를 시작해서 마치는 순간까지도 학원광고 문자에 마음이 몇 번이고 흔들렸습니다. 하지만 사교육으로는 모든 것을 해결할 수 없을 뿐만 아니라 이 과정 마저 사교육에 의지하게 된다면 앞으로의 공부 역시 그렇게 될 것이라는 두려움이 더욱 컸기 때문에 혼자의 힘으로 묵묵히 준비할 수 있었습니다. 그리고 많이 부족했지만, 결과적으로는 저 개인이 목표한 방향으로 입시를 성공리에 마무리 할 수 있었습니다. 힘들게 공부하시는 다른 수험생 여러분들에게 힘이 될 수 있을까 하는 마음에 감히 이런 말씀을 드려봅니다. 저는 로스쿨을 준비하는데 토익책 2권을 사는데 필요한 돈 밖에는 들지 않았습니다. 훌륭하신 여러분들의 지난 시간과 앞으로의 노력을 믿으십시오. 저도 했는데 여러분은 더 잘 해내실 겁니다.

마지막으로 모든 분들께 깊은 감사의 말씀을 전합니다. 많은 분들께서 저를 위해 기도해 주시고 응원해 주셨기에 지금의 제가 있다고 생각합니다. 지금 이 순간이 있기까지의 수많은 도움과 응원을 절대 잊지 않겠습니다. 그리고 집안의 가장 든든한 버팀목이신 큰아버지·어머니를 비롯한 온 가족들에게 감사합니다. 아주대 로스쿨 합격, 이 기쁨만큼은 늘 저를 믿고 바라봐주신 아버지, 어머니, 그리고 사랑하는 동생 민세의 온전한 몫이라고 생각합니다. 늘 감사합니다. 이제 단지 출발선에 선 것일 뿐이라고 생각합니다. 앞으로 다가올 시간에 대하여 용기와 희망을 가지고 열심히 노력하도록 하겠습니다. 같은 시대, 같은 길을 걸어가시는 여러분들께도 늘 행운이 함께하길 기도 드리겠습니다.

로스쿨을 향한 첫발 내딛기

김 예 슬
· 창원 명곡고등학교 졸업
· 아주대학교 법학과 졸업
· 아주대학교 법학전문대학원 제4기
· 변호사 김예슬 법률사무소

1 시작하며

부푼 마음을 가득 안고 맞이했던 첫 학기를 시작으로, 저는 벌써 세 번째 학기를 마치고 여름방학을 맞이하였습니다. 방학하자마자 이 곳 저 곳으로 실습을 나가느라 정신없이 보내고 있는 요즘이지만, 이렇게 합격수기를 쓰면서 입시준비를 하던 때를 떠올려 보니 감회가 새롭습니다.

제가 입시준비를 하던 해를 떠올려보니, 혼자 잠을 설치면서 참 고민을 많이 했던 기억이 납니다. 저는 법대 출신이긴 하지만, 제가 입시준비를 하던 당시 주변에 로스쿨 입시를 실질적으로 준비하는 학생들이 많지는 않았습니다. 제가 졸업을 비교적 빨리했던 터라, 동기들 중에는 아직 다녀야 하는 학기가 남아있어서 당장 입시준비를 하는 친구들이 없었고, 선배들도 고시 준비 등으로 졸업이 늦어져서 입시를 당장 눈앞에 두고 있는 사람은 많지 않았기 때문입니다. 그래서 로스쿨 입시에 도전을 할지 말지부터 시작해서, 무엇을 어떻게 준비해야 하는지에 대해 하나부터 열까지 스스로 고민하고 길을 찾아야 했습니다. 이 글에서는 제가 로스쿨 입시준비를 하면서 혼자 고민했던 부분과, 합격에 이르기까지의 과정에 대한 저의 경험을 여러분께 전달하고자 합니다.

본격적인 글을 시작하기에 앞서, 저의 경험이 로스쿨 입시 앞에서 혼자 막막해하고 계신 분들에게 조금이나마 도움이 되기를 바라며, 더불어 어떤 시험에서든 그러하듯이, 합격에 이르는 방법은 여러가지로 다양하고, 개인차가 있다는 점을 고려하시어 자기에게 맞는 전략을 통해 원하시는 학교에 꼭 합격하시기를 진심으로 기원합니다.

2 LEET의 준비과정

● **언어이해** ····· 본격적인 LEET 공부를 시작하면서 가장 먼저 했던 것이, 법학적성시험 홈페이지 자료실에 들어가 LEET기출 문제를 다운받아 출력했던 것입니다. 저에게 맞는 공부방법을 찾기 위해서는 지금 현재 실력을 아는 것이 필요하다는 생각이 들어서 실제 시험시간에 맞춰 기출문제를 풀어보았습니다. 결과는 충격적이었습니다. 추리논증영역은 말할 것도 없고, 그나마 수능 언어영역과 비슷한 느낌이 들어 조금 친숙했던 언어이해영역에서마저 처참한 결과가 나왔습니다. 채점을 해보고 기본기가 많이 부족하다는 생각이 들었지만, 막상 공부를 시작하려하니 무엇부터 어떤 방법으로 공부해야할지 감이 오지 않았습니다. 그래서 고민을 계속 하다가, 이렇게 아무것도 모르고 막막할 때에는 다른 매체라도 찾아 일단 시작을 하는 것이 좋겠다는 생각이 들어 동영상 강의를 듣기로 결정하였습니다.

어느 강사의 어느 강좌가 괜찮을지 찾아보기 위하여 로스쿨 입시 준비 카페를 여러 군데 가입하였습니다. 수강후기들을 조금 읽어보았는데, 좋은 글도 있고 나쁜 글도 있었습니다. 학원을 홍보하기 위한 목적으로 작성된 글도 종종 있다고 하니 인터넷 글들은 참고만 하시는 것이 좋을 것 같습니다. 저도 결국에는 인터넷에서 얻은 정보는 참고로 하고, 강의결정은 학원 인터넷 사이트에서 샘플강의를 들어보고 하였습니다. 기본과정, 심화과정 등 개설된 강의가 많아서 고민되기도 했지만, 차근차근 공부를 하고 싶어서 기본과정을 신청하여 수강했습니다.

동영상 강의를 수강하면서 좋았던 점은, 제가 아무것도 모르는 상태였기 때문에 일단 공부방법에 대해 고민하거나 책을 고르기 위해 고민할 필요가 없었다는 것입니다. 일단 강의를 선택하면, 공부방법은 선생님이 수업하시는 대로 따라가면 되고, 교재나 참고자료도 그 강의에서 필요한 것을 구입해서 따라가면 되기 때문에 그런 점이 편했습니다. 강사마다 강의스타일과 문제풀이 방법이 다릅니다. 그렇기 때문에 강의수강을 생각하시는 분들은 일단 강의를 하나 정하면 그대로 믿고 열심히 해보는 것이 좋을 것 같습니다. 주변에서 한꺼번에 이 강사 저 강사 강의를 듣거나하여 결국엔 한 강의도 제대로 끝내지 못한 분들을 보기도 했습니다.

동영상 강의를 들으면서 예습과 복습을 했습니다. 복습은 틀린 문제에 대해 다시 한 번 생각해보고, 강의 들을 때 선생님께서 중요하다고 체크해 주시는 팁 같은 것들을 다시 훑어보는 방식으로 했고, 예습은 딱히 예습이라고 하기 보다는 문제를 미리 풀어놓지 않으면 강의를 듣는 것이 아무 소용도 없었기 때문에 문제를 미리 풀어놓는 정도로 했습니다.

언어이해영역과 같은 경우, 개인적인 생각으로는 단기간 공부한다고 갑자기 실력이 많이 향상되거나 하지 않는 것 같다는 생각이 들었습니다. 점수가 빨리 오르지 않더라도 꾸준히 공부를 하는 자세가 필요한 것 같습니다.

● **추리논증** ● ····· 추리논증 공부를 시작하기에 앞서 언어이해영역의 경우와 같이 기출문제를 먼저 풀어보았습니다. 아예 손도 못 대고 풀지 못하는 문제가 많아서 처음부터 공부를 해야겠구나하는 생각이 들었습니다. 추리논증영역은 더더욱 어떻게 공부해야 할지 막막해서 이 것 또한 강의를 들어보기로 했습니다. 언어이해영역과 같은 경우는 강사에 따라 수험자의 호불호가 갈린다는 얘기를 들었었는데, 추리논증에서는 당시 독보적이라고 할 만한 강사분이 계셨습니다. 그래서 그 강사의 동영상 강의를 듣고, 교재도

그 분이 강의하시는 것에 맞추어 구매하게 되었습니다.

제가 들었던 추리논증영역 강의에서는 선생님이 일단 기본개념이나 논리식 같은 것을 설명한 후, 문제를 풀이하는 방식으로 진행했었습니다. 그런데 저는 언어이해영역보다 추리논증영역에 더욱 취약했기 때문에 강의를 듣기 전에 꼭 예습을 했습니다. 기본개념 설명부분은 읽으면서 이해하려고 했고, 문제들은 시간이 얼마나 걸리든 제 방식대로 어떻게든 풀어보려고 노력했습니다. 그리고 복습을 할 때에는 문제를 다시 풀어보는 식으로 공부했습니다. 제가 공부했던 교재에 있던 문제들은 모두 기출문제였고, 선생님께서 기출문제는 더 철저히 분석하고 공부해야 한다고 하셔서, 틀린 문제를 위주로 하였지만 맞힌 문제도 어떻게 맞히게 되었는지, 선생님의 풀이방식이 내 방식과 다른지 여러 번 생각하면서 공부했습니다.

시간적 여유가 조금 있으신 수험생 여러분들께는 논증과 관련된 서적을 읽으실 것을 추천해드리고 싶습니다. 저는 학부 때 '논리적 사고'라는 교양과목을 들은 적이 있습니다. 로스쿨 입학을 염두에 두고 들은 강의는 아니었고, 친구가 추천해서 들었었는데, 그 때 교수님께서 교수님 저서 책으로 수업을 하셨습니다. 그 책은 강좌명과 같이 '논리적 사고'라는 제목의 책이었는데, 서점에 가보니 일반교양서적으로도 많이 팔리고 있는 책이었습니다. 그 책에는 여러가지 논증방법에 대한 설명이 쉽게 되어있는데, 추리논증영역에서 논증에 관한 부분에 대해서는 전에 읽었던 그 책이 도움이 많이 되었습니다. 그리고 제가 시도해보지 못한 방법이긴 하지만, 스터디그룹을 짜서 함께 공부를 하는 것도 좋을 것 같다는 생각을 했습니다. 언어이해영역에서와 달리 추리논증영역에서는 사람들과 문제풀이 방식을 교류하면서 공부를 하면 도움이 많이 된다는 얘기를 들은 적이 있습니다. 전공을 달리하는 사람들로 구성된 스터디 그룹을 잘 짜서 문제를 푸는 방식을 함께 고민하고 교류하면 더 빨리 실력향상이 되지 않을까 하는 개인적인 생각이 듭니다.

● **논 술** ● ······ 저는 논술실력은 단기간 공부한다고 해서 실력이 쑥쑥 오르지 않는다고 생각했었고, 따로 시간을 내서 논술을 준비할 시간도 없었던

터라, 논술영역은 유형만 파악하고 가자는 생각으로 늦게 공부를 시작했습니다. 특히 학교별로 입학전형을 분석해보면, 실질적으로 논술점수를 반영하지 않거나, 반영비율이 낮은 학교도 있으니 지원하고 싶은 학교 입학전형을 잘 분석하여 그에 맞는 비율로 공부계획을 세울 것을 추천해드립니다. 제가 지원했던 학교는 실질적인 논술 반영비율이 그리 높지 않은 학교들이었습니다. LEET시험을 보기 한 달 전 쯤, 서점에 가서 검색대에서 'LEET 논술'이라고 쳐서 검색을 해보았습니다. 그랬더니 몇 권 안 되는 책이 검색되었는데, 그 중 거의 기출 정도만 수록된 가장 얇은 책을 구매했습니다. 한 가지 팁을 말씀드리자면, 반드시 모범답안이 있는 책을 구매하시기를 추천해드립니다. 답안이 없고, 문제와 문제에 대한 설명만 수록되어 있는 교재를 선택하면, 자신이 나중에 직접 글을 써봤을 때 맞는 방향으로 쓴 것인지 파악하기가 조금 어렵게 됩니다.

저는 그 책을 가지고 일주일에 한 번 내지는 두 번, 주로 주말에 쉬어가는 느낌으로 시간을 정해서 논술 문제를 풀고 글을 직접 써보았습니다. 그리고 모범답안과 비교를 해보면서 내가 너무 다른 방향으로 글을 쓰지 않았는지 체크를 했습니다. 같은 글을 보고도 사람마다 하는 생각이 다르고, 특히 논술이라는 영역에서는 정답이 없는 것이기 때문에 모범답안이라는 것이 전혀 의미가 없다고 하시는 분도 있을 것입니다. 그러나 당시 저의 목표는 논술영역에서 특별하게 글을 잘 써서 좋은 점수를 받는 것이 아니라, 중간정도만 하자는 것이었기 때문에 되도록 모범답안과 비슷한 방향으로 글을 쓸려고 노력했습니다.

3 공인영어시험 준비과정

저는 여러가지 유형의 시험 중에 토익을 선택했습니다. 2년 전 좋은 점수를 받은 경험이 있었기 때문에 다른 시험보다는 좀 더 수월하게 높은 점수를 얻을 수 있을 것이라고 생각했기 때문입니다.

LEET공부를 하느라 토익공부에 많은 신경을 쓰지 못하고 있었는데, 생각보다 만족스러운 점수가 나오지 않아서 조바심이 났고, 5월쯤부터는 시간을 좀 투자해서 공부를 하기 시작했습니다.

저는 따로 교재를 구매하지 않고, 가지고 있는 책과 인터넷을 활용해서 공부를 했습니다. 먼저, LC부분은 예전에 풀었던 문제집을 가지고 반복하여 듣는 연습을 했습니다. 몇 년 전 토익학원을 다닌 적이 있었는데, 선생님이나 고득점자의 말에 따르면, LC부분에 있어서는 새로운 문제를 계속 푸는 것보다 듣던 것을 듣고, 듣고 또 듣고 하는 방법이 훨씬 도움이 된다고 합니다. 그래서 저는 풀었던 문제를 다시 풀어보고, 틀린 문제는 말이 들릴 때까지 계속 반복하여 듣고, 맞은 문제도 반복하여 들었습니다.

RC부분은 계속 푸는 것 밖에는 방법이 없다는 생각이 듭니다. 저는 Part 5~Part 6 부분은 인터넷을 활용하여 공부했습니다. 해커스 사이트에 들어가면 강사들이 만들어 놓은 수많은 기출예상 문제지가 있습니다. 그리고 그 문제지에 대한 무료해설 강의도 있습니다. 개인적으로 이 강의가 정말 많이 도움이 됐습니다. 집에서 그 문제들을 최근에 올라온 순으로 출력해서 계속 풀고, 풀이강의도 들었습니다. 또한 단어장을 만들어 단어를 외우는 것도 게을리 하지 않았습니다. Part 7은 문제를 많이 풀어볼수록 실력이 향상되는 것 같습니다. 저는 교재는 구매하지 않았지만, 전에 풀다가 만 문제집이 있어서 시간을 정해서 그 문제집을 풀면서 공부했습니다.

4 자기소개서 작성 및 면접준비 과정

저는 LEET시험이 끝나고 인터넷을 통해 면접스터디를 구하기 시작했습니다. 개인적인 생각으로는 LEET시험이 끝나고 한 달이 지나기 전에는 스터디를 구하거나 학원에 등록하여 긴장의 끈을 놓지 않는 것이 좋다고 생각합니다. 그리고 반드시 면접준비는 혼자가 아닌, 학원에 등록하거나 스터디를 구해서 하는 것을 추천해 드리고 싶습니다.

스터디를 구하기 위해 전에 가입했던 카페를 둘러보았는데, 제가 원하는 구성의 스터디 그룹이 잘 없어서 결국에는 제가 글을 올려서 모집했습니다.

다행히 글을 올리자마자 많은 분들이 연락을 주셔서 저는 그 중 연령도 다양하고, 전공도 다양한 분들과 함께 스터디 그룹을 구성했습니다. 처음에는 제가 스터디 모집을 한 사람으로서 스터디를 이끌어가야 한다는 부담감이 조금 있었는데, 스터디원들 중 제가 가장 나이가 어렸고, 다른 스터디원 분들이 다 좋은 분들이셔서 스터디 운영 방식에 대해 함께 고민하고 이끌어 나갈 수 있었습니다. 저희 스터디는 처음에는 주 3회 모이는 것으로 진행을 하다가, 면접이 다가올 쯤에는 주 4회로 횟수를 늘려서 진행했고, 회당 3시간 정도 진행했습니다. 그리고 로스쿨 면접용으로 나온 교재를 다 같이 구매하여 주 2회 정도는 주교재 내용으로 토론을 하고, 주 1회 내지 2회 정도 시사 이슈를 다뤘습니다.

주교재 내용을 다루는 날에는, 그 날 진도를 나가기로 한 부분을 펴고 주로 토론을 했습니다. 예를 들어 사형제도 존폐가 주제였다면, 돌아가면서 찬성하는지 반대하는지, 이유가 무엇인지 얘기를 하고, 말하는 사람의 의견에 대해 맹점이 있거나 반박할 견해가 있으면 그 사람에게 되묻는 방식으로 진행했습니다. 주교재에 있는 주제를 가지고 토론을 하되, 교재내용에 구속되지 않고, 무슨 의견이든 서로 교환을 한 것이 도움이 많이 됐습니다.

그리고 시사이슈 같은 경우에는, 처음 모였을 때 앞으로 다룰 주제에 대해 종이에 정리를 해놓고, 매주 1인당 한 주제씩 할당하여 그 내용을 조사해오도록 했습니다. 주제를 할당받은 스터디원은 자기가 조사한 내용을 문서로 정리해서 스터디원 수만큼 문서를 출력해왔고, 스터디 시간에는 돌아가면서 자신의 주제에 대해 설명하는 방식으로 진행했습니다. 스터디원이 6명이어서 주 1회 시사이슈를 다룬다고 해도, 주당 6개의 주제는 다루는 것이 되어 많은 시사이슈들을 다룰 수 있었습니다. 덕분에 제가 나중에 실제 면접을 볼 때 상당부분이 면접스터디에서 다루었던 부분에서 나와 조금 더 자신감 있게 말할 수 있었습니다.

그리고 면접이 다가올 쯤에는 모의면접을 하는 방식으로 스터디를 진행했습니다. 실제 면접을 보는 것과 같이 의자와 테이블을 셋팅해 놓고, 면접자를 의자에 앉힌 뒤, 면접자 역할이 아닌 스터디원들은 면접관이 되어 질문을 던졌습니다. 만일의 사태를 대비하여 어렵고 난처한 질문도 해가면서 최대한 실전에서 당황하지 않도록 많은 훈련을 했습니다.

마지막으로, 저는 이 스터디를 통해 자기소개서 작성과 첨삭도 함께 했습니다. 원서 접수기간이 다가오기 전에 자기소개서를 작성하고, 스터디원들끼리 자기소개서를 돌려보면서 총 6번의 첨삭을 주고받게 되었습니다. 자기소개서를 작성해 본적이 없어서 막막했는데, 초안 작성 때에는 쓰고 싶은 대로 편하게 써봤습니다. 그리고 나서 스터디원들의 자기소개서를 읽어보고 이상하다고 생각되는 부분은 지적해주고, 제 자기소개서도 첨삭을 받고 하면서 자기소개서를 완성하게 되었습니다.

5 글을 마치며

이 글을 통해 저의 경험을 최대한 생생하게 전달해 드리려고 노력했는데, 읽으시는 분들의 입장에서 난잡한 글이라고 느끼셨을지도 모르겠습니다. 앞서 말씀드렸던 것처럼, 합격에 이르는 방법은 여러가지로 다양하고, 개인차가 있기 때문에 나름대로 자신에게 맞는 합격전략을 세우셔서 꼭 합격하시길 바라며, 그 과정에서 저의 글이 조금이라도 도움이 된다면 저에게는 정말 큰 기쁨일 것 같습니다.

저는 요즘 여러 기관으로 실습을 나가면서 참 많은 것을 느끼고 있습니다. 그 동안은 학교에서 공부만 하면서 우물 안 개구리처럼 살았는데, 실습을 나가면서 졸업 후 저의 미래에 대해 구체적인 그림을 그려볼 수 있었고, 이제는 앞으로 다가올 제 미래가 더욱 기대되고 설레기까지 합니다. 저는 '믿음은 바라는 것들의 실상'이라고 말하는 성경구절을 좋아합니다. 저는 지금 제가 상상하고 생각하는 것들이 곧 제 미래가 될 수 있다고 생각합니다. "생각이 말이 되고, 말은 행동이 되고, 행동은 습관을 만들고, 습관은 인격이 되며, 인격은 곧 인생이 된다."라는 말을 여러분도 한번쯤은 들어보신 적이 있으실 것입니다. 법조인을 꿈꾸며 로스쿨 입시준비를 하고 계신 분들께, 항상 긍정적인 미래를 상상하시면서 하루하루 최선을 다하라는 말씀을 드리고 싶습니다.

26

합격을 위해 용기를 내십시오

홍 지 화

- 서울광남고등학교 졸업
- 서울대학교 경제학부 졸업
- 연세대학교 법학전문대학원 제10기

1 글을 시작하며

안녕하세요. 연세대학교 법학전문대학원 10기 홍지화 라고 합니다. 저보다 우수한 성적으로 입학한 원우들이 많이 계심에도 불구하고 제게 합격수기를 쓸 기회가 주어진 것이 한편으로는 민망함이 없지 않습니다. 법학전문대학원(이하 '로스쿨' 이라 하겠습니다)의 입학요강과 관련한 일반론과 관련해서는 입학설명회 등에서 공신력 있는 정보를 얻으실 수 있을 것입니다. 따라서 저는 입시를 준비하면서 직접 경험하고 느꼈던 것들을 위주로 설명 드리고자 합니다. 주관성은 수기(手記)의 단점이자 장점입니다. 여러분 각자가 취득하신 객관적인 정보들을 바탕으로 본 글을 취사선택 하신다면, 로스쿨 입시 과정에서 시행착오를 줄이는데 조금이나마 도움을 받을 수 있으시리라 기대합니다.

2 학 점 (GPA)

　법학적성시험(이하 '리트' 라 하겠습니다)과는 달리, 로스쿨 입시에서 학점이 얼마나 중요한지와 관련해서는 견해의 대립이 있습니다. 저는 학점을 타 요소와의 관계 속에서 고찰할 때, 그 중요도를 그나마 객관적으로 평가할 수 있다고 생각합니다. (1) 정량요소인 법학적성시험(이하 '리트'라 하겠습니다)과의 관계에서는 효율적인 학습시간의 배분이, (2) 정성요소인 자기소개서와의 관계에서는 전략적인 수강 과목의 선택이 중요할 것입니다.

　● 정량적 중요성 - 리트 한 문제 차이? ● ⋯⋯ 수험가에 "학점은 리트 한 문제로 커버된다." 는 말이 있습니다. 이는 통상 로스쿨 입시에서 가장 중요한 요소는 리트이고, 학점은 리트보다 덜 중요하다는 의미로 해석됩니다. 저 또한 로스쿨 입시를 시작할 무렵, 수 년 간 누적되어 변동 폭이 크지 않은 학점을 소폭 올리기 위하여 애쓰기보다는 그 시간에 리트를 공부하는 것이 보다 효율적인 수험전략일 것이라는 생각을 가졌었습니다.

　하지만 학점은 리트와의 상대적 비교 아래 그 중요성이 과소평가 된 부분이 없지 않습니다. '학점은 리트 한 문제'라는 그 말은, 리트 한 문제의 간극을 과소평가한 비유라 생각합니다. 저는 리트를 공부하면 할수록, 그 한 문제를 더 맞히는 것이 정말 어려운 일이라는 점을 뼈저리게 느꼈습니다(이는 후술할 '적성시험'으로서의 리트의 성격 때문입니다). 만약 여러분이 남들보다 학점을 벌어놓으신다면, '무려' 리트 한 문제를 미리 맞히고 시작할 수 있게 됩니다. 자잘한 대외활동에 시간을 투자하기 보다는, 학교수업에 성실히 임하는 것이 효과적인 수험전략이 될 수 있을 것이라 생각합니다.

　● 정성적 중요성 - 자기소개서의 소재 ● ⋯⋯ 학점의 중요성은 정량평가 뿐 아니라 정성평가에서도 발휘됩니다. 자기소개서에 어필할 수 있기 때문입니다. 특히 4년 만에 대학을 졸업하거나, 고시나 취업 준비 등을 거치며 딱히 내세울만한 정성요소가 없는 수험생에게는, 학교 수업 그 자체가 정성

요소로 활용될 수 있습니다. 로스쿨 졸업 후 자신이 희망하는 진로와 관련하여 이러저러한 수업을 수강하였고, 해당 수업에서 구체적으로 이러저러한 교훈을 얻었다고 충실히 녹여낸다면 화려한 대외활동 못지않은 인상을 남길 수 있을 것입니다. 특히 해당 수업에서 좋은 학점을 얻어둔다면, 관련 분야에 대한 본인의 적성 및 수월성을 증명할 수 있는 좋은 근거로 활용할 수 있습니다.

이와 같이 수업 및 학점을 정성평가의 요소로 활용하기 위한 전제는, 자기소개서의 대강의 방향성이 적어도 서류제출 두 세 학기 전 '미리' 설정되어 있어야 한다는 것입니다. 무계획적으로 수강한 수업들을 자기소개서에서 '사후적'으로 일관된 틀로 묶어내기는 쉽지 않습니다. 따라서 역으로, 자기소개서를 '사전적'으로 구상하고 그에 맞추어 수업을 듣는 것이 보다 효과적인 전략이 될 수 있습니다. 구체적인 직역까지는 아니더라도, 자신이 어떤 분야에 관심을 갖고 있고 장차 어떤 활동을 해나가기를 희망하는지 정도는 꾸준히 고민해 보십시오. 짧으면 두 학기라도 자기소개서의 방향성에 맞추어 전략적으로 수업을 들어 나가신다면, 별도의 대외활동을 하지 않으시더라도 학교수업만으로도 풍부하고 유기적인 자기소개서를 써내려 갈 수 있을 것입니다.

법학 관련 수업의 이수가 정성평가에서 얼마만큼의 큰 비중으로 고려되는지도 관심의 대상입니다만, 정확한 사실은 저도 잘 알지 못합니다. 다만 로스쿨 입시 경쟁이 치열해짐에 따라 법학관련 수업에서 높은 학점을 취득하는 것이 점점 어려워지고 있는 추세라는 사실은 알고 있습니다. 따라서 무리하게 많은 법학관련 수업을 수강함으로써 리트공부에 투자할 시간을 지나치게 빼앗기거나 평점평균이 하락할 위험을 짊어지기보다는, 본인의 자기소개서에 녹여 쓸 수 있을 만한 한 두 개의 수업에 집중하여 높은 학점을 취득하는 것이 효율적인 전략이라 생각합니다.

3 리 트 (LEET)

로스쿨 입시는 '천하제일 리트대회' 라는 말이 있습니다. 그만큼 입시에서 리트의 영향력은 절대적입니다. 문제는 리트점수를 올릴 수 있는지 여부일 것입니다. 저는 20대를 행정고시 1차 공직적성시험(PSAT)과 법학적성시험(LEET) 등 이른바 '적성시험'과 함께 보냈습니다. 적어도 제가 경험한 바로는, 리트는 올릴 수 있습니다. 하지만 매우 어렵습니다. 이하에서는 '법학' '적성' '시험'이라는 개념정의로부터 리트에 대한 대응방법을 도출해 보겠습니다.

● **법학 '적성' 시험** ······ 리트는 지식을 평가하는 시험이 아닌, '적성'을 평가하는 시험입니다. 만일 본인이 리트가 적성에 맞는 이른바 '리트형 인간' 이시라면 리트공부를 따로 할 필요가 없습니다. 시험 전날 어떻게 잠을 푹 잘지만 고민하십시오. 하지만 적성에 맞지 않는 분이라면 본인의 적성에 맞는 다른 진로를 찾아보시거나, 그것이 아니라면 본인의 적성을 이 시험에 맞게 바꾸셔야 합니다.

'지식시험'과 달리 '적성시험'은 공부량에 비례해서 점수가 오르는 성격의 시험이 아닙니다. 우선, 지식시험은 '반올림'의 규칙이 적용됩니다. 예를 들어 한국사능력검정시험은 0.9문제를 맞출 수 있을 만큼 시간을 투자하면 1문제를 더 맞출 수 있게 됩니다. 하지만 적성시험은 '버림'의 규칙이 적용됩니다. 따라서 리트의 경우 0.9문제 더 맞출 수 있을 만큼 시간을 투자하면 1문제를 더 맞추게 되는 것이 아니라 '틀리게' 됩니다. 즉, 0.9문제를 맞출 만큼 공부한 것은 사실상 공부를 하지 않은 것과 결과의 측면에서는 동일하게 평가됩니다. 그래서 많은 사람들은 리트는 '공부해도 오르지 않는 시험' 이라고 단정합니다.

하지만 리트는 오릅니다. 주변을 둘러보아 오른 사람과 오르지 않은 사람이 공존하고 있다면, 올릴 수 있다고 결론을 내리는 것이 보다 합리적인 추론일 것입니다. 다만 올리는데 시간이 요구될 뿐입니다. 그 시간은 예상보다 깁니다. 리트대비는 짧은 시간에 집중적으로 하기보다는, 긴 기간 동안 꾸준히 하시는 것이 효과적입니다. 적성이라는 것은 일평생 동안 형성되어 온 것입니다. 고작 한두 달 정도 투자하여 적성이 바뀌기를 바라는 것은 과한 욕심입니다. 저의 경우, 운 좋게 열정있는 스터디를 만나 1월 1일부터 리트 스터디를 시작하였습니다. 6개월이 흐른 6월 즈음이 되니 리트가 요구하는 적성이 무엇인지 감이 잡히기 시작하였습니다. 처음에는 너무 이른 시점에 시작한 것 아닌가 하는 생각이 들었지만, 막상 여름방학이 되니 조금만 더 빨리 시작할 걸 하는 후회가 들었습니다. 시행착오 없이 자신에게 잘 맞는 학습방법으로 매진한다는 전제 하에, 적성을 바꾸기에는 8개월도 굉장히 촉박한 시간입니다. 여건이 되는 한, 최대한 빨리 시작하십시오. 빨리 시작할 것이 아니라면, 차라리 기출문제 1회분만 풀고 운명에 맡기는 것이 낫습니다.

● **'법학' 적성시험** ●⋯⋯ 그렇다면 구체적으로 어떤 적성을 갖추도록 스스로를 변화시켜야 할까요? 이 역시 명칭에 답이 있습니다. 바로 '법학'에 대한 적성입니다. 무엇이 법학에 대한 적성일까요? 저도 자세히는 알지 못합니다만, 이 또한 명칭에서 답을 찾아볼 수 있습니다. (언어)이해력, 추리력, 논증력이 그것입니다. 솔직히 말해 1년이 채 되지 않는 기간 동안 이 같은 적성을 만들어 내는 것은 불가능에 가깝습니다. 다만, 적성이 있는 것처럼 시늉 정도 낼 수 있도록 하는 것은 가능하다고 생각합니다.

특정 분야에 적성을 갖추지 않았으면서 혹은 덜 갖췄으면서 온전히 갖춘 사람과 대등한 성과를 내기 위해서는, 그 분야에서 통용되는 '개념' 혹은 '방법론'을 익히는 것이 효율적인 방법이 될 수 있습니다. 법학을 예로 들면, 법률의 해석, 법률행위의 해석, 인과관계론 등의 방법론과, 그 논의의 전제가 되는 법, 법률행위, 인과관계 등의 개념이 기출문제에서 반복적으로 출제되고 있음을 확인할 수 있습니다. 제가 그러했듯이, 비법학사로서 이러한 학습을 혼자 해내기에는 다소 막막할 수 있습니다. 따라서 저는 학교에서 법학 및 논리학관련 교양수업을 수강하였고, 스터디를 통해 법철학 혹은 법학방법론관련 개론서를 함께 읽고 발제를 수행하는 방식을 택했습니다.

주변에는 헌법, 민법, 형법 등 개별법 과목을 학습하여 리트점수를 올리는 데 도움을 받았다는 사례도 있습니다. 이 또한 하나의 방법이 될 수 있을 것이지만, 여기에는 하나의 전제가 요구됩니다. 적어도 로스쿨 1학년 신입생 수준으로 밀도있게 공부해야 한다는 것입니다. 이는 앞서 말씀드린 바와 같이 '버림의 법칙'이 적용되는 시험의 성격 때문입니다. 예습·복습을 동반하지 않고 동영상 강의를 한번 흘려듣는 정도로 전공과목을 공부한다면, 투입한 시간 대비 만족할만한 효과를 낼 수 없을 가능성이 높습니다. 리트는 어디까지나 법학 '적성' 시험이지 법학 '지식' 시험은 아니라는 점, 많은 수험생들이 길어야 1년 남짓한 기간 동안 로스쿨 입시를 준비한다는 점을 미루어 볼 때, 저 개인적으로는 개별법 과목을 학습하는 것 보다는 기출문제에서 빈출되었던 개념 및 방법론을 우선 학습하는 것이 보다 효율적인 방법이라 생각합니다.

● **법학적성 '시험'** ● ····· 리트는 법학에의 적성을 평가하는 '시험'이라는 점을 결코 잊어서는 안 됩니다. 학습을 통해 법학적성을 갖춘 '척'을 하는데 성공하였다 하더라도, 그것이 현실적으로 좋은 성과로 이어지기 위해서는 시험을 잘 보기 위한 기술적인 훈련이 동반되어야 합니다. 시험이라는 평가 방식의 특성과 관련하여, 그 구체적인 내용은 다음과 같습니다.

첫째, 시험은 문제를 '만드는 사람'과 '푸는 사람'이 다릅니다. 수험생은 다른 사람의 손에 의해 만들어진, 시험 당일 처음 접하는 문제를 풀어내야 합니다. 쉬운 문제는 별 고민 없이 풀이를 시작해도 정답을 맞힐 수 있겠지만, 어려운 문제의 경우 무작정 들이댔다가는 도중에 길을 잃기 십상입니다. 이 같은 위급상황에서는, 출제자가 무엇을 의도하고 이런 문제를 출제했을지를 추론해보는 것이 꼬인 매듭을 푸는 출발점이 될 수 있습니다. 이를 위해서는 '출제자의 지평'에 서 보는 경험을 하는 것이 중요합니다. 이 과정을 훈련함에 있어, 주어진 텍스트를 수동적으로 읽어 내려가는 방식은 적절하지 않습니다. 저는 스터디원들과 함께 리트에서 출제되는 소재와 관련한 입문서를 선정하여 본고사와 최대한 유사한 형식과 내용으로 지문 및 선지를 '직접 만들어 보는' 훈련을 반복하였습니다. 이 과정에서 출제자의 시각을 간접적으로나마 경험할 수 있었고, 문제풀이의 실력을 향상시킬 수 있었습니다.

둘째, 시험은 팀플이 아닙니다. 수험생은 의사소통이 차단된 환경에서 '홀로' 문제를 풀어내야 합니다. 시험 도중에는 일체의 조언을 들을 수 없습니다. 따라서 어려운 문제를 마주하면 어떻게 대처할 것인지, 큰 틀에서 지문은 어떤 순서로 풀어나갈 것인지, 개별지문은 어떤 방식으로 읽을 것인지, 지문을 먼저 볼 것인지 선지를 먼저 볼 것인지, 선지는 몇 번부터 풀 것인지 등과 관련한 전략을 '사전에' 갖추어 놓아야 합니다. 보다 구체적으로, ① 자신에게 맞는 최적의 전략을 수립하는 것에서 그치지 않고 ② 현장에서 그 전략을 써먹을 수 있는 단계까지 이르러야 합니다. ① 단계는 학원강의 혹은 유경험자 등으로부터 도움을 받을 수 있지만, ② 단계는 혼자만의 부단한 훈련에 의해서만 가능합니다. 저 같은 경우는 실제 시험장에서 제가 세운 전략이 통하는지 시험하기 위해, 1년 동안 각종 기관에서 시행되는 모든 사설 모의고사에 응시하였습니다. 시험의 결과에 일희일비하기 보다는, 제가 수립한 전략이 통하는지 시험해보는 기회로 삼고자 하였습니다.

셋째, 시험은 멘탈 싸움입니다. 시험에서는 답을 맞히는 것도 중요하지만, '제한된 시간 내에' 답을 맞히는 것이 더 중요합니다. 극단적으로 말해, 한 문제를 오랜 시간을 들여 맞히기 보다는 단번에 찍고 시원하게 틀리는 것이 나을 수도 있습니다. 어려운 한 문제를 푸느라 끙끙댈 시간에 쉬운 두 문제를 확실하게 맞힐 수 있기 때문입니다. 어찌어찌 푼 문제를 다 맞히더라도, 손도 못 댄 문제가 수두룩하다면 그것은 성공적인 풀이법이라 할 수 없습니다. 쉽게 풀리지 않는 문제를 마주했을 때의 그 당혹감에서 벗어나지 못한다면 로스쿨 입시는 그 자리에서 끝납니다. 평소에 본고사 시간보다 5~10분정도 단축하여 문제를 풀어보는 훈련을 함으로써, 시간 압박에 익숙해지는 훈련을 반복해 볼 것을 권해 드립니다.

4 기타 요소

지금까지 로스쿨 입시에서 가장 중요하다고 평가되는 학점과 리트에 관한 저의 생각을 말씀드렸습니다. 이제 남은 것은 정량적 요소로는 영어, 정성적 요소로는 교내외 활동 및 자기소개서, 그리고 최종 단계인 면접이 있습니다. 로스쿨 입시의 엄정화 요구가 높아지면서, 정성적 요소보다는 정량적 요소가 강조되는 추세입니다. 개인적으로, 정성적 요소 중에서는 교내외 활동보다는 자기소개서가 더 중요하다고 생각합니다. 산발적인 교내외활동은 그 자체로는 큰 의미가 없고, 자기소개서에 풍부히 녹여낼 수 있을 때 비로소 진가를 발휘하기 때문입니다. 하지만 전술하였다시피, 전략적인 교과목 선택을 통해 별도의 활동 없이도 풍부한 자기소개서를 충분히 쓸 수 있습니다. 저 개인적으로도 별도의 대외활동을 경험하지는 않았던 터라 특별히 전달해 드릴만한 것이 없습니다. 따라서 이하에서는 영어와 자기소개서, 그리고 면접과 관련된 사항을 간략히 말씀드린 뒤 글을 마무리 하도록 하겠습니다.

● **영 어**······ 영어야 말로 각 학교별로 반영하는 방식 및 비율이 천차만별이라 획일적으로 말씀드리기가 어렵습니다. 지원하는 학교의 입학요강에 따라 전략적으로 접근하셔야 할 것입니다. P/F로 반영되는 학교에서는 영어를 중요한 평가요소로 삼지 않겠다는 시그널링을 하는 것이므로, 커트라인만 넘긴다면 더 높은 점수를 받기 위해 추가적인 시간을 들일 필요는 없을 것입니다.

점수로 반영되는 학교의 경우에는, 우선 토익(TOEIC)과 텝스(TEPS), 토플(TOEFL) 중 어떤 것이 인정되는지를 파악해야 합니다. 만일 지원하고자 학교가 여러가지를 받아준다면, 본인의 스타일에 가장 맞는 시험을 하나 골라 그에 맞추어 집중적으로 대비할 필요가 있습니다. 흔히 토익이 난이도가 가장 쉽다고 알려져 있지만, 저 같은 경우에는 텝스가 토익에 비해 문제유형이 더 익숙하게 느껴졌고, 실제로도 더 높은 환산점수를 획득할 수 있었습니다.

시험의 종류를 정했다면, 장기간 꾸준히 시간을 들여 최대한 높은 점수구간을 획득하여 두는 것이 좋습니다. 학점의 경우와 마찬가지로 경쟁자들보다 리트 1문제, 못해도 0.5문제라도 앞서갈 수 있다면 실질반영율과는 별개로 큰 심리적 안정을 얻을 수 있기 때문입니다. 영어시험은 그 종류를 불문하고 회차별로 난이도 차이가 상당하기 때문에, 리트 이후라도 원서접수 이전까지는 꾸준히 쳐 보시기를 권해드립니다. 실제로 저는 리트 이후 응시하였던 텝스시험에서 가장 높은 점수를 획득하였습니다.

● 자기소개서 ● ····· 자기소개서는 정성평가 중 가장 중요하게 반영되는 요소입니다. 하지만 남들과 차별화된 자기소개서를 작성하기는 쉽지 않습니다. 많은 수험생들이 크게 이질적이지 않은 환경에서 10대와 20대를 보냈고, 설령 자신만의 특별한 경험이 있다 하더라도 이를 로스쿨 입학 동기와 직접적으로 연관시켜내기는 어렵기 때문입니다. 정성들여 작성한 자신의 자기소개서가 특별하다고 생각되겠지만, 교수님 입장에서 보시는 우리의 자기소개서는 우리가 보는 초등학생의 글과 유사한 수준일 것입니다.

따라서 저는 자기소개서를 작성하는데 있어 무리를 할 필요는 없다고 생각합니다. 이는 결코 대충 써도 된다는 의미는 아닙니다. 다른 응시자들에 비해 돋보이기 위해 없는 말을 지어낸다거나, 지원동기와 무관한 활동들을 백화점식으로 열거하는데 힘을 쓰는 것은 아니한 만 못하다는 의미입니다. 어깨에 힘을 빼시고 진솔하게. 그리고 겸손하게 본인의 삶의 과거와 현재, 그리고 미래를 로스쿨 지원동기와 관련하여 적어내시면 그것으로 족합니다. 전술하였다시피 보고서 작성하듯 원서접수 마감 전 몇 주 동안 집중적으로 짜내기보다는, 매일 한 단어씩 자서전을 완성해 나간다는 느낌으로 미리, 그리고 꾸준히 성찰하는 시간을 가져보시길 권해드립니다.

● 면 접 ● ····· 면접은 로스쿨 입시의 최종 관문입니다. 각 학교별로 실질반영율에 차이는 있겠지만, 연세대학교의 경우에는 합불의 대강은 면접 이전단계에서 결정되고 면접은 미세 조정단계에 불과하다고 알고 있습니다.

정량요소가 강조되는 입시 추세에 비추어 볼 때, 저 역시 면접이 크게 작용할 것 같지는 않다고 생각합니다. 저정량 응시자가 면접으로 뒤집고 최종합격한 사례가 회자되기는 하지만, 달리 보면 이는 회자될 정도로 드문 사례라는 말이기도 합니다.

하지만 쟁쟁한 수험생들 사이에서 '중간만 하기'란 결코 쉬운 일이 아니기에, 마지막까지 최선을 다해야 할 것입니다. 저의 경우 운 좋게도 리트 스터디가 자기소개서 및 면접 스터디까지 꾸준히 이어졌습니다. 리트는 학원강의를 수강하거나 혼자 공부하는 것도 하나의 방법이 될 수 있지만, 자기소개서와 면접은 특별한 사유가 없는 한 스터디를 통해 진행하기를 권해드립니다. 자기소개서와 면접 스터디를 진행하면서 저는 제 자신이 자신만의 틀에 갇혀 있고, 그 틀이 굉장히 견고하다는 점을 새삼 깨닫게 되었습니다. 타인에게 자신을 온전히 드러내 보이는 것은 불편한 일입니다. 하지만 합격을 위해 용기를 내십시오. 자신의 글과 행동에 대해 비판적인 평가를 받고 타인의 것을 반면교사로 삼는 과정을 거치면서, 사소하지만 무의미하지 않은 요소들이 하나 둘씩 합격의 방향으로 교정되어 나가는 모습을 목격할 수 있을 것입니다.

5 글을 마치며

주변에서 "로스쿨 어때?" 라는 질문을 많이 받습니다. 저는 "기회가 된다면 꼭 오라." 고 답합니다. 어릴 때부터 확고하게 법률가를 꿈꿔온 사람들에게는 사법시험이나 로스쿨이나 크게 다를 것 없는 진로일 것입니다. 하지만 저 같은 경우에는 단 한 번도 법률가로서 살아간다는 생각을 가져본 적이 없었고, 그것은 지금도 마찬가지입니다. 사법시험 체제와 달리 로스쿨은 저 같은 순수 비법학사에게 밀도 있는 법학학습의 기회를 제공합니다. 전통적인 법조삼륜의 영역을 넘어 보다 다양한 분야에서의 활동을 꿈꾸는 사람들에게는, 법적 소양을 다질 수 있는 소중한 3년이 될 수 있다고 생각합니다.

"하지만 너무 치열한 경쟁의 과정을 이겨내야 하는 것 아닌가?" 하는 우려도 있습니다. 저는 "여기도 사람 사는 동네." 라고 답해드리고 싶습니다. 무엇보다 이곳에서는 뜻을 함께하는 사람들(同志)을 쉬이 찾을 수 있습니다. 내가 먼저 마음을 연다면 상대방도 선의로 나를 대해줄 것이고, 이렇게 동지들이 하나 둘 모인다면 자연스럽게 더 나은 환경이 만들어져간다고 저는 믿습니다. 실제로 이곳, 연세대학교 법학전문대학원에서 그 믿음을 현실로 경험하고 있습니다.

저의 짧은 견해가 수험생 여러분들의 입시에 악영향을 미치지는 않을지 걱정이 떠나지 않습니다. 독자 여러분들과 함께 뜻을 나눌 수 있는 그 날이 하루빨리 다가오기를 소망하며, 힘들게나마 걱정을 거두어 보겠습니다. 이것으로 수기를 마칩니다.

마음이 깊으면 꽃이 핀다

박 세 희

- 영신고등학교 졸업
- 연세대학교 정치외교학과 졸업
- 연세대학교 법학전문대학원 제4기
- 제4회 변호사시험 합격
- 현) 법무법인 율우 변호사

1 로스쿨진학을 결심하기까지 – 첫 걸음이자 가장 중요한 걸음

입시의 출발이자 가장 중요한 일이 바로 '뜻을 세우는 일'이라 생각합니다. 기실 이 세상의 모든 일이 마찬가지가 아닐까 합니다. 어느 모로나 부족한 점이 많은 제가 이렇게 분에 넘치는 결과를 얻을 수 있었던 것도 로스쿨진학을 결심하면서 뜻을 분명히 세웠기 때문이라 확신합니다.

저는 현역 장교로 복무하는 와중에 로스쿨 입학을 준비했습니다. 매일 처리해야 할 기본업무가 있고, 야근이나 회식 같은 비정기적인 일과 후 일정이 있었습니다. 이에 더해 각종 행사나 훈련 등을 병행해야 했습니다. 업무로 인해 받는 육체적·정신적 피로가 컸기에, 때때로 입시를 내년으로 미루고

몸과 마음의 휴식을 얻고 싶기도 했습니다.

그럴 때마다 가슴 속에 품은 뜻 하나를 되새기며 꾸역꾸역 발을 내딛었습니다. 설령 내년에 다시 준비하게 된다 하더라도 최선을 다해 완주하는 것과 기타 여러 핑계로 중도 포기하는 것은 혹 같은 결과가 나온다 할지라도 질적으로 완전히 다를 것이라 믿었습니다.

LEET 준비기부터 12월 합격자 발표까지 대략 1년에 가까운 입시 기간을 성공적으로 끝마치기 위해서는, "나는 왜 로스쿨에 진학하는가?", "나는 왜 법조인이 되려 하는가?" 등의 질문에 대한 답이 분명해야 합니다. 그래야 로스쿨에 대한 각종 풍문에도 흔들리지 않을 수 있고, 혹시 올지 모르는 슬럼프도 극복할 수 있습니다.

덧붙이자면, 이 답이 정말로 내 안에서 나온 답인지 아니면 다른 누군가의 답인지도 잘 따져보아야 합니다. 더 나아가 자기소개서를 작성할 때나 면접에 임할 때는 이러한 지원동기가 타인을 설득할 정도의 수준인지도 한 번 생각해 보아야 합니다. 이 부분은 추후 자기소개서 작성 및 면접 부분에서 다시 다루도록 하겠습니다.

전역 후 진로를 묻는 질문에 항상 "풀뿌리 지역운동에 뜻을 두고 있다."라고 대답했던 저에게 로스쿨 진학을 추천해 준 사람들이 있었습니다. 하지만 저는 학부 때 법학 과목을 수강한 적도 없고 법조계와 아무런 인연도 없었기에 로스쿨 진학은 선택지로 고려하고 있지 않았습니다.

법 공부에 대한 막연한 두려움을 갖고 있던 저에게 한 친구가 『민법입문』 (양창수 저, 박영사)을 추천해 주었습니다. 이 책은 제가 읽었던 어떤 책보다 책장을 넘기는 속도가 더뎠지만, 분명 재밌는 책이었습니다. 법학에 대한 저의 선입견을 단 번에 무너뜨리는 책이었습니다.

이 책을 시작으로 다양한 법 교양서적을 탐독했습니다. 이러한 독서는 저에게 법을 제대로 공부해보고 싶다는 지적 갈증을 느끼게 했습니다. '풀뿌리 지역운동에 매진하는 공익변호사'라는 미래상도 그릴 수 있었습니다. 이 과정은 추후 자기소개서 작성 및 면접준비에도 도움이 됐습니다.

2 LEET

● 준비기 - 짧지만 강렬했던 2개월 ● ····· 로스쿨 진학을 결심하고 가장 먼저 한 일은 제 자신을 객관화하는 일이었습니다. 소위 스펙(정량요소)이라고 하는 잣대로 제 자신을 평가해 본 것입니다. 제가 목표로 했던 연세대 로스쿨은 학점(GPA), LEET, 공인영어성적을 1:1:1로 반영하고 있었습니다. 사실 목표는 로스쿨 입학 그 자체였지만, 이왕 로스쿨에 간다면 모교 로스쿨로 진학하고픈 개인적인 이유가 있었습니다. 이는 추후 자기소개서 작성 부분에서 밝히겠습니다.

이미 졸업한 상태라 학점을 더 높일 수 있는 방법은 없었습니다. 다만, 제 학점에 대한 충분한 이해가 필요했습니다. 서울대학교 로스쿨의 경우, 서류에서 지원자의 학부성적에 대한 상세한 설명을 요구합니다. 교양과목과 전공과목을 구분해서 학점을 계산하고 이에 대해 설명을 부연하라는 식입니다. 저는 정치외교학과 경제학을 이중 전공했는데, 이 두 학문을 선택한 이유, 제가 받은 학점에 대한 정당화, 학점이 특별히 낮은 학기에 대한 변명 등을 생각했습니다. 이 또한 추후 자기소개서 작성에 도움이 됐습니다.

LEET를 본격적으로 준비해야 한다는 생각은 강했지만, 실제로 시간적 여유가 얼마 없었습니다. 저에게 로스쿨 진학을 강력히 권했던 친구는 이미 지인들과 함께 LEET 스터디를 시작한 상태였습니다. 막상 진학을 결정하고도 LEET 준비를 시작할 수 없었던 저에게 친구는 '너는 지금부터라도 잘 할 수 있을 것'이라는 긍정의 마법과 함께 '기출문제만 반복해서 풀어도 충분할 것'이라고 안심시켰습니다.

일과 후에 따로 시간을 내어 공부를 하기란 결코 쉬운 일이 아니었습니다. 직장을 다니면서 자기 공부를 병행한다는 일명 샐러던트들이 대단하게 느껴졌습니다. 일단, 몸이 너무 피곤합니다. 퇴근 시각도 일정치 않고 예상 밖의 야근이나 회식을 하게 될 경우 또는 출장을 다녀올 경우가 생기기 때문입니다. 그래도 포기할 수 없었습니다. 그래서 저는 제가 하루를 온전히 쓸 수 있는 토·일요일 이틀을 최대한 활용하되, 평일 저녁은 덤으로 여기기로 했습니다. 이렇게 하니 한결 마음이 가뿐했습니다.

제가 토·일요일을 보낸 방식은 다음과 같습니다. 7월 첫째 주말부터였습니다. 잠을 될 수 있는 대로 편안하게 잔 뒤에 일어날 수 있는 최대한 일찍 일어납니다. 아무리 늦어도 아침 8시를 넘기지 않았습니다. 아침을 먹고 점심, 저녁 도시락 2개를 잽싸게 싸서 인근 대학 독서실에 자리를 잡았습니다. 오전에 기출문제 1세트를 풀고 점심을 먹고, 오후에 또 1세트를 풀고 저녁을 먹고, 밤 10시에서 11시 정도까지 문제풀이를 했습니다.

주로 LEET기출문제(09년 예비부터 11년도)와 입법고시·행정고시 PSAT 기출문제(최근 3개년)를 풀었습니다. 문제가 어려운 것은 차치하고라도 몇 시간 동안 엉덩이를 의자에 붙이고 있으려니 좀이 쑤셨습니다. 금요일 밤을 푹 쉬지 못한 날이면 오전에 꾸벅꾸벅 졸기 일쑤였습니다. 점심을 먹고 나서도 식곤증이 찾아왔습니다. 문득 시험당일이 걱정되기 시작했습니다. 과거에 저는 2011년 2월 치렀던 PSAT에서도 2교시, 3교시를 졸음으로 망친 경험이 있었습니다.

LEET는 당일 컨디션이 결과에 많은 영향을 주는 시험입니다. 기본기도 중요하지만 그만큼이나 자기관리가 중요합니다. 저는 토·일요일 이틀 만이라도 시험시간(오전 9시부터 오후 4시까지)에는 졸지 않고 깨어 있으려 노력했습니다. 이 시간대를 넘어가면 적당히 졸기도 하고 독서실을 나가 체조도 했습니다. 지루할 때는 기출문제를 밀쳐두고 언어이해 지문독해에 도움이 될 것 같은 책을 읽기도 했습니다. 2~3주가 지나면서 이러한 노력의 효과를 보기 시작했습니다.

기출을 풀 때는 당연히 시간을 정해두고 풀어야 합니다. 보다 압박도가 높은 환경을 조성하기 위해 10분 정도 부족하게 시험시간을 설정하길 추천합니다. 저는 기출을 풀면서 각 영역에 대한 나름의 전략을 세웠습니다.

언어이해의 경우, 쉬운 지문을 먼저 푸는 전략은 솔깃하긴 하지만 실효성이 없는 것 같았습니다. 지문이 쉽게 느껴져도 문제가 까다로운 경우도 있고, 정반대의 경우도 충분히 가능하며, 내가 이 지문을 건드릴 것인가 말 것인가를 판단하는 시간조차 아까운 데다가, 시간을 들여 내린 판단 자체를 신뢰하기가 어렵기 때문입니다. 문제집 몇 권 푼다고 단기간에 성적이 나올 수 없는 영역이라는 생각이 들었습니다. 그래서 저는 1번부터 4번, 즉 우리말 및 한자어 문제에 대비해 따로 책을 보며 정리했을 뿐 시중의 언어이해 교재를 구해서 보거나 하지는 않았습니다. 기출을 제대로 보는 데만도 시간이 턱없이 부족하다고 느꼈기 때문입니다.

추리논증의 경우는 다릅니다. 단기간이라도 제대로 대비하면 충분히 점수를 올릴 수 있는 영역입니다. 그러기 위해서는 본인의 강점과 약점을 정확히 알아야 합니다. 저는 『조호현의 추리논증』을 풀면서 저의 강점과 약점에 대해 파악할 수 있었습니다. 저 같은 경우에는 '논리게임'에 특히 약했고, 답을 찾는데 시간이 많이 걸렸기 때문에 실전에서는 요령껏 뒤로 미루는 전략을 택했습니다. '기호논리'의 경우에는 문제를 반복해서 풀어보면 그다지 어렵지 않기에, 비록 한 두 문제가 출제된다고 할지라도 놓치지 않기 위해 꼼꼼히 연습했습니다. 비록 시간이 부족했지만 시험을 위한 공부가 아닌 논리력을 키우는 공부라고 생각하니 동기부여가 확실했습니다.

저는 LEET 기본서나 문제집을 보지 않았고 기출문제 풀이에 집중하기로 결정했기 때문에 오답노트를 만들었습니다. 시험장에 들어가서나 쉬는 시간에 요긴하게 활용할 요량이었습니다. 오답노트를 만들면 자신이 자주 틀리는 유형을 파악할 수 있고, 반복되는 실수에 대해서도 경각심을 갖게 됩니다. LEET는 문제별로 난이도가 다르더라도 배점은 같기 때문에, 약점을 보완하고 실수를 줄일수록 점수가 잘 나오는 시험입니다. 그래서 가급적 기출문제 위주로 오답노트를 만들어 자신의 약점에 대한 대비책을 세우는 방법을 추천합니다.

● **시험 당일** ●······ 항상 시험 당일과 유사한 상황을 가정하면서 공부했기에 크게 긴장을 하지는 않았습니다. 적당한 긴장은 도움이 되기에 따로 진정하려는 노력을 하지 않기도 했습니다. 약 두 달 간 매주 주말 이틀을 보내던 학교에서 시험을 치는 것이었기에 더욱 편안한 느낌을 가졌던 것 같습니다. 아침도 늘 먹던 평범한 식단으로 먹었고, 점심 도시락도 자주 먹던 음식,

충분히 검증된 음식으로 채웠습니다. 시험시작 30분 전에 도착해서 제 자리에 앉았습니다. 책상과 의자가 편했고 간격도 널찍해서 마음에 들었습니다.

1교시가 시작됐고 즐거운 마음으로 시험지를 받아들었지만, 첫 네 문제가 호락하지 않았습니다. 시간을 투입한다고 풀릴 문제가 아니었기에 모두 포기하는 마음으로 다음 지문으로 넘어갔습니다. LEET가 스피드 테스트가 아닌 파워 테스트라고는 하지만 비슷한 점수대에서는 스피드의 차이가 결국 결과의 차이를 가져온다고 생각합니다. 저는 지문이나 문제에 골똘히 파묻히는 경향이 있기에 시간관리를 위해 시계를 준비했습니다. 시계를 보면서 내가 어디쯤 왔는지, 어느 정도의 보폭으로 걷고 있는지를 파악하며 지금 달릴지 아니면 좀 더 걸을지 등을 순간적으로 판단했습니다. 마지막 두 지문의 경우에는 거의 날듯이 지문을 읽고 문제를 풀었습니다. 답안 마킹까지 모두 끝낸 뒤에 맨 앞 장으로 돌아가 문제 네 개를 찍다시피 풀고 답안 제출을 했습니다.

쉬는 시간에는 머리를 식혀주기 위해 고사장을 나가 복도 맨 끝으로 가서 창문을 열고 먼 산을 바라봤습니다. 언어이해 지문 자체가 워낙 재밌었기에 제대로 풀지 못한 문제에 대한 불안감 따위는 없었습니다. 어차피 이미 끝난 일, 건물 앞에 조성된 녹지대를 보며 마음을 달랬습니다. 가져간 오답노트를 건성으로 넘기면서 차분히 다음 시험을 준비했습니다.

추리논증도 시간관리에 신경 쓰며 문제를 풀었습니다. 앞서 서술했듯 논리게임 문제는 뒤로 미뤘고 풀 수 있는 문제 위주로 빠르게 풀어나갔습니다. 아리송한 문제도 많고 결국 시간이 부족해 대여섯 문제는 호기롭게 찍었습니다. 그럼에도 풀 수 있는 문제는 제대로 풀었다고 하는 확신이 있었기에 기분이 썩 나쁘지는 않았습니다. 시험을 치는 도중에는 이런 자기긍정이 큰 힘이 되기도 합니다.

점심을 먹고는 논술을 풀었습니다. 평소 논술준비를 제대로 하지 않아서 걱정은 했지만, 몇 가지 팁은 익혀두고 있었습니다. 첫째, 개요를 잘 짜야한다. 둘째, 정해진 분량은 반드시 넘겨야 한다. 셋째, 두괄식으로 써야한다. 넷째, 글씨가 좋아야 한다. 이 네 가지를 염두에 두고 답안을 작성했습니다.

마지막 2번 문제의 답안을 작성할 때는 시간이 부족해서 가까스로 1,400자를 넘기고 시험을 끝냈습니다.

● **논 술** ●····· 주위 친구들과 저의 입시를 복기하면서 저의 논술답안이 상당히 특이하다는 평을 들었고 저 역시도 결과적으로 제가 비교우위를 가지게 된 유일한 항목이 논술이라는 생각이 들어 이렇게 따로 떼어서 씁니다.

로스쿨 준비생들의 커뮤니티에서는 다른 과목 준비하기도 바쁜데 논술까지 신경 쓸 겨를이 없다는 이유로 논술을 등한시하거나, 정량화 되지 않는다는 이유로 LEET 논술과목의 무용론을 제기하는 글이 올라오기도 합니다. 제 생각은 좀 다릅니다. 논술채점은 각 학교의 몫이므로 오히려 변별력이 있으면 있지 없지는 않습니다. 일례로, 연세대 로스쿨의 경우에는 1차 전형 80점 만점에서 논술에 10점을 배당하여 상당히 비중 있게 보고 있습니다.

논술에서는 문제에서 답하라고 하는 내용을 빠짐없이 쓰는 것이 기본입니다. 좋은 글이 되려면 단순히 쓰는 것에 그치지 않고 분명하고 명백하게 드러내야 합니다. 어느 누가 읽더라도 묻는 질문에 대한 답을 하고 있음이 또렷이 보여야 합니다. 그러려면 당연히 글을 두괄식으로 써야하고, 전체 구성 역시 이에 맞게 신경을 써야합니다. 기출문제를 예로 들어 설명을 하겠습니다.

2012학년도 LEET 논술 1-(1) 문제는 "제시문 (가), (나)의 논지를 공통점과 차이점을 중심으로 정리하라."고 주문하고 있습니다. 제시문을 읽으면서 찾아야 할 정보는 (가), (나) 각 글의 논지 및 이 두 논지의 공통점과 차이점입니다. 제시문 (가), (나)는 아테네 민회의 한 결정에 대한 찬성과 반대 연설문입니다. 개요를 짤 때, 두 논지를 간략히 요약하고 공통점과 차이점을 뽑는데 주력해야 합니다. 글의 구성은 당연히 두괄식이 되어야 합니다. 서론에서 두 논지 및 공통점과 차이점을 개념화해서 언급합니다. 본론에서 공통점과 차이점에 대한 상세 설명을 논거로써 덧붙입니다. 결론은 상술한 내용을 가볍게 정리하는 정도면 충분합니다.

1-(2) 문제의 경우는 좀 생소한 형식의 문제였지만, 정치학을 전공한 저

로서는 상당히 흥미로운 논제이기도 했습니다. "제시문 (나)의 주장과 같은 결론을 동의하되, 다른 이유에서 동의하는 연설문을 작성하라."는 주문이었습니다. 문제를 읽고 가장 먼저 생각했던 점은 이 글은 연설문이므로 구어체로 쓰되, 논설문보다 강력한 수사와 호소를 사용해야겠다는 것이었습니다. 그래서 제시문 (가), (나)를 유의 깊게 읽고 어투나 분위기를 그대로 따라가기로 했습니다.

그 다음으로, 제시문 (나)의 주장과 이유를 분리하려고 애썼습니다. 문제에서 제시문 (나)의 주장에서 벗어나지 않되, 다른 이유를 갖다 대라고 주문했기 때문입니다. 막상 즉석에서 '다른 이유'를 찾기가 쉽지는 않았는데 저는 편리를 위해서 다음의 두 방법을 썼습니다. 하나는 제시문 (가)의 이유를 끌어오는 것입니다. 또 하나는 제시문 (나)를 '이익'을 중시하는 입장으로 틀지으면서 그 대립항으로서 '정의'라는 입장을 내세우는 것입니다.

마지막으로 주의할 점은 '제시문의 배경'을 십분 고려하여 글 자체가 이리저리로 튀지 않게 조심하는 것입니다. 가령, 논지를 강화하기 위해 후대의 철학자나 이론가를 실명거론하면서 인용하거나 후대의 일화를 참조하거나 한다면 글 자체가 어색해질 수 있습니다. 채점관에 따라 다르겠지만 저는 어디까지나 연설문이므로 시의성을 가져야 한다고 생각했고, 당시의 시대상과 아테네라는 공간적 맥락을 고려해서 글을 썼습니다. 이 모든 점을 놓치지 않기 위해, 글을 시작하기에 앞서 개요를 짜는데 많은 시간을 할당해야 했음은 주지의 사실입니다.

3 공인영어성적

• TOEIC • ····· 6월부터 9월까지 총 3회 시험에 응시했고 마지막 9월 시험에서 가까스로 원하는 점수를 넘겨 무사히 원서를 접수할 수 있었습니다. 따로 학원을 다니거나 인터넷 강의를 들을 여유가 없었기 때문에 문제를 반복해서 푸는 방법을 택했습니다. 좀 무식하긴 하지만 가장 효과적인 방법이 아닌가 합니다. 시중에 나온 거의 모든 실전문제집을 구해서 풀었습니다.

출근 전과 퇴근 후로 나누어 각 1세트씩 하루에 총 2세트를 푸는 것을 목표로 했고, 풀고 나서는 파트별로 틀린 개수를 집계해서 약점을 파악하고 보완하는 데 주력했습니다.

공인영어성적은 가급적 LEET 준비에 앞서 만들어두는 편이 전체 입시과정에서 훨씬 유리합니다. 저는 원하는 점수가 나오지 않아 마지막까지 긴장을 놓을 수가 없었습니다. 단기간에 원하는 점수를 만들어야 한다는 사실에 짜증이 밀려오기도 했습니다. 준비를 하면 할수록 영어실력이 는다는 기쁨은커녕 시험요령이 는다는 느낌뿐이었습니다. 스터디를 했다면 재미라도 있었을 텐데 그럴 여건이 안 되니 혼자 책상에 앉아 고독감과 맞설 수밖에 없었습니다. 이 글을 읽는 수험생들께서는 부디 시간적 여유를 충분히 갖고 자신만의 방법을 찾길 권합니다.

● TEPS ● ⋯⋯ LEET 점수를 받고 난 뒤에 서울대 로스쿨에 지원하기 위해 부랴부랴 준비를 시작했습니다. 역시 모의고사를 푸는 방법으로 접근했고 많은 욕심 부리지 않고 지원자격인 701점만 넘기자는 마음으로 임했습니다. TEPS는 TOEIC과 상당히 다른 유형의 시험이라는 생각이 들어 시험장에 들어가기 전에 유형을 파악하는 데만 중점을 두었고 다른 준비는 더하려야 할 수가 없었습니다. 10월 1일 마지막 시험에 응시했고 간신히 원하는 점수를 얻었습니다.

4 자기소개서 - 일관성, 논리성, 진정성

LEET를 치루고 여름휴가를 다녀온 직후부터 자기소개서 작성을 시작했습니다. 진학의 의지는 확고했기에 자기소개서 작성이 걸림돌이 되지 않을 걸로 생각했지만, 추상적인 의지를 활자로 옮기는 작업은 결코 만만치 않았습니다. 어휘 선택이나 표현의 수위 등을 세심하게 고려하자니 한 자 한 자가 매우 조심스러웠습니다.

저는 9월이 되어서도 TOEIC 점수를 만들기 위해 시간을 써야했고, LEET

가 끝나자마자 인터넷을 통해 꾸려진 면접스터디에 합류했기 때문에 거의 쫓기다시피 자기소개서를 썼습니다. 공인영어성적은 미리 만들어두는 편이 유리합니다. 만약 목표하는 학교가 분명하다면, 학교에서 요구하는 자기소개서 양식을 구해 미리 써보는 것도 좋을 것 같습니다. 글의 서두에서 언급한 '자신만의 이유'를 찾는데도 도움이 될 것입니다.

우여곡절 끝에 접수 마감 전주에 간신히 자기소개서 초안을 완성했습니다. 여러 사람들이 누차 반복 강조하는 자기소개서 첨삭도 받았습니다. 저는 주로 로스쿨 재학 중인 지인에게 부탁했습니다. 촉박한 일정임에도 불구하고, 꼼꼼하게 봐 준 지인들 덕분에 자잘한 어휘수정은 물론 글의 흐름을 매끄럽게 할 수 있었습니다. 지인들 역시 학생이라는 점을 고려하여 모든 첨삭을 무비판적으로 수용하지는 않았고 취사선택했습니다.

저는 '풀뿌리 지역운동'에 대한 개인적인 비전과 '로스쿨'이라는 도구를 연결시키는 데 방점을 두었습니다. 「성장배경」과 「대학생활」 항목을 통해 제가 비전을 갖게 된 과정을 입체적이고 다각적으로 설명했습니다. 대학생활에는 제가 가진 비전을 구체화하기 위해 수강했던 과목이나 참여했던 과외활동에 대해서도 썼습니다.

이때 욕심이 앞서 이런 일도 했고 저런 일도 했고 하는 식으로 무작정 나열해서는 곤란합니다. 딱 부러지게 말씀드리자면 '목적론적'으로 써야합니다. 여러분이 해왔던 일에는 다 나름의 목적이 있는 것이고, 이 '목적'이 여러분의 삶을 일이관지(一以貫之)하도록 배치해야 합니다.

「지원동기」에서는 제도의 근간은 '법령'이라는 점을 강조하면서, 법치주의에 바탕을 둔 제도적인 변화를 이뤄내는 입법자가 되기 위해 법을 공부하고 싶다고 썼습니다. 또한, 우리 사회의 민주주의가 날로 성숙해지면서 법의 역할이 더욱 중요해질 것이기에 이러한 과정에 참여할 수 있는 자격을 얻고 싶다고 썼습니다. 또한 연세대학교 로스쿨이 특성화하고 있는 '공공거버넌스와 법' 분야를 언급했습니다. 연세대학교 로스쿨은 서대문구청과 연계하여 리걸 클리닉을 운영하고 있습니다. 이러한 '공익성'과 연세대학교 로스쿨이 소재하고 있는 서대문구 신촌동이라는 '지역성'을 엮어서 썼습니다. 서대문 지역을 기반으로 '풀뿌리 지역운동'을 하고 싶다는 개인적인 목표도 부연했습니다.

「학업계획」과 「진로계획」은 요구량을 채우기가 정말로 힘들었습니다. 그러나 분량이 많은 만큼, 가능한 상세하게 계획을 세워야 합니다. 학업계획의 경우, 연세대학교 로스쿨 홈페이지에서 제공하는 「교육과정」을 참고하면서 입학 1년차, 2~3년차로 구분해서 작성했습니다. 저는 나아갈 바가 뚜렷했기 때문에, 진로계획을 고려하면서 교과목을 골랐습니다. 실무수습이나 과외활동 부분 역시 공익변호사라는 지향에 부합하도록 썼습니다.

진로계획의 경우는 단기(졸업 후 5년 내), 중기(졸업 후 10년 내), 장기(졸업 후 20년 내)로 나누어 작성했습니다. 남이 보기에 그럴싸한 내용을 쓰기보다는 제가 정말로 하고 싶은 일, 이루고 싶은 일 위주로 썼습니다. 주위 친구들로부터 "(흔히 보수적이라고 하는)법대 교수님들이 보기에 너무 지나친 것 아니냐?"라는 평을 들을 정도였지만, 저는 솔직하게 써야 진정성이 느껴질 수 있고, 어떤 결과를 얻든 뒷날 후회하지 않을 것이라 판단했기에 고치지 않고 그대로 갔습니다. 연세대 로스쿨의 경우 인성면접을 따로 보지는 않지만, 혹여 면접장에서 자기소개서 관련 질문을 받는다 해도 열정적으로 답변할 수 있을 것 같았습니다.

자기소개서는 '일관성'과 '논리성' 그리고 '진정성'이 중요합니다. 제 경우에는 첨삭을 받을 때 논리성이 부족하다는 평을 받았습니다. 제가 로스쿨에 진학해야 하는 이유, 로스쿨이 저를 뽑아야 하는 이유에 대해 어느 정도의 개연성은 있었지만 강력한 수준은 아니었다는 얘깁니다. 연세대학교 로스쿨의 경우 1차 전형 80점 만점에서 25점을 서류에 배당하고 있습니다. 제가 부족한 정량과 논리성이 떨어지는 자기소개서에도 불구하고 1차 전형을 통과할 수 있었던 것은 일관성과 진정성이 빛을 발했기 때문이라고 생각합니다.

5 면 접

'자기소개서는 첨삭, 면접은 스터디'라는 공식이 일반적이었기에 저 역시도 면접은 스터디를 꾸려서 준비하고자 했습니다. 현실적으로 주말 밖에 시간이 나지 않았기에 어렵사리 주말에만 모이는 스터디를 찾아 합류했습니다. 스터디 구성원 모두 정말 좋은 분들이었고 면접 준비 자료를 얻는 등 개인적으로 많은 도움을 많이 받았지만 여러 사정으로 인해 스터디가 해체됐습니다.

딱히 다른 방법을 찾지 못한 저는 지역에서 유일하게 로스쿨 면접대비반을 개설하고 있는 고시학원에 등록했습니다. 10월 3주차에 수강하여 면접 직전까지 약 4주 동안 주 2회 강의를 들었습니다. 한 반에 8~10명 남짓 되는 수강생이 있었고, 강사님께서 시사이슈 중 법적인 논쟁이 가능한 것들을 추려 간단한 개괄을 해주셨고 강의 후반부에는 찬성과 반대를 나눠 토론을 했습니다.

저는 이 방식이 상당히 마음에 들었고 면접을 준비하는 데 상당히 효과적이었다고 생각합니다. 비법학사로서 법학적 기초가 전무한 상태에서 '비례원칙'이나 '죄형법정주의' 같은 법학 용어를 어설피 익히기보다는 논리력과 발표력으로 승부를 봐야 한다고 생각했기 때문입니다. 실제 연세대학교 로스쿨 면접장에서 문제지에 "법률적인 답변을 하지 않아도 무방합니다."라는 참고사항을 보고 저의 생각이 틀리지 않았음을 다시 한 번 확인했습니다.

학원강의가 없는 날에는 수강생끼리 면접스터디를 했습니다. 강의 때 다뤘던 문제를 복습하기도 하고 기타 시사 이유를 새로이 쟁점화하기도 했습니다. 이때도 역시 항상 실전을 염두에 두고 준비를 했으며 스터디원 전원이 돌아가면서 면접 시뮬레이션을 하고 강평을 하는 식으로 진행했습니다. 이러한 과정을 통해서 말의 속도나 강세, 세기, 시선처리 등을 다듬을 수 있었고, 점차로 말하기에 대한 자신감을 얻었습니다.

면접 전날까지 2박 3일 간의 전역 기념행사가 있어 경남 진주에 다녀와야 했지만, 이러한 상황에 대해서 불만을 갖거나 불평을 하지는 않았습니다. 아직 군인의 신분이었기에 그저 주말을 활용해서 면접을 볼 수 있다는 것만으로 감사했습니다. 면접은 오후조였고 순서가 거의 마지막이었기 때문에 기다리는 동안 지치지 않기 위해서 쪽잠을 청하기도 하고 갖고 간 자료를 보기도 하면서 컨디션에 신경을 썼습니다. 대기 장소에서 아는 얼굴 몇을 만나 반갑게 인사를 나눴는데 이 덕분에 오히려 긴장을 떨쳐낼 수 있었습니다.

제 순서가 되자 면접장으로 이동했고 면접장 앞에 준비된 의자에 앉아 약 13분간 문제를 풀었습니다. 문제를 받자마자 느낀 점은 쉽다고 생각하면 쉽고 어렵다고 생각하면 어렵다는 것이었습니다. 짧은 시간이었지만 저의 답변과 이에 대한 교수님들의 추가질문을 예상하며 머릿속으로 공방전을 펼쳐보았습니다. 어느 쪽을 골라도 입증의 어려움이 있는 딜레마 유형의 문제였기 때문에 제가 강력하게 변호할 수 있고 순간적으로 참신한 논리가 떠오른 방향으로 입장을 골랐습니다.

실제로 제가 면접을 잘 봤는지 못 봤는지에 대해서는 여전히 알 수 없지만, 중대한 실수가 없었고 면접관들의 반응도 나쁘지 않았기에 무난한 수준이었다고 생각합니다. 오후조의 막바지라 면접관들의 집중도가 낮을 것이라는 예상과는 달리 점심은 챙겨먹었는지 여쭈어주시는 등 친절히 응대해주시고 제 답변에 귀기울여 주시는 모습을 보면서 저도 더욱 신이 나서 답변할 수 있었습니다.

6 마치면서

저의 로스쿨 입시는 마치 호랑이 등에 매달린 채 달리는 형국이 아니었나 생각합니다. 일단 달리기로 결정하자 주위에서 호랑이 다리를 마련해 주었고 덕분에 짧은 기간에 과분한 성과를 얻을 수 있었지만, 호랑이 등에서 떨어지는 즉시 잡아먹힌다는 두려움으로 절박하게 매달렸습니다. "합격으로 보답하라."며 조건 없이 도와준 고마운 분들이 참으로 많았고, 제가 한 일이라고는 그 분들이 마련해 준 호랑이에 올라타 죽자고 매달린 것뿐이었습니다. 일일이 이름을 거론할 수는 없지만, 이렇게라도 감사인사를 드립니다.

합격 발표일 오후, 여기저기서 많은 축하를 받았지만 정작 축하를 받는 제 마음은 마냥 기쁠 수가 없었습니다. 로스쿨 시대에 대한 비관론적 전망이 난무했고 학비에 대한 부담이 컸으며 다시 3년을 오롯이 학업에 매진해야 한다는 걱정이 생겼기 때문입니다. 이제 간신히 호랑이 등에서 내리는가 싶었는데, 더 무시무시한 호랑이 등에 매달려 최소 3년을 내리 달리게 됐습니다. 마음은 기쁜데 머리는 걱정이 가득한 애매한 상황이 지속됐습니다.

로스쿨이 고학력 실업자를 양산한다는 비판이 있습니다. 이 비판은 틀린 말은 아니지만, 법조인을 고소득 기득권층으로 한정하는 구시대적인 발상입니다. 로스쿨 시대가 본격화되면 우리나라 법조계도 양질전화를 이루게 됩니다. 제가 참가했던 '로스쿨지망생들을 위한 간담회'를 주관한 한나라당 손범규 의원의 표현을 빌리자면 '아주 새로운 형태의 변호사가 우후죽순처럼 등장'할 것입니다. 이러한 시대를 앞당기기 위해서라도 로스쿨생들 스스로가 "뚜렷한 자신의 비전을 가지고 미지의 영역을 개척해야 한다."고 생각합니다.

지금 현재 로스쿨에 진학할지 말지를 고민하고 있다면 맨 처음으로 돌아가 "나는 왜 로스쿨에 진학하는가?", "나는 왜 법조인이 되려 하는가?"라는 질문에 답해보시기 바랍니다. 입시의 가시적 목표는 합격입니다만, 합격이 곧 궁극적인 목표는 아닐 것이기 때문입니다. 뜻을 깊게 품으면 1년 남짓 되는 입시기간에도 입학 후 최소 3년이라는 시간 동안에도 지치지 않는 추진력을 가질 수 있으리라 믿습니다. 어느 시인이 말했습니다. "마음이 깊으면 꽃이 핀다." 이 글은 읽는 여러분의 꽃이 활짝 피기를 기원하며 부족한 글을 마치겠습니다.

추천도서

법학 교양

· 양창수, 「민법입문」
· 이상수, 「교양법학강의」
· 박은정, 「왜 법의 지배인가」
· 루돌프 폰 예링, 「권리를 위한 투쟁」
· 조국, 「양심과 사상의 자유를 위하여」
· 석지영, 「법의 재발견」
· 김두식, 「헌법의 풍경」, 「불멸의 신성가족」
· 김욱, 「법을 보는 법」
· 박성철, 「헌법줄게 새법다오」
· 금태섭, 「디케의 눈」
· 박원순, 「역사가 이들을 무죄로 하리라」
· 임종인 · 장화식, 「법률사무소 김앤장」
· 서형, 「법과 싸우는 사람들」

LEET 및 논술

· 조호현, 「조호현의 추리논증」
· 이광호 · 정강혁 · 박신현, 「도해식 PSAT 3개년 기출해설집」
· 김광수, 「논리와 비판적 사고」
· 앤서니 웨스턴, 「논증의 기술」
· 줄리엔 바지니, 「가짜논리」
· MBC 아나운서국 우리말 팀, 「우리말 나들이」
· 김경원 · 김철호, 「국어 실력이 밥 먹여준다」
· 이성복, 「한국어 맛이 나는 쉬운 문장」
· EBS 지식프라임 제작팀, 「지식프라임」
· 이중톈, 「백가쟁명」
· 에른스트 페터 피셔, 「또 다른 교양」

· 스티븐 호킹, 『시간의 역사』
· 앨리엇 소버, 『생물학의 철학』

TOEIC, TEPS

· ETS, 『ETS TOEIC Reading/Listening Prep Book』
· 김학인 등, 『토마토 TOEIC Finish 1000제 Reading/Listening』
· 해커스, 『해커스 토익 실전 1000제 Reading/Listening 1, 2』
· 김태희 등, 『It's TEPS 900+』
· 서울대학교 언어교육원, 『월간 Teps』

자기소개서 및 면접

· 막스 베버, 『직업으로서의 정치』
· 앨런 더쇼비츠, 『미래의 법률가에게』
· 마이클 샌델, 『정의란 무엇인가』
· 최규호, 『현직 변호사가 말하는 법조계 속 이야기』
· 홍완식, 『사회적 쟁점과 법적 접근』

28

소통을 위하여…

조 해 린

- 경남과학고등학교 졸업
- 한국과학기술대학교 졸업
- 연세대학교 법학전문대학원 제1기
- 제1회 변호사시험 합격
- 현) 국무조정실

1 들어가며

대학교에 입학하고 새내기이던 시간은 금방 지나갔습니다. 알고 지내던 선배들이 졸업하고 새로운 후배들이 들어오면서 졸업하고 무엇을 할 것인가에 대한 고민은 더욱 현실적인 문제로 다가왔습니다. 교수님들은 도전하라고, 하고 싶은 일을 하라고 격려해 주시지만 일단 무엇을 하고 싶은지 나조차도 뚜렷하게 할 수 없는 그 때는 참으로 막막했습니다. 저는 대학 졸업을 앞두고서야 하고 싶은 일을 찾아서 정작 로스쿨 진학을 준비할 수 있었던 시간은 짧았습니다. 하지만 무엇을 할 것인지 고민했던 시간 자체가 소중한 경험이었다고 생각합니다.

이 글을 읽는 여러분도 각자의 목표를 좇아 로스쿨 진학을 결심하셨으리라 생각됩니다. 그것만으로도 여러분은 당시의 저보다 훨씬 나은 것입니다. 아직 로스쿨을 시행한 지 얼마 되지 않아 정보도 부족하고 어떻게 준비해야 할지 막연한 가운데 이 글이 여러분의 로스쿨 준비에 조금이라도 도움이 된다면 기쁘겠습니다.

2 로스쿨로의 진학 결심(2006년 7월 ~ 2008년 2월)

졸업하고 무엇을 할 것인지 진로를 고민할 때 저에게 가장 큰 도움이 되었던 것은 학교수업과 방학 때 호기심으로 시작했던 인턴활동이었습니다. 2006년 겨울에는 조선일보 사회부에서 동계인턴을 했습니다. 2주간 사회부 법조팀에 있으면서 서울지방법원을 들락날락했는데, 인턴이니까 큰 일이 있는 건 아니었고 기본적으로 자기가 쓰고 싶은 기사거리를 찾아서 기사 하나를 써서 그날 저녁까지 제출하는 식이었습니다. 하루 내 법원을 그냥 돌아다니기도 하고 시위하고 있는 사람들한테 말을 붙여서 무슨 사연인가 알아보기도 하고 또 관심 있는 재판은 챙겨보는 것이 다였습니다. 하지만 그 시간들을 통해서 법이나 재판이 고리타분하고 딱딱하고 비효율적인 것은 결과뿐만이 아니라 사회의 서로 다른 목소리들을 듣는 과정 자체에 중요한 의미가 있기 때문이라는 것을 느꼈습니다. 이를 계기로 법에 관심을 갖게 되었습니다.

그럼 더욱 전으로 돌아가서 대학교 3학년 여름방학의 이야기를 하면 집에서 무료한 와중에 집 근처에서 일주일간 자원봉사활동으로 통역을 했습니다. 당시 부산에서 했던 마술축제는 단순히 축제가 아니라 마술관계 사업자들이 전국에서 모였습니다. 제가 했던 일은 한국의 사업가와 외국의 사업가 사이를 통역해 주는 것이었습니다. 미국에서 온 사업가는 재미난 물건을 찾아서 전세계에 팔 수 있기를 원했고 한국의 사업가는 아이디어는 있는데 자본이 부족해서 국내에서만 소량의 물건을 판매하고 있었습니다. 저의 통역은 이 둘을 연결시켜 주었던 것입니다.

저는 그런 것이 좋았습니다. 예컨대 갑과 을이 두 사람이 있다고 합시다.

갑은 음식을 갖고 있지만 옷을 원하는 반면 을은 옷을 갖고 있지만 음식을 원합니다. 갑과 을이 서로 필요한 것을 교환하면 훨씬 좋을 텐데 그러한 사정을 몰라서 다른 이야기만 하다가 결국 갑은 옷이 부족한 채로 을은 음식이 부족한 채로 돌아갑니다. 그런 상황이 왠지 저는 특별히 안타까웠고, 그런 두 사람을 연결시켜 주는 데 보람을 느꼈습니다.

마찬가지로 사회에서 어느 집단과 집단이 서로 필요한 것을 나눌 수 있는데 신뢰가 부족해서 혹은 소통이 부족해서 일을 훨씬 어렵게 만드는 상황이 줄어들었으면 했습니다. 어떤 교수님은 그것을 미션(Mission)이라고 하며, 모두 각자의 미션을 찾고 그러한 미션을 구체화시킨 것이 비전(Vision)이라고 하셨는데, 교수님 말씀대로라면 저의 미션은 사회의 신뢰와 소통을 증진시키는 것이었습니다. 저는 전공지식을 살려서 사회의 신뢰와 소통을 증진시키는 데 이바지할 수 있는 일을 찾았습니다. 현재 저는 국제사회의 에너지 협력·공조시스템 구축에 관심을 갖고 있습니다.

다만, 그것은 먼 미래의 일로 당장 진학을 할 것인지 취직을 할 것인지 결정하는 데는 큰 도움이 되지 않았습니다. 공부를 계속해서 공학박사를 따고 에너지 정책을 전문으로 하는 연구자가 될 수도 있고, 취직해서 사회경험을 쌓은 후 유학을 가서 국제학을 공부할 수도 있고 할 수 있는 일은 무궁무진하게 많았습니다. 하지만 저는 정보도 부족하고 어떤 길이 가장 좋은 길인지 확신도 없었습니다. 따라서 저는 단순하게 눈 앞의 일에 집중하자고 생각했습니다. 제가 관심 있는 키워드는 사회, 갈등, 협력, 신뢰, 소통, 중재 등이고 장차 에너지협력·공조시스템을 구축하는 데 이바지하고 싶습니다. 그럼 현재 하고 싶은 것은 무엇인가 자문했습니다. 답은 법을 공부하는 것이었습니다. 법이야말로 사회의 신뢰와 소통을 증진시키고 갈등을 해결하는 가장 고전적인 시스템이라고 생각했기 때문입니다. 외국의 사례를 보아도 협상전문가나 중재전문가는 모두 변호사이고, 사회의 시스템은 법을 통해서 가장 직접적으로 구축될 수 있다고 판단했습니다. 그렇게 로스쿨 진학을 결심한 것이 2007년 겨울입니다.

왜 이렇게 한참 동안 개인적인 이야기를 늘어놓았냐고 하면 제가 로스쿨에 합격하기 위해 했던 노력의 대부분은 앞으로 어떤 일을 해야 할까에 대한 고민 그 자체이기 때문입니다. 어떤 사람은 일찍이 하고 싶은 일을 찾아서 일관성 있게 학력 및 경력을 착착 쌓아가고, 어떤 사람은 하고 있는 일에 의의를 두고 성실하게 살아갑니다. 저는 무엇을 하고 싶은지도 모르겠고 그래서 앞으로 어떻게 해야 할지도 모르는 사람이어서 고민이 많이 필요했습니다. 변호사 자격증을 따자고 결심하고 나자 오히려 그 뒤는 수월하게 느껴졌습니다. 목표가 있다는 것이 저에게 큰 힘이 되었습니다.

3 어느 로스쿨을 갈 것인가 (2008년 겨울)

로스쿨 진학을 결심한 후 가장 먼저 한 것은 진학하고 싶은 로스쿨을 고르는 것이었습니다. 각 대학마다 특성화 분야나 입시요강, 원하는 인재상 등이 미묘하게 달라서 한 군데를 특정해야 준비하기 좋을 것이라고 판단했습니다. 개인적으로도 가고 싶은 곳이 정해져야 마음이 편할 것 같았습니다.

여러 대학 중에서 고민하다가 연세대 로스쿨을 마음 속의 로스쿨로 두기로 했습니다. 로스쿨 제도를 적극적으로 수용하는 듯한 태도가 가장 마음에 들었습니다. 당시에는 로스쿨 개원을 1년 앞두고도 여전히 소극적인 태도를 보이거나 로스쿨 제도 자체를 반대하는 대학들이 있었는데, 진학을 결심한 학생으로서 로스쿨 제도에 긍정적인 모습을 보이고 오히려 그것을 기회로 도약하려는 연세대의 태도가 다른 대학들과 비교해서 인상적이었습니다. 그 외에 특성화 분야, 입시요강, 커리큘럼 등을 고려하여 결정하였습니다.

가고 싶은 곳을 결정한 후 어떻게 준비할 것인지 계획을 짜기 위해 입시요강을 꼼꼼히 살펴보았습니다. 연세대는 리트(LEET), 영어, 학점, 자기소개서의 배점이 비슷합니다. 학점은 대학교 4학년인 저의 노력으로 더 이상 올라갈 수가 없는 부분이고, 원서제출이 얼마 남지 않은 시점에서 영어 역시 큰 상승을 기대할 수 없는 부분입니다. 따라서 리트와 자기소개서를 준비하는 데 집중했습니다. 자격증이 너무 없는 것 같아서 한자자격시험도 보았습니다.

4 법학적성시험(LEET) (2008년 3월 ~ 2008년 8월)

● 시험준비 ● ····· 법학적성시험은 8월 말에 있었는데, 7월까지 인턴을 했기 때문에 8월부터 시험을 준비하였습니다. 한달 남짓한 시간이라 스터디를 시작하기에는 너무 늦었고 학원을 다니기에도 어중간한 시간이었기 때문에 혼자서 공부하였습니다.

먼저, 언어영역과 추리영역에서 가장 많이 팔렸다고 하는 문제집을 각각 한 권씩 골랐습니다. 모의고사 형식으로 되어있는 문제집이어서 하루에 한 회씩 풀고 오답을 확인했습니다. 공대생이었기 때문인지 추리영역은 큰 문제가 없었지만 언어영역 특히 어휘어법과 사회과학 영역에서 어려움을 겪었습니다. 사회과학계열의 지문은 단어가 워낙 추상적이라서 읽어도 내용이 이해되지 않았고 내용이 이해되지 않으니까 머리에 남지도 않아서 문제를 풀 때마다 일일이 지문을 들여다 봐야 했고 그러니까 다시 시간이 부족했습니다. 이는 문제를 많이 풀어본다고 해서 나아질 것 같지 않았습니다. 그래서 철학·사상 서적들을 읽어서 생소한 단어들과 내용에 익숙해지려고 애썼습니다. 어휘어법은 따로 문제집을 사서 풀었으나 그다지 나아지지 않았습니다.

논술 역시 어려웠습니다. 세 문제 중 앞의 두 문제는 800자 이내, 마지막 문제는 1000자 이상을 쓰도록 되어 있었는데, 1000자 이상의 논술을 써본 경험이 없어서 분량을 채우는 것부터 쉽지가 않았습니다. 그래서 학원에서 첨삭강의를 잠깐 들었습니다. 내용적인 면에서의 향상은 잘 모르겠으나 억지로라도 천 자 이상 쓸 수 있게 되었습니다.

● 시험 당일 ● ····· 저는 비교적 편안하게 시험을 쳤습니다. 하루 이틀 더 공부한다고 해서 결과가 달라질 시험이 아니라는 생각이 들었고, 큰 기대가 없었기 때문에 오히려 긴장이 덜했던 것 같습니다. 언어영역의 문제는 예비시험이나 문제집보다 난이도가 높지 않았습니다. 추리영역 시험은 시간이 부족했습니다. 논술영역의 문제 역시 예비시험이나 문제집보다 어렵지 않았습니다.

5 자기소개서 및 면접 (2008년 9월 ~ 2008년 11월)

리트, 영어, 학점, 자기소개서 중에서 가장 신경을 많이 썼던 것이 자기소개서입니다. 연세대 로스쿨은 지원동기, 성장환경 외에도 장점, 단점, 학업계획서 등 어느 학교보다 요구하는 자기소개서 분량 및 항목이 많았습니다.

저는 쓰기 전에 우선 연세대의 이념, 연세대 로스쿨의 목표, 연세대의 로스쿨 준비과정 등을 조사하는 데 며칠을 보내고, 실제로 쓰는 데도 며칠, 다시 정리하고 다듬는 데도 며칠, 그렇게 일주일 넘게 걸렸습니다. 집이 지방이었기 때문에 스터디를 하기가 마땅치 않아서 자기소개서 역시 혼자 썼습니다. 대신 가족들에게 읽어보고 평가해줄 것을 부탁하였습니다. 누가 되었든 자기소개서를 다른 사람에게 읽어보도록 하고 피드백을 받는 것은 큰 도움이 되는 것 같습니다.

자기소개서에서 가장 신경 썼던 부분은 읽는 사람이 읽기 편하도록 깔끔하게 그리고 솔직하게 쓰는 것이었습니다. 지원동기 항목에서는 왜 로스쿨 진학을 결심했는지 오랜 시간 고민했던 과정을 따라서 썼습니다. 성장환경 역시 있는 그대로 담담하게 서술했습니다. 장점 및 단점 역시 평소 친구들에게 들었던 말, 가족들에게 들었던 말과 경영학 수업에서 조원들과 작성했던 평가자료들을 바탕으로 객관적으로 쓰려고 노력했습니다. 학업계획서는 제가 장차 하고 싶은 일과 로스쿨의 커리큘럼을 연결시켜 가능한 한 구체적으로 썼습니다.

면접을 대비하여서는 고등학교 법과 사회 교과서를 읽었습니다. 그리고 관심 있는 서적들 특히, 소크라테스의 변명이나 법의 정신, 일본최고재판소 이야기 등 법과 관련된 서적들을 읽었습니다. 실제 연세대 면접은 단순한 법학 지식이 아니라 도덕 및 윤리관념, 일반인의 건전한 상식, 자신의 주장을 뒷받침하는 논리 등을 묻는 것이었습니다. 지금 생각하면 면접이야말로 단시간에 준비해서 되는 것이 아니라 평소의 꾸준한 독서와 논리적인 사고방식이 중요한 것 같습니다.

6 면접 당일

면접 당일 일찍 출발한다고 했는데 차가 밀려서 가까스로 시간 안에 도착했습니다. 그러나 면접순서가 앞에서 두 번째여서, 도착한지 얼마 되지 않아 면접장소로 이동하였습니다. 면접장소는 교수님의 연구실이었고, 한 사람이 면접을 보는 동안 두 사람이 면접장소 앞에서 대기하되, 바로 다음 차례인 한 사람은 문제를 받아 보며 대기하는 식이었습니다. 문제지에 생각을 필기하는 것도 가능했습니다.

제 차례가 되어 문제를 받아보았는데 예상과는 전혀 다른 문제가 출제되어서 당황했습니다. 법학지식이나 최근 시사문제를 물어볼 것으로 예상했는데 주어진 세 문제 중 마지막 문제는 자신의 미래의 목표 또는 꿈에 대한 질문으로 어렵지 않았지만 앞의 두 문제 모두 주어진 상황에서 어떻게 행동하는 것이 옳은가를 물어보는 문제로 답을 뚜렷하게 찾기가 어려운 문제였습니다. 도착한 지 얼마 되지 않아 미처 가다듬지 못한 마음으로 예상치 못한 문제 더군다나 어떻게 답해야 할 지 도저히 알 수 없는 문제를 접하자 어떻게 해야 할 지 몰라 한참을 허둥댔습니다. 그래도 짧은 시간 안에 가능한 한 내가 선택한 행동의 정당성을 설명하기 위해 노력했습니다.

면접위원은 총 세 분이셨는데, 그 중 두 분은 교수님이고, 한 분은 외부에서 오신 분이라고 들었습니다. 세 분 모두 친절하게 대해주셔서 면접 분위기는 대체로 화기애애했습니다. 답할 때 미진한 점이 조금이라도 보이면 바로 반박질문을 해오셨습니다.

저는 오전 10시도 되기 전에 면접이 끝났습니다. 하지만 한 사람당 면접 시간이 길어서 뒷번호 였던 분들은 점심시간 지나서 오후까지 했다고 들었습니다.

7 만약 다시 로스쿨 준비를 한다면

얼마 전에 동생한테 전화가 와서 자기 후배가 로스쿨을 가고 싶어하는 데 뭘 준비하면 될지 물었습니다. 법대생이라는 그 후배는 인턴을 해야 하는 건지 어학연수를 가야 하는 건지 갈피를 못 잡고 있다고 했습니다. 사실 저라고 뭘 아는 건 아니지만 "내가 대학교 2학년생이고 다시 로스쿨 준비를 한다면 어떻게 할까?"에 중점을 두고 대답해 주었습니다. "인턴을 하고 싶으면 하되, 로스쿨을 위해서 하지는 말라."는 것이었습니다.

확실히 학점은 굉장히 중요한 듯 합니다. 일단 학점이 좋아야 로스쿨 선택의 폭이 넓어집니다. 학점은 기본 중의 기본이고, 성실함의 징표일 뿐만 아니라 전문성을 살릴 때나 특성화 분야를 선택할 때도 중요하다고 생각합니다. 게다가 실제 합격한 주변 분들을 보니 모두 학점이 뛰어났습니다. 영어 역시 입시요강에서 배점이 상당히 큽니다. 입시를 위해서가 아니라 앞으로를 위해서도 어떤 일을 하든 영어는 잘할수록 유리하다고 생각합니다. 하지만 영어가 절대적이라고 보이지는 않습니다. 기본적인 수준만 갖춘다면 특히 법대생의 경우 다른 항목(자기소개서나 학점)에서 충분히 메울 수 있었다고 보여집니다.

한편, 평소에 열심히 준비해야 하는 학점이나 영어와는 달리 리트를 본격적으로 준비하는 것은 대학교 4학년 때부터 해도 충분하다고 봅니다. 리트는 공부 량과 비례해서 점수가 느는 시험이 아니니까 차라리 공대생이라면 평소에 책을 많이 읽는다거나 교양과목으로 사회과학계열을 많이 듣는 식으로, 인문대생이라면 수학 특히 명제나 집합부분을 공부하는 식으로 공부하는 것이 더욱 효과적일 것 같습니다. 논술만은 스터디나 수업을 통해서 특별히 준비할 필요가 있다고 느꼈습니다. 저는 혼자서 고등학교 수시논술 대비 문제집을 사서 하루에 한 회씩 한 학기 동안 풀었는데, 스터디를 했더라면 더욱 효과적으로 실력이 향상되었을 것이라고 생각합니다. 논술공부는 언어영역이나 추리영역에 필요한 기본적인 실력을 쌓는데도 도움이 되었습니다.

나의 꿈 나의 길

위에서 언급한 학점, 영어, 리트와 자기소개서를 제외하면 나머지는 선택사항인 것 같습니다. 예를 들어, 작년에는 인터넷상에서 봉사활동이나 자격증, 인턴경력이 없으면 불리하다는 소문이 한창 있었습니다만 지금 돌이켜보면 봉사활동이나 인턴경력이 있으면 좋지만 있어야만 하는 것은 아닌 듯합니다. 실제 합격자의 면면을 보니 그런 경력이 풍부하신 분들뿐만 아니라 특별한 경력은 없으나 꿈이 뚜렷하고 학교생활을 성실히 했던 분들도 있습니다. 즉, 로스쿨에 가기 위한 봉사활동은 의미가 없고 자신이 정말 하고 싶어서 한 봉사활동이나 인턴이 중요한 것 같습니다. 대학생이니까 많은 경험을 하고 그런 경험을 바탕으로 하고 싶은 일을 찾고 이를 자기소개서에 녹여내는 것이 중요하다고 생각합니다.

8 맺음말

저는 집이 지방에 있어서 학원을 다니거나 스터디를 구하기도 어려웠고, 신문이나 인터넷을 통해 알아낼 수 있는 정보가 다였습니다. 로스쿨 진학을 늦게 결심해서 몇 년에 걸쳐 준비할 수도 없었습니다. 그렇지만 다행히도 로스쿨에 합격할 수 있었습니다. 저는 이것이 로스쿨의 큰 장점 중 하나가 아닐까 생각합니다. 돈을 많이 들이지 않아도, 서울에 집을 얻지 않아도, 정보에 좀 뒤쳐져도 평소에 성실하고 기본에 충실해서 준비했다면 누구나 법조인의 꿈을 가질 수 있습니다.

합격은 끝이 아니라 시작이었습니다. 공부도 시작이지만 새로운 만남도 시작입니다. 이곳에는 정말 다양한 사람들이 있습니다. 120명이 모여서 자기소개를 하는데 몇 시간 동안 자기소개를 지루하지 않게 깔깔 웃으면서 들을 수 있는 경험을 어디 가서 또 할 수 있을까요. 로스쿨에 대해 신문에 이런저런 말이 오르락 내리락 하고, 사회의 기대와 우려가 섞인 염려가 1기를 향하고 있지만 동기들을 보면 다 잘될 것 같다는 믿음이 생깁니다. 지금 로스쿨을 준비하시는 분들도 저마다 꿈과 목표가 있으시리라 생각합니다. 그러한 꿈과 목표를 내년 연세대에서 함께 나눌 수 있기를 바랍니다.

참고도서

언어이해

- 권일경 「NEO LEET 언어이해 실전모의고사」
- 권일경 「NEO LEET 언어이해 어휘어법특강」

추리논증

- 유호종 「NEO LEET 추리논증 실전모의고사」

논 술

- 조장훈 「초암 LEET 논술: 로스쿨 대비」

면접 및 기타

- 기다 겐 「현대사상지도」
- 몽테스키외 「법의 정신」
- 라드브루흐 「법철학」
- 야마모토 유지 「일본 최고재판소 이야기」
- 고등학교 교과서 「법과 사회」
- 레비 스트로스 「야생의 사고」

나
의
꿈
나
의
길

29

입시에는 정해진 답은 없다

남 원 경

· 북경대학교 법학원 졸업
· 영남대학교 법학전문대학원 제10기

1 들어가며

"영남대 로스쿨 합격을 축하합니다."라는 합격문자를 받고도 아직도 얼떨떨한 이 시기에 합격수기를 쓰려하니 머릿속이 많이 복잡합니다. 사실 이 수험생활을 하면서 만났던 여러 친구들과는 다른 길을 걸어왔기 때문에 더욱 마음이 복잡했고 어찌 보면 외로웠습니다. 우선 저는 국내 대학교가 아닌 중국의 북경대학교 법학과를 졸업했습니다. 중학교 졸업 후 간 유학이지만 2년만에 대학에 입학하여 언어적으로 많이 힘들었습니다. 읽어야 하는 책과 해야 할 과제는 산더미처럼 많은데 말뜻을 해석하기 전에 중국어부터 해석해야 하기 때문에 4년 동안 끊임없이 전투를 치뤄낸 느낌입니다. 졸업 후 바로 국내 대기업에 입사하게 되었고 법무팀에서 프로젝트 법률검토와 계약검토도 하면서 법과 함께 했습니다. 종합상사였기 때문에 패션 및 호텔 등 소비재사업부터 중국본부의 서비스사업까지도 경험할 수 있었습니다. 분야가 다양하지만 이 모든 사업의 중심을 이어주는 곳에는 법이 존재한다는 것을 알 수 있었습니다. 그럼에도 당시의 저는 단순히 실무진의 지식으로는 변호사라는 벽을 넘지 못함을 다수 경험하게 되었습니다. 법을 깊이 이해하지 못하고 기계적으로 검토하기보다는 진정으로 더욱 깊이 이해하고 싶다는 갈망이 생기게 되었습니다. 돌이켜보면 그 갈망이 퇴사라는 큰 결정을 하여 로스쿨 수험생의 길을 선택할 수 있게 하였습니다.

2 리트(LEET)를 준비하며

우선적으로 저는 다음과 같이 저만의 규칙을 정하였습니다.

● **추천도서는 각 분야별로 1권 이상 읽기** ····· 언어이해나 추리논증에는 다양한 제재가 등장합니다. 제가 익숙한 제재면 편하게 읽히지만 낯선 개념이 등장하면 문제를 읽는데에만도 많은 시간이 들었습니다. 따라서 전 책을 통해 경제적·과학적 개념에 익숙해지려고 했습니다. 또한 상대성이론 같은 생소한 개념에는 책 뿐 아니라 유튜브를 통해 쉽게 풀어낸 컨텐츠를 많이 활용하였습니다. 특히 철학적인 이론이나 법학적 개념은 메가로스쿨 윤상근 선생님의 개념지식 특강도 큰 도움이 되었습니다. 개념적인 틀이 잡히면 평소에 접하기 어려운 제재를 풀어내는데 당황하지 않고 몰입할 수 있는 힘이 생기게 되었습니다.

● **기출문제는 하루에 1회씩 꾸준히 풀기** ····· LEET를 준비하는 수험생에게는 풀어볼 문제는 굉장히 다양합니다. PSAT기출문제부터 수능기출문제, 학원모의고사 등등 종류는 다양합니다.

하지만 결국에는 리트를 풀어내야하는 수험생에게는 리트 기출문제보다 더 좋은게 없는것 같습니다. 다만 혼자서는 해이해지기 긴 시간 동안 기출문제를 풀어내기에는 해이해지기 쉽기 때문에 꼭 스터디를 찾아 진행하기 바랍니다. 다만 스터디별로 운영방식 등이 차이가 크게 나기에 자신에게 맞지 않는다고 생각된다면 과감하게 나오시길 바랍니다.

● 일주일의 6일은 혼신을 다하여 공부하고, 하루는 완전히 쉬기 ●

LEET는 외우는 시험이 아닙니다. 그렇기 때문에 단순한 양치기로 해결되는 시험은 아니라고 생각됩니다. 또한 컨디션에 따라 일주일만이라도 점수 등락이 차이가 크게 날 수 있는 시험입니다. 회사생활을 한 뒤 시작한 수험생활이기 때문에 하루 종일 앉아서 공부하는 버릇을 들이는데 다소 오래 걸린 듯합니다. 특히 항상 교실이나 스터디룸에 앉아서 글만 읽다보니 너무 답답할 때가 많았습니다. 그렇다고 놀기에는 괜히 죄를 짓는 것 같기도 해서 수험초기에는 공부도 스트레스도 같이 왔던 것 같습니다.

스트레스로 인한 슬럼프를 탈출하기 위해서는 일주일에 하루는 저에게 완전한 휴가를 주었습니다. 정말 하루 동안은 한글자도 보지 않고 나갔습니다. 스스로에게 준 휴가날에는 혼자서 전시회를 보러가기도 하고, 친구들과 한강도 가서 하늘구경도 했습니다. 그럼에도 오히려 제 모의고사 성적은 안정되게 유지되었습니다. 일주일에 하루라도 숨이 쉴 수 있게 해주니 수험생활 내내 큰 슬럼프가 오지 않았던 것 같습니다. 특히 시험이 막 다가오는 7~8월에는 소위 멘붕이 온 친구들도 많았으나 제 스스로는 오히려 덤덤하게 시험을 맞이하게 되었던 것 같습니다.

● 언어이해 ●

언어이해는 정말 끝까지 정답의 길이 보이지 않았습니다. 길고 심도 깊은 지문을 단시간에 읽고 찾아내고 확신을 갖고 답을 찾기까지 저는 시간이 다소 걸렸습니다.

지문을 다 읽고 이해했다고 생각해도 문제에 가서 헤매던 상황이 많았습니다. 그래서 '지문이해'보다는 '선지선택'에 더 집중했습니다. 새로 풀어본 문제는 바로 채점하여 그 자리에서 바로 복습하는 버릇을 들였습니다. 언어 지문의 경우 문제를 풀 때 가장 집중력 높게 읽게 되기에 바로 그 자리에서

"왜 틀렸는가?"에 대해 고민을 깊게 했습니다. 오답의 선지 하나하나에 답이 되는 근거문장을 찾고 틀리는 근거를 그 옆에 기록하였습니다. 그리고 다시 이러한 오답을 만들지 않기 위해 제가 주의해야 할 부분은 다른 색으로 크게 써서 표시하고, 따로 수첩에 적어두었습니다. 매 모의고사를 보기 전, 수첩의 메모를 확인하고 활용했습니다. 이 수첩은 LEET 시험일의 저에게 쓰는 편지와 같았으며 실제로도 시험 당일에는 오히려 편안한 마음으로 시험에 임할 수 있게 되었습니다.

이러한 복습방법에 메가로스쿨의 윤상근 선생님께서도 많은 도움을 주셨습니다. 수업이 끝나거나 그 외의 시간에 제가 작성한 오답의 해설이 맞는지 아닐 경우 어떻게 수정하면 좋을지 조언을 많이 주셨습니다. 이러한 방법이 맞는지 흔들릴 때도 많이 지지해 주셔서 스스로에게 확신을 더 갖게 되었습니다. 제 방법이 모두에게 맞을 것이라고 생각하지는 않지만 자신만의 방법을 만들어 가면서 친한 선생님 또는 선배와 그 방법에 대해서 많은 이야기를 주고 받는 것을 추천합니다. 물론 같이 공부하는 수험생도 큰 도움이 되지만, 시험이 다가올수록 서로 예민해지기 때문에 서로의 마인드컨트롤을 위해서는 꼭 적극적으로 상담 받길 바랍니다.

● **추리논증** ● …… 추리논증에 관해서는 내려놓기가 가장 중요하다고 생각합니다. 지문의 큰 맥락을 갖고 3 문제를 풀 수 있는 언어이해와 달리, 추리논증은 각 문제당 하나의 주제와 내용이 담겨있습니다. 머릿속의 스위치를 급격하게 바꿔야 하기에 피로도가 더욱 높은 부분이라고 생각됩니다. 그렇게 때문에 주어진 시간 동안 모든 문제를 다 풀어서 맞추겠다는 목표는 저로 하여금 조급하게 하여 충분히 맞출 수 있는 문제도 틀리게 하였습니다. 오히려 목표를 좀 더 내려놓고 풀어서 맞춰야 할 문제를 덜어 오히려 풀어낸 문제에서의 정답률을 높이는 방향으로 진행하였습니다.

개인적으로는 언어이해보다 추리논증에서 본인의 약한 유형을 찾아내는 것이 더욱 중요하다고 생각합니다. 그 유형에 맞추어 내가 '잘 풀 수 있는 문제'를 찾아내어 먼저 풀어내고 안정된 마음가짐으로 다른 문제를 해치워 나

감이 중요하다고 생각합니다. 저는 논리게임 중 참말/거짓말 문제나 줄세우기 문제는 오히려 가장 재미있었고 집중도를 높일 수 있어 가장 먼저 풀었습니다. 언어이해의 여파가 아직 사라지지 않은 시간에 추리논증을 풀어내야 하기에, 추리논증으로의 마인드셋하게하는 논리게임이 일종의 스위치 역할을 해주었습니다. 이와 같이 본인이 자신있거나 집중도를 높일 수 있는 유형을 우선적으로 풀어내는 전략은 저에게 자신감을 불어넣었습니다. 확신을 가지며 문제를 풀면 자신감도 생겨 다소 약한 유형에도 주눅들지 않고 풀어낼 수 있습니다.

3 스터디의 운영

학원수업 외에 스터디는 두 명이서 진행하는 작은 스터디와 6명이서 진행하는 언어스터디로 2개 참여했습니다. 언어스터디는 매주 2번씩 모여 시간에 80분 동안 연도별 LEET와 M/PEET를 풀고, 틀렸던 부분에 대해 정답을 찾아내는 법과 오답을 고르게 된 생각의 길을 토론하였습니다. LEET는 지식을 외우는 시험이 아니다 보니 혼자만의 생각방식을 고집하기보다는 답을 찾는 여러 방식을 보는 점이 가장 좋았습니다. 물론 각자의 스타일이 있기 때문에 다른 스터디원의 방식을 100% 도입할 수는 없지만 더 좋은 방식을 찾기에는 많은 도움이 되었습니다.

스터디는 진행하기 전에 운영방법에 대해 의견조절 하는 것이 가장 중요하다고 생각합니다. 저희 스터디는 기출문제를 중심으로 진행하였기 때문에 각 회독을 시작하기 전에 운영방식에 대해 의견조절이 좋았던 것 같습니다. 진행시간, 분량과 규칙에 대해 우선적으로 정한 뒤 그 계획에 맞추어 진행하였습니다. 스터디를 진행하면서 변경하는 것보다 계획을 짜고 문제가 생겼을 때 다소 수정하는 방법덕분에 6개월 동안 꾸준히 기출문제를 4회독 할 수 있게 한 것 같습니다.

작은 스터디는 매일 오후 2시부터 6시까지 시간만 정해두고 각자 해야할 과제를 해내는 생활스터디였습니다. 언어이해는 기출문제를 제재별로

10지문씩 풀었으며, 추리논증은 조호현 선생님의 'PSAT for LEET'와 '기출문제 심층분석'을 풀었습니다. 다른 스터디와는 조금 다르지만 시간과 양은 같지만 각자가 푸는 문제는 다르게 풀었습니다. 예를 들면 '60분 동안 추리문제는 20문제 풀기'라고 미션을 수행한다면, 20문제의 구성은 각자가 정했습니다.

제가 강화/약화문제 15문제에 논리게임 5문제를 푼다면 스터디원은 논쟁 10문제와 법적추리 10문제를 풀어내는 것과 같습니다. 각각 다른 부분의 문제를 풀기 때문에 토론보다는 혼자서 고민하는 시간이 늘어나게 되었습니다.

이러한 스터디 방식의 최고 장점은 자기 분석할 시간과 자료가 쌓이며 보충해 낼 시간을 만들수 있게 합니다. 보통 학원과 스터디를 하고나서 자기 공부할 시간이 적어지거나 해이해지기 쉽습니다. 하지만 4시간 동안 정해진 미션을 수행한다는 느낌으로 자습보다 훨씬 높은 집중도가 유지되면서 자기 분석을 할 수 있었습니다.

4 공인영어시험

공인영어시험은 로스쿨을 준비하는 수험생이라면 거의 모두가 만점을 받고 들어간다고 생각합니다. 그렇게 때문에 더욱 영리하게 해당 점수를 받아야 한다고 생각합니다. 사실 텝스, 토플, 토익의 선택권이 있지만, 일부 학교를 제외하고는 토익을 가장 기본적인 기준으로 삼습니다. 또한 타지생활을 오래했기에 아카데믹함이 강한 토플이나 텝스용 단어를 추가적으로 많이 외워야하는 텝스는 저에게 맞지 않았습니다. 따라서 저는 토익으로 점수를 올려야겠다고 다짐했습니다.

전년도의 모집요강은 모든 학교가 배포했기에 각 학교의 만점 하한선을 찾았습니다. 어차피 990점이나 960점이나 동일한 만점이라면, 960점의 점수를 달성하면 그 이상의 시간과 노력을 쏟을 필요가 없어집니다. 그래서 저는 본인이 가고 싶은 학교 또는 저처럼 모든 학교의 요강을 찾아본 뒤 적당한 점수만을 위해 시간 투자하시길 바랍니다. 공인영어시험은 가장 큰 평가 대상이 아니기 때문에 더 이상의 시간과 노력은 LEET에 쏟는게 현명하다고 생각합니다.

기출문제집 10회 가량을 아침 9시부터 시간에 맞추어 풀었습니다. 오답은 표시하고 왜 틀렸고 필요한 문법요소나 단어를 짧게 문제 옆에 메모했습니다. 단어의 경우 해설에 있는 단어 중 익숙하지 않거나 헷갈리기 쉬운 단어도 해당 문제에 메모하였습니다. 이러한 오답들을 위해 오답노트를 별도로 만들기 싫었기 때문에 Part 5문제나 단어장은 핸드폰으로 사진을 찍어 에버노트에 모았습니다. 사진형태로 저장도 편했으며, 버스나 지하철에서도 잠깐씩 보면서 체크하기 좋았습니다. 저는 영어에 오랜 시간과 많은 노력을 쏟기보다는 영리하고 편하게 점수를 올리시기 바랍니다. 다만 영어점수는 적어도 2월 늦어도 3월까지는 점수를 만들어둬야 LEET에 집중할 수 있다고 생각합니다.

따라서 짧은 시간 내에 영리한 방법으로 적당한 점수를 만드는 것을 목표 하시기 바랍니다.

5 자기소개서와 면접준비

● **자기소개서** ● ⋯⋯ LEET를 끝내고 바로 윤상근 선생님의 자기소개서 특강을 들었습니다. 글을 쓰기에는 저 혼자 생각하여 만들어 내기보다 더 좋은 주제와 글을 이끌어 낼 수 있는 필요하다고 생각했기 때문입니다. 본격적으로 자기소개서를 작성하기 전 선생님께서는 각자 인생의 일대기를 적어보라고 했습니다. 19살 대학 입학 이후 지금까지 해왔던 일, 영향이 컸던 변화 등등을 적어나가며 제 스스로를 돌아볼 수 있었습니다.

스스로를 자랑하는 것이 자기소개서라고 생각했기에, 제 장점을 다시 발견할 수 있는 좋은 기회라고 생각됩니다.

물론 학교마다 문항과 글자수들은 다 다르지만, 궁극적으로 왜 법조인이 되고 싶은지, 왜 로스쿨에 가고 싶은지, 그를 통해 어떤 일을 하고 싶은지를 알고 싶어합니다. 이러한 질문들은 수험생 스스로에게도 본인을 돌아보며 정말 이 법조인의 길을 왜 가려는지 돌아보며 마음을 다지게 합니다. 이 기회를 통해 다른 길이 있음에도 불구하고 이 길을 선택하게 한 이유와 본인의 장점을 활용하여 어떠한 모습의 법조인이 될 것인지에 대해 깊이 생각하시길 바랍니다. 그리고 그 생각을 진정성 있고 조리있게 써내려간다면 좋은 자기소개서가 나온다고 생각합니다.

주변에 자기소개서를 많이 읽어본 지인이 있다면 굳이 유료로 첨삭을 받을 필요는 없다고 생각합니다. 하지만 입사를 위한 자기소개서와 입학을 위한 자기소개서도 같은 본인에 대해 소개하는 글이지만 써나가는 방향이 다르기 때문에 입시용 자기소개서를 많이 읽어본 분께 꼭 첨삭 받으시길 바랍니다.

● **면접준비** ● ····· 사실 저 같은 경우 크게 면접준비는 하지 않았습니다. 다만 영남대 로스쿨의 경우 특수한 형태로 면접을 진행하기에 스터디를 통해 준비하였습니다. 수험생과 면접위원간의 질의응답으로 이루어지는 다른 학교와 달리, 영남대 로스쿨은 수험생간의 토론으로 진행됩니다.

그렇기 때문에 6인의 토론으로 진행하는 스터디를 찾게 되었습니다. 스터디는 그 전날 주제 2개를 정하고 면접절차와 거의 동일하게 진행하였습니다. 15분의 준비시간 각 3분의 3번의 발언을 하는 형태로 진행하였습니다. 이러한 부분은 해당학교의 면접을 경험해 본 수험생이 함께하여 큰 도움이 되었습니다. 교재는 별도로 지정하지 않았으나, 저는 김종수 선생님의 면접책을 활용하였습니다. 각 학교별 기출문제도 나와 있고, 토론할만한 좋은 주제가 모여 있다는 것이 가장 좋았습니다. 면접을 위하여 사실 많은 자료를 다 읽기에는 지루하고 효율적이지 않은 방법 같습니다. 그보다 본인만의 논거를 만들기 위하여 다양한 주제의 자료나 시사상식도 중요하지만 본인이 그 주제에 대해서 진지하게 생각해보는 것이 가장 중요하다고 생각합니다. 사실 면접당일 저희는 그 질문에 대해 단 한번의 대답을 하지만, 실제 면접위원들께서는 수 십번의 답을 듣습니다. 너무 뻔하거나 일차적인 답변과 논거보다는 직접 겪거나 주변에서 본 경험을 논거에 녹여내어 주장함이 자기 자신의 매력을 더 표출할 수 있다고 생각됩니다.

6 마무리하며

입시를 준비하면서 든 생각은 "입시에는 정해진 답은 없다." 였습니다. LEET점수가 높음에도 불구하고 불합격 하는 사람들을 보며, LEET가 전부일 것 같으면서도 전부가 아니라는 생각이 가장 크게 들었습니다. 그러나 이미 정해진 학점, 다 같이 높은 점수인 공인영어점수보다는 자신의 노력이 실현될 수 있는 요소라고 생각됩니다. 그 외에도 자신의 경험이나 경력 등이 학교가 원하는 인재상에 맞을 수 있기에 자신을 더욱 충실히 하는 것이 중요하다고 생각됩니다.

사실 로스쿨을 준비하는 수험생 모두가 다 뛰어난 사람들이기 때문에, 본인만 뒤쳐지는 것 같고 부족한 느낌에 사로잡히기 쉽습니다. 그러나 모두가 다 힘들고 불안해하기에 마음이 흔들리지 않는 것이 이 입시를 헤쳐 나가는 데 가장 중요한 요소라고 생각됩니다.

빡빡하고 불안한 준비기간이지만, 그만큼 자신의 마음과 결심을 다시 돌아보고 다지는 기회라고 생각됩니다. 흔들림이 아예 없을 수는 없습니다, 다만 그 흔들림의 정도를 줄이면서 묵묵하게 자신의 길을 간다면 원하시는 곳에 다다를 수 있다고 생각합니다. 저 또한 부족함이 많고 가야할 길이 멀지만 수험생 여러분들께 힘이 되었으면 좋겠습니다.

30

기 적

엄 요 한

- 계명대학교 법학과 졸업
- 영남대학교 법학전문대학원 제5기
- 제5회 변호사시험 합격
- 영남대학교 민사법 박사과정
- 현) 변호사 엄요한 법률사무소

1 들어가며

20살에 교내에서 운영하는 비사고시원이라는 곳에 들어가서 처음으로 서재에서 만난 책이 考試界였습니다. 考試界에 나오는 합격수기를 보며 법조인의 꿈을 더욱 키워왔는데 이렇게 로스쿨 합격수기를 쓰게 되어 기쁩니다. 이 글이 로스쿨 진학을 꿈꾸는 많은 수험생들, 특히 지방대학교를 나와서 자신감이 결여되어 있는 분들에게 희망이 될 수 있길 바랍니다. 하고 싶은 이야기는 많지만, 수험준비에 관한 이야기를 로스쿨 입시에 가장 관련있는 부분에 집중하여 심신단련, 토익과 학점, LEET, 자기소개서와 면접, 합격의 기적 등의 순으로 전해드리겠습니다.

2 심신단련

"돈을 잃는 것은 작은 것을 잃는 것이고, 명예를 잃는 것은 많은 것을 잃는 것이고, 건강을 잃는 것은 전부를 잃는 것이다."라는 말이 있습니다. 모든 일에 있어서 건강의 중요성을 가장 잘 설명해주는 말이라고 생각합니다. 저는 로스쿨 1기 진학실패, 대학교 졸업 후 군입대를 하여 큰 좌절감을 안고 있었지만, 전역 후의 수험생활을 위해 남은 2년을 보내고자 다짐하였습니다. 그래서 무산소·유산소 운동에 대한 체계적인 지식을 습득함과 동시에 꾸준한 체력관리를 하였습니다. 특히 체내근육량을 늘려서 비만을 벗어나고, 오랜 시간 의자에 앉아 있을 수 있는 근력을 키웠습니다. 2년간의 꾸준한 운동은 신체를 아름답게 변하게 했을 뿐만 아니라, 그동안의 좌절감을 극복하고 "꾸준히 열심히 하면 할 수 있다."는 자신감을 불러 주었습니다. 군 제대 후에는 주일, 수요일, 금요철야 예배에 참석하면서 그동안의 과오를 회개하고 성경 말씀을 묵상하며 수험생활에 해가 되는 어떠한 유혹에도 흔들리지 않는 정신력을 키웠습니다. 이러한 노력은 울릉도에서 배를 타고 서울까지 와서 1년간의 수험생활 동안 흔들림 없이 공부할 수 있었던 원동력이었습니다.

3 토익과 학점

1월~2월 두 달간 8kg의 살을 빠지게 만든 토익시험입니다. 토익은 단기간에 시간을 집중하여 준비해야 효과적이라고 생각했기 때문에 고시준비를 하듯이 하였습니다. 모든 시험에서 기출문제의 중요성이 크겠지만, 토익은 그 중요성이 절대적이라고 할 수 있습니다. 왜냐하면 만점방지용으로 나오는 몇 개의 문제 빼고는 기출문제가 변형되어 나오기 때문입니다. 실제로 학원에서도 기출문제를 변형한 대량의 문제를 통해 수업을 하고 있습니다. 기출문제를 많이 풀고 복습을 철저히 해서 Part 5의 3초, 10초, 30초, 만점방지용 문제를 구분해 낼 수 있을 정도로 한다면 고득점이 가능하다 하겠습니다. 많이 나올때 2~3개인 만점방지용 같은 어려운 문제를 풀지 않고 시간을 아껴서 풀 수 있는 문제에 집중하는 것이 고득점에 유리하다고 할 수 있습니다. 다른 Part도 기출문제가 변형·반복되어 출제되므로 시중에 나와있는 문제집을 최대한 많이 풀어보시길 권해드립니다. 어휘공부도 단어집보다는 기출문제를 복습하는 과정에서 암기해 나가는 것이 더욱 학습효과가 좋습니다. 그리고 학점은 성적을 나타낼 뿐만 아니라, 대학생활의 성실성을 나타내므로 최대한 잘 받으시길 바랍니다.

4 LEET(법학적성시험)

"LEET는 공부해도 잘 오르지 않는다."라는 말을 많이 들어보셨을 것입니다. 하지만 LEET 또한 시험이기 때문에 적합한 방법으로 열심히 공부하면 누구나 성적이 오를 수 있는 시험이라고 확신합니다. 저는 1기 때의 실패를 거울 삼아 군 복무 동안 가장 알맞은 공부방법을 찾고자 노력하였습니다. 그 결과, 어느 정도의 배경지식과, 독해속도, 논리력, 사고력을 키우는 것이 기본방법임을 확인하였습니다. 사실 이것은 LEET 출제방침에도 나와있는 말이지만, 실제로 이에 맞추어 공부하는 것이 쉽지 많은 않았습니다. 그래서 LEET 고득점을 획득한 분의 그룹과외를 받으며 그분의 문제풀이 방법을 그대로 제 것으로 만들고자 노력하였습니다. 이를 통해 1월~7월까지 꾸준한 배움을 통해 LEET의 출제유형을 체득할 수 있었습니다. 이와 더불어 LEET 기출지문에 관련된 다양한 분야의 서적을 읽으며 배경지식을 쌓고, 언어포스라는 속독프로그램을 통해 독해속도와 독해력을 키웠습니다. 논리력과 사고력을 키우는데 도움이 되었다고 생각하는 논술의 경우 주 2회의 작성을 통해 실전을 위한 대비를 하였습니다. 또한 맑은 정신을 유지하기 위해 잠을 충분히 자고 영양소의 균형잡힌 식단을 유지하였습니다. 시험 한달 전부터는 MEET/DEET/LEET 기출문제 전부를 3번정도 반복해서 풀면서 철저히 제시문을 근거로 해서 답을 도출하고, 해결할 있는 문제와 스킵할 문제를 파악하는 방법, 시간관리 등을 익혔습니다. 그 결과 LEET의 경우 1기 입시 때보다 20점 가량 상승한 점수를 획득할 수 있었습니다.

5 자기소개서와 면접

자기소개서는 로스쿨 입시 과정에서 가장 공을 들여 작성하였습니다. 다른 분들이 LEET준비에 한창인 3월, 저는 지도선생님의 조언에 따라서 자기소개서와 면접준비에 들어갔습니다. 4월부터는 집으로 신문을 구독하면서 면접대비를 하였고 법조인이 왜 되려고 하는지, 어떤 준비를 해왔는지, 어떤 법조인으로 살아갈지를 고민하였습니다. 그리고 자기소개서에서 기본적으로 요구하는 항목에 맞춰서 작성해 나갔습니다. 면접의 경우, 과거에 면접 중 횡설수설했던 경험을 바탕으로, 논리적으로 말하는 연습을 LEET 수 개월 전부터 계속 하였습니다. LEET 후에는 면접수업과 스터디를 한주에 6일 동안 하면서 면접당일 주어지는 10분의 준비시간과 답변시간에 맞춰서 논리적 사고의 틀을 갖추어 말하는 연습을 끊임없이 하였습니다. 그리고 면접시 발음을 정확하고 자신감있게 하기 위하여 스피치학원도 두달간 다니며 면접을 위해 할 수 있는 모든 준비를 하였습니다. 말하는 모습을 카메라로 찍어서 피드백을 받고, 볼펜을 물고 발음하며, 발성법을 배움으로써 우렁차고 정확한 목소리 뿐만 아니라, 자신감을 가지고 말할 수 있게 되었습니다.

6 합격의 기적

기적이라고 밖에 말할 수가 없습니다. 2013년 1월 말에만 해도 한곳은 후보 30번, 다른 곳은 불합격을 해서 큰 좌절감을 느끼고 있었는데 지인의 전화로 알게 되어 모집공고를 본 후 특별전형 추가모집을 통해 합격을 하게 되었습니다. 정말 몇 일만에 순식간에 일어난 일이었습니다. 2012년 12월초 발표 후 두 달 동안 성경책을 읽고 기도만 하면서 마음을 다스려왔는데 이런 기적이 일어났습니다.

전국에서 유일하게 영남대 로스쿨 특별전형 지원요건에 해당 되었는데 마침 추가모집을 하였습니다. 그리고 마감 마지막 날까지 서류를 제출하고,

면접일 아침에 신문을 사서 기차타고 면접보러 경산까지 갔습니다. 출제될 만한 이슈가 한 개 있어서 내려가는 세 시간 동안 계속 생각하고 답할 내용을 준비하였습니다. 그런데 면접문제로 받은 제시문에는 기차타고 내려오면서 준비한 제과업 중소기업적합업종지정 문제가 나와서 10분의 준비시간 동안 기쁨의 눈물이 나올려고 하는 것을 겨우 참았습니다. 토론면접을 하였는데 저의 반론을 들으시며 고개를 끄덕이시는 교수님을 보며 합격을 예감할 수 있었습니다. 이제 경산에서 초중고를 나와서 대학원까지 마침표를 찍는 것 같습니다.

할렐루야!

적은 월급을 월급일이면 그대로 저에게 보내주시고 물심양면으로 지원해주신 부모님.

오랜 수험생활 끝에 어렵게 취업한 회사를 다니며 수십만 원 상당의 책을 후원해주고 매주 보양식을 사준 친구 덕진이.

힘든 수험기간 동안 연락도 못하고 결혼식, 경조사도 못갔지만 항상 먼저 연락주시고 응원해준 친구들과 지인들.

기도와 말씀으로 내면의 변화를 이끌어준 사랑의 교회 지체들.

언어적 포텐을 터지게 해주신 국어 달인 천재훈남 박OO 선생님.

논리력과 사고력을 키워주신 새바치 최OO 선생님.

얼굴도 모르지만, 마음이 아파하는 저를 위해 친구와 가족처럼 따뜻한 위로와 격려·용기를 주신 서로연, 로이너스 회원님들.

소중한 기회를 주시고 꿈을 이어 나가게 해주신 영남대학교.

아직 변호사가 된 것도 아니지만, 실패의 연속이었던 20대를 뒤로 하고 3년의 과정 멀고 험난하겠지만, 세상 가장 낮은 곳을 향한 시선을 가지고 최선을 다해서 우리 사회에서 쓰임받는 작은 일꾼으로 거듭나겠습니다.

31

내 행복한 운명, 로스쿨-7전 8기 도전기

이 덕 춘

- 전북사대부속고등학교 졸업
- 고려대학교 사회학과 졸업
- (前) 한국외환은행 근무
- (前) 전북일보 경제부, 문화부 근무
- 원광대학교 법학전문대학원 제3기
- 제3회 변호사시험 합격
- 현) 법률사무소 한서 변호사

1 인사드리며

　법학전문대학원(이하 법전원) 합격기, 낯설기만 한 이런 글을 쓰는 날이 오다니, 참 새롭고 기쁘다. 개인적으로 얼마나 고대했던 법전원 입학인가. 2008년 8월, 처음으로 실시된 법학적성시험을 보고 법학전문대학원에 들어오는 데 꼬박 3년이 걸렸다. 말하자면 삼수를 하고서야 법전원에 입학 할 수 있었다. 그 시간이, 그 고통이, 합격의 기쁨과 함께 새삼 떠오른다. 이 글을 쓰면서 나는 독자들이 이런 나의 고통과 기쁨을 함께 나눌 수 있는 기회를 갖기를 간절히 바란다. 고통만 있고 기쁨이 없다면 얼마나 허탈할까. 또한 시험에서 고통이 없는 기쁨을 상상하는 것도 쉽지 않다.

　2011년 5월 26일 오후 3시 원광대학교 법학전문대학원 1층, 考試界의 청탁을 받고 합격기를 고민하면서 다시 한번 지난 3년간의 법전원 입시를 되돌아본다.

법전원 생활의 기쁨을 잠시 잊고 이제 법전원 입시를 한번 돌아보자. 6전 5패 1승의 이야기(매년 가군 나군 입시를 치렀기 때문이다)는 ON AIR.

2 법학전문대학원이다! - 지원동기

원광대 법전원 입학 전 한국외환은행과 전북일보를 다녔다. 직장인이 다 그렇듯이 직장생활에서 답답함을 지울 수 없었다. 은행원 생활보다는 기자생활이 적성에 맞았지만, 힘든 건 마찬가지였다. 특히 기자생활은 시간 부족으로 가족들에게 고통을 주기도 했다.

자유롭게 일하면서 보람도 느낄 수 있는 직업, 직장인들의 이런 로망을 실현할 기회를 찾기 시작했다. 그러다 법전원 입시가 시행된다는 사실을 알게됐다. 법조인이라면 이런 바람을 실현할 수도 있겠다고 생각했다. 2008년 2월 서울에서 있었던 법학적성예비시험에 응시했다. 3년이란 고통의 전주곡이었고, 새 인생의 시작이었다.

주변의 의견을 모았다. 알고 지내는 선후배 법조인들이 적극적으로 법전원 입시를 추천했다. 사랑하는 아내 강선영(전주한들초등학교 교사)도 법전원 입시를 적극 지원해줬다. 곧 전북일보를 퇴사하고 법전원 입시에 전력했다. 그때까지는 법전원 합격까지 3년이란 세월이 걸릴 줄은 아무도 몰랐다. 지금 생각해 보면 혹 3년이 걸린다는 것을 아는 사람이 있어서 말렸다고 해도 법전원 입시를 포기하지 않았을 것 같다.

3 법학전문대학원 입시 준비

성실성과 계획성은 수험생들의 금과옥조다. 성실성이 담보되지 않으면 아무리 좋은 자질을 갖고 있다고 해도 좋은 결과를 얻기 어렵다. 계획성이 없다면 도중에 길을 잃기 쉽다. 가끔 성실성과 계획성 없이 입시에서 좋은 결과를 냈다고 말하는 사람들이 있는데 합격을 꿈꾸는 수험생이라면 한 귀로 듣고 한 귀로 흘려야 한다.

철저한 정보수집도 빼놓을 수 없는 무기다. 목적지를 결정했다면 지도, 교통수단, 잠자리, 식량 등 온갖 준비물들을 마련해야 한다. 철저한 정보수집 없이 완벽한 여행은 불가능하다. 개인적으로는 지난 3년이란 세월이 '철저한 정보 수집' 없이 막연한 희망이나 자신감 때문에 비롯된 것은 아닌가 생각한다.

아래는 세부적 수험 전략들이다. 법전원 입학을 위해 반드시 치러야 하는 법학적성시험(LEET)시험을 기준으로 그 전후로 나눠 살펴보겠다. 법전원 입시는 크게 정량적 부분과 정성적 부분으로 나눌 수 있기 때문이다.

법학적성시험 전 – 정량적 부분에 집중

● **언어이해** ●······ 법학적성시험 1교시 과목이다. 시작이 반이라는 말이 있듯이 1교시 시험을 잘 넘겨야 법학적성시험에서 좋은 점수를 기대할 수 있다. 그런데 누구나 동의하듯 대한민국 '국어'처럼 어려운 것이 없다. '아' 다르고 '어' 다르다는 말은 괜한 투정이 아니다. 이런 난관을 넘기기 위한 방법으로 신문을 읽었다. 신문기사는 논리적이고, 시대 흐름에 맞는 글쓰기다. 특히 분석기사, 칼럼 등은 법학적성시험에 지문으로 나와도 손색이 없는 것들이 많았다.

매일 아침 한겨레신문을 정독했다. 1면부터 마지막 면까지 모든 기사를 빼놓지 않고 읽었다. 약 2~3시간 정도 걸렸던 것 같다. 과학 섹션이 나오는 날은 더욱 집중했다. 사회학을 전공했기 때문에 이공계 관련 지문들에 쉽게 적응하기 위한 전략이었다. 교양도서 읽기도 게을리 하지 않았다. 특히 시험을 2주 앞두고 읽었던 「김대중자서전」이 기억에 남는다.

여기에 신문을 읽으면서 속독 연습, 비판적 읽기를 하기 위해 노력했다. 주기적으로 사설학원 모의고사에도 참여했다. 개인적으로 언어이해 문제를 풀 때는 시간을 꼭 지켜서 풀었으며, 어휘나 문법연습은 신문기사에서 모르는 것을 찾아보는 식으로 해결했다.

● **추리논증** ●····· 첫 해 시험에서는 수리추리가 많이 출제돼 어려움을 겪었다. 2회부터는 논리추리를 갈수록 중요시하는 추세다. 기본적인 논증 구조를 알고 접근해야 좋은 점수를 기대할 수 있다.

기본적인 논리학 교과서를 읽으면서 추리논증을 준비했다. 대학에서 논리학 교재로 사용되는 책은 개인적으로 공부하기 어려워 논리학 얘기를 재미있게 풀어쓴 책들을 봤다. 반복적으로 2~3회독 하면서 논리추리에 대해 감을 익혔다. 특히 애매한 부분들은 시간이 많이 걸리기 때문에 감을 잡고 문제를 해결할 수 있도록 반복적으로 익혔다.

추리논증 지문을 읽으면서도 속독연습은 계속했다. 정독과 속독을 반복하면서 지문을 정확하고 빠르게 이해하려 했다. PSAT문제에서 추리 부분을 풀어보면서 논리에 대한 이해도를 높였다. 물론 MEET, DEET 기출문제도 추리논증에 도움이 됐다.

● **논 술** ●····· 법학적성시험을 준비하면서 제일 막연한 부분이 바로 논술이다. 실제로 원서를 내는 각 학교에서 채점이 이뤄지기 때문에 자기가 수험생들 사이에서 상대적 좌표가 어디인지도 모르는 분야다. 2008년 2월 예비시험에서는 일괄적으로 출제위원회에서 채점을 했지만, 정식 시험에서는 그렇게 하지 않았다. 개인적으로는 공정한 평가를 위해 언어이해, 추리논증과 마찬가지로 논술도 각 대학이 아닌 출제한 곳에서 채점을 해야 한다고 생각한다.

논술은 기본적으로 자기 생각을 논리적으로 전개하는 것이 가장 중요하다. 특히 논거를 제시해 자신의 논리 구조를 탄탄히 하면서 상대 주장의 허점을 찾아 반박하는 식으로 쓰는 것이 좋다. 나열식 논리 전개는 좋지 않고, 쇠사슬이 고리로 연결되듯이 논술도 그렇게 연결돼야 한다. 또 중요한 것은 논술을 끝까지 마무리하는 습관이다. 혼자 어렵다면 스터디를 만들어 함께 끝까지 써보는 연습을 해보자. 모범답안이 없다면 위에서 말한 신문의 칼럼도 좋은 범례가 될 것이다. 괜히 신문에 칼럼이 올라오는 것은 아닐 게다. 내용도 논리도 시대를 이끄는 칼럼들이 많다.

● **공인영어성적** ● ····· 영어는 대부분 잘하는 것 같다. 특히 젊은 층으로 갈수록 영어실력이 뛰어나다. 문제는 비교적 오랫동안 영어에 손을 놓았던 수험생들이다. 또 사법시험이나 행정고시에서 법전원으로 방향을 바꾼 수험생들이 영어에 약점을 보이는 경향이 있다.

일반적으로 어학공부에는 특별한 방법이 없다. 반복이 왕도라는 주장이 그나마 설득력이 있다. 2000년대 초반만 해도 공인영어성적을 요구하는 시험이 특별히 없었기 때문에 높은 성적을 얻는 것은 쉽지 않았다.

영어시험에 대해 모르는 상황이었기 때문에 토익시험을 준비할 때에는 강사들의 충고를 철저히 따랐다. 빈출되는 부분은 암기를 했다. 듣기 부문은 반복적으로 들으며 공포를 없앴고, 읽기는 시간 조절을 위해 노력했다. 각종 시험용 기술을 활용했고, 시험 전에는 모의고사를 집중적으로 풀었다.

● **제2외국어 및 기타 자격증** ● ····· 학교에 따라서 제2외국어 성적이 있는 지원자에게 가점을 주는 곳이 있다. 입학하고자 하는 법전원 입시전형을 참고해서 준비해야 할 것이다. 그런데 순수하게 법전원 입시를 위해 제2외국어를 준비하는 사람은 그렇게 많지 않은 것으로 보인다. 고등학교나 대학 시절 제2외국어를 경험할 기회가 있었던 수험생들이나 활용할 수 있을 듯하다.

자격증은 나름대로 법전원 입시에 도움이 되는 것 같다. 특히 회계사, 변리사 등 전문직 자격증은 자기소개서나 면접에서 좋은 점수를 받을 수 있다. 물론 정량적인 평가가 어떻게 이뤄지는지 알 수 없지만, 이러한 자격증을 가진 사람들이 비교적 합격률이 높은 것으로 보인다.

● **봉사활동** ● ····· 첫해 시험에서는 봉사활동이 상당히 중요한 듯 알려졌지만, 사실상 그렇지 않았다는 것이 수험가의 중론이다. 갈수록 중요도도 떨어지는 것도 사실이다. 예외적으로 봉사활동 분야에서 상징성을 가진 수험생들은 혜택을 받을 가능성도 있다. 하지만 꼭 입시를 위해서가 아니더라도 봉사활동은 큰 의미가 있는 것 같다. 사회와 나의 관계에 대해 다시 한번 생각할 수 있는 계기를 마련해 주기 때문이다.

또 수험생활을 하면서 새로운 동기부여가 되기도 한다. 앞으로 법조인이 된다면 어떤 일을 하고 어떻게 살아가야할지 등을 고민하게도 만든다. 새로운 시대에 어울리는 질적으로 다른 법조인을 양성하기 위해 법전원 입시에서 봉사활동의 비중이 좀 더 커졌으면 하는 바람도 갖고 있다.

● **법학적성시험 하루 전** ● ····· 모든 시험이 그렇지만 시험 당일 컨디션은 정말 중요하다. 따라서 시험 당일 컨디션 조절을 위해 그 전날을 어떻게 잘 마무리할 것인가 고민해야 한다. 깊은 잠을 자기 위해 적절한 운동도 좋고 마음을 편안하게 하게 위해 가벼운 독서도 좋은것 같다. 또 정리하는 마음으로 수험생활을 반추해보는 것도 좋을 듯하다. 개인적으로는 2008년 8월 16일(이 해 시험은 8월 23일이었다)에 첫째 딸 송하가 태어나서 어려움을 겪기도 했다. 예쁜 딸 송하가 수험생활을 연장하는 데 일정 부분 역할(?)을 했다.

법학적성시험 후

사실상 법전원 입학을 위한 정량적 준비는 끝난 것과 마찬가지, 이제 정량적인 것은 바꿀 수 있는 게 거의 없다. 4학년 재학 중이라면 법전원 입시에 적용되는 학점도 바꿀 수 없다. 9월에 있는 공인영어시험 성적을 반영하는 학교도 거의 없다. 그렇다면 이제는 정성적인 부분에 집중해야 할 때다. 정량적인 부분에 소홀했다 하더라도 이제부터라도 정성을 다하면 좋은 성과를 기대할 수 있다. 어차피 이때는 누가 얼마나 앞서가는지도 알 수 없다. 대학 입시처럼 비교적 전국 단위 수험생이 참가하는 모의고사도 없기 때문이다. 물론 법전원 입시에 자료들이 쌓여 가면 이 부분도 많이 달라지겠지만 말이다.

이때는 맘속으로 지원하고자 하는 학교를 몇 개 정도로 정하고, 정보수집에 박차를 가해야 한다. 해당 학교가 뭘 원하는지, 어떤 콘셉트로 면접을 준비해야 하는지 등 준비할 것이 상당히 많다. 수험생들이 많이 이용하는 카페의 해당 학교 카테고리에서 질문을 하면 친절하게 가르쳐주는 선배들도 많다. 아마도 다음 카페 「서로연」이 대세인 듯싶다.

● **자기소개서** ● ····· 딥 임펙트(deep impact), 면접을 보기 전 면접관에게 깊은 인상을 심어줄 수 있는 좋은 기회다. 평면적인 자소서는 버려라. 입체적이면서 역동적인 자소서를 만들어라. 그러면서 주의할 점이 있다. 바로 수위 조절이다. 깊은 인상을 주기 위해 한계선을 넘어선 안 된다. 한계선은 수험생 본인이 자소서를 계속 써보면서 찾아내야 한다.

여기서 각 학교 특성화를 고려한 내용도 덧붙이는 것을 빼놓을 수 없다. 사실상 법전원에 입학하고 나면 특성화가 어떤 의미인지 고민하게 되겠지만, 입시를 위한 자소서에서는 특성화 언급이 필요하다. 짜고 치는 얘기 같지만, 동방예의지국(?)에선 최소한의 예의도 필요하다.

함정을 파라! 면접관이 질문할 수밖에 없는 함정을 파야 한다. 자소서를 보고 면접관이 궁금해 할 수밖에 없게 만들어야 한다. 이 함정에 면접관이 걸려든다면 최종 합격까지 7부 능선은 넘었다.

● **학업계획서** ● ····· 어려운 부분이다. 아직 법전원 1기들도 3학년 2학기 학사일정을 경험하지 못했으니 수험생은 두말할 필요도 없다. 하지만 수험생은 합격을 위해 다른 경쟁자 보다 뛰어나다는 것을 보여줘야 한다.

먼저 지원하고자 하는 학교의 홈페이지를 공략하라! 학사일정도 비교적 자세히 나와 있고 모른다면 Q&A 부분에 문의하는 것도 좋다. 직접 전화를 걸어 교학과 직원을 귀찮게 하는 것도 좋은 전략이다. 이렇게 해서 그 학교에 맞는 학업계획서를 만들어라. 학업계획서가 입시에서 얼마나 중요한지는 정확히 알 수 없지만 노력한 흔적을 보인다면 상대적으로 좋은 평가를 받게 될 것이다. 인지상정이란 말은 이럴 때 쓰는 것이다.

● **면 접** ● ····· 법전원 입시의 꽃, 법전원 입시의 꽃 중의 꽃은 바로 면접이다. 지금까지 준비한 모든 것들이 면접을 통해 제대로 드러나지 않는다면 좋은 결과를 기대할 수 없다. 면접은 훌륭한 선수를 한방에 훅 보낼 수도 있다. 물론 부족한 수험생에게 '희망 고문'을 하는 것도 면접이다. 지금까지 모두 8차례의 면접 경험(3회 입시 경험에서 총 6번, 2008년 5월 고대 모의면

접, 2010년 2월 추가면접 등)에 의하면 그렇다. 법전원 입시 결과가 여기서 결정된다고 해도 과언이 아니다.

자기소개서에서 함정을 파는 것과 더불어 여기서는 함정에 빠질 면접관의 얼굴을 익히는 것도 중요하다. 모교가 아니라면 교수들을 알 수 없기 때문에 홈페이지에서 얼굴을 익혀 놓으면 많은 도움이 될 것이다. 함정에 빠질 교수들의 상세한 정보를 알고 면접장에 들어간다면 더욱 좋을 것이다. 여느 면접에서나 필요한 기본적인 사항들은 법전원 입시에서도 필요하다.

● **스터디** ● ····· 법학적성시험을 대비한 스터디 구성은 이제 필수적인 것으로 자리 잡았다. 자기소개서, 학업계획서, 면접 등을 준비하기 위해서는 좋은 스터디 구성원들을 만나야 한다. 교학상장(教學相長)은 이럴 때 쓰는 말이다.

스터디원끼리 자기소개서, 학업계획서 등을 돌려보면서 첨삭 지도해줘라. 자기글은 자기가 잘 모른다. 이 합격기도 첨삭지도를 받고 쓰고 있음을 유념하길 바란다. 특별한 것이 없다는 안일한 생각을 버리고 반드시 다른 사람에게 자기소개서나 계획서를 보여주고 충고를 듣자.

면접준비도 스터디원들의 도움이 필수적이다. 면접관과 수험생으로 나눠 철저하게 실전처럼 연습해야 한다. 질문도 피면접자에게 미리 알려주면 안 되고, 장소도 면접장처럼 꾸며야 한다. 스터디 카페를 이용하는 것도 좋은 방법이다. 시간도 정확하게 맞춰서 연습해야 한다. 노파심에서 계속 중언부언하지만, 스터디의 중요성은 다시 강조하고 싶다. "스터디 없이 합격 없다."는 사실을 명심하길 바란다. 이런 원칙을 함께 지켜가면서 합격의 기쁨을 나눈 홍정훈, 노혜성, 박명진, 최충만에게 이 글을 빌려 감사의 말을 전하고 싶다. 또 법전원에 합격했는데도 증권업계에서 자신의 길을 걷고 있는 박경아에게도 깊은 감사를 전한다.

4 맺으면서

눈치가 빠른 수험생들은 이제 "특별한 게 없다."는 사실을 깨달았을 것이다. 맞다. 이 합격기에는 특별한 비법이 없다. 다만 이 합격기를 실천의 문제와 연결해서 읽어주는 독자가 있기를 바랄 뿐이다. 그러면 조금은 새롭고 신선하게 이 글을 읽을 수 있을 거라고 믿는다.

법전원 입시를 도입한 것은 대한민국이 새로운 시대에 들어섰음을 의미한다.

계량적이고 획일화된 법조인이 시대에 어울리지 않는다는 국민적 결단이 만들어 낸 결과이다. 지금까지는 단순히 법조인의 숫자를 늘려 법조계의 문제를 해결했다면, 이제부터는 법조인의 질적인 변화가 필요하다는 공감대가 만들어진 시대다. 마치 조선시대에 과거를 통해 인재를 등용하던 시스템이 근대화와 맞물려 갑오개혁을 통해 근대교육을 받은 관리 임용 방안으로 방향을 튼 것과 같은 이치다. 유학만을 공부한 유생들에게는 괴로운 일이지만, 시대의 흐름은 어쩔 수 없었다.

1984년 서울시 만원동 수재(水災)를 변호하기 위해 수리수문학과 토목공학을 공부하며 변호했다는 고 조영래 변호사의 역할을 이 시대 법전원 출신 법조인들에게 기대하면 과욕일까. 이런 흐름에 조금이나마 힘을 보탤 수 있는 기회를 갖게 돼 개인적으로 매우 기쁘다. 그리고 이런 글을 쓸 수 있게 법전원에 합격할 때까지 옆에서 믿고 지켜봐주신 아버지와 어머니, 장인어른과 장모님께 감사드린다. 또 원광대학교 법전원 교수님들과 1기, 2기 선배님, 3기 동기들에게 함께할 수 있어서 참 행복하다고 말하고 싶다. 아울러 변호사시험에 합격할 때까지 함께 손잡고 걸어가자고 부탁하고 싶다. 끝으로 아내 강선영과 딸 송하, 송연이에게 멋진 남편과 아빠가 될 것을 다짐한다.

32

또 다른 시작

은 송 이

· 한양대학교 법학과 졸업
· 이화여자대학교 법학전문대학원 제3기
· 제3회 변호사시험 합격
· 현) 변호사

1 시작하며

처음 합격기를 부탁받았을 때 몇 번은 거절했고 또 쓰기로 결정한 뒤에도 몇 번을 망설였습니다. 필력도 좋지 않은데다가, 무엇보다 내세울 것이 없는 그저 평범한 과정이었기 때문이었습니다. 그러나 제가 처음 로스쿨 입시를 시작할 무렵 부딪혔던 막연함과 그 불안했던 시기를 생각하며, 현재 로스쿨 입시를 진행중이거나 도전하고자 하는 분들에게 정말 조금이나마 도움이 되었으면 하는 바람으로, 제 부족한 입시과정을 되돌아볼까 합니다.

2 지원동기

저는 다른 훌륭한 분들처럼 이 땅의 정의 구현, 부패한 법조계의 쇄신, 혹은 사법제도의 재정립 등 근사한 목적을 가지고 로스쿨에 지원하게 된 것은 아닙니다. 저는 학부 때 법학을 공부했고, 시험용 법전의 한자도 제대로 못 읽는 철모르던 시절 로스쿨제도가 도입이 되었습니다. 그 때까지만 해도 저와는 아무 상관이 없는 것이라고 생각했고 전혀 관심도 두지 않았습니다. 게다가 법대생으로서 당연히 사법시험을 보리라 생각했던 제게 로스쿨의 등장은 그다지 반가운 일이 아니었습니다. 그러다가 졸업이 가까워 오면서 자연스럽게 관심을 가지기 시작했고, 이미 1기, 2기로 로스쿨에 가 계신 선배님들이나 동기들의 이야기를 듣고 제가 가진 막연한 반감 혹은 오해가 무지로부터 비롯된 것을 알게 되며 로스쿨 입시에 도전하기로 마음먹었습니다.

3 과 정

• 학 점 • ····· 저는 학점이 상당히 좋은 편이었습니다. 결과를 놓고 봤을 때 지극히 개인적인 생각이지만 저는 학점이 리트, 영어를 뒤집을 수 있는 요소라고 생각합니다. 만약 지금 학부에 계신 분들 중 난 "리트 한방으로 뒤집어야지." 라는 막연한 생각으로 혹시라도 학점관리에 소홀하신 분들이 계시다면 정말 잘못된 생각이라는 것을 말씀드리고 싶습니다. 로스쿨을 준비하시는 분들이라면 영어는 크게 차이가 나지 않습니다. 보통 토익을 기준으로 900에서 950대를 형성합니다. 그리고 리트는 정말 변수가 많은 시험이라 본고사 당일 고득점을 장담할 수가 없습니다.

그러나 학점은 4년(혹은 그 이상)의 학부생활을 여실히 증명해주는 지표입니다. 특히나 저같은 경우 특별히 경력이나 수상이력이 없었기 때문에 학점은 더욱 중요한 역할을 했다고 생각합니다. 뿐만 아니라 추후 자기소개서를 쓸 때에도, 자신의 이야기를 녹여낼때 그 근거로서도 활용할 수 있습니다. '나는 이러이러한 과목에 관심이 많고 앞으로 그 방향으로 나아가고자 한다.'라고 할 때에, 취득한 관련학점이 가장 설득력 있는 증거이기 때문입니다.

● **영 어** ……… 영어는 그저 빨리 고득점을 취득해 놓는 것이 가장 좋습니다. 일단 취득해 놓으면 다른 정량·정성요소를 올리는데 시간을 더욱 투자할 수 있고, 다른 사람들보다는 편한 마음으로 다른 평가요소에 집중할 수 있어 능률면에서도 좋습니다. 물론 말이 쉽지 저 역시 수능이후로 토익을 제대로 본적도 없고 영어 공부를 해본일이 없어 걱정이 많았습니다. 혼자서 하려니 재미도 없고 자꾸 미루는 것 같아 스터디를 해야겠다고 생각하고 학교 게시판에서 영어스터디를 구했습니다. 그렇게 8월 리트전까지 고득점은 받지 못했지만 꾸준히 시험을 치러 점수는 계속 올라갔습니다.

그리고 리트시험 직후 1달여간의 시간이 있어서 다시 아예 로스쿨을 위한 점수 취득이 목적인 멤버로 단기 한 달 스터디를 구성하여 열심히 영어공부를 했습니다. 그 때 든 생각은 시간이 조금만 더 있었다면 정말 많이 올릴 수 있었을텐데 라는 것이었습니다. 막 속도가 붙고 점수 상승폭도 꽤 컸으나 한 달의 시간으로는 한계가 있었습니다. 리트 시험일이 다가올수록 심리적으로 압박감이 상당히 큽니다. 반드시 그전에 영어점수를 취득해 두시길 권장합니다.

● **리트와 논술** ……… 저는 로스쿨 입시를 시작하기 전에 이미 로스쿨에 합격한 분들로부터 모의고사의 무용성에 대해 들어왔습니다. 제 생각에도 아직 문제가 유형화 되지도 않았고 경향도 파악되지 않은 상황에서 학원 모의고사를 믿는 것은 독이 될 수 있다고 생각했습니다. 물론 입시가 단 2회 치러졌을 때까지의 이야기이고 지금은 다를 수 있습니다. 리트도 스터디를 구성해서 공부했는데, 스터디 멤버들도 모두 모의고사 등에는 회의적인 입장이라 기존 PSAT, MEET, DEET 기출문제를 반복해서 풀기로 방향을 잡았습니다.

스터디 초기에는 문제 전부를 풀지는 않았고 반 씩 풀었습니다. 시간을 정

나의 꿈 나의 길

또 다른 시작, **303**

해놓고 문제를 풀고, 함께 채점을 한 뒤 공통적으로 틀리는 문제는 다시 풀어보고, 내가 틀리고 남이 맞은 문제는 질문을 하는 방식으로 운영되었습니다. 언어이해의 경우는 종종 지문과 문제 중 무엇을 먼저 읽어야 하는지 혹은 밑줄을 쳐야 하는지 말아야하는지에 관하여 저에게 질문하는 경우도 있었고 또 그에 관해 많은 말이 있지만, 이건 정말 본인이 할 수 있는 만큼 해보면 자연히 알 수 있을 것이라 생각합니다. 분명 자신에게 맞는 방법이 있습니다. 저의 경우에 한정해서 말씀드리자면 저는 문제를 빠르게 훑고 지문과 문제를 거의 동시에 보았습니다. 한 단락을 읽고 다음 단락을 넘어가면 그 전단락 내용이 가물가물 했기 때문에, 문제를 보고 내용을 찾는 대신 내용을 먼저 보면서 이런 내용의 문제가 있었다 싶으면 바로 문제로 넘어가 체크하는 방식으로 문제를 풀었습니다.

결과적으로 봤을 때 본 시험에서 언어이해 영역 성적이 추리논증 영역에 비해 월등히 높았고 추리논증 영역은 상대적으로 점수가 덜 나왔기 때문에 추리논증 공부 방법론에 관하여는 말씀드리기 애매한 부분이 있습니다. 시험준비 당시에도 제가 추리논증 성적이 잘 나오리라고 생각하지 않았습니다. 기출문제를 풀어보니 제 능력으로 이 모든 문제를 그 시간 안에 커버한다는 것은 불가능했기 때문입니다. 한 문제를 오래 잡고 있으면 다른 풀 수 있는 문제도 못 푸리라 생각했기 때문에, 저는 본고사 때에 모든 문제를 다 풀기보다는 선택과 집중을 하여 평타만 치고 언어이해 영역에 승부를 걸어야겠다고 생각했습니다. 문제를 딱 보면 대충 내가 쉽게 풀 수 있는 문제인지, 풀 수는 있겠는데 시간을 많이 요하는지 감이 옵니다.

저는 시간이 지나치게 걸리겠다 싶은 문제는 그냥 스킵하고, 제가 풀 수 있는 문제만 풀었습니다. 풀다가도 뭔가 꼬였다 싶으면 문제를 다시 보기보다는 다음 문제로 넘어갔습니다. 꼬였다 생각이 들 때 다시보게 되면 두 배의 시간이 들고, 그렇게 한 문제를 풀었다 해도 그 당시엔 기분이 좋을지 모르겠지만 본고사 때 같은 상황이 발생하면 시간안배에 치명적일 수 있다고 생각했기 때문입니다. 그리고 채점할 때 틀린 문제나 넘어간 문제를 해설지를 보거나 맞은 분의 설명을 들었고, 다시 풀어도 오래 걸릴 것 같은 문제는 지워버렸고 풀 수 있었을 문제는 별표하고 시험 전에 다시 한번 풀어보았습니다. 저는 앞서 말씀드렸다시피 학원이나 모의고사에 부정적인 입장이기도 했고, 논술을 단기간에 올린다는 것은 불가능하다고 생각하여 논술은 따로 준비하지는 않았습니다. 리트 스터디 멤버들과 두어번 써보고 서로 돌려보는 정도로 마무리하였습니다.

● **자기소개서와 면접** ●······ 저는 자기소개서를 쓸 때, 특히 처음 쓰기 시작할 때가 가장 힘들었습니다. 자기소개서를 써 본적도 없거니와 쓸 말도 없고, 웬지 나를 포장해야 한다는 느낌이 거북스러웠습니다. 대강의 틀을 잡기 위해 로스쿨에 재학중인 선배들을 죄다 붙잡고 물어봤습니다. 공통된 의견은 자신만의 스토리를 만들라는 것이었습니다. 사실 뜬구름 잡는 말처럼 보일지 몰라도 제 생각에도 이것이 자기소개서의 핵심이라고 생각합니다.

자기소개서를 읽는 심사위원들은 내 자기소개서 이외에도 몇 백개의 자기소개서를 봅니다. 어차피 나보다 뛰어난 사람은 많고, 제가 인생을 다시 시작할 수도 없는 노릇이고 해서, 전 읽기 편한 문체로 한 편의 짧은 동화같은 자기소개서를 썼습니다. 일단 틀을 잡으면 그 뒤로는 일사천리입니다. 조금씩 살을 붙여나가 초안을 완성하고, 스터디 멤버에게 첨삭을 받았습니다. 군이 자기소개서 전문인에게 첨삭을 받을 필요는 없다고 생각합니다.

면접도 스터디를 통해 준비했습니다. 다음까페 '서로연'에서 스터디모집 글을 냈고, 면접스터디이니만큼 사람이 좀 많은게 좋을 것 같아 5명의 인원으로 구성 되었습니다. 면접문제는 기존의 로스쿨 기출문제를 중심으로 하였고 당시 유행하던 "정의란 무엇인가?"에 나오는 쟁점들도 몇 가지 다루었습니다. 1인이 면접을 받고 4인이 면접관역할을 하며 온갖 질문과 고쳐야 할 점등도 서로 말해주었습니다. 저는 말이 원래 빠른 편이고 손 짓을 많이 하는데 역시나 많은 지적을 받았습니다. 동영상 촬영도 병행했는데, 찍어놓은 동영상을 보니 고쳐야 할 점이 바로 눈에 들어왔습니다. 동영상을 찍어서 직접 보는 것은 가장 좋은 방식이라고 생각합니다. 일주일에 2번정도 진행했고, 각 스터디 구성원들의 성격이나 사상이 점점 드러나고 모의 면접진행후 그 문제에 관해 토의할 때 자연스럽게 깊은 생각을 말하게 되어 저로서는 많이 본받고 배우는 유익한 시간이었습니다.

실제 면접 당일 얼마나 기다려야할지 몰라 먹을 것을 싸들고 갔는데, 첫 번째로 불려나갔습니다. 무방비상태로 불려나가 아무생각도 나지 않고 그저 멍했습니다. 면접장 밖에서 지문을 10분 보고 들어가서 답하는 방식으로 이루어졌습니다. 지문을 받자마자 갑자기 덜덜 떨리기 시작했는데, 면접장에 들어가자 처음이라 그런지 교수님들이 분위기를 편안하게 이끌어주셔서 금세 평정심을 되찾고 평소처럼 신나게 이야기 했습니다.

지금 생각해보면 일단 자신감을 갖고 씩씩하게 말하는게 가장 중요하지 않나 생각이 듭니다. 준비를 아무리 많이해도 주어진 시간은 10분이고, 내가 준비한 문제가 나오리란 보장도 없습니다. 자신감과 자신만의 논리만 제대로 준비한다면, 어떤 문제가 나와도 종국적으로 흔들리지 않을 수 있습니다. 이 점은 스터디를 꾸준히 함으로써 채워나갈 수 있는 점이라고 생각합니다.

4 마치며

로스쿨 합격에 이렇다 할 방법이 있다고 말씀드릴 수 있는 사람은 아마 없을 것입니다. 그러나 또 막상 동기들이나 다른 학교 합격자분들의 말을 들어보면 준비과정은 대부분 비슷했습니다. 자신만의 방식이 있다면 다른 사람들의 방식을 보고 흔들리지 마시길 바랍니다. 그리고 당부드리고 싶은 것은 입시의 끝은 또다른 시작입니다. 끝까지 포기하지 마시고 그때 그때 할 수 있는 것을 최선을 다하여 하시면 원하는 결과를 이루실 수 있을 것입니다.

33

로스쿨 입학이라는 관문을 넘어

김한가희

- 한영외국어고등학교 졸업
- 고려대학교 법학과 졸업
- 이화여자대학교 법학전문대학원 제3기
- 제3회 변호사시험 합격
- 현) 법무법인 솔론 변호사

1 들어가기 전에

작년 이맘때쯤 考試界에 수록된 다른 법학전문대학원(이하 '법전원'으로 하겠습니다) 학생들의 합격기를 복사해서 읽은 것이 엊그제 같은데 저에게도 이런 기회가 오게 되어 감회가 새롭습니다. 이 자리를 빌어 가능한 한 법전원을 준비하는 학생들에게 도움이 될 수 있는 글을 쓰면 좋겠다는 생각이 듭니다. 처음 생각 했던 것과 달리 법전원 입학은 리트를 준비하는 과정, 리트 점수를 받고 지원하는 과정, 면접준비를 하는 과정에서 많은 갈등을 하게 됩니다. 분명 쉽지 않은 시기이지만 잘 극복하여 법전원에서 법조인으로서의 꿈을 가질 수 있으셨으면 좋겠습니다.

2 법전원으로 방향을 돌리게 된 이유

저는 모교인 고려대학교 법학과에 입학할 때부터 주위에서 사법시험에 합격할 것이라는 기대를 많이 받았습니다. 그러한 까닭에 법전원으로 제 인생의 방향을 돌리기 전까지 갈등을 많이 겪었습니다. 2007년에 법전원이 생긴다는 소식이 들려왔을 때에도 저를 비롯한 같은 과 학생들은 다 사법시험을 준비하고 있었기 때문에 법전원에 대하여 회의적인 입장을 갖고 있었습니다. 저 역시 2009년도부터 사법시험과 법전원 입학이라는 두 갈래에서 고민을 수도 없이 많이 했습니다. 2009년 리트시험에도 응시하였으나 다시 사법시험으로 방향을 돌려 2기 입시에는 지원하지 않은 적도 있습니다. 지금 생각해 보면 법학과 학생들도 법전원에 마음이 어느 정도 있을 때 가능한 일찍 준비를 시작하는 것이 좋을 것 같다는 생각이 듭니다.

제가 사법시험에서 법전원으로 인생의 방향을 돌리게 된 이유는 사법시험을 보는 이유와 법전원을 입학하는 동기가 변호사가 되어 사회에 기여하는 것으로 같기 때문에 굳이 어느 한 쪽 길을 배제할 이유는 없다는 생각이 들었기 때문입니다. 그리고 저의 성격이 외향적이어서 법전원에 입학하게 되면 실무수습을 방학 때 나 가게 되어 법을 생동감 있게 익힐 수 있다는 점이 매력으로 다가왔습니다. 법전원에 입학하여 생활을 하면서 느끼는 것이지만 외향적인 성격인 분들일수록 '고시'보다는 법전원에서의 변호사시험 준비가 더 적합할 것 같다는 생각이 듭니다.

다만 법학과 학생으로서 법전원에 입학하고자 하는 분들에게 한 가지 당부 드리고 싶은 것은 법전원을 지원하는 이유가 단순히 사법시험보다 변호사 되기 쉬워 보여서라고 생각한다면 입학 후에 큰 후회를 할 수 있다는 점입니다. 제가 법학전문대학원에서 6개월을 다니면서 느끼는 것이지만 학사관리 엄정화로 인해서 학점경쟁이 굉장히 심합니다. 또한 변호사 모의시험 유형을 보아도 사법시험과 비슷합니다. 형법의 경우 사시와 달리 특별법까지 다 포함해서 문제가 출제되는 등 범위가 광범위해서 이를 따로 준비해야 되기 때문에 쉽지 않을 것으로 보입니다. 또한 제가 학교에서 주관하는 변호사시험 대비 기록형 모의시험에 응시해 본 결과 기존에 없던 출제 분야이기 때문에 준비가 많이 필요하다는 생각이 들었습니다. 결과적으로 사법시험보다 공부기간은 짧지만 범위가 더 광범위하므로 집중해서 공부해야 되는 난관이 있습니다. 따라서 "고시보다 변호사 되기 쉽겠지."라고 생각해서는 입학 후생각과 다른 현실에 견디기 힘들 수도 있습니다. 이러한 점을 잘 고려하고 사법시험과 법전원 중 하나를 선택하시길 바랍니다.

3 법전원 입시에서의 전체적인 준비

우선 성실하게 준비하셔야 합니다. 법전원 준비하시는 분들 중 직장생활을 병행하시는 분들도 있는 것으로 압니다. 그 분들은 조금씩이라도 시간을 내어서 리트, 어학시험을 준비하시는 것이 필요한 것으로 보입니다. 학부생으로 준비하시는 분들 역시 계획성 있게 성실히 준비하시는 것이 법전원 입시 재수를 하지 않는 길이라고 강조하고 싶습니다. 또한 정보수집을 잘 하셔야 합니다. 특히 이는 리트 점수 이후 지원 대학교를 정할 때 많이 요구됩니다. 리트 보기 이전에는 따로 공부를 하였다고 하더라도 리트 이후 지망하는 법전원을 정하고 면접 준비를 하실 경우에는 스터디를 꼭 짜시라고 권해드리고 싶습니다. 이 스터디를 통해서 지원 대학교의 커트라인을 알 수 있고, 면접 출제 방향 등도 알 수 있기 때문에 매우 유용합니다. 제 주변의 합격하신 분들 중 한 분은 정보 수집을 잘 하셔서 성공하신 케이스가 있습니다. 같은 대학교라도 가군, 나군 커트라인이 많이 다르기 때문에 보다 유리한 방향으로 지원을 하셔서 더 좋은 결과를 낳을 수 있습니다.

아직 대학교를 졸업하지 않으신 분이라면 졸업요건을 만들어 놓으시는 것이 필요합니다. 학점이 졸업하기에 부족하다고 생각되시는 분들이라면 겨울 계절학기를 들으셔서 꼭 졸업요건을 채우시길 바랍니다.

4 학점과 공인영어점수

● **학 점** ●····· 학점은 높으면 높을수록 좋습니다. 하지만 학점에 비중을 많이 두지 않는 학교가 많고, 학점에 비중을 두어도 조금 높게 두는 것이지 절대적으로 학점만을 보는 것은 아니므로 학점이 낮다고 하여 좌절하실 필요는 없을 것으로 보입니다. 저의 경우 학점이 높았지만 학점의 이점을 살리지 못했습니다. 저보다 학점이 낮은 분도 리트 또는 영어성적이 높아 좋은 결과를 얻은 예가 많습니다. 이미 학점이 나와 더 이상 바꿀 수 없다면 점수를 올릴 수 있는 다른 영역에 집중하시는 것이 좋을 것 같습니다. 재학 중이시라면 리트가 항상 좋은 점수를 받는다는 보장이 없으니 학점을 잘 받으시려는 노력이 필요합니다. 학과 수석, 차석의 경우 법전원에서도 합격 결정 여부에서 많은 고려를 하는 것 같습니다. 따라서 학부 재학 중이시라면 학점을 최대한 높게 받을 수 있도록 노력하시는 것이 필요합니다. 제 주변에는 여름방학이나 겨울 방학에 열리는 계절학기를 이용하여 재수강을 하는 학생들이 많이 있었습니다. 이러한 기회를 놓치기 마시고 낮은 학점은 재수강을 통해 높게 만드시면 좋을 것 같습니다.

● **공인영어점수** ●····· 공인영어점수를 취득할 수 있는 시험으로는 토익, 토플, 텝스가 있습니다. 토플과 텝스의 경우 높은 점수를 받기까지 상당한 시간이 걸리기 때문에 대부분의 학생들이 토익을 선호합니다. 하지만 서울대의 경우 토익을 인정하고 있지 않기 때문에 따로 텝스를 보는 것이 필요합니다. 따라서 서울대에 뜻이 있으신 분들은 적어도 6월 전까지는 텝스점수를 받아 놓으시는 것이 필요합니다. 6월을 넘으면 리트준비에도 많은 신경이 쓰여서 그 때까지 영어 점수가 일정정도가 안되면 심적으로 부담이 많이 가기 때문입니다.

저는 토익을 준비하였고 900을 넘기까지 많은 시간이 걸리지 않았지만 중간에 영어를 그만 둔 것이 아쉬움이 남습니다. "좀 더 높은 점수를 받았으면 더 좋았을 텐데."라는 후회가 계속 있었습니다. 법전원을 준비하시는 분이라면 9월 달까지 토익을 계속하여 보시기를 권장하고 싶습니다. 물론 만점이 이미 나왔다면 상관없지만 그 전까지는 원서 지원 전까지 최대한 높은 점수를 따는 것이 중요하다고 생각됩니다.

● **기타(수상실적 등 경력)** ●······ 각종 대회에서 수상실적이나 인턴 또는 직장생활 경력 등이 있으면 매우 좋습니다. 법전원의 기본 취지가 다양한 전공과 경험이 있는 학생들에게 법조인으로서의 길을 터주기 위한 것이기 때문에 각 학교마다 학생들을 뽑을 때 이러한 점들을 많이 고려하기 때문입니다. 이러한 경력들은 법전원을 준비하는 수험생들이 자기소개서를 쓸 때에도 많은 도움을 줍니다. 그러나 외부 실적과 경력들이 절대적으로 작용하는 것은 아닙니다. 이러한 경력과 실적들은 리트, 학점, 영어 등의 성적이 비슷한 학생들 중에서 합격 여부를 결정할 때 작용될 수 있는 것이지 위 세 요소를 넘어서는 것이 아니기 때문입니다.

5 리트(LEET) 준비

● **리트시험의 특징** ●······ 법전원 입시에 있어서 큰 관문이라고 할 수 있는 것은 당연히 리트라고 할 수 있습니다. 실제로 리트점수가 잘 나오면 지원할 수 있는 대학의 폭이 상당히 넓어지고 면접에 있어서 심적 부담이 완화되는 등의 장점이 있습니다. 그러나 리트시험의 속성이 기본적인 언어 능력을 측정하는 것이므로 단기간의 준비로 많은 점수를 올리기가 쉽지 않다는 단점이 있습니다. 즉 투입하는 시간 대비 오르는 점수폭이 크지 않다는 점입니다. 그렇기 때문에 저는 올해 법전원 입시를 준비하는 후배들에게 학점과 공인영어시험 성적 등 투입 대비 산출이 높은 영역에서 점수를 높이 받는 것에 힘쓰고 리트는 마음 편히 치는 것에 중점을 두라고 자주 권해주곤 했습니다. 하지만 올해 리트시험 결과와 후배들이 시험을 잘 못 보았다는 이야기를 듣고 보니 앞으로는 이런 권유를 해서는 안 될 것으로 판단이 됩니다. 특히 리트 같은 언어능력 시험의 경우 난이도가 높지 않을 경우

에는 언어능력이 뛰어난 사람과 그렇지 않은 사람간의 격차가 많이 나지 않는 반면, 난이도가 높을 경우에는 그 격차가 확실히 나는 경향이 있습니다. 따라서 올해와 같이 난이도가 높게 출제될 경우 언어능력이 상대적으로 부족하신 분들의 경우 준비를 덜 한다면 기대보다 많이 낮은 점수를 받을 우려가 있습니다. 그러한 점에서 앞으로는 리트공부에 많은 비중을 두셔야 될 것으로 보입니다.

리트준비를 하는 일반적인 방법으로는 학원 실강, 동영상 강의, 스터디 등이 있습니다. 물론 혼자서 준비하는 방법도 있다고 하나 권해드리고 싶지 않은 방법입니다. 물론 직장생활을 병행하시는 분들의 경우 어쩔 수 없이 혼자 준비하셔야 될 것이지만 시험이 다가올 때에는 반드시 학원 모의고사를 보시길 권하고 싶습니다. 학원 실강과 동영상 강의의 경우 어느 정도 도움이 되지만 실제 시험장에서는 남이 풀어주는 것이 아니라 자신이 사고하고 판단하기 때문에 강의를 듣는 것에 중점을 두시지 마시고 스스로 풀어보는 시간에 더 비중을 두셨으면 합니다. 저의 경우 3~4월에는 학원을 다녔으나 개별적인 공부시간이 더 필요하다는 생각 하에 5월 달부터 선후배들과 리트 스터디를 꾸려 주당 1~2회 모여 문제를 풀고 풀이하는 시간을 가졌습니다.

● 언어이해 ● ····· 리트의 언어이해 공부에 대해 먼저 말씀드리고자 합니다. 저는 리트시험 치기 전까지 그동안의 리트기출문제는 물론이고, MEET·DEET 언어추리 문제, PSAT기출문제, 수능 언어영역 문제 등을 다 풀었습니다. 이러한 문제들은 훨씬 공신력이 있고 답도 명확하며 틀려도 왜 틀렸는지 쉽게 이유를 알 수 있어 공부하기 좋습니다. 따라서 이러한 문제 중심으로 리트를 공부하시면 좋은 성과를 얻으실 수 있을 것 같습니다. 로스쿨 학원에서 강사님이 강조하시고 저 역시 과거에 수능언어를 공부하면서도 느끼는 바이지만 언어의 경우 문제를 틀릴 때에는 왜 틀렸고 왜 다른 지문이 답이 되는지에 대한 철저한 검토가 필요합니다. 그렇지 않으면 반복해서 틀릴뿐더러 많은 문제를 풀었는데도 점수는 그대로인 상황이 발생하기 쉽습니다. 저의 경우 리트시험 한 달 전까지는 개별적으로 풀 때 가능한 이

러한 방식으로 하려고 노력하였습니다. 시험 한 달 전부터는 스터디원들과 같이 시간을 정해서 문제를 풀고 바로 답을 맞추고 해설을 하는 방식으로 진행을 하였는데 시험 당일에 큰 도움이 된 것 같습니다.

● **추리논증과 논술** ●····· 추리논증에 대해 말씀드리고자 합니다. 리트 과목 중에서도 가장 점수 올리기가 쉬운 과목 중 하나입니다. 특히 추리논증의 경우 학원 실강이나 동영상 강의를 통해 문제풀이 방법을 익혀두시면 점수를 많이 올릴 수 있습니다. 어느 정도 반복된 패턴으로 문제가 나오는 경향이 있어 정형화된 풀이방식을 외워두실 필요가 있습니다. 주변 사람들을 보아도 언어이해보다 추리논증에 많은 투자를 해서 좋은 성과를 얻으신 분들이 많습니다. 자신의 언어능력이 별로라고 느끼시는 분도 정형화된 풀이 방식을 많이 외워두시고 반복하시면 추리논증에서 고득점을 할 수 있습니다. 저 역시 이러한 노력을 해서 한 때 학원 모의고사 추리논증 시험에서 고득점을 한 적이 있습니다. 스터디를 통해서도 추리논증 공부에 있어서 많은 도움을 받을 수 있습니다. 제가 속해 있던 스터디 그룹에서는 언어이해와 추리논증 모두 잘하는 학생이 여러 명 있었습니다. 그 분들께 추리논증 문제에 어떻게 접근하여 풀어야 할지 잘 모르거나, 해설이 이해가 안 될 때 물어보면 해설지보다 쉬운 간편한 풀이 방법을 알려주어 많은 도움이 되곤 했습니다. 추리논증의 경우 이해가 안 될 때 혼자서 공부하면 시간을 너무 많이 소모할 수 있으니 학원 실강이나 동영상 강의 또는 스터디를 통해 꼭 도움을 받으셨으면 좋겠습니다.

논술에 대해 덧붙여 말씀드리면 다소 시간이 나는 3~5월 달에 많이 써보시는 것이 중요할 것 같습니다. 저의 경우 학원에서 하는 논술 첨삭도 잠깐 받아본 적도 있고 대학교에서 여는 글쓰기 강좌를 통해 도움을 받은 적도 있습니다. 논술의 경우 반드시 직접 쓰시고 다른 사람의 첨삭을 받는 것이 필요합니다. 스터디원들이 시간을 내서 쓰고 돌려서 채점 기준표에 의해 첨삭을 해주는 것도 좋은 방식이 될 수 있습니다.

6 자기소개서와 면접준비

● **자기소개서** ● ····· 자기소개서를 작성하기 전에 어떠한 자기소개서가 환영받을 수 있을 것인지에 대해 생각해 보실 필요가 있습니다. 특히 저와 같이 학부가 법학과인 학생들의 경우 사시공부를 하다가 방향을 돌린 경우가 대부분이기 때문에 다른 비법학과 학생들보다 교수님들께 어필할 수 있는 부분이 적어 자기소개서를 쓸 때 많은 고민을 하곤 합니다. 저의 경우 학부생 시절 모의재판 경험이 있어 이를 자기소개서에서 많이 활용 하였습니다. 학부생 시절의 동아리 활동이나 모의재판 또는 대회 경험등을 잘 활용하시길 바랍니다. 그리고 가급적 자신의 장점을 많이 언급하시는 편이 좋습니다. 또한 자신의 지원동기와 관련해서 어쩔 수 없이 부정적인 면을 보여 줄 수밖에 없는 상황이라고 하더라도 그러한 면이 좋게 보일 수 있도록 자기소개서를 작성하실 필요가 있습니다.

또한 지원동기에 있어서 지원하고자 하는 로스쿨의 장점을 여러모로 생각하고 찾아보신 후에 이를 자기소개서의 지원동기란에 적절히 써주실 필요가 있습니다. 저의 경우 제가 지원하고자 하는 이화여자대학교의 장점을 여러모로 생각을 해보았고 이러한 점을 자기소개서는 물론 면접에서도 많이 피력을 하였습니다. 면접에서 교수님들의 반응이 매우 좋았습니다. 지원 법전원의 장점을 많이 생각해 두시는 것은 법전원 입시에서 뿐만이 아니라 입학 후의 법전원 생활에서도 많은 도움을 줍니다. 저의 경우 이화여자대학교가 여성의 능력을 많이 향상시켜 줄 수 있는 기반을 마련해 준다는 점과 사시사철 아름다운 교정 등을 장점으로 생각하였고 이러한 장점들이 법전원에서의 생활이 힘들 때마다 많은 위안을 주고 있다는 생각이 듭니다.

자기소개서 초본을 작성하신 후에는 첨삭을 받는 편이 좋습니다. 로스쿨 입시학원에서는 자기소개서 첨삭비로 고액을 받는 경우가 많은데 저는 비용이 부담스러워서 주변 지인들로부터 많은 도움을 받았습니다. 특히 이미 법전원에 합격한 선배들에게 제 자기소개서를 보여드리고 첨삭을 받았는데 많은 도움이 되었습니다. 물론 첨삭 받은 이후에도 한 5번 정도는 제 스스로 계속 고치는 과정을 거쳤습니다. 자기소개서의 경우 공을 들일수록 더 좋게 작성할 수 있기 때문에 제출하기 전까지 최대한 많이 검토하는 것이 필요합니다.

● **면접준비** ● ‥‥‥ 면접의 경우 비슷한 점수의 학생들을 선발할 때 합격 여부를 좌우할 수 있으므로 잘 준비하는 것이 필요합니다. 저는 면접준비를 하면서 인터넷 자료와 스터디를 많이 활용하였습니다. 다음 카페에 가면 로스쿨 입시 자료를 공유하는 카페가 있습니다. 그 곳에서 각 법전원 기출문제를 정리해 둔 자료가 있기 때문에 이를 이용하여 면접준비를 하였습니다. 모든 법전원의 1, 2기 입시 기출문제를 면접준비에 사용하였습니다. 제가 속한 스터디에서 팀원이 총 8명 정도 되었기 때문에 2명씩 4조로 편성하였고, 2명은 면접자로 나머지 6명은 면접관 역할을 하여 직접물어보는 방식으로 실제 면접을 보는 것처럼 스터디를 진행하였고 이를 노트북에 내장되어 있는 카메라를 이용하여 촬영하였습니다. 이를 통해 면접자로 면접을 보았던 수험생들은 자신들의 면접 태도나 발음 등을 다시 확인할 수 있었습니다. 6명의 면접관 역할을 하는 수험생들이 처음에는 기출문제를 물어보지만 면접자의 답변이 신통치 않다고 생각되면 추가 질문을 계속해서 던지는 방식으로 진행을 하였기 때문에 임기응변 능력이 많이 향상되었습니다. 스터디를 통해 면접준비도 하였지만 집에서 개별적으로 부모님께서 면접관으로서 질문을 하시면 제가 답변을 하는 방식으로도 준비를 하였고 이 역시 카메라로 다 촬영을 하였습니다. 재검토 과정에서 자세나 억양, 눈빛 등이 많이 수정이 된 것 같습니다. 실제 면접에서도 이러한 준비가 많은 도움이 되었다는 점을 체험을 할 수 있었습니다.

스터디를 통해 면접 시뮬레이션을 여러 번 하는 것도 도움이 되지만 논리적으로 말을 하기 위해서는 주장을 뒷받침할 수 있는 근거가 필요하기 때문에 신문이나 시사 잡지 등을 탐독하실 필요가 있습니다. 제가 법전원 입시를 치를 때 화제였던 도서가 마이클 센델의 "정의란 무엇인가?"였는데 제가 이화여대 면접을 칠 때에는 질문으로 나오지 않았지만 다른 학생 면접 시에 질문으로 나왔다고 합니다.

만약 면접장에서 자신이 읽은 문헌에 대한 질문이 나오면 좀 더 편하게 답변을 할 수 있으리라 생각됩니다. 따라서 유명한 화제도서나 사건 등은 알아두실 필요가있습니다.

면접 대기실에 앉아 제 차례를 기다릴 때 느낀 점인데 많은 학생들이 불안해하면서 예상질문에 대한 답안을 외우고 있는 장면을 보았습니다. 그 광경을 바라보면서 오히려 답안을 외울수록 예상치 못한 답안이 나올 경우 당황할 수 있다는 생각이 들었습니다. 면접일 전에 최선을 다하시고 면접 대기실에서는 마음의 여유를 갖는 것이 필요하다고 생각합니다. 저 역시 면접 당일에는 예상답안을 외우기보다는 마음을 편안히 하고 자신감을 갖도록 노력하였는데 그 때문에 좋은 결과가 나온 것 같습니다.

7 마치면서

지금까지 미흡하지만 제가 준비한 방식에 대해 알려드렸습니다. 제 방식이 절대적인 방식이 될 수는 없습니다. 수험생들 각각의 여건이나 상황이 다르기 때문에 본인의 위치에서 가장 적절하다고 생각되는 방식으로 준비하시고 제 방식을 참고하시는 것이 나을 것 같습니다. 법전원 입시에서의 주된 요소인 리트, 학점, 영어 성적이 만족스럽지 않아 지원하면서도 불안하신 분들이 많으실 것입니다. 하지만 모두 완벽한 사람은 많지 않습니다. 더구나 추가 합격자 커트라인의 경우 최초 합격자 커트라인보다 많이 내려가는 경우가 있으니 지원하실 때 가, 나군 중 한 곳은 소신 지원을 하시는 것이 필요하다고 생각됩니다. 원하지 않는 곳에 점수를 맞추어 지원하는 경우 합격 후에도 후회하는 분들을 주변에서 많이 보았기 때문에 꼭 말씀드리고 싶다는 생각이 들었습니다. 이 글을 읽는 모든 분들께 합격의 영광이 있기를 기원합니다.

34

로스쿨을 준비하는 분들께

이 효 은

- 서울 반포고등학교 졸업
- 서울대학교 경제학부 졸업
- 이화여자대학교 법학전문대학원 제2기
- 제2회 변호사시험 합격
- 대한변호사협회 제48대 대변인
- 현) 김앤장 법률사무소 변호사

1 들어가며

작년 이맘때에는 입학준비에 여념이 없었는데 로스쿨에 들어와 정신없이 한 학기를 보내고 나니 어느덧 기억이 가물가물해졌습니다. 시간을 돌이켜 보니 새삼스럽습니다만, 저의 이 글이 로스쿨 입학을 준비하시는 여러분께 도움이 되었으면 하는 바람으로 써봅니다.

2 마음가짐 – 공부시작 전에

이미 리트까지 친 이 시점에 여러분의 마음에는 예비법조인으로서의 마음 가짐이 단단히 자리 잡고 있겠지만, 우선 입시준비를 할 때 가장 먼저 해야

할 일은 내가 로스쿨을 왜 가고 싶은가를 생각하는 것이라고 생각합니다. 정답은 변호사가 되고 싶어서이지만, '왜'라는 질문을 하지 않으면 입학준비를 할 때에도, 로스쿨에 들어가서도 어려움을 극복하기가 힘듭니다. 대한민국 사회에 정의를 세워보겠다, 법조계의 반석이 되고 싶다 등 이런 거창한 이유는 필요 없습니다. 다만 나는 왜 변호사가 되고 싶은지, 법적인 사고나 공부와 맞는지 반드시 스스로 생각할 시간이 필요합니다. 그리고 이러한 생각은 솔직한 자신만의 자기소개서를 쓰는데 도움이 됩니다.

저는 대학에 들어간 후 로스쿨이 생기기 이전에 변호사에 대한 생각이 있었습니다. 2학년 2학기부터 학교를 다니며 1년 반 동안 사법고시를 준비하기도 했습니다. 그러다가 로스쿨이라는 제도가 생기자 고민을 많이 했습니다. 이대로 고시공부를 계속 할 것인지, 아니면 로스쿨을 갈 것인지. 하지만 고시공부를 하다 보니 학부공부에 소홀해 지고 혼자서 공부하는 고시보다는 학교에서 수업을 들으며 공부하는 로스쿨이 저의 적성에 더 맞는 것 같아 3학년 2학기 말에 로스쿨을 들어 가야겠다고 마음을 먹었습니다. 깊이는 아니지만 그 기간 동안 저는 학과 공부보다 법공부가 더 적성에 맞았습니다. 양이 방대해 주눅이 들었지만 멀리 바라보고 시작한 공부라 다급하지 않았고 결국에는 사람들이 사는 이야기를 듣는 것 같아 재미가 있었습니다. 물론 로스쿨을 준비하시는 분들 중 법을 접하지 않아보셨던 분들도 계실 것이고 그런 분들은 더 불안하실 것이라고 생각합니다. 제가 저의 고시공부이야기를 꺼낸 것은 이 시점에 미리 법 공부를 하라는 이야기가 아니라 법에 관련된 교양서적이나 로스쿨 준비를 하면서 접할 수 있는 자료들을 읽어보고 본인이 어떠한 성향인지 생각하는 것이 필요하다는 뜻입니다. 리트는 사실상 법공부와는 다르기 때문에 리트를 잘 보시는 분이라도 법적인 사고방식이나 학문의 경향과 본인이 맞는지는 꼭 생각해봐야 합니다.

마음가짐은 비단 공부에 대한 것뿐만은 아닙니다. 자신은 왜 변호사가 되고 싶은지도 생각을 해보아야 합니다. 이 생각은 자기소개서를 쓰는 데 제일 중요합니다. 결국엔 본인이 왜 로스쿨에 들어가려고 하며, 변호사가 된 후 무엇을 하고 싶은지가 자기소개서의 본질이기 때문입니다. 따라서 소위 자신만의 플롯을 만드는 것이 중요합니다. 이 또한 거창한 것이 아닙니다. 저의 이야기를 예로 들면, 변호사는 제 인생의 궁극적인 목표는 아닙니다. 저는 더 많은 사회활동을 하고 싶은 꿈이 있습니다. 그러기 위해선 사회에서 활동할 방법이 필요하고 변호사가 가장 적격이라고 생각했습니다. 법은 철학적이기도 하지만 결국에는 사람들이 살아가는 과정에서 나온 것이기 때문에 모든 사회분야와 연결이 되어, 법을 배우면 이를 통해 제가 하고 싶은 다양한 사회활동이 가능하다고 생각했습니다. 이제까지 법은 생각도 안 해봤는데 졸업을 앞두고 무엇을 할까 고민하다가 로스쿨을 준비하는 경우도 있습니다. 그런 경우에도 마찬가지입니다. 오히려 좋은 기회일 수 있습니다.

무조건 입시준비만 하는 것이 아니라 접해보지 않았던 법을 알게 되면서 자신이 어떻게 이와 관련된 일을 할 것인지 생각해보는 게 좋습니다.

3 조건 검색 – 공부시작 전에

저는 로스쿨 입시가 대학입시와 다소 비슷하다고 생각했습니다. 대학입시에서 수능점수가 가장 중요하지만 요즘은 대학에서 다양한 것을 요구하기 때문에 수능공부 외에도 준비해야 할 것들이 많습니다. 로스쿨 입시도 마찬가지입니다. 우선 리트점수를 잘 받을 수 있는 사람인지 확인을 해보고 그 외에 로스쿨에서 요구하는 여러 조건과 자기소개서를 채울만한 것을 가지고 있는지 확인해야 합니다. 물론 이 시기는 이제 막 로스쿨 진학을 결정하고 준비에 들어간 겨울 혹은 그 전입니다.

우선 가장 중요한 것은 졸업요건이 되는 지입니다. 이미 졸업하신 분들에게는 해당사항이 아니지만 재학 중이시라면 올해 졸업할 수 있는지 꼭 확인하셔야 합니다. 그리고 자신의 학점이 어느 정도인지, 얼마나 올릴 수 있는지 알아봐야 합니다. 학교마다 다르지만 리트점수 못지않게 중요한 것이 학점이므로 학점관리를 할 시간이 남아있다면 예쁘게 세팅해 놓는 것이 좋습니다. 저는 3학년 2학기까지 고시를 했기 때문에 학점을 많이 듣지 않아 겪정을 했지만 다행이도 남은 5학기(겨울, 봄, 여름, 가을, 마지막 겨울학기)를 완전히 채워서 들으면 다행히 졸업을 할 수 있는 조건이었습니다. 고시를 하면서도 로스쿨에 대한 고민이 있어서 학점에 손을 놓을 수는 없었기 때문에 다행히 아주 나쁘지는 않았지만 로스쿨입학을 목표로 하기에는 낮았기 때문에 원서를 내기 전까지 적용되는 3학기(겨울, 봄, 여름학기)성적을 모두 A이상을 받아야 했습니다. 이 과제가 저에게는 리트공부보다 더 어려웠던 것 같습니다.

그 다음으로는 자신이 얼마나 리트시험에 적합한 사람인지 알아보는 것입니다. 2008년과 2009년 리트기출문제를 시간을 재서 풀어봅니다(www.leet.or.kr에 가면 다운받을 수 있습니다). 운이 좋으신 분들은 문제가 쉽게 풀리실 것입니다. 그런 분들은 원래 언어를 잘 하시거나 논리와 추리적 사고에 익숙하신 분들입니다. 이런 분들은 리트에 많은 노력을 하지 않아도 점수가 잘 나옵니다. 그러나 아니라고 해서 낙담할 필요는 없습니다. 언어영역은 지문을 읽는 것에 익숙해지고 문제유형을 나눠 각 유형이 무엇을 요구하는지 알아내는 연습을 한다면 올라갈 수 있습니다. 추리영역도 마찬가지로 자꾸 사고하는 연습을 하면 머리가 말랑말랑해질 수 있습니다. 무작정 전년도 기출을 풀어보라는 이유는 제한된 기간 동안 리트에 어느 정도 노력을 투여해야 하는지 알아보는데 필요한 과정이기 때문입니다.

그 다음에는 기타의 요소를 확인해보아야 합니다. 우선 영어점수를 준비해야 합니다. 높은 영어점수를 이미 가지고 있다면 유효기간을 확인해보아야 하고, 부족하다면 겨울동안 영어점수부터 올려놓아야 합니다. 토익, 토플, 텝스 중 자신에게 맞는 것을 선택하되 토익이나 텝스는 학교마다 다르기 때문에 원하는 특정 학교가 있다면 꼭 반영여부를 확인해야 합니다.

또 다른 기타요소는 자기소개서를 채울 각종 활동경력들입니다. 자격증, 봉사활동, 인턴경력, 직장경력 등 자신을 어필할 수 있는 것을 모아보고 서류로 증명해야 합니다. 행정고시 합격사실, 변리사자격증, 사법시험 2차합격 등이 아니라면 다른 경력들은 결정적인 요소가 될 수는 없습니다. 그래도 공란으로 남겨두기보다는 모을 수 있는 유용한 자료는 원서에 적는 것이 좋습니다. 자격증은 한자 1급외 제 2외국어 시험성적 정도만이 유효합니다. 봉사활동은 여유가 있다면 겨울부터 미리 해두는 것이 좋습니다. 원서 제출을 앞두고 급하게 한 봉사활동경력은 안내느니만 못할 수 있습니다. 인턴경력이나 직장경력은 자기소개서를 쓰는데 유용하기도 합니다. 특히 법과 관련된 일이라면 더욱 좋습니다. 저는 로스쿨 준비와 무관하게 국회의원 사무실에서와 대통령선거사무실에서 일을 한 적이 있는데 이때의 경험을 저의 진로와 연결시켜 자기소개서에 썼습니다. 각종 경력을 미리 가지고 있다면 미리 첨부할 서류를 준비해두어야 원서접수기간에 쫓기지 않을 수 있습니다.

4 리트공부

리트를 시작하는 대부분의 방법은 서점과 학원 그리고 지인입니다. 저는 리트시험 자체가 시작한지 얼마 안 되서 문제집이 종류는 많지만 선별되지 않아 오히려 수험생들을 헷갈리게 하는 좋지 않은 문제집도 있다고 지인한테 들은 기억이 있어 서점에서 무작정 고르기가 어려웠습니다. 그래서 정보도 얻고 시험유형도 배워볼 겸 학원에 갔습니다. 학원은 개인의 선택여부입니다. 무조건 학원을 다녀야만 점수가 잘 나오는 것은 아닙니다. 또한 실강과 인강 중에서도 자신에게 맞는 것을 선택하면 된다고 생각합니다. 저는 직접 가서 다 같이 시간에 맞춰 수업을 듣고 질문이 가능한 실강을 선호하는 편이라 직접 학원에 가서 수업을 들었습니다. 강사는 무조건 유명강사라고 신청하지 말고 설명하는 방법이나 난이도가 자신에게 맞는 강사를 선택해야 합니다. 또한 학원에서는 종합반이라는 것을 하기도하는데 아침부터 저녁까지 수업을 듣고 리트스터디를 짜서 같이 공부를 하고 학원에 있는 독서실에서 공부를 하는 프로그램입니다. 저의 선호와는 맞지 않아 문제유형이 낯선 추리영역만 단과반을 들었습니다. 저는 전반적으로 학원 강의와 자습을 병행하였는데 추리영역은 리트시험을 칠 때까지 꾸준히 듣고 언어와 논술은 모의고사 수업을 들었습니다.

다음은 각 영역에 대한 이야기입니다. 언어영역의 경우 우선 수능과 비슷한지 기출문제를 비교해보니, 리트시험이 지문이 더 길고 내용에 깊이가 있을 뿐 문제유형은 대체로 비슷했습니다. 그래서 우선 고등학교 때 수능을 공부하던 방법으로 먼저 수능기출문제의 지문을 분석했습니다. 수능을 보시지 않으신 분들이라도 수능이 리트보다 쉽기 때문에 이를 먼저 보시는 게 도움이 될 것입니다. 저는 고등학교 때 배운 방식대로 문제를 풀기 전에 지문만 보고 주제를 찾는 연습을 했습니다. 지문은 짧은 글이기 때문에 비문학의 경우 대부분 첫 단락 나아가 첫 문장에 주제어와 주제문이 압축되어 있습니다. 무조건 읽어 내려가지 말고 첫 문단이 앞으로 무엇에 대해서 말하고 싶은지 정리한 후 다음을 읽어 내려가면 지문을 기억하는 데 도움이 됩니다. 우선 지문만 가지고 주제잡기 연습을 한 후 문제를 풉니다. 주제잡기가 되면 주제에 대해서 묻는 질문이나 문맥의 흐름을 묻는 질문, 비판에 대한 질문 등이 한 맥락 속에서 풀리게 됩니다.

저는 겨울방학 동안은 수능기출문제와 리트기출문제, 학원에서 정기적으로 보는 모의고사 문제를 모두 푸는 것을 목표로 했습니다. 그냥 푸는 게 아니라 위에서 설명한 대로 연습하면서 풀었기 때문에 겨울방학 내내 했습니다. 하루에 세 지문씩 정도만 했지만 지문을 꼼꼼히 주제 분석해서 나중에 실전문제를 푸는 데 도움이 많이 되었습니다. 주제 분석이 안 되면 지문이 읽히지 않기 때문에 한 지문에서 우수수 틀리는 경우가 생기기도 합니다. 3월~4월에는 언어영역 문제집을 사서 슬슬 리트수준에 맞추는 연습을 했습니다. 우선 시간을 재서 문제를 풀고 답을 맞힌 다음 틀린 문제를 먼저 보지 않고 지문만 다시 주제 분석을 했습니다. 그 후 다시 문제를 풀어보았습니다. 대부분은 차분히 주제 분석을 다시 한 후면 정답률이 높아졌습니다. 그 후 어떤 유형의 문제를 많이 틀리는지 체크했습니다. 주제 찾기, 의미 찾기, 비판하기, 추리하기, 기타문제 이렇게 5가지로 나누었습니다. 이렇게 반복하다보면 제가 어디가 약한지 보이기 때문에 도움이 되었습니다. 또한 주제찾기를 더 빨리 정확하게 해서 지문을 파악하기 위해 풀었던 문제도 두 번 이상 주제를 잡고 문제를 통해 확인하는 연습을 계속했습니다. 문제집 해설에 보면 주제들이 나오는데 대부분은 맞지만 거기에 의존하지 않고 자신이 주제를 잡고 문제를 통해 확인하는 것이 좋다고 생각합니다. 5월~6월에는 학원모의고사반이 있는데 오히려 문제집보다 문제의 질이 좋고 긴장감 속에서 풀 수 있기 때문에 이를 이용했습니다. 해설 강의까지 듣고 도서관에 와서는 2분을 재서 지문의 주제를 다시 잡고 문제를 다시 푼 후 주제가 맞는지 확인하고 문제를 분석하는 과정을 모두 거쳤습니다. 이와 함께 PSAT언어영역 문제를 시간 맞춰 풀고 똑같이 분석하는 연습을 했습니다. 비교적 푼 문제집 수는 적지만 하나하나 주제 분석을 하고 문제를 다시 풀다보니 시간이 넉넉지 않았습니다. 그렇지만 오히려 무작정 풀고 답을 맞히는 것보다 더 좋은 방법이라고 생각합니다. 7월~8월에는 이제 진짜 시간과 정확도를 높여야 합니다. 저는 겨울방학부터 해왔던 기출문제와 모의고사 문제, 7월~8월 모의고사 문제까지 합쳐서 제가 어느 유형이 가장 많이 틀리는지 분석하고 그 문제를 집중해서 연습했습니다. 물론 하루에 3개 이상 주제 찾기하는 연습은 계속했습니다. 이렇게 하다보니 실전에서 언어영역에서 시간이 부족하지는 않았습니다.

그러나 제가 취약했던 유형에서는 여전히 허점을 보여서 아쉬웠습니다. 또한 긴장을 하다보니 집중력이 흐려져서 연타로 틀리기도 했습니다. 하지만 대체로 주제파악이 많은 도움이 되었습니다.

추리영역을 시작할 때는 시간을 재기보다는 머리를 말랑말랑하게 하는 연습을 먼저 해야 합니다. 대부분 추리영역은 처음 접하는 데다 논리력과 추리력을 요하기 때문에 경직되었던 사고의 폭을 넓혀야 합니다. 추리영역은 답을 알고 나면 그 풀이 방법이 쉽게 잊히지 않습니다. 학원강의를 듣더라도 혼자 공부할 때 해설보고 그냥 넘어가지 말고 시간이 아무리 걸리더라도 다시 풀어봐야 합니다. 저는 학원단과반과 PSAT문제집을 이용했습니다. 혼자 복습할 때는 맞은 문제도 포함해 모든 문제를 다시 풀어보았습니다. 쉽게 맞춘 문제는 빨리 넘어가되 어렵게 맞춘문제는 어떻게 풀었더라 하고 다시 풀어보고 틀린 문제는 시간을 두고 먼저 풀어 본 후 해설을 보았습니다. 겨울방학 때까지는 학원문제집과 시중에 출판되는 문제집 이렇게 2권을 풀었습니다. 3월~4월부터는 시간을 재면서 풀기 시작했습니다. 또한 이때부터는 PSAT문제를 풀기도 했습니다. 시간 내에 풀어보고 답을 맞히지 않고 다시 시간을 두고 옆에다 다시 푼 후 답을 맞춰 보았습니다. 아직은 시간 내에 답을 푸는 것은 형편이 없었습니다. 그래도 시간이 부족하면 아무 것도 안 되기 때문에 정 모르는 문제는 넘어가고 나중에 돌아오는 방식으로 시간을 맞추고자 노력했습니다. 5월~6월부터는 모의고사 반이 있었는데 이쯤되니 추리문제에 익숙해져 시간은 부족하지 않았습니다. 하지만 계속 모의고사를 풀다보니 난이도에 무관하게 틀리는 개수가 비슷하다는 것을 깨닫고 정확도를 높이기 위해 노력했습니다.

틀린 문제 중 쉬운 문제는 "아 이거였지!" 하고 넘어가기 쉬운데 이렇게 넘어가면 다음에 또 틀렸습니다. 그래서 쉽게 틀린 문제일수록 더 기억하고 실수하지 않아야겠다고 생각했습니다. 7월~8월에는 모의고사 문제 빼고는 더 이상 새로운 문제를 풀지 않았습니다. 리트기출문제와 PSAT기출문제, 지금까지의 모의고사 문제 모두를 다시 반복했습니다. 이것만해도 꽤나 양이 많았습니다. 중요도는 기출문제와 정기 모의고사문제를 우선으로 했습니다. 다시 보면서 중요한 문제는 마지막을 위해서 노트를 만들었습니다. 자주 틀리는 유형이나 어렵게 푼 문제 중 연습하는 데 도움이 되는 문제들을 주로 모았습니다.

추리영역시험은 이산수학같은 추리영역이 있고 언어처럼 지문을 읽고 푸는 논리영역이 있는데 추리영역이 더 낯설고 푸는데 시간이 오래 걸렸기 때문에 마지막까지 이 부분에 더 집중했었는데 이게 저의 큰 실수였습니다. 1회 시험은 PSAT를 많이 모방하여 추리영역이 많이 나왔지만, 정작 2회 시험은 리트의 본래 취지에 따라 논리영역이 많아 추리영역에 익숙했던 저는 당황하고 예상보다 많이 틀렸습니다. 앞으로 어떤 유형으로 나올지 예상할 수는 없지만 어떤 유형이든 골고루 연습하는 게 중요한 것 같습니다.

논술은 개인마다 다르다고 생각합니다. 저는 논술시험을 보고 대학에 들어온 세대라 다른 영역에 비해 부담이 비교적 적었습니다. 하지만 문제와 첨삭이 필요하다고 생각해서 학원강의를 선택했습니다. 5월~6월부터 듣기 시작했는데 일방적인 해설강의는 좋아하지 않아 소규모로 토론을 하는 수업을 선택했습니다. 개인차가 있지만 논술은 결국 자기 생각을 쓰는 건데 선생님의 일방적인 해설은 같은 글을 쓰게 하는 데다 특히 주장하는 글쓰기는 정답이 더욱 없기 때문에 일방적 해설은 좋지 않다고 생각합니다. 저의 경우 논술에서 난점은 시간 맞추기와 글을 간결하게 쓰기였습니다. 그래서 지문을 읽기 전에 문제를 두 번 이상 천천히 읽어 문제가 무엇에 대해서 쓰기를 원하는지 파악한 후 지문을 읽고 다시 문제를 읽고 개요를 짰습니다. 또한 개요에 많은 시간을 쓰는 연습을 했습니다. 성격이 조급한 편이라 개요를 짜다가 완성하지 않고 글을 써버리는 데 이러면 글의 흐름이 없어져서 지적을 많이 받았습니다. 개요를 짜놓아도 자기 글에 몰입하다보면 개요를 무시하게 되는데 이러한 습관을 고치고자 노력하기도 했습니다. 그 다음 어려운 문제는 서론 쓰기였습니다. 습관적으로 거창한 서론을 써야겠다는 압박감에 서론쓰기에 시간을 많이 쓰고는 했는데 언어영역에서 첫 문단에서 주제찾는 연습을 하니까 논술 서론 쓰기에서도 간결하게 주제를 집어넣는 데 도움이 되었습니다. 서론을 나중에 쓰는 방법도 있지만 전체 흐름을 위해서는 순서대로 쓰는 게 좋다고 생각합니다. 한편 논술실력을 늘리는 데 좋은 또 한 가지 방법은 복기라고 생각합니다.

첨삭을 받지만 그냥 읽어볼게 아니라 고쳐서 다시 쓰면서 문장을 간결하게 만드는 연습도 하고 개요가 어떻게 잘못 되었는지 볼 수 있습니다. 저도 귀찮아서 매번 하지는 않았지만 그래도 복기연습이 많이 도움이 되었다고 생각합니다.

5 영어성적

저는 텝스성적을 가지고 있었기 때문에 이를 더 올리고자 겨울방학동안 학원을 다녔습니다. 해커스에서 수업을 듣고 영어스터디에서 단어를 외우고 듣기 연습을 했습니다. 그러나 텝스는 점수를 올리기가 쉽지 않기 때문에 개강 후에는 강남에서 이익훈영어학원에서 새벽 토익반을 들었습니다. 영어

학원수업의 유용성은 자신의 노력에 달려있습니다. 여유가 있는 겨울에 스터디에 참여해 단어시험을 보고 혼자서 공부도 많이 하면서 점수를 올려놓으면 나중에 부담이 적습니다. 저는 생각보다 점수가 쉽게 오르지 않아 개강 후에는 학점과 리트공부, 영어공부까지 학기 중에 해야 하는 부담이 있어 어려움을 겪었습니다.

시험은 꾸준히 보는 것이 좋습니다. 토플 같은 경우 돈이 많이 들고 신청하기 어렵지만 텝스나 토익은 매달 신청해서 보다보면 실력도 늘고 운이 좋으면 문제가 쉽게 나오기도 해서 영어공부를 계속하지 않더라도 매달 시험을 보는 것이 좋습니다.

6 최선의 생활

저는 학교를 다니며 리트를 준비해서 직장을 다니시거나 공부에 전념하시는 분들과는 스케줄이 다를 것입니다. 저의 경우에는 1월부터 준비하기 시작했습니다.

겨울방학동안은 리트공부보다는 영어점수를 올리기에 집중했습니다. 아침에 학원수업을 듣고 스터디를 한 후 도서관에 와서 영어공부를 했습니다. 오후에는 리트공부를 하고 주말에 리트강의를 들었습니다. 또한 주말에는 정기적으로 봉사활동을 했습니다. 계절 학기는 비교적 여유로웠지만 학기가 시작하는 3월부터는 학점과 리트공부에 집중했습니다. 꽉 채워서 학점을 들어야 하는데다가 학점을 올려야 하는 부담감이 있어서 학기 중이 가장 힘들었습니다. 영어는 일주일에 3번 새벽반을 듣고 공부는 주말에 정기적으로 시험 보는 것으로 만족하고 주중에 학원에 가서 추리수업을 듣고 돌아와서 복습하였습니다. 5월~6월에는 주중에 언어모의고사강의와 주말에 논술강의를 추가해서 들었습니다. 7월~8월에도 계절학기가 있었지만 방학이라 혼자 정리할 시간이 있어서 좋았습니다. 시험 전날을 위한 준비라고 생각하고 이제까지 본 것을 정리했습니다.

여유 부렸다고 생각할 수도 있지만 체력관리차원에서 1학기까지는 운동을 계속 했습니다. 겨울방학 때에는 공부하다가 지루해지면 학교 헬스장에 가서 1시간씩 운동을 하였고 개강 후에는 새벽에 영어학원을 가지 않는 날에 운동을 했습니다.

시간낭비라고 생각할 수도 있지만 대상포진과 시험 직전에 유행이었던 조류독감에 걸렸을 때도 체력을 쌓아놓은 덕분에 많이 앓지 않고 넘어갈 수 있었다고 생각합니다.

체력뿐만 아니라 마음에도 여유를 갖는 것이 좋습니다. 시험날짜가 다가올수록 풀었던 문제가 안 풀릴 때, 시간이 부족할 때 종종 짜증이 나고는 합니다. 그럴수록 일주일에 최소 한 번은 쉬는 것이 좋습니다. 공부 중이라고 해서 우울하게 있지 말고 계절이 좋을 때 여유를 가지고 바람을 쐬러 나가는 것도 좋은 방법이라고 생각합니다.

7 면접준비와 자기소개서

이 글이 기고가 될 때에는 이미 리트시험을 친 후일 것이기 때문에 이 글을 읽는 분들 중 대부분은 점수는 주어졌으니 그에 따라 학교별 입학전형에 따라 여러가지 준비를 하실 것입니다. 리트시험이 끝나고 머리도 식힐 겸 잠시 쉰 후 면접준비와 자기소개서를 쓰는 데 대부분의 시간을 보내고 계실 것이라고 생각합니다.

이 두 가지는 지인이 있다면 도움을 받거나 스터디를 하는 것이 유용하다고 생각합니다.

우선 자기소개서는 앞에서 언급한대로 하나의 스토리를 만드는 것이 좋습니다. 성장과정, 성격, 학업활동, 앞으로의 계획 등 학교마다 원하는 유형에 따라 쓰겠지만 재미없게 쓰기보다는 흐름이 있는 자기소개서를 만들면 면접관들이 더 흥미롭게 읽을 것입니다. 성장과정이나 성격은 결국엔 대부분이 비슷하게 좋은 말을 쓰고자 합니다. 예를 들면 "저는 온화하신 부모님의 사랑을 받으며 유년시절을 보냈습니다.", 혹은 "저는 대인관계가 원만하고 매사에 열정적입니다." 등의 문장입니다. 이렇게만 쓰지 말고 자신의 이야기를 집어넣어 정말로 그렇다는 것을 보여주는 것이 좋습니다. 그래야 더 재미있고 읽고 싶은 자기소개서가 됩니다. 특히 활동 중 자신의 성격을 보여줄 수 있는 것이 있으면 에피소드로 넣는 것도 좋습니다.

저의 경우에는 앞으로 하고 싶은 일을 정점에 두고 성장과정부터 하나의 이야기를 만들어 로스쿨도 이 과정 속에 있으므로 입학하기를 희망한다는 방식으로 썼습니다. 활동내역의 경우 에피소드가 많아 오히려 추리기가 힘들었습니다. 너무 없어도 문제지만 너무 많으면 제한된 분량에 쓰기가 힘들어 잘 고르는 것도 필요하다고 생각합니다. 다 쓴 자기소개서는 스터디원이나 아는 사람들에게 보여줘 첨삭을 받는 것이 좋습니다. 너무 조언대로 고쳐도 완성이 안 되지만 객관화할 필요는 있습니다.

면접준비는 실전연습, 자료읽기, 긴장하지 않기라고 생각합니다. 제 경우 실전연습은 스터디가 가장 유용했습니다. 저는 리트준비를 할 때에는 정보를 얻고자할 때 빼고는 서로연 등의 카페를 자주 이용하는 편이 아니었지만 스터디 그룹에 들어갈 때는 유용합니다. 학원을 다녀보기도 했지만 면접은 사실 강의가 필요한 것이 아니기 때문에 스터디가 더 낫다고 생각합니다. 저는 일주일에 2번 저녁에 모였습니다. 인터넷을 이용해 작년 기출문제들을 분담해서 문제를 내오면 돌아가면서 토론하였습니다. 시간은 주로 3시간 내외, 인원은 10명 내외였습니다. 처음에는 시간을 두고 토론도 하고 여유롭게 진행하다가 면접 때가 다가오면서는 실제면접을 보는 것처럼 한 사람씩 지원자가 되어 연습했습니다. 자료는 학원이 가장 많지만 실제로 시험을 치고 난 후 생각해보니 학원에서 주는 자료들만큼은 필요가 없었습니다. 오히려 저는 언론의 이슈들을 1년 단위로 모아둔 책과 네이버에서 올해의 이슈들 카테고리를 보는 것이 더 도움이 되었습니다. 학교마다 문제가 다르지만 이슈와 논점거리들 정도만 훑고 간다면 면접에서 중요한 것은 긴장하지 않기라고 생각합니다. 실제로 아무리 준비를 많이 해가도 준비한 문제가 그대로 나오지 않습니다. 중요한 것은 그 자리에서 얼마나 순발력을 발휘해서 논리정연하게 대답하는가라고 생각합니다. 정답은 없을뿐더러 설사 자신이 모르는 분야가 나왔다 하더라도 논리가 있으면 짧은 면접시간을 무난히 넘길 수 있습니다. 또한 교수님에 따라 면접문제를 물어보기 보다는 지원자에 대해서 알고 싶어 하시는 분들이 많습니다. 그래서 저는 면접 당일 날 순서를 기다리면서 준비한 자료를 보기보다는 자기소개서를 꼼꼼히 여러 번 읽었습니다. 실제로 면접하는 동안 문제에 대한 답은 쭉 읊는 식으로 간단하게 대답하고 자기소개서를 보시면서 왜 로스쿨에 들어오고 싶은지에 대해 자세히 물으셨습니다. 짧은 생각입니다만 저는 면접에서 중요한 것은 이미지를 심는 것이라고 생각합니다. 문제를 받고 답을 준비하는 시간은 겨우 10분 남짓. 관건은 얼마나 자신 있게 대답하는지, 설령 몰라도 어떻게 넘어가는지, 그리고 더 중요한 것은 내가 로스쿨에 들어와서 얼마나 열심히 공부할 것이지를 보여주는 것이라고 생각합니다.

8 마무리하며

로스쿨 입학 준비과정을 되돌아보면 어떻게 준비하는 것이 옳은 방법인지 모른 채 장님처럼 더듬거리며 왔다는 생각이 듭니다. 1기보다야 나았겠지만 입학제도, 시험유형, 문제집 등 모두 애매했던 것 같습니다. 이번에 시험을 보신 분들도 아직까지 자료가 누적되지 않았기 때문에 마찬가지였을 것이라고 생각합니다.

저의 준비과정에 잘한 점도 있고 잘못한 점도 분명히 있습니다. 다만 되돌아보며 유용할 만한 것을 적은 것이니 잘 선별하고 읽으신다면 조금은 도움이 될 것이라고 생각합니다. 이제 막 리트시험을 치시고 원서접수를 하시는 분이시라면 자기소개서와 면접 준비까지 마무리 잘 하시기 바랍니다. 제가 마지막으로 하고 싶은 말은 자기소개서이든 면접이든 자신만의 스토리를 만들어 일관되게 표현해야 한다는 점입니다. 마지막까지 힘내세요.^^

35

끝날 때까지는 끝난 것이 아니다

박 주 미
· 인천부개여자고등학교 졸업
· 한양대학교 정치외교학과 졸업
· 인하대학교 법학전문대학원 제10기

1 들어가며

안녕하세요. 저는 인하대학교 법학전문대학원 10기 박주미입니다. 2017년 법학전문대학원(이하 '로스쿨'이라 하겠습니다) 입시를 치룰 당시 입시의 불확실성 때문에 홀로 고민하기도 하고 때로 좌절할 때마다 이미 합격하신 분들의 글이 큰 도움이 되고 용기가 되었습니다. 저 또한 이 글을 읽을 누군가에게 도움과 용기가 될 수 있길 바라며 합격수기를 올립니다.

2 로스쿨 입시에 대한 관점 재정립하기

저의 경우 학부 4학년 졸업을 앞두고 로스쿨 진학을 결심하여 다소 짧은 시간 동안 입시를 준비했습니다. 그래서 입시초기에는 일찍부터 로스쿨 입시를 준비해온 수험생들을 보면서 괜히 마음이 조급하기도 하고, 학점 같은 경우 이미 학부 4학년을 마친 이상 더 이상 바꿀 수도 없다는 생각에 법학적 성시험(이하 '리트'라 하겠습니다.)에 대한 두려움이 특히 컸습니다. 지금 돌이켜보면 로스쿨 입시의 평가항목은 6개라는 것을 좀 더 일찍 유념하며 준비했다면 불필요한 걱정을 하지 않았을 텐데 하는 아쉬움이 남습니다.

로스쿨 입시를 시작하면서 리트를 보기까지 머릿속에는 '학토릿(학점, 토익, 리트)'이라는 단어가 떠나질 않았던 것 같습니다. 아무래도 '학점, 토익(공인영어성적), 리트'라는 정량평가 요소의 경우 수치화 되어 즉각적으로 인식할 수 있는 평가요소다보니 정량평가요소를 로스쿨 입시에서 결정적인 요소로 생각하기 십상이었던 것 같습니다. 그런데 로스쿨 입시를 정량평가 위주로 생각하는 관점은 오히려 독이 되었습니다. 정량평가 위주로 입시를 생각하다보니 세 가지 항목 중 한 가지 항목이라도 낮으면 안 된다는 강박이 생겨 오히려 토익시험을 준비하면서 지나치게 불안해져 실수를 하기도 하고, 리트 모의고사를 풀 때면 그 날 점수에 따라 일희일비 하여 마음을 잡기가 어렵기도 했습니다.

그렇게나 걱정하던 리트를 기대한 만큼 못 보게 되자 올 해 입시는 아무래도 합격하기 어렵겠다고 무기력해지던 찰나, 우연히 학교 로스쿨 준비반 게시관에 붙어있던 법학전문대학원들의 입시요강을 보고 아직 입시가 끝나지 않았고 여전히 최선을 다해서 치러야 할 평가항목이 남아있다는 생각이 번뜩 들었습니다. 로스쿨 입시는 정량요소로만 결정되는 것이 아니라, '학점, 공인영어 성적, 리트, 논술, 자기소개서, 면접'이라는 6가지 항목으로 결정된다는 어쩌면 너무나 당연한 이야기를 새삼 깨달으면서 입시의 마지막까지 최선을 다할 수 있었습니다. 그 결과 정량평가의 경우 다소 기대에 미치지 못했지만, 정성평가에서 정량평가의 부족한 점을 보완하여 인하대학교 로스쿨에 최종합격 할 수 있었습니다.

이 글을 읽으시는 분들 중 입시를 시작하시는 분들의 경우 로스쿨 입시가 6개 과목으로 이루어진 시험이라고 생각하시면서 어느 한 항목에서 다소 부족함이 있더라도 다른 항목에서 최고점을 받아 보완한다는 마음가짐으로 준비하신다면 끝까지 좌절하지 않고 입시를 잘 마무리 하실 수 있을 것이라 생각합니다. 그리고 올해 리트를 치르신 분들의 경우에도 설령 정량평가가 다소 미흡하시더라도 정성평가에서 최선을 다해 정량평가 점수를 보완하신다는 생각으로 끝까지 포기하지 않으신다면 분명히 좋은 결과가 있으리라 생각합니다.

3 정량평가 준비하기

● **학점(GPA)** ····· 관리작년에 입시를 준비하면서 가장 다행이라고 생각했던 점은 4학년 졸업반 때 로스쿨 입시를 준비한 것 치고는 그동안 학부 과정을 충실히 하여 학점이 낮은 편은 아니라는 것이었습니다. 로스쿨 입시를 준비하시는 분들 중에 아직 학부 과정에 있으신 분들은 가급적 남은 학부 수업들에 충실히 임하여 높은 학점을 받으시길 권하고 싶습니다. 리트의 경우 1년에 한 번 보는 시험이기에 시험 당일에 자칫 컨디션 난조 등의 이유로 결과가 안 좋게 나올 경우 이를 더 이상 당해 입시에서는 리트로서 다시 보완할 수 없기 때문입니다. 반면 학점의 경우 비록 앞선 학기에서 학점을 잘 받지 못했더라도 남은 학기의 과목들에서는 최선을 다해 높은 학점을 받거나 적어도 재수강 또는 추가학점 이수 등으로 보완할 수 있기 때문에 로스쿨 서류 제출 전까지는 여전히 정량평가 점수를 올릴 수 있는 기회가 있다고 볼 수 있습니다.

하지만 저와 같은 경우처럼 이미 학부 과정을 모두 마친 뒤에 로스쿨 입시를 준비하시는 분들의 경우에도 설령 학점이 낮더라도 이를 다른 평가 요소로 보완할 수 있으므로 학점이 낮다고 하여 무조건 로스쿨 입시에 대해 비관할 필요는 없다고 생각합니다. 그리고 학점이 높으신 분들의 경우 정량평가에서 당연히 높은 점수를 받으실 테지만, 그러한 학점을 받을 수 있었던 이유나 방법 등을 자기소개서에서 조리 있게 서술한다면 정량평가는 물론 정성평가에서도 좋은 인상을 남길 수 있으리라 생각합니다. 자세한 점은 이후 자개소개서 준비와 관련된 부분에서 서술하도록 하겠습니다.

● **공인영어 성적** ● ····· 공인영어 성적의 경우 가급적 입시 초기에 목표하는 점수를 달성해 놓으시길 권해드리고 싶습니다. 왜냐하면 리트 시험이 다가오면 올수록 아무래도 공인영어 시험을 병행해서 준비하기에는 시간적으로나 심적으로 여유가 별로 없기 때문입니다. 그리고 리트 이후에는 자기소개서와 면접 준비로 분주할 가능성이 높음은 물론이고, 리트 이후로는 공인영어 시험을 볼 수 있는 기회 자체가 몇 번 남지 않기 때문에 마음이 더욱 조급할 수 있으므로 가급적 리트 시험을 보기 전에 목표점수를 달성해 놓으시길 권합니다.

저와 같은 경우는 학부 수업시간에 영어로 쓰인 논문이나 자료들을 읽을 기회가 자주 있었으며, 영어전용 수업 등에서 외국인 학생들과 같이 토론식 수업이나 발표수업을 하는 경우가 많았습니다. 그래서 평소에 굳이 영어 공부시간을 따로 내지 않더라도 자연스럽게 영어를 일상적으로 사용하게 되는 환경에서 학습을 했습니다. 이와 같은 점이 토익(TOEIC)시험에서 비교적 빠르게 점수를 향상시킬 수 있었던 요인이었던 것 같기도 합니다. 그리고 이러한 환경 덕분에 가장 처음 토익시험을 봤을 때도 점수가 아주 낮은 편은 아니었습니다.

그래도 결국 목표했던 점수에 도달한 것은 일정 기간 동안 토익공부를 집중적으로 한 뒤에 본 시험에서였습니다. 그리고 토익을 준비하는 기간은 가능한 한 짧게 계획하되, 그 기간 동안만큼은 오롯이 토익공부에 최대한 집중했던 것 같습니다. 비록 제가 택했던 방법이 모든 수험생 분들에게 정답과 같은 방법이 될 수는 없겠지만, 목표한 영어성적을 가급적 빨리 달성할수록 나머지 정량 요소와 정성 요소를 준비하는 데에 유리할 것이라고 생각합니다.

● **법학적성시험(LEET)** ● ····· 제가 리트 고득점자가 아닌 탓에 리트 준비에 대해서 말씀 드리기가 조심스러운 부분이 있으나 학부 로스쿨 준비반에서 들은 수업과 개인적인 수험경험을 종합하여 말씀을 드리고자 합니다.

저는 리트라는 시험이 짧은 시간동안 얼마나 글의 주장 및 논거를 잘 파악하는지를 평가하는 시험이라고 생각합니다. 리트 대비를 시작할 당시 로스쿨 준비반 수업시간이나 주변 고득점자 분들의 조언을 떠올려 보면 논리구조를 파악하는 것이 리트 시험의 핵심이라고 강조하였던 것이 기억납니다. 그리고 이에 도움이 되는 학습법으로 독서를 권유받곤 했습니다. 따라서 저는 시험까지 어느 정도 시간적으로 여유가 있으신 분들에게는 독서를 적극 추천 드리고 싶습니다. 리트시험을 앞두신 분들의 경우에도 주로 기출문제 풀이를 통해서 리트에 대비를 하실 텐데, 반복되는 문제풀이에 지겨움을 느끼는 경우 독서를 통해 주위를 환기시킬 겸 이를 통해 논리구조를 파악하는 연습을 하길 권하고 싶습니다. 다만 주의하실 점은 단지 책을 읽는 것에 그치는 것이 아니라 책을 읽으면서 글쓴이의 주장과 논거를 파악하고 머릿속으로 정리해가며 읽는 연습을 한다면 리트 대비에 보다 도움이 될 것 같습니다.

한편 리트의 경우 주로 기출문제를 바탕으로 연습을 하는데, 기출문제 활용 방법에 대해 저의 경험에 비추어 말씀을 드리자면 다음과 같습니다. 먼저 전체적인 기출풀이로 반복해서 틀리는 약한 유형이 무엇인지 찾아 그 문제를 풀 때 어떤 방식으로 문제를 풀었는지를 점검해야 한다고 생각합니다. 그 후 그러한 지문 또는 문제들을 모아 지문의 논증구조를 파악하고 선지가 어떤 식으로 구성되는지도 분석해보는 것이 도움이 되는 것 같습니다. 마지막으로는 오답노트 내지 반복해서 하는 실수들을 간략히 메모하고 이를 의식적으로 고쳐나가면서 최종적으로 자신만의 풀이 법을 만들고 익히는 것이 기출문제를 통한 학습이라는 생각이 들었습니다.

마지막으로 수험생 분들에게 가장 강조하고 싶은 부분은 컨디션 관리입니다. 리트를 풀지 않아도 아침에 일어나서 리트시험 시간에 몸을 맞추고 리트시험 전까지 최상의 컨디션을 유지하는 것이 필수적이라고 생각합니다. 특히 리트 직전에 불안감을 해소하기 위해 공부량을 늘리기보다는 심리적으로 안정을 유지하여 시험 당일 날 지나치게 긴장하지 않는 것이 바람직 할 것입니다. 리트 당일 날 지나치게 긴장할 경우 평소와 다르게 글이 읽히지 않거나 선지의 단어를 잘못 봐서 틀리는 실수를 할 가능성이 아주 높기 때문입니다. 따라서 리트 시험 직전에는 실전과 같은 분위기를 만들어 한 세트 정도 시험문제를 풀어보는 것으로 공부량을 조절하는 것이 컨디션 관리를 하는 데에 도움이 되리라 생각합니다.

4 정성평가 준비하기

● **자기소개서** ····· 처음 자기소개서 양식을 보고 기껏해야 A4 용지 두 페이지 내지 세 페이지 정도 되는 분량의 글인데 금방 쓰지 않을까라고 생각했었는데, 막상 자기소개서를 써내려가려고 컴퓨터 화면 앞에 앉았을 때의 막막함과 당혹스러움은 여전히 기억에 남습니다. 제 자신을 어필하기 위한 강점, 난관 극복 사례, 로스쿨에 지원하게 된 동기 등이 모호하고 추상적으로만 머리에 지나다닐 뿐 이를 논리적이고 정돈된 말로 정리하는 것은 굉장히 많은 노력과 시간을 요했습니다. 따라서 서류제출에 임박하여 자기소개서를 준비하기보다는 리트가 끝난 직후의 시간을 부지런히 자기소개서를 쓰는 데에 활용한다면 효율적일 것이라 생각합니다.

이미 리트 시험이 끝나고 더 이상 제가 리트점수와 관련해서는 할 수 있는 것이 없음에도 불구하고, 입시에 대한 불안감 때문에 리트 표준점수와 관련된 정보들을 검색하거나 낮은 정량점수에도 불구하고 원하는 로스쿨에 합격한 사례들을 탐색하는 데에 꽤 많은 시간을 보냈습니다. 그리고 그 시간은 서류를 제출한 뒤에 가장 후회가 되고 아쉬움이 남는 시간이 되었습니다. 즉, 이미 지나간 것에 대해서는 가급적 에너지와 시간을 쏟지 않는 것이 바람직하다고 생각합니다. 리트 시험을 못 볼 경우 마음을 다잡기 어렵다는 것은 저 역시 경험해보아 아는 바이지만, 의지적으로 이미 지나가고 결정된 정량평가 요소들에 신경을 쓰지 않고 앞으로 남은 정성평가요소를 준비하는 데에 에너지와 시간을 쏟으시길 권해드립니다.

리트 이후에 자신에게 집중할 수 있는 환경을 찾아서 일정 시간을 정하여 자기소개서에서 주로 묻는 질문들에 대한 답을 차분히 생각하고 메모로 남겨놓으며 남은 시간을 활용하는 것이 효율적이라고 생각합니다. 저 같은 경우에는 자기소개서를 준비하기 시작하면서 가장 먼저 제가 썼던 일기를 확인했습니다. 일기를 읽으면서 제가 어떤 경험과 생각의 발전을 거쳐 로스쿨에 진학해야겠다고 생각했었는지를 다시 떠올려보고 이를 어떻게 제한된 분량으로 정돈되게 표현할 수 있을지를 구상했습니다. 특히 일기를 읽으면서 로스쿨 진학동기와 관련된 키워드들을 먼저 메모장에 정리한 뒤에 문장으로 구성했습니다.

다음으로는 학부입학 이후부터의 시간들을 차례대로 떠올리면서 강점으로 소개할 만한 에피소드와 단점 극복이나 역경 극복 사례로 쓸 만한 에피소드들을 가능한 한 많이 메모장에 정리했습니다. 그리고 메모장에 정리한 에피소드들 중에서도 로스쿨에서의 학업과 관련하여 저를 가장 잘 어필할 수 있는 에피소드들을 추려냈습니다.

일례로, 비법학사라는 점에서 일면으로는 법학적성을 입증하기가 어려울 수도 있었으나 부전공과 교직이수를 병행하느라 다른 학우들에 비해 70학점 이상을 추가적으로 수강한 점을 어필했습니다. 비록 4년 동안 배운 과목들이 법학과는 전혀 관련이 없는 과목들이었으나, 한 학기에 많은 과목들을 이수하며 제한된 시간 내에 많은 양의 텍스트와 정보들을 처리하는 데에 익숙하고, 나름대로의 공부하는 습관이 길러져있음을 서술한 것입니다. 비록 제 자기소개서에 대해 직접 교수님의 평가를 들어볼 수는 없었으나 입학설명회에서 이러한 점을 언급할 경우 좋은 인상을 받을 가능성이 높다는 조언을 받았습니다. 그리고 직접 로스쿨에 입학해보니 한 학기에 많은 양의 학습량을 소화해야한다는 점이 제가 학부생활에서 경험한 것과 일맥상통한다는 점에서도 자기소개서에 있어서 좋은 인상을 주었을 것이라 생각이 듭니다.

한편 자기소개서 초안을 작성하거나 대략적으로 쓸 내용들을 정리하여 공동입학설명회 또는 개별입시설명회에서 작성한 내용들이 인하대학교에서 원하는 인재상으로 비춰질지 여부나 좋은 인상을 줄 수 있는지 등을 여쭤보는 것도 자기소개서 방향을 잡아가는 데에 한 가지 팁이 될 수 있을 것 같습니다.

● 면 접 ● ······ 면접의 경우 스터디를 활용하여 준비했습니다. 그리고 스터디를 하지 않는 시간에는 시사상식을 익히거나 면접 준비교재에 나온 주제들 중에 잘 모르거나 낯선 주제들을 추가적으로 검색해서 공부하며 보냈습니다. 면접 스터디의 경우에는 주 3회 정도 6~7명의 스터디원들과 함께 실전처럼 면접연습을 하는 방식으로 이루어졌습니다. 인하대학교 로스쿨의 경우에는 3명의 면접관으로부터 질문을 받기 때문에 스터디원 3명이 면접관 역할을 해주는 식으로 진행했습니다. 그리고 스터디에서 활용했던 면접문제는 면접을 보기 2주 전까지는 직접 최근 시사이슈들을 바탕으로 스터디원들이 면접문제를 만들어 온 것으로 연습을 하거나 다른 학교 기출문제 중 기존에 인하대학교에서 기출 된 적은 없으나 최근 이슈와 관련하여 나올 만한 문제들을 추려서 연습했습니다. 그리고 면접 2주 전부터는 인하대학교 기출문제를 한 번 모일 때마다 2회씩 풀면서 연습했습니다. 면접문제를 푸는 것은 각자 풀어오지 않고 스터디 당일 날 스터디원 모두가 모여서 실제 면접과 동일하게 10분 정도의 시간을 재고서 푸는 연습을 반복해서 했습니다.

한편 이처럼 모의면접으로 연습을 할 때 주의했던 점은 단순히 다양한 주제들을 가지고 말하는 연습을 하는 데에 그치는 것이 아니라, 어느 문제가 나오든 간에 어떻게 주장을 펼칠지 제 나름대로의 구조를 확립해가면서 연습을 하도록 노력했습니다. 예를 들어 어떠한 주제에 대해 찬성과 반대를 묻는 문제의 경우에는 '쟁점정리(예, 노동자 임금을 정부가 개입하여 그 하한을 정하는 것이 바람직한지가 문제 되었습니다) → 찬성/반대 중 어느 쪽 입장인지 → 근거 2~3개 제시, 예상 반론에 대한 답변 1~2개 정도 생각해두기'와 같은 방식으로 문제를 풀어나갔습니다. 그리고 풀어놓은 대로 최대한 또박또박 발음하고 차분하게 말하는 연습을 했습니다.

두 번째로 주의했던 점은 무의식적으로 나오는 언어습관이나 자세도 교정하도록 연습했습니다. 저 같은 경우 당황하면 '음', '어'와 같은 불필요한 소리를 내곤 했는데, 이를 고치기 위해서 빠르게 말하는 것을 최대한 지양하고 조금 느린 속도로 말을 차분히 하는 연습을 했습니다. 그리고 자세가 바

나
의
꿈
나
의
길

x

르지 않거나 손을 만지작거리는 등의 습관을 고치기 위해서 매 연습마다 휴대폰 카메라로 제가 연습하는 모습을 촬영하여 다시 보면서 반복되는 습관들을 의식하여 고치는 연습을 했습니다.

위와 같은 방법으로 반복해서 연습을 하다 보니 실제 면접장에서 긴장감도 줄일 수 있었고, 늘 연습해왔던 상황이었기 때문에 실전에서 낯선 문제를 접하고 예상하지 못한 추가질문을 받았음에도 차분하게 대답할 수 있었던 것 같습니다.

● **기타 사항** ●····· 입시와 직접적인 관련은 없지만 추가적으로 로스쿨에 입학할 것은 대비하여 조언해드리고자 하는 점은 리트시험 이후에 자기소개서와 면접준비로 바쁘실 테지만, 적어도 자기소개서 제출과 면접시험 이후에 가급적 민법만이라도 선행학습을 하시길 권해드리고 싶습니다. 저의 경우와 마찬가지로 법학을 전혀 접해보신 적이 없는 분이라면 로스쿨 입학 후에 처음 법학을 접할 경우 그동안 배운 학문에 비해 느낌도 다소 낯설고 공부법이나 답안 작성방법도 그동안 해오던 것과 달라 시행착오를 겪을 가능성이 높기 때문입니다. 이러한 시행착오나 적응기간을 최대한 줄이기 위해서는 입학 전에 법학을 미리 접해보는 것이 조금이나마 도움이 될 것이라 생각합니다.

그리고 입학 이전부터 운동하는 습관을 들이는 것도 로스쿨 생활에 잘 적응할 수 있는 방법이라고 생각합니다. 앞서 잠시 언급한 것처럼 저의 경우 학부과정에서 많은 학점을 이수하느라 자는 시간을 줄여서 공부를 하거나 밤을 새는 경우가 종종 있었음에도 불구하고, 로스쿨에서의 학업과정은 그때보다도 더 많은 체력을 요구하는 것 같습니다. 따라서 로스쿨에서의 학업과정을 이수하면서 체력이 부족해지지 않도록 입학 전부터 체력관리를 하시길 추천 드립니다.

5 나가며

저는 '진인사대천명(盡人事待天命)'이라는 성어를 좋아합니다. 입시라는 것이 워낙 불확실한 탓에 이를 수험생의 입장에서는 불안함과 막막함을 느끼는 것이 어쩌면 당연한 현상이라고 생각합니다. 저 역시 입시를 준비하면서 현재 제대로 공부하고 있는 것은 맞는지 의구심도 자주 들고, 모의고사 성적이 낮게 나올 때마다 실제 시험결과가 잘 안 나오면 어떡할까 하고 불안해하는 날도 많았던 것 같습니다.

그럼에도 불구하고 끝내 입시를 마무리 할 수 있었던 것은 앞서 말한 '진인사대천명'이라는 말을 기억하면서 일단 현재 눈앞에 놓인 과정에 충실하려고 노력한 덕분인 것 같습니다. 물론 입시결과가 어떻게 될지에 대해 수험생으로서 완전히 초연하기는 어렵더라도, 불안감이나 걱정에 빠지려고 할 때마다 "일단 적어도 지금당장은 최선을 다 해보고 생각하자."라고 의지적으로 되뇌며 공부에 다시 전념하신다면 불필요하게 걱정을 하느라 쓰는 시간을 줄이실 수 있을 것이라 생각합니다.

저의 부족하지만 진심어린 수기를 읽어주신 분들에게 감사드리며, 제 수기를 통해 조금이나마 도움과 용기를 얻어 입시에서 보다 더 좋은 결과가 있기를 기원하겠습니다.

36

로스쿨생이 아닌 법조인을 목표로

김 호 정

· 청주 교원대학교부설고등학교 졸업
· 한국외국어대학교 독일어과 졸업
· 전남대학교 법학전문대학원 제9기

1 들어가며

따듯한 미풍이 불어오는 봄이 어느덧 시작되고, 4월의 로스쿨은 중간고사를 대비하는 학생들의 열의로 뜨겁습니다. 시간을 내어 입학을 준비했던 지난해를 돌이켜 보며, 올해 로스쿨 입시로 치열한 시간을 보내고 있을 예비법조인들에게 작은 도움이 되기를 바라며 합격기를 시작해봅니다.

저는 학부시절, 법학과는 전혀 상관없는 공부를 하였고 졸업 후 취업 또한 법과 관련 없는 분야로 했습니다. 다만, 사회 이슈나 정치에 관심이 많은 편이었고 특히 사회적 약자들을 위한 단체에 지속적으로 후원을 하고 있었습니다. 인연을 맺고 있는 시민단체, 그리고 직장 생활 중 간접적으로 노사갈등을 겪으며 공인노무사라는 직종에 대해 알게 되었습니다. 특정 조직에 속하기보다 개인의 능력을 발휘할 수 있는 전문자격증을 따야겠다는 결심으로 퇴사를 하였고, 공인노무사 1차는 절대평가이기 때문에 2개월만에 어렵지 않게 합격을 할 수 있었습니다. 당시만 해도 로스쿨은 제게 너무 멀게만 느껴지는 영역이었지만 공인노무사 2차 준비를 하며 조금씩 법조인의 꿈을 꾸게 되었습니다. 제가 생각했던 것보다 법학은 우리의 생활 근거리에 존재했고, 소송대리권이 없는 공인노무사만으로는 제가 진정 하고자 하는 일에 한계가 올 것 같았습니다. 그래서 현직 공인노무사, 로스쿨 출신 변호사들을 만나 많은 조언을 얻고 고민을 하였습니다. 그 끝에 유예를 두고 준비했던 공인노무사 2차 준비를 그만두고, 2016년 1월부터 본격적인 로스쿨 입시에 진입하게 되었습니다.

2 토 익

로스쿨 진학을 위해 가장 먼저 시작한 일은 토익 공부였습니다. 취업준비를 할 때 이미 900점이 넘는 점수를 받은 적이 있고, 또 전공이 어학이어서 그런지 토익점수를 올리는데 오랜 시간이 걸리진 않았습니다. 많은 이들이 추천하듯, 토익점수는 늦어도 3월이 되기 전에는 900점 이상을 만들어 놓는 것이 좋습니다. 리트공부에 전념하기 어려움은 물론이고, 리트를 친 이후까지도 토익을 계속 응시하게 되면 면접과 자기소개서에도 집중하기가 어려워지기 때문입니다. 또한 무엇보다 토익은 학문으로서의 영어실력을 평가하기보다 실용성에 주안점을 둔 시험으로 집중해서 단기간에 빨리 끝내는 것이 중요하다고 생각합니다.

토익공부를 위해 따로 학원을 수강하거나, 인터넷 강의를 듣지는 않았습니다.

가장 기본서인 해커스 RC만 1회 꼼꼼히 풀어 보았고, 10회 분량의 실전 문제집도 2권만 구매했습니다. 많은 문제를 푸는 것보다 중요한 것은 틀린 문제를 다시 틀리지 않는 것입니다. 따라서 강의나 문제집을 통해 양을 늘리기보다는 오답노트를 만드는데 가장 신경을 썼습니다. 어휘책도 따로 보지는 않았으며, 모르는 단어가 나올 때마다, 어장에 쓰고 암기했습니다. 혹시나 저처럼 어휘가 부족해서 고민이시라면, 사전 어플리케이션을 추천 드립니다. 모르는 단어를 실제 단어장처럼 만들어 간단하게 테스트를 볼 수 있어서, 잠자기 전이나 짬이 날 때마다 이를 통해 특별히 시간을 들이지 않고서도 어휘 공부를 쉽게 할 수 있었습니다. 이처럼 오답노트를 통해 자주 틀리는 문제를 반복적으로 풀고, 약점을 채워나가는 식으로 토익은 대비했으며, 그 결과 3번째 토익에서 950점이 넘는 점수를 맞을 수 있었습니다. 물론 토익 점수는 높을수록 좋습니다만, 지원하고자 하는 학교에 따라 이는 달라질 수 있습니다. 그렇지만 적어도 토익으로 인해 손해를 보지 않으려면 900점 이상의 점수를 3월이 되기 전에 만들어 놓으시길 추천합니다.

3 LEET(법학적성시험)

● **강의 수강** ······ 아마 리트시험을 처음 접한 사람들이라면 대부분 추리논증에서 큰 어려움을 느끼게 될 것입니다. 언어이해는 수능 언어영역과 외형상 크게 다르지 않아 초심자가 접근하기에 어렵지 않으나, PSAT을 준비했던 사람이 아닌 이상 추리논증은 애초에 접근방법 조차 헤매기 쉽습니다. 저 또한 처음 시간을 재고 리트를 풀어보았을 때, 언어이해는 무리가 없었지만 추리논증은 절반 밖에 풀지 못해 막막함을 느꼈습니다. 리트공부에 학원강의가 반드시 필요한지 여부에 대해 의견이 갈리지만, 저는 추리논증만큼은 강사의 강의가 큰 도움이 되었습니다. 물론 독학을 통해 논리학을 배우고, 기출분석을 통해 추리논증 시험 자체에 익숙해 질 수도 있겠습니다만 어디까지나 수험적으로 리트를 본다면 시간을 아낄 수 있다는 점에서 학원강의가 효율적인 면이 있다고 생각합니다.

하지만 학원의 모든 커리큘럼을 따라갈 필요는 없습니다. 자신이 필요한 영역, 부족한 부분을 보완해 줄 수 있는 정도의 차원에서 학원강의를 활용하기를 추천합니다. 특히 저는 추리논증 같은 경우 기본강의를 통해 처음 문제를 읽고 풀어나가는 방법에 대해 배울 수 있었습니다. 개인 시간 활용이 자유럽기 때문에 전 실제 강의 보다 인터넷 강의를 선호했습니다. 강사는 샘플 강의를 들어본 후, 김재형 강사의 강의를 들었습니다. 추리논증 문제를 유형별로 나누어 접근 하는 방식이 가장 제게 맞는다고 생각했고, 기본강의를 통해 그래도 시간 내에 추리논증의 모든 문제를 볼 수 있게 되었습니다. 심화나 파이널 모의고사 강의는 듣지 않았고, 후에 기출 분석을 한 번 더 제대로 해봐야겠다는 생각이 들어 기출 특강만 추가로 들었습니다.

언어이해는 그간 쌓아온 개인의 독해실력이 가장 큰 영향을 미칩니다. 따라서 단기간에 학원강의를 통해 의미 있는 점수를 올리는 것은 어려운 일일지도 모릅니다. 다만 리트도 수험이기 때문에, 정형화된 유형은 기출 분석 강의를 통해 어느 정도 숙지할 수 있었습니다. 문덕윤 강사의 특강을 역시 인터넷으로 수강했으며, 이를 통해 지문이 구성되는 구조를 파악할 수 있어 도움이 되었습니다.

● **스터디 운영** ····· 암기를 기반으로 한 지식형 시험이 아니기 때문에 리트공부를 혼자 하다 보면, 지루해지거나 나태해지기 쉬운 것 같습니다. 많은 수험생들이 스터디를 통해 리트준비를 합니다만, 이 또한 다양한 방법이 존재하고, 잘못 운영이 될 시 오히려 수험에 악영향을 주기도 합니다. 다행히 마음 맞는 친구들을 만나 서로 적절한 의견 조율을 통해 면접 스터디까지 잘 이어질 수 있었고, 한 두명을 제외하고 대부분 원하는 학교에 합격할 수 있었습니다.

기본적으로 모든 공부는 혼자 할 때 진정한 자신의 것이 된다고 생각하기 때문에, 스터디에 큰 할애를 하지는 않았습니다. 먼저 리트 기출 분석을 시작했고, 추리논증 같은 경우 인원수대로 문항을 나누어 담당하는 문제를 정했습니다. 전원이 기출을 1회분을 풀어오되, 자신이 맡은 문항은 칠판에 판서를 하며 설명하는 방식으로 스터디를 진행했습니다. 이러한 방식은 서로 풀이방법을 비교해보는데 용이하기도 했고, 또 스스로 설명하며 공부가 되는 부분이 많았습니다. 언어이해 기출은 처음에 300자 요약을 시도해보았습니다. 그러나 효용성이 떨어진다고 판단해, 추리논증과 같은 형식으로 지문을 나누어 담당하는 사람이 문항까지 분석해오는 형식으로 기출을 분석했습니다.

기출분석을 모두 마친 후 4월부터는, 의학전문대학원 입학시험인 미트와 디트문제를 풀었습니다. 이 때부터는 미리 풀어 와서 설명하는 방식이 아닌, 실제로 시간을 정하고 주어진 시간 내에 실전처럼 푸는 연습을 시작했습니다. 다만 추리논증은 전회 모의고사를 풀기에는 아직 벅차다고 생각해, 하프 모의고사를 풀었습니다.

여름부터는 본격적인 실전 준비에 돌입했습니다. 실제 시험시간과 같은 시간에 언어이해와 추리논증 모의고사를 같이 풀었고, 리트 날짜가 다가올수록 스터디 횟수를 늘렸습니다. 다만 실전처럼 문제를 푸는데 익숙해지는 데 목표를 두고, 초창기와 같이 문제를 분석하고 리뷰하는 시간은 따로 갖지 않았습니다.

● **모의고사** ● ····· 리트는 적성시험이기 때문에 무엇보다 당일 컨디션이 중요합니다. 따라서 할 수 있는 최대한 가장 실전과 같은 환경에 노출되어야 한다고 생각합니다. 특히 학원에서 주최하는 전국모의고사는 적어도 한 번쯤은 응시해 보는 것이 도움이 됩니다.

물론 학원 강사들이 만든 문제이기에 실제 리트문제와는 다소 거리가 느껴지는 문제가 있을 수도 있지만, 그래도 가장 실전과 비슷한 느낌을 느껴볼 수 있기 때문입니다. 저는 모의고사 점수가 들쑥날쑥 인편이었습니다. 언어이해를 잘 봤다면, 추리논증을 못보고 또 그 반대의 결과가 나오기도 해 사실 공부방향의 갈피를 잡는 데는 별로 도움이 되지 못했습니다. 그러나 실제 리트 점수가 받아봤던 모의고사점수와 크게 다르지 않았던 걸로 보아, 어느 정도 객관적인 실력을 측정하는 데는 의미가 있는 것 같습니다.

● **논술** ● ····· 논술은 리트를 앞두고 한 주에 1~2개의 기출을 실제로 써보는 것으로 대비했습니다. 따로 강의를 수강하지는 않았으며, 강사의 책만 따로 구매해 참고했습니다. 논술에도 물론 어느 정도 정해진 유형이 있지

만, 시간을 내어 공부하기는 어려웠습니다. 강사저를 통해 모법답안을 확인하고, 그와 비슷한 구조로 답안을 작성하고자 했습니다. 이 또한 실전 대비를 위해 항상 논술 답안은 원고지에 쓰는 연습을 했습니다. 추가적으로 원고지 부정기호는 몇 가지 미리 알아두고 가는 것이 필요합니다.

4 자기소개서와 면접

● **자기소개서** ● ····· 자기소개서는 먼저 주변 합격자들의 자기소개서를 구해 읽어 보았습니다. 형식의 일부만 참고 할 수 있었을 뿐, 결국 중요한 것은 그간 본인 자신이 살아온 삶에 어떠한 이야기가 녹아 있는가입니다. 학교에서 요구하는 자기소개서의 항목이 모두 다른 것 같지만, 결국 묻고자 하는 것은 대동소이합니다. 따라서 저는 키워드 위주로 제가 사용할 수 있는 스토리와 에피소드들을 정리했습니다. 그리고 이를 문항에 맞추어 재배열하는 식으로 자기소개서를 작성했습니다. 아마 취업준비를 할 때 자기소개서를 작성했던 경험이 어느 정도 도움이 되었던 것 같습니다. 해당 문항을 묻고자 하는 취지를 염두 해두고, 특정사건 또는 경험을 통해 내가 이러한 점을 배웠고, 이것이 로스쿨에서 법학을 공부하는데 어떻게 도움이 될 수 있을지를 최대한 담아내고자 했습니다.

가장 최근에 변호사시험에 합격한 지인에게 개인적으로 첨삭을 받았으며, 스터디를 통해서도 최대한 많은 이들에게 자기소개서를 읽히고 피드백을 받고자 했습니다. 명심해 둘 것은 자기소개서는 얼마나 글을 잘 쓰는지를 보는 것이 아니라, 자기소개서란 이름 그대로 자기가 살아온 삶을 소개하고 그것이 어떻게 법조인이 되고자 하는 이유에 부합하는지를 잘 설명해 내는 것이 중요하다는 것입니다. 또한 무엇보다 내가 왜 합격해야 하는지에 대한 당위성을 보여줘 읽는 이를 설득할 수 있어야 합니다. 많은 사람들이 강조하듯, 로스쿨 3년 생활을 무사히 완주하고 변호사 시험에 한 번에 합격할 수 있다는 사실이 잘 드러나야 좋은 자기소개서가 된다고 생각합니다.

● **면 접** ●…… 면접은 리트 때부터 같이한 스터디를 통해 준비했습니다. 찬반으로 의견을 나누어 이야기해볼 필요가 있어 인원을 충원해 6~7명 정도로 운영했습니다. 매 시간 정해진 발제자가 이슈를 제시하면, 현장에서 바로 시간을 주고 찬반을 나누어 각자 발언을 하고 나머지 사람들이 면접관이 되어 질문하는 형식으로 진행하였습니다.

주제는 딱히 법학과 관련된 문제에 국한하지 않았고, 최근 이슈가 된 사회현상이나 신문기사들도 적극 활용하였습니다.

면접준비를 할 때, 아젠다넷을 많이 이용했습니다. 시사이슈를 정리한 리포트를 볼 수 있는 사이트로 주제에 따라 찬반의 논거도 적절하게 정리되어 있는 경우가 많았습니다. 또한 예상문제를 가늠하기 위해서는 일간지보다 주간지를 읽는 것이 크게 도움이 되었습니다. 평소 시사 주간지를 즐겨 읽었기에 이를 바탕으로 저는 발제를 자주 했습니다. 후에 제가 발제해서 다뤘던 주제들이 실제 면접질문으로 많이 나와 함께 준비했던 스터디원들이 놀라기도 했습니다. 법학 관련 문제는 주로 인권법 책을 통해 대비했습니다. 이 또한 역시 주제에 맞는 찬반 논거가 잘 정리되어 있어, 이 책 한 권만으로 충분했다고 생각합니다.

면접 예상 질문을 따로 뽑아 공부하지는 않았습니다. 찬반 논거도 미리 찾아보기 보다는 스터디에서 바로 생각하고 정리해 말하는 연습을 많이 했습니다. 어차피 실제 면접에서 내가 모르는 문제가 나와 당황할 수 있기 때문에 미리 논거를 외워 가는 것은 부적절하다고 생각했습니다. 그보다는 나의 생각을 어떠한 논거로 조리있게 말할 것인지, 또한 반박 질문이 들어왔을 때 어떻게 대답해야 하는지를 대비했습니다.

5 나가며

실제 로스쿨에 입학 해보니, 예상 했던 것과 다른 점도 있고 기대했던 것보다 더 좋은 점도 많습니다. 입학 하고 한 달이 지나, 합격기를 정리해보니 로스쿨 합격을 간절히 바랬던 초심의 마음을 지키기란 또 역시 어려운 것 같습니다. 저는 의도치않게, 전업 수험생으로서 리트를 준비하며 지난 한 해를 보냈습니다. 이제 와서 드는 한 가지 아쉬운 마음은 내가 너무 로스쿨 하나만을 바라보고 준비했다는 것입니다. 합격 이후에 삶에 대해서는 진지한 고민을 해보지 못했기에, 늘 불안한 마음을 좇였던 것이 아쉬움으로 남습니다.

사실 로스쿨 입학은 겨우 시작에 불과합니다. 입학 후에는 변호사 시험이라는 거대한 관문이 기다리고 있고, 당장 주어진 중간고사와 기말고사를 준비하는 것만으로도 하루가 벅찹니다. 로스쿨 입시를 위해 토익, 리트, 면접 등을 준비하는 것보다 더 큰 스트레스와 압박이 합격 후에 기다리고 있습니다. 물론 지금 당장은 눈앞에 로스쿨 입학이 큰 관문처럼 보이겠지만, 조금 더 시야를 넓게 가지시기를 바랍니다. 결국 이루고자 하는 것은 법조인이 되는 것이지 로스쿨 학생이 되는 것은 아니기 때문입니다. 따라서 순간의 토익, 리트 모의고사 점수에 일희일비 하는 것은 소용없는 일일 것입니다. 설령 올해 로스쿨 입시에서 실패한다고 한들, 법조인이 되고자 하는 마음이 변하지 않는 한 내년을 기약할 수 있습니다. 좌절하지 않고 오히려 그 기간 법학 선행을 하며, 미리 실력을 다지는 경우도 보았습니다. 이 모든 과정이 입학만을 위한다고 생각하지 말고, 내 평생의 직업인 법조인이 되기위한 과정이라고 생각한다면 조금 더 그 시간을 수월하게 보낼 수 있는 것 같습니다. 모쪼록 저의 짧은 경험이, 법조인이 되고자 하는 누군가에게 용기가 되기를 바랍니다.

37

긴 인내의 여정

이 예 나

- 영등포여자고등학교 졸업
- 연세대학교 의류환경학과 수석졸업
- 의류브랜드 GAP korea branch 근무
- 전남대학교 법학전문대학원 제3기
- 제3회 변호사시험 합격
- 현) 법무법인 율촌 변호사

1 로스쿨 지원동기

  미국 의류 브랜드 GAP의 글로벌기획팀에서 근무한 지난 3년은 선진 국제기업의 '소비자 중심경영'을 직접 실천하며 그 중요성을 깨닫는 배움의 시간이었습니다. 특히 2010년 2월, 사내 정책을 감시하는 컴플라이언스 부서장과 신규사업프로젝트를 진행하며 미국의 엄격한 소비자보호정책이 기업의 소비자지향적인 마케팅에 미치는 영향을 실감할 수 있었습니다. 당시 원가절감을 위해 만난 베트남 제조업자는 테스트 수치가 GAP의 규제기준에 미치지 못하는 원단의 사용을 허용한다면 원가를 대폭 낮추겠다고 제안하였습니다. 이에 컴플라이언스 부서장은 소비자만족을 위한 회사의 내부조치를 철저히 준수해 사고를 미연에 방지해야 한다며 제안을 단칼에 거절하였습니다. 소비자만족은 결코 협상의 대상이 될 수 없다는 그의 신념은 저로 하여금 한국 시장과 소비자를 생각해 보게 하는 계기가 되었습니다.

대학교 2학년 때, 재래시장의 잠재력을 확인하고자 동대문 새벽시장에서 일한 적이 있었습니다. 그 당시를 되돌아보면, 제품의 품질 및 안전에 대한 기준이나 테스트 절차 없이 빠른 생산과 판매만을 추구해 온 상인들에게 '소비자권리'는 이상적인 문구에 불과했습니다. 소비자들 역시 세탁 시 주의점에 대한 경고나 안전성이 결여된 저품질 상품에 대해 정당한 항의를 제기하기 보다는 손해를 어느 정도 감수해야 한다는 인식을 가지고 있었습니다. 법과 정책의 보호 아래 소비자의권익이 존중되는 미국과 달리 자신의 권리가 무엇인지조차 인지하지 못하는 대한민국 소비자의 현 주소를 보게 되는 순간이었습니다.

법과 기업정책, 그리고 소비자의식 사이의 밀접한 연계성을 깨닫게 된 때부터 저는 소비자피해사례와 이를 철저히 반영해 재정비되는 미국 의류회사의 규제들을 예의 주시하며 의류산업의 건강한 발전을, 나아가 한국 소비시장의 선진화를 위해 소비자법률과 정책을 연구하겠다는 굳은 결심을 다지게 되었습니다. 그리고 이를 실현하기 위해 전문적인 법학지식이 반드시 필요하다는 결론에 도달하였고 소비시장 특성과 제품 생산 절차에 대한 실무 지식에 법률적 지식을 겸비하여 대한민국 소비자권리보호에 적극적으로 앞장서는 법조인의 꿈을 실현하고자 로스쿨입학을 결심하게 되었습니다.

2 로스쿨 입시준비

지금부터는 로스쿨 입시에 도움이 되었던 성공적인 경험담뿐만 아니라 미흡했거나 아쉬웠던 부분들을 정리해봄으로써 예비 로스쿨 4기 여러분들의 성공적인 입시전략 수립에 조금이나마 보탬이 되고자 합니다. 저는 학부 졸업 후 3년의 회사생활을 마치고 5월이라는 다소 늦은 시점에 로스쿨 입시준비를 시작했기에 저만의 고유한 전공분야와 경력을 부각시킬 수 있는 정성적인 평가요소에서 경쟁력을 확보하는 전략을 수립하였습니다. 그러나 정량적인 요소들 에 대해 평균 이상의 실력을 갖추어야 비로소 정성적인 강점들을 피력할 수 있는 기회가 주어진다는 점에서 입시준비를 시작한 5월 이래 4개월간은 LEET 공부에, 9월부터 3개월간은 자기소개서와 면접 준비에 많은 노력과 시간을 할애하였습니다.

정량평가 – 정해진 기간내 고득점확보를 위한 전략을 수립하고 실천하라

● 학 점 ●······ 각 대학교별로 성적평가 기준이 상이하다는 점과 자교 학생들의 취업에 도움을 주고자 높은 성적을 부여하는 교수님들이 다수를 이룬다는 점에서 학점에 의한 평가는 변별력이 떨어진다는 견해가 다수 존재합니다. 그러나 공신력 있는 기관으로부터 로스쿨에 합격한 학생들의 학점에 대한 정확한 통계 및 분석자료가 제시되지 않는 한 학점이 로스쿨 입시에 어느 정도의 영향력을 미치는지에 대해 확언하는 데에는 한계가 있습니다. 다만 제 개인적인 경험에 비추어 보았을 때 로스쿨 입시에 있어 학점은 크게 두 가지 부분에서 중요한 역할을 한다고 생각합니다. 첫째, 학점은 100점 만점 기준으로 환산되어 각 로스쿨 별로 반영하는 비율에 따라 객관적인 수치로 적용되므로 1차 합격 단계에서 학점이 정량평가 요소에 의한 지원자 서열화에 크거나 작은 영향을 미치게 된다는 점, 둘째, 면접 당시 제출 서류를 참고하며 지원자의 특징을 단시간에 파악해야 하는 면접관들에게 학부 4년 성적은 학생의 성실함과 학업수행능력에 대해 가장 간단하고도 중요한 참고자료가 될 수 있다는 점입니다. 저는 의류학에 대한 남다른 욕심과 호기심으로 학부 4년간 직물화학, 마케팅, 디자인, 시장과 유통, 소비자 심리분석 등의 전공 학습에 누구보다 열정적으로 임하며 다양한 프로젝트와 발표 수업을 이끌어 왔고, 그 결과 수석졸업이라는 보람된 결실을 달성할 수 있었습니다. 돌이켜 보면 높은 학부성적이 법이나 사회·정치·철학에 대한 약한 지식기반과 일종의 고시라 볼 수 있는 LEET에 대한 막연한 두려움 앞에서도 자신감을 잃지 않고 법학에 대한 동기와 열정만으로 로스쿨에 도전할 수 있게 한 원동력이 되어주었다고 생각합니다. 그러므로 현재 대학교에 재학 중인 학생들은 마지막 학기 기말고사까지도 최선의 노력을 다해 우수한 학

점을 확보해 놓으시기를 권합니다. 반면, 이미 졸업을 마치고 로스쿨 입학 준비에 임하는 수험생 여러분들께는 LEET, 공인영어성적, 그리고 자기소개 서와 면접 등의 다른 요소에서 더 좋은 점수를 얻음으로써 학점에서 부족한 부분을 충분히 보완할 수 있을 뿐만 아니라 학부성적을 아예 반영하지 않는 로스쿨도 있다는 점에서 학부성적에 대한 고민에 시달릴 필요는 전혀 없다 고 강조하고 싶습니다. 가장 중요한 것은 로스쿨 입시에 필요한 전형요소에 서 자신의 강점이 되는 항목과 약점이 되는 항목을 정확히 분석하고 자신의 약점들을 강점으로 보완하는 노력에 달려 있음을 기억하여 이미 지나간 것 에 대한 후회보다는 앞으로 향상시킬 수 있는 요인들에 초점을 맞추어 긍정 적인 자세로 입시를 준비 하는 자세에 있다고 생각합니다.

● **공인영어점수** ● ⸳⸳⸳⸳⸳ 외국계 회사에 근무하며 미국, 유럽 등지의 바 이어들을 상대하는 직업에 종사해 왔기 때문에 공인영어점수에 대한 부담 감은 어느 정도 줄일 수 있었습니다. 만약을 대비하는 차원에서 TOEFL과 TOEIC 성적을 미리 확보해 두었던 것이 5월이라는 다소 늦은 시점에 로스 쿨 입시에 도전했음에도 심적인 안정감을 유지하며 LEET를 준비하는데 큰 도움이 되었다고 생각합니다. 다만, 앞서 학점부분에서 언급한 바와 같이 LEET에서 다른 학생들과의 차별점을 부각시키기는 어려울 것이라는 분석 하에 공인영어점수에서 약간의 가산점을 확보해 두는 것이 학교선택의 폭 을 넓히고 합격 가능성을 높일 수 있는 방법이 될 것이라 생각하여 6월, 7 월, 8월에 걸쳐 TEPS 시험에 응시 하였고 원서접수 시 가장 높은 점수를 골 라 제출 하였습니다. 저와는 반대로 LEET 문제풀이에 자신감을 갖고 있으 나 영어성적 확보에 상대적으로 어려움을 느끼는 수험생도 있을 것입니다. 이러한 경우에도 학점과 마찬가지로 부족한 영어점수 보완을 위해 LEET를 비롯한 기타 요소들의 점수를 더욱 강화하고 학교마다 전형요소별 비율을 확인하여 자신에게 맞는 입시전략을 수립함으로써 자신만의 경쟁력을 확보 할 수 있다는 점을 강조하고 싶습니다.

기본적인 영어구사능력이 어느 정도 갖추어져 있느냐에 따라 공인영어점수 향상을 위한 효과적인 학습방법은 사람마다 다를 것이라 생각합니다. 그러나 공인영어시험 고득점자들이 입을 모아 추천하는 방법은 일주일에 두, 세 번 이라도 정해진 시간에 맞추어 기출문제를 꾸준히 풀어보는 것, 그리고 로스쿨 원서접수 직전까지 최대한 여러 번 시험을 봄으로써 본인이 확보할수 있는 최고수준의 점수를 얻기 위한 노력을 멈추지 않는 것입니다. 예비로스쿨 4기 여러분들도 공인영어점수 향상을 위한 공부는 최대한 일찍 시작하시고 시험에 꾸준히 응시하여 최고득점의 성적을 제출할 수 있도록 준비하시기 바랍니다.

● 법학적성시험 (LEET) ● ⋯⋯ **언어이해·추리논증**   LEET 시험은 장기간의 공부로 점수가 향상되는 시험이 아니므로 처음 점수가 곧 최종 시험장에서의 점수와 거의 다르지 않다고 말하는 사람들도 있습니다. 그러나 지난 4개월의 수험생활을 통해 저는 자신에게 주어진 시간을 최대한 활용하여 효과적인 공부전략을 수립해 실천한다면 LEET 역시 노력한 정도에 비례하여 점수향상을 달성할 수 있는 시험이라는 것을 알게 되었습니다. 비법 전공에 1학기 수시 합격으로 수학능력시험조차 치르지 않고 대학에 입학한 제게 언어이해와 추리논증은 매우 생소한 시험이었습니다. 따라서 처음 기출문제를 접할 때에는 "과연 내가 가진 실력으로 이 시험을 치를 수 있을 것인가?"라는 심각한 고민에 빠지기도 하였습니다. 그러나 이때에도 중요한 것은 마인드컨트롤이라고 생각하였습니다. '언어이해'의 경우 영어도 아닌 한글로 작성된 지문에 대한 이해를 요하는 시험이라는 점에서 노력을 통해 당연히 극복 가능할 것이라는 자신감을 갖고자 하였고, '추리논증' 학습을 통해 논리적 사고능력을 함양시킬 수 있다는 것만으로도 제 삶의 질이 높아질 수 있다고 긍정적으로 생각하며 조급해하지 않고 LEET 준비에 박차를 가할 수 있었습니다.

학습방법적인 면에서는 공부시작 당시 시험내용이나 유형에 대한 정보가 전무한 상태였기에 학원강의와 개인공부를 적절히 조화시킬 필요가 있다고 생각하였습니다. 학원강의와 개인공부의 기본 비중을 40:60으로 놓고 5

월, 6월, 7월, 8월의 4개월 간 동영상 강의를 통한 기본개념 익히기, 문제유형분석, 기출문제풀기, 노트정리를 통해 조금씩 실력을 키워나갔습니다. 마지막 8월에는 실제 LEET시험을 보는 오전 시간을 활용해 기출문제와 모의고사 문제를 실전처럼 풀이하는 연습을 하였습니다. 수능 언어영역, MEET, DEET, PEET, PSAT 언어논리와 상황판단 기출문제들을 시간을 재며 푸는 연습을 통해 LEET를 정해진 시간 내에 풀 수 있는 힘을 기를 수 있었습니다.

구체적으로, 언어이해의 공부를 처음 시작한 5월과 6월에는 지문을 꼼꼼히 분석하고 문제 유형별 출제의도를 파악하는 데 많은 시간을 할애하였습니다. 로스쿨 입시전문학원 유명강사의 동영상 강의를 보며 지문의 성격과 구조를 분석하는 방법을 학습했던 과정이 탄탄한 기초를 잡는데 많은 도움이 되었습니다. 한편, 문제를 풀이할 때 철학이나 과학 영역에서 기본개념을 한 번이라도 접해본 주제가 나오면 독해속도가 빨라짐을 느낄 수 있었습니다. 따라서 기본개념에 익숙해지기 위한 노력의 일환으로 참고서적들도 틈틈이 활용하고자 하였습니다. 특히 '철학과 굴뚝청소부(그린비, 이진경 지음)'와 '꿈꾸는 과학(풀로엮은집, 김원기 지음)'은 과학과 철학 관련 지문에 대한 이해를 높이는 데 큰 도움이 되었기에 예비 로스쿨4기 여러분께도 추천하고 싶습니다.

추리논증은 처음 두 달 간 기본이론 정리를 위한 동영상 강의를 보며 '추리'와 '논증'에 대한 기본개념을 익히는데 주력 하였습니다. 기본 기출문제 유형을 정확히 파악하고 올바른 문제풀이방식을 익히는 과정이 선행되어야 한다는 생각으로 기출문제풀이를 주제로 한 유명 강사들의 동영상 강의를 참고하며 출제 의도나 가장 효과적인 문제 풀이방법에 대해 정확히 이해하고자 노력하였습니다. 시험의 기본유형 및 개념과 더불어 생소한 과학 지식을 참고하며 만든 노트를 반복해서 읽었던 것도 추리논증 실력을 짧은 시간에 향상시키는데 많은 도움이 되었습니다.

논 술   논술을 아예 전형요소에서 배제시키는 학교들도 있으며 변별력이 없다는 생각에서 로스쿨 입시 준비 초기 단계에서부터 학습을 포기하는 학생들도 있습니다.

그러나 입학원서를 제출하는 마지막 그 순간까지 자신의 강점 및 학교별 특성을 고려하여 지원 학교가 달라질 수 있음을 고려했을 때 준비 가능한 모든 요소들은 평균 이상의 수준으로 갖추어 둠이 현명한 것으로 생각됩니다. 저는 비법학 전공자로써 법학적성시험의 생소한 문제 유형과 학문영역, 법적인 사고능력을 요하는 논술답안 작성에 있어서 큰 어려움을 느꼈습니다. 특히 논술고사를 치르지 않고 대학에 진학한 저에게 법학적성시험 준비를 위해 난생 처음 접해본 논술의 벽은 매우 높게만 느껴졌습니다. 이를 극복하기 위해 언어이해와 추리논증에 앞서 논술과목에 대한 학습을 먼저 시작하였고 LEET시험 바로 전 주까지 4개월 간 매주 토요일마다 로스쿨 입시전문학원에서 진행되는 강의를 듣고 전문 컨설턴트의 첨삭을 받으며 논술실력을 꾸준히 향상시킬 수 있었습니다. 7월과 8월에는 매일 아침 LEET 1회, 2회 논술 기출문제의 개요를 반복해서 작성하며 제시문 유형과 답안작성에 조금 더 익숙해지고자 노력하였습니다. 논술에 대한 아무런 기반이 없는 상태에서 공부를 시작 하였으나 학원 강의 활용과 기출문제 답안을 반복적으로 작성해보는 훈련을 병행한 결과 시험 당일 정해진 시간 내에 제시문의 핵심 쟁점을 파악하고 문제에서 묻고 있는 사안에 대한 주장과 근거를 체계적으로 전개하며 만족스러운 답안을 작성할 수 있었습니다.

정성평가 – 마지막 승부수! 자신의 강점을 최대한 어필하라

앞서 살펴 본 공인영어점수, 법학적성시험 성적은 객관적인 점수에 의해 학생들을 서열화 할 수 있는 항목들에 해당하며 수험생의 기본지식수준과 학습역량, 그리고 효율적인 학습계획 수립 여부에 따라 로스쿨 준비를 시작하는 시점에는 개인별 편차가 다소 크게 존재할 수 있습니다. 그러나 저를 포함해 로스쿨 진학에 성공한 선배 기수들, 동기들이 공통적으로 수긍하는 부분은 꾸준한 노력과 시간을 투자한다면 누구나 일정 수준 이상의 시험점수를 확보할 수 있다는 사실입니다.

이러한 관점에서 본다면 성공적인 로스쿨 입시는 시험성적 외의 요소들에서 다른 수험생들과 뚜렷이 구별되는 자신만의 강점과 장래성을 부각시키는 전략에 달려 있으며, 이는 자기소개서와 면접이 로스쿨 당락에 있어 얼마나 중요한지 말해 줍니다. 특히 7월 회사 업무를 마무리하기 전까지 새벽2시까지 이어지는 야간 근무속에 로스쿨 입시를 준비한 저로써는 LEET를 최고득점 수준까지 끌어올리는 데에 어느 정도 한계가 있었습니다. 따라서 부족한 점수를 정성적인 평가에서 만회하여야 한다는 일념으로 LEET 시험을 치르고 난 뒤 자기소개서 작성과 면접준비에 더욱 성실히 임하였습니다.

● **자기소개서** ●····· 자기소개서 작성은 자신이 지금까지 걸어온 길을 돌이켜보며 나의 강점이 무엇인지 그리고 어떠한 동기로 법학전문대학원에 진학하고자 하는지에 관해 끊임없이 고민하며 수정을 반복해야 하는 고통스러운 과정입니다. 돌이켜보면 LEET, 공인영어, 면접 등 모든 준비과정을 통 털어 자기소개서를 작성하던 때가 가장 큰 인내를 요하던 시기였습니다. 그러나 분명한 사실은 정량적인 요소에 기한 평가로는 별다른 차이를 보이지 않는 수험생들과 구별되는 저 자신만의 장점과 훌륭한 법조인으로서의 장래성을 부각시키는 데 있어 자기소개서는 매우 중요한 역할을 해 주었다는 사실입니다. 나아가 자기소개서를 작성하며 제 경력과 성격에 대해 진지하게 분석해 본 경험은 실전 면접에서 다양한 인성문제에 대한 답변을 구상하는 데에 많은 도움이 되었을 뿐만 아니라 로스쿨 입학 후 새로운 법학 개념에 대한 이해를 돕고자 학부 전공 분야나 경력과 접목된 사례들을 떠올려보는 지금까지도 긍정적인 영향을 미치고 있습니다. 자기소개서를 성공적으로 마무리하는 데에 크게 도움이 됐던 요인으로 강의활용과 컨셉 정하기, 그리고 첨삭과정에 대해 소개하고자 합니다.

강의 활용 교환학생 지원과 입사를 위해 자기소개서를 작성해 본 경험이 있기에 로스쿨 지원동기 역시 수월하게 작성할 수 있을 것이라 생각하였습니다. 그러나 "당신은 왜 법학을 공부하고자 하는가?" 다른 학교가 아닌 우리 로스쿨에 지원하는 구체적인 이유는 무엇인가? 과연 당신은 다른 지원자와 구별되는 강점을 갖고 있는가?'에 대한 답변을 구상하는 것은 결코 쉬운 작업이 아니었습니다. 따라서 저는 본격적인 자기소개서 작성에 들어가기에 앞서 '입시전문 자기소개서 컨설턴트'에게 법학전문대학원 제출용도의 자기소개서 작성에 관한 강의를 들었고, 이는 효과적인 자기소개서 작성의 방향을 잡는 데 큰 도움이 되었습니다.

컨셉 정하기　자기소개서 작성 시 가장 중요한 부분은 특정한 컨셉을 잡아 자신의 전공 혹은 경력과 관련된 강점과 지원 동기를 일관되게 전달하는 것이라 생각합니다. 즉, 자신만의 강점과 경험, 경력 하나하나가 '구슬'에 해당한다면 효과적인 컨셉이라는 '실'로 단단히 꿰어 냈을 때 비로소 지원자의 매력을 충분히 어필할 수 있습니다.

이를 위해 필수적으로 요구되는 과정이 '컨셉 잡기'입니다. 자신만의 특색을 충분히 발휘할 수 있는 컨셉이란 하루아침에 불현듯 떠오르는 개념이 결코 아닙니다.

저는 LEET를 치르고 난 뒤 예비 자기소개서를 작성해 보는 과정 속에 저에 대한 끊임없는 분석을 통해 가장 적절한 컨셉에 근접해 나아갔고 이러한 연습은 본격적인 자기소개서 작성 시간 절약과 더불어 각 항목마다 일관되게 제 강점을 부각시키는 데에 큰 도움이 되었습니다. 따라서 지원하고자 하는 학교가 아직 정해지지 않은 단계라 할지라도 가장 기본이 된다고 여겨지거나 다양한 항목에 관한 작성을 요하는 양식에 따라 자기소개서를 가능한 일찍 시간적 여유를 갖고 작성해 볼 것을 권합니다. 제 경험에 비추어 보았을 때, 일정한 양식에 맞추어 자기소개서를 미리 작성해보는 연습 과정 속에 가장 효과적인 컨셉을 정할 수 있었던 것만으로도 최종 학교의 자기소개서 작성 시 저만의 특화된 강점을 확실히 부각시키는 데 많은 도움이 되었고 자기소개서 작성에서 오는 압박감이나 심적 부담감 역시 크게 줄일 수 있었습니다.

첨 삭　자기소개서 첨삭 단계에서는 전문 컨설턴트와 더불어 저를 가장 잘 아는 친구들, 직장상사, 부모님의 도움을 받았습니다. 전문 컨설턴트로부터 모범적인 자기소개서 샘플들을 얻어 참고하며 효과적인 자기소개서 작성 방법에 대한 조언을 구하였고 지인들에게는 자기소개서에 저만의 개성이 분명하게 드러나는지의 여부에 관한 조언을 구했습니다. 20회 이상의 수정 작업을 거친 뒤에야 비로소 제가 지닌 강점과 로스쿨에 가고자하는 동기가 잘 드러나는 자기소개서로 완성할 수 있었습니다. 재차 강조하지만 자기소개서를 수정하는 매 번 더욱 효과적으로 자신을 표현하는 내용이나 방법을 찾기 위해 끊임없이 생각하고 또 생각하는 과정은 큰 인내를 요하는 매우 고통스럽습니다. 저는 이러한 고통으로 인해 마음이 나약해질 때마다 로스쿨 입학의 기회는 1년에 딱 한 번밖에 없다는 점과 제가 처음 로스쿨입학을 결심하게 된 동기에 대해, 그리고 3년 뒤 변호사로 활동하고 있는 제 모습을 떠올리며 군건한 의지를 새로이 다진 뒤 자기소개서 수정작업에 임하였습니다. 여러분도 지금 내가 로스쿨에 가고자하는 이유가 무엇인지 지속적으로 떠올리며 목표한 바는 반드시 이루어내고야 말겠다는 결연한 의지로 자기소개서 작성의 산을 넘으시기 바랍니다.

● **면 접** ●······ 로스쿨 면접이 다양한 주제에 대해 집단토론이나 교수님들과의 대담형식으로 이루어짐을 고려했을 때 '스터디'와 '토론메이트'를 통한 면접준비가 성공적인 로스쿨 입시전략의 주축을 이루었다고 생각합니다. 더불어 예비 법조인으로서 제가 갖고 있는 강점들을 심혈을 기울여 압축시킨 자기소개서의 내용을 완벽하게 숙지하고자 노력하고 제 자신을 소개하는 연습을 끊임없이 반복했던 것도 로스쿨 면접에서 좋은 성적을 거두는 데 중요한 역할을 해 주었습니다.

스터디 9월과 10월 초에는 법과 사회, 철학 등 다양한 지식전반에 대해 각자가 맡은 영역과 이슈에 대해 발표하는 형식으로 스터디를 진행하며 기본소양을 풍부하게 다지는 시간으로 활용 하였습니다. 10월은 모의면접을 중점적으로 진행하여 자신의 생각을 논리적으로 전개하는 연습에 주력하였습니다. 일주일에 두 번 스터디원들과 함께 모여 특정 주제에 대해 돌아가며 발표하는 시간을 가졌습니다. 로스쿨 면접 기출문제가 정리된 자료를 구하여 인성, 사회, 정치, 헌법적 가치관련 쟁점, 법적 딜레마상황 등 세부 영역별로 중요하다고 생각되는 문제를 선정하여 각자 집에서 서면 답안을 작성하고 스터디 시간에는 모의면접 상황 속에 발표하는 연습을 반복하였습니다. 1차 합격자가 발표된 뒤 최종 면접을 앞둔 11월에는 매 스터디 모임마다 무작위로 선택한 다양한 문제에 대해 3분 스피치를 릴레이로진행하며 실전 면접감각과 임기응변 능력을 극대화하고자 하였습니다. 모의면접 후 스터디원으로부터 답변 내용뿐만 아니라 속도, 어투, 자세에 대한 피드백을 받았던 것이 면접에 대한 전반적인 감각을 향상시키는 데 많은 도움을 주었다고 생각합니다.

토론메이트 스터디를 통한 모의면접 진행과 더불어 마음이 맞는 친구를 '토론메이트'로 정하여 둘 만의 열띤 토론의 시간을 정기적으로 갖는 방법 역시 추천하고 싶습니다.

저는 로스쿨 2기 선배의 권유로 LEET 시험을 마친 뒤 매주 일요일 저녁마다 '토론메이트'와 북카페에서 만나 낙태문제, 간통죄처벌, 사형집행처럼 찬반입장이 팽팽하게 맞서는 주제들에 대해 부담 없이 대화식 토론을 나누는 시간을 가졌습니다. 스터디는 다수의 스터디원들과의 긴장된 분위기 속에서 토론을 진행하며 명료한 논증 형식을 갖추어 말하는 연습을 할 수 있는 장점을 지니고 있습니다. 이에 반해 '토론메이트'는 편안한 분위기 속에 상대방과 여유롭게 대화를 나누며 자신의 생각을 차분히 정리해 보는 시간을 가짐으로써 사회를 바라보는 자신의 관점을 정리할 수 있기에 면접준비에 효과적이라고 생각합니다. 돌이켜 보면 실전면접에서 익숙하지 않은 주제에 대한 질문을 받았을 때에도 당황하지 않고 제 입장에 부합하는 답변을 제시할 수 있었던 데에는 '토론메이트'와의 대화를 통해 사회를 바라보는 저만의 관점을 정립해 온 시간들이 큰 도움이 되었다고 생각합니다.

자기 PR 면접 직전까지 자기소개서를 반복해서 읽으며 내용을 숙지하였고 자기소개, 로스 지원동기, 그리고 면접 마무리 멘트를 2분, 3분, 5분 스피치로 반복적으로 연습하였습니다. 제 강점을 정확히 파악하고 전달하고자 기울인 이와 같은 노력이 3개월 간 꾸준히 진행해 온 스터디를 통해 축적된 정치, 경제, 사회, 문화 전반에 대한 기본 지식 및 논증능력과 함께 어우러지며 자신감을 갖고 면접에 임하는 데 있어 중요한 기반이 되어준 결과 가군과 나군 면접 모두 만족스럽게 마칠 수 있었습니다.

3 로스쿨 입시를 마치며 – 가장 중요한 것은 '포기하지 않는 자세'

로스쿨 입시의 과정을 돌이켜보면 어느 하나의 요소도 소홀히 할 수 없음을 알 수 있었습니다. 하지만 반대로 생각하면 자신이 어느 한가지의 요소가 뒤처지더라도 다른 부분에서 충분히 만회가 가능함도 알 수 있었습니다. 따라서 자신이 법조인의 길을 가고자 확고한 의지와 목표가 세워져있다면 꾸준히 준비하고 나온 결과에 따라 입시전략을 설정하고 입시에 임한다면 누구나 성공할 수 있으리라 생각합니다. 또한 더욱 중요한 것은 로스쿨 입시는 몇 달 아니 몇 년에 걸쳐서 형성된 결과물을 놓고 평가받는 자리이기 때문에 절대적으로 필요한 것은 인내를 가지고 그때그때 최선을 다하되 끝까지 포기하지 않는 것입니다. 저 또한 입시의 과정 속에서 저에게 주어진 상황이나 제가 받아낸 정량적 요소로 인하여 실망하거나 불안해 한 때도 많이 있었습니다. 하지만 희망의 끈을 놓지 않고 끝까지 성심껏 로스쿨입시를 마친 결과 합격할 수 있었습니다. 그러므로 현재 상황이나 결과에 대하여 일희일비 할 필요 없이 언제나 주어진 것으로 최선을 다해서 끝까지 포기하지 않고 로스쿨 입시를 성실하게 마치시기를 권합니다. 마지막으로 제가 좋아하는 명언을 남기면서 이글을 마치도록 하겠습니다. 부디 저의 미약한 글이 로스쿨을 준비하시는 분들에게 많은 도움이 되기를 바랍니다.

Never, Never, Never, Never Give Up. – 윈스턴 처칠

38

여름으로 가는 문을 발견하다

김 서 군

· 대전 만년고등학교 졸업
· 충남대학교 법학과 졸업
· 전북대학교 법학전문대학원 제1기
· 제1회 변호사시험 합격
· 현) 변호사 김서군 법률사무소

1 들어가며

　악몽과도 같았던 기말고사가 끝나고 로스쿨에서의 한 학기도 지나갔습니다. 교수님의 질의에 답할 준비를 하면서 하루하루를 숨이 막히는 긴장감속에서 생활하던 저에게 여름방학은 너무나 달콤한 휴식이자 선물입니다. 요즘 무더위에 지쳐 점점 나태해지는 제 자신을 보면서 더는 안 되겠다는 생각이 들고 있습니다. 2008년 여름으로 돌아가 봅니다. 길지 않았던 지금까지의 제 삶속에서 그때만큼 무엇인가를 강렬히 열망하면서 치열하게 살았던 적은 없었습니다. 그 때의 마음가짐을 되새기며 다시 자신과의 싸움에 매진하려 합니다.

　얼마 전 지인을 통하여 합격수기를 써볼 것을 제의 받았을 때 "과연 내가 이런 글을 써도 될까!" 라는 생각이 들었습니다. 지금 같이 공부하는 학우들을 비롯하여 합격수기를 쓰신 분들과 비교해보면 제가 합격했다는 사실에 스스로도 의문을 품을 정도이기 때문입니다. 하지만 그때의 기억을 되살리면서 게을러지는 스스로를 채찍질하고, 작년의 저와 유사한 상황에 있으신 분들에게 조금이나마 도움이 되고자 부족하지만 저의 경험을 말씀드리고자 합니다.

2 LEET응시원서를 마지막 날 접수하기까지

졸업을 앞둔 대학교 4학년, 전 미래에 정복당할 처지에 있었습니다. 준비하는 자는 미래를 정복한다고 하였지만 전 그렇지 못하였습니다. 언젠가는 사법시험에 매진하여 꿈을 이루겠다는 막막한 이상만 가진 채 구체적으로는 아무것도 노력한 것이 없었습니다. 현실을 감안하여 취업전선에 뛰어들려고 하여도 낮은 영어점수와 그 흔한 봉사활동경력조차 없는 저에게 있어서 취업이란 너무나 먼 얘기였습니다. 뒤늦은 후회에 끊임없이 스스로를 학대하였지만 해결책은 보이지 않았습니다. 그래서 냉정하게 생각하기로 하였습니다. "지금 내가 가지고 있는 것으로는 취업은 힘들다. 그렇다고 구체적인 목표가 있는 것도 아니다. 그렇다면 대학원에 진학하여 평소에 관심 깊었던 분야를 좀 더 심도 있게 공부해보고, 바른 생활습관을 유지하자." 그리하여 전 같은 대학의 대학원에서 상법을 택하여 대학원에 진학하였습니다.

대학원 진학과 동시에 학부사무실에서 연구조교로 재직하게 되었습니다. 이것은 제가 스스로 희망해서 하게 된 것인데, 그때의 제 생활은 완전히 고삐 풀린 망아지와도 같았기에 정해진 시간에 출퇴근을 하게 하여 게으른 생활습관을 바로 잡고, 또한 적은 돈이나마 스스로의 힘으로 벌어 부모님으로부터 독립하고자 했기 때문입니다. 그러나 하는 일은 적고 공부할 수 있는 개인시간은 충분할 것이라는 저의 안일한 생각은 얼마 지나지 않아 그릇된 것으로 판명되었습니다. 워낙 대학원생이 적었고 그 중에서도 풀타임 대학원생 중 남학생은 저 혼자였기 때문입니다. 정식직장생활에 비견할 만한 것은 아니었지만, 자리에 앉아 있는 시간보다는 이런 저런 심부름으로 뛰어다니는 시간이 더 많았습니다. 또한 대학 4년 내내 소극적으로 대학생활에 임했던 저에게 있어서 교수님들과 계속 대면하게 되고 선후배들과의 인간관계가 중요한 대학원생활은 하나의 도전이었습니다.

정신없었던 대학원에서 한 달이 지나가고 봄기운이 충만한 4월이 되었습니다. 전 하루하루 쳇바퀴처럼 돌아가는 일상에 익숙해져 있었고, 요령만 늘어 어떻게 하면 오늘을 더 편안하게 보낼 수 있을지만 생각하곤 했습니다. 정말 원하는 것이 무엇인지에 대하여 진지하게 성찰하여할 시간이라고 생각은 하였지만, 반복되는 일상이 주는 안락함에 파묻혀서 생각하면 두렵기만 한 내일의 진로에 대한 고민은 계속 뒤로 미루었습니다. 당시 학부사무실에는 3명의 근로학생이 있었습니다. 그 중 2명의 여학생은 2학년에 재학 중 이었는데, 그들에게 이것저것을 시켜야 하는 제 위치에서 그 학생들과는 많은 트러블이 생길 수밖에 없었습니다. 특히 대학교시절에 제대로 단체생활을 해본적이 없었기에 저는 후배들을 대하는 것이 서툴렀고 많은 문제들에 있어서 유연하게 대처할 수 없었습니다. 4월의 어느 나른한 오후였을 것입니다. 멍한 생각으로 앉아 있는데 그 학생들이 진로에 대하여 진지하게 얘기하는 것을 들었습니다. 그들은 주 단위로 세세하게 구분하여 자신의 꿈을 이루기 위하여 엄밀하게 생활계획을 짜고 있었습니다. 그때의 제 심정은 아직도 잊어버릴 수가 없습니다. 인간 대 인간으로서 전 너무나 부끄러웠습니다. 저의 대학교시절은 안개와 같았습니다. 아무런 뚜렷한 목표도 없이 그저 즐거운 술자리와 순간순간의 쾌락만 추구하며 살았습니다. 이런 제가 그들에게 선배로써 이런저런 일을 시킬 수가 있는 것인지가 부끄러웠습니다. 선배로써 자신감 있게 다가갔더라면 그 학생들도 자연스럽게 저의 말을 들었을 것입니다.

법학을 전공하게 된 계기는 여러가지가 있겠지만 구체적으로는 친한 친구의 집안이 법률분쟁에 휘말려 고통을 겪는 것을 보고 충격을 받았기 때문입니다. 사람과 사람이 모이면 갈등이 일어나게 되고 그에 대한 해결은 원시사회에서는 힘의 논리에 의한 것이었습니다. 하지만 사회가 발전되어 공동체가 지속성을 유지하게 되자 더 합리적이고 공정한 해결기준으로 된 것이 법제도입니다. 오늘날 법을 모르고서는 자신의 권리를 향유할 수 없습니다. 그러나 고도화된 사회에 적용하기 위하여 발달한 촘촘한 거미줄처럼 복잡하고 방대한 현대의 법제도를 일반사회구성원들이 완벽히 숙지하기란 불가능한 일입니다. 어렸을 때부터 이익갈등의 해결에 관심 많았던 저는 그러한 갈등을 정의와 공평의 관점에서 합리적으로 해결을 모색하는 법이란 것에 관심을 가지게 되었고, 위에서 언급한 것 같은 몇몇 계기로 법과대학에 진학하게 된 것이었습니다. 그러나 이상과 현실은 많은 괴리가 있었습니다. 난해한 법률용어와 너무나 논리적인 법률이론들에 저는 잘 적응할 수가 없었습니다. 스스로 법학에 적성이 없다고 자괴하기 시작했습니다. 하지만 현실의 어려움에 불구하고 제 마음 깊숙한 곳에서는 그러한 열정은 계속 유지되었던 것 같습니다. 지도교수님과의 면담에서 로스쿨에 대한 정보를 접할 수 있었습니다. 그날 떨리는 마음으로 각종 인터넷 사이트를 오가며 법학전문대학원제도란 무엇인지에 대하여 알아보았습니다. 그리고 법학전문대학원진학이야말로 오랫동안 제 깊은 곳에서 꺼지지 않았던 열망을 실현할 수 있는 것이라고 결론을 내렸습니다.

법학적성 시험일인 8월 24일 까지는 약 4개월의 시간이 주어졌습니다. 너무 늦었다는 다급한 마음이 들었습니다. LEET원서접수일이 다가오자 이런 초조함은 커져만 갔고 급기야는 포기할까라는 마음도 들기 시작했습니다. 그래서 원서접수 마지막 날까지 마음을 정하지 못하고 있었습니다. 주변의 다른 분들의 얘기를 들어보면 1년간 준비했지만 부족한 것 같다는 등의 저를 불안하게 만드는 얘기뿐이었습니다. 그동안 2개월 동안 나름대로 열심히 노력했지만 현실적인 면에서 볼 때, 괜히 원서접수비만 날리는 것은 아닌지 했습니다. 그때 그러한 생각이 들었습니다. "난 이제까지 기회라는 것이 왔을 때 그것이 불완전한 것이라 하여 시도조차 하지 않았고, 고난과 역경이 있을 때마다 남보다 불리한 위치에서 시작한다 하여 도전하는 것조차 포기하지 않았는가? 이제 이런 기회는 다시 오지 않는다. 더 이상 두렵다고 도망갈 수는 없다." 그래서 원서접수 마지막 날, 원서접수종료가 약 40분남은 시점에서 도전장을 내밀게 되었습니다.

나
의
꿈
나
의
길

3 LEET(법학적성시험)준비

● **방향잡기** ● ····· 로스쿨진학을 결심하였을 때에 저에게 주어진 시간은 약 4개월 정도였습니다. 결코 많은 시간은 아니었습니다. 따라서 우선순위를 명확하게 구분하여 시간을 차등적으로 배분하기로 하였습니다. 학원수강이나 스터디는 배제하기로 하였습니다. 연구조교로 학부사무실에서 근무하였기 때문에 학원 강의를 듣게 되면 혼자 공부할 수 있는 시간을 확보하기 어렵고, 지방이라는 지리적 여건 때문에 당시 LEET준비학원도 1~2곳이 있었을 뿐이어서 가까운 거리에서 다닐 수 있는 곳도 없었기 때문입니다. 스터디의 경우도 이미 대부분의 스터디들은 이미 인원이 다 확보되어 충원을 하지 않는 상황이었고, 새로 조직을 하려고 하여도 역시 지방이라는 점 때문에 LEET응시생들 자체가 적어 인원모집이 어려웠습니다. 대신에 혼자 공부하는 단점을 보완하기 위하여 인터넷상의 로스쿨진학관련 커뮤니티에 가입하여 꾸준히 올라오는 정보를 모니터링 하였고, 타 지역에서 로스쿨진학을 준비하는 지인들과 계속적인 연락을 주고받으면서 같은 목표를 위하여 노력하는 사람들끼리의 유대감을 지속하였습니다.

예비시험문제를 풀어보고 나니 앞으로의 공부방법에 대한 대략적인 청사진을 그릴 수 있었습니다. 먼저 언어이해의 경우에는 대입수학능력시험과 유사한 면이 많으므로 많은 시간을 투자하기 보다는 하루하루 문제를 풀면서 감을 유지하기로 하였습니다. 솔직히 말씀드리자면 워낙 평소에 양서는 아닐지라도 꾸준히 책을 읽는 취미가 있었기에 상대적으로 추리논증에 더 많은 시간을 투자하기로 한 것이었습니다. 추리논증의 경우에는 예비시험문제를 풀고 정말 막막했습니다. 정답수보다 오답수가 많았기 때문입니다. 언어이해와는 다르게 추리논증의 경우에는 기초적인 논리학에 대한 소양이 없으면 풀 수 없는 문제가 많았고, 특히 수리추리의 경우에는 유형별로 해답을 구하는 방법을 숙지하지 못할 경우에는 손도 대지 못하는 문제들이 많았습니다. 그래서 상대적으로 언어이해보다는 훨씬 더 많은 시간을 배분하기로 결정하였습니다. 논술의 경우는 정말 막막하였습니다. 대입시에도 논술공부를 접해본 적이 없었고, 또한 법학도로서 4년간 공부하였지만 케이스나 법률쟁점에 관한 답안적성과는 완전히 다른 글쓰기였기 때문입니다. 그렇다고 서울로 올라가서 비싼 논술첨삭강의를 수강하기에는 현실적인 어려움이 많아 그러한 방안은 생각하기 어려웠습니다. 아쉬운 대로 인문대 대학원에 재학 중이신 친한 선배님께 지도를 부탁하기로 하였습니다.

● **언어이해** ●····· 처음 공부를 시작할 당시에는 수많은 책들이 제 앞에 있었습니다. 학교사무실에서 일하는 지라 각종 출판사에서 협찬 형식으로 LEET교재를 배포하였기 때문입니다. 그러나 그러한 책들은 예비시험이 실시되기도 전에 편집된 것들로써 실상 속내를 보면 LEET시험이 추구하는 평가목표와 완전히 동떨어진 내용이 많았습니다. 또한 갑작스럽게 일어난 로스쿨 붐에 맞추기 위해서 제대로 교정조차 하지 않고 출판하였기에 오자와 오답도 무수히 많았습니다. 교재를 선택하는 것이 너무나 힘들었기에 결국 서울에서 1년 동안 공부하고 계시는 선배님께 조언을 구했습니다. 그분의 조언은 지금 시점에서 언어이해에 대한 기본서로서 양질의 교재는 없고, 차라리 MEET/DEET 기출문제를 위주로 공부하라는 것이었습니다. 그래서 일단 로스쿨진학관련 인터넷 커뮤니티인 서로연과 로사모 등에서 각종 기출문제를 프린트해서 풀어보았습니다. 시험을 2달 앞둔 시점에서는 비교적 공인된 모의고사문제집을 딱 2권만 선정하여 처음 1~3회 정도는 시간제한 없이 최대한 오답수를 줄이려 노력하면서 풀어보았고, 4회부터는 초시계로 시간을 엄격하게 체크하여 실제시험을 치루는 상황에 익숙해지려고 노력했습니다.

법학적성시험의 언어이해 영역은 어휘·어법 능력을 평가하는 단독형 문항과 다양하고 길고 긴 지문에서 독해능력을 평가하는 문항으로 구성되어 있습니다. 이 중 어휘·어법분야는 일정시간이상을 투자하여 공부하지 않으면 정답을 찾을 수 없는 분야라고 생각했습니다. 즉 일정한 분량의 암기가 필요한 것입니다. 당시 시중에서 구할 수 있는 LEET기본서나 문제집에서는 이 부분에 대한 내용이 많이 취약했습니다. 그래서 이 부분은 따로 시간을 할애하여 공무원수험서를 통하여 정리하였습니다. 보통 3~4문제 정도 출제되는 이 영역을 정복하기 위해서 몇 백 페이지나 되는 분량을 공부한다는 것이 미련할 것일 수도 있겠으나, 보통의 지식위주의 시험과는 다른 LEET에서 그래도 이 부분은 본인이 들인 노력과 시간에 비례해서 정답을 찾을 수 있는 부분이기 때문에 고득점을 위해서는 반드시 정복하여야 한다고 생각합니다.

언어이해 영역에서 좋은 점수를 획득하기 위해서 가장 기본적으로 전제되어야 하는 것은 빠른 독해능력이라고 생각합니다. 저 같은 경우에는 워낙 각종의 글을 읽는 것을 좋아했던 지라 LEET공부를 하면서도 큰 부담을 갖지 않을 수 있었습니다. 40문항이나 되는 문제를 90분 안에 해결할 수 있으려면 기본적으로 긴 지문을 빠르고 그리고 정확하게 읽는 것이 중요합니다. 실제 시험에서 저는 속독하는 것처럼 빠르게 한번 읽어서 한 지문 당 2~3문제는 대략적인 답을 찾아내었고, 세세한 정보가 요구되는 문제나 깊이 있는 사고가 필요한 문제의 경우에는 다시 지문을 세세하고 꼼꼼하게 읽으면서 답을 찾아낼 수 있었습니다. 따라서 LEET시험일이 얼마 남지 않은 현 시점에서 양서를 처음부터 끝까지 읽을 수는 없겠지만 LEET지문 정도의 길이의 글을 여러 주제에 관하여 다양하게 접해보는 것은 큰 도움이 될 것이라고 생각합니다.

정리하자면, 물론 1년 전의 상황과는 다른 현시점에서는 좋은 교재들이 많이 있을 것이라고 추정됩니다. 그러나 너무 여러 가지 책을 일정한 기준도 없이 보다 보면, 오히려 중요한 것이 무엇인지 제대로 파악하지 못하고 방황할 수도 있을 것입니다. 따라서 주어진 시간 안에 소화할 수 있는 양을 고려하여 본인한테 가장 잘 맞는 교재를 선택하여 학습하고, 한번 보았다고 다른 책을 보기보다는 반복해서 보는 것이 더 효율적일 것입니다. 또한 언어이해 영역 중에서 그나마 일정한 지식을 요구하는 분야는 아까 설명한 어휘·어법 분야입니다. 이 영역은 문제풀이만으로는 부족하므로 다른 부분과는 다르게 계속적인 학습으로 숙지하여야 좋은 점수를 얻을 수 있습니다. 마지막으로 반드시 시간에 맞추어 문제를 푸는 연습을 해보아야 합니다. 단순히 90분 안에 40문제를 맞추어 풀려는 것만으로는 부족하고 문제유형을 철저하게 분석하여 각 문제당 어느 정도의 시간을 배분할 것인지 결정하고 분 단위로 세세하게 시간을 배분할 것을 추천합니다.

● **추리논증** ●····· 충실하지 않았지만 그래도 4년 동안 법학을 공부하였기에 추리논증 영역 중 논증영역은 공부하면서 재미있기도 하였고 또한 노력에 비례해서 성과가 있었습니다. 그러나 수학적 사고능력이 원래부터 부족한 저에게 있어서 추리, 그 중에서도 수리추리 부분은 외국어를 접하는 것과 같았습니다. 추리논증 영역은 언어이해 영역과 다르게 기본서를 통한 심도 있는 공부가 필요하다고 판단하였습니다. 특히 기초적인 논리학지식이 있느냐 없느냐에 따라서 차이가 큰 것 같았습니다. 먼저 역시 아는 분의 추천으로 조호현 선생님의 '2008통합LEET추리논증'을 기본교재로 선택하였습니다. 논증 부분에 대하여 꼼꼼하게 읽고 나자 전에는 손도 대지 못했던 문제들을 해결할 수 있었습니다. 그러나 역시 LEET문제집만으로는 부족함을 느껴서 시중에 나와 있는 논리학관련서적을 읽으면서 잘 이해가 되지 않는 부분을 보충하였습니다. 그리고 조교선생님의 허락을 구하여 시간이 되는 대로 인문대에서 설강된 논리학강의를 담당교수님께 말씀드리고 청강하게 되었는데, 혼자서 책을 봐서 이해가 되지 않는 부분을 교수님의 강의를 들으니 너무나 쉽게 이해가 되어 많은 도움이 되었습니다.

수리추리의 경우에는 아무리 책을 봐도 잘 이해가 되지 않았습니다. 학원강의를 듣지 않는 저에게 이 부분은 가장 큰 취약점이었습니다. 시험일이 얼마남지 않았고 시간을 많이 들인다고 하여 이해할 수 있는 분야라고 판단되지 않아서, 그냥 많은 문제를 풀면서 문제유형별로 풀이방법을 숙지하기로 하였습니다. 시험을 2개월 앞두고는 역시 2개의 문제집만을 선택하여 반복하여 풀어보면서 문제유형별로 최단시간 안에 정답을 찾을 수 있는 방법을 암기하였습니다. 추리논증의 경우에는 부분별로 실력의 편차가 커서 순차적으로 처음부터 끝까지 문제를 보는 것이 아니라 자신 있는 부분을 먼저 푸는 방식으로 하였습니다. 먼저 논증영역은 최대한 정답수를 확보하기 위하여 자세하고 신중하게 풀었으며, 그 다음으로는 수리추리가 아닌 추리부분을 그리고 마지막으로 수리추리를 푸는데, 역시 풀이방법이 생각나지 않는 문제는 과감히 건너뛰고 마지막에 남는 시간을 이용해 어느 정도는 직관과 감각에 의지해 정답일 것 같은 보기를 골랐습니다.

● **논 술** ● ⋯⋯ 언어이해와 추리논증을 중점으로 한다고 하면 논술에 대비할 수 있는 시간은 얼마 되지 않았습니다. 그러나 논술점수에 따라 당락을 결정한다고 공시하는 법학전문대학원도 있었기에 결코 소홀히 할 수는 없었습니다. 글을 써본 경험이 전무 하고 논술첨삭강의도 받을 수 없었기에 어떻게 준비해야 할지에 대해서 많은 고민이 되었습니다. 일단은 로스쿨진학 관련커뮤니티에 올라온 예시문제의 답안을 혼자서 작성해보고 실력이 출중하신 대학원 재학 중인 선배님께 밥을 사드리면서 조언을 구했습니다. 여러 가지 제약 때문에 실제로 그분과의 만남은 5번 정도였으나 글의 문제점에 대한 지적이 절실했던 저에게는 가뭄의 단비와 같았습니다. 그러나 이 정도만으로 초조하고 불안함 마음을 걷어낼 수는 없었습니다. 하지만 당장은 언어이해와 추리논증이 우선순위가 되었기 때문에 많은 준비를 하기는 어려웠습니다. 그래서 불안한 마음이나마 해소하고자 공부하지 않는 휴식시간에는 소논문이나 신문의 사설 등을 읽기로 방침을 정했습니다. 실제 시험에서 제가 읽었던 주제와 관련된 지문이 나온 것은 아니었지만 글을 작성할 때에 제가 접했던 논문이나 사설의 논지전개 방식이나 문장을 구성하는 방식 등을 활용할 수 있었습니다.

4 2008년 8월 24일

저는 익숙한 모교인 충남대학교에서 법학적성시험을 치렀습니다. 집에서 시험장까지는 이동하는데 10분 정도만 걸리고, 익숙한 환경이므로 안정감이 있다는 측면에서는 다른 분들보다는 유리한 상황이었습니다. 그러나 컨디션 조절이 중요하다는 압박감에 오히려 밤을 지새우고 말았습니다. 시험

시작시간보다 3시간이나 일찍 시험장으로 향하는 저의 발걸음은 결코 가볍지 않았습니다. 하지만 아직 아무도 오지 않은 시험장에 조용히 앉아서 익숙한 문제집을 꺼내놓으니 의외로 마음이 고요하게 가라앉았습니다. 길지는 않았지만 4개월 동안 친구들과의 만남도 거절한 채 공부에 매진했던 시간들 그리고 법학전문대학원에 입학하여 꿈을 이루기 위하여 열심히 공부하는 미래의 모습들...... 이러한 생각들을 하면서 각오를 다졌습니다.

역시 연습과 실전은 같지 않았습니다. 가상상황을 설정하고 수많은 연습을 하였는데도 막상 시험에서 예상하지 못한 문제가 나오자 당황하기도 하였습니다. 언어이해의 경우에는 평소에는 어렵게 느껴지지 않았던 객관적 사실을 정확하게 파악하는 문제에서 지문자체가 평소에 접하지 않았던 맞춤영상정보 서비스(VOD)에 관한 것이어서 용어자체가 난해하였습니다. 그래도 냉정을 유지하고 다시 지문을 세세하게 읽어나가자 점점 답들을 찾을 수 있었습니다. 추리논증의 경우에는 평소 문제집에서 접하지 못했던 유형의 문제들이 다수 출제되어 눈앞이 캄캄하였습니다. 그래도 논증의 경우에는 평소 연습했던 방식으로 차분하게 문제를 풀 수 있었습니다. 다만 수리추리나 논리게임의 문항 중 몇 개는 손도 대지 못할 정도여서 과감히 포기하고 다른 문제들을 먼저 풀은 후, 직관과 경험을 토대로 최대한 바른 답을 택하려 노력하였습니다. 컨디션 조절이 중요하다는 것을 실감한 시간은 논술시간이었습니다. 추리논증 시간까지는 그래도 명쾌한 상태를 유지할 수 있었지만, 앞의 시간을 통하여 누적된 피로 때문에 잠을 자지 못한 저는 명쾌한 머리를 유지할 수가 없었습니다. 그래도 다행인 것은 평소에 어느 정도 익숙한 주제에 대하여 논술문제가 출제되어 부족하지만 요구되는 분량은 채울 수 있었습니다.

5 학교선택과 공인영어점수

● **학교선택** ●····· 2009법학전문대학원 입학은 이제까지 선례가 없는 첫 회였기 때문에 어떠한 정보도 확실하다고 단언할 수 없는 혼돈 그 자체였습

니다. 각 법학전문대학원별로도 LEET점수와 학점 그리고 공인영어성적 반영비율이 천양지차여서 저처럼 학점과 공인영어성적이 보통보다 극히 낮은 경우에는 어떠한 법학전문대학원에 지원하느냐가 합격을 결정하는 중요한 관건이었습니다. 저 같은 경우에는 상대적으로 LEET점수가 다른 평가요소보다 높았기에 LEET반영비율이 가장 높은 학교를 택하였습니다. 이러한 기준과 지리적 환경과 발전가능성 그리고 특성화를 고려하여 가군은 모교인 충남대학교 법학전문대학원을 나군은 전북대학교 법학전문대학원을 선택하였습니다.

● 공인영어성적 ● ····· 법학전문대학원별로 입학전형에 차이가 있지만 합격여부를 결정하는 가장 큰 기준은 LEET성적점수이고 그 다음이 공인영어성적점수라고 생각합니다. 실제로 모 법학전문대학원의 평가반영비율을 보면 2000등 이상 차이나는 LEET성적점수의 격차도 토익 50~80점으로 뒤집을 수 있었습니다. 저 같은 경우는 본격적으로 로스쿨진학을 결심한 시점에서 LEET준비에 치중할 수밖에 없어 공인영어 성적점수를 많이 향상시킬 수 없었습니다. 2010년 법학전문대학원 입학전형에서는 대부분의 응시생들이 공인영어 성적점수는 입학전형에서 만점을 받을 정도로 이미 준비했을 것이라 판단됩니다. 따라서 단순히 원서접수 가능점수 이상을 확보했다고 안심하는 것은 절대 금물이라고 할 것입니다. 만일 충분한 점수를 확보하지 못했다면 최대한 각 법학전문대학원별로 전형을 꼼꼼하게 검토하여 공인영어 성적반영비율이 낮은 법학전문대학원을 선택하여야 할 것이고, 또한 작년의 경험에 비추어 볼 때 외부로 공시된 평가비율과 실질반영 비율은 큰 차이가 있다는 점을 염두에 두시고 최신의 정보를 토대로 신중하게 판단하시기 바랍니다.

6 자개소개서작성 및 면접준비

● **자기소개서의 작성**●····· 학점과 공인영어 성적점수가 남들과 비교해서 많이 낮고 봉사활동경험 또는 기타 내세울만한 사회경력이 전무한 저에게 있어서 자기소개서의 작성은 큰 고민이었습니다. 그래서 장점이나 능력등을 과도하게 부각시키기 보다는 솔직하게 법학전문대학원을 지원하게 된 동기와 진학하게 되면 어떻게 학습할 것인지에 대해서 짜임새있게 작성하는 것을 목표로 하였습니다. 특히 어떠한 이유로 학교를 택한 것인지에 대하여는 되도록 그 학교에 대해서 많은 것을 알아보고 신중하게 결정한 것이라는 인상을 주도록 노력하였습니다. 너무 솔직하게 자신의 단점을 나열하는 것은 마이너스 요인이 될 수도 있겠으나 그러한 단점을 파악하고 있고, 단점을 극복하기 위한 미래의 계획 등을 설득력 있게 제시한다면 오히려 좋은 인상을 줄 수 있을 것이라고 생각합니다.

● **면접준비** ●····· 합격수기를 작성하는 이 시점에서 "왜 내가 합격한 것일까?" 라는 물음에 대한 답으로는 정말 좋은 분들과 면접스터디를 통하여 면접을 성공적으로 준비하였다는 것을 들 수 있을 것입니다. 지금 생각해봐도 그러한 분들을 만나서 많은 도움을 받을 수 있었다는 것이 제 삶속에서 최고의 행운이었던 것 같습니다. LEET를 보고 일주일 정도 후에 평소 알던 후배로부터 스터디 참여제의를 받았습니다. 이미 많은 인원이 확보되어 있었고 저는 거의 마지막으로 합류하게 되었습니다. 면접스터디는 2~3시간씩 일주일에 3번 정도 하게 되었습니다. 정말 좋은 점은 제가 학교사무실에서 근무했던지라 강의가 없는 강의실을 스터디장소로 활용할 수 있다는 점이었습니다. 실제면접과 비슷한 분위기를 연출할 수 있다는 점에서는 강의실은 최상의 장소였습니다. 강의실의 책상을 실제면접을 보는 것처럼 배치하여 모의면접을 거의 2달간 꾸준히 함으로써 전 실제면접에 있어서도 당황하지 않고 편안한 마음으로 차분히 질문에 답변할 수 있었습니다.

면접스터디 중 1시간은 한 명씩 준비해온 주제에 대하여 각각 찬성과 반대의 입장에서 자유토론을 하는 것이었습니다. 이 결과 면접일에 근접하였을 때는 거의 모든 중요한 시사적인 주제에 대하여 찬성과 반대의 논거를 정리할 수 있었습니다. 자유토론 후 나머지시간은 1명은 면접자가 되고 나머지 스터디원들은 면접관이 되어 가상 면접을 실시하였습니다. 면접관과 면접자의 거리와 책상배치 등을 최대한 실제 면접의 상황과 같게 하려 하였고 면접자가 호명을 받고 면접실에 들어와 자리에 앉기까지 등의 모든 세세한 상황까지 실제면접을 치루는 것같이 하였습니다. 약 20분간 진행된 면접이 끝나면 각자 기록한 지적사항을 면접자에게 알려주어 교정을 하도록 하였습니다. 면접일 3일전의 마지막 스터디에서는 실제 복장까지 갖추고 모의면접을 진행하여 인사예절과 복장 등에도 실수가 없도록 만전을 가하였습니다.

여러 사람들 앞에서 애기하는 것을 두려워하는 일종의 무대공포증을 갖고 있는 저에게 면접스터디는 극복하여야 할 도전과제이자 합격을 위해서는 반드시 필요한 과정이었다고 생각합니다. 내성적인 성격과 단체생활을 해본 경험이 전무한 저에게 있어 남들에게 어떻게 자신을 표현할 것인가를 연습하는 면접스터디는 그 동안의 제 삶의 태도를 근본부터 바꾸는 계기가 되었습니다. 또한 타인과의 교류를 통하여 고정관념과 아집에 빠져 있던 저의 사고가 전환되는 계기가 되기도 하였습니다.

7 면접

● **충남대학교 법학전문대학원 면접** ● ····· 근무하고 있는 건물의 바로 5층에서 면접이 이루어지고 면접관으로 들어오시는 교수님들 또한 예전부터 계속 보았던 분들이기에 면접 당일 날에 큰 긴장은 하지 않았습니다. 스터디를 통하여 면접을 충분히 대비했다고 생각했기에 어느 정도의 자신감도 있었습니다. 면접을 위한 대기실에 입장하여 대기하자 전국 각지에서 아침부터 먼 거리를 달려오신 응시생들이 계속 도착하였습니다. 곧 대기실은 꽉 차게 되었고 장내는 팽팽한 긴장감으로 숨조차 쉴 수 없었습니다. 다행히

도 저는 첫 번째로 면접을 보게 되어 이러한 긴장감 속에서 일찍 해방될 수 있었습니다. 충남대학교 법학전문대학원 면접은 문제가 들어있는 두 개의 봉투 중에서 면접자가 한 개를 택하여 면접에 임하기 5분전에 검토할 수 있게 하고, 그렇게 준비한 대답을 토대로 면접실에서 3분의 교수님과 이루어졌습니다. 제가 선택한 문제지에는 3개의 문제가 있었는데 첫 번째는 인성에 관한 평이한 문제였고 두 번째는 주어진 시를 읽고 시의 화자가 의도하는 바를 묻는 것이었습니다. 시사적인 주제인 마지막 문제는 일명 '최진실법'에 대한 입장을 묻는 것이었습니다. 모두 어느 정도 예상했던 문제였던지라 마음을 가라앉히고 면접실에 입장하였습니다. 첫 번째와 두 번째는 무난하게 넘어갔으나 마지막 문제에서는 실수를 하고 말았습니다. 저는 '최진실법'에 대하여 국가공권력의 표현의 자유의 억압과 형법의 보충성을 논거로 하여 반대의 의견을 피력하였는데, 그 주제에 대하여 질문을 하신 교수님께서 평소 그 문제에 관심이 많으셨는지 찬성의 입장에서 제 논거를 공격하는 날카로운 질문을 많이 하셨습니다. 순간적으로 당황하여 강한 인상을 주지 못하고 피상적인 답변만 한 채 시간이 종료되고 말았습니다. 면접을 보고 난 후 실수를 한 것이 너무 아쉽고 실망스러웠지만 자책만 하기보다는 일주일 후 있을 전북대학교 법학전문대학원 면접에서 만회하기로 결심하면서 마음을 다잡았습니다.

● 전북대학교 법학전문대학원 면접 ●····· 아침에 일찍 일어날 자신이

없어 면접전날에 전주로 이동하여 학교에서 제공한 숙소를 이용하였습니다. 충남대학교와 같이 이번에도 저는 첫 번째로 면접을 보게 되었습니다. 전북대학교 법학전문대학원 면접방식은 면접자에게 문제가 공개된 세 개의 선택지를 보여주고 그 중에서 한 개를 택하여 답변을 준비하는 방식이었습니다. 제가 선택한 문제는 "수형자에게 강제노동을 부과하는 것은 어떤 문제점이 있는가?"였습니다. 평소에 형사정책에 관심이 많았고 이 문제를 보자마자 생래학적 범죄인에 관한 글이 생각나서 다른 문제보다는 좀 자신이 있어, 이에 대한 답변을 준비하였습니다. 면접실에 입장하자 교수님들이 편안한 분위기에서 저를 맞이해 주셨습니다. 먼저 기본적인 인성에 관한 질문과 제가 작성한 자기소개서의 내용과 관련한 일반적인 질문이 있었고, 그 다음으로 제가 준비한 문제에 대한 예리한 질문이 이어졌습니다. 지금 생각해보면 그 때 제가 답변으로 제시한 논거들은 주제와는 다소 동 떨어진 것들도 있었는데, 다양한 각도에서 문제점을 고찰하는 저의 방식을 교수님께서 오히려 좋게 평가해주신 것 같았습니다. 면접실을 나오는 저의 발걸음은 가벼웠습니다. 결과가 어떻게 되든 이제는 끝났다는 마음에 대전으로 돌아가는 길은 편안했습니다.

8 맺음말

로스쿨 합격 수기

법학전문대학원에 입학했다는 것은 목표에 다가갈 수 있는 기회를 얻었다는 것뿐이지 결코 이러한 사실이 무엇을 보장해주는 것은 아닙니다. 다만 로스쿨 진학 전의 저는 아무런 구체적인 목표도 없이 방황하는 사람이었습니다. Robert Anson Heinlein의 '여름으로 가는 문'이라는 소설이 있습니다. 이 소설의 주인공은 모든 것을 잃고 아무런 기약도 없이 절망에 몸을 내던집니다. 그러나 주인공은 포기하지 않고 행복을 위한 발걸음, 즉 자신의 여름으로 가는 문을 찾으려 노력하여 드디어 그것을 발견하게 됩니다. 로스쿨 진학 전의 시기의 저는 스스로를 항상 남보다 많이 뒤떨어지는 사람이라고 합리화면서 기회가 오면 도망치기만 하였습니다. 실패에 대한 두려움 때문에 시도조차 하지 않았습니다. 그러나 로스쿨진학이라는 하나의 도전에서 저는 처음으로 끝까지 포기하지 않을 수 있었습니다. 저는 로스쿨 입학이 저의 여름으로 가는 문이라고 생각하고 결코 놓치지 않았습니다. 지금 늦었다고 생각하시는 많은 분들과 자신이 부족하다고만 여기시는 분들에게 말하고 싶습니다. 흔들림 없는 자기 확신을 가지고 본인이 이루고자 하는 목표를 위하여 혼신의 힘을 다한다면 반드시 좋은 결과가 있을 것입니다.

참고도서

언어이해

· 권종철, 「권종철의 기출문제 심층분석(LEET언어이해MEET/DEET언어추론)」
· 이시한, 「EBS로스쿨LEET언어이해」
· 권일결, 「NeoLEET 언어이해 실전모의고사」

추리논증

· 조호현, 「2008통합 LEET추리논증」
· 유호종, 「NeoLEET 추리논증 실전모의고사」
· 조호현, 「추리논증 심화1 실전편」

면 접

· 남경태, 「개념어사전」
· 노양진, 「논리적 사고의 길」
· 정희모, 「글쓰기의 전략」
· 몽테스키외, 「법의 정신」
· 양창수, 「민법입문」
· 양건, 「법사회학」

나의 꿈 나의 길

흔들리지 않는 마음의 자세

한 승 효

· 제주 서귀포고등학교 졸업
· 제주대학교 법학과 졸업
· 연세대학교 정치외교학과 졸업
· 제주대학교 법학전문대학원 제8기

1 들어가며

"제주대학교 법학전문대학원 합격을 축하합니다."라는 합격문자를 받은 지도 벌써 6개월이 지나가는 이 시점에서, 이렇게 합격수기를 쓰게 되어 만감이 교차합니다. 사실 저는 너무 평범합니다. 로스쿨을 준비하는 수험생이면, 어떤 분야, 어느 곳에서든지 공부를 꽤나 잘한다는 소리를 한 번쯤은 들었을 인재들일 텐데, 공부에 도가 튼 그들 앞에게 일종의 공부방법론을 전수(?)한다는 점에서 정말 부끄러웠습니다. 하지만 저 같은 평범한 사람도 로스쿨에 충분히 들어올 수 있다는 점을 알리기 위해, 그리고 법조인이 되고자하는 모든 수험생들에게 "ㅇㅇ대학교 법학전문대학원 합격을 축하합니다."라는 메시지를 미리 전하기 위해 이렇게 합격수기를 작성하기로 마음먹었습니다.

2 법학적성시험(LEET)의 준비

● **언어이해** ● ⋯⋯ 언어이해는 지금도 알다가도 모를 과목이라고 저는 생각합니다. 제한시간 내에 지문을 분명히 읽었고, 보기 중에서 답이라고 생각한 보기를 찍었지만 채점을 할 때 틀린 문제가 수두룩 했습니다. 그만큼 힘들 중요한 과목이 언어이해라고 할 수 있습니다.

저는 언어이해를 분석적이고 확률적으로 접근하였습니다. 수능언어영역 기출문제를 시작으로 법학적성시험 기출문제와 시중에 나와 있는 학원의 전국 모의고사 문제를 다 풀어보았습니다. 학원에서 출제하는 방대한 양의 문제를 모두 푼다는 것은 정말 힘든 일이며, 비효율적이라고 생각했습니다. 학원에 계시는 연구원분들도 사람이기에 항상 질 좋은 문제를 뽑아 낼 수는 없기 때문에, 학원문제는 되도록 전국모의고사와 같은 정제된 문제를 선별적으로 풀어보아야 합니다.

그리고 모의고사 및 기출 통합 약 6회분 정도의 언어이해를 풀고 채점을 해서 인문, 사회/문학/과학, 총 3가지로 분류해서 정답률을 분석해 보았습니다. 저의 경우에는 문학이 정답률이 가장 높았고 그 다음에는 인문, 사회, 마지막으로 과학분야의 정답률이 가장 낮았습니다.

이렇게 정답률이 나오면, 남은 모의고사와 기출문제 풀 때 항상 정답률이 가장 높은 분야의 지문부터 골라내서 먼저 풀고 시간을 배분하였습니다. 이건 지극히 개인적인 풀이 성향이라 그대로 권고하기는 조심스럽지만, 저의 경우 정답률이 높은 분야의 지문을 먼저 풀어나가는 것이 심리적으로 안정되었고 또 전체적인 정답률도 높았습니다.

오답풀이는 문제를 풀어 보고 바로 진행하였습니다. 문제 푸느라 조금은 지치더라도 지문의 잔상이 남아있을 때 오답풀이를 하는 것이 효율적이었습니다. 보통은 지문과 보기의 짜깁기 형식으로 내용을 맞추는 오답풀이를 하고 마는데, 저는 더 나아가 이 지문을 풀 때의 문제점, 예를 들면 "갑자기 앞에 풀었던 문제가 마음에 걸려서 제대로 집중하지 못했다."라는 심리적인 상황까지 구구절절 오답노트에 적었던 것 같습니다. 마치 오답노트를 쓰다 보

나의 꿈 나의 길

니 일기를 쓰는 것 같기도 했지만, 이러한 과정이 반복되다 보니 다양한 유형의 문제가 나오더라도 자기만의 대처방법을 습득할 수 있었던 것 같습니다. 언어이해는 많이 풀고, 많이 안다고 잘보는 시험은 아닌 것 같습니다. 천천히 가더라도 문제를 접하는 자신을 끊임없이 되돌아보는 것이 중요한 것 같습니다.

마지막으로 가장 중요한 것은 현실을 인정하는 것이라고 생각합니다. 이는 추리논증을 풀 때에도 마찬가지입니다. 어차피 35문제를 모두 맞춘다는 것은 불가능에 가깝기 때문에 자신에게 익숙하고 정답률이 높았던 지문의 오답률을 최대한으로 낮춘다는 생각으로 접근하는 것이 효율적이었다고 생각합니다.

● 추리논증 ● ····· 추리논증은 제가 정말 취약했던 과목이라 누군가에게 훈수를 두기가 참으로 꺼려집니다. 추리논증 과목에서는 앞서 언어이해를 다루던 그 분석적인 방법이 통하지 않았습니다. 늘 많이 틀렸으니까요.

그럼에도 불구하고 기초논리학은 반드시 공부하는 게 도움이 된다고 생각합니다. 역, 이, 대우와 같이 대놓고 논리학을 물어보는 시험은 요즘 추세에 맞지 않지만 법학논증의 경우에도 논리학적 사고를 반드시 물어보게 됩니다.

수리추리는 난이도에 상관없이 저에게는 항상 어려웠기 때문에 제일 마지막에 시간 남으면 풀었습니다. 그리고 다른 문제를 풀고 시간이 남더라도, 한 문제당 읽고 생각하는 데 2분을 넘기지 않았던 것 같습니다. 2분이 넘어가도 펜을 쓰지 못했다면 그 문제는 20분을 주어도 풀지 못할 문제라고 생각했기 때문에 과감히 버렸습니다.

추리논증 역시 기출문제 및 전국 모의고사문제를 풀어 보는 것이 아주 중요합니다. 특히 기출문제를 풀다보면 출제의 유형이 법적 논증을 묻는 문제의 비중이 점점 늘어나고 수리추리의 비중이 점차 줄어든다는 점을 느끼실 수 있을 것입니다. 이에 따라 문제풀이의 전략을 세울 수도 있습니다.

사실 추리논증의 경우 수학적으로 머리가 좋으신 분들에게 유리한 것 같습니다. 저의 주변 지인들을 보더라도, 카이스트, 포항공대 등 이공계 계열 학생들이 추리논증을 월등하게 잘봤던 걸로 기억합니다. 그렇기 때문에 수학적으로 흥미가 없는 나머지 수험생 분들은 추리논증에서 점수가 너무 나오지 않는다고 좌절하지 마시기 바랍니다. 저의 경우 예전에 다니던 학원 추리논증 강사가 "저도 이거 풀면 많이 맞아봐야 27개 정도밖에 안 나와요."라는 말을 듣고, 바로 이 과목에 대한 입장정리가 들어갔던 것으로 기억됩니다.

● 논 술 ● ····· 논술은 제가 가장 좋아했던 과목입니다. 논술의 경우 사실 비중이 학교마다 천차만별이고 거의 형식적으로 보는 것 같은 과목이지만, 그래도 법학적성시험(LEET) 중 하나의 과목이라는 점을 잊어서는 안 됩니다.

저의 경우 논술은 학원에서 정말 많이 배웠습니다. 일주일에 한 번 첨삭을 받으면서 글을 계속 쓰고 지적받고 수정하고 글을 쓰는 과정을 계속했던 것 같습니다. 논술은 쓰면 쓸수록 실력이 향상하는 과목이라 수험생 개인의 노력이 정말 필요합니다.

법학적성시험(LEET)에서 논술의 경우 지문이 상당히 어렵습니다. 2시간이라는 시간이 주어짐에도 항상 시간을 가득 채워 썼던 것 같습니다. 하지만 침착하게 지문을 읽으면 다 풀립니다. 우선 지문을 읽고 글의 구조를 정하는 데에 20~30분을 투자했습니다. 정—반—합의 기본틀을 유지하면서 자신의 주장을 먼저 정하고 그에 따른 반대 논거 역시 지문에서 찾아 쓰며 이에 대한 재반박 논거를 정리하면서 글을 써내려가려고 노력했습니다. 이렇게 되면 지문의 주요논거는 모두 열거 할 수 있고, 구조를 잡아줬으니 자연스럽게 채점자가 읽기 편한 글도 되는 것입니다. 나머지 20~30분은 구조에 따라 살을 붙이는 작업입니다. 사실 큰 틀이 잡히면 살을 부치는 작업은 큰 어려움이 없습니다. 해당지문에 나오는 주요논거, 그 안에 사용된 단어와 표현을 반드시 사용하는 것이 중요합니다. 채점자는 지문상의 논거와 표현을 답안지에서 찾기 마련입니다. 주요 논거에 사용된 단어와 표현을 답안지에 활용하는 것은 반드시 해야 합니다.

이 외의 것은 개인적인 글쓰기의 스킬이라 더 이상 언급할 부분이 없는 것 같습니다.

● **스터디** ······ 스터디는 최대 5명을 넘지 않는 것이 중요하다고 생각합니다. 웬만한 문제들은 3~4명의 머리 안에서 대부분 해결하실 수 있을 것이라고 생각합니다. 문제가 잘못되었을 확률이 높기 때문입니다.

스터디의 목적은 일주일 중 일정시간 법학적성시험(LEET) 공부를 할 수 있게끔 강제하는 생활스터디의 목적도 있고, 모르는 문제를 서로 토론하며 풀어나간다는 점, 그리고 스터디를 통해 상대방의 문제풀이 방식을 보고 배운다는 점이 주된 목적이라고 볼 수 있습니다.

물론 누군가는 스터디는 필수라고 하지만, 저는 그렇게 생각하지 않습니다. 결국 공부는 혼자 하는 것입니다. 스터디를 매일 빠지지 않고 참석했다고 법학적성시험(LEET)을 잘 보는 것이 절대 아닙니다. 스터디를 매일 빠지지 않고 나갔다고 오늘은 공부했다는 만족감에 하루를 버리면 안 됩니다. 결국 한 문제를 풀더라도 내가 왜 틀렸지 하는 끊임없는 고민과 이해가 반복되어야 하고 자기만의 것으로 체화되어야 한다고 생각합니다.

그리고 스터디에서 주의할 점은 인간관계입니다. 저는 인복이 좋아서 인지 스터디 할 때 만났던 사람들과 아직도 좋은 관계를 유지하고 있습니다. 사람이 스트레스를 받거나 감정이 요동치게 된다면, 수험생활에 타격이 큽니다. 이 부분에서는 수험생 여러분들이 좀 더 냉정해질 필요가 있는 것 같습니다.

3 공인영어시험

저는 TOEIC을 준비했습니다. 저는 TOEIC을 조금 오래 준비한 편입니다. LC의 경우 항상 고득점을 해왔지만, RC 특히 Part 5, Part 6에서 정말 많이 틀렸습니다. 결국 문법과 단어를 많이 아느냐의 문제였는데, 문제를 계속 풀기보다는 문법을 차분히 다시 보고 단어를 외우는데 시간투자를 많이 했던 걸로 기억합니다.

TOEIC의 경우 로스쿨을 준비하지 않더라도 일반기업에 입사하기 위해 대부분의 학생들이 잘 준비하고 있는 만큼, 이 부분에 대해서는 다른 고득점 학생들의 공부방법론을 찾아보는 것이 더욱 효율적인 것이라고 봅니다. 다만, TOEIC의 경우 적어도 2월 안에는 끝내놓아야 편합니다. 그래야 3월부터 법학적성시험을 볼 때까지 집중을 할 수 있고, 그 사이에 끝내지 못했다면 늦어도 3월내에는 반드시 최소 900점 이상은 확보하기를 권장합니다.

4 자기소개서와 면접의 준비

● **자기소개서의 준비** ● ····· 자기소개서 역시 상당한 시간과 정성을 들이는 부분입니다. 저의 경우 학교 내 로스쿨 입시를 담당하는 교수님이 계셨기 때문에 자기소개서 첨삭을 세 번 정도 받았던 걸로 기억합니다.

그리고 국어교육과를 나와 고등학교 국어선생님을 하고 있는 지인에게도 자기소개서의 첨삭을 두 번 정도 부탁할 정도로 완성도를 높이기 위해 노력했습니다.

자기소개서의 경우 학교마다 문항과 글자 수가 다르지만 결국 주된 요지는 왜 로스쿨에 진학하고 싶은지, 왜 법조인이 되고 싶은지, 로스쿨에 진학하면 어떻게 할 것인지를 묻는 것입니다. 위 세 가지 물음에 대한 수험생 스스로의 진지한 고찰이 필요하다고 생각합니다. 단순히 출세를 위해, 돈과 명예를 위해, 특별한 사명없이 물 흘러가듯이 지원하게 된 경우라도 자기자신을 뒤돌아보는 시간이 반드시 필요하다고 생각합니다. 자기소개서를 바탕으로 면접에서 교수님들이 질문을 할 수도 있기 때문에 무엇보다도 진정성이 가장 중요합니다.

저의 경우 제주대학교에서 법학을 전공하고 연세대학교 정치외교학과로 편입을 해서 다시 제주대학교 로스쿨로 진학한 케이스입니다. 이러한 저의 개인적인 과정에 있어 진지하게 저의 선택에 대해 소상이 설명하기 위해 고

나의 꿈 나의 길

민하였고, 저의 자기소개서를 읽는 사람이 고개를 끄덕이며 납득할 수 있도록 진정성을 담아내려고 노력했습니다. 수험생 여러분들 자신을 먼저 돌아보시고 그 안에서 자신이 왜 로스쿨에 진학하고 싶은지 스스로에게 답을 물어보는 시간이 반드시 필요합니다.

자기소개서 첨삭은 반드시 받기를 권장합니다. 주변에서 첨삭해 줄 사람을 구할 수 없는 상황이면 돈을 주고받는 학원첨삭도 괜찮다고 생각합니다.

● **면접준비** ● …… 저 같은 경우 면접준비를 따로 하지는 않았습니다. 시중에 나와 있는 면접 관련 책을 좀 읽어보기도 했습니다만, 그렇게 많은 시간을 투자하지는 않았습니다. 실제로 제주대학교 면접에서 정도전과 정몽주에 관한 내용이 나오자 속으로 '육룡이 나르샤나 볼 것' 하는 생각도 가졌습니다. 즉 평소 시사문제에 대해 자신의 입장을 정리하는 습관을 가지는 것이 중요하고, 시중의 면접교재에서 다루는 모든 분야를 일일이 신경을 써 가며 볼 필요는 없는 것 같습니다.

하지만 면접은 반드시 스터디를 하길 권장합니다. 심층면접의 경우 지문을 먼저 숙지하고 이에 대한 대답을 해야 하는데, 지문을 숙지하는 것은 대부분의 수험생이 소화해 내지만, 남앞에서 말을 해보지 않은 상태에서 논리적으로 말을 하는 건 여간 어려운 일이 아닙니다.

저의 경우 면접스터디를 따로 하지 않아 말을 할 기회를 거의 갖지 않고 면접에 임했기 때문에 다른 면접자들과 비교했을 때 많이 부족했던 것 같습니다. 여러분들은 저를 반면교사로 삼아 반드시 면접준비를 하길 바랍니다.

5 마무리하며

저는 사실 로스쿨에 오고 싶다는 욕망이 크지 않았습니다. 법대를 졸업했지만 통일문제에 관심을 가져 타학교 정치외교학과로 편입을 하게 되었고, 정치외교학을 전공하면서 언론, 공무원, 기업 등 다양한 진로분야에 관심을 갖게 되었습니다. 그리고 이미 20대를 학교에서 공부하며 보냈기 때문에 이제는 사회에 나가서 사회인으로 평범하게 살아가고 싶은 마음이 컸습니다. 남들처럼 돈도 벌고, 가정도 꾸리는 평범한 삶에 대한 욕망이 훨씬 컸기 때문에 수험생으로 중심을 잡는 것이 정말 힘들었습니다.

하지만 법조인이란 직업은 항상 저에게 끌림을 주었습니다. 말로 일일이 다 표현하지는 못하지만, 법조인을 하고 싶다는 생각보다 해야 한다는 의무감이 더욱 강한 끌림이었고, 다양한 현실적인 고려도 한 몫을 해 결국에는 이렇게 로스쿨에 진학하게 되었습니다. 이러한 구체적인 과정을 여러분들에게 소상히 설명해 드리자니 제가 또 하나의 자기소개서를 다시 쓰는 것 같습니다.

저는 법학적성시험을 보거나 면접을 볼 때에도 저의 자신을 내려놓으려고 노력했던 것 같습니다. 그 상황을 포기했다는 것이 아니라 아무리 돌을 던져도 파동한번 느껴지지 않는 넓고 고요한 바다이고자 했습니다. 결국 수험생이 알지 못하는 문제와 상황으로 수험생들의 정신을 끊임없이 흔드는 것이 바로 로스쿨 입시과정이라고 생각합니다. 너무나도 많은 변수가 존재합니다. 그러한 변수에 일일이 다 완벽하게 모범답안으로 대응할 수는 없습니다.

결국은 자기 자신을 내려놓고 흔들리지 않는 자세로 시간을 견디는 것이 중요하다고 생각합니다. 그렇게 견디다보면 어느 새 여러분들 앞에는 합격증이 놓여있을 것이라고 생각합니다.

저의 미천한 글이 수험생 여러분들에게 조금이 나마 도움이 되길 바랍니다.

40

R=VD 그리고 새로운 도전

이 미 나

- 고입검정고시 합격
- 대입검정고시 합격
- 인제대학교 법학과 졸업
- 제주대학교 법학전문대학원 제3기(로스쿨 최연소 합격)
- 제3회 변호사시험 최연소 합격
- 현) 법무법인 금강 변호사

1 들어가며

어느새 법학전문대학원 3회 적성시험, 서류심사, 면접, 합격자 발표, 학교 등록까지 입학절차가 마무리되는 시점입니다. 약 한 달 전쯤 2차 합격발표 소식을 들었을 때가 아직도 생생하게 기억이 납니다. 정말 하늘을 나는 기분이 들었고 싱글벙글 웃음이 멈추질 않았습니다. 너무나 간절히 원하던 것이, 열심히 달려온 과정들을 빛나게 해준 결과여서 그런 듯합니다.

법학전문대학원을 준비하는 과정에서 돌아가기도 하고, 어려움도 많이 겪었지만, 돌이켜보면 다 내가 진정 원하는 꿈을 향해 한 단계 한 단계 나아가는 과정이었기 때문에 너무나 재미있고 즐겁게 공부를 하였던 것 같습니다. 그러나 4기 로스쿨 진학을 바라보고 있는 학생분들에게 조금이나마 덜 돌아가도록, 준비과정에서 덜 헤맬 수 있도록 도움을 주고 싶어 이 글을 써 봅니다.

2 마음가짐

우선 로스쿨 진학을 준비하려는 학생들이 가장 먼저 해야 하는 것은 자기 자신의 내면에 귀 기울이는 것입니다. 이것은 로스쿨 진학을 준비하는 학생들 뿐 만 아니라, 진로선택을 하는데서 머뭇거리는 모든 학생들에게 하고 싶은 말입니다.

주변에서 들려오는 말, 내가 처해있는 현실, 그리고 권유가 진로를 설정하는데 도움이 되고 간과할 수 없는 요소들이지만, 가장 중요한 요소는 자기 자신이 무엇을 원하고, 무엇을 꿈꾸고 있는가 하는 것이라고 생각합니다.

사실 저는 어렸을 때부터 법학을 공부하고 싶어서 인제대 법학과에 진학하였습니다. 대학교를 다니면서 사실 "법학을 하여 사회에 정의를 세우겠다."라는 거창한 꿈은 현실의 벽에 부딪히며 점점 작아졌습니다. 안정적인 직업인 공무원을 준비해볼까 하는 생각도 하였습니다. 그러나 내가 진정 원했던 것에 대해 도전도 하지 않고 도망치려 한 모습이 한심하게 느껴졌고 깨지고 부서지더라도 멘토 교수님을 믿고 따라서 로스쿨입학에 도전하기로 2학년 2학기에 결심을 하였습니다. 이 도전정신이 지금의 합격을 가능케 해준 하나의 씨앗이 되었고 원동력이 되었다고 생각합니다.

로스쿨 진학은 결코 변호사만을 양성하는 곳만은 아닙니다. 법학전문가를 필요로 하는 사회 각각에서 진가를 발휘하는 전문가도 될 수 있으며, 법학전문가로서 공직의 길을 걸을 수도 있습니다. 로스쿨을 통해서 정말 다양하고 넓은 세상으로 나아갈 수 있는 기회 또한 많이 찾아 올 수 있습니다. 진정 로스쿨 진학이 자신의 꿈에 다리가 된다고 생각하는 학생들은 "로스쿨을 통해서 내가 어떤 사람이 되고자 하는 것인가?", "로스쿨에 입학해서 법학중에서도 중심적으로 공부하고 싶은영역은 어떤 영역인가?"하는 구체적인 부분까지 생각해 보시길 바랍니다.

저는 R=VD라는 공식을 항상 마음에 품고 있었습니다. R=VD는 Realization=Vivid Dream입니다. 즉 "간절히 생생하게 꿈꾼다면 그 꿈은 현실로 될 것이다."라는 뜻입니다. 저는 저 공식을 '관계의 미학'이라고 생각합니다. 어떠한 관계에 의해서 조금씩 변화가 이루어지는 것을 보면 과거의 행동이 미래의 시작을 의미한다고 봅니다. 무엇보다 사소한 것부터 시작하는 게 좋지 않을까 저는 생각에 저는 제가 목표로 한 로스쿨의 홈페이지를 메인 홈페이지로 등록하였습니다. 인터넷을 할 때마다 메인 홈페이지를 보고 여러가지 정보도 빨리 입수할 수 있었고, 또 공부하는데 힘을 더해주기도 하였습니다. 이러한 사소한 것들이 원하는 로스쿨에 입학에 더 가까워지게 해 주었습니다. 많은 학생 여러분들이 구체적인 꿈을 설계하고 원하는 로스쿨을 찾아 사소한 것부터 하나 하나 준비해 나가길 바랍니다.

3 로스쿨의 준비과정

우선 로스쿨의 입학전형은 학교마다 조금씩 차이가 있지만 공통적으로 (1) 리트점수, (2) 학점, (3) 영어점수, (4) 논술, (5) 면접, (6) 봉사활동 및 기타경력을 필요 요소로 하고 있습니다. 저는 이 모든 요소들을 대학교를 다니면서 법학과 그리고 인당리더스라는 복수전공을 통해 준비를 하였습니다. 그리고 로스쿨 진학 준비의 처음부터 끝까지 법학과 한상수 교수님의 멘토링을 받았습니다. 인당리더스 학부는 21세기 세계화 시대와 지식기반사회를 이끌어갈 인제대학의 리더양성을 목표로 하고, 지역인재 공무원시험, 전문대학교 진학을 위한 학생들을 위한 교육프로그램을 제공하고 있습니다. 저는 3학년부터 리트와 관련된 과목을 학부수업으로 접했기 때문에 약 1년 반 동안 리트에 익숙해 졌습니다. 제가 대학교에서 제공하는 프로그램을 통해서 공부한 경험을 말씀드리겠습니다.

● **3학년** ● ····· 처음 인당리더스 학부에 들어가서 실질적으로 LEET를 준비할 수 있는 비판적 사고와 읽기, 언어추론, 추리논증과 같은 과목과 논술

과목을 수강 하였습니다.

이때에는 수험생활을 한 것보다는 학부수업을 공부하는 정도로 공부를 하였습니다. 처음에 LEET관련 과목을 수강하면서 추리논증과 언어이해 기출문제를 풀어 보았는데 정말 난해하다는 느낌을 받았고 점수도 낮게 나와서 자신감이 떨어졌었지만 계속해서 LEET관련 과목을 수강하여 학부수업과 LEET공부를 병행하였습니다.

인당리더스 학부에서 제공하는 멘토링 프로그램을 통해 교수님께 정기적으로 멘토링을 받은 것이 구체적인 진로설정과 LEET준비에 큰 도움이 되었습니다. 강의는 10명 이하의 학생들로 구성되어서 교수님과 학생들이 자유롭게 의견을 나누는 토론식으로 진행되었습니다. 그래서 학생들의 이해력과 참여도가 높았습니다. 방학에는 인당리더스 과정에서 제공하는 소규모 학생을 대상으로 한 영어강의 LEET과목 강의에 참여하였습니다.

그리고 부산에 있는 어린이를 위한 평화봉사단에 정식으로 가입해 정기적으로 봉사활동을 하였습니다. 많은 시간은 아니었지만 꾸준히 지속적으로 해온 봉사활동이 실질적인 의미에서 한 봉사활동이라는 이미지를 심어주어서 서류심사에서 좋은 점수를 부여 받았으리라 짐작됩니다. 그 외에도 학교에서 진행하는 자기계발 프로그램에 참여였습니다. 학부생이라 서류심사에 들어가는 서류의 경력란에 쓸 내용이 없었는데 학교에서 나름대로 여러가지 활동을 했다는 의미로 자기계발 프로그램의 수료증들을 첨부하였습니다. 그리고 학부성적관리 또한 꾸준히 하였습니다.

● **4학년** ● ····· 인당리더스 학부과목인 동·서 고전선독, 법학추론, 언어추론 과목을 들으면서 LEET준비를 하였습니다. 동·서 고전선독같은 과목은 LEET와 관련이 없어 보일 수 있지만 실질적으로 정말 많은 도움이 되었습니다. 추리논증과 언어이해의 지문내용은 정말 분야도 다양하고 형식도 너무나 다양합니다. 여러가지 지문을 접하는게 가장 중요한 핵심인데 이해하기 어려운 동·서 고전을 읽으면서 이해력을 높이고 전공이 아닌 다른 영역의 지문들에 대한 거부감을 없앨 수 있었습니다. 그리고 인제대 4학년 필

수법학실습과정으로 법률구조법인 대한가정법률복지상담원 부산지부에서 법률상담 활동을 하였습니다. 여기서도 1회성이 아닌 짧은 시간이라도 지속적으로 꾸준히 봉사활동을 하였습니다. 꾸준한 봉사활동은 스펙을 쌓기 위한 활동이 아닌 봉사활동의 실질적인 의미를 부여할 수 있다고 생각하며, 법률상담센터에서 봉사활동을 하면서 변호사가 되기 위해 갖춰야 할 요소와 실제적인 상담사례를 접하면서 많은 것을 배우고 느꼈습니다. 봉사활동을 하려는 학생들에게는 법률상담원을 찾아 봉사활동을 하는 것을 추천합니다.

4학년 1학기를 마무리하고 방학에는 본격적인 수험생활에 들어갔습니다. 매일 학교에 나가서 같이 로스쿨 진학 준비를 하던 3명과 함께 하루 14시간을 목표로 공부를 하였습니다. 저는 영어점수를 늦게 준비해서 불안감에 정말 마음고생도 많이 하고 걱정도 많이 하였습니다. 영어점수 획득을 가장 빨리 마무리 하는 것을 권장합니다. 저는 결국 리트시험이 2개월이 남은 시점에서 LEET와 토익공부를 병행하게 되었는데 7월에 마지막 토익시험에서 점수를 올렸습니다. 그리고 학교에서 지원하는 동영상비로 학원의 동영상도 들었지만 크게 도움은 받지 못하였습니다. 그리고 모의고사를 1주일에 1회 풀었는데 실질적으로 시험에 적응하고 시간안배를 하는데 도움이 되었습니다.

8월 22일 LEET를 치르고 23일~27일까지 인제대학교에서 교육역량사업의 일환으로 「해외연수 지원프로그램」에 참여하여 지원금을 받아 4박 5일의 큐슈대학교 로스쿨 방문 목적으로 일본단기연수를 다녀왔습니다. 학교 프로그램 일정이 시험을 치고 바로 다음날에 출발해야 해서 체력에 부담도 되었지만, 시험을 치르고 놀 생각을 하니 체력이 무한대가 되었습니다. 일본에서 그동안 누적되었던 스트레스도 풀었는데, 일본에 있는 로스쿨을 방문하여서 한국 로스쿨 제도와 비교도 해볼 수 있는 좋은 기회였습니다. 이 경험도 수료증을 받아 서류 심사에 적극 활용 하였으며, 공부만 하기 보다는 로스쿨을 준비하는 학생으로서 실질적인 경험을 한 것이 제가 합격할 수 있게 해 준 핵심요소들이 아니었나 생각해 봅니다.

그리고 4학년 2학기에는 멘토 교수님 지도 아래에서 자기소개서를 준비하였습니다. 오랜 시간 작성한 자기소개서를 교수님과 같이 공부하는 학생들의 도움을 받아 첨삭을 여러 번 하였습니다. 면접준비는 커뮤니케이션특강이라는 인당리더스 과목을 통해 하였습니다. 먼저 면접의 기본요소인 자세, 어투를 교정하였고 면접의 본질에 대한 공부를 하였습니다. 그리고 나서 사회적인 이슈들을 다루는 토론수업을 진행하였으며 중간, 기말고사 시험으로 2번의 모의면접을 실행하였습니다. 모의면접은 법학과 교수님 3명의 면접관 그리고 학생 1명으로 이루어지고 형식 또한 원하는 로스쿨의 실제시험과 가능한 동일하게 하였습니다. 여기서 모의면접이 정말 큰 도움이 되었다고 생각합니다. 여기까지 제가 실제적이고 솔직하게 공부해온 과정을 서술해 보았습니다. 다음 파트에서는 과목별로 공부를 어떻게 하였는지 대해 말씀을 드리겠습니다.

4 로스쿨 준비과목

로스쿨 진학을 준비하는 학생 여러분들은 안정된 마음상태로 LEET공부에 입하기 위해서 가장먼저 영어점수를 획득하고 LEET준비를 하는 것을 권유합니다.

먼저, 시험으로 이루어지는 추리논증과 언어이해, 논술 그리고 면접의 기본 바탕은 제대로 된 독해와 이해라고 생각합니다. 지문을 빠르고 정확하게 이해하고 요점을 파악하는 능력이 가장 기본적이지만 가장 핵심입니다. 결국에 책을 많이 읽는 것이 로스쿨 준비과목 고득점과 직결되는 것임을 항상 염두해 두시기를 바랍니다. 이 부분은 로스쿨 준비하는데 필요한 요소들의 공부 방법과 약간의 팁을 가미해서 서술하겠습니다.

● 영 어 ●⋯⋯ 저는 영어점수 획득을 늦게 준비해서 수험생활을 하는데 마음고생을 많이 하였습니다. 가장먼저 수험생들이 영어점수획득을 할 것을 바랍니다. 영어시험 점수는 토익/텝스/토플 3가지가 있는데 학교마다 반

영하는 형식이 다르기 때문에 자신이 지망하는 학교의 전형을 알아보고 준비하시길 바랍니다. 저는 토익을 준비하였는데 토익점수를 올리는 가장 효과적인 방법은 문제를 많이 푸는 것이라고 생각합니다. 단연 문제풀이를 하기 전 단어와 문법에 대한 공부가 완료되어 있어야 합니다.

저는 1달 동안 집중적으로 하루에 1번 토익 모의고사를 치고 문제풀이를 하는 방식으로 최고점을 얻었습니다. 토익 같은 경우에는 학원을 다녀서 단기적으로 점수를 올리는 방법도 권유 드리고 싶습니다.

● 추리논증 ● ····· 추리논증은 처음 접하는 대부분의 학생들이 어려워하는 경향이 있습니다. 아무래도 기존에 치러온 특정지식에 관하여 테스트 하는 시험과는 달리 어떠한 논리법칙을 공부하고 체득하여 이를 적용시키는 것을 테스트하는 시험이기 때문입니다. 그리고 이러한 방식의 사고력을 측정하는 시험이 우리 학생에게 익숙하지 않고, 시험이 이제 3회밖에 치러지지 않아서 시험경향이 예측불가능 하다는 점 때문에 공부를 하면서 힘들었습니다.

약 1년 반 동안 추리논증을 공부해 오면서 가장 효율적인 공부방법은 학교강의도, 학원강의도 아니었습니다. 물론 학습방법을 제시해주고 어려운 문제들을 척척 풀어주는 방법은 공부하는 학생에게 도움이 되는 것은 사실이지만, 추리논증 고득점의 키는 아닙니다. 가장 효율적인 방법은 논리학 체계를 공부하고 체득하여 적용하는 이 3단계를 스스로 학습하는 것입니다. 저는 논리학입문 책을 교과서로 보았고 논리학에 대한 공부를 확실히 하려고 노력하였습니다. 논리학 공부를 확실히 하면 어떤 문제가 나오더라도 풀어 낼 수 있다고 생각합니다. 그리고 추리논증 공부의 핵심은 바로 기출문제입니다. 다른 문제를 풀기보다는 기출문제와 예상문제를 분석하고 반복해서 푸는 것입니다.

기출문제집은 조호현의 추리논증을 보았습니다. 문제를 풀 때에는 여러 가지 접근 방법을 생각해보고 가장 빠르게 풀 수 있는 방법을 찾아서 푸는 것이 도움이 됩니다. 그리고 항상 공책에 풀었던 공식이나 과정을 필기해 두었고, 나중에 반복해서 풀 때 풀이 방법과 비교해 보는 작업을 하였습니다. 그리고 저는 35문제를 시간 내에 정확히 푸는 것이 어렵다고 생각하여 자신 없는 파트 문제 5개를 먼저 제외하고 문제를 풀었습니다. 이 방법은 정확도를 높여주고 시간 내에 다 풀어야 한다는 압박감을 없애주어 시험에 안정된 마음으로 임할 수 있었습니다.

● **언어이해** ● ⋯⋯ 언어이해는 수능 언어영역이 심화된 형태라고 보셔도 무방할 듯 합니다. 저는 수능의 언어영역을 공부하지 않아서 사실 추리논증보다 언어이해를 공부하는 것이 더 어려웠습니다. 주어진 시간 안에 정말 길고 다양한 영역의 지문을 소화하여 정확히 이해해서 문제를 풀어내는 것이 감당이 되지 않았었습니다. 저는 언어이해 점수를 높이려고 학교수업도 들어보고 동영상 강의도 들어 보고 시중에 나와 있는 기출문제집으로 공부도 해보았는데 점수가 많이 오르지 않았습니다. 그리고 추리논증의 교과서로 생각한 논리학과 같은 그런 원론적인 공부를 할 수 있는 언어이해 문제집을 찾다가 수능기본서인 언어의 기술이라는 책을 찾게 되었습니다.

이 책을 언어이해의 교과서로 사용하였는데 정말 문제를 푸는 방법이나 이해하는 방법을 기술적으로 설명을 잘 해놓았고 구조적으로 공부를 할 수 있도록 설계되어 있어서 언어이해 점수를 올리는데 큰 도움이 되었습니다. 그리고 독해력을 높이기 위해 다양한 지문을 접하고 동서고전을 읽고 요점을 찾는 훈련하는 것이 언어이해 공부의 핵심이었습니다. 물론 언어이해도 추리논증과 마찬가지로 기본을 닦은 뒤 LEET와 MEET/DEET기출문제를 이용하여 공부하는 것을 권해 드립니다. 그리고 어법부분은 문항수가 작아서 비교적 적은 시간을 투자하였습니다. 저는 네오 어휘어법특강 책을 주로 통학시간에 버스에서 보았습니다. 짜투리 시간에 어법공부를 하는 것을 권유합니다.

● **논 술** ●····· 논술준비는 정확한 독해력, 논리력, 그리고 표현력을 요구합니다. 논술은 주로 이슈가 되고 있는 시사성 있는 문제를 선택해서 1주일에 한 번 토론수업을 통해 준비하였습니다. 직접 주제에 관한 자료에 대한 조사를 하고 한편의 논술문을 써 와서 수업을 함께 듣는 학생들과 토론하고 서로 첨삭해주고 또, 다른 학생들이 쓴 논술문을 읽으면서 다양한 관점을 접하고 시야도 넓어지는 시너지 효과도 얻었습니다. 논술을 준비하는 것은 되도록 다른 사람들의 생각도 접해볼 수 있도록 스터디를 구성하는 것도 추천합니다.

논술은 자기가 직접 써보고 남들과 비교해보고 첨삭도 해보고 선생님들께 코멘트도 들어보고 다듬는 과정을 반복하는 것이 가장 효과적이라고 생각합니다. 그리고 요약하는 문제가 나오므로 지문을 읽고 핵심을 파악하는 능력 기르는 훈련을 해야 합니다. 저는 LEET논술문제와 비슷한 논술 문제를 찾아 풀어서 실전감각을 높였습니다.

● **자기소개서** ●····· 사실 가장 쉽다고 느낄 수 있는 자기소개서를 쓰는 것도 저에게는 시험의 한 과목처럼 어렵게 느껴졌습니다. 자기소개서를 쓰면서 밋밋하고 평범하다는 느낌이 들어 글로써 자기 PR을 하는 것이 쉽지만은 않다는 것을 느꼈습니다. 몇 주 동안 자기소개서를 작성하고, 동기, 선배, 교수님들께 코멘트를 받고, 첨삭을 하는 과정을 통해서 배운 것은 "하나의 스토리를 만들어라."는 것이었습니다.

기본적으로 사람은 살아오면서 정말 많은 경험을 하고 정말 많은 면들을 지니고 있습니다. 이 모든 것들을 나열하여 자기 자신을 PR하기는 힘이 듭니다. 하나의 스토리를 만든다는 것은 이야기를 지어내라는 말이 아닙니다. 앞서 말한 R=VD과 일맥상통하는 이야기라고 생각합니다. 생생하고 구체적인 꿈을 목표로 해온 것들 그리고 나의 인생에서 있었던 경험과 나의 모습에서 이와 관련된 모습들로 나의 자기소개서를 구성하는 것입니다.

자기소개서는 과거와 현재 미래를 요구합니다. 한편의 스토리로 구성된 나만의 자기소개서는 Vivid Dream을 이루기 위해 내가 해왔던 것들, 다른 지원자들과 다른 내가 그러한 꿈에 적합한 인재임을 나타낼 수 있는 것들, 현재 꿈을 위해 노력하는 것들과 로스쿨 진학에 임하는 자세, 그리고 합격한 다면 어떠한 분야에서 어떤 구체적인 법에 관하여 공부할 것인가를 모두 포함하게 됩니다. 이러한 자기소개서라면 어떤 사람이라도 흥미를 가지고 눈여겨보지 않을까요? 그리고 이렇게 완성된 자기소개서더라도 반드시 주변 사람들에게 코멘트를 받을 것을 바랍니다.

● **면 접** ●······ 면접준비는 우선 기본적으로 면접에 임하는 사람으로서 갖춰야할 태도, 어투에 대해 알아보고 이를 체득하여야 합니다. 제 아무리 논리적인 사람이라도 머릿속에서 생각하는 내용을 말로써 다른 사람에게 잘 전달하기 위해서는 연습과 노력이 필요합니다. 이를 효과적으로 하기 위해서 로스쿨 진학을 목표하는 학생들과 스터디를 하는 것을 권유합니다. 자기 자신이 보는 것과 다른 사람의 눈으로 보는 것은 큰 차이가 있기 때문입니다.

그리고 문제에 관한 쟁점이 잘 정리 되어있는 면접대비 책과 매일 신문을 보는 것을 통해 시사성 있는 문제에 대해 익숙해지는 것이 필요하고 비판적인 시각으로 문제들을 바라보고 자기의 생각을 정립해보고 토론을 하여 여러 관점에서 접근하는 방식으로 공부를 하길 바랍니다. 그리고 가장 중요한 것은 면접관 앞에 섰을 때에 긴장하지 않는 것입니다. 이를 위해서는 많은 시사문제를 접해서 지식을 쌓아가자고 생각하기 보다는, 자신의 세계관을 잘 정립하고 이를 바탕으로 어떤 문제가 나오더라도 이에 입각하여 대응한다고 생각하고 자신을 믿고 자신감을 가져야 한다고 생각합니다.

그리고 되도록 긴장하지 않기 위해서는 모의면접을 해보는 것이 가장 효과적입니다. 가능한 지망하는 학교의 면접방식과 동일하게 면접을 해보고 나면 한층 실전에서 긴장하지 않고 차분하게 자신의 생각을 전달할 수 있을 것입니다.

5 마무리하며

지난 2년을 돌이켜보면 로스쿨 진학 준비를 결심하고 학부생활도 열심히 하면서 한단계 한단계 정신없이 달려온 것 같습니다. 저는 합격보다도 제가 꾸고 있는 꿈에 나아가기 위해 달려온 이 과정들이 저에게는 너무나 소중하고 즐거웠던 것 같습니다. 합격은 이 과정들이 한층 더 빛날 수 있도록 빛을 밝혀준 것이라고 생각합니다. 입학을 앞둔 지금 또 다른 새로운 시작인만큼 또 제가 해야 하는 도전과 나아갈 과정에 대한 기대가 부풀어 오릅니다.

로스쿨 진학을 목로 하는 학생들에게 하고 싶은 말은, 로스쿨 진학에 필요한 요소들을 준비하는 과정은 법학도로서 갖춰야 하는 자신의 역량을 기르는 것이며 또 자신이 나아가야할 목표에 관련된 경험들을 하나하나 축적하는 소중한 과정임을 항상 기억 속에 염두해 두시고 즐거운 마음으로 해나가시기를 바랍니다.

41

막막함 속에서도 진심과 열정으로 꽃피우길

김 해 주

- 부산 성모여자고등학교 졸업
- 중앙대학교 경영학과 졸업
- 중앙대학교 법학전문대학원 제9기

1 진입동기

저의 학부 전공은 경영학과였고, 전공수업을 들으며 인사관리·노사관계 분야에 흥미가 생겼습니다. 이후 이 분야에 대한 관심을 키우던 중, 근로자의 권리보호와 기업의 건전한 발전에 이바지하는 공인노무사 자격증에 도전하게 되었습니다.

운 좋게도 약 8개월의 수험기간 끝에 합격할 수 있었습니다. 처음 공인노무사가 되고 싶다고 생각했을 때는 인사관리 분야에 관심이 많았지만, 7개월 동안 수험공부를 하다 보니 노동법, 행정법 등의 법학공부가 재미있다고 느껴졌습니다. 법학공부를 하며 주요 사건의 판례를 읽어봄으로써 법적 근거를 깨닫는 일은 법학을 공부해본 적 없던 저에게 흥미롭게 다가왔습니다.

더불어 노동법을 더 깊이 있고 폭넓게 해석·적용하기 위해서는 법학의 기초가 되는 헌법, 민법, 형법에 대한 이해가 뒷받침되어야 한다는 생각이 들어 법학전문대학원 입시를 준비하게 되었습니다.

로스쿨 진학을 결심한 것은 4학년이 되는 겨울방학이었습니다. 겨울방학에는 아르바이트를 병행했기 때문에 토익공부를 틈틈이 하기는 했지만 집중해서 하지 못했고, 로스쿨 준비를 제대로 시작한 것은 3월부터입니다.

2 LEET(법학적성시험)

● **처음 접해본 LEET** ······ 4학년에 올라가는 겨울방학에 도서관에서 처음 풀었던 리트 기출문제는 충격이었습니다. 언어이해는 30분 이상 시간이 부족했고, 추리논증도 시간을 초과해가며 35문제를 다 풀었지만 11개만 맞출 수 있었습니다. "나는 로스쿨 입시를 준비하면 안 되는 사람인건가?" 고민이 되었습니다. 절망에 빠져 메가로스쿨 조성우 강사의 추리논증 기초 입문을 인강으로 수강했고, 5월에 다시 추리논증 기출문제를 풀어봤지만 역시 35개 중 11개를 맞췄습니다. 겨울방학에 처음 풀었을 때는 "내가 아직 리트유형에 익숙하지 않아서 그렇구나."라고 합리화라도 했는데, 30강짜리 인강을 들었는데도 불구하고 11개 밖에 맞추지 못한 것은 심각하다고 생각이 들었습니다. 그때부터 리트에 대한 공포심과 어차피 공부해도 안 될 것 같은 불안함에 6월 말까지 리트공부는 제대로 시작하지 않았습니다. 대신 학점, 토익 등의 다른 요소는 노력하면 결과는 가시적으로 나온다고 생각해 4학년 1학기에는 학점 관리와 토익에 최선을 다했습니다.

● **LEET 공부법** ······ 6월 말이 되어 부랴부랴 합격수기를 찾아봤습니다. 대부분 리트공부를 7~8개월은 했다는 글이어서 나는 늦은건가 생각이 들어 불안했고, 7월 한 달은 우울한 기분으로 얼마 남지 않은 리트공부를 했습니다. 하지만 전략적으로 생각했을 때 저는 4학년 1학기에 리트공부를 했다면 법학학점 9학점을 포함하여 21학점을 수강해 전 과목에서 A⁺를 만들

수 없었을거라 생각합니다. 한 학기지만 학년수석을 한 경험은, 내가 전문
자격증이 있어서 한번 도전해 보는 것이 아니라 로스쿨 입학을 위해 얼마나
노력했는지 말할 수 있는 거리를 제공해주었습니다.

제가 리트공부를 시작할 때 목표는 "평균이라도 하자."였습니다. 리트점
수가 압도적이어서 원하는 로스쿨에 합격할 수는 없지만, 적어도 리트 때문
에 가고 싶은 로스쿨을 지원 불가로 만들지는 말자라는 생각으로 리트공부
에 임했습니다. 제가 생각했을 때 추리논증 11개라는 평균 이하의 점수를 맞
은 이유는 시간관리 실패였습니다. 35문제를 시간 안에 다 풀려고 하다 보니
정작 푼 문제들의 정답률이 낮아졌습니다. 더불어 내가 어떤 영역이 약한지
를 파악하고, 그 부분을 제외한 나머지 부분을 확실하게 다 푼 뒤에 시간이
남으면 약한 부분을 풀자 라는 전략을 세우게 됩니다.

추리논증의 점수를 올려야 로스쿨 지원이 가능하겠다는 생각이 들어, 6월
말부터 조성우 강사의 기본강의(이론과 기출문제 풀이 위주로 구성되어 있
는 강좌)를 인강으로 수강했습니다. 합격수기를 찾아본 결과 기본강의를 가
장 충실하게 들어야 한다고 말하는 사람이 많았기 때문이었습니다. 기본강
의를 들으며 수리추리 문제는 선생님께서 설명해 주시는 해설을 들어도 이
해가 되지 않아 포기하는 것이 낫겠다는 생각이 들었고, 논리게임을 포함해
다른 문제유형은 문제풀이 방법을 확실하게 익혀 두었습니다. 기본강의를
인강으로 끝낸 후에는 조성우 선생님의 파이널강좌를 인강으로 수강했습니
다. 기본강의와 파이널 강좌 모두 도움이 많이 되었고, 각 문제에서 어떤 논
리 과정을 거쳐 답에 도달해야 하는지 상세하게 설명해주시는 점이 좋았습
니다. 다만 인강으로 수강했기 때문에 Q&A 게시판으로 질문을 해야 했는
데, 시기가 7월인지라 답이 상당히 느렸던 것은 불편했습니다.

기본강의를 다 들은 후부터 8월의 시험 당일까지 조성우 강사의 파이널
강의를 수강하면서 역대 기출문제를 3번 정도 반복해서 외워질 때까지 풀
었습니다. 추리논증은 결국 유형이 한정되어 있기 때문에 반복학습과 문제
풀이를 통해서 점수가 오를 수 있는 과목이라고 생각합니다. 저도 2016년,
2015년 기출의 경우 11문제를 맞췄지만 2017년 리트에서 약 25개를 맞춰

서 제 나름대로의 목표는 달성했습니다.

언어이해의 경우 문제를 풀었을 때 정답률은 높았지만, 시간이 30분 이상 부족했습니다. 추리논증보다 맞추는 문제는 많았기 때문에 처음에는 큰 걱정이 없었지만, 점점 갈수록 단기간에 점수를 올리기 훨씬 힘든 과목은 언어이해라는 생각이 들었습니다. 최대한 빨리 읽으려고 노력해봤지만 정답률이 낮아져서 결국에는 과학지문은 시간 남으면 풀자 라는 생각으로 임했습니다. 언어이해의 경우 학원강의가 유용하다고 느끼지 못했기 때문에, 메가로스쿨 LEET 해설서와 법학전문대학원협의회에서 나온 LEET 해설서를 구입해서 틀린 문제는 왜 틀린건지 분석했습니다. 또한 시험이 다가왔을 때는 메가로스쿨 차선우 선생님의 1타3피 특강도 수강했습니다.

3 토익

로스쿨을 준비할 때 가장 시간이 많이 들었던 것은 리트도, 자기소개서도 아닌 토익이었습니다. 원래 영어를 잘하지 못했기 때문에, 로스쿨 입시에서 기본으로 맞춰야 한다는 900점이 저에게는 큰 부담이었습니다. 입시에서 영어는 당락을 좌우하는 요소는 아니지만, 학점은 이미 결정된 학기가 많고, 리트가 적성시험이라 시험 당일의 컨디션과 타고난 사람들이 잘 치는 경향이 있는 것은 어쩔 수 없습니다. 따라서 수험생 입장에서 노력을 기울일 수 있는 부분은 많지 않고, 그중 하나가 토익이라고 생각합니다.

저는 4학년이 되어서 시기에 따라 학점관리, 리트, 자기소개서 작성과 토익을 병행했기 때문에 시간적인 압박이 있었습니다. 학점이 리트를 커버할 만큼 높지 않고, 리트를 공부해서 실력을 올릴 시간적인 여유가 없었기 때문에, 상대적으로 공부하면 반드시 성적이 오른다고 알려진 토익의 경우 무조건 잘 받아둬야겠다는 판단이 있기 때문이었습니다.

1학기 개강을 하고 영단기 린한 선생님의 문법강의와 경선식 선생님의 단어 책을 보고 시험을 쳤지만 5월에 본 시험에서 700점대의 성적을 받았습니다. 성적을 받은 후 토익에서 점수를 내기 위해서는 모의고사를 주어진 시간에 맞게 푸는 훈련이 필요하다고 생각을 했습니다. 그때부터 YBM 공식실전서, 해커스 1000제 2 등의 문제집을 사서 타이머를 재며 문제집을 풀었습니다. 물론 입시를 준비하는 동안 5월 이후에 6월 말부터는 다시 리트 공부에 집중했습니다. 결국에 저는 7번째 토익, 9월 25일 토익까지 쳐서 마지막 시험에서 900점을 받게 되었습니다. 타고난 성격자체가 궁지에 몰려야 더 열심히 하는 스타일이지만, 9월 초 토익도 800점 초반대가 나왔기 때문에 "토익성적이 낮다고 내가 노력이 많이 부족한 사람이라고 평가받으면 어쩌지!"라는 생각에 꽤 초조했던 기억이 납니다.

로스쿨 입시를 준비하는 분이라면 영어점수는 최대한 빨리 만들어 둘 것을 권합니다. 이는 영어성적 자체가 중요해서라기보다는 영어 성적을 미리 만들어둬야 다른 공부(리트, 학점, 자기소개서 등)에 집중할 수 있기 때문입니다. 특히 대학교 재학생이면 더더욱 4학년이 되는 겨울방학 이전에 토익점수를 확보해 두셨으면 좋겠습니다.

4 자기소개서

리트가 끝나자마자 메가로스쿨 차선우 선생님의 3시간짜리 자기소개서 특강을 들었습니다. 특강에서는 자기소개서가 입시에서 얼마나 중요한지, 유용하게 사용할 수 있는 사이트, 적었을 때 뛸 수 있는 장래희망, 이 시기에 당장 해야 할 사항 등 알짜배기 정보위주로 강의를 해주셨습니다. 이 특강이 자기소개서를 쓰는 동안 나침반 역할을 해주었습니다. 특강을 들은 후 자기소개서에 집중하고 싶었지만, 토익점수가 부족했기 때문에 9월 말까지 토익에 집중했고, 자기소개서는 제출이 2~3주 정도 남은 때에 부랴부랴 쓰기 시작했습니다.

자기소개서를 쓰면서 가장 강조했던 것은 "3년이라는 짧은 시간 동안 어떤 어려움이 있어도 반드시 변호사시험에 합격하겠다."는 의지와, 내가 그러한 역량이 된다는 것을 나타내는 근거들을 최대한 겸손하게 녹여내기 위해 노력했습니다. 자기소개서를 쓸 때 주의하셔야 할 점은 (1) 내가 로스쿨에 가야 하는 이유와, (2) 그 로스쿨이 내가 지원하는 해당 로스쿨이어야 하는 이유를 모두 써야 한다는 것입니다. 대부분의 수험생은 내가 왜 로스쿨에 가고자 하는지, 가서 무엇이 되고 싶은지는 상세하게 쓰지만 그 학교가 왜 내가 지원하는 로스쿨이어야 하는지는 자세히 쓰지 않는다고 합니다. 저도 이 부분을 조언 받았고, 빠지지 않고 쓰려고 했습니다.

자기소개서를 어느 정도 쓴 이후에는 짧은 시간이었지만 가까운 지인들, 교수님들께 자기소개서를 보여줬습니다. 내가 봤을 때는 괜찮아 보이던 문장과 표현도 다른 사람의 객관적인 시선으로 평가받았을 때는 또 다르게 느껴질 수 있구나 깨달았습니다. 원서 접수 마감이 얼마 남지 않았을 때 친한 교수님께서 아예 갈아엎으면 좋겠다는 문단을 여러 개 지적해 주셨습니다. 시간적인 압박이 있는 상황에서 내가 쓴 글을 다시 고쳐야 하는 것이 너무 힘들었지만, 고치고 다시 읽어보니 노력을 들인 만큼 훨씬 나은 자기소개서가 완성되어 있었습니다.

저는 토익 때문에 리트가 끝난 후 자기소개서에 온전히 집중하지 못했습니다. 하지만 대부분의 수험생들은 9월 전에는 토익 점수를 완성했을 거라 생각합니다. 그런 분들은 리트가 끝나자마자 자기소개서를 빨리 시작하여 완성하고, 최대한 많은 분께 보여주시기를 추천해드립니다. 또한 리트 시험 전에도 입시를 준비하면서 틈틈이 자기소개서에 어떤 내용을 적을지 고민하는 과정도 중요합니다. 리트 점수가 잘 나오셨더라도 결국 비슷한 사람들끼리 경쟁하는 것이기 때문에, 자신의 진정성과 열정을 잘 녹여 들게 표현할 수 있는 자기소개서는 그 중요성을 아무리 강조해도 부족합니다.

5 면접

면접의 경우 알고 보면 공부하고 준비해야 할 것이 가장 많은 부분이라고 생각합니다. 리트도 시험인 만큼 공부하면 점수가 오르기는 하지만 말 그대로 '적성'시험인데 반해, 면접은 공부한 만큼 다 선보이고 나올 수 있는 영역이라고 생각합니다. 이를 역으로 생각하면 내가 부족한 부분이 바로 드러날

로 스 쿨 합 격 수 기

수 있는 부분이기도 합니다.

면접준비를 위해 메가로스쿨 차선우 선생님의 기본강의를 인강으로 수강했습니다. 시중에 나와 있는 면접강의가 세부적인 주제를 하나하나 가르친다면, 차선우선생님의 강의는 어떤 문제가 나와도 대답할 수 있게끔 '스스로 생각하고 판단하는 능력'을 키워주는 강의라고 생각합니다. 실제로 중앙대학교 면접에서 주어진 문제자체는 경영학에서 배우는 위험회피성향 관련 문제가 나왔지만, 교수님의 질의를 받는 과정에서 차선우 선생님의 강의가 큰 도움이 됐습니다.

또한 공정성을 위해 대부분 학교가 블라인드 면접을 하기는 하지만, 기본적인 인성질문은 반드시 준비하고 가야 합니다. 가령, 졸업해서 무엇을 하고 싶은지, 본인의 장점과 단점을 말해보라는 질문 등의 수험생의 신분을 몰라도 할 수 있는 질문들은 준비하셨으면 좋겠습니다.

6 기타 참고사항

"이 학교는 이런 사람을 좋아한다고 하더라."라는 말이 들리더라도 한 해마다 평가하는 교수님들의 성향에 따라 달라질 수 있고, 근거도 빈약하다고 생각합니다. 나의 점수와 스펙에 대해 교수님들이 어떻게 생각하시는지 궁금하다면 2학기에 열리는 공동입시설명회와 각 학교에서 진행하는 입시설명회를 적극적으로 활용하시기 바랍니다. 로스쿨 입시가 불확실성이 높은 만큼 그 학교 교수님께 직접 궁금한 바를 물어보는 것이 최선이라고 생각합니다.

로스쿨 입시는 1년 내내 사람을 바쁘게 만듭니다. 리트가 끝나면 쉬엄쉬엄 하게 될 줄 알았지만, 자기소개서와 면접 때문에 2학기가 어떻게 흘러갔는지 기억도 안날만큼 바쁜 하루하루를 보냈습니다. 재학생이시라면 4학년이 되기 전 1,2학기 학점 배분 계획을 세우실 때, 리트 때문에 1학기가 부담된다고 하시더라도 2학기에 너무 많은 학점을 듣기보다 적당히 학기별로 나눠서 들을 것을 권장합니다.

7 글을 마치며

입시를 준비하며 주변을 둘러보면 리트점수가 작년보다 더 올랐음에도, 하향지원했음에도 불합격하는 사람들을 보면서 도대체 뭘 해야 붙는 건가 생각이 들어 불안했던 것 같습니다. 이 글을 읽고 있으신 분 중에 무조건 합격할 수 있다는 마음으로 행복하게 입시를 준비하는 분은 별로 없을 것으로 생각합니다. 이미 결정된 학점, 남들에게는 쉬우나 나에게만 어려운 것 같은 영어, 성적이 오르지 않는 리트, 언어이해 과학지문, 비싼 학원비 등 모든 것이 버겁다는 것을 실감하며 준비하는 분들이 대부분일 것입니다. 나는 힘들어하는데 주변의 사람들은 다 뛰어나 보이고, 이미 다 준비해두고 갖춰져 있어 보이는 기분을 느끼실 수도 있습니다. 1년 내내 이것 끝나면 저것이 시작되는 생활에 지치시는 분들도 있을 것입니다.

이런 상황에서도 꼭 생각해 주셨으면 하는 것은 본인이 부족해서 힘들고 지치는 것이 아니라는 것입니다. 다 같이 느끼는 좌절감과 불안함이라는 것을 생각하시고 포기하지 않고 빡빡한, 알찬 준비 기간을 거치시면 누구나 좋은 결과 있을 것입니다. 이 글을 읽으시는 수험생분들이 입시에 성공하셔서 훌륭하고 가슴 따뜻한 법조인에 한 걸음 다가서기를 진심으로 바랍니다.

42

내가 가진 모든 힘을 다하여

지 준 연

· 휘문고등학교 졸업
· 연세대학교 정치외교학과 졸업
· KJH프로덕션 방송PD
· 중앙대학교 법학전문대학원 제2기
· 제2회 변호사시험 합격
· 현) 법무법인 이보 변호사

1 들어가며

법학전문대학원 합격자 발표가 난지도 거의 3달이 되어가는 듯합니다. 지난 해 법학전문대학원을 입학하기 위하여 준비했던 시간과 노력이 결실을 맺게 되어서 다행이라고 생각합니다. 일련의 준비과정을 지나 지금 생각해 보면 적극적이고 긍정적인 자세가 얼마나 중요한지 알거 같습니다. 자신이 진정 원하는 목표가 있다면 그 목표를 향해 매진하면서 주어진 상황에서 하나라도 더 준비하기 위해 온 힘을 다한다면 좋은 결과가 반드시 찾아온다는 평범한 진리를 다시 한 번 느꼈습니다. 남보다 뛰어난 능력이 있는 것도 아니고 부족한 능력을 보완할 수 있는 객관적인 지표도 가지지 못했음에도 이런 소중한 기회를 주신 분들께 감사드립니다. 법학전문대학원에 입학하기 위해 준비하고 계신 분들에게 조금이나마 도움이 되길 바라며 지난 한 해 저의 준비과정과 그 소회를 간략히 써 보고자 합니다.

2 기본적인 평가요소

학 점

법학전문대학원을 준비하면서 그 전에 입학하신 분들께 가장 먼저 물었던 점은 학점의 중요성이었습니다. 학부 때 학점은 이미 고정되어 저의 노력으로는 바꿀 수 없는 부분이었습니다. 결과적으로 합격자 발표 이후 법학전문대학원을 준비했던 수험생들 사이에서 전형요소 중 학점의 비중이 크다는 공통된 인식이 형성되기도 했습니다. 저는 학점이 그렇게 높은 편은 아니었으므로 남은 기간 동안 다른 전형요소들을 최대한 끌어 올려야겠다고 판단했습니다. 물론 작은 후회도 있었지만 학점 중에 저의 장점을 보여줄 수 있는 교과목들을 분석하여 자기소개서에 최대한 반영시켰습니다. 지금 학부를 다니면서 법학전문대학원을 생각하고 계신 분들은 반드시 높은 학점을 유지하여 졸업하시는 것이 매우 중요하다고 생각합니다. 비단 법학전문대학원이 아니더라도 학점이 높다는 것은 자기 자신이 다른 일을 시작할 때에도 분명 많은 도움이 될 것입니다. 제 주변도 이번에 입시 결과를 놓고 보면 확실히 학점이 높은 사람들이 상대적으로 법학전문대학원에 많이 합격했음을 볼 수 있었습니다.

리 트

● **리트를 바라보는 시각** ····· 입학을 준비하며 모든 응시자들이 같은 시간에 공통적으로 평가를 받는 전형요소는 리트입니다. 영어와 자기소개서 기타 서류 등은 개인적으로 준비하므로 객관화시키기에 쉽지 않지만 리트는 표준점수와 백분위가 표시된 성적표가 응시자 모두에게 주어지므로 점수가 발표되면 소위 '리트로 줄 세우기'가 시작됩니다. 그러나 리트도 전형요소 중에 한 부분일 뿐이고 리트점수 순서대로 법학전문대학원에 입학

하는 것은 아닙니다. 다만 리트를 아주 잘 봐서 고득점을 하는 것보다 더 조심해야 할 부분은 아주 낮은 점수는 사실상 입시에서 불리할 수 있다는 것입니다. 실제로 리트가 낮다고 판단되면 법학전문대학원에 응시하는 것 자체를 망설이는 모습을 많이 봤습니다. 리트만으로 선발하는 것이 아닌데도 점수 발표 후 바로 시작되는 원서 접수에서 적지 않은 혼란이 오고 이는 나중에 면접에까지 영향을 미칠 수도 있다고 생각했습니다. 리트를 잘 봐서 고득점하면 물론 제일 좋겠지만 어느 정도 점수를 확보하여 이후의 전형과정에 힘을 얻어 나아가는 것이 더 중요한 것 같습니다.

● **언어이해와 추리논증** ⋯⋯ 리트시험이 한 번 밖에 시행되지 않았지만 기출문제부터 먼저 접근하는 것이 필요하다고 판단했습니다. 저는 몇 문제를 맞추는 것보다는 주어진 시간안에 몇 문제나 해결할 수 있을지 알고 싶었습니다. 시간을 정확히 정해 언어이해와 추리논증의 기출문제를 풀어 보았습니다. 전혀 공부가 안되어 있는 상태에서 막상 풀어본 기출문제는 공포 그 자체였고 채점을 하기도 전에 이미 좌절감이 엄습해 왔습니다. 앞으로 어떻게 이 시험을 볼 수 있을지 그저 막막했습니다. 학원을 다닐까 하는 마음도 있었지만 첫 해 리트 고득점자들에게 우선 조언과 경험담을 듣기로 했습니다. 리트가 공부를 많이 한다고 오르는 것이 아니라는 얘기와 당일 컨디션이 중요하다는 얘기가 계속 나왔습니다. 적성시험의 특징이 정확히 무엇인지는 몰랐지만 나름대로 필요한 책들을 읽고 재미있게 준비하는게 오히려 좋을 것 같았습니다. 그리고 문제풀이는 기존의 리트나 PSAT 기출을 중심으로 해나갔습니다. 많은 문제보다는 이미 검증된 문제를 반복하는 편이 좋다고 판단했기 때문입니다. 나아가 법학 관련 지문이 많이 나올거라는 얘기를 듣고 두껍지 않은 판례집들을 사서 몇 번 읽었습니다. 시험 날짜가 다가올수록 오히려 당일 컨디션을 위해 공부량은 대폭 줄이면서 운동과 휴식에 주안점을 두었습니다. 시험 전날에는 저녁 일찍 잠자리에 들어 충분한 수면을 취했습니다. 결과적으로 리트 점수가 상당히 잘 나온 편이었고 원서를 접수할 때에 약간은 자신감이 들기도 했습니다.

● **논 술** ······ 법학전문대학원을 준비하는 수험생들이 가장 등한시하는 부분 중에 하나가 논술인거 같습니다. 실제로 시험 준비를 하면서 논술을 따로 준비하는 사람들이 제 주변에 많지는 않았습니다. 심지어 시험장에 가서야 처음으로 논술을 써 본다는 사람들도 보았습니다. 저도 처음에는 논술에 대해 굳이 준비할 필요가 있는지 의문이었습니다. 그래도 올릴 수 있는 요소에 모든 힘을 쏟기로 하고 혼자 시간을 정해 일주일에 2~3회 이상 답안 작성을 하였습니다. 문제는 제가 쓴 논술이 과연 어느 정도인지 알 수 없다는 것이었습니다. 저는 주변에 몇 사람들과 모여 각자 써온 답안지를 돌려보는 스터디를 같이 했습니다. 실제로 이러한 과정을 통해 저에게 많이 부족했던 부분을 채울 수 있었고 시험장에서도 스스로 만족할 정도는 쓰고 나왔다는 생각이 들었습니다. 논술을 위해 따로 정리된 논술책을 읽지는 않았지만 다양한 종류의 신문을 매일매일 읽었습니다. 평가가 차후에 어떻게 되지는 모르지만 논술도 법학적성시험의 한 영역이고 당연히 최선을 다해 준비해야 한다고 생각합니다.

영 어

입학을 준비하는 과정에서 정말 놀랐던 점은 수험생 상당수가 아주 높은 영어점수를 가지고 있었다는 사실입니다. 또한 몇 명은 제2외국어도 수준급인 경우가 있었습니다. 저는 기존에 있던 스터디에 들어가 영어를 준비했습니다. 그런데 지금 생각해보면 영어 전문학원에 다니면서 일정 기간 집중적으로 준비하는 것이 점수 향상에는 보다 도움이 된다고 판단됩니다. 아무래도 스터디를 통한 영어공부는 적어도 저에게는 수동적인 틀을 벗어나지 못하게 하는 한계가 있었던것 같습니다. 특히 짧은 기간에 영어점수를 올리려고 생각하시는 분들은 학원의 커리큘럼이 빠를 수 있다는 것이 제 생각입니다. 물론 어학을 잘하시는 분들은 그러실 필요가 전혀 없다고 생각합니다. 토익으로 하실지 아니면 텝스로 하실지 결정하지 못하신 분들은 특정학교를 염두에 두시지 않으셨다면 상대적으로 토익이 나은것 같습니다. 영어는 매달 준비할 수 있어 미룰 수 있고 긴장감도 많이 떨어질 수 있으나 빠른 시간 내에 고득점을 확보하는 것이 절대적으로 필요하다고 봅니다.

3 원서접수 이후 면접까지

● **관심 분야** ●····· 대학을 졸업하고 방송쪽 일을 하면서 여러가지 느낀 점이 많았습니다. 특히 지적 창작물에 관한 보호장치가 전무한 점과 이러한 창작물에 대한 무단 전제의 문제가 많이 발생하였습니다. 창작의욕의 감퇴와 함께 분쟁이 생겼을 때에도 전문적인 해결책은 제시되지 않았습니다. 저는 저작권 관련된 부분에 관심을 가지게 되었고, 법학전문대학원을 선택할 때에도 이러한 점을 많이 고려하였습니다. 또한 영사관에서 담당한 일을 진행하면서 에너지와 자원에 대해서 많은 관심을 가지게 되었습니다. 법률가로서 기본적인 법적 지식과 사고도 필요하지만 더 나아가 특성화되어 전문적으로 활동할 수 있는 분야를 찾는 것도 중요하다고 느꼈습니다. 법학전문대학원의 입시에서 가군과 나군을 각각 하나씩 택할 수 있으므로 제가 가진 기본적인 평가요소를 기준으로 신중하게 생각하여 판단하기로 했습니다. 자신이 관심을 가지고 평생 업으로 삼아 매진할 수 있는 관심 분야를 어떻게 찾아내는가도 고민해야 할 부분이라고 생각합니다.

● **자기소개서** ●····· 원서접수와 동시에 또는 그 이후 준비하는 서류가 자기소개서입니다. 그러나 리트시험이 끝나고 나서 바로 준비할 필요가 있다고 생각합니다. 시간이 촉박한 상태에서 준비된 자기소개서는 아무래도 자기 자신을 제대로 보여줄 수 없고 그만큼 개별면접에서 좋은 인상을 주지는 못할 듯 합니다. 물론 어느 법학전문대학원을 갈지 정하지 않은 상태에서 자기소개서를 완벽하게 준비할 수는 없지만 대략 어떤 내용을 자기소개서에 담을 것인가에 대한 대략적인 밑그림은 미리 준비하는 것이 옳은 것 같습니다. 막상 자기소개서를 준비하다 보면 의외로 많은 시간과 노력이 필요합

니다. 저도 자기소개서를 완성시키는데 한달 이상 시간이 걸렸고 수십 번 다듬고 또 다듬었습니다. 자기소개서가 분량적으로 그리 많지는 않을지 모르지만 교수님들께 실제로 자기 자신을 보여주고 알리는 첫 번째 관문이라고 생각했습니다. 대학에 들어와서 법학전문대학원에 들어오기까지 자신이 살아온 삶과 가치관 목표 의식을 총망라하면서 간결하고도 압축된 문장으로 표현하기 위해 최선을 다하려고 노력했습니다. 특히 저는 개인적으로 관심분야에 대한 열정과 법학전문대학원에 들어와서 수행할 학업에 대한 자신감을 자기소개서에 담기위해 온 힘을 다했습니다. 개별 면접때 교수님께서 자기소개서를 기반으로 질문하실 때에도 이러한 태도를 계속 유지하였습니다. 자기소개서와 기타 법학전문대학원에 제출할 서류 등은 미리 준비하면서 다듬어 가는 것이 아주 좋다고 생각합니다.

  ● 면 접 ● ····· 제가 법학전문대학원에 입학하기 위해 가장 신경을 많이 쓰면서 준비했던 부분은 바로 면접입니다. 객관적인 평가요소에서 다소 부족한 부분이 있어도 면접을 통해 이를 극복하고 합격한 사례가 많았습니다. 제가 선택한 가군 대학원과 나군 대학원 모두 면접 비중이 상당히 컸고 개별면접과 집단면접 모두 준비해야했습니다. 저는 새로 구성된 스터디 팀에 들어가서 면접준비를 했습니다. 처음에는 시중에 있는 면접교재로 시작하려고 했지만 팀원들 모두 기존에 나와 있는 면접교재들에 대해 많은 불만이 있었습니다. 저희는 격일 단위로 각자 면접문제를 만들어 와서 이를 바탕으로 면접준비를 하였습니다. 매일 같은 시간대에 오후 시간 전부를 면접준비에 심혈을 기울였습니다. 각자 준비한 면접문제로 연습을 하면서 팀원들 모두 날이 갈수록 면접의 최고 전문가가 되는 듯 했습니다. 다양한 분야를 섭렵할 수 있었고 능동적이고 적극적인 자세가 자연스럽게 형성되었습니다. 실제로 팀원 각자 지원한 법학전문대학원에서 면접 하나만큼은 나름대로 만족할 만큼 하고 온 것 같았습니다. 인성면접, 개별면접, 집단 접 공히 스터디를 통해 준비하는 것이 좋은 듯하고 평소에 준비한 수험생들과 그렇지 않은 수험생들의 편차가 크게 나타날 수 있는 부분이 면접인 것 같습니다. 또한 시

간이 날 때마다 토론 프로그램이나 신문 등을 통해 다양한 배경 지식을 쌓아 두는 것도 아주 좋다고 생각합니다.

4 마치며

면접까지 마치고 최종 합격자를 기다리는 것은 또 다른 고통이었습니다. 발표 후 가군 지원 대학원과 나군 지원 대학원에 모두 합격했을 때 너무나 기뻤고 지난 1년 동안의 준비과정이 생각났습니다. 최선을 다해 준비했는지 자책도 많이 했고 실수했던 부분은 쉽게 머릿속을 떠나지 않기도 했습니다. 그러나 법학전문대학원에 가기 위해 필요한 것 하나하나 세심하게 준비하려고 노력했던 점은 스스로 위안이 될 수 있는 점이었습니다. 자신이 진정 원하는 것이 있고 할 수 있는 역량과 각오가 되어 있다면 반드시 그 결과가 나타나는 것 같습니다. 긍정적이고 적극적인 사고와 실천이 필요하다고 생각하고 법학전문대학원 입시를 준비하는 동안은 적어도 입시 하나만 생각해야 하고 거기에 모든 힘을 집중해야 할 것 같습니다. 이제 시작일 뿐인 것 같습니다. 법학전문대학원에 들어가 해야 할 것도 많고 또 다른 목표를 위해 준비할 부분도 많다고 생각합니다. 법학전문대학원에 들어가기까지 부모님을 비롯해 가족, 친구, 선후배, 동료 등 주변 지인들의 도움이 너무 컸습니다. 그 분들께 진심으로 감사드립니다. 앞으로 법학전문대학원에 입학하기 위해 준비하시는 분들에게도 좋은 결과가 있길 바라며 자신이 가진 모든 힘을 다하셨으면 좋겠습니다.

43

나를 알아가며 성장하는 시간

김돌리

- 대원외국어고등학교 졸업
- 성균관대학교 글로벌리더학부 졸업
- 충남대학교 법학전문대학원 제9기

1 법학전문대학원 진학 결정

제가 로스쿨 진학을 결정하게 된 계기는 크게 두 가지입니다. 첫째로 저는 고등학교 시절부터 영어와 중국어 실력을 살릴 수 있는 전문직을 꿈꿔왔었습니다. 대학졸업 이후 바로 직장생활을 시작하는 것보다는 전문자격증을 취득하는 것이 향후 운신의 폭과 자율성을 높일 것이라고 여겼기 때문입니다. 두번째 계기는 소속 학부의 커리큘럼이었습니다. 성균관대학교 글로벌리더학부는 크게 행정고시 합격을 통한 공직진출과 로스쿨 진학을 통한 법조계 입문을 희망하는 학생들에 맞춰 학사과정이 편성되어있기 때문에 행정고시의 수험과목과 기본 법 과목들이 전공으로 개설됩니다. 저도 이러한 커리큘럼을 따라 2학년 1학기를 시작으로 학부에서 제공하는 법 과목들

(법학통론, 민법총칙, 채권총론, 국가조직론, 기본권론, 행정법총론, 상법총론, 형법총론, 국제경제법, 현대사회와법 등)을 수강하기 시작했고, 분쟁의 단계적 해결을 추구하는 법학 공부에 흥미를 느껴 법학전문대학원 진학을 결정했습니다.

2 시기별 구분

LEET (2016.2. ~ 2016.8.28.)

● **시작 전 전략적 휴식** ● ····· 3학년 2학기가 끝난 후 개인적인 사정으로 인해 약 한 달 정도의 휴식기를 가지고 나서 본격적으로 LEET 준비를 시작했습니다. 저는 종강하자마자 바로 LEET 준비에 돌입하지 않고 일정 기간 휴식을 취한 것이 탁월한 선택이었다고 생각합니다. 학부졸업과 동시에 법학전문대학원 입학을 하는 분들이 많아지면서 4학년 때 로스쿨 입시를 병행하는 경우가 점점 많아지고 있습니다. 3학년이 끝나고 나면 이제 수험생이라는 생각에 초반부터 욕심을 과하게 내거나 입시를 어떻게 준비해야 할지 막막한 마음에 공부하는 것도 쉬는 것도 아닌 채로 애매하게 시간을 보내는 경우가 더러 있습니다. 수험생이라면 막막하고 불안한 것이 당연합니다만, 기간을 정해서 진정한 '방학'을 만끽하며 약 1년에 걸친 레이스를 완주하기 위해 스스로를 충전하는 것도 장기적으로 좋습니다.

제가 서두에서부터 입시 시작 전 휴식을 강조한 가장 큰 이유는 LEET가 공부시간과 직접적으로 비례하지 않는 시험이기 때문입니다. LEET를 2년 준비한 사람의 성적이 2개월 준비한 사람의 성적보다 낮은 경우도 꽤 있습니다. 오죽하면 LEET는 IQ와 순발력 테스트라는 말이 있겠습니까. 물론 깊이 있는 비판적 독해의 기본기는 탄탄해야 하며 일정량의 문제풀이 훈련은 반드시 필요합니다. 그러나 LEET는 결코 하루 종일 붙들고 있을 수 있는 시험이 아닙니다. 오히려 장시간 매달리면 효율과 흥미만 떨어집니다. 그런 의미에서 1년을 지혜롭게 꾸리기 위한 재충전의 시간을 확보하는 것도 유의미합니다.

● **LEET 준비** ●····· 저의 LEET 준비 과정은 크게 메가로스쿨 학원강의 수강과 스터디로 이루어졌습니다. 7학기 조기졸업을 위해 4학년 1학기에 휴학을 했기 때문에 학원 현장강의를 들을 시간이 확보되었고, 언어이해는 문덕윤 강사, 추리논증은 강태길 강사의 수업을 들었습니다. 5월부터 시작되는 문제풀이 시기에만 학원을 이용하는 수험생들도 있지만, 저는 수능을 준비할 때도 언어영역에서 제일 고전했기 때문에 초반부터 학원강의를 통해 독해의 기본기를 다졌습니다. 스터디는 상이한 전공의 성균관대학교 재학생들로 구성해 매주 언어, 추리 기출문제 1세트씩을 풀고 모르는 문제나 이런 문제가 이런 식으로 변형될 경우 어떻게 대처할지 등을 서로 질문하며 분석했습니다.

5월 전까지의 공부는 LEET 기출문제를 통해 사고력을 기르는 토대를 쌓는 것에 집중했습니다. 양질의 문제가 적다는 이유로 LEET 기출문제 학습을 시험 응시 직전으로 미루는 것보다는 개인적으로 기출문제를 일찌감치 접하면서 LEET의 사고방식에 익숙해지는 것이 좋다고 생각합니다. LEET 외에 MDEET 언어영역 기출문제도 좋은 독해연습 도구입니다. 본격적인 LEET 준비에 앞서 최신 기출문제 한 세트를 시간을 정해서 푸는 것을 자기 진단의 기회로 삼는 것도 좋습니다. 단, 제 경험상 이 시기의 점수는 실제 LEET 성적과 상관관계가 높지 않으니 본인이 이 정도 수준의 문제를 이 정도 시간 제약 하에서 이만큼 푼다는 것을 확인하는 자료로만 활용하시길 바랍니다.

4월까지는 비교적 시간이 많으므로 문제풀이에 치중하는 것보다 독서를 병행하는 것이 좋습니다. 독서는 인문, 사회, 과학, 예술 등 분야를 한정하지 않고 논증적인 비문학 도서 위주로 하는 것을 추천합니다. 학원에서는 독서 스터디를 따로 편성해 주거나 추천 도서 목록을 배부하기도 합니다. 추천 목록에 있는 모든 책들을 다 읽을 필요는 없습니다. 억지로 읽기 시작하면 금세 지루해져 아예 책을 멀리하게 되기 때문에 본인이 흥미를 느끼는 분야부터, 가장 부담이 적은 책부터 시작해서 차츰 독해력을 키우시면 됩니다. 다만, 「한 권으로 읽는 철학의 고전 27」(나이절 워버턴 저) 만큼은 반복해서 읽으셨으면 좋겠습니다(저자나 출판사와 어떤 개인적인 관계도 없습니다). 고대부터 현대까지 주요 서양철학자들의 사상을 요약한 책인데, 철학자 한 명 한 명의 사상을 설명하는 과정 자체가 굉장히 완성도 높은 논증입니다. LEET의 단골 주제인 철학적 배경지식을 얻을 수 있는 것은 덤입니다.

5월~6월은 하프 모의고사라는 이름으로 실전의 문제 수와 시간을 각 반으로 줄여 문제풀이 훈련을 했고, 7월~8월은 실전 모의고사를 통해 실전 감각을 익히고 실전에 대응하는 연습을 했습니다. 추리논증의 실전 연습이 더 필요하다고 느꼈기 때문에 7월~8월 동안 김우진 강사의 모의고사를 추가적으로 풀었습니다. 적어도 7월~8월만큼은 학원 현장강의를 통해 시간 제약 하에서 에어컨, 책상 크기, 강의실 규모 등 다양한 장애물들에 본인을 노출시키고 시험 환경에 적응하는 훈련을 하셨으면 좋겠습니다.

문제풀이 기간 동안 문제를 풀고 OMR 답안지를 제출하면 바로 본인의 상대적 위치가 표시된 성적표를 받게 됩니다. 때문에 많은 수험생들이 일희일비하며 좌절감을 느끼고, 저도 이 성적표를 덤덤하게 바라보게 될 때까지 오랜 시간이 걸렸습니다. LEET 강사들께서도 숱하게 말씀하시지만 모의고사 점수에 일희일비하시지 말 것을 당부 드립니다. 일희일비하는 순간 '멘탈'이 무너지고 끝까지 완주할 힘이 떨어지기 때문입니다.

학원강의와 별개로 약 3번 실시되는 LEET 전국모의고사에는 기회가 닿는 대로 응시하시는 것을 권합니다. 실제 LEET 출제경향과 다른 경우도 있으나, 전국모의고사는 현장감을 익히고 실전처럼 점심 먹는 연습을 할 수 있는 좋은 기회입니다.

2교시가 지나고 나면 저절로 귀가하고 싶은 마음이 듭니다. 이 때 꼭 참고 점심을 드신 후 논술까지 응시하신다면 그 자체로 훌륭한 연습이 됩니다.

저의 경우 5월을 기점으로 LEET를 대하는 자세가 달라졌습니다. 문제풀이보다는 독해공부에 초점이 맞춰져 있는 4월까지는 독해력이 향상되는 성취감을 맛보았던 터라 보다 좋은 LEET 성적을 내려는 욕심도 났습니다. 그러나 문제풀이 훈련에 돌입하는 5월부터는 정해진 시간 내에 순발력 있게 풀어야 하는 시험 체제에 익숙해지는 것이 버거워 포기하고 싶다는 생각에서 한동안 헤어 나오지 못했습니다. 생각만큼 성적이 나오지 않아 이 시험을 끝까지 준비하는 것에 대해 회의가 들어 슬럼프를 겪으면서 포기만은 하지 말자는 자세로 스스로를 달랬고, LEET를 응시하던 당일까지 이러한 마음가짐을 계속 유지했습니다. 포기하지 않은 결과 실전에서 언어 26개, 추리 26개를 맞췄습니다.

논술은 성균관대학교 철학과 교수님의 6회에 걸친 LEET 논술특강을 통해 준비했습니다. LEET 영역 중 논술에 가장 자신이 있었기 때문에 유형별 답안의 틀을 익히는 훈련을 시험 직전에만 했습니다. 논술이야말로 기출문제의 양이 가장 적기 때문에 시험 직전에 짧고 효율적으로 기출문제를 풀어보며 글 쓰는 훈련을 하는 것도 효과적인 방법입니다.

자기소개서(2016.9.20. ~ 2016.10.11.)

LEET 응시 후 법전원협의회 측 공식성적 발표 전까지 약 3주간의 시간이 있습니다. 저는 개인적인 사정 때문에 이 시간을 자기소개서 준비에 할애하지 못해서 실질적으로 3주밖에 준비할 시간이 없었습니다. 로스쿨에 이미 진학한 선배는 LEET 준비 기간부터 큰 도화지에 마인드맵을 그려가며 자기소개서를 어떻게 꾸릴지 고민해보라고 조언을 하셨지만 저는 이 조언을 실행에 옮기지 못했습니다. 그래도 대입 수시 자기소개서를 써 본 경험이 있어 제 삶을 하나의 논증으로 구성하고 적절한 포장을 가미하며 설득력을 높여가는 과정이 그리 어렵지는 않았습니다.

첨삭을 부탁드린 지인들도 성비와 연령까지 고려하며 일부러 다양하게 구성했습니다. 자교 로스쿨 선배, 타교 로스쿨 선배, 법무부 인턴을 통해 만난 로스쿨 졸업생들, 학부 때 수업을 들었던 교수님들 (로스쿨 교수님들 포함), 부모님 등께 첨삭을 부탁드렸고, 같이 입시를 준비하는 친구들과는 공유하지 않았습니다.

자기소개서는 학교마다 질문도 다르고 분량도 다르지만, 공통적으로 가장 중요한 것은 두 가지입니다. 첫째, 본인의 경험을 열거하는 데 그치면 안됩니다. 분량제한 하에서 로스쿨 진학을 위해 이렇게나 많은 준비를 했다는 것을 어필하려는 마음에 나열식 자기소개서를 쓰는 것은 전혀 설득력이 없을 뿐더러 자기소개서를 채점하시는 교수님들의 반감을 사기 쉽습니다. 본인이 보기에 별 것 아닌 소재여도 어떻게 살을 붙이는지에 따라 교수님들의 호응을 충분히 얻을 수 있습니다. 둘째, 첨삭 횟수는 너무 많은 것도 너무 적은 것도 좋지 않습니다. 지나치게 잦은 첨삭은 자기소개서의 핵심인 나다움을 희석시킵니다. 부끄러워서, 또는 시간에 쫓겨 첨삭 횟수를 줄이는 것도 논증의 객관적 설득력을 높이는 데 한계가 있습니다. 첨삭을 받다보면 특정 경험을 살린 서술이 어떤 사람의 눈에는 설득력이 있어보여도 다른 사람에게는 그렇게 비치지 않는 경험을 하게 됩니다. 이는 자연스러운 현상입니다.

다만 "누가 뭐라고 말하든 나는 이것만큼은 써야겠다."는 확신이 생기는 부분이 있다면 주변에 휘둘리지 말고 기재하시길 바랍니다. 이러한 부분들이 나다움을 구성하는 요소이기 때문입니다.

원서접수와 자기소개서 제출 마감 기한이 다가오면 마음이 급해지기도 하고 얼른 제출해서 해방되고 싶은 마음에 막바지 교정을 게을리 하기 쉽습니다. 학부 재학생이라면 마감 기한이 대개 중간고사 준비기간과 겹치기 때문에 자기소개서 수정을 소홀히 할 가능성이 더욱 큽니다. 그래도 제출 버튼을 누르기 직전만큼은 차분하게 처음부터 끝까지 꼼꼼히 읽어보며 오탈자 유무, 맞춤법. 자기소개서 규정위반 여부 등을 점검하시길 바랍니다. 본인이 어처구니없는 실수를 하지 않을 것이라는 보장은 없습니다.

면 접 (2016. 10월 초 ~ 2016. 11월 중순)

자기소개서 작성 기간 동안 면접에 필요한 기본 배경지식과 법학적 쟁점들을 정리하는 것이 이상적이지만 이를 실천하기는 쉽지 않습니다. 4학년 재학 중이신 경우 더욱 어렵습니다. 저도 자기소개서 기간에는 다른 것은 아무것도 하지 못했습니다. 그래서 자기소개서가 얼추 마무리되어 가던 10월 초부터 면접을 세 가지 방식으로 준비했습니다. 첫 번째는(LEET때부터 이어오던) 스터디를 통해 김종수 강사의 면접교재에 수록된 수많은 주제들 중 함께 논의해 보면 좋을 것들을 선별해 공부해 와서 토의하는 방식이었습니다. 두 번째로는 다음 카페 '서로연'을 통해 서로 다른 학부 출신의 충남대학교 지원 예정자들을 모집해 충남대학교와 면접경향이 유사한 학교들의 역대 기출문제를 실전처럼 풀었습니다. 총 5명이었기 때문에 10분 정도 각자 텍스트를 읽고 준비한 후 1명씩 돌아가며 발표하면 나머지 사람들이 면접관이 되어 추가질문과 피드백을 해 주는 식으로 진행했습니다. 세 번째는 성균관대학교 로스쿨준비반 모의면접에 참여하는 것이었습니다. 교양수업 중 '스피치와 토론'을 담당하시는 본교 교수님들께서 로스쿨 면접 예상문제를 만들어 오시면 지원자들이 이를 가지고 실전처럼 연습했습니다. 복장을 갖춰 입고 모의면접 전 과정을 핸드폰으로 촬영해 녹화된 본인의 실제 모습을 보는 것만큼 효과적인 대비가 없습니다. 민망해서 보기 힘들지만, 영상을 확인하다 보면 본인이 당황하거나 긴장하면 말이 빨라지는지, 표정이 굳는지, 시선이 분산되는지, 다리를 떠는지 등을 쉽고 정확하게 확인할 수 있습니다. 피드백을 듣고도 버릇이 쉽게 고쳐지지는 않습니다.

그러나 긴장된 상황에서 본인이 보이는 반응에 대해 최소한 인식이라도 한 채로 면접장에 들어가는 것과 아무런 준비나 확인 없이 들어가는 것은 천양지차입니다. 실제로 면접준비를 같이 했던 스터디 멤버들 중 작년에 면접대비를 소홀히 해 고배를 마셨다던 분들이 있었습니다.

3 법학전문대학원 입시반영 요소별 구분

● **학 점** ● ⸳⸳⸳⸳ 고학점 지원자들이 늘어나고 있습니다. 문과의 경우 특히 인플레이션이 심합니다 (학점의 높고 낮은 기준을 수치화하기에는 무리가 있습니다만, 일반적으로 문과에서 GPA 백분위 95%면 낮지 않은 학점으로 평가되는 것 같습니다). 이러한 이유로 로스쿨 입시에서 '결정적'인 변별력을 주는 요소로는 (대체로) 평가되지 않습니다만, 학점은 수험생의 성실성을 가장 간편하게 증명하는 지표입니다. 따라서 가능하면 일찍부터 학점 관리를 시작하시는 것이 좋습니다. 그러나 이제까지의 학점이 나빠서 남은 기간 동안 학점에 투자해도 끌어올리기 어렵다 싶으시면 학점 반영비율이 상

대적으로 낮은 학교를 고르시고 LEET나 공인영어성적 등 다른 요소들에 시간을 더 많이 투자하는 것도 방법입니다.

저의 경우 7학기 조기졸업을 위해 작년 1학기를 휴학했고 2학기에 복학해 14학점(2학기에 11학점, 계절학기로 3학점)을 이수하고 졸업했습니다. LEET 준비 기간 동안의 휴학은 결코 권하지 않습니다. 전술한 대로 LEET 성적이 투자한 시간과 직결되지 않고, 휴학해서 시간을 확보한다고 해서 LEET에 올인하기도 힘들기 때문입니다. 결정적인 이유는 멘탈관리입니다. 적게나마 학교수업을 듣는 경우 규칙적인 생활리듬이 형성되고 학교에 있는 것만으로 소속감을 느낄 수 있습니다.

휴학을 한 채 학원 현장강의를 들으면 LEET에 집중할 환경이 조성되지만 학교수업의 규칙적인 사이클과는 다르며 소속감도 느끼기 어렵습니다. 저도 휴학을 하고 좋았던 순간은 딱 3월 셋째 주까지였고, 그 후는 친구들이 보고 싶어서 일부러 학교에 가서 공부했습니다. 친구들, 선후배들로부터 동떨어져 혼자 공부하는 시간을 확보하는 차원에서 휴학이 좋을지 모르나 개인성향에 따라 이 선택이 멘탈에 직격탄을 날릴 수도 있습니다.

복수전공의 경우 4학년 내내 전공수업을 채워 들어야 하는 경우가 많습니다. 여태까지의 학점이 높은 편이라면, 혹은 학점을 과감하게 포기했거나 듣는 수업이 적어서 시험 준비에 2주~3주까지 필요하지 않은 경우가 아니라면 중간, 기말고사를 준비할 약 2주~3주의 시간을 반드시 확보하시는 것을 추천합니다. 고학년으로 갈수록 학점을 올리기는 어려우나 떨어지는 것은 한 순간이기 때문입니다. 평소에는 학교수업 수강과 LEET공부, 시험기간에는 시험준비로 이원화된 스케줄로 한 학기를 운영하는 것은 LEET에만 올인했을 때 나타나기 쉬운 지루함이나 슬럼프를 피하는 전략이 되기도 합니다.

● **공인영어성적** ······ 가장 많은 학교에서 인정하는 시험은 토익입니다. 이런 이유로 토익성적은 고고익선이기도 하고 로스쿨 입시준비의 가장 기본적인 요소 중 하나입니다. 학점과 유사하게 워낙 토익 고득점자가 많기 때문에 대부분 학교에서 900점 또는 950점 이상을 만점으로 간주하고 급간

별로 점수를 차등적으로 부여합니다. 서울대학교와 고려대학교는 텝스와 토플을 인정합니다(작년 기준). 서울대학교와 고려대학교에 지원하실 계획이 아니라면 텝스준비는 별로 권하지 않습니다. 텝스야말로 시험을 위한 시험이라 점수를 올리는 데 시간은 오래 걸리는 반면 실용성은 낮기 때문입니다. LEET준비 기간 동안 학교를 다니지 않아 LEET 이외에 다른 요소에 투자할 시간적·심리적 여유가 되실 경우 텝스를 준비하는 것은 큰 무리가 없을 듯합니다. 다만, 5월부터는 LEET 문제풀이 연습에 중점을 두는 것이 좋기 때문에 공인영어시험 준비는 4월까지만 하는 것을 추천합니다.

● **제2외국어** ····· 저는 고등학교 때 중국어과였고, 한 때 중문과 진학을 희망했을 정도로 중국어가 재밌었기 때문에 대학교 진학 후에도 중국어 공부를 계속했습니다. 교환학생 준비의 일환으로 新HSK 6급을 취득한 것을 로스쿨 입시에도 활용할 수 있었습니다.

로스쿨 입시 또는 법학공부에 특별히 유리한 제2외국어는 없습니다. 다만 법학의 대부분 개념들이 한자어인 점을 고려하면 일본이나 중국어를 공부하신 분들이 한자에 대한 두려움을 덜 느끼는 경향이 있습니다. 실제로 한자에 대한 경험치를 쌓기 위해 입시기간 동안 한자능력검정시험을 준비하는 경우도 있다고 들었습니다. 그러나 이는 어디까지나 다른 요소들이 안정적으로 준비되었음을 전제로 가능한 이야기입니다.

제2외국어 시험점수가 아예 없다고 해서 로스쿨 입시에서 불리한 것은 아닙니다. '학토릿(학점, 토익, LEET)'이 아닌 이상 플러스 알파의 요소에 불과하기 때문입니다. 그러나 간발의 차이로 결과가 바뀌는 것이 로스쿨 입시이기 때문에, 확실한 제2외국어 실력은 분명한 강점이 됩니다.

● **봉사활동** ····· 해외봉사 경험을 가진 수험생들도 많아지고 있는 상황에서 어떤 봉사활동이 유리한지는 모르겠습니다. 저는 1학년 때부터 기회가 닿을 때마다 봉사활동을 했지만(총 220시간), 한 곳에서 꾸준히 하지는 않았습니다. 서울동부지방법원에서 약3개월간 사법모니터링을 통해 실제

재판을 방청한 경험은 단기적으로는 자기소개서 작성에, 장기적으로는 법조계의 일부에 대한 현장학습을 했다는 점에서 도움이 되었습니다.

● **기타 경력 - 법무부 국제법무과 인턴** ······ 학부를 졸업하자마자 법학전문대학원에 진학했기 때문에 별다른 경력을 쌓을 기회는 없었습니다. 다만 우연한 계기로 작년 상반기(3월 초 ~ 8월 말)에 법무부 국제법무과에서 외국어인턴으로 근무한 경험이 있습니다. 주1회 근무였기 때문에 LEET 준비와 충분히 병행할 수 있었습니다. 매일 LEET에만 몰두하는 것보다 주1회 과천에서 연수원 또는 로스쿨 출신 법무관, 검사, 사무관들을 만나 실제 법무부에서 하는 일을 인턴의 신분으로 접하는 것은 전술한 서울동부지방법원 모니터링보다 더 생생한 경험이었습니다.

4 기타 사항

● **운 동** ······ 1년의 입시 레이스는 결코 짧지 않습니다. 1년 동안 수많은 요소들에 신경을 써야 하기 때문에 체력이 받쳐주지 않는다면 입시를 완주하기는 굉장히 어렵습니다.

비단 입시를 위해서뿐만 아니라 향후 로스쿨 재학 중에도, 사회에 진출해서도 체력은 필수이기 때문에 정기적으로 운동을 하는 것을 적극 권합니다. 저는 대학교 진학 이후 약 2개월간의 PT를 거쳐 혼자 헬스장에 다니면서 운동을 했습니다. 로스쿨에 진학해 보니, 운동을 하지 않았던 일부 동기들이 벌써부터 체력 관리의 어려움을 호소하는 것을 보고 운동의 중요성을 다시 느꼈습니다.

● **소신과 '서로연'** ······ 로스쿨 입시에 굉장히 다양한 요소들이 반영되고, 작은 차이로 당락이 결정되다 보니 수험생들 사이에서 근거가 부족한 카더라 통신이 판을 치는 경우가 많습니다.

특히 LEET 직전과 직후, 면접 직전과 직후에는 다음 카페 '서로연'에 글이 폭주합니다. 수험생인 이상 상황에 흔들리기 쉬운 것은 당연합니다. 그러나 '서로연'을 필요악이라고 규정하는 사람들도 있는 만큼, '서로연'은 (면접 준비를 위해 충남대학교 지원 예정자를 모집한 것처럼) 정말 필요한 경우가 아니면 자주 방문하지 않았으면 좋겠습니다. '서로연'에 올라오는 글들을 읽다 보면 스스로가 작게 느껴져 불필요한 스트레스가 쌓입니다. '서로연'에 들락 거릴 시간을 운동이나 취미생활을 위한 시간으로 전환하시는 것이 정신건강 에 훨씬 이롭습니다. 안 그래도 1년 동안 입시를 준비하면서 멘탈이 흔들릴 일이 많은데, '서로연'에 상주하면서 그 불안감을 증폭시킬 이유는 전혀 없 습니다.

● **법률신문 (https://www.lawtimes.co.kr/)** ······ 최근 법조계 동향, 관결에 관한 기사, 법조인들의 칼럼 등 법조계의 다양한 소식을 쉽고 빠르고 접할 수 있는 통로가 법률신문입니다. 저는 특히 면접준비하던 시기에 법률 신문의 도움을 많이 받았습니다. 법률신문의 기사들을 통해 로스쿨 면접에 출제될 만한 쟁점들에 대한 법조계 구성원들의 시각을 접할 수 있습니다. 기 사화된 관결들을 읽다 보면 LEET 공부에도 도움이 됩니다. 추리논증의 경 우 법학 파트에서 이슈화된 관결들이 직접 출제되기도 하며, 관결을 둘러싼 학설 대립이 언어이해 지문으로 출제될 수 있는 가능성도 있습니다.

5 마치면서

"합격의 기쁨도 잠시, 앞으로의 3년을 생각하니 어깨가 무겁습니다." 이 는 기존의 수많은 합격수기에 공통적으로 기재된 문구였습니다. 당시에는 그저 머리로만 이해했지만, 막상 대학원 생활을 시작해 보니 저절로 공감이 갑니다. 그렇지만 감사하게 로스쿨에 합격해서 이런 수기를 쓸 기회도, 좋은 동기들과 함께 공부하며 법조인의 꿈을 키울 기회도 잡을 수 있었다고 생각 합니다.

입시를 치르면서 제가 가장 고생했던 LEET가 요구하는 비판적 사고력과 독해력도 스스로에 대한 객관적인 이해가 전제되지 않으면 기르기 어렵습니다. 로스쿨 입시에 반영되는 수많은 요소들을 준비하면서 내가 나를 알아가는 여정은 반드시 수반되어야 합니다. 이는 비단 로스쿨 입시에 한정되는 이야기는 아닐 거라고 생각합니다.

제가 작년 1년간 가장 많이 되뇌었던 문장은 "끝날 때까지 끝난게 아니다."였습니다. 제 수험생활은 뜻대로 된 것보다 되지 않은 일들이 훨씬 많았습니다. 그러나 친한 친구들과 교수님, 가족의 격려 덕분에 입시 레이스를 완주해 이 자리까지 올 수 있었습니다. 로스쿨 진학을 준비하는 모든 분들도 포기하지 않고 마라톤을 완주하시길 바랍니다.

저라는 한 사람의 말만 맹신하시지 마시고, 제 경험담을 각자의 상황에 맞춰 현명하게 취사선택하셨으면 좋겠습니다. 모자란 글을 끝까지 읽어주셔서 감사합니다.

44

1인 3역에서 4역으로

김 현 정

- 부천여자고등학교 졸업
- 성균관대학교 국문학과/법학과 졸업
- 충남대학교 법학전문대학원 제1기
- 제1회 변호사시험 합격
- 현) 변호사 김현정 법률사무소

1 글을 쓰기에 앞서

이 글을 쓰기로 마음먹으면서, 과연 내가 이 글을 쓸 자격이 있는 사람인 가 하는 고민을 했습니다. 내 공부 방법이 도움이 될 수 있을까 라는 의문보 다도, 저보다 더 충실히 또 오랜 시간 준비해 오신 분들께 기회를 드리는 것 이 옳지 않은가 하는 생각 때문이었습니다. 저는 법학전문대학원 입학을 준 비하는 동안, 네 가지의 역할을 감당해야 했습니다. 첫째는 이제 갓난아기의 엄마, 둘째는 회사원, 셋째는 가정주부, 넷째가 법학전문대학원 입학을 준비 하는 수험생 이였습니다. 어느 하나도 소홀히 할 수 없는 생활 속에서 주어진 시간을 최대한 활용해야 했던 제 경험은, 많은 수험생들에게는 도움이 되지 못할 수도 있다는 생각을 했습니다. 그러나 분명 저와 같이 여러 역할을 병행하며 또 하나의 짐을 질 것이냐 말 것이냐를 고민하시는 분들도 계실 것이며, 그 분들께 작으나마 도움이 되기를 바라는 마음으로 이 글을 시작합니다.

2 법학적성시험에 응시하기까지

제가 대학 졸업을 앞둔 2006년에는 자대의 법대 교수님들께서 법학전문대학원 인가를 위한 준비로 굉장히 분주하셨습니다. 교수님들께서 간간히 들려주시는 법학전문대학원과 관련한 이야기는 흥미로운 이야기임은 분명했지만, 그 시행자체가 불투명한 상황이었고 사실상 저와는 상관없는 이야기로 생각했습니다. 저는 명목상으로나마 사법시험 준비생이었고, 함께 공부하던 당시의 약혼자 또한 사법시험 준비생이었으며, 졸업 후 우선 결혼하여 함께 공부를 계속 할 계획이었기 때문입니다. 그러나 결혼 직후 예정에 없던 임신으로 저는 사법시험을 포기하고 학생시절부터 영문 서류 번역 등의 아르바이트를 해 왔던 특허법률사무소에 취직하였습니다.

그렇게 시작된 사회생활은 낯선 환경에서의 어려움도 있었지만, 학생시절 경험할 수 없었던 다양한 정보를 접하고 경험하는 놀랍고 즐거운 시간이었습니다. 저는 대학생의 때에 평생 학생으로 살고 싶다는 말을 주위의 사람들에게 하곤 했습니다. 그러나 현재에 와서는 그러한 말이 얼마나 어리석었던가 하는 생각을 합니다. 그만큼 저는 사회생활을 통해 제 무지함을 벗을 수 있었고, 사회를 다양한 시각에서 바라보는 안목도 키울 수 있었습니다.

제가 근무하던 특허법률사무소는 지적재산권과 관련하여 출원 및 등록의 대행업무, 지적재산권 관련 소송의 대리, 지적재산권 관리 업무 등을 하고 있습니다. 규모가 작은 사무소였지만, 의뢰인의 스펙트럼이 넓어 다양한 업무를 경험할 수 있었습니다. 제가 담당했던 업무 중 지적재산권과 관련한 소송·심판을 통해 법원에서 업무가 처리되는 절차 및 관련하여 요구되는 서류들의 양식, 관련 자료들의 수집·증거화 과정 등을 배울 수 있었습니다. 이러한 경험은 제가 법학공부를 하며 추상적으로 배우고 익힐 수밖에 없었던 많은 것들을 실제화 하여 체득하는 좋은 기회가 되었습니다.

그러던 중 법학전문대학원 관련 논의는 급물살을 타게 되었고, 인가절차가 마무리 되고 법학적성시험 시행 공고가 났습니다. 그 과정 중에도 저는 신문에 실리는 법학전문대학원 관련 기사들을 파일 속에 모아두며 그 진행 과정에 관심을 가지고 있었습니다. 그러나 제 생활은 당장의 회사일과 아이를 배속에서부터 키우고 낳아 기르는 일, 가정의 일을 살피는 일 등으로 눈코 뜰 새 없는 생활을 해 오고 있던 까닭에 구체적인 계획을 그리기가 어려운 현실이었습니다. 법학적성시험 접수 마지막 날, 시아버님께서 시험접수를 권하셨습니다. 접수 마감 한 시간을 남겨 두고 접수를 마쳤습니다.

가정이 있는 분들은 공감할 이야기입니다만, 아이가 있고 더군다나 그 아이가 젖먹이이며 공부를 하고자 하는 사람이 아이의 엄마라면 공부를 포기하고 싶은 마음이 들만큼 상황이 여의치가 않습니다. 저의 경우 회사도 다니고 있었고, 절대적으로 공부시간이 부족한 상황이었습니다. 아이를 보는 일이 얼마나 힘든 일인지 잘 알고 있음에도 낮 동안 아이를 봐 주시는 시어머님께 퇴근 후 4시간 더 아이를 봐주시기를 부탁드리고 가외의 시간을 낼 수 있었습니다. 그렇게 하루 4시간이 제게 주어진 공부시간의 전부였고, 저는 그 시간을 효율적으로 활용해야 했습니다. 항상 격려해주신 시부모님과 응원을 아끼지 않았던 남편의 도움으로 어려운 상황 속에서도 공부 할 수 있었음에 감사합니다.

3 법학적성시험 준비

시험접수일부터 시험일까지 남은 시간은 두 달여에 불과했습니다. 이전까지 전혀 준비를 해 오지 못했던 저로서는 이 시간을 효율적으로 활용해야만 했습니다. 법학적성시험 접수를 마치고 제가 제일 처음 한 일은 법학적성시험 공식 사이트인 www.leet.or.kr과 법학전문대학원협의회인 http://info.leet.or.kr 를 방문하여 관련 자료를 수집한 것입니다. 법학적성시험의 성격과 목적, 시험 영역, 2009학년도 예비시험 안내 등이 수록된 관련 자료를 다운 받아 출력하고 이를 정독했습니다. 시행 첫 해이니, 그 방향을 결정하는 것은 시행과 관련한 안내서가 될 것이라고 생각했습니다. 우선 영역이 세가지가 있다는 것과 이들 영역은 각각 언어이해, 추리논증, 논술영역라는 것을 확인하고, 각 영역이 요구하는 수준을 확인했습니다. 언어이해의 경우 내용영역과 인지 활동 유형이라는 두 가지의 평가틀을 마련하고 있었습니다. 내용면에 있어서는 국어, 인문, 사회, 과학·기술, 문학·예술 의 5개 영역, 인지활동유형에 있어서는 어휘, 분석, 추론, 비판, 창의의 5개 영역이었습니다. 그 출제원칙 중 주목할 만한 사항은 '특정 분야의 세부적이고 심층적인 지식이나 내용을 알아야만 문제를 해결하는 문항은 제외함.', '지문은 인문, 사회, 과학·기술, 문학·예술 등 다양한 분야의 글을 통해서 독서 체험의 폭과 깊이가 평가를 통해서 반영될 수 있도록 제시함.' 이었습니다. 이러한 사항을 종합해 내린 제 나름의 결론은 언어이해와 관련해서는 이론 공부보다는 실전 문제 풀이 감각을 높여야 겠다는 것이었습니다. 평소 인문·사회과학 분야 및 문학 책을 즐겨 읽었던 까닭에 그에 대한 두려움은 적은 편이었고, 과학·기술, 예술 분야에 대해서는 조금 걱정하는 마음이 들었지만, 특정 분야의 세부적이고 심층적인 지식이나 내용을 알아야만 문제를 해결하는 문항을 제외한다는 안내문의 문구를 상기하고 이를 기억하는 정도로만 담아 두었습니다.

추리논증의 경우 평가틀이 다소 복잡했습니다. 추리논증을 추리와 논증으로 세분하여, 추리는 또다시 내용 영역으로는 논리학·수학, 인문학, 사회과학, 과학·기술 4개 영역을, 인지활동유형으로는 언어추리, 수리추리, 논리게임 3개 영역으로 세분되고, 논증은 다시 내용 영역으로 이론적 논변(인문학, 사회과학, 과학·기술)과 실천적 논변(일상적·도덕적 논변, 의사결정, 법적 논변)의 2개 논변영역을, 인지활동유형으로는 분석 및 재구성, 비판 및 반론, 판단 및 평가의 3개 영역을 마련하고 있음을 확인하였습니다. 그 각각에 대한 내용들을 확인하고, 어떤 식의 문제가 출제될 것인지를 예상해 보았습니다. 논술영역의 평가틀은 내용영역에서는 인문학, 사회과학, 자연과학 등 이었고, 인지활동 유형에서는 분석(논제 분석, 제시문 분석), 구성(논증, 창의, 표현)의 두 개 틀이 마련되어 있었습니다.

각각의 영역이 마련한 평가 틀 중 내용영역은 공통적으로 인문, 사회과학, 과학·기술, 문학·예술임을 알 수 있었습니다. 지문의 내용이 그러하되, 이를 어떠한 유형으로 출제할 것인지가 다른 것이었습니다. 따라서 그 출제 유형을 파악하고 이러한 유형에 따른 문제해결방법을 익히는 것이 필요하다고 결론 내렸습니다.

그 다음 한 일은 출산 무렵 치러졌던 2009학년도 예비시험의 문제지를 출력한 것입니다. 이 문제지를 시간에 맞춰 풀어봤습니다. 언어이해는 40문항을 90분에 푸는 것인데 결과적으로 20분이 초과되었고, 추리논증은 120분 안에 풀어야 하는 것인데 40분이나 초과해서야 마칠 수 있었습니다. 시험을 처음 본 느낌은 언어이해는 대입수학능력시험의 언어영역과 비슷하다는 것이었고, 추리논증은 생소하다, 아이큐테스트 같다는 것이었습니다. 그 결과도 틀린 개수가 추리논증이 언어이해의 두 배가 되어, 전체적으로 추리논증이 어렵다는 것을 확인할 수 있었습니다.

다음 날 각 영역의 오답을 체크했습니다. 실수라고 여겨질 만큼 간단한 것을 확인하지 못 해 틀린 문제도 있었고, 아무리 생각해도 답이 나오지 않는 문제도 있었습니다. 그런 문제는 집에까지 가져와 가족들과 의논하며 내 생각이 어디서 잘못 되었는지를 확인했습니다. 이렇게 오답체크까지 마친 뒤, 예비시험 문제지를 2부 더 출력하여 이틀에 걸쳐 시간에 맞추어 푸는 연습을 했습니다. 이미 보았고 오답체크까지 한 문제였기 때문에 불필요한 일일 수도 있었지만, 문제유형을 머리 속에 각인시키고자 한 의도가 있었습니다.

그 다음으로는 인터넷 서점에서 '로스쿨', '법학적성시험', '추리논증', '논증', '언어이해' 등의 키워드를 넣어 관련 서적을 찾아 보았습니다. 처음 본 책은 맛있는 공부에서 펴내고 EBS에서 강의한 교재였습니다. 이 책으로 약 일주일 정도를 공부했습니다. 오래 전부터의 공부습관대로 각 섹션마다 본격적인 문제에 앞서 있는 관련 정보와 설명을 탐독한 뒤 문제를 풀었습니다. 모로 가더라도 서울만 가면 된다는 식으로 문제의 정답은 맞출 수 있을지 모르지만, 출제자의 의도와 그에 맞는 풀이방법에 따른 문제풀이를 연습해야 실전에서 실수를 줄일 수 있다는 판단에서였습니다. 문제를 풀고 난 뒤에는 그 앞의 설명을 대입하여 그대로 풀었는지, 아니라면 설명과 문제풀이 방법대로 다시 풀고 내 방법과 어떻게 다른지를 비교했습니다.

언어이해 영역은 대체로 어렵지 않게 풀 수 있었고, 지문들을 통해 평소 잘 접하지 못 했던 다양한 분야에 대한 소소한 앎의 즐거움을 느끼기도 했습니다. 한번은 신경숙의 소설 '풍금이 있던 자리'가 짧게 지문으로 출제되었는데, 그것이 너무 재미있어서 그 소설을 찾아 읽기도 했었습니다. 그러나 언어이해는 전체적으로 감이 중요하다는 생각을 계속하게 되었고, 지문이 전체적으로 대입 수능보다 길게 출제되는 까닭에 그것을 짧은 시간에 빠르고 정확하게 읽고 핵심 정보를 파악하는 연습을 주로 했습니다.

추리논증의 경우 확실히 생소한 분야임이 틀림없었습니다. 문제를 풀기 전 책에 나와 있는 문제의 유형과 풀이방법에 대한 해설을 따로 수첩을 마련하여 옮겨 적었습니다. 풀이한 문제 중 잘 모르겠는 것은 여러 번 풀면서 이해해 보려고 했고, 그렇게 이해한 것도 그 다음 날, 또 그 다음 날 여러 차례 풀어보면서 풀이방법을 체화하려고 했습니다.

처음 공부했던 책이 조금 쉽게 되어 있어 입문자에게는 두려움을 덜어주었다는 점에서 장점을 지녔으나, 후에 추리논증 부분이 너무 부족했음을 알게 되었습니다. 예비시험 문제를 다시 풀어보면서, 책에서 언급되지 않은 문제유형들이 너무 많음을 발견한 것입니다. 그 때 네모법률교육에서 나온 '논리추론바이블'이라는 책을 구입 해 보기 시작했습니다. LSAT 준비생들이 필수적으로 읽는 책이라고 합니다. 결론적으로 저는 이 책을 거의 보지 못했습니다. 시험이 얼마 남지 않았고, 제가 하루 중 공부에 쓸 수 있는 시간도 많지 않았습니다. 시험이 끝난 뒤 조금씩 다시 보는 기회를 가지면서 조금 더 적극적으로 활용했더라면 좋았을 것이라는 아쉬움을 많이 가졌습니다. 시간적으로 여유가 있는 분들이라면 이 책을 잘 활용한다면 큰 도움이 될 수 있을 것이라고 생각합니다. 특히 스터디를 조직해서 공부한다면 더 쉽게 공부할 수 있겠다는 생각도 합니다.

공부 할 시간이 절대적으로 부족한 제 상황 때문에, 이론공부 보다는 감을 익히는데 많은 시간을 할애 했습니다. 언어이해의 경우 MEET/DEET의 기출문제집 등 참고할 수 있는 문제집이 많았습니다. 그 중에서도 mega study의 권종철의 기출문제 심층분석 문제집이 큰 도움이 되었습니다. 기출문제는 검증된 문제여서 오류가 적고, 입문자가 겪을 시행착오를 많이 줄여주는 것 같습니다. 추리논증의 경우 기출문제를 구하기가 어려웠습니다. PSAT 기출문제집을 구입해서 그 중 상황판단 영역의 문제를 풀었습니다. 또 언어논리 영역 중 LEET의 추리논증 영역의 출제유형과 비슷한 문제들만을 선별해서 풀었습니다. 사설학원의 문제집보다는 기출문제가 낫다는 판단 하에서 그렇게 공부했던 것인데, 결과적으로 추리논증 영역의 공부가 많이 취약했던 것 같습니다.

또 사설학원에서 시행했던 모의고사도 1회 참가 해 테스트 해 보았습니다. 이 때 논술문제를 처음 풀었고, 첨삭지도를 받을 수 있었습니다. 장기간 첨삭을 받으며 공부했더라면 좋았을 것이라는 아쉬운 마음이 들었지만, 제 형편상 어쩔 수 없는 일이라고 생각하고, 논술은 현재 내 역량이 닿는 만큼만 쓰기로 마음 먹었습니다. 모의고사에서도 추리논증 영역의 시간이 많이 부족했습니다. 무엇보다도 시간 안에 푸는 연습을 해야겠다고 생각했습니다.

4 법학적성시험 마지막 일주일부터 당일까지

법학적성시험을 앞둔 마지막 일주일에는 회사에 양해를 구한 뒤 휴가를 내고 하루 종일 독서실에서 시험준비를 했습니다. 그 때 주로 했던 것은 추리논증 영역의 문제유형 및 각 유형에 따른 풀이법을 정리 하고 따름 문제를 풀어보았으며, 그 동안 풀었던 문제들 중 틀려서 다시 보았던 문제들을 다시 보면서 틀렸던 이유와 풀이법을 점검했습니다. 또 사설학원의 실전모의고사 문제를 구해 이것을 시간 안에 푸는 연습을 했고, 또 예비시험 문제를 시간 안에 푸는 연습을 다시 했습니다. 이 때에는 기출문제가 더 있었더라면 하는 아쉬움이 상당히 많았습니다. 시행 첫 회이기 때문에 어쩔 수 없는 일이었기는 합니다.

논술은 이 마지막 일주일 동안 하루에 한편의 논술을 써 보는 것으로 공부를 대신했습니다. 사설학원의 논술문제와 기출문제를 보고 주어진 시간 동안 정해진 분량을 채우는 식으로 글을 썼습니다. 제 글에 대해 비판적으로 검토를 받지 못해 이 때에는 오로지 초안을 잡는 시간과 글을 쓰고 퇴고 하는 시간을 배분하는 연습을 했고, 실전에서 연필로 쓴 뒤에 볼펜으로 다시 쓰는 등의 작업은 할 수 없으리라 생각하고 볼펜으로 바로 쓰면서 주술불호응이 일어나지 않도록 하는 데 신경을 썼습니다.

법학적성시험 당일, 시험 시간 30분 전쯤 고사실에 도착했습니다. 자리를 정돈한 뒤, 1교시 언어이해 영역을 준비했습니다. 언어이해는 지문을 빠르게 읽고 그 핵심 내용을 파악해야 하는데, 글이 처음부터 빠르게 읽히지는 않기 때문에 이전에 풀어보았던 예비시험 문제지를 밑줄을 쳐가며 빠르게 읽었습니다. 긴장되는 탓에 눈은 글을 보되, 머리가 읽지 않았기 때문에 밑줄을 쳐가며 읽었던 것입니다. 그것을 20분 정도 하고 본 시험에 들어가 지문을 접하자 지문이 쉽게 읽혔습니다. 서행하던 자동차가 점차 속도를 더해 일정 속도에 도달했던 것입니다. 저는 이 방법을 여러분께 권하고 싶습니다. 관련 내용의 정리도 좋지만, 언어이해의 핵심은 빠르게 읽고 그 내용을 파악하는 것이기 때문에 일정 속도까지 끌어 올릴 수 있는 워밍업이 반드시 필요합니다.

언어이해 시험을 마치고 점심을 먹었습니다. 학교로 오신 시부모님과 아이와 함께 점심을 먹으며, 잠시나마 긴장을 덜 수 있었습니다. 2교시 추리논증은 공부가 많이 부족했고, 시간 안에 푸는 것에 대한 자신이 없어 시험 전 주어진 시간을 활용하는 데 애를 먹었습니다. 소화를 위해 복도를 걸으며 정리 해 놓았던 문제유형을 다시 확인하고 그 풀이방법을 눈에 익혔습니다. 시험이 끝난 뒤 생각한 것이지만, 시험 전 주어진 시간을 언어이해와 마찬가지로 문제 자체를 다시 눈에 익히는 것이 좋을 것 같습니다. 까닭은 추리논증 역시 주어진 자료를 해석하고 논리적으로 문제를 해결해야 하는데, 이때에도 주어진 자료를 빠르고 정확하게 읽을 수 있어야 합니다. 이를 위해서는 언어이해 같이 일정 속도 이상으로 글이 눈에 들어오도록 워밍업이 필요한 것 같습니다.

시험을 마친 뒤 들리는 이야기로는 추리논증이 예비시험에 비해 상당히 어려웠다는 평이었는데, 당시 시험을 치르던 저로서도 당황하며 문제를 풀었던 기억이 납니다. 충실히 기초를 다지며 공부하신 분들은 보다 쉽게 풀 수 있었으리라고 생각합니다. 단순히 감만으로 문제를 풀겠다는 것은 운에 맡기는 태도여서 장기적인 계획을 세우고 공부하는 방법으로는 적절하지 않습니다. 위에서 언급했던 논리추론바이블 등의 논리추론 서적을 통해 기초를 다지며 공부하시기를 바랍니다.

3교시 논술은 제가 예상했던 것보다 지문의 난이도가 높았습니다. 특히 인도적 개입문제와 관련하여서는 그 쟁점을 도출하는 것이 쉽지 않았고, 또 이에 대한 나 자신의 의견을 피력하는 것도 주장의 근거를 선정하는 데 있어 어려움이 많았습니다. 논술은 시간 안에 주어진 분량을 준수하여 쓰는 것으로 만족했습니다.

시험결과는 단순비교로는 추리논증의 성적이 많이 떨어졌지만, 시험성적 발표 후 백분위를 확인 해 보니 두 영역의 성적이 아주 근소한 차이로 비슷했습니다. 추리논증 영역에서 고득점을 받은 분들은 좋은 점수를 받을 수 있었을 것입니다.

시험을 마치고 난 뒤 들었던 아쉬움 중 가장 컸던 것은 추리논증 영역에 대한 것이었습니다. 수능세대인 이상 언어이해는 접근하기가 쉬우리라 봅니다. 추리논증은 PSAT를 준비하셨던 분들도 생소한 유형의 문제가 많을 것입니다. 제가 보았던 책들 중에는 LSAT가 유형 면에서 많이 유사한 것 같습니다. 2010학년도 시험을 준비하시는 분들은 이 점을 유의하셔서 추리논증 영역에 대한 준비를 많이 하실 것을 권합니다.

5 자기소개서 및 면접준비

법학적성시험을 마치고 난 뒤 더 이상 가외의 시간을 내는 것이 불가능 해 졌습니다. 면접스터디에 참여하고 싶었지만, 아이를 계속 떼어 둘 수가 없었고 집안의 사정도 여의치가 않았습니다. 결국 혼자서 준비하기로 마음 먹고

로 스 쿨 합 격 수 기

회사에 출근 한 뒤 아침 시간 잠깐, 점심 시간 중의 자투리 시간, 아이가 잠든 뒤 잠깐을 활용하여 면접을 위한 공부를 했습니다. 집에서는 주로 대입을 준비하며 읽었던 문원각에서 나온 글동산 비문학 책을 다시 보았습니다. 현대사회의 다양한 문제들에 대한 기초적인 시각을 마련해 주는 책입니다. 그리고 회사에서는 인터넷 포털 사이트인 다음의 미디어광장 아고라에 올라오는 시사 문제들에 대한 다양한 의견을 읽으며 내 입장을 정리해 보는 연습을 했습니다. 또 이러한 내용들을 짧게나마 글로 적어 두었다가, 퇴근하는 길에 중얼거리며 말로 하는 연습을 하기도 했습니다.

입학전형이 본격적으로 시작되는 연말이 되면서 학교에 지원하고 자기소개서 등의 요청 서류를 작성하는데 많은 시간을 썼습니다. 자기소개서에서는 나를 포장할 욕심으로 거짓말을 하거나 과장하지 않도록 했고, 현재의 내 상황과 그 동안의 삶의 경험들이 법률가가 요구하는 자질을 쌓는데 어떠한 도움이 되었는지 하는 것과 더불어 제게 부족한 점들을 어떻게 보완 할 것인지에 대해 솔직하게 쓰고자 노력했습니다. 자기소개서는 자기를 소개하는 글이며, 자기의 삶을 열심히 살아온 사람이라면 있는 그대로 쓰는 것으로 충분하다고 생각합니다. 자기소개서를 대필해주는 사람도 있다고 들었습니다만, 법률가가 되고자 하는 사람으로서 그러한 일은 하지 않도록 해야 할 것입니다. 법률전문가의 가장 중요한 일 중의 하나가 타인의 의사를 대변하는 것이며, 이는 보통 글을 통해 이루어집니다. 법률전문가는 여러 소양이 요구되겠지만 그 중에서도 중요한 것 중의 하나가 글을 통해 의견을 전달하고 설득하는 일일 것입니다. 법률전문가가 되기로 마음을 먹고 공부에 임했다면, 이미 법률전문가가 되었다는 마음으로 그 과정을 준비하시기 바랍니다.

6 공인영어성적

제 경우에는 2007년도에 임신한 동안 변리사시험 응시를 계획하며 TOEIC 성적을 갖춰 놓은 것으로 법학전문대학원에 응시했습니다. 변리사 시험 등의 각종 자격 및 채용시험의 경우 공인영어성적을 자격요건으로 하는 경우가 많아서 일정 점수 이상이면 지원이 가능합니다. 그런 까닭에 저역시 하루 한 시간씩 한 달을 공부해 갖춰 놓은 성적이어서 성적이 좋지는 않았습니다. 입시가 끝난 뒤에도 그 점이 많이 아쉽게 생각됩니다.

무엇보다도 영어성적은 거의 매달 시험을 볼 수 있고, 성적 인정기간이 보통 2년 정도이기 때문에 다른 공부에 앞서 먼저 취득해 놓으실 것을 권합니다. 영어에 자신 있는 분이시라면 많은 노력을 하지 않아도 될 것입니다. 뒤늦게 법학적성시험 준비, 면접 준비 등으로 바쁜 때에 영어성적을 올리기 위해 애쓰는 것은 효율 면에서 좋지 않다고 생각합니다.

7 충남대학교 법학전문대학원에 입학해서

모든 입시과정을 마치고 저는 충남대학교 법학전문대학원에 입학했습니다. 가정이 있는 이상 제 본거지를 떠나기는 어려웠기 때문에 잘 한 결정이었다고 생각합니다. 준비과정에서 있었던 아쉬움도 결과에 위안을 얻고 있습니다.

학교에 입학하여 보니, 다양한 경력을 가지고 뛰어난 능력을 소유하신 분들이 이 땅위에 얼마나 많은가 하는 사실을 다시금 확인하며 놀랍니다. 저는 학부에서 법학을 전공했기 때문에 법학전문대학원 수업에 어려움이 적은 편입니다만, 그럼에도 불구하고 법을 처음 공부하시는 분들의 실력에 놀라는 때가 많습니다. 굳은 각오로 이 자리까지 오신 분들이니 당연한 일이기도 할 것입니다. 학부에서 법을 공부하면서 저는 기계적으로 법을 공부해 온 경향이 있었던 것 같습니다. 다양한 전공을 가지고 그에 따른 사회경험을 해 오신 분들에게서 배우는 것 중의 하나가 하나의 문제에 대한 다양한 시각과 접근법입니다. 예로 제가 현재 수강하고 있는 저작권법 첫 수업에서 교수님께서는 저작권침해와 관련하여 다양한 사례를 제시하시고 그에 대한 학생들의 의견을 물으셨습니다. 저는 학부에서 법을 전공했던 까닭에 법문에 근거해 그에 대한 가부의 결론을 내리려고 했던 반면, 많은 학생들께서 사회 일반의 상식에 따른 접근을 통해 그 침해 여부를 판단하는 의견을 피력하셨습니다.

사실 사회에서 문제되는 많은 일들이 칼로 무 자르듯 판단하여 해결할 수 없습니다. 또한 법은 완전을 지향하고자 하지만, 여전히 많은 사각지대가 존재합니다. 그런 까닭에 일반의 상식에 따른 조리에 의한 판단이 필요합니다.

충남대학교 법학전문대학원 개원식에서 원장님의 연설 말씀 중 기억에 남는 것 중의 하나가 본인의 검사시절의 경험에 대한 회고였습니다. 사회적으로도 큰 이슈가 되었던 론스타의 외환은행 매입과 관련하여 특별경제범죄가중처벌법 상의 배임에 대한 수사과정에서 느낀 것은 법의 획일적인 적용으로는 판단할 수 없는 전문영역이 존재하며, 이에 대한 판단을 위해서는 그 전문영역의 지식이 필요하다는 것이었습니다. 그런 까닭에 법학전문대학원의 도입을 매우 반기신다는 것과 오늘 이 자리에 있는 학생 여러분이 각자 자기의 전공분야를 살려 일반 국민의 법감정에 맞는 합당한 판단을 내리는 법률가가 되기를 바란다는 말씀을 하셨습니다.

그러나 현실과는 다르게 법학공부가 녹록치 않음이 사실입니다. 법 이외에 다양한 전문지식을 계속 쌓는 것이 쉽지 않습니다. 그렇지만 법학전문대학원 입학을 준비하시는 여러분들께 드리고 싶은 말 중의 하나는 다양한 사회경험과 지식을 쌓는 데에 주저하지 마시라는 것입니다. 특히 사회에서의 경험은 책에서 배울 수 없는 많은 것을 배우게 합니다. 법학 과목 중 민사소송법, 형사소송법 등의 절차법은 교과서를 수회 읽는 것보다 준비서면, 고소장 한번 쓰는 것이 더 큰 도움이 됩니다. 이러한 예 이외에도 사회에서의 경험이 법학공부와 관련하여 많은 도움이 될 수 있습니다.

8 마치며

제 경우 특수한 상황으로 인해 입시를 위해 요구되는 요건들의 구비를 위해 많은 시간을 쓰지 못 했고, 이것이 아쉬움으로 남습니다. 특히 LEET의 준비에는 그럭저럭 시간을 쓸 수 있었지만, 그 외 공인영어 성적과 면접에는 거의 시간을 할애하지 못했습니다. LEET 성적에 대한 아쉬움도 역시 있지만, 공인영어 성적과 면접준비가 더 충실했더라면 더 나은 결과가 있었으리라는 생각도 해 봅니다.

　저와 같이 많은 시간을 쓰지 못하는 분이시라면 정보수집에 게을리 하지 마시기를 바랍니다. 제 경우 첫 시행이고, 아직 검증된 것이 없다는 생각에 제 나름의 공부 방법을 고집했고 그것이 적절치 못했던 것 같습니다. 학원가와 수험생들 사이에서도 시행착오 끝에 나름의 적절한 방안들이 많이 마련되었으리라고 생각합니다.

　더불어 글을 마치며 감사의 말을 전합니다. 공부할 기회를 허락해 주시고, 물심양면의 지원을 아끼지 않으시고, 하나의 목표에 매진하면서 소외되고 문제화 될 수 있는 상황들에 대해 균형감각을 잊지 않도록 조언을 아끼지 않으시는 시부모님께 감사드립니다. 멀리서나마 딸의 건강과 학업을 위해 늘 기도해 주시는 어머니, 아버지 감사합니다. 부족한 제게 용기를 주고 최고라고 해 주는 남편에게 고맙습니다. 바쁜 엄마임에도 잘 자라주는 딸아이 주희에게 고맙습니다.

　부족한 합격수기가 지면화 될 것을 생각하니 부끄러운 마음이 한없습니다. 모쪼록 이 글을 읽으시는 분들께서는 제가 전해드린 것 이상의 지혜를 깨달으시고 학업에 도움이 되시기를 바랍니다. 이제 예비과정을 통과했을 뿐 아직 본선이 남아 있습니다. 각자의 시간에 최선을 다하고 본선 통과 후 필드에서 선의의 경쟁자로 다시 만납시다.

45

집 념

이 예 리

- 공주사범대학부속고등학교 졸업
- 동국대학교 행정학과 졸업
- 충북대학교 법학전문대학원 제4기
- 제4회 변호사시험 합격
- 현) 변호사 이예리 법률사무소

1 시작하며

일 년간 로스쿨을 준비하면서 포기라는 말을 수십 번 마음속에 떠올리지 않았다면 거짓말일 것입니다. 하지만 일 년이 지난 이 순간, 이 자리에서 내 꿈을 꿀 수 있다는 것은, 내 미래를 희망차게 다질 수 있다는 것은 그 포기라는 단어를 접어 두고 집념이라는 단어를 꺼내 들었기 때문이라고 생각합니다. 롤러코스트 레일처럼 일 년간 열두 번은 더 요동친 제가 감히 이런 말들을 할 수 있을지 많은 고민이 들었습니다. 하지만, 지금 이 순간에도 저처럼 오르락내리락 굴곡을 겪고 계신 수험생들 그리고 4기가 되어 희망을 한 아름 안고 계신 동기들과 저의 비범하진 않지만 기특했던 집념 이야기를 공유해볼까 합니다.

2 지원동기

국민인권을 수호하고 국가질서를 유지하는 데 이바지하기 위해 로스쿨 진학을 꿈꿨다고는 장담할 수 없습니다. 그저 제가 보고 느끼고 살아온 인생을 담아 제 주변인들에게 도움을 줄 수 있는 사람이 되고 싶다는 생각에서 이 길을 택하게 되었습니다. 대학교 4학년 때 학생대표를 했습니다. 대표 임기 말을 즈음해 제 모교에서는 교내 청소노동자들에 대한 부당한 대우가 문제가 되고 있었습니다. 당시 학우들의 공감과 청소노동자들의 단결력으로 많은 부분 문제가 시정되는 과정 속에서 로스쿨 진학으로 연결되는 고리를 찾게 되었습니다. 평균나이 70세를 넘긴 노동자들의 최저 임금 제도, 노조 탄압에 대한 구제 방법, 용역회사와 학교 그리고 청소노동자들 간의 계약 관계 등 복잡한 법적 관계들에 대해 구체적으로 알 수 없었던 저는 그저 감정에 호소할 수밖에 없었습니다. 이런 활동들을 통해서 주변에 고통을 안고 살아가는 사람들에게 대안을 제시하고 함께 고민할 수 있는 사람이 되기 위해 저는 법률가가 되어야겠다고 생각했습니다.

3 과 정

• 학 점 • ····· 학점은 크게 뒤지지 않는 편입니다. 대학을 다니면서 학과 공부에 흥미도 있었고, 함께하는 친구들이 모두 열심히 공부를 열심히 하는 편이었습니다. 학점은 제가 대학 생활을 얼마나 성실히 하였는지를 보여줄 수 있습니다. 로스쿨은 3년간 지치지 않고 꾸준히 공부를 할 수 있는 장래성이 뛰어난 학생들을 선호할 수밖에 없다고 생각합니다. 꾸준한 성실함을 발휘할 수 있는 좋은 기회인만큼 학점관리는 매우 중요합니다. 그리고 제가 어떤 미래를 꿈꾸고 있는지 보여줄 수 있는 방증이 될 수도 있다고 생각합니다. 학점은 대학에 다니면서 어떠한 분야에 관심을 가지고 그 관심을 실천으로 옮겼는지 알리는 중요한 지표가 될 수 있습니다. 저는 실제로 제가 들은 과목과 제가 받은 점수에 대해 면접에서 질문을 받았습니다. 요즘 학점 인플레

가 언론에 자주 등장하고 있습니다. 하지만 막상 강의를 들어보면 또 그렇지도 않다는 생각이 듭니다. 제가 생각하는 학점관리 잘하는 방법은 흥미가 높은 과목을 듣는 것입니다. 점수를 잘 주시는 교수님의 강의, 시험문제가 쉬운 강의를 골라 듣는 것보다는 흥미 있는 강의를 듣다보면 자연스럽게 추가적인 공부도 하게 되고 그 분야에 자신감도 생기게 되는 시너지 효과를 볼 수 있다고 확신합니다.

● 영 어 ●

…… 영어 역시 학점과 마찬가지로 성실함을 보여 줄 수 있는 지표로 작용합니다. 영어가 이 시대에 평가 기준으로 작용한다는 것은 모두가 알고 있는 사실입니다. 대학을 다니면서 혹 직장을 다니면서 얼마나 자기개발에 힘썼는지 보여 줄 수 있는 부분이기에 고득점을 받는 것이 중요하다고 생각합니다. 선행학습을 하는 기간에도 대부분의 교수님들께서 로스쿨 출신 법조인들의 새로운 진로 개척을 위해 영어와 제2외국어 공부가 굉장히 중요하다고 많은 강조를 하셨습니다. 그만큼 미래를 준비하고 있는 학생에 대한 지표가 될 수 있으므로 열심히 공부해서 고득점을 받는다면 합격에 보다 가까이 다가설 수 있습니다. 실제로 대다수의 학우들이 토익 900점이 넘는 고득점의 점수를 받았습니다.

● 리트와 논술 ●

…… 리트점수가 잘 나오는 가장 좋은 방법은 평소에 책을 꾸준히 열심히 읽는 것이라고 생각합니다. 하지만 입시를 내일모레 앞둔 수험생 여러분이 할 수 있는 일은 그다지 많지 않습니다. 저의 경우 12월말에 스터디를 구성했습니다. 스터디 구성원들과 2월에 있을 PSAT를 단체로 등록하였고 2개월간 자료해석을 뺀 두 과목을 1회전하고 중요한 문제를 다시 한 번 보는 시간을 가졌습니다. PSAT와 LEET는 다르지만 언어적인 접근 방식과 사고부분에서 처음 시작하는 저에게 많은 도움이 되었습니다. 그리고 시험장에 느낄 수 있었던 차분함이 공부에 대한 열정을 다시금 되살릴 수 있도록 했던 것 같습니다. 시험 이후에는 기출문제를 위주로 스터디를 진행했습니다. 언어이해의 경우 PEET와 MEET를 포함해 지문을 나눠 하루

에 3~4 지문씩 왜 그것이 답이고 숨겨진 의미가 무엇인지 파악했습니다. 이 과정에서 자신의 위치가 어디에 있는지 아는 것이 중요하다고 생각합니다. 1회분을 시간 맞춰 풀어보고 자신이 어느 정도 성과를 올릴 것인지 스터디를 어떻게 꾸려가는 것이 나에게 도움이 될 것인지 구체적으로 구상하는 것이 장기전으로 갈 수 있는 길이라고 생각합니다. 1회전 후에는 보다 구체적으로 문제에 접근하기 위한 노력을 기울였습니다. 지문의 어느 부분에서 다섯 개 선택보기가 출제되었는지 어떤 논리를 가지고 있는 것인지 의견을 주고받았습니다. 영어독해 공부를 할 때 but, by the way 혹 so 같은 접속사 뒤에 중요한 힌트가 나온다는 풀이는 많이 접해 보셨을 겁니다. 이처럼 지문 각 단락이 말하고자 하는 부분을 빠르고 정확하게 파악하기 위한 노력들을 했습니다. 세 번째 회독에서는 앞에서 파악한 문제 유형들을 가지고 다른 문제 유형을 만들어보는 시간을 가졌습니다.

추리논증의 경우 언어이해의 진도에 맞춰 스터디를 진행했습니다. 처음에는 개수를 정해 문제를 풀어 와서 서로 모르는 문제를 알려주는 시간을 가졌습니다. 두 번째 회독부터는 언어이해와 마찬가지로 구체적으로 문제를 풀어갔습니다. 기초논리학 공부도 함께 하면서 수식으로 논리구성을 해나갔습니다. 사견으로 이 과정 속에서 시중에 출판되고 있는 기출문제 풀이집에 의존하지 않았으면 합니다. 기출문제를 여러 회독하면서 느낀 점은 정말 다양한 방법으로 문제에 접근할 수 있다는 것이었습니다. 매번 문제를 풀 때마다 다른 방식을 시도할 수 있다는 것은 사람마다 다르게 효율적으로 풀 수 있는 방식이 있다는 것이라고 생각합니다. 추리논증 역시 서 너 번째 회독에서는 같은 지문을 가지고 다른 문제를 만들어보는 연습들을 했습니다. 풀이 방식이 다르니 스터디원 모두가 다양한 문제를 가져와 도움이 되었던 시간이었습니다.

회독이 늘어날수록 느끼는 점은 언어이해와 추리논증이 맥을 같이 한다는 것과 제가 자신 있어 하는 분야를 확실히 알 수 있다는 것이었습니다. 바늘 가는데 실 가듯 언어와 추리는 같이 간다고 생각합니다. 잘하는 과목만 하려 하지 말고 두 과목 모두 열심히 하면 시너지 효과를 낼 수 있습니다. 그리고 시험장 내에서 선택과 집중을 잘하셔서 자신 있는 지문 먼저 효과적으로 풀기 바랍니다. 이 훈련이 되어 있지 않으면 시험 후 후회스러움에 몸서리칠지도 모릅니다. 저는 추가적으로 각 분야에 중요한 서적을 한권씩 읽으려고 노력했습니다. 물론 다 읽지는 못했습니다. 하지만 읽은 분야에 대해서는 저도 모르는 자신감을 가지게 되었습니다. 예를 들면 이기적 유전자를 읽은 후 생물학에 대해서는 어떠한 지문도 두려워하지 않게 되었습니다. 책 읽는 것에 쫓기면 안 되지만 머리 식힐 겸 새로운 분야에 관심을 가져보는 것도 나쁘지 않다고 생각합니다. 논술의 경우 저는 시험 전 두세 달 전부터 LEET기출문제와 학부 입시 기출문제들을 일주일에 하나씩 쓰는 연습을 했습니다. 소수 정예 스터디에서 서로가 쓴 글을 읽어보고 논리 구성을 지적해주는 시간을 가졌습니다. 글 쓰는 것은 연습만이 길이라고 생각합니다. 기출문제라도 한번쯤 꼭 써보고 시험장에 들어가시는 것이 시간 내에 시험지에 답안을 작성할 수 있는 방법이 될 것입니다.

● **자기소개서와 면접** ●····· 자기소개서와 면접은 로스쿨 입시전형에서 정말 중요한 요인으로 작용합니다. 자신이 가지고 있는 가능성과 잠재력을 직접 보여줄 수 있는 기회이기 때문입니다.

자기소개서는 쓰기 전에 제 자신을 아는 것이 가장 중요합니다. 저 역시 자기소개서를 쓰면서 저를 되돌아보는 시간을 많이 가졌습니다. 저의 일부를 보여 줄 수 있는 구체적인 에피소드들을 모아보는 것이 큰 도움이 됩니다. 예를 들어 오케스트라를 했다, 리더십이 있고 적극적인 사람이다라는 말보다는 오케스트라가 없었던 학교에서 몇몇 친구들과 함께 현악부를 구성하게 되었다. 과거에 현악부를 했었던 나를 중심으로 방과후 오랜 연습과 끊임없는 서로의 독려로 연주회를 마쳤고 이에 감명 받으신 교장 선생님께서 현악부 구성을 허락하셨다. 이런 식으로 구체적이고 직접적인 예를 들어 구성하는 것이 저에 대해 잘 소개할 수 있다고 생각합니다.

면접은 소수정예로 수업을 진행하는 학원을 다녔습니다. 일주일에 두 번씩 면접을 봤고, 추가적으로 하루는 토론을 했습니다. 다녀보니 방법만 안다면 스터디로도 충분히 성과를 낼 수 있을 것이라는 생각이 듭니다. 처음에는

나의 꿈 나의 길

자기소개를 녹화해 직접 보면서 면접관의 시선으로 자세 교정을 하고, 주기적으로 면접 기출문제를 돌아가면서 감독하고 맞질문을 하는 식으로 준비를 했습니다. 면접을 보기 위해서는 앞에 말씀드린 자세 교정과 떨지 않고 자신 있게 말할 수 있는 표현력도 중요하지만 더 중요한 것은 사회문제를 바라보는 자기 자신의 시각을 정리하는 일이라고 생각합니다. 저는 최근에 있었던 사회적 이슈부터 낙태, 사형같은 전형적인 토론문제까지 찬반 의견을 정리하고 제 자신의 의견을 적은 면접노트를 만들었습니다. 5분 안에 질문에 답할 수 있도록 논리구성을 하고 추가 질문과 그에 대한 답안도 준비했습니다. 면접을 준비하면서 사람들은 흔히 리걸 마인드에 대해서 많이 걱정합니다. 저는 법적 지식을 쌓는 것보다는 법조계가 가진 시선들, 법조계가 주목하고 있는 이슈가 무엇인지 파악하는 것이 중요하다고 생각했습니다. 그래서 법률 신문 사설 일 년 치를 모아 그 주제에 따른 제 의견을 정리했습니다.

4 마치며

제가 합격할 수 있었던 요인은 예상보다 낮았던 LEET 점수였던 것 같습니다. LEET 고득점자들 사이에서 위축되지 않기 위해 집념 하나로 면접을 준비했고 제 생각을 하나하나 손수 정리한 친필노트와 수백 번 고친 자기소개서가 전화위복을 만들었다고 저는 믿습니다. 마지막으로 저에게는 일 년간 수많은 유혹과 슬럼프를 이겨낼 수 있도록 힘이 되어준 비장의 카드가 있습니다. 바로 친구입니다. 로스쿨을 준비하면서 알게 된 스터디 친구입니다. 심적 유혹이 있을 때마다 초심을 상기시켜주고 다른 성격 다른 공부 방식들이 서로에게 자극이 되어 끝까지 같이 올 수 있었습니다. 물론 스터디를 하다보면 공부가 아닌 다른 목적으로 모임을 갖기도 합니다. 하지만 엄격하게 공부를 해서 더 오래 좋은 인연으로 이어갈 수 있다면 그것이야말로 일석이조라고 생각합니다. 수험생 여러분, 마지막까지 포기하지 마시고 집념 하나로 최선을 다하시길 바랍니다. 포기하지 않는다면 원하는 결과를 얻을 수 있을 것이라고 믿습니다.

부족하지만 진심어린 제 글을 끝까지 읽어주셔서 감사합니다.

세상이 알아주지 않아도
스스로 빛나는 것은 열정입니다

김 찬 희

- 서울세종고등학교 졸업
- 중앙대학교 정치외교학과 졸업
- 충북대학교 법학전문대학원 제1기
- 제2회 변호사시험 합격
- 현) 변호사 김찬희 법률사무소

2008년과 2009년은 저에게 있어 어느 때보다 열정으로 가득 찬 해였습니다. 법조인 양성에 있어 시험이 아닌 교육으로 패러다임 전환인 로스쿨 제도의 도입은 저의 일상을 바꾸어 놓았습니다. 30대가 되어 익숙한 업무와 일상에 안주하고 있던 저는 가보지 않은 길을 선택하기로 결심하였습니다. 리서치 결과에 의하면 시간이 지날수록 한 일에 대한 후회보다 안한 일에 대한 후회가 커진다고 합니다. 안정된 직장과 변호사 시장의 현 상황이 로스쿨에 도전하는 것이 현명한 선택인가라는 의문을 들게도 하였습니다. 하지만 기회를 얻으려면 실력을 갖추어야 한다고 로스쿨 입학은 제가 가지고 있는 가능성을 키우는 기반이 되리라고 확신합니다. 저는 2010학년도 법학전문대학원 입시에서 학점, 영어점수, 리트점수 중에 뛰어나게 좋은 것이 없었습니다. 따라서 점수 향상 비법에 대한 후기 자체는 쓰는 것이 불가능합니다. 하

지만 로스쿨 입시를 두 번 경험하면서 얻은 경험이 로스쿨입시를 도전하는
분들에게 자그마한 도움이 되었으면 합니다.

1 졸업 후 변경이 거의 불가능한 학점

졸업하신 분께는 학점은 이미 끝난 부분이니 신경 쓰지 말라고 말씀 드리
고 싶습니다. 만약에 학점이 낮으시다면 자신의 낮은 학점을 보충할 부분 예
를 들어 영어점수, 리트점수, 면접 등에 더 노력하시면 됩니다. 저는 2년간
수험생활을 하면서 다양한 로스쿨 준비생들을 만날 수 있었고 학교 또는 학
과의 특성으로 상대적으로 낮은 학점을 보유하신 분이 로스쿨에 합격하신
것을 종종 보았습니다.

현재 재학생인 준비생들은 꼭 로스쿨 준비가 아니라도 여러가지 면으로
학점관리에 신경 써서 좋은 학점을 받으시는 것이 중요합니다. 시험에서 당
락의 결정은 큰 점수 차이가 아닌 사소한 점수 차이입니다. 이에 따라 자신
이 조금이라도 높은 점수를 받으려면 현재 자신이 변경할 수 있는 부분은 최
선을 다해야 합니다. 학점의 경우 학교를 다시 가지 않은 한 변경이 불가능
한 부분이니 재학생 분들에게 아직 기회가 있다는 것은 큰 축복입니다. 참고
로 제 학점은 3.67점(4.5만점)으로 보통 수준이라고 생각합니다.

2 낮은 영어점수는 발목 잡는다

사실 저는 영어점수에 상당 부분 콤플렉스가 있습니다. 사실 공인영어 점
수 경우 학습에 시간을 꾸준히 투자하면 점수가 오른다고 하는데 저는 2008
년 원서접수 기준으로 750점이 안되어 700점 PASS/FAIL 인 중앙대를 지원
했으며, 2008년 리트 시험일이 토익 시험날짜와 겹쳐 9월 토익점수를 일부
사립대학에서 인정 해주었기 때문에 리트시험 끝나고 LC Part 2를 집중적으
로 익혀 815점 받고 영어 750점 PASS/FAIL 인 이화여자대학교 나군에 지원

했습니다. 영어점수 P/F로 지원하여 전형요소 중에 영어에서 점수를 깎이지 않는 최고의 지원전략이라고 생각했지만 솔직히 말씀드리면 영어점수가 낮으면 자신 있게 써 볼 수 있는 대학이 소수가 됩니다. 서울권은 중앙대와 이화여자대학교 나군만이 영어가 P/F이고 지방권도 영남대(2기 선발 기준)만 P/F이기 때문에 영어점수가 낮다면 현재보다 원서 지원 시 많은 후회를 하시게 됩니다. 따라서 현재 리트준비도 중요하지만 영어 수가낮으신 분들은 리트에 투자하는 시간만큼 영어준비에 투자하시길 조언해드립니다. 저는 참고로 2009년에 토익시험만 여러 번보고 공부는 제대로 못해 2008년 영어성적으로 지원을 했습니다. 이 글을 읽으시는 제3기 준비생 중에 저 같은 우를 범하시는 분이 없기를 바랍니다.

3 LEET, 그 심오함에 대하여

2009학년도(2008년 8월 24일 실시) 저의 리트점수는 언어이해 표준점수 65.2점(백분위 95%), 표준점수 64.0점(백분위 91.9%)으로 응시자중 5%안의 점수였습니다. 하지만 저는 2009학년도 법학전문대학원 입시에서 불합격하였습니다. 2010학년도(2009년 8월 23일 실시) 저의 리트점수는 언어이해 표준점수 57.1점(백분위 74.9%), 표준점수 54.4점(백분위 66.1%)로 응시자의 30%안의 점수였습니다. 2008년에 비해 솔직히 2009년에 리트준비에 많은 시간을 투자하지 않았습니다. 2009학년도에 비해 2010학년도 난이도 상승 및 2009학년도에 받은 좋은 점수가 재수를 하면서 저의 나태함에 일조를 하였습니다. 대부분의 사람들이 리트가 투자한 만큼 성적이 나오지 않는 시험이라고 말합니다. 저도 그 의견에 일부분은 동의합니다. 그날의 컨디션과 찍기 실력에 의해 점수가 크게 달라질 수 있기 때문입니다. 하지만 현재 로스쿨 선행학습에 참가하여 만난 1기 선배님의 말씀이 로스쿨에서 좋은 학점을 받는 학생은 리트성적이 좋은 학생이 아니라 꾸준히 열심히 공부하는 학생이라고 합니다. 공부 별로 안하고 좋은 리트점수를 받는다면 그것만큼 효율적인 것은 없을 것입니다. 하지만 그것은 희망사항일 수 있습니다. 최선을 다하지 않고 리트점수가 안 나왔을 때가 최선을 다하고 리트점수가 안 나오는 경우보다 더 후회될 것이라고 생각됩니다. 그리고 리트시험 준비 할 때 조심해야 하는 것은 자만심이라고 생각합니다. 학원 모의고사에게 좋은 성적을 받은 수험생들이 자만심으로 인해 정작 리트시험에서는 낮은 점수를 받는 경우를 종종 보았습니다.

4 논술, 조그만 투자가 변화를 만듭니다

2009학년도 로스쿨 입시 준비시 논술보다는 리트준비가 시간대비 효율성이 좋을 것 같아 논술준비는 거의 안했습니다. 재수를 하면서 2009학년도 논술 해설 강의를 들으니 제가 지시문도 정확히 분석하지 못했음을 알고 놀랐습니다. 논술이 금방 실력이 늘지는 않아도 시간을 아예 투자하지 않은 사람과 지시문 분석력과 개요 짜기 등을 익힌 사람과는 점수에서 차이가 난다고 생각합니다. 즉 논술에서 점수를 상을 받기는 힘들어도 조금만 투자하면 점수 하를 피할 수가 있습니다. 따라서 아직 시간적 여유가 있으므로 최소한의 논술공부를 추천 드립니다. 03학번 이후로는 대학 입학 시 논술이 현재 리트논술과 형태가 유사한 제시문 제시형이 출제되었습니다. 이에 따라 03학번 이후 수험생 중에 논술고사를 본 수험생은 어느 정도 논술에 대한 준비가 되어 있기 때문에 03학번 이전 학번과 03학번 이후 학번 중 논술 공부를 하지 않으셨던 분은 최소한의 논술공부를 권해드립니다. 현재 각 대학들이 대학홈페이지 자료실에 기출문제와 정답 및 출제의도 자료를 등록해 두었습니다. 대입논술이 리트논술보다 조금 난이도가 낮을 수는 있으나 충분히 도움 받을 수 있다고 생각합니다.

5 자기소개서, 나를 100% 보여주자

2009학년도 로스쿨 입학 서류 제출시 회사 입사지원서가 아닌 자기소개서는 저에게 너무 낯설었습니다. 면접 스터디원들과 첨삭도 하고 나름 만족해하며 제출을 하였습니다. 그런데 2010학년도 로스쿨 입학 서류를 준비하면서 2009학년도 자기소개서를 다시 보니 부족함이 많이 보였습니다. 큰 흐름 없이 나열식으로만 기재한 자기소개서 대신 2010학년도 자기소개서는 여러 번 고쳐보고 구체적으로 작성하고자 노력하였습니다. 막연하게 법에 관심이 있다가 아닌 어떤 법관련 경험을 했는지 상세히 기술하였습니다.

6 면접, 최후의 보루

2009학년도 로스쿨 면접에서 저는 제 자신이 얼마나 부족한지를 절실하게 깨달았습니다. 면접 스터디를 리트시험 이후 하였으나 면접의 중요성을 인지하지 못하고 수동적인 자세로 면접준비를 하였습니다. 중앙대 집단토론시 평이한 대답으로 일관하였으며 개별면접에서도 부족함이 많았습니다. 2010학년도 로스쿨 준비과정에서 2009학년도와 비교시 결과적으로 영어점수도 오르지 않았고 리트점수는 더 낮아졌습니다. 하지만 실망보다는 면접을 최후의 보루로 생각하고 리트시험 이후 면접준비에 매진하였습니다. 회사원이어서 평일에는 면접스터디 참여가 어려워서 주말에 스터디와 면접강의 수강을 하였습니다. 면접준비시 가장 중요한 것은 적극적인 자세입니다. 면접스터디 시간이 스터디 시간이 아닌 실제면접 시간으로 생각하고 매시간 최선을 다했습니다. 매시간 실제면접이라고 생각하고 임하여 면접시험당일에는 긴장감을 많이 느끼지 않을 수 있었습니다. 평일에는 신문과 책들을 통해 최근시사 문제에 대해 제 견해를 정리하였습니다. 충북대학교 집단토론시 토론문제는 영리 의료법인 도입 찬반이였으며 11명중 2명이 찬성, 9명이 반대를 선택하였습니다. 저는 반대 입장을 선택하였으며 반대 입장이 많았기 때문에 결론은 같지만 실제 예시를 언급하여 차별성을 두고 결론에서 한 발짝 더 나아간 현 상황의 문제점을 제시하였습니다.

7 2년간의 수험생활의 기쁨

2009학년도 로스쿨 입시에서 불합격하였지만 2008년 한 해 동안 제 자신이 살아있음을 느꼈습니다. 퇴근 후와 주말에 공부를 하면서 내가 도전하고 있다는 사실 자체만으로 기뻤습니다. 2009년에 2010학년도 로스쿨 입시를 다시 준비하면서 다시 도전할 수 있다는 것 또한 행운이라고 생각했습니다. 현재 충북대 법학전문대학원 선행학습에 참가하여 인자하신 교수님들과 좋은 선배님들 그리고 앞으로 3년을 열정으로 함께 할 동기 분들과 알찬 시간을 보내고 있습니다. 자신이 원하는 로스쿨에 합격하기 위해서는 학점, 영어, 리트, 논술, 기타 요소 모두 좋은 것이 좋습니다. 하지만 위 요소 중 안 좋은 것이 있더라도 끝까지 포기 하지 말라고 말씀드리고 싶습니다. 2011학년도 로스쿨 입시를 준비하시는 모든 분들께 꿈은 꾸는 자의 몫이라고 말씀드리며 저의 미천한 글을 마칩니다.

47

로스쿨, 그 새로운 출발점에서

한 보 라
- 경기외국어고등학교 졸업
- 한국외국어대학교 중국어과 졸업
- 한국외국어대학교 법학전문대학원 제3기
- 제5회 변호사시험 합격
- 현) 제이더블유 법률사무소 변호사

1 들어가며

작년 2월. 걱정 반, 두려움 반으로 무작정 로스쿨 입시를 준비하기 시작한 그 때가 아직도 생생한데 어느덧 꿈에 그리던 로스쿨에 입학한지 한 달이란 시간이 흘렀습니다. 아무런 사전지식이나 정보도 없이 홀로 막막하던 그 때의 제 모습을 떠올리며 제 글이 로스쿨 예비 4기들께 조금이나마 도움이 되기를 바라는 마음에서 글을 써보려 합니다. 저는 확실한 팁이나 요령, 방법론은 모르기에 그저 지난 1년간 제가 어떻게 해왔는지에 대해서 가까운 친구에게 털어놓듯 풀어쓰고 싶습니다.

"나는 왜 로스쿨에 진학하려고 하는가?" 제가 로스쿨을 준비하기 시작하면서 초반에 가장 스스로에게 자주했던 질문입니다. 저는 로스쿨을 준비하는데 있어서 가장 중요한 것이 이 질문에 대한 답이라고 생각합니다. 이 질문에 대한 답이 스스로 확실하게 나오지 않는다면 끊임없는 불안감과 심적 흔들림 때문에 제대로 된 입시준비를 할 수 없을 것입니다. 로스쿨 입시는 정말이지 지루하고 견디기 힘들 만큼 깁니다. 힘든 순간순간마다 내가 왜 로스쿨에 가려고 하는지 제대로 떠올릴 수 있어야만 그 시간을 견뎌낼 수 있을 것입니다. 저 역시 여름방학이 되기 전까지만 해도, 아니 자기소개서 작성 기간이 되기 전까지만 해도 많은 순간 포기를 생각하며 다른 진로를 찾아 두리번거리곤 했습니다. 결국 로스쿨이 나의 비전을 이루기 위한 길이라는 확신을 가지게 되었고 지금 이 자리에 있지만, 제가 조금 더 일찍 스스로 확신을 가졌다면 더욱 제대로 로스쿨 입시에 집중할 수 있었을 것이란 생각이 듭니다. 지금 내년도 로스쿨 입시를 생각하고 준비하시는 분들께서는 하루라도 일찍 이 질문의 답을 찾으실 수 있기를 바랍니다.

2 학점, 학교생활 병행

로스쿨 입시요소는 학점, 공인영어성적, 리트, 자기소개서, 면접 정도로 나누어 볼 수 있습니다. 먼저 학점과 입시와 학교생활의 병행에 대해서 이야기 해볼까 합니다.

● **학 점** ····· 학점은 사실 4년간 학부생활의 결정체입니다. 노력한다고 해서 하루아침에 학점을 올릴 수는 없는 것이 사실입니다. 1학년 때부터 차근차근 좋은 학점을 쌓아왔다면 더할 나위 없을 것이고 그렇지 못했다면 로스쿨 진학을 생각한 그 시점부터라도 최대한 학점을 올릴 수 있도록 심혈을 기울일 필요가 있습니다. 학점이라는 요소가 공인영어성적이나 리트성적처럼 영향이 크다고는 말할 수 없지만 좋은 학점은 그 학생의 성실도와 학업에 대한 열정으로 직결되기 때문입니다. 특히 직장경력과 같은 다른 사회경력이 없는 졸업예정자 지원자의 경우에는 학점이 좋다면 자기소개서나 면접

에서 좋은 인상을 줄 수 있습니다. 저의 경우에는 비법학전공이기에 면접 시 교수님들께서 입학 후의 학업성취도에 대한 의문을 보이셨을 때 높은 학점을 근거로 어필한 부분이 있었다고 생각합니다. 물론 학점부분에서 부족하더라도 다른 부분에서 채울 수 있으니 어쩔 수 없는 부분이라면 깔끔하게 인정하고 다른 부분에서 채우면 된다고 봅니다.

● **학교생활과의 병행** ● ····· 저는 일명 스트레이트 졸업으로 전공, 이중전공, 교직이수 등을 마치고 바로 로스쿨 진학을 하려 생각했기에 휴학을 할 틈이 없었습니다. 그래서 이수해야 할 학점이나 실습, 졸업요건 때문에 학기 중에는 많은 시간이 나지 않을 것임을 입시준비 처음부터 예상하고 있었습니다. 이번 로스쿨 입시 준비를 하시는 분들 중 휴학을 하지 않은 졸업예정자 지원자들께 참고가 되시라고 이 부분에서는 전반적인 저의 준비기간 1년을 간략히 정리했습니다. 각 세부사항은 아래에 각 항목에 자세히 기술하도록 하겠습니다.

저는 2010년 2월부터 한 달간 추리논증 학원강의를 들으며 입시준비를 시작했습니다. 리트가 그리 많은 공부시간이 필요한 시험이 아니라는 이야기를 어디선가 들었기에 나름대로 이것이 남들에 비해서 늦지 않은 시작이라고 생각했습니다.

그러나 막상 3월에 개강을 하고나니 학원 다닐 시간을 할애하기 힘들었고 4월에는 중간고사, 5월은 한 달간의 교생실습, 6월의 기말고사와 함께 4학년 1학기가 순식간에 끝나버렸습니다. 학기 중에는 학교 내에서 일주일에 두세 번의 리트 스터디를 하는 것이 고작이었습니다. 그조차도 정해진 문제집 분량만을 겨우겨우 풀어가는 것이 다였고 5월 한 달은 아예 참여할 수 없었기에 리트는 감을 잃지 않을 정도로만 문제를 풀고 본격적인 공부는 여름방학 때 하자고 생각했습니다.

그렇게 여름방학은 리트공부와 공인영어성적 만들기에 전부를 온전히 투자했고 8월 리트를 본 후 4학년 2학기가 시작되었습니다. 자기소개서와 면접을 위해 9월말부터 학교 내의 면접스터디에 새로이 참여하여 11월 중순가, 나군 면접 직전까지 꾸준히 스터디에 참여했습니다. 1학기에 비해서는 여유로운 시간배분이 가능했고 자기소개서나 면접은 학교생활과 병행하는 것이 스터디의 수월성도 있고 좋다고 보았습니다. 그러나 이 시기는 마지막 공인영어성적 시험의 기회, 입시 막바지라는 압박감과 자기소개서 면접준비에 대한 막연한 두려움으로 인해 정신적으로는 1학기 때보다 더욱 힘들었던 기간이었습니다.

3 공인영어성적, 제2외국어 성적

공인영어성적은 반드시 리트준비 전부터 미리 준비해두어야 할 부분이라고 강조하고 싶습니다. 사실 공인영어성적은 마지막까지 저의 발목을 잡았던 부분입니다. 대부분의 로스쿨 합격자나 지원자들이 높은 공인영어성적을 가지고 있습니다.

특히 토익 같은 경우에는 900점은 기본으로 갖추고 900점 중후반대로 점수를 올리기 위해 계속 시험을 보는 분들이 매우 많습니다. 저 역시 토익으로 영어성적을 준비했기에 이 부분은 토익에 국한해 말씀드리고자 합니다.

저는 영어점수가 높지 않습니다. 대학 입학이후 전공언어 외에 영어는 손도 댄 적이 없었기에 토익 800점 초반의 점수대로 시작을 해서 2010년 1월에 겨우 800점 후반대 점수를 얻고는 몇 달에 걸친 연속된 시험에 지쳐 안일한 마음으로 시험응시를 멈췄습니다. 제가 지원하고자 한 자교 한국외대 로스쿨의 경우에는 입시요강에 토익 900점이면 공인영어성적을 만점처리하고, 일정 점수 이상의 제2외국어점수면 역시 공인영어부분 성적으로 대체하여 만점처리한다는 내용이 있었기에 제가 가진 중국어 자격증인 공인 HSK성적을 내면 된다고 단순하게 생각한 것입니다. 그러나 학교별 반영비율들을 살펴보고 이곳저곳 정보를 알아보면서 문득, 토익 900점에 겨우 몇 점 모자라는데 단지 나의 노력부족으로 여기서 멈춘다면 설사 한국외국어대학교에서 외국어는 만점처리를 받더라도 나는 단순한 제2외국어 특기자 그 이상 그 이하도 아닌 것이 된다는 생각이 들었습니다. 또한 가군, 나군 두 개의 대학에 지원해야 하기에 한국외국어대학교 로스쿨 외에 곳에 지원하려면 토익 900점을 넘기는 것은 필수라고 느꼈습니다. 이 생각을 리트시험이 다가오던 여름방학에서야 하게 된 것이 지금 생각해도 가장 부끄럽고 스스로를 고생시킨 일입니다. 어찌되었건 저는 결국 리트 직전과 직후인 7월~9월 토익시험까지도 연속해서 보았고 극적으로 서류접수 마감일자 전 제출 가능한 마지막 9월 토익에서 900점을 넘길 수 있었습니다.

제2외국어 성적을 가지고 계신 지원자 분들께 꼭 말씀드리고 싶습니다. 일정수준 이상의 제2외국어 성적은 입시에 좋은 영향이 있습니다. 그러나 분명한 사실은 기본적인 공인영어점수가 뒷받침 되지 않는다면 이는 빛을 볼 수 없다는 것입니다. 이 점은 제가 면접에 가서 받은 질문에서도 확인할 수 있었습니다. 가군, 나군 학교 모두에서 교수님들은 높은 중국어 점수를 보시고 "그럼 영어는 잘 하는가?"라는 질문을 던지셨습니다. 고작 토익 몇 점 차이일 뿐이지만 앞자리 수가 8이냐 9이냐는 매우 큰 인상의 차이를 가져옵니다.

만약 이미 900점을 넘기신 분이라면 리트가 가까워 오기 전에 미리 좀 더 준비해서 할 수 있는 한의 최고의 점수를 만들어놓으시길 권유 드립니다. "영어 조금 모자라는 건 리트로 뒤집으면 되지 뭐", 아직 확신할 수 없는 불안한 리트점수만 믿기보다는 확실한 공인영어점수를 만들어놓는 것이 합격을 향해 한 걸음 더 다가가는 길일 것입니다.

4 LEET(법학적성시험)

리트는 로스쿨 입시 요소 중 하이라이트라고 볼 수 있는 부분입니다. 로스쿨 입시는 복합적이어서 학점, 영어, 리트 중 어느 하나가 높고 낮다고 해서 어느 학교를 지원할 수 있고 없고를 결정할 수는 없지만 그래도 학교지원에 있어서 가장 중요한 잣대가 되는 것이 리트점수임을 부인할 수는 없습니다. 리트는 공부를 하는 만큼 점수가 오르는 시험이 아니라는 말은 많이들 들어 보셨을 것입니다. 저는 리트 고득점자는 아니지만 그래도 꾸준한 문제풀이를 통해 처음 리트 기출문제를 풀었을 때에 비해 시험 당일 한결 나아진 성적을 얻었기에 언어이해, 추리논증, 논술 영역별로 제가 했던 공부법들을 적어보도록 하겠습니다.

● **언어이해, 추리논증** ⋯⋯ 리트공부를 시작하기 전 제가 가장 먼저 한 일은 작년 리트 기출문제를 시간을 재어 풀어보는 것이었습니다. 언어이해나 추리논증 할 것 없이 리트공부를 시작하기 전 자신이 어느 정도까지 할 수 있는지와 부족한 부분을 알아보기 위해서는 시간을 재어 기출문제를 풀어보는 것이 좋습니다.

저는 처음 시간을 재어 언어이해와 추리논증 기출을 풀어보고 채점을 한 뒤 인터넷에서 말하는 소위 인서울 합격권 리트점수와는 꽤 차이가 나는 점수에 한동안 충격에서 헤어 나올 수 없었던 기억이 납니다. 그러나 어릴 적부터 많은 책을 읽어서 속독에 능하다는 장점이 있었기에 시간조절에 능숙하다는 것을 무기로 포기하지 않고 속독에 꼼꼼한 독해 능력을 더할 수 있도록 공부 계획을 세웠습니다.

저는 항상 문제의 답을 지문에서 찾지 않고 전체적으로 지문을 읽은 후의 느낌으로 답을 선택한다는 단점이 있어서 우선 유명한 기본서를 한권 선택해서 문제유형별로 푸는 방법을 차근차근 익혀보기로 했습니다. 언어이해의 경우, 저는 가장 처음에 권종철 선생님의 'LEET 언어이해' 문제집을 보았습니다. 문제를 유형별로 분석해 놓은 점이 마음에 들어 앞부분은 1학기 초에 학교를 다니며 열심히 풀었는데, 뒤의 모의고사와 같은 부분은 기출과 거리가 있다고 느껴져서 모의고사는 풀지 않고 그 뒤부터는 PSAT 등 기출문제만으로 대신했습니다. 추리논증의 경우에는 '조호현의 추리논증'이라는 책을 기본서로 보았는데 언어이해는 학원의 도움을 받지 않았지만 추리논증은 지난 방학 2월에 한달 학원을 다닌 것 외에 혼자 책만 보는 것은 불안해서 책에 맞추어 동영상 강의를 수강했습니다.

기본서를 한 번 본 후에는 바로 여러 수기 등에서 선배들이 한결같이 꼭 풀어보라던 M/DEET 기출과 PSAT 기출을 풀기 시작했습니다. 가장 최근년도부터 뒤로 거슬러 올라가며 하루에 최소 한 영역씩은 풀려고 노력했습니다. PSAT의 경우에는 영역이 리트와는 조금 달라서 어떤 부분을 풀어야할지 고민했는데 자료분석을 제외한 언어논리와 상황판단 영역을 모두 풀었습니다. 딱히 언어논리가 언어이해이고 상황판단이 추리논증이라는 식으로 맞아떨어지지는 않지만 문제유형의 차이와는 상관없이 문제를 푸는데 필요한 논리 같은 것들이 공통된 것이라는 느낌이 들었습니다.

참고할 점은 저는 매번 M/DEET이나 PSAT 기출문제를 풀 때에도 시간을 재면서 풀었다는 것입니다. 시간 조절을 하면서 자신이 풀 수 있는 문제와 풀 수 없는 문제를 구별하면서 풀어나가는 연습은 단기간에 되는 것이 아니므로 기출문제를 통한 연습을 하는 내내 시간 조절은 항상 염두에 두어야 할 점이라고 생각합니다. 또한 스터디가 많은 도움이 되었습니다. 스터디를 하게 되면 문제를 풀어오는 강제성을 부여하고, 풀고 나서 왜 이 문항이 답인지에 대해서 해설만 잠깐 보고 넘어가지 않고 스터디원들과 함께 토론하고 의견을 나누는 시간을 가질 수 있습니다. 놀기만 하지 않고 적절히 서로의 입시생활의 동반자가 되어줄 수 있는 좋은 스터디원과 함께할 수 있다면 스터디를 병행하는 것을 추천합니다.

어느 정도 기출문제를 푼 뒤인 7월 중순이후 부터는 리트유형에 감각을 최적화 시킬 필요성이 있다고 생각해서 시중의 LEET모의고사 문제집을 풀었습니다.

그리고 이때부터는 리트시험 시작 시간인 아침 시간에 맞추어 학교의 빈 강의실에서 스터디원들과 매일아침 언어이해와 추리논증 모의고사를 풀었습니다. 그리고 시험이 가까워 올수록 무리하지 않고 일찍 자고 푹 쉬면서 하고 싶은 일도 하고 컨디션 조절에 힘썼습니다. 이제까지 공부를 해본 경험상 리트는 문제를 푸는 그 날의 몸 상태가 좋지 않으면 긴 시간동안 집중을 할 수 없고 시험결과 역시 몸 상태에 따라 굉장히 들쭉날쭉하다고 느꼈기 때문입니다. 다행이 시험전날 일찍부터 잠을 푹 잤고 당일 역시 떨리긴 했지만 컨디션이 매우 좋아 항상 스터디원들과 모의고사를 풀면서 연습할 때 맞는 개수가 늘지 않는다고 걱정했던 것에 비해 괜찮은 결과를 얻을 수 있었습니다.

● **논 술** ……… 논술은 단기간에 실력을 키울 수 있는 부분은 아닙니다. 그러나 사실 저는 막상 그렇게 생각하면서도 논술을 준비하지 못했었습니다. 학원이 학교나 집과는 거리가 멀어 시간이 나지 않기도 했지만 막상 언어이해와 추리논증에만 집중하느라 논술은 신경을 쓰지 못한 것입니다. 논술은 반영비중이 크지 않은 학교가 많다고들 말합니다. 정확히 말하자면 논술에서는 변별력이 별로 없다고 다들 말하는데, 그것은 대다수의 학생들이 비슷비슷한 수준으로 글을 쓰기 때문입니다. 즉 내가 시간 안에 글자 수를 채우지 못한다던지 남들에 비해 보기에 떨어지는 글을 써낸다면 그만큼 비슷비슷한 글들 사이에서 나만 점수를 잃을 수도 있다는 것입니다. 그래서 글을 쓰는데 익숙하지 않고 긴 글을 써볼 기회가 많지 않았던 분이라면 미리미리 논술을 꼭 준비해두라고 말씀드리고 싶습니다. 또한 논술은 자신의 의견을 글로 표현해내는 것도 중요하지만 제시문을 빠르게 읽고 쟁점을 제대로 파악해 내는 것이 관건입니다. 그래서 저는 리트 한 달 전쯤부터 논술 준비를 하면서 적어도 남들과 비슷한 수준의 글을 써내자는 것을 목표로 잡고 논술 참고서를 보면서 모범답안을 분석하며 공부했습니다. 논술의 경우에는 'LEET, 로스쿨 실전논술'이라는 책을 보았습니다. 그리고 실제 원고지에 리트 논술 기출문제를 시간에 맞추어 써보는 연습을 2일~3일에 한번 씩 했습니다. 학원에서 첨삭을 받을 수 있다면 좋겠지만 저의 경우에는 참고서의 모범답안으로도 만족할 만큼의 성과를 얻을 수 있었습니다.

5 자기소개서

리트가 끝나고 점수가 발표되면서부터 마음속에 담아두었던 지원예정학교와 지원전략에 따른 지원학교를 선택하게 되는데 학교마다 자기소개서의 양식이 다르기 때문에 지원학교를 확정하기 전까지는 대다수의 학생들이 자기소개서를 본격적으로 쓰지 못하는 경우가 많습니다. 자기소개서를 쓰는 것 자체는 오랜 시간이 걸리지 않습니다. 그러나 자기소개서는 적어도 최소 세 번 정도는 각기 다른 사람의 첨삭과 조언을 얻어 수정되어야 하기에 그런 점을 고려한다면 리트가 끝난 후 자신이 꼭 지원하겠다 하는 학교가 정해지면 곧장 자기소개서 작성을 시작해야합니다. 보통은 원서접수 기간에 자기소개서도 함께 제출하는 학교가 많습니다. 저는 9월 초 개강을 하자마자 교내 면접스터디에 참여하여 그 스터디에서 자기소개서 작성에 많은 도움을 받았습니다.

사실 자기소개서라 함은 자신을 솔직하게 드러내면서도 합격시켜 달라는 강한 어필을 하는 서류이기에 스터디원들끼리 서류를 돌려가면서 첨삭을 하기에 민망하고 꺼려지는 부분이 있을 수도 있습니다. 그러나 친한 주변사람들의 첨삭도 좋지만 나를 전혀 모르는 로스쿨 교수님들의 눈에 나의 자기소개서가 어떻게 보일지를 제3자를 통해 알아보는 것도 꼭 필요한 과정이라고 생각합니다. 저는 친한 친구, 부모님, 학교 선배, 스터디원들 등 약 열 명 이상의 사람들에게 각각 첨삭을 받았습니다. 제일 처음 첫 버전을 다 돌린 것이 아니라 한명에게 조언을 얻고 첨삭을 얻으면 바로 새롭게 수정을 하고, 다시 다른 사람에게 또 첨삭을 받고 그 부분에 대해서 수정을 하고, 또 다른 사람에게 첨삭을 받고... 이 과정을 열 번 이상 반복한 것입니다. 정말 신기한 점은 그렇게 수정을 많이 했는데도 새로운 사람이 읽으면 또 추가 수정할 부분이나 더하면 좋겠다는 내용을 발견해낸다는 것입니다.

그렇게 여러 번의 자기소개서 수정과정을 겪으면서 지원동기에 대해서는 면접에서 당장 물어보아도 대답할 수 있을 정도로 스스로가 확신을 얻게 되기도 했습니다. 자기소개서를 공들여 쓰게 되면 면접에서 문제의 질문 외의 개인적 부분에 대한 질문은 저절로 대비가 될 수 있습니다.

자기소개서 쓰기에 대해서 마치 그냥 술술 써질 것처럼 쓰긴 했지만 자기소개서 작성은 매일밤 머리를 싸맨 채 잠 잘 시간마저 없을 만큼 끊임없이 스스로에게 질문을 던지면서 자기 자신도 아리송한 자신의 장점을 어떻게든 찾아내야만 하는 어려운 과정인 것 같습니다. 그러나 학점, 영어, 리트성적이 확정된 이 순간, 나의 당락에 영향을 끼칠 수 있는 몇 안남은 부분이 자기소개서라는 점을 생각한다면 이는 절대 놓칠 수 없는 부분일 것입니다.

6 면 접

자기소개서와 함께 원서접수를 마치고 나면 11월 초에 1단계 전형의 합격자 발표가 납니다. 발표 후 1주일, 2주일 만에 면접을 바로 보기 때문에 면접준비는 1단계 전형 발표 훨씬 전인 원서접수 전부터 선행되어야 하는 부분입니다. 저는 앞서 자기소개서 작성에서 언급했던 교내 면접스터디에 9월부터 참여하여 자기소개서 외에 일주일에 두 번 가량 모여서 면접 스터디를 했습니다. 스터디 방식은 정해진 교재의 중요 주제들을 몇 가지 뽑아서 그 주제에 대해서 각자 순서를 정해 돌아가며 실제 면접처럼 다른 스터디원들을 마주하고 대답하는 방식이었습니다. 교재는 황남기 'LAWSCHOOL 실전 면접'을 사용했습니다.

질문에 답을 하는 스터디원에게 나머지 스터디원들이 추가질문을 계속하기도 했고 답변에 대해서 토론이 이루어지기도 했는데 스터디 분위기가 실전면접을 방불케 할 정도로 진지해서 큰 도움이 되었습니다. 또한 법학과 출신의 스터디원들과 비법학과 출신의 스터디원들 구성이 잘 어우러져 서로 원-원할 수 있었던 것 같습니다. 처음 스터디를 시작할 때엔 여러 사람들 앞에 앉으면 아는 것도 생각이 나질 않고 말도 제대로 못했었는데 면접을 앞둔 시점에는 면접 같은 상황에서도 심하게 떨리지 않을 정도가 되었습니다. 역시 실전연습이 가장 중요하다고 생각합니다. 또한 면접장에 가기 전에 원서 제출 시 제출한 자기소개서는 잊지 않고 다시 읽어보시길 권유 드립니다. 면접 진행 시 제출한 자기소개서를 보시면서 질문을 하는 경우가 많기 때문에 그에 따른 예상질문을 작성해서 어느 정도의 키워드는 외우시는 것이 긴장해도 여유있게 대답을 할 수 있는 방법입니다. 예를 들어, "자기소개 짧게 한번 해보세요."와 같은 질문은 정말 뻔하디 뻔한 예상 질문이지만 막상 들어가자마자 간단히 자기소개를 하려면 쉽게 입이 떨어지지 않습니다. 저는 이런 질문들을 10개 정도 예상해서 미리 준비하고 외워서 들어갔었고 예상했던 질문들을 반 정도는 받았습니다. 심층 면접 주제에 대한 찬반 입장만 잔뜩 생각하다가 막상 이런 간단한 질문에서 허점을 보이지 않을 수 있으려면 역시 미리미리 준비를 하는 것이 최선입니다.

사실 지금에야 당시에 막상 하나도 긴장하지 않은 것처럼 글을 써내려가고 있지만 생각해보면 그나마 덜 떨었다는 것이지 면접 당시에 너무 떨어서 목이 메이기도 했던 기억이 납니다. 면접에서 나올 법한 유명한 주제나 딜레마 문제는 대부분 자신의 입장을 정해서 미리 생각하고 준비하기 때문에 다들 잘 대답할 수 있을 것이라 생각합니다. 그래서 제가 생각하는 그 외의 면접 팁을 말하자면 진정성, 간절함을 어필하라는 것입니다. 뽑아달라고 사정하라는 것이 아니라 당당하고 논리적이면서도 진솔한 면을 보이라는 것입니다. 같은 지원동기 질문이라도 그냥 로스쿨 지원동기를 읊는 지원자보다는 몇 마디만으로도 진솔함이 느껴지고 정말 꼭 이 로스쿨이어야만 하는 구나라는 점이 전달될 수 있다면 그보다 좋을 수는 없을 것입니다. 나군 면접이 끝나고 마지막으로 교수님이 혹시 마지막으로 할 말이 있냐고 물으시는 질문을 받고 정말 마지막이 될지도 모른다는 생각에 떨리는 목소리로 준비한 멘트를 했던 기억이 납니다. 마지막엔 너무 긴장해 말을 이어나가기가 힘들기도 했지만 면접이 끝나고 정말 나는 내가 할 수 있는 모든 것을 다 했다는 생각이 들어 스스로 결과에 상관없이 뿌듯한 마음이 들었습니다.

7 마무리하며

앞에서도 말했듯이 로스쿨 입시과정은 매우 깁니다. 그 긴 과정이 끝나고 나서 후회 없이 나는 정말 최선을 다했다고 말할 수 있으려면 매순간 할 수 있는 모든것을 다 쏟아부어야 합니다. 합격자 발표가 나던 날이 벌써 약 네 달 전 일입니다.

발표 며칠 전부터 잠도 잘 오지 않고 발표 바로 전날은 뜬 눈으로 밤을 지 새우다 지쳐 잠들기도 하고 합격자 발표를 확인하고는 너무 기뻐서 울기도 했습니다. 그렇게 약 1년이라는 시간을 로스쿨 입시에 투자했지만 입학하고 공부를 하고 있는 지금도 가끔 내가 어떤 지점에 서있는 건지 얼떨떨합니다. 저는 로스쿨 입시가 끝나고 나면 끝일 거라는 생각을 막연히 했었는데 로스 쿨은 새로운 출발점이라는 단어가 가장 잘 어울리는 것 같습니다.

올해 로스쿨 4기 입시를 준비하시는 모든 분들이 새로운 출발점에 서서 꿈을 펼칠 수 있게 되기를 바라면서 이만 마치겠습니다. 부족한 글 여기까지 읽어주셔서 정말 감사드립니다.

48

법학자의 길을 꿈꾸다
법조인의 길로 들어서다

김 미 주

· 김해중앙여자고등학교 졸업
· 한국외국어대학교 법학과 졸업
· 한국외국어대학교 법학전문대학원 제1기
· 제1회 변호사시험 합격
· 현) 미리어드아이피 법률사무소 대표변호사

　　법학을 공부하고 싶다는 막연한 기대감으로 법학전공을 선택한 이후 로스쿨이라는 곳을 선택하기까지 개인적으로 많은 어려움이 있었지만, 로스쿨에 먼저 들어온 한 사람으로서 여러분에게 저의 자그마한 경험이라도 전달할 수 있게 된 것을 진심으로 기쁘게 생각합니다. 로스쿨에 들어오기 위해 열심히 준비하는 많은 후배들에게 도움을 주기 위해 제 경험을 전달해왔던 것처럼 지금부터 편안하게 제 이야기를 해볼까 합니다. 무엇보다도 로스쿨을 처음 준비할 때 가장 힘들었던 점은 정해진 방법이나 길이 전혀 없었기에 모든 것을 처음으로 시도해 나아가야 한다는 두려움이었습니다. 어떤 기준에 의해 로스쿨 합격생이 선발되는지, 어떤 요소가 합격에 큰 영향을 미칠 것인지, 어떤 학생을 선발하려 하는 것인지에 대한 명확한 기준이 설정되지 않은 상황이라 준비하는 기간 동안 불안해하며 초조했던 기억이 있습니다. 로스쿨 2기생을 꿈꾸는 여러분들은 이런 불안함과 초조함 속에서 준비하시지 않았으면 하는 바람으로 글을 적게 되었습니다.

1 법조인이 되고자 결심하게 된 동기

제가 법조인이 되고자 결심하게 된 가장 큰 동기는 법은 일상생활 모두에서 적용되고 있는데 대부분의 사람들은 이를 어렵게만 느끼는 현실이 안타까웠기 때문입니다. 흔히 일상생활을 하며 접하는 대부분의 일이 법과 밀접하게 연관된 소재들인데도 불구하고 우리는 법에 의한 해결을 생소하게 생각하고, 법률서비스를 이용하는 것을 어렵게 생각하는 것이 현실입니다. 오히려 법은 아는 사람들만 향유할 수 있는 것이라 오인하는 이들도 있습니다. 하지만 법은 현실을 규율하기 위한 제도이고, 따라서 현실을 정확하게 직시하고 그를 규율할 수 있을 때 비로소 진정한 법의 역할을 다하는 것이라고 생각합니다. 법은 우리가 지켜야 할 규범들을 규정하기도 하지만, 동시에 우리의 권익을 보호해주기 위한 규범들을 규정하고 있기도 합니다. 저는 이러한 법과 현실간의 괴리를 해소하고 싶었고, 법에 대한 사람들의 인식을 차차 변화시키고 싶은 마음이 생겼습니다. 이러한 법에 대한 인식에 대한 현실의 아쉬움에 법에 흥미를 가졌고, 법조인의 길을 주저 없이 선택했습니다.

2 학부과정에서 첫 법학공부의 어려움과 다양한 경험

법학을 공부해보고 싶다는 마음에 새로이 대입수능을 치르고 법학과에 입학했기에 동기들에 비해 법학에 대한 애정은 남달랐습니다. 첫 시작부터 용어의 생소함과 내용의 방대함으로 인해 법학이 아주 어렵게 느껴졌지만, 학업이 진행될수록 법학에 대해 흥미를 느꼈습니다. 단순히 교과서를 통해 배우는 것을 넘어 실생활과 연관되어 실제로 활용되는 것을 접하며 법학공부에 애정을 가졌고, 법을 멀게만 느끼는 일반 사람들에게 법이 우리 가까이에 있음을 알게 해주고 싶다는 마음에 법학공부에 더욱 매진했습니다.

"내가 속해 있는 테두리 내에서도 최고에 서지 못한다면, 나 자신에게 더 이상의 발전이 없다."는 생각으로 대학교 4년 재학기간 동안 단 한 번도 장학금을 놓치지 않았습니다. 법학공부가 어렵고 상대적으로 좋은 학점을 받기 어려워 전공필수 과목 이외의 과목을 수강하는 친구들과는 달리 101학점을 법학전공과목으로만 이수했는데, 이러한 수업을 통해 다양한 특별법을 접하면서 법학을 좀 더 다양하게 공부할 수 있었습니다. 1학년을 마치고 갑자기 힘들어진 집안사정에 휴학을 해야 하는 어려움을 겪기도 했지만, 소비자금융회사에서 채권과 관련된 실무를 경험하고, 각종 서류들을 직접 작성하기도 하며 일상에서 법과 관련된 경험을 해 볼 수 있는 좋은 기회였습니다.

3 학·석사 연계과정 입학과 연구실 조교생활

학부에서 법학공부를 열심히 해 오던 중에 학부 4년 과정과 석사 2년 과정을 합해 5년 안에 이수할 수 있는 학·석사 연계과정을 접하고 지원했는데, 합격조건을 충족해서 일반대학원에서 법학공부를 시작할 수 있었습니다. 3학년 2학기부터 1년 동안 학부 과정과 대학원 과정을 병행하며 교수님의 연구실에 조교로 들어가 학부생으로는 이례적으로 교수님의 일을 도우며 많은 경험을 할 수 있었고, 그 과정에서 많은 법학공부를 할 수 있었습니다. 법학공부를 하며 독일로 유학을 가 학자로서의 길을 걷겠다는 목표를 세우고, 독일문화원을 다니며 어학공부에도 매진했습니다.

매일 새벽 6시에 일어나서 운동을 하고 연구실에 도착하여 밤12시가 되는 시간까지 밥 먹고 수업 듣는 시간 외에는 항상 책상에 앉아 연구와 학업에 열중했습니다. 1년여의 시간 동안 공부 외의 개인시간은 가장 최소화했고, 그 결과 규칙적인 생활에 의한 효과가 하나둘씩 나타나기 시작했습니다. 개인조교로서의 업무에 더해 대학원 수업과 학과 수업을 병행하였고, 매주 3번 독일문화원에 다니는 중에도 연구 용역작업을 무리 없이 진행할 수 있었습니다. 숨 쉴 틈 없이 바쁜 일정이었음에도 불구하고 많은 것을 배우고 제 능력을 극대화할 수 있는 계기가 된 것 같아 뿌듯했습니다.

4 갑작스러운 로스쿨법안의 통과와 진로에 대한 고민

3가지 역할을 하며 정신없이 지내오던 중에 갑작스럽게 로스쿨 법안이 통과되어 제가 생각하는 진로에 대해 심각하게 고민하기 시작했습니다. 법학전문대학원이 도입되는 시점에서 일반대학원의 경쟁력에 대해 고민하지 않을 수 없었고, 개인적인 사정으로 일반대학원에서의 공부를 계속할 수 없었기에 실무교육을 중점으로 하는 로스쿨이란 체제를 더욱 고민하기 시작했습니다. 법조인을 국가에서 양성하는 기존 체제에서 전국의 대학에서 법조인을 양성해내는 일종의 패러다임의 전환이 제가 공부하던 중에 생긴 것이기에 절호의 기회를 놓치고 싶지 않았고, 미국에서의 국제변호사자격증 취득을 생각하던 저에게 있어 국내변호사 자격증을 취득할 수 있다는 점은 로스쿨로의 선택에 있어서 가장 큰 요인으로 작용했습니다.

5 로스쿨입시의 첫 번째 관문인 LEET시험준비 및 영어시험

로스쿨로 진학하겠다고 마음을 굳힌 시기는 2008년 6월이었습니다. 남들과 같이 시간을 가지고 준비한 경우가 아니기에 아주 효율적으로 준비해 나아가야 한다는 생각이 확고했습니다. 하지만 남들처럼 늦었다고 불안해하지는 않았습니다. 왜냐하면 최소한 제가 생각하기에 시간이 로스쿨 진학에 있어 큰 요인이라고 생각하지는 않았기 때문입니다.

● **공인영어 시험 준비** ● ····· 제일 처음 준비하기 시작한 것은 공인영어 시험입니다. 독일어를 공부하느라 영어가 상대적으로 소홀했기에 빠른 시간 내에 영어성적을 내야 한다는 압박감에 이 부분이 가장 부담스러웠습니

다. 로스쿨을 준비하시는 분들은 공인영어 시험만큼은 미리 준비하시길 바랍니다. 시험의 종류에 있어서는 토익보다 텝스를 개인적으로 추천합니다. 왜냐하면 선택폭이 넓을 뿐만 아니라 상대평가인 토익과는 달리 절대평가에 의하므로 본인이 열심히 한다면 정확하게 점수가 나오기 때문에 점수에 대한 불안감을 줄일 수 있습니다. 하지만 두 시험의 공부방법은 조금 차이가 있으므로 미리 시간을 두고 준비하시는 것이 좋습니다. 공인영어 시험은 시중의 문제집을 통해서도 충분히 준비할 수 있으므로 굳이 학원의 힘을 빌리지 않아도 충분히 원하시는 점수를 취득할 수 있으리라 생각합니다.

● **LEET 시험 준비** ● …… LEET시험은 실제로 한 달 정도 준비했습니다. 7월 말 정도부터 LEET공부를 혼자 하기 시작했는데 제일 처음 공부한 것은 예비시험 문제였습니다. 언어이해 영역은 대입수능의 언어영역과 아주 유사해 어려움이 없었고, 추리논증은 생소했습니다. 하지만 예비시험을 풀고 분석한 결과 어떻게 공부하고 준비해야 하는 지에 대해 알 수 있었습니다.

언어이해는 지금까지 고3을 대상으로 언어영역 과외를 꾸준히 해 왔기에 학생들에게 언어영역을 풀 때 적용하도록 훈련시키는 지문독해스킬과 문제풀이방법을 그대로 적용했습니다. 주관업체가 한국교육과정평가원으로 동일해서인지 문제접근방식이 유사했고, 시간이 부족하다고 힘들어하는 친구들과 달리 시간에 있어서도 어려움을 겪지 않았습니다. 언어이해는 말 그대로 지문을 얼마나 이해하고 있는 지를 묻는 평가입니다. 따라서 지문에 제시한 내용을 단시간 내에 근거를 찾아내어 효율적으로 문제를 해결하는 지를 묻는 것이기에 본인이 스스로 꾸준한 훈련을 통해 지문독해를 해야 합니다. 이와 달리 답안지에 의해 문제를 해결하거나 학원 강의에 의지해 문제를 해결하면 본인이 직접 지문을 분석하려는 노력보다는 누군가가 제시하는 답안에 대한 해설을 수동적으로 받아들이는 경우가 많으므로 이는 실전에서 생소한 문제가 출제되거나 어려운 지문이 출제된 경우에는 당황하게 될 요인이 될 수 있습니다. 따라서 언어이해 영역은 본인이 직접 문제를 분석하여 접근하고 틀린 경우에도 스스로 지문에서 근거를 찾아내는 연습을 통해 지문독해능력을 향상시키는 것이 좀 더 도움이 되기에 많은 문제를 풀기보다 본인이 정확하게 분석하는 연습을 꾸준히 할 것을 추천하고 싶습니다.

추리논증 영역은 저에게도 생소하고 어려운 분야였습니다. 하지만 저는 추리 및 논증을 제가 직접 해내야 한다는 생각을 가지고 예비시험 답안지를 절대 보지 않고 스스로 해결하기 위해 노력했습니다. 왜냐하면 추리와 논증은 어떠한 추리와 논증을 이용해야 하는지가 어려운데, 풀이방법을 미리 알고 접근하면 누구나 답을 구할 수가 있기 때문입니다. 예를 들어 어떤 문제가 수학의 명제를 이용해서 푸는 문제였는데, 이를 알면 모두 다 그 답을 구할 수 있지만, 그 문제가 명제를 이용하는 것인지를 파악하는 것 자체가 어려웠습니다. 따라서 추리논증은 스스로 그 문제를 접했을 때 추리방법을 유추해낼 수 있는지가 중요한데, 주변 친구들은 어렵다는 핑계로 문제가 안 풀리면 곧바로 답안지를 보고 풀거나 학원강사의 풀이방법을 듣고 풀었습니다. 제가 생각하기에 이는 절대로 그렇게 해서는 안 된다고 생각합니다. 한 예로 예비시험 문제에서 화학공식을 이용한 문제가 있었는데, 그 문제를 틀려 몇 일을 고민하여 답안을 구해내고 화학을 전공하는 박사과정분에게 질문했더니 제가 접근한 방법이 유명한 이론 중의 하나라고 했습니다. 그런데 만약 그러한 고민을 하지 않고 누군가가 화학의 유명한 이론에 의해 문제를 풀어준 경우에 과연 그것이 본인의 것이 될 수 있는지가 의문입니다.

저는 추리논증 영역은 많은 문제를 풀지 않았습니다. 예비시험 문제와 시중 문제집 한 권만 풀고, 오히려 논리학에 관한 책을 차분히 읽기 시작했습니다. 논리문제를 풀기 위해 기본적으로 논리학의 원리를 이해하면 제가 스스로 논리를 구성하고 찾아낼 수 있으리라 생각했기 때문입니다. 여러분들에게도 논리학에 관한 책을 읽어보기를 강력히 권하고 싶습니다.

모의고사는 시험 직전에 불안한 마음에 두 번 응시했는데, 개인적으로 학원 모의고사는 추천하고 싶지 않습니다. 왜냐하면 학원에서 치르는 모의고사는 상대적으로 학원 수강생들에게 익숙한 문제로 출제되어 적절한 판단의 기초가 되기 어렵습니다. 또한 모의고사에 응하는 응시생이 워낙 적었기에 상위 10등 안에 들어도 전체 로스쿨 준비생 중에서 내가 어느 정도에 위치하는 지를 알고 싶었던 저로서는 별 도움이 되지 않았습니다.

LEET시험과 관련하여 여러분에게 꼭 말씀드리고 싶은 것은 시험준비를 타인에 의해 하려는 수동적인 태도를 버리고 본인 스스로 문제를 해결하기 위해 노력하셨으면 좋겠습니다. 실제 로스쿨에 들어온 이후에 동기생들에게 물어본 결과 학원에 다닌 학생보다 오히려 다니지 않은 학생이 더 많고, 학원에 다닌 학생들도 별 도움을 받지 못했다고 말한 경우가 많았습니다. 그런데 LEET시험과 관련해서는 정보가 많이 부족하고, 새로운 시험이라는 불안함이 많이 작용하여 너무 학원에만 의지하는 후배들을 보며 많이 안타까웠습니다. 조금 늦더라도 혹은 불안감이 엄습해오더라도 본인 스스로 문제를 해결해 나아가는 훈련을 하는 것이 나중에 큰 도움이 되리라 생각합니다.

● **논술시험** ●······ 다른 시험에 비해 논술을 상대적으로 소홀히 하는 학생들이 많은데, 실제논술에서 많은 차이가 있어 당락을 좌우했고, 글쓰기는 단시간에 절대 이루어질 수 없으므로 시간과 노력을 많이 투자해야 한다고 생각합니다. 논술이 대부분 비슷하리라 생각하지만, 실제 글을 읽어보면 많은 차이가 느껴집니다. 따라서 글쓰기를 향상시키려면 꾸준한 노력이 필요한데, 본인이 직접 글을 많이 써보는 것이 가장 중요합니다. 책을 읽거나 배경지식을 늘리는 것도 중요하지만, 논술에 있어 가장 중요한 것인 본인이 어떤 주제에 대해 끊임없이 생각해보고 토론해보고, 논리적으로 글을 작성해보는 것입니다.

말로 자신의 의견을 표현하는 것과 글로 자신의 견해를 주장하는 것은 많은 차이가 있기 때문에 글은 꾸준한 연습이 필요한 영역입니다. 저 또한 꾸준한 연습을 통해 글쓰기 실력이 향상되었는데, 저의 연습방법은 싸이월드 같은 공간에 편안하게 글 쓰는 것을 좋아하고 습관화하는 것입니다. 구체적으로 일기도 작성하고, 시사와 관련된 이슈나 사회적 문제에 대해 신랄하게 비판해 보기도 하고, 내 생각을 적기도 합니다. 처음부터 어렵게 글을 작성하고 싶은 마음을 가지면 오히려 글쓰기가 부담스러워지기 때문에 편안한 글쓰기를 통해 글로 내 생각을 표현하는 것이 익숙해지도록 연습하는 것이 중요합니다. 또한 본인이 작성한 글은 여러 번 퇴고하는 과정을 거쳐야 합니다. 훌륭한 글도 처음부터 완벽한 것이 아니며, 끊임없이 계속 수정하는 과정을 통해 완성됩니다. 본인이 작성한 글을 다시 한 번 읽게 되면 잘못된 부분과 실수가 눈에 보이고 자신이 글을 작성하는 스타일도 점차 알게 됩니다. 본인이 작성한 글을 남에게 보여주는 것도 아주 좋은 방법인데, 사람마다 글을 작성하는 스타일이 다르기 때문에 남의 글을 읽으며 배울 수도 있고, 남을 통해 나의 문제를 시정할 수도 있습니다.

6 자기소개서 및 각종 경력사항의 중요성

로스쿨을 준비하는 여러분들에게 가장 강조하고 싶은 부분이 각종 경력사항의 중요성입니다. 실제로 로스쿨에 진학한 이후 동기생들을 보면, 모두다 화려한 경력의 소유자였습니다. 따라서 남들과 차별화되지 않는다면 교수님들에게 본인을 호소할 수 있는 기회가 상대적으로 적다고 할 수 있습니다. 로스쿨을 준비하는 후배들을 보면 대부분 로스쿨 준비를 LEET준비와 영어공부로 생각하고 있는데, 자신만의 경력사항을 만드는 것에는 미흡한 경우가 많았습니다.

로스쿨 원서접수를 할 때 자기소개서를 작성해야 하는데, 자기소개서에 딱히 쓸 내용이 없어 고민하는 경우가 많고, 학교별로 자기소개서 내지 학업계획서를 제출하도록 하는 경우가 있는데, 그 곳의 경력사항을 적는 공간에 한 칸도 채우지 못하는 경우가 많습니다. 또한 관련서류를 제출하라고 하는 경우에도 장학금수혜증명서만 제출하는 경우가 많습니다. 이런 경우를 방지하기 위해서 여러분들은 지금부터라도 자신만의 경쟁력을 키우시길 바랍니다.

저의 경우에는 일반적으로 학부를 졸업한 학생에 비해 제출할 수 있는 서류가 많았고, 자기소개서에 작성할 내용이 많았습니다. 전국 대학(원)생 논문공모전에서 자본시장통합법과 관련하여 작성한 논문이 수상했던 경력이 있었는데, 실제 면접에서 교수님들이 이에 대해 가장 큰 관심을 가지고 질문하셨습니다. 또한 연구실생활을 하며 각종 학회에 참여했던 경험과 정부산하기관인 컴퓨터프로그램보호위원회와 한국정보사회진흥원에서 주관하는 연구작업에 참여한 경험 때문에 많은 서류를 제출할 수 있었습니다. 이러한 관련서류 제출과 다양한 경험이 제 합격에 플러스 요인이 되었다고 생각합니다. 아래 표는 제가 실제로 로스쿨 입시 때 제출했던 증빙서류입니다.

순서	증빙서류 내용	발급기관
1	제4회 동부화재 전국 대학(원)생 논문공모전 「자본시장통합법의 시행과 보험업법 개정 논의에 관한 연구」장려상 수상	동부화재해상보험주식회사
2	튜터링 프로그램 자원봉사 인증서(민법총칙 튜터)	한국외국어대학교 교수 · 학습개발센터
3	제11회 민사법학회 모의재판 「포털사이트와 명예훼손」 준비위원장	한국외국어대학교 민사법학회
4	컴퓨터프로그램보호위원회 연구용역사업 「DC 부문별 표준약관 제정방안에 관한 연구」참여 연구원	컴퓨터프로그램보호위원회
5	한국정보사회진흥원 정보화 이슈레포트 「인터넷 포털 사업자와 이용자의 법적 지위 및 책임에 관한 연구」참여연구원	한국정보사회진흥원
6	한국인터넷전자상거래학회 추계학술발표대회 「인터넷 검색서비스의 공정성 제고방안」학회발표	한국인터넷전자상거래학회

다른 사람들과 똑같은 준비만으로는 로스쿨이라는 입시에서 승리하기 어렵습니다. 본인만의 강점을 개발하여 자기소개서 또는 면접을 통해 본인의 무궁무진한 잠재력을 강하게 어필하기 위해서는 경력사항에 관해 더 늦기 전에 신경을 쓰시기 바랍니다.

7 면접고사를 준비할 때 유의사항

원서를 접수한 이후에 면접을 준비하면서 가장 힘들어했습니다. 왜냐하면 면접이 어떤 방향으로 출제될 지에 대해 전혀 짐작할 수 없었기 때문에 무엇을 준비해야 하는 지가 불투명했습니다. 하지만 모든 로스쿨 준비생이 불안함을 가지고 있었기에, 훌훌 털고 면접준비에 임했습니다. 제가 면접을 위해 선택한 방법은 스터디였습니다. 원서를 접수한 이후였기에 학교별로 따로 준비했습니다. 제가 접수한 연세대와 한국외대는 실제 면접방식이 상이해 공통적으로 준비하기 어려웠기 때문에 학교별로 준비하는 것이 좀 더 효율적이었습니다. 스터디에 있어서는 구성원의 구성이 아주 중요한데, 다양한 전공과 다양한 경력이 있는 분들이 함께하는 것이 서로에게 도움이 될 수 있다고 생각합니다.

개인적으로 두 가지 면접스터디에 참가했습니다. 법대생으로 구성된 스터디에서는 혹 법대생이기에 간단한 법학지식을 물어볼 수도 있으리라는 두려움에 간단한 법학지식과 용어를 정리했고, 시사에 관해서는 각 스터디원이 다른 신문을 읽고 토론하고자 하는 주제를 정하고 그에 대해 공부하고 토론을 통해 자신의 견해를 이야기했습니다.

실제면접에서는 스터디를 통해 준비했던 내용이 출제되어 긴장을 덜 수 있었는데, '이중국적자의 제한적 허용'에 관한 문제가 출제되었습니다. 저는 성급히 문제에 대한 답을 하려하지 않고, 우선 질문을 정리한 후 이중국적자의 제한적 허용과 관련된 현재의 정부의 입장과 관련된 현행법을 언급했습니다. 그 이후에 이중국적의 허용을 반대하는 견해와 찬성하는 견해를 소개하고 각각의 근거를 3가지 정도 말한 이후에 제가 취하고자 하는 견해를 말했습니다. 면접에서 출제되는 문제를 접할 때 항상 다른 입장이 있을 수 있다는 것을 유념하고 각 입장을 검토한 이후에 자신의 의견을 명확하게 피력하는 것이 중요합니다. 왜냐하면 반대의견을 검토하지 않고 자신이 주장하고자 하는 견해만 피력하는 경우의 설득력보다 상대방의 근거를 조목조목 비판하며 제 견해를 피력하는 경우가 좀 더 설득력이 있기 때문입니다. 이렇게 하기 위해서는 동일한 사안을 다른 시각에서 접근하는 신문을 다양하게 접하고 그에 대해 비판도 하고 공통되는 사실을 추출하는 것을 연습하며 비판적 시각을 기르는 것이 중요하고, 본인이 주장하고자 하는 의견에 대한 근거와 반대견해를 충분히 생각한 후 합리적으로 자신의 주장을 말할 수 있도록 훈련하는 것이 필요합니다.

8 글을 마무리하며

로스쿨에서의 한 학기가 지난 시점에서 합격기를 적어 나가며 로스쿨에 들어오려고 노력했던 지난 시간이 회상되었습니다. 그 시절에 정말 불안하고 두려워하며 하루하루를 준비하며 보냈기에 지금 로스쿨을 준비하고 있는 여러분들 또한 저와 다르지 않다고 생각합니다. 이 글이 여러분들에게 전달될 즈음엔 아마도 리트시험을 치른 직후일텐데, 시험 하나에 모든 걸 결정하지 마시고 남은 요소들에 준비를 철저히 하셔서 합격의 영광을 누리시길 바랍니다. 로스쿨 입시는 결과가 나오기까지 어느 누구도 쉽게 예측할 수 없으니, 절대 포기하지 말고 힘내시길 바랍니다.

로스쿨 합격기에 대한 원고를 부탁받고 처음에 많은 고민을 했습니다. 저의 경우에는 조금 특별한 경우라 저보다 다른 사람의 경험이 오히려 더욱 도움이 되지 않을까 걱정이 되었습니다. 하지만 차분하게 글을 작성하며 로스쿨에서의 한 학기가 지나 여러가지 고민을 하던 저에게 힘겹게 들어온 곳이라는 것을 다시 한 번 일깨워줄 수 있는 계기가 되어 감사함을 느낄 수 있었습니다.

우리에겐 불투명한 미래가 존재하기 때문에 지금의 삶이 다소 두렵기도 하지만 그만큼 견뎌낼 근원이 되는 것이라고 생각합니다. 지금 여러분들의 미래가 로스쿨 입시에서의 승리와 실패라는 너무나 불안한 상태라고 하더라도 지금을 견뎌내면 좀 더 나은 길이 여러분 앞에 나타날 것이라 확신합니다. 세상 모든 사람들이 자신의 길을 처음부터 명확하게 규정하고 나아가는 사람들만 있는 것은 아닙니다. 내가 가고자 하는 방향만 잊지 않고 꾸준히 나아간다면 언젠가 내가 원하고자 하는 길에 당도해 있을 것입니다. 매 순간 좌절하지 마시고 자기 자신을 합리화하지 마시고 꾸준히 노력하고 변화한다면 여러분은 분명 합격을 쟁취할 수 있을 것입니다. 힘내세요!

49

꺾을 수 없는 의지

민 경 욱

- 공주사범대학부설고등학교 졸업
- 한양대학교 법학과 졸업
- 한양대학교 법학전문대학원 제5기
- 제5회 변호사시험 합격
- 현) 서울북부지방검찰청 공익법무관

1 시 작

 꿈만 같았던 1년이 지나갔습니다. 작년에만 해도 방에서 애타게 합격통지를 기다리던 게 어제 같은데 어느덧 6기분들이 입학하실 것을 생각하니 신기할 따름입니다. 이런 식상한 말로 시작할 만큼 정말 법학전문대학원에서의 1년은 너무도 빠르게 지나갔습니다. 법학전문대학원 진학은 법학전문대학원의 숫자만큼 다양한 방법이 있다고 생각합니다. 저도 초반에 많은 혼란을 겪었는데 지금 그런 혼란을 겪는 분들에게 도움이 되고 싶다는 생각에 글을 쓰게 되었습니다.

 제 소개를 하자면 저는 법대를 졸업하고 2011년과 2012년에 법학전문대학원 진학에 도전하여 2012년에 최종합격하여 법학전문대학원 5기에 재학 중입니다. 가을에 졸업하였고 재수도 해보았고 모교와 지방거점대학, 인 서울 미니에도 모두 원서를 써보았습니다. 그 와중에도 많은 시행착오를 거쳐 지금에 이르게 되었습니다. 남들보다 뛰어나기보다 항상 내가 부족한 게 무엇인가를 생각하고 그 부분을 메꾸고자 노력한 게 많은 도움이 되었다고 생각합니다. 지금도 원하는 학교에서 너무나 행복한 생활을 하고 있어 나날이 살이 찌고 있습니다.

다른 분들이 어떻게 생각하실지는 몰라도 저에게는 법학전문대학원으로의 진학과정은 정말 힘들었지만 값진 경험이었습니다. 지금 법학전문대학원으로의 진학을 준비 중이시거나 관심을 가지시고 계신 분께 작은 힘이 되고 보탬이 되었으면 좋겠습니다.

2 대학교 학부생활

제가 대학교에 입학할 때는 법학전문대학원의 도입이 논의 중 이었기에 당장 제가 할 수 있는 일은 그저 학부공부에 충실히 하는 것이었습니다. 지금 아직 학부의 성적을 더 올릴 수 있는 분들이시라면 조금이라도 학부성적을 높여서 졸업하시기를 권해드리고 싶습니다. 학점을 성실성의 척도로 평가하는 부분이 많이 있기 때문에 속칭 괴물 같은 학점은 아니더라도 일정 수준이상의 학점을 만들어 두시는 것이 좋다고 생각됩니다. 물론 학점이 낮아도 법학전문대학원에 계신 훌륭하신 분들이 많지만 학점에 최소한의 신경을 쓰시길 권하고 싶습니다.

학점에서 전공과 비전공의 비율을 궁금하였던 적이 있는데 당연한 이야기라면 전공비율이 높을수록 긍정적인 경향을 보이십니다. 법대와 비법대에 있어서는 법대는 전공과목의 구성까지도 보시기도 하지만 비법대의 경우에는 높은 학점만 보고 넘어가시는 경우가 많다고 생각됩니다. 서류평가에서 다른 단과대학 교수님이 참여하신다면 달라지겠지만, 법대교수님들이 평가를 하신다면 특히 전공에 대한 비중이 크실 것이라고 생각됩니다. 실제로 법대 출신인데 변호사시험과목을 전부 이수하지 않고 졸업한 법대생과 변호사 시험과목을 모두 좋은 성적으로 이수한 법대생을 비교할 때 후자에 더 좋은 평가를 주셨다는 이야기를 들은 적이 있습니다. 아직 법대에 재학 중이시고 듣지 않으신 소송법이나 실체법이 있다면 해당과목을 들으시길 추천합니다. 비법대 분들이시라면 법학과목을 듣는 것도 좋으나 개인적으로는 신선한 인상을 줄지언정 크게 영향을 끼친다는 느낌을 받지 못하였기에 전공에 치중하는 것을 권하고 싶습니다.

저는 학부를 다니면서 전공의 비율이 매우 높았으나 전공성적이 어중간하고 주요과목보다는 다른 전공과목에 치중하여 좋은 인상을 드리지 못하였던 것으로 생각됩니다. 그리고 대외활동을 물어보시는 경우가 많은데 제 경우를 말씀드리면 대외경험이라고는 하나도 없고 봉사시간이 100시간도 안되는 평범한 학생이었던 만큼 대외경험이 없다고 하여 너무 실망하실 필요는 없다고 생각합니다. 다만 어리거나 대외활동의 기회가 있으시다면 꼭 해보시길 권하고 싶습니다. 실제로 인성면접에서 어떤 교수님께서 저에게 어린나이에 대외경험이 부족한 것이 아쉽지는 않은가? 라는 질문을 받았는데 저로서는 상당히 난감한 질문이었습니다. 정리하면 대외경험이나 실적이 없다고 실망할 필요는 없으나 그런 기회가 생긴다면 적극적으로 도전하는 것을 추천 드립니다. 그리고 이런 과정은 후일 자기소개서를 작성함에 있어 반드시 도움이 될 것입니다.

3 2011년 첫 도전과 실패

제가 처음 LEET 시험을 본 것은 2011년입니다. 2010년의 LEET응시를 목표로 했으나 불의의 사고를 당하여 조기졸업에 실패하고 2011년 LEET 시험부터 응시하게 되었습니다. LEET를 준비함에 있어서 학교에서 개설한 LEET 대비반에서 수업을 들으며 준비하였습니다. 학원 선생님이 와서 저녁시간에 강의를 하는 형식이었습니다. 많은 분들이 학원강의가 필수인가를 물어보시곤 하는데, 제 생각에는 기존의 기출문제를 무리 없이 푸는 실력을 가지고 계시다면 필요 없다고 생각합니다. 하지만 추리논증에 있어서는 기본강의 정도는 들어보시는 걸 권하는 편입니다. 혼자서 독학을 하셔도 충분히 가능하고 학원 강의를 들어야만 점수가 잘나온다고 생각하지는 않습니다. 하지만 기본적인 연역논증이나 수리게임의 풀이 등 어느 정도 공식이 있는 부분에 있어서는 강의가 저에겐 많은 도움이 되었습니다. 저는 2010년 PSAT에 합격한 적이 있는데, 추리논증과 상황판단은 유사하였지만 혼자서 뼈대 없이 풀던 문제들을 학원강의를 수강하면서 풀이방법이나 유형들을 배울 수 있어서 많은 도움이 되었습니다.

언어이해의 경우에는 한 문단 읽고 요약하기와 틀린 보기에 해설 써보기 등 많은 분들이 하시는 방법을 택하여 공부를 하였습니다. 학교에서 별다른 스터디 없이 강의를 듣고 정리하는 식으로 공부를 하면서 준비하였습니다.

접수를 함에 있어서 당시에 왕십리에 거주하고 있었는데 한양대 응시장이 없어서 연세대에서 시험을 보기로 하였습니다. 이 부분에서 제가 생각하지도 못한 것은 연세대가 신촌역에서 멀다는 사실이었습니다. 지금 생각해보면 어이없는 일이지만 지도만을 보고 가깝겠지 하고 연세대로 갔으나 시험당일 더운 날씨에 아침부터 40분을 넘게 걸으면서 시험장에 도착하였을 때는 진이 다 빠진 상태였습니다. 지금은 이런 문제점이 많이 없겠으나 접수할 때 고사장의 위치와 이동수단이 편리한지를 생각하고 접수하시라고 권하고 싶습니다. 개인적으로 LEET와 같은 시험은 당일 상태가 정말 중요하다고 생각하기 때문에 접수를 할 때 어디서 봐야 최상의 상태로 시험을 볼 것인가를 생각하는 것이 필요합니다.

어떻게 풀었는지도 모르게 시험이 끝나고 채점을 끝냈는데, 자신 있던 어휘와 어법 문제를 모두 틀리긴 했으나 원하던 대학교의 작년 합격생 평균만큼은 나왔기에 바로 면접과 자기소개서의 준비에 들어갔습니다. 이 시기에 학교에서 졸업을 하게 되어 학교에서 계속 준비를 할지 다른 곳으로 갈지 고민을 하다가 다른 곳에서 법학전문대학원을 준비하는 사람을 만나고 싶은 마음이 강하여 장소를 옮기게 되었습니다. 저는 특이하게 신림동에 가서 법학전문대학원을 준비하였는데 스터디 장소 확보가 용이하고 저와 같이 법대 출신 분들이 많이 준비하고 있을 장소라는 생각에 신림동에서 준비를 하였습니다.

면접과 자기소개서를 준비하면서 먼저 한 일은 정보를 모으는 일이였습니다. 다른 분들의 진학가이드를 읽어보기도 했으나 명확하지 못하여 직접 발로 뛰는 것을 택하였습니다. 유명학원의 면접설명회나 자기소개서 공개강의가 있으면 쫓아가서 들었는데 당시에 모든 학원의 설명회를 다 들었던 기억이 납니다. 그러면서도 면접과 자기소개서에 대한 기초적인 틀을 잡고 싶은 마음에 학원에서 제공하는 기본강의를 수강하였습니다. 어떤 식으로 해야 할지 너무 난감하여 신청하여서 한 달 정도 강의를 수강하였습니다. 그리고 학원상담을 통하여 원서를 쓸 법학전문대학원을 선택하여 자기소개서 작성에 들어갔습니다. 자교에 진학하는 것이 목표였기에 한 곳은 자교를 쓰기로 하고 다른 한 곳은 분할모집에서 단일모집으로 바꿈으로써 인원이 늘어났던 서울권 법학전문대학원을 목표로 준비를 하였습니다.

다양한 이유가 있었겠지만 결국 2011년의 법학전문대학원으로의 진학에서 불합격이라는 3글자로 탈락을 맛보았습니다. 적당하다고 생각했던 LEET점수도 추리논증에서 마킹을 실수하여 백분위가 15점 가량 떨어지게 되어 합격생 평균에서 멀어지기도 하였고, 지원했던 두 곳의 법학전문대학원 모두 면접까지는 갔으나 최종 불합격하였습니다. 방에서 인터넷을 통하여 더 이상의 추가합격자 발표는 없을 것이라는 공지를 보는 일은 참으로 슬픈 일이었습니다.

나
의
꿈
나
의
길

4 2012년

자신만만해서 도전했던 첫 번째 시도는 어림도 없었다는 결론을 내렸습니다. 그래도 부족한 부분을 알게 된 것은 나름 큰 성과였습니다. 우선 절대적으로 LEET점수가 부족하다는 것을 느꼈고 자기소개서에서의 문제점도 있었고 공인영어 성적도 부족하였습니다. 2012년 들어서는 우선 공인영어 성적에 집중하였고 그 과정에서 자기소개서를 미리 작성하기로 하였습니다.

● **공인영어 성적** ●····· 제가 아직도 아쉬움이 남는 부분이 있다면 공인영어 성적입니다. 고고익선이라는 말이 있듯이 이 점수는 높으면 높을수록 좋다는 게 제 개인적인 견해입니다. 물론 일정 점수이상이면 만점으로 처리하는 곳도 있으니 사전에 지망하는 법학전문대학원의 입시요강을 보는 것이 필수이지만 그런 경우가 아니라면 조금이라도 높은 점수를 받는 것이 필요하다고 생각합니다. 저는 2011년에는 6월, 7월, 8월 시험에 응시하였고 2012년에는 1월, 2월 딱 2번만 응시하였습니다. 이것은 개인적으로 공인영어점수보다 절대적인 LEET 점수의 부족을 더 중요하게 여긴 결과물로 2012년에는 다른 선택을 하였을 뿐입니다. 공인영어 점수를 올리는 방법은 토익카페나 찾아보면 너무도 많으니 따로 적진 않겠습니다. 다만 너무 질질 끈다거나 공인영어에만 집중하여서 다른 중요한 것을 놓치는 우를 범하시지 않기를 권하고 싶습니다.

● **LEET** ····· 언어이해의 준비에 있어서 작년과 달라진 것은 어휘와 어법에 투자를 하였습니다. 2011년에 '중창'이라는 단어의 의미를 모르고 여타의 문제도 미진하여 어휘와 어법문제를 전부 틀렸기에 2012년에는 그에 치중한 공부를 하였습니다. 어휘와 어법을 제외하고 더 한 것이 있다면 더 빠른 시간 안에 문제를 풀 수 있도록 시간을 단축하는 연습을 하였습니다. 별다른 학원강의를 듣거나 모의고사를 보지는 않았고 각종 시험의 기출문제를 반복적으로 풀었습니다. LEET, PSAT, 입법고시 PSAT, MEET를 풀어보았고 나중에는 고등학교 언어지문들까지 풀어보기도 하였습니다. 2011년과 똑같이 한 문장을 요약하는 연습과 오답에 이유를 다는 연습을 하였습니다. 그 과정에서 버릴 문제를 찾는 연습을 하기도 하였습니다. 어차피 만점을 받을 수 없다면 확실하게 정답을 고르는 것이 더 중요하다고 생각하였기에 풀어도 틀릴 것 같은 문제를 넘기는 연습을 하였습니다.

추리논증의 준비도 언어이해의 준비와 마찬가지로 기출을 풀어보는데서 시작하였습니다. 가장 먼저 2011년의 기출문제를 분석하였고 시간이 넉넉한 3월에는 문제하나를 붙들고 몇 시간씩 고민하기도 하였습니다. 해설을 참고하지는 않았고 문제를 풀고 누군가에게 설명을 한다는 느낌으로 하나하나 꼼꼼하게 풀었습니다. 2011년에 정리해둔 기본적인 유형들을 빈틈없이 숙지하고 효율적인 방법으로 문제를 풀기위하여 맞춘 문제라고 하여도 다시 풀어보기도 하였습니다. LEET의 기출문제를 푸는 것과 더불어 유사하다고 할 수 있는 PSAT의 상황판단도 같이 풀었습니다. 시험 한 달 전에는 1등하는 로스쿨학원에서 나온 추리논증 모의고사를 사서 풀어 보았습니다. 정답률을 매우 낮았는데 새로운 풀이 방법이나 정답을 신경 쓰기보다는 시험장에서 어려운 문제가 나와도 당황하지 않기 위한 훈련차원에서 풀어보았습니다. 모의고사 문제집을 다 풀지는 못했지만 시험 당일에는 많은 도움이 되었다고 생각합니다.

논술은 반드시 반영이 되지만 그 비율을 확신하기가 어려워서 평균만을 목표로 준비하였습니다. 신문을 읽고 반박하는 글을 써보고 모범답안이라는 글을 보게 되면 따라서 필사를 해보고 기출문제를 읽고 목차를 잡는 식으로 연습을 하였습니다. 논술을 준비하실 때는 반드시 쓰는 연습을 하시고 첨삭을 받으면 좋으나 첨삭을 하지 못하신다면 좋은 글을 필사하는 것이 도움이 될 것이라 생각합니다.

처음 LEET에 입문하시는 많은 분들이 문제를 전부 풀 생각을 하시는데 저는 그럴 필요는 없다고 생각합니다. 제가 준비를 할 때는 두 개 영역이 25개씩 나오면 서울권 대학에 지원가능이라는 말이 있었기에 저는 평균 정답률을 5개 풀면 1개 틀린다고 상정하여 30문제를 푸는 것을 목표로 하였습니다. 28개를 목표로 해도 좋고 문제가 너무 쉬우면 더 많은 문제를 목표로 해도 좋지만 자칫 시간관리에 실패하여 맞출 수 있는 문제도 틀릴 수가 있으니 욕심을 부리기보다 확실한 정답을 맞히는 것을 권하고 싶습니다. 시간관리는 중요한 요소로 늦어도 한 달 전부터는 꼭 연습하시기를 바라며 문제를 받으면 1번부터 꼭 풀어야 한다는 강박관념은 버리시고 문제를 일별하여 견적이 나오지 않으면 과감히 넘겨서 뒤에서부터 풀거나 중간에서부터 푸는 방법을 택하시는 것을 권하고 싶습니다. 저 같은 경우는 풀다가 막히면 다음문제를 푸는데 목표는 만점이 아니라는 생각을 가지시고 과감히 넘기시길 바랍니다.

2011년을 돌이켜 생각해보면 시험장부터 실수가 있었기에 2012년을 준비하면서 하나라도 놓치는 일이 없기 위하여 꼼꼼히 준비를 하였습니다. 시험장은 신림동에서 가까운 중앙대를 선택하였고 시험 치기 일주일 전에 시험당일이라고 생각하고 시험장에 가듯이 가보기도 하였습니다. 걸리는 시간과 시험장까지의 거리를 생각하여 두고 점심식사를 해결할 방법 등을 미리 생각하여 시험당일에는 LEET에만 집중하고자 노력하였습니다. 일주일 전에 가봄으로써 마지막으로 마음을 다잡는 기회가 되기도 하였고 시험 당일의 예행연습을 함으로써 당황이나 변수를 차단하여 마음의 안정을 얻을 수 있었습니다. 시험 당일에는 일주일 전에 계획한대로 움직였고 오로지 다른 곳으로 분산되지 않도록 정신을 집중하여 LEET시험을 보았고 2011년보다 크게 상승한 점수로 모든 곳에 지원가능한 점수를 얻었습니다.

● **자기소개서와 면접** ●⋯⋯ 2011년의 실패에서 느낀 것은 자기소개서는 진솔한 자신의 모습을 써야 한다는 것이었습니다. 특히 특화 영역이나 전문화 영역을 쓰실 때는 법학전문대학원을 준비하면서 알아보았다는 인상을 주는 것은 매우 위험하므로 완벽한 준비 없이 특화나 전문화 영역을 목표로 한 자기소개서 작성은 위험하다고 생각합니다. 실제로 인성면접에서도 빈틈없이 준비해갔으나 교수님께서는 너무 준비한 인상을 받으셨는지 여기 대학을 준비하면서 알아본 게 아닌가? 라는 질문을 하셨습니다. 문장력과 비전도 중요하지만 그만큼 진솔되게 자신을 드러내는 것이 필수적이라고 느꼈습니다. 그래서 2012년에는 진솔하게 제 자신에 대하여 쓰는데 주력을 하였습니다. 3월부터 하루에 한 문장이라도 꾸준히 쓰는 것을 목표로 하였고 LEET 이후에는 스터디분들에게 맞춤법이나 문장구조, 표현방법에 대한 의견을 교환하면서 다듬어 나갔습니다. 대외경험이 없는 제가 자기소개서에 강조하고자 추구한 부분은 정말 간절히 법학전문대학원의 입학을 원한다는 점과 오로지 공부만 하여서 법학전문대학원의 원하는 인재가 되겠다는 점에 중점을 두었습니다. 2011년에는 자기소개서를 작성하면서 왜 다른 사람도 아닌 내가 법학전문대학원에 들어가야 하는가? 라는 질문에 대하여

시원하게 대답을 할 수 없었으나 2012년에는 그 질문에 대하여 충실한 대답을 할 수 있도록 많은 노력을 기울여서 작성하였습니다.

　면접을 준비할 때는 저는 스터디를 적극 활용하였습니다. 스터디가 필요 없다고 생각하시는 분도 있는 만큼 이것은 어디까지나 자율적인 문제라고 생각합니다. 2011년, 2012년 모두 스터디를 통하여 면접을 준비하였습니다. 매해 2개씩 스터디를 하였고 2012년 막바지에는 4개까지 스터디에 참여하였습니다. 한 스터디는 모두들 보시는 쟁점담긴 그 책으로 준비를 하였고 다른 스터디는 시사쟁점에 대하여 정리하여 토론하는 스터디를 하였습니다. 평소 말하는데 자신이 없거나 시사쟁점을 정리하는 게 필요하다고 생각하시는 분들에게는 스터디를 권해드리고 싶습니다. 그리고 2012년 면접을 준비할 때에는 주요 쟁점들에 대한 시사토론 프로그램을 모두 챙겨보았습니다. 케이블 방송의 토론프로그램도 유투브를 통하여 주요 근거나 말하는 방식을 적어보면서 정리를 하였습니다. 한 토론자의 말을 듣고 나름대로 반박해 보는 연습을 하였는데 많은 도움이 되었습니다. 모든 주제를 보기보다는 면접 주제로 나올 만한 것들 위주로 선택해서 보았고 매일 신문을 구독하여 다양한 정보를 수집하였습니다. 인성면접에 대한 질문목록을 미리 만들어서 대비를 하였고 스터디원들과 정장을 입고 모의면접을 보기도 하는 등 정말 할 수 있는 모든 것을 다해서 면접을 준비하였습니다. 2012년의 면접은 2011년에 비하여 잘 보았다는 느낌보다는 교수님들께 배우고 왔다는 느낌이 든 면접이었습니다. 너무 긴장 하지마시고 스터디나 연습했던 대로 진취적이지만 상식선에서 대답을 하시면 좋은 결과를 얻으실 것이라고 생각합니다.

5 Everything happens for the best

　이 말은 2012년 한 해 동안 저와 함께 해준 말입니다. 2012년에는 결과적으로는 두 곳 모두에 합격하였습니다. 아침부터 관악산에 갔다가 내려오는 길에 합격전화를 받았습니다. 합격전화를 받았을 때 너무 멍해서 전화를 받고도 한참을 가만히 있던 것이 생각이 납니다. 부족한 저를 좋게 봐주신 두 곳의 교수님들께 모두 감사한 와중에 모교에서 이루지 못하였던 것을 해보자라는 생각에 다른 교수님들에게 죄송하지만 모교로의 진학을 선택하게 되었습니다. 그 날 저녁에서야 신이 나서 방에서 춤을 추던 기억이 납니다.

2010년에 불의의 사고를 당하여 행정고시 2차를 치를 기회를 날려버리고 2011년 PSAT도 발목골절로 정상적으로 치르지 못하였던 기억이 납니다. 사람일이 안되려면 이렇게 안 되는 구나 생각을 하기도 하고 다 포기하고 싶다는 생각을 하기도 하였습니다. 마지막이라는 생각으로 법대에 진학했던 처음 목표를 위하여 법학전문대학원의 문을 두드린 것이 정말 좋은 선택이었다고 생각합니다. 법학전문대학원을 준비하면서 일반대학원에 합격하기도 하였고 법원행정고시를 준비하기도 하고 다 쓰진 못했지만 많은 고민과 방황을 하였습니다. 2011년의 실패는 2012년의 성공을 위한 밑거름이 되었다고 생각하고 있습니다. 이제 도전을 시작하신 분들도 있을 것이고 재도전을 생각하시는 분도 있을 것이라고 생각합니다. 제가 드리고 싶은 말은 결국 모든 것은 최고의 결과로 나타난다는 것입니다. 어려운 과정에서도 처음 목표한 꿈을 위하여 포기하지 않고 노력하시면 꼭 최고의 결과를 얻으실 것이라고 생각합니다. 저는 그 과정을 통하여 아직도 연락하는 좋은 스터디 원들을 만날 수 있었고 정말 값진 경험을 하였습니다. 다른 시험들도 그러하듯 법학전문대학원 진학도 정신력의 싸움이라고 생각합니다. 모의고사 점수는 좋았으나 시험 당일 컨디션 조절에 실패하신 분도 보았고 면접까지 부담감에 괴로워하시는 분도 보았습니다. 하지만 희망을 버리지 마시고 끝까지 노력하다보면 좋은 결과를 얻으실 것입니다. 노래도 좋고 격언도 좋고 눈에 잘 보이는 곳에 희망을 주는 말을 붙여 놓고 희망을 버리지 않으셨으면 싶습니다. 저는 위에 말과 더불어 A4용지 빼곡하게 각종 응원의 말과 하고 싶은 것을 붙여놓고 준비를 하였습니다.

정말 말씀드리고 싶은 것이 많았는데 다 적었는지도 모르겠습니다. 저는 진학에 있어 필요한 것은 동기가 아닐까 하는 생각이 듭니다. 약간의 운도 필요하고 기본적인 점수도 필요하지만 결국에는 왜 내가 이 길을 가고자 하는가? 왜 다른 누구도 아닌 내가 진학해야 하는가? 에 대한 답을 하면서 준비하시다 보면 좋은 결과를 얻어 실 것이라 생각합니다. 합격자가 있으면 필연적으로 불합격자 있기 마련이고 제가 누리고 있는 이 행복이 다른 누군가에게 간절한 꿈이라고 생각하면 늘 반성하게 되는 것 같습니다. 항상 응원해주시는 부모님께 감사드립니다. 지금도 열람실을 불태우고 있을 한양대학교 법학전문대학원 원우분들도 힘을 냈으면 좋겠습니다. 힘들었던 2012년 동안 많이 도와주신 K누나, 내년 변호사시험 좋은 결과 얻으시고 곳곳으로 흩어진 우리 스터디원들 모두 지치지 말고 노력하여 같이 꿈꾸던 법조인이 되었으면 좋겠습니다. 마지막으로 법학전문대학원으로의 진학의 꿈을 이루기 위하여 지금도 노력하시는 모든 분들에게 최고의 결과가 생기시기를 멀리서나마 응원하겠습니다.

50

꾸준한 준비가 값진 결과를 만든다

피 선 흠

- 동두천외국어고등학교 졸업
- 한양대학교 경제금융학부 졸업
- 한양대학교 법학전문대학원 제5기

1 들어가며

돌아보면 로스쿨 입시과정은 길고 어두운 터널이었습니다. 끝이 어디인지는 알겠는데, 그 구체적인 방향을 잘 몰랐었기 때문입니다. 입시의 성공이라는 목적지에 빠른 길로 도착하기 위해서는 여러 사람들의 의견을 듣고, 그를 통해 자신만의 합리적인 선택을 해야할 것입니다. 그리고 이러한 자신의 선택을 신뢰하고 끝까지 나아가는 것이, 목적지에 가장 빨리 도착하는 방법이라고 생각합니다. 그러한 꾸준한 노력과 준비가 입시에서 좋은 결과를 만들어 내는 가장 중요한 원동력이라 생각합니다. 2012년 1월, 로스쿨 입시를 처음 시작할 당시 제 주변에는 로스쿨 입시를 경험했던 사람이 없었습니다. 그렇기 때문에 혼자서 일단 부딪쳐보는 방식으로 시작하였고, 그 결과 겪지 않아도 될 시행착오들을 겪었습니다. 그럴 때마다 "입시를 경험했던 사람들은 어떤 생각을 했고 어떤 시행착오를 겪었을까?, 그 사람들의 이야기를 직접 들을 수는 없을까?"하는 생각이 끊이지 않았습니다. 부족하지만, 저의 경험이 담긴 이 글이 누군가에게 조금이라도 도움이 되는 이야기가 되었으면 좋겠습니다. 전체적으로 입시를 위해 준비해야 하는 요소들을 중심으로 저의 생각들을 이야기하고자 합니다.

2 학 부

아직 자신의 진로에 대해 명확히 확신을 가지지 않은 대학교 1~2학년이라면, 학교를 다니면서 다양한 강의를 들으시고 생각하는 과정에서 앞으로 나아갈 길을 구체화하실 수 있다고 생각합니다.

저에게 학부 생활은 여러 의미를 가집니다. 그 중 로스쿨 입시와 관련해서, 학부생활은 법조인이라는 목표를 확실히 하는 과정이었습니다. 저는 학부 과정에서 전공과 함께 다른 전공과 여러 교양과목들을 수강하는 과정에서 어떤 진로를 선택할 것인지에 대해 좀 더 깊이 생각할 수 있었습니다. 항상 어떤 과목들을 듣고 어떤 새로운 일을 할 때, "내가 평생동안 이것을 할 수 있을까?"하는 질문을 던졌습니다. 또한 봉사활동 등의 경험을 통해 입학 전 어렴풋이 가지고 있었던 목표를 좀 더 구체화할 수 있었습니다. 이렇듯, 어느날 가만히 앉아서 열심히 생각해본 후 자신의 진로를 정하기는 힘듭니다. 진로는 이렇게 시간과 경험의 흐름 속에서 정해진다고 생각합니다.

저의 지인 중에는, 학부입학과 동시에 너무나도 명확하게 법조인의 목표를 설정했던 분들이 계십니다. 저는 이분들처럼 명확한 목표를 설정한 상태에서 학부생활을 시작하진 못했습니다. 그러나 학부과정 전체를 통하여 조금씩 진로에 대한 생각을 정리해나갔습니다. 학부 저학년이시라면 급하게 생각하시지 마시고 여러 강의를 들으시고 다양한 경험을 해보시기를 추천합니다.

3 입시 준비

● 언어이해, 추리논증 ● …… 법학적성시험(이하 LEET라 하겠습니다)은 언어이해·추리논증·논술 총 3과목으로 이루어져 있습니다. 언어이해와 추리논증은 간단히 말해 고난이도 언어능력시험입니다. 고득점을 얻기 위해서는 높은 수준의 독해력과 사고력이 요구됩니다.

법학적성시험 언어이해 영역·추리논증 영역을 대비할 때, 학부 때부터의 꾸준한 독서경험이 많은 도움이 되었습니다. 독해력은 짧은 시간 내에 비약적으로 상승하기 힘들기 때문입니다. 2012년 7월에 있었던 법학적성시험을 위하여 같은 해 1월부터 공부를 시작했는데 이 기간 동안에도 꾸준히 책을 읽었습니다. 특히 그동안 잘 읽지 않았던 과학·예술 분야의 서적도 적극적으로 읽었습니다. 이를 통해 시험에서의 다양한 지문들에 대비할 수 있었습니다. 학부 저학년이라면 다양한 분야의 고전을 중심으로 꾸준히 독서경험을 쌓고 논리적으로 사고하는 연습을 하는 것이 중요할 것입니다. 학부에서 강의하는 기초적인 논리학 강의까지 수강할 수 있다면 더 좋을 것입니다. 입시를 본격적으로 준비하시는 분이라면, 다양한 분야의 서적을 (고전이 아닌, 좋은 교양서적이라도) 한권씩이라도 읽어보는 것이 도움이 될 것이라 생각합니다.

언어이해는 학교 내의 스터디를 통해, 그리고 추리논증은 학원강의를 수강하는 방법으로 꾸준히 문제를 푸는 방식으로 시험에 대비했습니다. 특히 언어이해는 5월까지는 기출문제를 이용하여 시간맞춰 문제를 푸는 것보다 시간이 걸리더라도 지문을 100% 이해하는 훈련을 하였습니다. 또한 리트 기출문제 이외에 PSAT문제를 풀었던 것이 큰 도움이 되었습니다. PSAT은 방대한 양이 특징입니다. 다시 말하면, 새롭고 좋은 지문으로 자신의 실력을 향상시킬 수 있다는 점에서 리트를 준비할 때에도 반드시 풀어봐야 한다고 생각합니다. PSAT을 풀고 생각하는 공부가 언어이해와 추리논증 두 마리 토끼를 잡는 공부라고 생각합니다. 시험이 가까워진 6월~7월부터는 학원강의나 인터넷 강의 수강, 모의고사 응시를 통해 좀 더 실전에 가까운 훈련을 하는 것에 집중했습니다.

저는 법학적성시험에 대한 학원강의를 수강했었습니다만, 반드시 학원을 다녀야만 하는 것은 아니라고 생각합니다. 학원이 도움이 되는지 여부는 사람마다 다릅니다. 가장 중요한 것은 자신이 혼자 생각하고 문제를 풀 수 있는 수준의 독해력을 가지는 일인 것입니다. 학원이든 스터디든 그것은 오직 수단일 뿐입니다(즉, 자신에게 적합한 수단을 빨리 찾아내는 것이 중요할 것입니다). 또한 실제로 시험장에 가면 깊게 생각하고 문제를 풀기보다는 시간에 굉장히 쫓기면서 빨리빨리 문제를 풀게 되기 쉽습니다. 그러므로 평소부터 깊게 사고하는 것을 체득시켜놔야 바쁜 와중에도 좀 더 정확한 답을 골라낼 수 있을 것이라 생각합니다.

● **논 술** ······ 논술은 학원강의를 수강했는데, 새로운 논술강의를 찾기보다는 대학교 입시를 준비하면서 수강했던 논술선생님의 기초강의(대입논술)를 다시 수강했습니다. 논술문제에 최대한 익숙해지기 위하여 꾸준히 문제를 풀었습니다. 이러한 계속된 쓰기연습은 도움이 되었습니다. 개인적으로 로스쿨 입시에서 논술은 굉장히 중요하다고 생각합니다. 논술을 잘 쓰는 것 자체가 다른 사람들과의 차이를 확실히 보여줄 수 있는 요소 중의 하나입니다. 이것 역시 독해력과 사고력, 논리력이 전제되어야 잘 풀 수 있기 때문에, 스터디원들과 함께 문제를 놓고 깊이 생각하는 방법으로 공부해야 한다고 생각합니다.

● **공인영어 성적** ······ 로스쿨 입시를 위해서는 공인영어 성적이 필요합니다. 개인적인 사정으로 공인영어 성적을 준비하는 기간이 길지 않았습니다. 8월 한 달 동안 공인영어 성적을 만들어야 했습니다. 텝스(TEPS)를 준비하기엔 너무 짧은 시간이라 생각되어 한 달간 토익공부에만 집중했습니다. 짧은 기간 동안 준비했기 때문에 모의고사 형식으로 되어있는 문제집을 푸는 공부를 하였고, 반복된 연습 덕에 좋은 결과를 얻을 수 있었습니다. 공인영어성적의 경우 급박하게 하지 마시고 미리미리 점수를 만들어 놓으시는 것이 좋다고 생각합니다.

● **자기소개서와 면접** ● ····· 저는 자기소개서와 면접을 스터디원들과 함께 준비했습니다. 개인적으로 자기소개서는 로스쿨 입시에서 굉장히 중요한 요소라고 생각합니다. 리트점수·학점 등 모두 중요하지만, 지원하는 학교에 맞춰 자신을 잘 어필하는 것이 가장 중요하다고 생각합니다. 잘 아시는 바와 같이, 로스쿨 입시는 단순하게 리트와 학점이 높다고 반드시 합격하는 것이 아닙니다. 학교가 자신들이 정한 기준에 맞추어 학생들을 선발하는 과정입니다. 그러기 위해서 학교들은 지원자가 구체적으로 어떤 사람인지 궁금할 수밖에 없습니다. 그렇기 때문에 자기 자신을 잘 보여줄 수 있는 수단으로써 자기소개서가 중요한 것입니다.

자기소개서의 경우, 일단 완성된 자기소개서를 스터디원들과 돌려보고, 어색한 부분이나 논리적으로 맞지 않는 부분들을 수정해나가는 방식으로 준비하였습니다. 또한 친한 친구나 선배 등 지인들에게 자신의 자기소개서를 보여주고 읽으면서 이해가 안되는 부분은 없는지 등에 대해 철저히 조사했습니다. 자기소개서와 같은 '자신만의 이야기'를 쓰게 되면 자기 자신은 무리없이 이해가 가지만 타인의 입장에서 읽었을 때는 어색한 글이 나오기 쉽습니다. 다른 사람들은 나에 대한 배경지식이 적거나 없기 때문입니다. 단순한 방법이지만, 다수의 스터디원들이 계속해서 서로의 자기소개서를 돌려보는 것이 자기소개서 준비에 가장 효율적인 방법이라고 생각합니다. 입시에서 자기소개서는 결국 남에게 보여주기 위하여 쓰는 것입니다. 합격을 위해서는 (1) 거짓말을 하지 않으면서, (2) 누가 보더라도 어색하지 않고, (3) 누구에게나 자기 자신을 잘 어필할 수 있는 한편의 좋은 글이 필요한 것입니다. 이를 준비하기 위해선 그만큼 긴 시간과 여러 사람들의 눈이 필요한 것입니다. 돌아보면, 저는 집중적으로 오직 자기소개서만 준비한 시간이 2~3주 이상입니다. 실제로 준비하는 동안, 이 기간도 상당히 부족하다고 느꼈습니다. 자기소개서 준비는 더 많은 사람의 의견을 듣는 방식으로 철저히 하여야 합니다. 제가 있었던 스터디에서는 학부생, 법학석사, 회계사, 공기업재직자 등 다양한 구성원들이 있었기 때문에 커다란 도움을 받았습니다.

면접은 주제별로 구체화된 문제에 대하여 묻고 답하는 것을 중심으로 대비했습니다. 고려대학교 법학전문대학원 이준일 교수님의 「인권법」교재를 읽어나가면서 스터디원 중 한명이 챕터별로 예상 문제들을 만들어보고, 그에 대하여 다른 사람들이 답하고 그에 대해 피드백하는 방식으로 진행되었습니다. 시험에 가까워졌을 때는 각 학교 기출문제 등을 구하여 실전연습을 하였습니다. 나군에 지원한 학교에서 1차 통과 후 2차 면접을 치루었는데, 상당히 긴장했었던 기억이 납니다. 교수님과 변호사님께서 몇 분 내에 나를 평가하시고, 그를 통해 나의 당락이 결정될 수 있다는 것이 막상 시험장에 가니 상당히 부담이 되었습니다. 그렇기 때문에, 수개월 전부터(현실적으로 리트가 끝난 후부터) 실전 형식에 맞추어 말하는 것까지 연습을 해야 한다고 생각합니다.

● 기 타 ●…… 언어이해와 추리논증은 상당히 어렵습니다. 또한 이름 그대로 언어/추리능력에 대한 능력테스트이므로, 그 실력이 쉽게 증가하지도 않지만 쉽게 하락하지도 않습니다. 시험이 가까이 다가올수록, 많은 분들이 실전 대비를 위하여 모의고사를 푸는 등의 훈련을 하십니다. 이러한 실전대비 모의고사 등의 성적이 들쭉날쭉 할 수도 있지만, 결코 실망하시거나 불안해하지 않으셔도 된다고 생각합니다. 물론 갑자기 성적이 잘나왔다고 과도히 기뻐할 필요도 없습니다. 결정적으로 모의고사가 자기 실제 성적이 아닐 가능성 또한 꽤나 높습니다. 중요한 것은 시험까지 최대한 흔들리지 않고 꾸준히 연습하는 것입니다.

자기소개서의 경우, 제가 대학교에서 겪었던 경험·학점에 대한 설명, 그 밖에 제2외국어 등 제가 가진 모든 것들을 자기소개서에 잘 녹여내고자 힘썼습니다. 설령 자신이 가지고 있는 '스펙'이 대단하지 않을지라도 그것을 어떻게 설명하고 어떻게 활용하느냐가 굉장히 중요하다고 생각합니다. 남들이 보기엔 아주 작은 경험일지라도 자기 자신에게는 너무나도 커다란 의미를 가진 일일 수 있습니다. 이러한 자신의 생각을 잘 정리하고 표현하는 것이 중요하다고 생각합니다.

법학적성시험에 응시하는 것 하나로 입시의 모든 것이 결정나는 것은 아닙니다. 또한 자기소개서와 면접준비, 그리고 최종발표까지는 굉장히 긴 시간이 걸립니다. 길고, 힘들고 걱정되는 시간들입니다. 그렇기 때문에 무엇보다도 좋은 스터디원들과 함께하는 것이 중요하다고 생각합니다. 좋은 동료가 있다면 먼 길을 갈 때 좀 더 힘들이지 않고 즐겁게 갈 수 있을 것입니다. 저의 경우 운이 좋게도 너무나도 좋은 스터디원들을 만나 입시를 성공적으로 끝낼 수 있었습니다. 마음이 맞는 좋은 스터디원들과 입시를 함께 준비하는 것이 좋을 것이라 생각됩니다.

4 마치며

시간이 지나 돌아보니, 입시가 참 길고 어려운 과정이었다는 생각이 듭니다. 또한 현재의 자리에 있다는 것이 너무나도 큰 행운이라는 것을 실감합니다. 이 행운을 위해서 여러 준비를 했고, 그 시간들을 거치며 생각한 것들을 대단한 내용은 아니지만 이 글에 적었습니다.

입시과정에서 정말 많은 걱정들을 했었습니다. 인터넷에 떠도는 로스쿨 입시에 대한 오해들과 비관적인 생각들을 보고, 준비하는 사람 입장에서 여러모로 불안했던 것이 사실입니다. 지금 생각해보면 떠돌아다니는 말들에 흔들리고 불안해하기보다는 그 시간을 자기 자신을 위해 사용하는 것이 훨씬 좋았었을 것이란 생각이 듭니다. 입시를 준비하시는 분들께서는 그 준비과정에서 막연한 불안감에 휩싸이는지 않으셨으면 좋겠습니다. 불안해서 걱정하고 해도 딱히 도움도 안됩니다. 정말 어렵지만, 자기 자신을 믿고 꾸준히 노력하시는 것이 중요하다고 생각합니다(추가적으로, 정보들의 출처와 진위를 잘 확인하는 것도 중요하다고 생각합니다. 특히 인터넷의 경우 생각보다 진위가 확인되지 않은 정보들이 떠돌아다니는 것도 많습니다).

주변을 보면 "제가 어떠어떠한 상황인데, 로스쿨 준비해도 될까요?", "제가 어느 학교를 다니는데, 어느 어느 로스쿨을 갈 수 있나요?"등의 질문들이 많습니다. 로스쿨 입시의 특징 중 하나는 리트나 학점 등 소위 '스펙'의 어느 한 요소로 당락이 완전히 결정되지 않는다는 것입니다. 종합적인 점수화를 통하여 입시의 결과가 결정나게 됩니다. 부족한 것이 있다면, 메꾸는 것도 어느 정도 가능한 것입니다. 위에서 언급한대로 진학하기를 원하는 학교가 있으면 그 학교의 인재상에 맞추어 자신을 잘 어필하는 것이 중요합니다. 법조인이 되고자 하는 간절한 원함이 있다면 리트점수가 낮다, 학점이 낮다, 영어가 낮다, 모교에서 진학한 사례가 적다 등등을 이야기하며 미리 포기하고 다른 길을 찾기보다는 자신있게 도전하시고, 도전하는 학교에 자기 자신을 잘 보여주는 것이 좋을 것이라 생각합니다. 물론 그에 맞추어 철저한 준비가 필요하겠지요.

지금 돌아봤을 때 합격에 가장 중요한 요소가 되었던 것을 단 하나만 꼽을 수 있다면 역시 자기소개서라고 생각합니다. 설령 자기소개서의 배점이 크지 않더라도, 생각해보면 입시 전체가 자기소개서 하나를 작성하기 위한 과정일 수도 있습니다. 주변을 보면 가끔 자기소개서를 너무 단기간에 준비하시는 분들이 계시기도 합니다. 입시를 준비하시는 분들께서는 단 며칠만에 촉박하게 자기소개서를 완성시키시기 보다는 긴 시간을 가지고 작성하셨으면 합니다.

어떻게 보면 학부시절 전체가 하나의 꾸준한 로스쿨 입시의 길이었기도 했습니다. 이러한 몇 년간의 꾸준한 준비와 너무나도 큰 행운이 합쳐져 합격을 했다고 생각합니다. 특히 너무나도 저를 많이 도와준 우리 스터디원들에게 늦게나마 진심으로 감사를 표합니다. 이 글을 읽고 계신 입시를 준비하시는 분들께서도 행운이 깃들기를 진심으로 기원합니다.

로스쿨 합격! 나의 꿈 나의 길

초 판 인 쇄	2018년 8월 25일
초 판 발 행	2018년 9월 4일

편 저	편집국 엮음
발 행 인	정 상 훈
발 행 처	考試界社

서울특별시 관악구 봉천로 472
코업레지던스 B1층 102호

대 표 817-2400   팩 스 817-8998
考試界·고시계사·미디어북 817-0418~9
www.gosi-law.com
E-mail : goshigye@chollian.net

정가 **18,000원**   ISBN 978-89-5822-565-2 13300

법치주의의 길잡이 63년 月刊 考試界